36€

Si este libro le ha interesado y desea que lo mantengamos
informado de nuestras publicaciones, puede escribirnos a
comunicacion@editorialsirio.com,
o bien suscribirse a nuestro boletín de novedades en:
www.editorialsirio.com

La información contenida en este libro se basa en las investigaciones y experiencias personales y profesionales del autor y no debe utilizarse como sustituto de una consulta médica. Cualquier intento de diagnóstico o tratamiento deberá realizarse bajo la dirección de un profesional de la salud.

La editorial no aboga por el uso de ningún protocolo de salud en particular, pero cree que la información contenida en este libro debe estar a disposición del público. La editorial y el autor no se hacen responsables de cualquier reacción adversa o consecuencia producidas como resultado de la puesta en práctica de las sugerencias, fórmulas o procedimientos expuestos en este libro. En caso de que el lector tenga alguna pregunta relacionada con la idoneidad de alguno de los procedimientos o tratamientos mencionados, tanto el autor como la editorial recomiendan encarecidamente consultar con un profesional de la salud.

Título original: The Anxiety & Phobia Woorkbook
Traducido del inglés por Francesc Prims Terradas
Diseño de portada: Editorial Sirio, S.A.

© de la edición original
2015 Edmund J. Bourne

La presente edición se ha realizado según acuerdo con New Harbinger Publications Inc.
Oakland, California

© de la presente edición
EDITORIAL SIRIO, S.A.

EDITORIAL SIRIO, S.A.	**NIRVANA LIBROS S.A. DE C.V.**	**DISTRIBUCIONES DEL FUTURO**
C/ Rosa de los Vientos, 64	Camino a Minas, 501	Paseo Colón 221, piso 6
Pol. Ind. El Viso	Bodega nº 8,	C1063ACC
29006-Málaga	Col. Lomas de Becerra	Buenos Aires
España	Del.: Alvaro Obregón	(Argentina)
	México D.F., 01280	

www.editorialsirio.com
sirio@editorialsirio.com

I.S.B.N.: 978-84-16579-18-1
Depósito Legal: MA-646-2016

Impreso en Imagraf Impresores, S. A.
c/ Nabucco, 14 D - Pol. Alameda
29006 - Málaga

Impreso en España

Puedes seguirnos en Facebook, Twitter, YouTube e Instagram.

Cualquier forma de reproducción, distribución, comunicación pública o transformación de esta obra solo puede ser realizada con la autorización de sus titulares, salvo excepción prevista por la ley. Diríjase a CEDRO (Centro Español de Derechos Reprográficos, www.cedro.org) si necesita fotocopiar o escanear algún fragmento de esta obra.

EDMUND J. BOURNE

Ansiedad y Fobias
LIBRO DE TRABAJO

Editorial
SIRIO

Este libro está dedicado a todos quienes están luchando
contra la ansiedad o contra un miedo incomprensible.

*No te angusties con fantasías. Muchos miedos nacen de la fatiga y la soledad.
Más allá de una sana disciplina, sé amable contigo mismo.*

MAX ERHMANN, *Desiderata*

Prólogo

Han transcurrido veinticinco años desde que vio la luz la primera edición en inglés de este libro, que pretende ofrecer un amplio resumen de los distintos enfoques existentes en cuanto al tratamiento de los trastornos de ansiedad. En todo este tiempo, ha tenido una muy buena acogida.

A lo largo de las últimas cuatro décadas han cambiado muchas cosas en el terreno de los trastornos de ansiedad. Los años ochenta y noventa vieron el crecimiento de la terapia cognitivo-conductual como el tratamiento dominante para todo este tipo de trastornos. En el siglo XXI ha habido una especialización cada vez mayor en este campo; han aparecido numerosos libros, programas y organizaciones especiales dedicados a cada uno de los grandes trastornos de ansiedad, y han proliferado los sitios web relacionados con la ansiedad; el mío, www.helpforanxiety.com, es uno entre muchos. La organización nacional para los trastornos de ansiedad estadounidense ha pasado de llamarse Asociación Norteamericana para los Trastornos de Ansiedad a denominarse Asociación Norteamericana para la Ansiedad y la Depresión, lo que significa un reconocimiento de la prevalencia de la depresión entre muchas de las personas que luchan contra la ansiedad.

La sociedad estresante en la que vivimos proporciona un trasfondo para el incremento de los trastornos de ansiedad que estamos viendo en los últimos años. Situaciones sociales ampliamente extendidas, como la continua recesión económica, la desigualdad de los salarios, la polarización política y la contaminación ambiental —así como problemas más inmediatos con el sistema de protección de la salud, las escuelas, la congestión urbana, la industria de la alimentación y la complejidad tecnológica— contribuyen, todas ellas, a los tiempos estresantes en que vivimos. En una sociedad como esta, muchas personas se sienten angustiadas, y algunas desarrollan trastornos de ansiedad.

Afortunadamente, hoy día es posible contar con una buena ayuda para la ansiedad y sus trastornos. Tengo la esperanza de que la diversidad de intervenciones que se ofrecen en este libro proporcione una amplia variedad de recursos para lidiar mejor con la ansiedad, en todas las formas en que puede manifestarse en estos tiempos de cambio.

Introducción

Investigaciones llevadas a cabo por el Instituto Nacional de Salud Mental estadounidense han mostrado que los trastornos de ansiedad son el problema de salud mental número uno entre las mujeres de Estados Unidos; en el caso de los hombres, solo está por detrás del abuso del alcohol y las drogas. Aproximadamente el 18% de la población del país (esto es, cerca de cincuenta millones de personas) han sufrido ataques de pánico, fobias u otros trastornos de ansiedad en el último año. Casi una cuarta parte de la población adulta experimentará algún trastorno de ansiedad en algún momento a lo largo de su vida. Sin embargo, solo un pequeño porcentaje de estas personas reciben tratamiento. Durante los últimos veinticinco años, el pánico y la ansiedad han alcanzado cifras propias de una epidemia, y los medios de comunicación se han ocupado mucho de ello. En los últimos tiempos, una tendencia hacia una mayor ansiedad colectiva ha aparecido a raíz de nuevas incertidumbres sobre la inestabilidad económica, el rápido deterioro del medio ambiente y el terrorismo global.

¿Por qué predominan tanto los problemas de pánico, ansiedad y fobias? Tengo la impresión de que los trastornos de ansiedad son el resultado del estrés acumulado a lo largo del tiempo. Ciertamente, hay numerosos factores que provocan que una persona sufra ataques de pánico, fobias u obsesiones, pero creo que el estrés prolongado ejerce un papel fundamental. Por supuesto, cada uno de nosotros generamos nuestro propio estrés, pero la sociedad en la que vivimos nos afecta profundamente. En el mundo occidental se está experimentando actualmente más estrés del que se había experimentado nunca en ninguna etapa previa de la historia, y es este estrés el que explica la mayor incidencia de los trastornos de ansiedad. Si bien puede argumentarse que los seres humanos han tenido que lidiar siempre con condiciones sociales estresantes (guerras, hambrunas, plagas, depresiones económicas, etc.), hay varias razones que permiten sugerir que el nivel de estrés general es más elevado ahora que antaño.

La más importante de ellas es el hecho de que nuestro entorno y nuestro orden social han cambiado más en los últimos treinta años de lo que lo han hecho en las centurias previas. La tecnología de la información digital ha cambiado drásticamente nuestras vidas en menos de veinte años. El ritmo más acelerado de la sociedad moderna y la aceleración de los cambios tecnológicos han hecho que no hayamos tenido tiempo suficiente para adaptarnos a estos cambios.

Para agravar esta situación, aumenta con rapidez la incertidumbre sobre el futuro de nuestra vida. La peor crisis económica desde la Gran Depresión ha afectado a gente de todo el mundo desde finales de 2008, con repercusiones continuas hasta el momento actual. Otros problemas serios, como la superpoblación, el terrorismo global y la proliferación de armas de destrucción masiva, son factores que se suman al contexto de un estrés global colectivo. Además, las perspectivas en cuanto al futuro del medio ambiente no están nada claras, desde el momento en que una mayoría de científicos opinan que ya hemos alcanzado el punto de no retorno en cuanto al cambio climático, los fenómenos climáticos extremos, la pérdida de la biodiversidad y la destrucción de los hábitats naturales en todo el mundo. A medida que cruzamos estos puntos de inflexión es más difícil regresar al mundo al que estamos habituados. Podría seguir enumerando incertidumbres, pero condiciones como las expuestas ya de por sí proporcionan un contexto social para la ansiedad. Cuando una sociedad se ve sumida en una mayor ansiedad e incertidumbre, esto se manifiesta como una mayor incidencia de los trastornos de ansiedad entre la población.

Finalmente, carecemos de unos valores culturales claros. La falta de un conjunto coherente de normas y valores avalado externamente (tradicionalmente, por la sociedad y la religión) deja un vacío en el que cada uno tiene que valerse por sí mismo. Frente al aluvión de cosmovisiones y normas incoherentes que presentan los medios de comunicación, la persona debe aprender a lidiar con la responsabilidad de otorgar un sentido a su propia vida y de crearse su propio orden moral.

Todos estos factores hacen que, en la sociedad moderna, sea difícil para muchos individuos experimentar una sensación de estabilidad o consistencia en sus vidas. Los trastornos de ansiedad son sencillamente el resultado de una menor capacidad de lidiar con el estrés resultante, como lo son también las adicciones, la depresión y la proliferación de las enfermedades degenerativas.

Durante los últimos veinte años han visto la luz muchos buenos libros, que han adquirido una gran popularidad, sobre los trastornos de ansiedad. La mayor parte de ellos tienden a ser sobre todo descriptivos. Si bien varios de estos libros hablan de métodos de tratamiento y ofrecen estrategias prácticas para la recuperación, ponen el énfasis en proporcionar a los lectores una comprensión básica de los trastornos de ansiedad.

He escrito la presente obra con dos intenciones: en primer lugar, describir las habilidades específicas que conviene desarrollar con el fin de superar los problemas con el pánico, la ansiedad y las fobias, y en segundo lugar, proporcionar procedimientos y ejercicios que, paso a paso, permitan dominar estas habilidades. Aunque este volumen contiene material descriptivo, tiene un

Introducción

enfoque práctico, pues pone el acento en proporcionar estrategias y habilidades, junto con ejercicios, que permiten impulsar la recuperación.

Probablemente hay pocas ideas en este libro que sean totalmente nuevas. Los capítulos sobre la relajación, el ejercicio, las habilidades para afrontar los ataques de pánico, exponerse, identificar y expresar los sentimientos, la asertividad, la autoestima, la nutrición, los medicamentos y la meditación resumen conceptos que han sido tratados con gran detalle en los títulos relacionados al final de cada capítulo. Mi intención ha sido la de definir en un solo volumen todo el abanico de estrategias necesarias para superar los problemas de ansiedad. Cuantas más de estas estrategias se puedan incorporar al programa de recuperación, más eficaz y rápido será el progreso de la persona.

El enfoque aquí es muy holístico. Presenta intervenciones que afectarán a la vida del individuo a muchos niveles: el cuerpo, el comportamiento, los sentimientos, la mente, las relaciones interpersonales, la autoestima y la espiritualidad. La mayor parte de los enfoques populares del pánico y las fobias ponen el énfasis sobre todo en las estrategias conductuales y cognitivas (o mentales). Creo que estas estrategias son muy importantes y siguen constituyendo el núcleo de cualquier programa de éxito para el tratamiento de todos los trastornos de ansiedad. Estos enfoques son tratados en cuatro capítulos de este libro. El capítulo 6 ofrece conceptos y estrategias de afrontamiento que son cruciales para aprender a gestionar los ataques de pánico. El capítulo 7 detalla el proceso de la exposición, necesario en cualquier programa para recuperarse de la agorafobia, la fobia social y otras fobias específicas. Los capítulos 8 y 9 presentan métodos para aprender a contrarrestar el diálogo interno nocivo y las creencias erróneas que tienden a perpetuar la ansiedad en el día a día.

La relajación y el bienestar personal tienen también una importancia capital. Como he mencionado anteriormente, los trastornos de ansiedad se desarrollan como resultado de acumular estrés a largo plazo. Es un hecho bien sabido que la mayor parte de quienes sufren trastornos de ansiedad tienden a permanecer en un estado de hiperactivación fisiológica. La recuperación depende de que se adopten cambios en el estilo de vida que fomenten un enfoque de la vida más relajado, equilibrado y saludable: en pocas palabras, cambios que incrementen el nivel de *bienestar físico*. Las estrategias y habilidades que se presentan en los capítulos dedicados a la relajación, el ejercicio y la nutrición constituyen una *base* necesaria sobre la que se asientan las otras habilidades expuestas en el libro. Es mucho más fácil, por ejemplo, implementar la exposición si antes se ha aprendido cómo entrar de manera efectiva en un profundo estado de relajación. También es más fácil identificar y cambiar el diálogo interior contraproducente si uno se siente físicamente sano y relajado. Así como aprender hábitos de diálogo interior positivo ayudará a la persona a sentirse mejor, el hecho de aumentar su bienestar físico por medio de la relajación, el ejercicio y la nutrición adecuados hará que esté menos *predispuesta* a tener unas actitudes y un diálogo interno contraproducentes. En resumen: cuando uno se siente bien, piensa bien.

En el otro lado del espectro, he advertido que aquellos a quienes les falta un sentido de dirección o propósito en sus vidas son más vulnerables a los trastornos de ansiedad. Los ataques de pánico y la agorafobia —especialmente cuando implican el miedo a verse encerrado o incapaz de escapar— pueden provocar una sensación de «no tener adónde ir» o de estar «atrapado» dentro de la propia vida. Dada la complejidad de la sociedad contemporánea y la falta de cualquier conjunto de valores prescrito externamente, es habitual sentirse confundido y dubitativo en relación con el sentido y la dirección de la propia vida. Por medio de entrar más en contacto con un sentido de propósito más grande y, si es el caso, cultivar la espiritualidad, se pueden reducir los problemas de ansiedad. Esta es un área importante que abordar a la hora de tratar con los trastornos de ansiedad y, probablemente, con la mayor parte de los otros trastornos conductuales (véase el capítulo 19).

En resumen, creo en la necesidad de un modelo holístico que incorpore todos los enfoques que se presentan en este libro con el fin de lograr resolver los trastornos de ansiedad de forma completa y duradera. Recuperarse de ellos depende de que se intervenga en todos los niveles constitutivos de la persona.

Vale la pena mencionar un último punto: se requerirá un fuerte compromiso y una motivación constante para llegar a tener éxito a la hora de utilizar las habilidades aquí expuestas. Si se cuenta con la motivación pertinente y se ejerce la debida disciplina, es posible alcanzar una recuperación duradera por sí mismo. A la vez, no siempre es preferible, o incluso lo más efectivo, manejarse solo. Muchos lectores decidirán usar este libro en conjunción con su trabajo con un terapeuta experto en el tratamiento de los trastornos de ansiedad. Un terapeuta puede proporcionar estructura y apoyo, además de ayudar a ajustar los conceptos y estrategias presentes en este libro al caso propio de cada cual. Algunos lectores también pueden encontrar muy útiles los grupos de apoyo o tratamiento —especialmente si padecen agorafobia o fobia social—. El formato grupal puede resultar motivador y permitir mantener el entusiasmo para aprender las habilidades necesarias para la recuperación. Hay personas que parecen beneficiarse de la inspiración, la estructura y el apoyo que un grupo puede proporcionar.

En última instancia, cada cual tendrá que decidir cuál es la mejor elección en su caso. Si se decide buscar ayuda externa para el problema, se tratará de establecer contacto con un especialista en el tratamiento de los trastornos de ansiedad para que le ayude a uno a decidir qué formato de tratamiento es el mejor para él. En Estados Unidos y Canadá, la Asociación Norteamericana para la Ansiedad y la Depresión ofrece un listado de especialistas y otro de grupos de apoyo (su web es www.adaa.org).

Es muy posible que uno mismo pueda superar el problema que tenga con el pánico, las fobias o la ansiedad por su cuenta, mediante el uso de las estrategias y ejercicios presentes en este volumen. Resulta igualmente valioso y apropiado, para quienes se sientan inclinados a ello, usar este libro como un recurso adicional a la hora de trabajar con un terapeuta o con un programa de tratamiento grupal. Sea cual sea tu elección, debes saber que hay mucha ayuda disponible. Uno puede mejorar de sus problemas de ansiedad, o superarlos completamente, si contrae el compromiso y persevera con constancia en el tipo de enfoques que aquí se describen.

1

Los trastornos de ansiedad

Susan se despierta repentinamente casi todas las noches, un par de horas después de haberse acostado, con un nudo en la garganta, latidos acelerados del corazón, mareos y el temor de que va a morir. Aunque toda ella está temblando, no tiene ni idea de por qué. Después de muchas noches de levantarse y andar por el salón en un intento de obtener el control sobre sí misma, decide ir a ver a su médico para averiguar si tiene algún problema cardíaco.

Cindy, secretaria médica, sufre ataques como los de Susan cada vez que se halla en medio de gente en un espacio cerrado. No solo teme perder el control de sí misma, sino que teme lo que los demás podrían pensar de ella si esto llegara a suceder. Recientemente ha estado evitando entrar en cualquier tipo de tienda aparte del supermercado *7-Eleven* de su localidad, a menos que su novio esté con ella. También ha tenido que salir de los restaurantes y salas de cine. Ahora está empezando a preguntarse si puede hacer frente a su trabajo. Se obliga a ir a trabajar, pero después de unos minutos entre sus compañeros de oficina empieza a tener miedo de perder el control. De repente, siente que *tiene* que irse.

Steve ocupa un puesto de responsabilidad como ingeniero de *software*, pero siente que no es capaz de avanzar a causa de su incapacidad para contribuir en las reuniones grupales. El solo hecho de sentarse en las reuniones es casi más de lo que puede soportar, no digamos ya ofrecer sus opiniones. Recientemente su jefe le preguntó si estaría dispuesto a hacer una presentación de su área en el contexto de la presentación de un gran proyecto. En ese momento, Steve se puso extremadamente nervioso y se le trabó la lengua. Salió de la sala tartamudeando que le comunicaría a su jefe al día siguiente su decisión en cuanto al ofrecimiento que le había hecho. En privado, pensó en renunciar.

Mike está tan avergonzado por un miedo que ha sentido en los últimos meses que no puede decírselo a nadie, ni siquiera a su esposa, pues se trata de un miedo muy peculiar: durante la conducción es frecuentemente presa del temor de que ha atropellado a alguien, o tal vez un animal. A pesar de que no hay ningún «golpe» que sugiera que algo así haya sucedido, se siente obligado a hacer un cambio de sentido y volver sobre la ruta para asegurarse. De hecho, recientemente, su paranoia acerca de haber atropellado a alguien se ha vuelto tan fuerte que tiene que desandar el camino tres o cuatro veces para estar seguro de que no ha pasado nada. Mike es un profesional brillante y de éxito y se siente totalmente humillado por su compulsión a comprobar los presuntos «atropellos». Está empezando a preguntarse si se está volviendo loco.

Susan, Cindy, Steve y Mike padecen ansiedad. Sin embargo, no es una ansiedad ordinaria. Sus experiencias difieren en dos aspectos fundamentales de la ansiedad «normal» que experimentan la mayoría de las personas en respuesta a la vida cotidiana. En primer lugar, su ansiedad ha escapado a su control. En todos estos casos, los individuos se sienten impotentes para gestionar lo que está sucediendo. Esta sensación de impotencia les crea, a su vez, una mayor ansiedad. En segundo lugar, su problema interfiere en el funcionamiento normal de sus vidas: el sueño de Susan se ve interrumpido, Cindy y Steve podrían perder sus puestos de trabajo y Mike ha perdido la capacidad de conducir de manera eficiente y oportuna.

Estos cuatro ejemplos ilustran cuatro tipos de trastorno de ansiedad: el trastorno de pánico, la agorafobia, la fobia social y el trastorno obsesivo-compulsivo. Más adelante, en este mismo capítulo, se ofrece una descripción detallada de las características de cada trastorno de ansiedad. Pero hablemos primero de aquello que tienen en común todos estos trastornos. ¿Cuál es la naturaleza de la ansiedad en sí?

LA NATURALEZA DE LA ANSIEDAD

Podremos entender mejor la naturaleza de la ansiedad si echamos un vistazo tanto a lo que es como a lo que no es. Por ejemplo, la ansiedad se puede distinguir del miedo de varias maneras. Cuando alguien tiene miedo, este se dirige generalmente hacia algún objeto o situación externo y concreto. Aquello que se teme se encuentra, por lo general, dentro de los límites de lo que es posible que acontezca: se puede temer no cumplir con un plazo, suspender un examen, no poder pagar las facturas pendientes o ser rechazado por alguien a quien se quiere agradar. El miedo puede asociarse con un incremento repentino de la adrenalina, pensamientos de peligro inmediato y la necesidad de escapar. Cuando la persona experimenta ansiedad, por el contrario, a menudo no puede especificar qué es aquello por lo que se está sintiendo ansiosa. El foco de la ansiedad es más interno que externo. Parece que es una respuesta a un peligro vago, lejano o incluso no reconocido. Uno puede sentir ansiedad ante la posibilidad de «perder el control» de sí mismo o de alguna situación. O puede sentir una vaga ansiedad en relación con que «pueda ocurrir algo malo».

La ansiedad afecta a la totalidad del individuo. Es una reacción fisiológica, conductual y psicológica, todo a la vez. En el nivel fisiológico, puede incluir reacciones corporales como taquicardia, tensión muscular, inquietud, boca seca o sudoración. En el nivel conductual, puede sabotear la capacidad del individuo de actuar, expresarse o lidiar con ciertas situaciones cotidianas. Y psicológicamente, es un estado subjetivo de desasosiego y aprensión. En su forma más extrema, puede provocar que el individuo se sienta separado de sí mismo e incluso que tema morir o volverse loco.

El hecho de que la ansiedad pueda afectar a nivel fisiológico, conductual y psicológico tiene implicaciones importantes a la hora de afrontar la recuperación. Un programa completo de recuperación respecto de un trastorno de ansiedad dado debe intervenir en los tres niveles para lograr los efectos siguientes:

1. Reducir la reactividad fisiológica.
2. Erradicar las conductas de evitación.
3. Cambiar las interpretaciones subjetivas (el diálogo interior) que perpetúan el estado de preocupación y aprensión.

La ansiedad puede presentarse de distintas formas y con variados niveles de intensidad. Puede ser tan poco grave como una punzada de inquietud o tan grave como un ataque de pánico en toda regla, con palpitaciones, desorientación y terror. La ansiedad que no está relacionada con ninguna situación en particular, que viene «de la nada», se llama *ansiedad flotante* o, en los casos más graves, *ataque de pánico espontáneo*. Puede determinarse si se ha padecido un episodio de ansiedad flotante o bien un ataque de pánico espontáneo en función de si se han experimentado cuatro o más de los siguientes síntomas al mismo tiempo (la concurrencia de cuatro o más síntomas define el ataque de pánico):

- Dificultades para respirar.
- Palpitaciones (latidos rápidos o irregulares).
- Temblores o estremecimientos.
- Sudoración.
- Sensación de asfixia.
- Náuseas o molestias digestivas.
- Entumecimiento.
- Mareo o sensación de inestabilidad.
- Sensación de desapego o de no estar en contacto consigo mismo.
- Sofocos o escalofríos.
- Miedo a morir.
- Miedo a enloquecer o perder el control.

Si se experimenta ansiedad *solamente* en respuesta a una situación específica, a este tipo de ansiedad se la denomina *situacional* o *fóbica*. La ansiedad situacional se distingue del miedo cotidiano por el hecho de que tiende a ser desproporcionada o a no guardar relación con la realidad. Si se tiene un miedo exagerado a conducir por la autopista, ir al médico o enfrentarse al cónyuge, esto puede calificarse como ansiedad situacional, que se convierte en *fóbica* cuando se empieza a *evitar* la situación, es decir, si se renuncia por completo, en los ejemplos que he dado, a conducir por las autopistas, a acudir a los médicos o a confrontar al cónyuge. En otras palabras, la ansiedad fóbica es ansiedad situacional que lleva a evitar de manera persistente la situación que la genera.

A menudo, la ansiedad se produce por el mero hecho de pensar en una situación en particular. Cuando el individuo se siente ansioso por lo que podría suceder al enfrentarse a una de sus situaciones fóbicas, está experimentando lo que se denomina *ansiedad anticipatoria*. En sus formas más leves, la ansiedad anticipatoria es indistinguible de la «preocupación» ordinaria; pero a veces se vuelve lo suficientemente intensa como para ser calificada de *pánico anticipatorio*.

Hay una diferencia importante entre la ansiedad espontánea y la anticipatoria. La primera tiende a surgir de la nada, llega muy pronto a un pico y luego disminuye gradualmente. El pico se alcanza por regla general en cinco minutos o menos, y le sigue un período de disminución progresiva que se prolonga durante una hora o más. La segunda, por el contrario, tiende a acumularse más gradualmente, en respuesta al encuentro con una situación amenazante (o al pensamiento de dicha situación), y luego suele decaer rápidamente. Es posible que la persona «se preocupe histéricamente» por algo durante una hora o más y a continuación deje de lado esa preocupación, al encontrar algo más en lo que ocupar la mente.

¿ANSIEDAD O TRASTORNO DE ANSIEDAD?

La ansiedad es una parte inevitable de la vida en la sociedad contemporánea. Es importante darse cuenta de que hay muchas situaciones que se presentan en la vida cotidiana en las que es *apropiado* y *razonable* reaccionar con cierta ansiedad. Si no se sintiese *ninguna* ansiedad en respuesta a los desafíos cotidianos que pueden implicar pérdidas o fallos potenciales, algo estaría mal. Este libro puede ser de utilidad para cualquier persona que experimente reacciones normales, ordinarias, de ansiedad (en definitiva, puede resultar de utilidad para todos nosotros). También está dirigido a quienes están lidiando con trastornos de ansiedad específicos. Es recomendable incorporar a la vida diaria el ejercicio, ciertas estrategias de respiración, la relajación y unos buenos hábitos nutricionales. Asimismo, uno debería prestar atención a su diálogo interno, creencias erróneas, sentimientos, asertividad y autoestima. Todo ello puede contribuir a llevar una vida más equilibrada y menos angustiada, independientemente de la naturaleza y el alcance de la ansiedad que se esté afrontando.

Los trastornos de ansiedad se distinguen de la ansiedad cotidiana, «normal», por el hecho de que implican una ansiedad que *es más intensa* (por ejemplo, los ataques de pánico), *dura más* (puede persistir durante meses o más tiempo en vez de cesar cuando la situación estresante ya no está presente) o *conduce a fobias* que interfieren en la vida de la persona.

La Asociación Norteamericana de Psiquiatría ha establecido unos criterios para el diagnóstico de los trastornos de ansiedad específicos, los cuales se enumeran en un manual de diagnóstico muy conocido y utilizado por los profesionales de la salud mental, llamado *Manual diagnóstico y estadístico de los trastornos mentales* (DSM, por sus siglas en inglés). Las siguientes descripciones de diversos trastornos de ansiedad se basan en los criterios del *DSM-5* (la quinta edición del manual); también se basa en dicho manual el cuestionario de autodiagnóstico que se incluye al final del presente capítulo.

El libro que tienes entre manos puede ayudarte incluso si tu reacción o trastorno de ansiedad específico no se ajusta a ninguna de las categorías de diagnóstico del *DSM-5*. Por otro lado, no te preocupes excesivamente si tu reacción aparece perfectamente descrita en una de estas categorías: aproximadamente el 15% de los adultos y el 20% de los adolescentes estadounidenses se verían igualmente reflejados en ellas. Así que tienes compañía.

En estas páginas se describen los trastornos de ansiedad que afectan a los adolescentes y a los adultos. Los lectores interesados en los trastornos de ansiedad que aquejan específicamente a los niños, como el trastorno de ansiedad por separación y el mutismo selectivo, pueden explorar las descripciones que se hacen de ellos en el *DSM-5* y consultar libros especializados en los trastornos de ansiedad infantiles. (En el apartado «Para saber más», al final de este capítulo, se ofrece una pequeña lista de libros sugeridos sobre los trastornos de ansiedad en los niños).

EL TRASTORNO DE PÁNICO

El trastorno de pánico se caracteriza por episodios repentinos de aprensión aguda o miedo intenso que «surgen de la nada»; no tienen ninguna causa aparente. El pánico intenso no se prolonga, a menudo, más que durante unos pocos minutos, pero en algunas ocasiones puede regresar «por oleadas» durante un período de hasta dos horas. Durante el ataque de pánico puede presentarse cualquiera de estos síntomas:

- ▶ Dificultades para respirar o sensación de asfixia.
- ▶ Palpitaciones (es como si el corazón golpease en el pecho, o bien se presenta un ritmo cardíaco acelerado).
- ▶ Mareos, inestabilidad o debilidad.
- ▶ Temblores o estremecimientos.
- ▶ Sensación de ahogo.
- ▶ Sudoración.
- ▶ Náuseas o molestias digestivas.
- ▶ Sensación de irrealidad (es como si no toda la persona estuviese ahí –*despersonalización*).

- Entumecimiento u hormigueo en manos y pies.
- Escalofríos y sofocos.
- Dolor o malestar en el pecho.
- Miedo a volverse loco o perder el control.
- Miedo a morir.

Al menos cuatro de estos síntomas están presentes en un ataque de pánico en toda regla, mientras que tener dos o tres de ellos se conoce como un *ataque de síntomas limitados*.

Los síntomas pueden ser diagnosticados como trastorno de pánico si la persona ha tenido dos o más ataques de pánico y al menos después de uno de estos ataques ha experimentado, durante un mes o más, una preocupación persistente acerca de sufrir otro ataque de pánico o acerca de las posibles implicaciones de sufrirlo. Es importante reconocer que el trastorno de pánico, por sí mismo, no implica ninguna fobia. El pánico no se produce porque se esté pensando o entrando en una situación fóbica, o aproximándose a ella; se desencadena de forma espontánea e inesperada, sin razón aparente (no existe ningún factor desencadenante obvio). Los ataques de pánico tampoco se deben a los efectos fisiológicos de alguna droga o medicamento, ni a ninguna afección médica.

La frecuencia de los ataques de pánico varía en función de la persona. Se pueden experimentar dos o tres sin tener ningún otro nunca más, o durante años. También puede ser que se sufran varios y que a ello le siga un período sin ninguno, pero que regresen un mes o dos más tarde. A veces, después de un ataque inicial de pánico pueden experimentarse ataques recurrentes tres o más veces por semana, y puede ser que se sucedan sin descanso hasta que la persona busca tratamiento. En todos estos casos, hay una tendencia a desarrollar *ansiedad anticipatoria* o aprensión entre los ataques, por el miedo a sufrir otro. Esta aprensión a experimentar otro ataque es una de las señas de identidad del trastorno de pánico.

Si un individuo está padeciendo trastorno de pánico, puede ser que sus síntomas lo asusten mucho y consulte con los médicos para encontrar una causa física. Las palpitaciones y los latidos irregulares del corazón pueden llevar a realizar electrocardiogramas y otras pruebas cardíacas que, en la mayoría de los casos, dan valores normales. (A veces el prolapso de la válvula mitral, una arritmia benigna del corazón, puede coexistir con el trastorno de pánico). Afortunadamente, un número cada vez mayor de médicos tienen algún conocimiento del trastorno de pánico y son capaces de distinguirlo de las afecciones puramente físicas.

El diagnóstico del trastorno de pánico se hace solo después de que determinadas causas médicas se hayan descartado. Entre ellas están la hipoglucemia, el hipertiroidismo, la reacción al exceso de cafeína y el síndrome de abstinencia respecto del alcohol, los tranquilizantes o los sedantes. Las causas del trastorno de pánico resultan de una combinación de factores hereditarios, desequilibrios químicos en el cerebro y estrés personal reciente. Pérdidas repentinas o grandes cambios vitales pueden desencadenar la aparición de los ataques de pánico.

El trastorno de pánico suele desarrollarse durante la adolescencia tardía o en la juventud, antes de los treinta. Aproximadamente la mitad de las personas que lo padecen lo desarrollan antes de los veinticuatro años. En aproximadamente un tercio de los casos, el pánico se ve complicado por la agorafobia (como se describe en el siguiente apartado). Entre el 2 y el 3% de la población padece el trastorno de pánico «puro», mientras que alrededor del 5%, o una de cada veinte personas, experimentan ataques de pánico complicados por la agorafobia. Muy pocos individuos desarrollan el trastorno de pánico en la infancia o tras cumplir los sesenta y cinco años. Las mujeres tienen aproximadamente el doble de posibilidades de desarrollarlo que los hombres. Y los estadounidenses de raza blanca presentan más posibilidades de desarrollarlo que los otros grupos étnicos.

Fumar cigarrillos incrementa el riesgo de padecer el trastorno de pánico (Isensee *et al.*, 2003). Aproximadamente el 30% de las personas con trastorno de pánico utilizan el alcohol para automedicarse (Mental Health America, 2007), lo cual a menudo agrava sus síntomas cuando los efectos del alcohol se disipan. El cannabis precipita a menudo el pánico en algunas personas. Y alrededor de una cuarta parte de los individuos que sufren ataques de pánico experimentarán un ataque de pánico *nocturno* ocasional (la persona se despierta y sufre un ataque de pánico).

El trastorno de pánico se ve influido en parte por una actividad excesiva en áreas del cerebro conocidas como la amígdala y el hipotálamo (véase el capítulo 2 para una información detallada sobre la neurobiología del trastorno de pánico).

Los tratamientos actuales

Las siguientes estrategias se consideran punteras para combatir el trastorno de pánico:

ENSEÑAR A RELAJARSE. Se trata de practicar la respiración abdominal y alguna forma de relajación muscular profunda (como la relajación muscular progresiva) a diario. Esto ayuda a reducir los síntomas *físicos* del pánico, así como de la ansiedad anticipatoria que se puede experimentar por el temor a sufrir un ataque de pánico. Un programa de ejercicios físicos puede ser también recomendable para reducir la ansiedad (véanse los capítulos 4 y 5).

TERAPIA DE CONTROL DEL PÁNICO. Su fin es identificar y eliminar los pensamientos catastrofistas (tales como: «¡Estoy atrapado!», «¡Me voy a volver loco!» o «¡Voy a tener un ataque al corazón!») que tienden a desencadenar los ataques de pánico (véase el capítulo 6).

EXPOSICIÓN INTEROCEPTIVA. Consiste en practicar la habituación voluntaria a los *síntomas corporales* del pánico, tales como palpitaciones, manos sudorosas, dificultad para respirar o mareos. Estos síntomas son creados deforma deliberada, generalmente en el consultorio del terapeuta. Por ejemplo, los mareos pueden ser inducidos por medio de que el paciente dé vueltas sentado en una silla giratoria y los latidos rápidos del corazón, por medio de subir y bajar escaleras rápidamente. La exposición repetida a los síntomas corporales desagradables promueve un *proceso de desensibilización*, que básicamente significa «volverse menos sensible» a los síntomas o acostumbrarse más a ellos, hasta el punto de que ya no asustan a la persona (véase el capítulo 7).

Medicación. Los medicamentos antidepresivos inhibidores selectivos de la recaptación de serotonina (ISRS) como Zoloft, Lexapro, Celexa o Cymbalta —o las benzodiacepinas tales como Xanax, Ativan o Klonopin— se pueden utilizar para reducir la intensidad de los síntomas del pánico. Estos medicamentos son más efectivos si se usan en conjunción con las tres primeras estrategias descritas (véase el capítulo 17). Un inconveniente del hecho de tratar con fármacos el trastorno de pánico es que más del 50% de las personas pueden recaer si dejan la medicación después de haberla estado tomando durante un año o más tiempo.

Cambios en el estilo de vida y la personalidad. Algunos de los cambios que se pueden introducir en el estilo de vida con el fin de reducir la tendencia a experimentar ataques de pánico son la gestión del estrés, el ejercicio asiduo, eliminar los estimulantes y el azúcar de la dieta, bajar el ritmo y gozar de más tiempo libre y modificar las actitudes que tienen que ver con el perfeccionismo, la excesiva necesidad de agradar y la excesiva necesidad de control (estas cuestiones se abordan en los capítulos 4, 5, 10 y 15).

LA AGORAFOBIA

La palabra *agorafobia* significa 'miedo a los espacios abiertos'; sin embargo, la esencia de la agorafobia es el miedo a los ataques de pánico. Quien padece este trastorno tiene miedo a encontrarse en situaciones de las que le podría ser difícil escapar —o en las que la ayuda podría no estar disponible— si de repente tuviese un ataque de pánico. Puede ser que evite los supermercados o las autopistas, por ejemplo, no tanto por sus características inherentes como por el hecho de que se trata de contextos de los que podría ser difícil o embarazoso salir en caso de pánico. El miedo a la vergüenza juega un papel clave. La mayoría de los agorafóbicos temen no solo padecer ataques de pánico, sino también *lo que otras personas puedan pensar* en caso de que los vean sufrir el ataque.

Es habitual que el agorafóbico evite varios escenarios. Algunos de los más habituales son:

- Lugares públicos concurridos, como supermercados, grandes almacenes o restaurantes.
- Lugares cerrados o limitados, tales como túneles, puentes, teatros, cines o la silla de la peluquería.
- Transportes públicos, como trenes, autobuses, metros y aviones.
- Estar en una fila o en medio de una multitud.
- Estar solo en casa.

Tal vez la característica más común de la agorafobia es la ansiedad por estar lejos de casa o de una «persona de confianza» (normalmente el cónyuge, pareja, padre o madre, o alguien por quien se siente un apego primario). Puede ser que se evite por completo conducir solo o que se tenga miedo de conducir más allá de una cierta distancia, corta, de casa. En casos más graves, es posible que la persona no sea capaz de alejarse más que unos pocos metros de su casa caminando, o que quede totalmente confinada al hogar. En ocasiones, incluso se recluye en una habitación de su casa.

Para recibir el diagnóstico de agorafobia, el individuo debe evitar al menos dos de los conjuntos de situaciones mencionadas, o más. En general, evita dichas situaciones por completo, pero puede ser que las sobrelleve con una ansiedad intensa si va acompañado por una persona de confianza.

Quien padece agorafobia no solo tiene fobia a distintas situaciones, sino que tiende a sufrir ansiedad la mayor parte del tiempo. Esta ansiedad surge de la *anticipación* de poder verse atrapado en una situación en la que fuese presa del pánico. ¿Qué pasaría, por ejemplo, si se le pidiese a la persona que fuese a un lugar que normalmente evita y tuviese que explicar la manera en que saldría de allí? ¿O si de repente se quedara sola? Debido a las severas restricciones en cuanto a su vida y sus actividades, también puede ser que se encuentre deprimida. La depresión surge de sentirse en las garras de una situación sobre la que no se tiene ningún control o que uno se ve impotente para cambiar.

La agorafobia, en la mayoría de los casos, parece ser engendrada por el trastorno de pánico. Al principio solo se tienen ataques de pánico que sobrevienen sin razón aparente (esto es el trastorno de pánico). Después de un tiempo, sin embargo, uno se da cuenta de que sus ataques son más frecuentes en situaciones en las que está confinado fuera de casa o en las que está solo. Entonces comienza a tener miedo de estas situaciones. Llegado el punto en que realmente se evitan estas situaciones por temor a sufrir un ataque de pánico, se ha empezado a padecer agorafobia. A partir de ahí, se puede desarrollar un problema leve, moderado o grave. Si el caso es leve, la persona puede estar incómoda en situaciones en las que se sienta confinada, pero no llegar a evitarlas. Sigue trabajando o yendo de compras por sí misma, pero no quiere alejarse de casa por otros motivos. Si el caso es moderado, puede comenzar a evitar algunas situaciones, tales como el transporte público, los ascensores, conducir lejos de casa o estar en restaurantes. Sin embargo, lo que se siente impulsada a evitar son solo algunas cosas; hay ciertas situaciones que puede gestionar por su cuenta fuera de casa o sin tener al lado a su persona de confianza, aunque le produzcan cierta incomodidad. La agorafobia grave se caracteriza por una restricción de todo tipo de actividades, hasta el punto de que el individuo no puede salir de casa sin compañía.

Se desconoce, hasta el momento, la razón por la cual algunas personas que sufren ataques de pánico contraen agorafobia mientras que otras no lo hacen (hay algunas que padecen solamente agorafobia, sin los ataques de pánico). Tampoco se sabe por qué algunos individuos desarrollan casos mucho más graves que otros. Lo que sí se sabe es que la agorafobia es causada por una combinación de factores hereditarios y ambientales. Los agorafóbicos pueden tener un padre, hermano u otro pariente que también tenga el problema. Cuando un gemelo idéntico es agorafóbico, el otro presenta una alta probabilidad de serlo también. En cuanto a los factores ambientales, hay ciertos tipos de circunstancias de la infancia que predisponen a un niño a la agorafobia y entre los que están crecer con padres que son perfeccionistas y supercríticos, sobreprotectores o demasiado angustiados, hasta el punto de que transmiten a sus hijos que el mundo es un «lugar peligroso». Los orígenes hereditarios y ambientales de la agorafobia y otros trastornos de ansiedad se explorarán con mayor profundidad en el siguiente capítulo.

La agorafobia afecta a personas de todos los ámbitos de la vida y en todos los niveles de la escala socioeconómica. Aproximadamente el 2% de los adultos y adolescentes de Estados Unidos padecen agorafobia en algún momento. Más o menos el 80% de los agorafóbicos son mujeres, aunque este porcentaje ha ido disminuyendo recientemente. Se puede especular que a medida que cada vez más mujeres tengan empleos a jornada completa (de modo que sea cada vez menos aceptado socialmente estar confinado en casa), el porcentaje de mujeres y hombres que padecen agorafobia tenderá a igualarse.

Existe más riesgo de padecer agorafobia al final de la adolescencia y al principio de la adultez. Un segundo período de mayor riesgo tiene lugar más tarde, después de los cuarenta años. Desafortunadamente, la agorafobia tiende a ser un problema crónico y recurrente a menos que sea convenientemente tratada. No es habitual lograr la remisión completa sin recibir ningún tratamiento; solo lo logran aproximadamente el 10% de las personas afectadas.

Los tratamientos actuales

ENSEÑAR A RELAJARSE, LA TERAPIA DE CONTROL DEL PÁNICO Y LA EXPOSICIÓN INTEROCEPTIVA. Puesto que la agorafobia se basa habitualmente en el miedo a los ataques de pánico, se utilizan estos mismos tratamientos descritos para el trastorno de pánico (véanse los capítulos 4 y 6).

EXPOSICIÓN. La terapia de exposición significa que la persona se enfrenta o se expone a sí misma a una situación que teme. Afronta gradualmente situaciones que ha estado evitando por medio de un proceso consistente en dar pequeños pasos. Estas exposiciones se llevan a cabo por primera vez en la imaginación y después en la vida real (véase el capítulo 7). Por ejemplo, si la persona tiene miedo a conducir lejos de casa, aumentará gradualmente la distancia que va a conducir, un poco más cada vez. Una persona de apoyo podría acompañarla en el mismo coche al principio y después conducir un segundo coche detrás de ella; finalmente, el sujeto que está lidiando con la agorafobia practicaría conducir solo. O, si tiene miedo de estar solo en casa, quien por lo general se queda con él saldría de casa solo durante unos minutos al principio, y luego aumentaría progresivamente el tiempo de ausencia. Poco a poco, el sujeto aprende a afrontar todas las situaciones que ha estado evitando.

TERAPIA COGNITIVA. El objetivo de la terapia cognitiva es ayudar a reemplazar los pensamientos exagerados y de miedo sobre el pánico y las fobias por hábitos mentales más realistas y positivos.

La persona aprende a identificar, desafiar y reemplazar los pensamientos contraproducentes por otros constructivos (véanse los capítulos 8 y 9).

Medicación. El tratamiento actual de la agorafobia utiliza la medicación a menudo. Es especialmente probable que se usen medicamentos inhibidores selectivos de la recaptación de serotonina (ISRS) como Zoloft, Lexapro, Celexa o Cymbalta en los casos más graves, cuando la persona está confinada en su casa o es incapaz de realizar un gran número de actividades. Dosis bajas de tranquilizantes tales como Xanax o Klonopin también se pueden usar para ayudar a las personas a lidiar con las primeras fases de la exposición (véase el capítulo 17).

Aprender a ser asertivo. Puesto que los agorafóbicos suelen tener dificultades para defenderse a sí mismos y sus derechos, el tratamiento con frecuencia los entrena en la asertividad (véase el capítulo 13).

Terapia grupal. El tratamiento para la agorafobia se puede llevar a cabo de manera muy eficaz en grupo. Hay mucho apoyo disponible en un grupo, tanto para que la persona pueda darse cuenta de que no está sola como para que sea capaz de realizar las tareas que se le asignan cada semana.

EL TRASTORNO DE ANSIEDAD SOCIAL

El trastorno de ansiedad social (también conocido como *fobia social*) es uno de los trastornos de ansiedad más comunes. Se trata del temor a la vergüenza o humillación en situaciones en las que se está expuesto al escrutinio de los demás o en las que uno debe exponerse. Este miedo es mucho más fuerte que la ansiedad normal que los no agorafóbicos experimentan en situaciones sociales o en que deben desempeñarse ante un público. Por lo general es tan fuerte que hace que se evite la situación por completo, si bien algunas personas con fobia social la soportan, aunque experimentando una ansiedad considerable. Por lo general, la preocupación del sujeto es que va a decir o hacer algo que va a causar que otros lo juzguen como alguien ansioso, débil, «loco» o estúpido. Teme ser juzgado así solo con que muestre síntomas físicos de ansiedad, como rubor o sudoración. Esta preocupación es por lo general desproporcionada respecto a la situación, y la misma persona reconoce que es excesiva (los niños con fobia social, sin embargo, no admiten que su miedo es desmesurado).

Para recibir el diagnóstico de trastorno de ansiedad social, el miedo debe haber persistido durante al menos seis meses. Este trastorno se asocia con una mayor probabilidad de abandonar los estudios, una menor satisfacción y productividad en el lugar de trabajo, un estatus socioeconómico más bajo y, en general, una calidad de vida más pobre.

La fobia social más común es el miedo a hablar en público. De hecho, esta es la más común de todas las fobias y afecta a artistas, oradores, personas cuyos trabajos las obligan a hacer presentaciones y a estudiantes que tienen que hablar delante de su clase. La fobia a hablar en público afecta a un gran porcentaje de la población y está igual de extendida entre hombres y mujeres.

Otras fobias sociales habituales son:

- Miedo a participar en reuniones o en cualquier encuentro grupal.
- Miedo a ruborizarse en público.
- Miedo a atragantarse o derramar alimentos al comer en público.
- Miedo a ser observado en el trabajo.
- Miedo a usar los baños públicos.
- Miedo a escribir o firmar documentos en presencia de otras personas.
- Miedo a las multitudes.
- Miedo a los exámenes.

A veces la fobia social es menos específica e implica un temor general a *cualquier* situación social o grupal donde la persona siente que puede ser vista o evaluada. Cuando el miedo surge en una amplia gama de situaciones sociales (por ejemplo, iniciar conversaciones, participar en pequeños grupos, hablar a figuras de autoridad, acudir a citas, asistir a fiestas, etc.), este problema es conocido como *fobia social generalizada*.

Síntomas habituales del trastorno de ansiedad social son el rubor, la sudoración, los temblores, las palpitaciones y las náuseas. Muchas personas que no son conscientes de ser socialmente fóbicas utilizan el alcohol para mitigar estos síntomas, lo cual, en algunos casos, puede conducir al alcoholismo. Si bien las ansiedades sociales son habituales, tan solo se diagnosticará formalmente fobia social si la evitación del sujeto interfiere en su trabajo, actividades sociales o relaciones importantes, o si le causa una angustia considerable. Al igual que ocurre con la agorafobia, la fobia social puede ir acompañada de ataques de pánico, si bien este pánico se relaciona más con sentirse avergonzado o humillado que con estar confinado o atrapado. Además, el pánico surge solo en relación con un tipo específico de situación social.

Las fobias sociales tienden a desarrollarse antes que la agorafobia y pueden comenzar a finales de la infancia o en la adolescencia, habitualmente entre los ocho y los quince años. A menudo aparecen en los niños tímidos en la época en que se enfrentan a una mayor presión por parte de los compañeros de la escuela. Normalmente estas fobias persisten —si no reciben tratamiento— a lo largo de la adolescencia y principios de la adultez, pero tienen tendencia a ver reducida su gravedad en las etapas posteriores de la vida. La fobia social afecta a entre el 3 y el 7% de la población de Estados Unidos, y es posible que sea más frecuente entre las mujeres que entre los hombres. Sin embargo, hay más hombres en tratamiento médico que mujeres: si bien la paridad laboral entre ambos sexos está aumentando, ellos aún buscan tratamiento con mayor frecuencia que ellas, a causa de sus empleos. Hasta el 14% de los adultos padecen fobia social en algún momento de sus vidas.

A un porcentaje significativo de personas que padecen el trastorno de ansiedad social se les ha diagnosticado depresión, o bien padecen otro trastorno de ansiedad como el trastorno de pánico o el trastorno de ansiedad generalizada, o bien están luchando contra la adicción a alguna sustancia. El 50% de quienes sufren un trastorno de ansiedad social pueden experimentar una remisión espontánea de este problema en el plazo de dos o tres años; el otro 50% pueden seguir experimentando los síntomas durante mucho más tiempo si no reciben tratamiento.

Como ocurre con otros trastornos de ansiedad, hay tanto componentes genéticos como ambientales entre las causas del trastorno de ansiedad social. Si un gemelo idéntico sufre el problema, el otro gemelo presenta entre un 30 y un 50% más de posibilidades de tenerlo también. La posibilidad de heredar este trastorno entre las personas con un parentesco de primer grado es entre cinco y seis veces más grande que entre las personas no emparentadas. A la vez, la ansiedad social en los padres adoptivos se correlaciona de forma significativa con la ansiedad social de sus hijos (Kendler, Karkowski y Prescott, 1999).

Los tratamientos actuales

Todas las intervenciones que siguen a continuación forman parte del tratamiento que se sigue actualmente para la fobia social:

ENSEÑAR A RELAJARSE. Técnicas de respiración abdominal y relajación profunda se practican de forma asidua para aliviar los síntomas físicos de la ansiedad (véase el capítulo 4).

TERAPIA COGNITIVA. Los pensamientos de miedo que tienden a perpetuar las fobias sociales son identificados, desafiados y reemplazados por otros más realistas. Por ejemplo, el pensamiento: «Voy a hacer el ridículo si hablo» se reemplaza por la idea: «No pasa nada si estoy un poco incómodo al principio cuando hablo; la mayoría de las personas no se molestan». Los terapeutas cognitivos tienden a enfocarse en tres tipos específicos de distorsiones cognitivas: una excesiva atención a los síntomas de la ansiedad y a la impresión que estos pueden causar en otras personas, las distorsiones en cuanto al concepto que tiene uno de sí mismo respecto a su atractivo social y la tendencia a sobrestimar la probabilidad de ser evaluado negativamente por los demás.

EXPOSICIÓN. La exposición consiste en afrontar, de manera gradual y progresiva, la situación o las situaciones sociales a las que se tiene fobia. Se puede empezar con situaciones simuladas y pasar después a la vida real. Por ejemplo, si la persona tiene fobia a hablar en público, podría comenzar dando una charla de un minuto a un amigo y después aumentar *progresivamente*, a lo largo de muchos pasos, tanto la duración de lo que dice como la cantidad de personas ante las que habla. O, si tiene dificultad para hablar en grupos, puede ir incrementando gradualmente tanto la duración como el grado de exposición personal en las observaciones que haga al grupo (véase el capítulo 7). Se instruye a la persona para que, después de cada exposición, revise y desafíe cualquier pensamiento irreal que le causó ansiedad. Si bien el tratamiento para la fobia social se puede acometer de manera individual, la terapia de grupo es el formato de tratamiento ideal, porque permite la exposición *directa* a la situación y a los estímulos que evocan la ansiedad.

- **MANTENERSE EN LA TAREA.** Las personas con fobia social tienden a centrarse mucho en cómo lo están haciendo o en tratar de medir las reacciones de la gente cuando hablan en una situación social. El tratamiento les enseña a centrarse solo en la tarea en cuestión, ya sea conversar con un jefe, hablar en clase o presentar información a un grupo.
- **MEDICACIÓN.** Medicamentos inhibidores selectivos de la recaptación de serotonina (ISRS) como Zoloft, Luvox, Cymbalta o Lexapro, o dosis bajas de tranquilizantes benzodiacepínicos, tales como Xanax o Klonopin, se pueden utilizar como complemento de los tratamientos cognitivos y basados en la exposición descritos anteriormente. A veces medicamentos inhibidores *de la monoaminooxidasa*, tales como Nardil o Parnate, se utilizan para tratar la fobia social con éxito, si bien esto es menos habitual en la práctica actual (véase el capítulo 17).
- **ENTRENAMIENTO EN HABILIDADES SOCIALES.** En algunos casos, el aprendizaje de habilidades sociales básicas como sonreír y establecer contacto visual, mantener una conversación, mostrarse y escuchar activamente forman parte del tratamiento para la fobia social.
- **ENTRENAMIENTO EN LA ASERTIVIDAD.** El entrenamiento en la asertividad —la capacidad de pedir directamente lo que se quiere o de decir *no* a lo que no se quiere— a menudo forma parte del tratamiento (véase el capítulo 13).

LAS FOBIAS ESPECÍFICAS

La fobia específica normalmente implica un fuerte miedo y la evitación de *un* tipo particular de objeto o situación. No tienen lugar ataques de pánico espontáneos y tampoco hay miedo a sufrirlos, contrariamente a lo que ocurre en la agorafobia. Tampoco se teme la humillación o la vergüenza en situaciones sociales, como en el caso de la fobia social. La exposición directa a la situación u objeto temido puede provocar una reacción de pánico, sin embargo. En el caso de las fobias específicas, el miedo siempre es desproporcionado en relación con el peligro real que el objeto o la situación plantean. Normalmente, el miedo y la evitación son lo suficientemente fuertes como para interferir en las rutinas normales, el trabajo o las relaciones y causar una angustia significativa durante un período de seis meses o más. A pesar de que se reconoce su irracionalidad, una fobia específica puede provocar una ansiedad considerable.

Entre las fobias específicas más comunes se encuentran las siguientes:

- ▶ **FOBIAS A ANIMALES.** Pueden incluir el miedo y la evitación de serpientes, murciélagos, ratas, arañas, abejas, perros y otras criaturas. A menudo, estas fobias comienzan en la infancia, en que se consideran miedos normales. Solo cuando persisten en la edad adulta y provocan perturbaciones en la vida de la persona o le causan una angustia significativa pasan a ser clasificadas como fobias específicas.

- **Acrofobia (miedo a las alturas).** Se tiende a tener miedo de los pisos altos de los edificios o de encontrarse sobre montañas, colinas o puentes. En tales situaciones, es posible experimentar vértigo (mareos) o el impulso de saltar, que por lo general se experimenta como una fuerza externa que empuja a la persona hacia el borde.
- **Fobia a los ascensores.** Esta fobia puede implicar el temor a que los cables se rompan y el ascensor se estrelle o a que se quede bloqueado y quedar atrapado en su interior. Se pueden tener reacciones de pánico sin que haya antecedentes de trastorno de pánico o agorafobia.
- **Fobia a los aviones.** A menudo implica el temor a que el avión se estrelle. También puede implicar el miedo a que la cabina se despresurice, lo que provocaría la asfixia de los ocupantes. Más recientemente, las fobias a que los aviones sean secuestrados o bombardeados se han vuelto comunes. Las personas con esta fobia pueden sufrir un ataque de pánico al volar, pero por lo demás no presentan ningún historial de trastorno de pánico o agorafobia. El miedo a volar es una fobia muy común. Aproximadamente el 10% de la población no volará nunca, y un 20% experimenta una ansiedad considerable durante el vuelo.
- **Fobia al dentista o a cualquier otro médico.** Puede comenzar como un temor a procedimientos dolorosos llevados a cabo en la consulta (como recibir inyecciones o la aplicación de empastes dentales). Más tarde se puede extender a todo lo que tenga que ver con ello. El peligro es que se puede evitar un tratamiento médico necesario.
- **Fobias a los truenos o rayos.** Casi invariablemente, las fobias a los truenos y rayos comienzan en la infancia. Cuando persisten más allá de la adolescencia, se clasifican como fobias específicas.
- **Fobia a las heridas con sangre.** Se trata de una fobia peculiar en que la persona tiene tendencia a desmayarse (en lugar de experimentar un ataque de pánico) si se ve expuesta a su propia sangre o al dolor a causa de una inyección o una lesión accidental. En respuesta a la situación fóbica, el ritmo cardíaco y la presión sanguínea primero suben y a continuación caen, en lo que se denomina *respuesta vasovagal*. Las personas con fobia a las heridas con sangre tienden a estar saludables en otros aspectos, tanto físicos como psicológicos.
- **Fobia a la enfermedad (hipocondría).** Por lo general, esta fobia implica un temor a contraer una enfermedad específica y, en última instancia, morir a causa de ella, como un ataque al corazón o un cáncer. Quien tiene fobia a una enfermedad tiende a buscar constantemente que los médicos le tranquilicen al respecto y evita cualquier situación que le recuerde la terrible enfermedad.

Las fobias específicas son habituales y afectan aproximadamente al 10% de la población (el porcentaje llega a ser del 16% en el caso de los adolescentes). Sin embargo, puesto que no siempre se traducen en una incapacidad grave, solamente una minoría de las personas que las sufren buscan tratamiento. La mayor parte de las fobias afectan a hombres y mujeres casi por igual. Las fobias a los animales tienden a ser más comunes en las mujeres, mientras que a la enfermedad son más frecuentes en los hombres. En general, ellas son el doble de propensas a comunicar que tienen una fobia específica, en comparación con ellos. Esto puede reflejar una diferencia en cuanto a quiénes buscan tratamiento (Cameron, 2004).

Como se mencionó anteriormente, las fobias específicas son a menudo temores de la infancia que nunca fueron superados. En otros casos, pueden aparecer después de un acontecimiento traumático, como un accidente, un desastre natural, una enfermedad o una visita al dentista —en otras palabras, como resultado de un condicionamiento—. Una causa final de estas fobias es algo que fue incorporado en la niñez. La observación repetida de un padre con una fobia específica puede llevar a que el niño también la desarrolle.

Los tratamientos actuales

Puesto que las fobias específicas generalmente no implican ataques de pánico espontáneos, algunos de los tratamientos para el pánico, como la terapia de control del pánico, la exposición interoceptiva y la medicación, son por lo general evitados.

ENSEÑAR A RELAJARSE. La respiración abdominal y la relajación muscular profunda se practican de forma asidua para reducir los síntomas de ansiedad que tienen lugar tanto en el momento de hacer frente a la fobia específica como cuando se experimenta la preocupación (ansiedad anticipatoria) por tener que hacer frente a la situación fóbica (véase el capítulo 4).

TERAPIA COGNITIVA. Los pensamientos de miedo que tienden a perpetuar la fobia específica son desafiados y reemplazados. Por ejemplo: «¿Y si me entra el pánico porque me siento atrapado a bordo de un avión?» se reemplaza por pensamientos más realistas y que constituyan una ayuda, tales como: «Aunque no pueda salir del avión durante dos horas, me *puedo* mover; por ejemplo, puedo dejar mi asiento para ir al baño varias veces si es necesario. Si empiezo a sentir pánico, puedo usar muchas estrategias para hacerle frente, como la respiración abdominal, hablar con mi compañero, escuchar un audio de relajación o tomar un medicamento, si lo necesito». Afirmaciones de afrontamiento tales como: «He manejado esto antes y puedo manejarlo de nuevo» o «Esto es solo un pensamiento; no tiene validez» también son útiles. Estas afirmaciones de afrontamiento se ensayan hasta que se interiorizan (véase el capítulo 8).

EXPOSICIÓN. Implica hacer frente a la situación fóbica gradualmente, a través de una serie de pasos progresivos. Por ejemplo, el miedo a volar se afronta por primera vez en la imaginación solamente (exposición imaginaria), después viendo aviones aterrizar y despegar, más tarde subiendo a un avión en tierra, luego tomando un vuelo corto y, por último con un vuelo más largo. Una persona de apoyo acompaña al sujeto a lo largo de todos los pasos; a continuación, este intenta realizarlos por su cuenta. En el caso de algunas fobias, es difícil exponerse en la vida real. Por ejemplo, si la persona tiene miedo a los terremotos, el tratamiento enfatizaría la terapia cognitiva y después la exposición a escenas imaginadas de terremotos (o la persona vería películas sobre seísmos). La exposición imaginaria y en la vida real se describen en el capítulo 7.

Terapia de exposición mediante realidad virtual. En unos pocos marcos de tratamiento en que se cuenta con la tecnología adecuada, las fobias específicas se tratan con la *terapia de exposición mediante realidad virtual* (TERV). La TERV utiliza un equipo específicamente programado con grandes pantallas para simular situaciones fóbicas como encontrarse con arañas, alturas, volar en avión, hablar en público e incluso permanecer en espacios cerrados. Como en el caso de la exposición en la vida real, se expone al paciente a una jerarquía muy detallada de escenas fóbicas que utilizan señales visuales, auditivas e incluso táctiles para estimular una sensación de presencia e inmersión en la situación. El facultativo puede ajustar la intensidad de cada situación, así como identificar factores desencadenantes que están solamente asociados con la fobia específica. Al sujeto también se le dan controles, como una palanca de mando, para permitirle moverse e interactuar con el entorno simulado. Su avance a través de una sucesión de escenas puede monitorizarse de cerca. Las escenas difíciles pueden repetirse hasta que el paciente asume que esa situación no es dañina en realidad. Las primeras aplicaciones de la TERV que se llevaron a cabo en la década de los noventa mostraron una clara reducción de los miedos a las alturas, comparable con la obtenida con la exposición en la vida real. Desde entonces, el abanico de aplicaciones se ha extendido a tratar a los veteranos de guerra del trastorno de estrés postraumático (se recrean escenas de combate con el fin de que logren el autodominio ante condiciones de combate adversas). Más recientemente, la TERV se ha utilizado para tratar la depresión en adolescentes: el paciente entra en un personaje que viaja por un mundo de fantasía, donde combate sus pensamientos negativos virtuales. Como ocurre con cualquier tipo de terapia especializada, los facultativos que administran la TERV tienen que haber recibido una formación apropiada. Ha habido problemas con terapeutas no formados que se limitaron a comprar el equipo y procedieron a usarlo sin haber recibido la formación pertinente. Las investigaciones indican que la exposición virtual puede ser efectiva y transferirse bien a la situación fóbica de la vida real. En Rothbaum (2006) puede encontrarse un resumen detallado de las investigaciones llevadas a cabo sobre la eficacia de la TERV en relación con las alturas, el miedo a volar y el trastorno de estrés postraumático.

En resumen, la fobia específica es por lo general un trastorno benigno, especialmente si comienza como un miedo típico de la infancia. A pesar de que puede durar años, rara vez empeora, y a menudo disminuye con el tiempo. Lo habitual es que no esté asociada con otros trastornos psiquiátricos. Las personas con fobias específicas normalmente se desempeñan a un alto nivel en todos los demás aspectos.

EL TRASTORNO DE ANSIEDAD GENERALIZADA

El trastorno de ansiedad generalizada (TAG) se caracteriza por la presencia crónica de la ansiedad, que persiste durante al menos seis meses *pero sin ir acompañada de ataques de pánico, fobias u obsesiones*. La persona tan solo experimenta una ansiedad y una preocupación persistentes, que no se ven complicadas por los factores propios de otros trastornos de ansiedad. Para recibir el diagnóstico de trastorno de ansiedad generalizada, la ansiedad y la preocupación deben centrarse en dos o más circunstancias vitales estresantes (como las finanzas, las relaciones, la salud, los problemas laborales o el rendimiento escolar) la mayor parte de los días durante un período de seis meses. Es habitual, si se sufre este trastorno, que la persona tenga un gran número de preocupaciones y pase mucho de su tiempo inquietándose por ellas. Además, le resulta difícil controlar esta dinámica. Por otra parte, la intensidad y frecuencia de la preocupación son siempre desproporcionadas en relación con el riesgo real de que los acontecimientos temidos lleguen a suceder.

Además de la preocupación frecuente y difícil de controlar, el TAG implica experimentar al menos tres de los seis síntomas siguientes (algunos de los cuales llevan presentes más tiempo, no solo en los últimos seis meses):

- Tensión (nervios).
- Fatigarse con facilidad.
- Dificultad para concentrarse.
- Irritabilidad.
- Tensión muscular.
- Dificultades con el sueño.

El trastorno de ansiedad generalizada aparece asociado a menudo con síntomas físicos como cefaleas tensionales, síndrome del colon irritable, tensión arterial alta, insomnio e incluso osteoporosis. Sin embargo, la presencia de cualquiera de estos problemas físicos no implica necesariamente que se padezca un TAG, cuya característica principal es la presencia de la preocupación incesante. Es muy probable que una persona reciba el diagnóstico de trastorno de ansiedad generalizada si su preocupación y los síntomas asociados a esta le causan una angustia significativa o interfieren en su capacidad para desempeñarse laboralmente, socialmente o en otras áreas importantes de la vida.

Si un médico diagnostica este trastorno, probablemente ha descartado posibles causas físicas de la ansiedad crónica, como hiperventilación, problemas de tiroides o ansiedad inducida por fármacos (en relación con la retirada del alcohol o de algún medicamento benzodiacepínico). El TAG concurre a menudo con la depresión; a veces, esta confluencia se denomina *trastorno mixto de ansiedad y depresión*. En estos casos, un examen minucioso del historial del paciente permite determinar, por lo general, cuál de los dos trastornos apareció en primer lugar.

El trastorno de ansiedad generalizada puede presentarse a cualquier edad. En los niños y adolescentes, el foco de la preocupación tiende a ser el rendimiento en los eventos escolares o deportivos. En los adultos, el foco puede variar, pero normalmente es un tema habitual, como las finanzas, la salud o las responsabilidades en el trabajo. En cualquier momento dado, aproximadamente un 4% de los adultos están experimentando el trastorno de ansiedad generalizada, y un 9% lo experimentan en algún período de sus vidas. Las mujeres son dos veces más propensas a sufrir este trastorno que los hombres. Y las personas con ascendencia europea lo son más que las que no la tienen.

Aunque no existen fobias específicas asociadas con el TAG, una visión propuesta por Aaron Beck y Gary Emery sugiere que el trastorno se halla sostenido por «miedos básicos» de carácter más amplio que las fobias específicas, tales como los siguientes:

- Miedo a perder el control.
- Miedo a no ser capaz de hacer frente a determinadas situaciones.
- Miedo al fracaso.
- Miedo al rechazo o al abandono.
- Miedo a la muerte y la enfermedad.

El trastorno de ansiedad generalizada puede verse agravado por cualquier situación estresante que desencadene estos temores, como un aumento de las exigencias de rendimiento, una intensificación del conflicto marital, una enfermedad física o *cualquier situación que aumente la percepción de peligro o amenaza*.

Se desconocen las causas subyacentes al TAG. Es probable que incluyan una combinación de herencia, neurobiología y experiencias de la infancia que predisponen al trastorno, como expectativas excesivas, abandono y rechazo, o la inducción de una actitud de preocupación por parte de los padres.

Los tratamientos actuales

ENSEÑAR A RELAJARSE. Técnicas de respiración abdominal y relajación profunda se practican de forma asidua para reducir directamente la ansiedad. Un programa de ejercicios físicos también puede incluirse en el tratamiento (véanse los capítulos 4 y 5).

TERAPIA COGNITIVA. El diálogo interno basado en el miedo que subyace a los temas específicos de preocupación es identificado, desafiado y reemplazado por pensamientos más realistas. Cuando la persona se preocupa, sobrestima las probabilidades de que ocurra algo negativo y subestima su capacidad de hacer frente a la situación si algo malo acaba por suceder. La terapia cognitiva tiene como objetivo corregir ambos tipos de pensamiento distorsionado. El sujeto también trabajará para cambiar las creencias negativas o «metacreencias» acerca de la preocupación en sí. Estas incluyen tanto las creencias de que la preocupación le ayudará a evitar algo negativo, como por ejemplo: «Si me preocupo por esto, no va a suceder», como las creencias atemorizantes acerca de la preocupación en sí, como por ejemplo: «Mis preocupaciones son incontrolables» o «Me volveré loco de tanto preocuparme». La persona practica afirmaciones realistas de modo constante, y con el tiempo las interioriza.

También puede utilizarse la imaginación guiada para ayudar a redirigir la mente desde la preocupación hacia temas más optimistas.

Exposición a la preocupación. En la exposición a la preocupación, el individuo se expone de manera repetida y prolongada a las imágenes que más teme en relación con aquello que le preocupa (lo peor que, según él, podría pasar). En estas imágenes se incluyen estrategias para reducir la ansiedad y hacer frente a la situación.

Reducir los comportamientos de preocupación. El sujeto identifica unos «comportamientos de seguridad» excesivamente cautelosos que tienden a reforzar su preocupación. Por ejemplo, si tiende a llamar a su cónyuge o a su hijo varias veces al día para comprobar cómo está, tendría que reducir la frecuencia de este comportamiento.

Resolver los problemas. Esto significa llevar a cabo acciones sistemáticas para resolver el problema que es objeto de la preocupación. Resumiendo, la persona se centra en las soluciones al problema que la agobia en lugar de centrarse en la preocupación en sí. Si no hay ninguna solución práctica para el problema, el individuo trabaja en cambiar su actitud hacia la situación, es decir, aprende a aceptar lo que no puede cambiar.

Distracción. Varias técnicas de distracción pueden ser útiles para las preocupaciones que no se prestan fácilmente a la terapia cognitiva o la resolución de problemas. Actividades de distracción habituales son hablar con un amigo, escribir un diario, escuchar música, hacer ejercicio, cuidar del jardín, resolver crucigramas, hacer manualidades y actividades artísticas, cocinar o navegar por Internet.

Medicación. Para los casos de moderados a graves del trastorno de ansiedad generalizada, se pueden usar medicamentos inhibidores selectivos de la recaptación de serotonina (ISRS), como Zoloft, Luvox, Lexapro o Celexa. Los medicamentos inhibidores selectivos de la recaptación de serotonina y noradrenalina (IRSN), como Effexor y Pristiq, también han demostrado ser eficaces en el tratamiento del trastorno de ansiedad generalizada. Otro fármaco, BuSpar, se ha estado utilizando desde hace muchos años para tratar la preocupación y la ansiedad generalizada; aún se emplea, ocasionalmente, como un medicamento de primera línea para el tratamiento del TAG. El BuSpar puede combinarse a veces con un ISRS para mejorar la eficacia de este último. Las benzodiacepinas como Xanax, Ativan y Klonopin se usan a menudo para tratar el TAG, si bien algunos psiquiatras se muestran cautelosos al respecto porque pueden provocar tolerancia, dependencia y abuso.

PRÁCTICA DE LA ATENCIÓN PLENA (*MINDFULNESS*). La atención plena es la actitud de, sencillamente, ser testigo de la corriente continua de los pensamientos y sentimientos en el momento presente, sin juzgarlos. Tuvo su origen en el contexto de la práctica de la meditación budista, pero actualmente el *mindfulness* se está utilizando como tratamiento habitual para el estrés, la depresión y la ansiedad generalizada (para más información sobre la práctica de la atención plena, véase el capítulo 18).

CAMBIOS EN EL ESTILO DE VIDA Y LA PERSONALIDAD. Estos cambios son básicamente similares a los métodos descritos para el trastorno de pánico: gestión del estrés, aumento del tiempo libre, ejercicio asiduo, erradicación de los estimulantes y el azúcar de la dieta, resolución de conflictos interpersonales y cambiar actitudes como el perfeccionismo o la excesiva necesidad de complacer o controlar a los demás.

EL TRASTORNO OBSESIVO-COMPULSIVO

En la nueva formulación de los trastornos psiquiátricos que establece el *DSM-5*, el trastorno obsesivo-compulsivo (TOC) se describe en un capítulo específico, separado de los otros trastornos de ansiedad. Se enumera junto con otros trastornos del espectro obsesivo-compulsivo, como el trastorno dismórfico corporal (percepción distorsionada del propio cuerpo), la tricotilomanía (el impulso irresistible de arrancarse el cabello), el trastorno por acumulación, el trastorno de excoriación (la persona se siente obligada a rascarse, pellizcarse o frotarse la piel de forma compulsiva) y el trastorno obsesivo-compulsivo inducido por medicamentos u otras sustancias. Hablaré de estos trastornos en el siguiente apartado. El hecho de que el TOC se haya ubicado en un capítulo aparte obedece a dos motivos: por una parte, a la coherencia de clasificarlo junto con otros trastornos análogos; por otra, al hecho de que el trastorno obsesivo-compulsivo (y otros que hay dentro del mismo espectro) presenta ciertas especificidades neurobiológicas.

Algunas personas tienden, por naturaleza, a ser más aseadas, metódicas y ordenadas que otras. Estos rasgos pueden ser útiles en muchas situaciones, tanto en el trabajo como en el hogar. En el TOC, sin embargo, se llevan a un grado extremo y perjudicial. Los individuos obsesivo-compulsivos pueden pasar muchas horas limpiando, ordenando o revisando, hasta el punto de que estas actividades interfieren en el resto de sus vidas.

Las *obsesiones* son ideas, pensamientos, imágenes o impulsos recurrentes que parecen no tener sentido pero que aun así siguen inmiscuyéndose en la mente. Ejemplos de obsesiones son imágenes de violencia, pensamientos de hacerle algo violento a otra persona o el temor a salir y dejarse las luces o la estufa encendidas, o no haber cerrado la puerta con llave. El sujeto reconoce que estos pensamientos o miedos son irracionales e intenta que no le asalten, pero siguen inmiscuyéndose en su mente durante horas, días, semanas o más tiempo. Estos pensamientos o imágenes no son meras preocupaciones excesivas sobre problemas de la vida real; generalmente no están relacionados con ningún problema que tenga la persona en su vida.

Las *compulsiones* son comportamientos o rituales que se realizan para disipar la ansiedad provocada por las obsesiones. Por ejemplo, es posible que el sujeto se lave las manos varias veces para disipar el miedo a haberse contaminado, o que compruebe la estufa una y otra vez para ver si está apagada, o que mire continuamente por el retrovisor mientras conduce para calmar la ansiedad por haber atropellado a alguien. La persona se da cuenta de que estos rituales no son razonables, pero se siente obligada a realizarlos para protegerse de la ansiedad asociada con su obsesión. El conflicto entre su deseo de verse libre del ritual compulsivo y el deseo irresistible de realizarlo es fuente de ansiedad, vergüenza e incluso desesperación. Al final, puede dejar de luchar con sus compulsiones y entregarse a ellas completamente.

Las obsesiones pueden tener lugar por sí mismas, sin verse necesariamente acompañadas de compulsiones. De hecho, alrededor del 20% de quienes padecen el trastorno obsesivo-compulsivo tienen solamente obsesiones, que suelen centrarse en torno al miedo a causarle daño a un ser querido o a tener pensamientos sexuales inquietantes.

Las compulsiones más frecuentes son lavar, comprobar y contar. Los «lavadores» están constantemente preocupados por evitar contaminarse. Procuran no tocar los pomos o las manijas de las puertas, dar la mano o entrar en contacto con cualquier objeto que asocien con gérmenes, suciedad o una sustancia tóxica. Pueden pasarse literalmente horas lavándose las manos o duchándose para mitigar la ansiedad que sienten por la posibilidad de haberse contaminado. Esta compulsión es más frecuente entre las mujeres que entre los hombres. Sin embargo, ellos las superan como «comprobadores»: tienen que comprobar varias veces las puertas para disipar la obsesión acerca de padecer robos, las estufas para disipar la obsesión acerca de que van a desencadenar un incendio o en la carretera, el espejo retrovisor para disipar la obsesión de haber atropellado a alguien. Finalmente, quienes tienen la compulsión de contar no pueden evitar hacerlo hasta un número determinado o repetir una palabra un cierto número de veces para eliminar la ansiedad acerca de infligirse daño a sí mismos o infligirlo a otra persona.

El TOC suele ir acompañado de depresión. La preocupación por las obsesiones, de hecho, tiende a experimentar altibajos con la depresión. Este trastorno también suele ir acompañado de la evitación fóbica —por ejemplo, cuando una persona con una obsesión por la suciedad evita los baños públicos o tocar las manijas o los pomos de las puertas—. A veces, la evitación interfiere en la vida social o laboral de la persona.

Es muy importante darse cuenta de que el comportamiento obsesivo-compulsivo, por más extraño que parezca, no tiene nada que ver con «estar loco». El sujeto normalmente reconoce la irracionalidad y la falta de sentido de sus pensamientos y comportamientos, y se siente muy frustrado (así como deprimido) a causa de su incapacidad de controlarlos.

El trastorno obsesivo-compulsivo es distinto de los comportamientos compulsivos como la adicción al juego o a la comida, que constituyen otro tipo de trastorno. En este segundo caso, las personas obtienen algún placer de sus actividades compulsivas, mientras que quienes sufren el TOC no quieren presentar esos comportamientos compulsivos (excepto los que llevan a cabo para mitigar sus miedos) ni obtienen ningún placer con ellos. En el nuevo *DSM-5* hay especificadores diagnósticos para identificar los pocos casos de personas que no saben, o casi no saben, que sus creencias obsesivo-compulsivas son ilógicas.

El trastorno obsesivo-compulsivo solía considerarse una extraña alteración del comportamiento. Sin embargo, estudios recientes han mostrado que *entre el 2 y el 3% de la población general* puede ser que lo experimente, en diversos grados. El motivo por el cual las tasas de prevalencia han sido subestimadas hasta ahora es que la mayoría de las personas aquejadas han sido muy reacias a contarle su problema a nadie. Las mujeres parecen verse ligeramente más afectadas por este trastorno que los hombres, pero en la infancia los niños lo sufren que las niñas. La edad media de la aparición del TOC son los diecinueve años y medio. Lo habitual es que los síntomas hagan su aparición de forma progresiva. Sin tratamiento, su índice de remisión en la edad adulta es bajo, normalmente de menos del 20%. Con un tratamiento efectivo, la recuperación parcial o completa es posible en el 60% de los casos.

Las causas del trastorno obsesivo-compulsivo no están claras. Existen algunas pruebas de que una carencia de serotonina (una sustancia neurotransmisora) en el cerebro, o una alteración en el metabolismo de la serotonina, está asociada con él. Esto se ve confirmado por el hecho de que muchos enfermos mejoran cuando toman medicamentos que aumentan los niveles de serotonina del cerebro, como la clomipramina (Anafranil), o antidepresivos que incrementan específicamente esta sustancia, como la fluoxetina (Prozac), la fluvoxamina (Luvox), la sertralina (Zoloft) o el escitalopram (Lexapro). También parece que las personas que padecen este trastorno tienen una actividad excesiva en ciertas partes del cerebro, como la corteza prefrontal y el núcleo caudado (véase el capítulo 2 para una descripción más detallada de las últimas investigaciones sobre la neurobiología del trastorno obsesivo-compulsivo). El TOC presenta un componente hereditario elevado: un 57% de los gemelos idénticos presentan ambos los síntomas del trastorno y en el caso de los gemelos fraternos, el porcentaje es del 22%.

Los tratamientos actuales

ENSEÑAR A RELAJARSE. Como ocurre con todos los trastornos de ansiedad, la respiración abdominal y la relajación profunda se practican a diario para ayudar a reducir los síntomas de la ansiedad (véase el capítulo 4).

TERAPIA COGNITIVA. Se identifican, desafían y reemplazan los pensamientos de miedo, culpabilidad o supersticiosos asociados con las obsesiones. Por ejemplo, la idea: «Tengo un pensamiento de hacerle daño a mi hijo; podría actuar según su dictado» se sustituye por: «El pensamiento de hacerle daño no es más que "ruido aleatorio" causado por el trastorno obsesivo-compulsivo. No tiene ninguna relevancia. El solo hecho de tener el pensamiento no quiere decir que vaya a hacerlo» (véase el capítulo 8).

Exposición y prevención de respuesta. Esta técnica consiste en la exposición a situaciones que agravan las obsesiones, seguida de la evitación forzada de realizar los rituales o las compulsiones. Por ejemplo, si el sujeto se ha estado lavando las manos cada vez que ha tocado la manija o el pomo de una puerta, se le indicará que toque pomos o manijas de puertas y que reduzca el número de veces que se lava las manos, o que se abstenga de lavárselas. Del mismo modo, si la persona revisa la puerta cinco veces cada vez que sale de casa, se le requerirá que reduzca gradualmente la cantidad de comprobaciones, hasta llegar a una.

El sujeto y el terapeuta diseñan varias situaciones, preferentemente que puedan afrontarse en el hogar, y el individuo practica exponerse continuamente a estas situaciones y desistir de reaccionar según las compulsiones (esta es la *prevención de respuesta*). Por lo general, el terapeuta o una persona de apoyo acompañan al sujeto, para supervisar que realmente se abstiene de actuar según la compulsión.

Cuando el problema consiste solamente en obsesiones, sin el añadido de las compulsiones, el afectado tiene que dejar de llevar a cabo cualquier ritual secreto o de neutralización de los pensamientos que haya estado utilizando para reducir la ansiedad causada por sus obsesiones. También tiene que trabajar en aceptar sus obsesiones, sin tratar de hacer que desaparezcan. (Para más información sobre la exposición y prevención de respuesta en el tratamiento del trastorno obsesivo-compulsivo, puedes consultar el libro *Stop Obsessing: How to Overcome Your Obsessions and Compulsions*, de Edna Foa y Reid Wilson, o la *Guía práctica del TOC: pistas para su liberación*, de Bruce M. Hyman y Cherry Pedrick).

Medicación. Medicamentos como Anafranil y los fármacos ISRS, como Prozac, Luvox, Lexapro, Cymbalta y Zoloft, ayudan a entre un 60 y un 70% de las personas que padecen el trastorno obsesivo-compulsivo. Es habitual tomar medicación a largo plazo en el caso de este trastorno, aunque en ocasiones las estrategias cognitivas y de exposición y prevención de respuesta descritas anteriormente pueden ser suficientes. Las dosis eficaces de medicamentos ISRS son generalmente más altas en el caso del TOC que en otros trastornos de ansiedad, y los efectos beneficiosos de estos medicamentos tienden a experimentarse solo después de dos o tres meses de tomarlos en dosis altas. Dosis bajas de antipsicóticos como Zyprexa y Risperdal se han revelado complementos útiles en el tratamiento del TOC en el caso de algunas personas, lo que indica que parte de los mecanismos cerebrales subyacentes a este trastorno tienen que ver con el papel de los receptores de la dopamina. Los ISRS forman parte a menudo del protocolo de tratamiento normal del TOC. Es necesario tomar la medicación a largo plazo, puesto que interrumpirla implica a menudo que vuelvan a presentarse los síntomas originales.

Cambios en el estilo de vida y la personalidad. En esencia, los mismos cambios en el estilo de vida y la personalidad descritos para el trastorno de pánico y el trastorno de ansiedad generalizada son aplicables al trastorno obsesivo-compulsivo.

Las estrategias que se presentan en este libro serán de utilidad a quienes se vean afectados por el TOC. Sin embargo, puesto que a menudo es un problema grave y debilitador, lo primero que sugeriría es consultar a un profesional que esté bien versado en el uso de métodos conductuales, tales como la exposición y prevención de respuesta, así como en el uso de los medicamentos apropiados. Este libro puede complementar los enfoques de tratamiento conductuales y farmacológicos.

LOS TRASTORNOS DEL ESPECTRO OBSESIVO-COMPULSIVO

Los trastornos del espectro obsesivo-compulsivo (OC) presentan causas neurobiológicas semejantes al TOC (véase el capítulo 2 para obtener detalles sobre la neurobiología del TOC). Pueden manifestarse de varias maneras. Estos son los trastornos del espectro OC más habituales:

- **Trastorno dismórfico corporal:** preocupación por los defectos e imperfecciones que percibe la persona en cuanto a su propia apariencia física.
- **Trastorno de excoriación:** el sujeto se siente obligado a rascarse, pellizcarse o frotarse la piel de forma compulsiva, hasta lesionársela, a pesar de sus repetidos intentos de dejar de hacerlo.
- **Trastorno por acumulación:** dificultad para desprenderse de las posesiones que se traduce en un desorden significativo en el hogar.
- **Tricotilomanía:** impulso irresistible de arrancarse el pelo, lo que resulta en una notable pérdida de cabello, a pesar de los repetidos intentos por parte de la persona de dejar de hacerlo o hacerlo menos.
- **Hipocondría:** preocupación de sufrir una enfermedad grave, con una atención excesiva a síntomas corporales que se toman como prueba de la existencia de dicha enfermedad.

Los trastornos del espectro OC se han convertido en un área de especialidad y son tratados normalmente por terapeutas especialistas en el TOC, quienes adoptan unas u otras técnicas de exposición y prevención de respuesta en función del trastorno del espectro OC del que se trate.

En el capítulo que el *DSM-5* dedica al trastorno obsesivo-compulsivo se mencionan varios otros trastornos relacionados con él. Entre ellos están los casos en que el TOC o los trastornos del espectro OC pueden atribuirse directamente a un problema de salud o parecen ser manifestaciones de síntomas de abstinencia o de una intoxicación inducida por sustancias.

LOS TRASTORNOS RELACIONADOS CON ALGÚN TRAUMA O CON FACTORES ESTRESANTES

Como en el caso del trastorno obsesivo-compulsivo, el *DSM-5* presenta el trastorno de estrés postraumático (TEPT) en un capítulo aparte titulado «Trastornos relacionados con algún trauma o con factores estresantes», que incluye varios otros problemas relacionados con el estrés. Este nuevo capítulo unifica todos los trastornos psiquiátricos que se cree que surgen en respuesta a un evento traumático o altamente estresante (o a más de un evento de estas características). El *trastorno de estrés agudo* hace referencia a la misma constelación de síntomas del TEPT —los recuerdos intrusivos del trauma, sueños o pesadillas angustiantes, *flashes* de situaciones y síntomas disociativos (como la despersonalización)—, pero, a diferencia del TEPT, estos síntomas se manifiestan durante un período de entre tres días y un mes posteriores al factor estresante inicial. Cuando estos síntomas persisten durante más de un mes, se considera apropiado el diagnóstico de trastorno de estrés postraumático.

Este capítulo del *DSM-5* también incluye la categoría de los *trastornos de adaptación*. La característica distintiva de estos trastornos es que constituyen un grupo de síntomas de mala adaptación a lo largo de los tres meses siguientes a un factor estresante significativo. Sin embargo, estos síntomas no están en el mismo rango o no tienen la misma gravedad que los del TEPT, si bien incluyen una marcada angustia, desproporcionada en relación con la gravedad del elemento desencadenante, y una alteración de la vida social o laboral. Los trastornos de adaptación no incluyen síntomas disociativos como la despersonalización y la desrealización (véase más adelante), pero se especifican en el *DSM-5* de acuerdo con si entre ellos están la ansiedad, la depresión o una combinación de ambos.

En este capítulo del *DSM-5* se mencionan otros dos trastornos que afectan a niños menores de cinco años. El *trastorno de vinculación reactiva* consiste en un patrón de aislamiento social grave y en la aparente falta de capacidad, por parte del niño, de buscar alivio o responder a él cuando está angustiado. Por el contrario, el *trastorno de desinhibición social* refleja un patrón de comportamiento en que el niño se acerca a adultos desconocidos y no da signos de la inhibición social habitual, o se muestra reticente a darlos.

EL TRASTORNO DE ESTRÉS POSTRAUMÁTICO

La característica esencial del trastorno de estrés postraumático (TEPT) es el desarrollo de síntomas psicológicos incapacitantes después de un acontecimiento traumático. Fue identificado por primera vez durante la Primera Guerra Mundial, cuando se observó que los soldados padecían ansiedad crónica, pesadillas y *flashes* de recuerdos durante semanas, meses o incluso años después del combate. Esta afección llegó a ser conocida como *neurosis de guerra*.

El trastorno de estrés postraumático puede acontecerle a cualquier persona a raíz de un trauma grave provocado por algo que haya ocurrido fuera del rango normal de la experiencia humana. Se trata de situaciones traumáticas que producirían un intenso miedo, terror y sentimientos de impotencia a cualquiera. Entre estas situaciones están los desastres naturales —como terremotos o tornados—, accidentes automovilísticos o aéreos y violación, asalto u otros delitos violentos contra la persona o su familia inmediata. Parece ser que los síntomas son más intensos y de mayor duración cuando el trauma es personal, como en el caso de violación u otros delitos violentos. El hecho de observar cómo otro sufre un trauma grave puede ser suficiente para inducir el trastorno de estrés postraumático. Incluso enterarse de que le ha ocurrido algo traumático a un miembro cercano de la familia o a otra persona significativa puede ser el origen de un trauma.

Entre los distintos síntomas que pueden presentarse con el trastorno de estrés postraumático, los siguientes nueve son especialmente habituales:

- Pensamientos ansiosos y repetitivos sobre el acontecimiento, a menudo intrusivos y no deseados.
- Pesadillas relacionadas con el acontecimiento.
- *Flashes* de recuerdos tan intensos que el sujeto siente o actúa como si la situación traumática estuviera produciéndose de nuevo.
- Intento de evitar pensamientos o sentimientos asociados con el trauma.
- Intento de evitar las actividades o situaciones externas asociadas con el trauma (por ejemplo, se puede desarrollar una fobia a conducir después de haber estado implicado en un accidente de coche).
- Entumecimiento emocional (no estar en contacto con los propios sentimientos).
- Pérdida de interés en actividades que solían dar placer a la persona.
- Síntomas persistentes de aumento de la ansiedad, tales como dificultad para conciliar o mantener el sueño, problemas para concentrarse, facilidad para sobresaltarse o irritabilidad y arrebatos de ira.
- Creencias negativas exageradas, como: «Estoy acabado» o «No se puede confiar en nadie».

Para recibir el diagnóstico de trastorno de estrés postraumático, estos síntomas deben haber persistido durante al menos un mes (si la duración es inferior a un mes, el diagnóstico apropiado es *trastorno por estrés agudo*). Además, la perturbación debe estar causando un malestar significativo a la persona, interfiriendo en el área social, profesional o cualquier otra que sea importante en su vida. En el *DSM-5*, el trastorno de estrés postraumático puede diagnosticarse sobre la base de los síntomas anteriores, a los que tal vez se sumen síntomas disociativos tales como la despersonalización o la desrealización. La *despersonalización* es la sensación de estar desapegado de uno mismo, como si uno fuera un observador externo de sus propios procesos o de su cuerpo. Con la *desrealización*, todo el entorno se percibe como irreal, onírico o distante.

La persona que padece el trastorno de estrés postraumático tiende a estar ansiosa y deprimida. A veces se descubre actuando impulsivamente; por ejemplo, cambia de residencia repentinamente o se marcha de viaje sin haber hecho apenas planes. Si el sujeto ha pasado por una situación traumática que implicó la muerte de personas a su alrededor, es posible que experimente culpa por haber sobrevivido.

El trastorno de estrés postraumático puede sobrevenir a cualquier edad y afecta aproximadamente al 9% de la población en algún momento de sus vidas. Los niños que sufren este trastorno tienden a no revivir conscientemente la situación traumática, pero la recrean de forma continua por medio del juego o en sueños angustiosos. Los mayores índices de TEPT se encuentran entre las víctimas de violación, los supervivientes de las batallas militares o quienes han experimentado reclusión o persecución por motivos étnicos. El espectro completo de los síntomas puede manifestarse meses o incluso años después del acontecimiento traumático; sin embargo, al menos algunos de los síntomas suelen ser evidentes entre una semana y tres meses después.

Hay algunas pruebas de que la susceptibilidad al trastorno de estrés postraumático es hereditaria. En el caso de los gemelos idénticos que entraron en batalla en Vietnam, si un gemelo idéntico desarrollaba el trastorno había más probabilidades de que el otro también lo desarrollara, en comparación con lo que ocurría con los gemelos fraternos (True, Rice y Eisen, 1993).

Los tratamientos actuales

El tratamiento para el trastorno de estrés postraumático es complejo y multifacético. Muchas de las estrategias descritas anteriormente para otros trastornos de ansiedad resultan útiles, pero pueden emplearse también técnicas adicionales.

ENSEÑAR A RELAJARSE. La respiración abdominal y las técnicas de relajación muscular progresiva se practican con el fin de controlar mejor los síntomas de la ansiedad (véase el capítulo 4).

TERAPIA COGNITIVA. Los pensamientos atemorizantes o deprimentes se identifican, cuestionan y reemplazan por pensamientos más productivos. Por ejemplo, se cuestiona la culpa por haber sido responsable de la situación traumática —o por haber sobrevivido cuando alguien querido no lo hizo—. El sujeto se fortalece a sí mismo con pensamientos constructivos de apoyo, tales como: «Lo que pasó fue horrible, y acepto que no hay nada que podría haber hecho para evitarlo. Ahora estoy aprendiendo que puedo seguir adelante» (véanse los capítulos 8 y 9).

TERAPIA DE EXPOSICIÓN. Un terapeuta o persona de apoyo ayuda al sujeto a afrontar situaciones de miedo que desea evitar, puesto que le provocan una fuerte ansiedad. En la exposición imaginaria, se vuelve repetidamente sobre los recuerdos atemorizantes de situaciones, objetos y personas asociados con el trauma original. Si la exposición tiene lugar en la vida real, se regresa al escenario donde se desencadenó el trauma. Por ejemplo, si fue asaltado en un ascensor, regresará varias veces a ese lugar. La exposición repetida ayuda a entender que la situación atemorizante ya no constituye un peligro (véase el capítulo 7).

REESCRIBIR EL GUION EN LA IMAGINACIÓN. Esta técnica consiste en que el terapeuta le pide al sujeto que vuelva a visualizar una situación que fue traumática para él de niño o adolescente, pero desde la posición de un adulto empoderado, fuerte, capaz de manejar la situación. Por ejemplo, si la persona fue víctima de abusos físicos en la niñez, se imaginaría remontándose a la situación original como su yo adulto y no como ese niño; luego afrontaría al abusador y le haría frente con fuerza y poder. Una fase adicional podría incluir volver a la situación como un adulto fuerte acompañado de su «yo-hijo»; el adulto afrontaría al abusador en nombre del niño. La técnica de reescribir el guion en la imaginación se utiliza con frecuencia en el TEPT y también se ha empleado con éxito con fobias sociales desarrolladas a partir de experiencias sociales traumáticas vividas en la niñez y la adolescencia (Smucker y Niederee, 1994).

Medicación. Medicamentos ISRS como Zoloft, Luvox, Prozac o Celexa suelen ser útiles a la hora de aliviar los síntomas del TEPT. Sobre todo cuando los síntomas son graves y de larga duración, se puede llevar a cabo un tratamiento con fármacos a lo largo de uno o dos años. Los tranquilizantes como Xanax o Klonopin podrían usarse a corto plazo (véase el capítulo 17).

Grupos de apoyo. Los grupos de apoyo son particularmente útiles a la hora de permitir a las víctimas del TEPT darse cuenta de que no están solas. Las grandes áreas metropolitanas cuentan a menudo con grupos de apoyo a víctimas de violaciones o de acciones criminales. Muchos estudios indican que el apoyo social tiene efectos protectores tanto a la hora de evitar el trastorno como de recuperarse de él.

EMDR o hipnoterapia. La desensibilización y reprocesamiento por medio del movimiento ocular (EMDR, por sus siglas en inglés) o la hipnoterapia suelen ser útiles a la hora de permitir a las víctimas del TEPT recuperar los recuerdos del incidente traumático original y trabajar con ellos. Estas técnicas pueden utilizarse para acelerar el curso de la terapia o para superar la resistencia a la exposición. Hay estudios que han encontrado que estas técnicas son tan efectivas como la terapia cognitivo-conductual y la exposición (Seidler y Wagner, 2006).

Es importante agregar que el tratamiento de cualquier trastorno de ansiedad puede incluir terapia conyugal o familiar. Los problemas personales con los cónyuges u otros familiares pueden perpetuar la ansiedad y socavar el éxito del tratamiento mientras no se aborden. La terapia familiar también es útil a la hora de educar a los miembros de la familia acerca de cómo entender, apoyar y, en algunos casos, poner límites a aquel que padece el trastorno de ansiedad.

OTROS TRASTORNOS DE ANSIEDAD PRESENTES EN EL *DSM-5*

Otros dos trastornos de ansiedad, que se habían añadido al *DSM-4*, siguen estando presentes en el *DSM-5*:

El trastorno de ansiedad debido a enfermedad

Esta categoría de diagnóstico se reserva para situaciones en las que una ansiedad significativa (ya sea en forma de ataques de pánico o de ansiedad generalizada) es el efecto fisiológico directo de una enfermedad o problema de salud específico. Numerosos tipos de dolencias pueden causar ansiedad: problemas endocrinos (hipertiroidismo e hipotiroidismo, feocromocitoma, hipoglucemia), enfermedades cardiovasculares (insuficiencia cardíaca congestiva, embolia pulmonar), enfermedades metabólicas (carencia de vitamina B_{12}, porfiria) y enfermedades neurológicas (problemas vestibulares, encefalitis). Para una enumeración más completa, consúltese en el capítulo 2 el apartado titulado «Enfermedades y problemas de salud que pueden causar ataques de pánico o ansiedad».

El trastorno de ansiedad inducido por sustancias

Esta categoría se utiliza para ubicar la ansiedad generalizada o los ataques de pánico que constituyen el efecto fisiológico directo de una sustancia, ya sea una droga de uso indebido, un medicamento o la exposición a toxinas. La ansiedad puede ser el resultado de la exposición a la sustancia o de su retirada. Por ejemplo, si el sujeto no tenía antecedentes de trastorno de ansiedad y padece repentinamente ataques de pánico como resultado de abandonar con demasiada rapidez una medicación, recibirá este diagnóstico.

CUESTIONARIO DE AUTODIAGNÓSTICO

El siguiente cuestionario está diseñado para ayudarte a identificar el trastorno de ansiedad que puedas estar padeciendo. Se basa en la clasificación oficial de los trastornos de ansiedad utilizada por los profesionales de la salud mental, conocida como DSM-5.

1. ¿Tienes ataques de ansiedad espontáneos que surgen de la nada? (Responde «sí» solamente si no tienes ninguna fobia) Sí _____ No _____
2. ¿Has experimentado por lo menos un ataque de este tipo en el último mes? Sí _____ No _____
3. Si tuviste un ataque de ansiedad en el último mes, ¿te ha preocupado sufrir otro? ¿O has estado preocupado por las implicaciones de ese ataque para tu salud física o mental? Sí _____ No _____
4. En tu peor experiencia con la ansiedad, ¿has tenido cuatro de los siguientes síntomas o más?

    - ❏ Falta de aliento o sensación de asfixia.
    - ❏ Mareo o sensación de inestabilidad.
    - ❏ Palpitaciones o latidos rápidos.
    - ❏ Temblores o estremecimientos.
    - ❏ Sudoración.
    - ❏ Sensación de ahogo.
    - ❏ Náuseas o molestias digestivas.
    - ❏ Sensación de estar separado del propio cuerpo o de no estar en contacto con él.
    - ❏ Sensaciones de entumecimiento u hormigueo.
    - ❏ Rubores o escalofríos.
    - ❏ Dolor o malestar en el pecho.

Los trastornos de ansiedad

- ❏ Miedo a morir.
- ❏ Miedo a enloquecer o a actuar sin control.

Si tus respuestas a las preguntas 1, 2, 3 y 4 han sido sí, detente. Cumples las condiciones correspondientes al diagnóstico de trastorno de pánico.

Si tu respuesta a la 1 ha sido sí pero tu reacción de ansiedad contuvo tres o menos de los síntomas que figuran en la 4, estás experimentando lo que se denomina ataques de sintomatología limitada; no padeces el trastorno de pánico propiamente dicho.

Si padeces ataques de pánico y fobias, sigue con las siguientes preguntas.

5. El miedo a experimentar ataques de pánico ¿hace que evites ciertas situaciones?
   Sí _____ No _____

Si tu respuesta a esta pregunta ha sido sí, detente. Es probable que padezcas agorafobia. Responde a la pregunta 6 para determinar el grado de tu agorafobia.

6. ¿Cuáles de las siguientes situaciones evitas porque tienes miedo de sufrir un ataque de pánico?

   - ❏ Alejarte de casa.
   - ❏ Ir de compras a un supermercado.
   - ❏ Estar de pie en una fila en un supermercado.
   - ❏ Ir a los grandes almacenes.
   - ❏ Ir a los centros comerciales.
   - ❏ Conducir por autopistas.
   - ❏ Conducir por calles lejos de casa.
   - ❏ Conducir a cualquier lugar solo.
   - ❏ Usar el transporte público (autobuses, trenes, etc.).
   - ❏ Pasar por puentes (como conductor o pasajero).
   - ❏ Pasar por túneles (como conductor o pasajero).
   - ❏ Volar en aviones.
   - ❏ Montar en ascensores.
   - ❏ Estar en lugares altos.
   - ❏ Ir a la consulta del dentista o de otro médico.
   - ❏ Sentarte en la silla donde el barbero, peluquero o esteticista va a atenderte.
   - ❏ Comer en restaurantes.
   - ❏ Ir a trabajar.
   - ❏ Estar demasiado lejos de una persona de confianza o de un lugar seguro.
   - ❏ Estar solo.
   - ❏ Salir de casa.

❑ Otros _____.

La cantidad de situaciones que hayas marcado indica el grado de tu agorafobia y el grado en el que esta limita tu actividad.

Si tu respuesta a la pregunta 5 fue no pero tienes fobias, sigue adelante.

7. ¿Evitas ciertas situaciones no principalmente porque tienes miedo de sufrir un ataque de pánico, sino porque temes sentirte avergonzado o evaluado negativamente por otras personas? (sería tu vergüenza la que podría llevarte a caer presa del pánico)
Sí _____ No _____

Si tu respuesta a la pregunta 7 ha sido afirmativa, detente. Es probable que tengas fobia social. Responde la pregunta 8 para determinar el grado de tu fobia social.

8. ¿Cuál de las siguientes situaciones evitas debido al miedo a la vergüenza o la humillación?

   ❑ Sentarte con cualquier tipo de grupo (por ejemplo, en el trabajo, en aulas, en organizaciones sociales o en grupos de autoayuda).
   ❑ Dar una charla o presentación ante un pequeño grupo de personas.
   ❑ Dar una charla o presentación ante un grupo grande de personas.
   ❑ Participar en fiestas y desempeñar otras funciones sociales.
   ❑ Usar los baños públicos.
   ❑ Comer delante de los demás.
   ❑ Escribir o firmar con tu nombre en presencia de otras personas.
   ❑ Tener una cita.
   ❑ Cualquier situación en la que podrías decir alguna tontería.
   ❑ Otras _____.

La cantidad de situaciones que has marcado indica la medida en que la fobia social limita tus actividades.

Si tus respuestas a las preguntas 5 y 7 han sido no pero tienes otras fobias, continúa.

9. ¿Temes y evitas cualquiera de los siguientes elementos (uno o más de uno)?

   ❑ Insectos u otros animales, como arañas, abejas, serpientes, ratas, murciélagos o perros.
   ❑ Alturas (pisos altos de edificios, cimas de colinas o montañas, puentes elevados...).
   ❑ Conducir.
   ❑ Túneles.
   ❑ Puentes.

Los trastornos de ansiedad

- ❏ Ascensores.
- ❏ Aviones (volar).
- ❏ Dentistas u otros médicos.
- ❏ Truenos o rayos.
- ❏ Agua.
- ❏ Sangre.
- ❏ Inyecciones y otros procedimientos médicos.
- ❏ Enfermedades como ataques al corazón o el cáncer.
- ❏ La oscuridad.
- ❏ Otros _____.

10. ¿Experimentas un alto grado de ansiedad por lo general solo cuando tienes que enfrentarte a una de estas situaciones? Sí _____ No _____

Si has marcado uno o más puntos en la pregunta 9 y has respondido sí a la pregunta 10, detente. Es probable que padezcas una fobia específica. Si no es así, sigue adelante.

11. ¿Puedes sentir mucha angustia gran parte del tiempo pero no tienes ni ataques de pánico diferenciados, ni fobias, ni obsesiones o compulsiones específicas? Sí _____ No _____
12. ¿Has tenido tendencia a preocuparte excesivamente por lo menos durante los últimos seis meses? Sí _____ No _____
13. Tu ansiedad y tu preocupación ¿pueden asociarse al menos con tres de los seis síntomas siguientes?

    - ❏ Tensión (nervios).
    - ❏ Te fatigas con facilidad.
    - ❏ Dificultad para concentrarte o tener la mente en blanco.
    - ❏ Irritabilidad.
    - ❏ Tensión muscular.
    - ❏ Trastornos del sueño (dificultad para conciliar o mantener el sueño, o tener un sueño inquieto, insatisfactorio).

Si tu respuesta a las preguntas 11, 12 y 13 ha sido afirmativa, detente. Es probable que padezcas trastorno de ansiedad generalizada. Si has contestado sí a la 11 pero no a la 12 o a la 13, te enfrentas a una situación de ansiedad que no es lo suficientemente grave como para calificarla de trastorno de ansiedad generalizada.

14. ¿Tienes pensamientos intrusivos recurrentes como el de lastimar o dañar a un familiar cercano, estar contaminado con suciedad o una sustancia tóxica o que te olvidaste

de cerrar la puerta o apagar un electrodoméstico? ¿O acaso te invade la fantasía desagradable de una catástrofe? (Reconoces que estos pensamientos son irracionales pero no puedes evitar que entren en tu mente). Sí _____ No _____

15. ¿Realizas acciones rituales tales como lavarte las manos, efectuar comprobaciones o contar con el fin de aliviar la ansiedad por los miedos irracionales que entran en tu mente? Sí _____ No _____

Si has respondido sí a la pregunta 14 y no a la 15, es probable que estés tratando con el trastorno obsesivo-compulsivo, pero consistente solamente en obsesiones.

Si has contestado sí a la 14 y a la 15, es probable que tengas un trastorno obsesivo-compulsivo, consistente tanto en obsesiones como en compulsiones.

CONCURRENCIA DE TRASTORNOS DE ANSIEDAD

En los años que han transcurrido desde que se publicó la primera edición de este libro, en inglés, se ha hecho cada vez más evidente que muchas personas sufren más de un trastorno de ansiedad. Por ejemplo, una encuesta llevada a cabo entre pacientes con trastorno de pánico reveló que entre el 15 y el 30% también experimentaban fobia social, del 10 al 20% una fobia específica, el 25% un trastorno de ansiedad generalizada y entre el 8 y el 10% un trastorno obsesivo-compulsivo. Los individuos con agorafobia a menudo presentan fobias sociales o dificultades obsesivo-compulsivas. Si ves que tu caso se ajusta a la descripción de más de un trastorno de ansiedad, no estás solo.

PARA SABER MÁS

Asociación Norteamericana de Psiquiatría. *Manual diagnóstico y estadístico de los trastornos mentales (DSM-5)*. Quinta edición. Ed. Panamericana. 2014.

Trastorno de pánico

Barlow, David y Michelle Craske. *Mastery of Your Anxiety and Panic: Workbook*. Cuarta edición. Oxford University Pres, Nueva York, 2007.

Beckfield, Denise F. *Master Your Panic and Take Back Your Life*. Segunda edición. Impact Publishers. San Luis Obispo (California), 1998.

Isensee, B., H. U. Wittchen, M. Stein, M. Hofler y R. Leib. 2003. «Smoking Increases the Risk of Panic: Findings from a Prospective Community Study». *Archives of General Psychiatry*, 2003, 60 (7): 692-700.

Weekes, Claire. *Autoayuda para tus nervios*. Edaf, S. A. Madrid, 1998.

Wilson, Reid. *Don't Panic: Taking Control of Anxiety Attacks*. Edición revisada. HarperCollins. Nueva York, 1996.

Zuercher-White, Elke. *An End to Panic.* Segunda edición. New Harbinger Publications. Oakland (California), 1998.

Agorafobia

Beckfield, Denise F. *Master Your Panic and Take Back Your Life.* Segunda edición. Impact Publishers. San Luis Obispo (California), 1998.

Feninger, Mani. *Journey from Anxiety to Freedom.* Prima Publishers. Rocklin (California), 1998.

Zuercher-White, Elke. *The Agoraphobia Workbook.* New Harbinger Publications. Oakland (California), 2003.

Fobia social

Antony, Martin y Richard P. Swinson. *Manual práctico para el tratamiento de la timidez y la ansiedad social.* Ed. Desclée de Brouwer. Bilbao, 2014.

Butler, Gillian. *Overcoming Social Anxiety and Shyness: A Self-Help Guide Using Cognitive Behavioral Techniques.* Basic Books. Nueva York, 2008.

Kendler, K., L. Karkowski y C. Prescott. «Fears and Phobias: Reliability and Heritability». *Psychological Medicine,* 1999, 29 (3): 539-553.

Rapee, Ronald. *Overcoming Shyness and Social Phobia.* Jason Aronson. Northvale (Nueva Jersey), 1998.

Schneier, Franklin y Lawrence Welkowitz. *The Hidden Face of Shyness: Understanding and Overcoming Social Anxiety.* Avon Books. Nueva York, 1996.

Fobias específicas

Bourne, Edmund J. *Overcoming Specific Phobia: Therapist and Client Protocols* (conjunto de dos libros). New Harbinger Publications. Oakland (California), 1998.

Brown, Duane. *Volar sin miedo.* Amat Editorial. Barcelona, 2008.

Cameron, Alasdair. *Crash Course: Psychiatry.* Elsevier. Filadelfia, 2004.

Rothbaum, Barbara Olson. «Virtual Reality Exposure Therapy», 227-244. En *Pathological Anxiety,* editado por Barbara Olson Rothbaum. Guilford Press. Nueva York, 2006.

Trastorno de ansiedad generalizada

Copeland, Mary Ellen. *The Worry Control Workbook.* New Harbinger Publications. Oakland (California), 1998.

Orsillo, Susan M. y Lizabeth Roemer. *Vivir la ansiedad con conciencia: libérese de la preocupación y recupere su vida.* Ed. Desclée de Brower. Bilbao, 2014.

White, John. *Overcoming Generalized Anxiety Disorder: Therapist Protocol and Client Manual.* New Harbinger Publications. Oakland (California), 1998.

Trastorno obsesivo-compulsivo

Foa, Edna y Reid Wilson. *Stop Obsessing: How to Overcome Your Obsessions and Compulsions.* Edición revisada. Bantam Books. Nueva York, 2001.

Hyman, Bruce y Troy Dufrene. *Coping with OCD: Practical Strategies for Living Well with Obsessive-Compulsive Disorder.* New Harbinger Publications. Oakland (California), 2008.

Hyman, Bruce M. y Cherry Pedrick. *Guía práctica del TOC.* Ed. Desclée de Brower. Bilbao, 2003. En inglés, *The OCD Workbook.* Tercera edición. New Harbinger Publications. Oakland (California), 2010.

Schwartz, Jeffrey M. *Brain Lock: Free Yourself from Obsessive-Compulsive Behavior.* Regan Books. Nueva York, 1996.

Steketee, Gail. *Stuff: Compulsive Hoarding and the Meaning of Things.* Houghton Mifflin Harcourt. Nueva York, 2010.

Trastorno de estrés postraumático

Allen, Jon G. *Coping with Trauma: A Guide to Self-Understanding.* American Psychiatric Press. Washington D. C., 1999.

England, Diane. *The Post-Traumatic Stress Disorder Relationship.* Adams Media. Avon (Massachusetts), 2009.

Matsakis, Aphrodite. *Trust After Trauma: A Guide to Relationships for Survivors and Those Who Love Them.* New Harbinger Publications. Oakland (California), 1998.

Schiraldi, Glenn. *The Post-Traumatic Stress Disorder Sourcebook: A Guide to Healing, Recovery, and Growth.* Segunda edición. McGraw-Hill. Nueva York, 2009.

Seidler, G. H. y F. E. Wagner. «Comparing the Efficacy of EMDR and Trauma-Focused Cognitive Behavioral Therapy in the Treatment of PTSD: A Meta-analytic Study». *Psychological Medicine*, 2006, 36 (11): 1515-1522.

Smucker, M. y J. Niederee. «Imagery Rescripting: A Multifaceted Treatment for Childhood Sexual Abuse Survivors Experiencing Post-Traumatic Stress». En *Innovations in Clinical Practice: A Source Book*, vol. 13, editado por L. VandeCreek, S. Knapp y T. Jackson. Professional Resource Press. Sarasota (Florida), 1994.

Williams, Mary Beth y Soili Poijula. *Manual de tratamiento del TEPT: técnicas sencillas y eficaces para superar los síntomas del trastorno de estrés postraumático.* Ed. Desclée de Brower. Bilbao, 2015.

Trastornos de ansiedad en niños

Spencer, Elizabeth D., Robert Dupont y Caroline Dupont. *The Anxiety Cure for Kids: A Guide for Parents and Children.* Wiley. Hoboken (Nueva Jersey), 2003.

Wood, Jeffrey J. y Bryce McLeod. *Child Anxiety Disorders: A Family-Based Treatment Manual for Practitioners.* Norton. Nueva York, 2008.

2

Principales causas de los trastornos de ansiedad

Quien padezca algún trastorno de ansiedad es probable que se interese por las causas de su problema. Esta persona probablemente se preguntará: «¿Por qué me sobrevienen ataques de pánico? ¿Se trata de algo hereditario o tienen su origen en la forma en que me educaron? ¿Qué hace que uno desarrolle fobias? ¿Por qué tengo miedo de algo que sé que no es peligroso? ¿Qué provoca las obsesiones y compulsiones?».

Los síntomas de los trastornos de ansiedad a menudo parecen irracionales e inexplicables, y es natural preguntarse «¿por qué?». Pero antes de considerar en detalle las distintas causas de los trastornos de ansiedad, hay dos puntos generales que se deben tener en cuenta. En primer lugar, aunque conocer las causas de los trastornos de ansiedad puede dar una idea de cómo se desarrollan estos problemas, tal conocimiento no es necesario para superar una dificultad en particular. Las distintas estrategias para vencer los trastornos de ansiedad que se presentan en este libro —tales como la relajación, el ejercicio, la exposición, cambiar el diálogo interno y las creencias erróneas o lidiar con los propios sentimientos— no dependen de que se conozcan las causas subyacentes para ser eficaces. Por más interesante que pueda resultar la información que se ofrece en este capítulo, no es necesariamente lo que «cura». En segundo lugar, hay que tener cuidado con la idea de que hay una causa principal, o un tipo de causa principal, para cualquiera de los trastornos de ansiedad. Tanto si el sujeto padece ataques de pánico como fobia social, ansiedad generalizada o un trastorno obsesivo-compulsivo, hay que reconocer que no existe una causa que, en caso de ser retirada, significase el fin del problema. La ansiedad es provocada por varios elementos que operan en muchos niveles distintos: la herencia, la biología, los antecedentes familiares y la crianza, los condicionamientos, factores estresantes recientes, el diálogo interno y el sistema personal de creencias, la capacidad de expresar sentimientos, etc. El abanico de capítulos de este libro tienen relación con los distintos niveles en los que se pueden entender las causas de los trastornos de ansiedad y los medios con que se cuenta para recuperarse de ellos.

Algunos expertos en el campo de los trastornos de ansiedad proponen teorías «de una sola causa». Tales teorías tienden a simplificar en gran medida estos trastornos y son vulnerables a uno de estos dos errores de razonamiento: la *falacia biológica* y la *falacia psicológica*. La primera asume que un determinado tipo de trastorno de ansiedad es causado únicamente por algún desequilibrio biológico o fisiológico presente en el cerebro u otra parte del cuerpo. Por ejemplo, recientemente ha habido una tendencia a reducir la causalidad del trastorno de pánico, así como del trastorno obsesivo-compulsivo, al nivel estrictamente biológico. El trastorno de pánico se ve como el resultado de una disfunción ubicada en ciertas partes del cerebro, tales como la amígdala y el locus cerúleo. El trastorno obsesivo-compulsivo se cree que es causado por la presencia insuficiente de un neurotransmisor —sustancia química que permite que los impulsos nerviosos se transmitan de una célula nerviosa a otra— en particular, la *serotonina*, o por una desregulación del sistema de neuronas de la serotonina en el cerebro.

Es útil saber que puede haber disfunciones fisiológicas implicadas en el trastorno de pánico y el trastorno obsesivo-compulsivo. Esto ciertamente tiene implicaciones para el tratamiento de estos problemas. Pero esto no significa que ambos sean solamente alteraciones fisiológicas. La pregunta sigue siendo: ¿qué causó la perturbación fisiológica? Tal vez el estrés crónico debido a un conflicto psicológico hace que la amígdala y el locus cerúleo no tengan un buen funcionamiento en el caso del trastorno de pánico. O tal vez el enfado crónicamente contenido provoca una alteración en los niveles de serotonina del cerebro, que es una causa concomitante del trastorno obsesivo-compulsivo. Los conflictos psicológicos y la ira contenida pueden, a su vez, haber sido causados por la manera como fue criada la persona. Puesto que cualquier alteración fisiológica concreta puede deber su aparición al estrés u otros factores psicológicos, es una falacia suponer que los trastornos de ansiedad están únicamente (ni siquiera principalmente) causados por desequilibrios fisiológicos.

La falacia psicológica comete el mismo tipo de error pero a la inversa. Supone que, por ejemplo, la fobia social o el trastorno de ansiedad generalizada tienen como causa haber crecido con padres que descuidaron o abandonaron a la persona, o abusaron de ella, lo que desemboca en un sentido profundo de inseguridad o vergüenza que causa la evitación fóbica y la ansiedad en la edad adulta. Si bien puede ser cierto que el entorno familiar haya *contribuido* de manera importante a los problemas que tiene actualmente el sujeto, ¿es razonable inferir que esta sea la única causa de dichos problemas? Una vez más, no. Asumir esto supone subestimar las posibles influencias de los factores hereditarios y biológicos. Después de todo, no todos los niños que crecen en familias disfuncionales desarrollan trastornos de ansiedad. Es más plausible suponer que el problema es el resultado de *ambos factores*: una predisposición hereditaria a la ansiedad (y, posiblemente, a las fobias) y unas condiciones de la primera infancia que fomentaron un sentimiento de vergüenza o inseguridad.

En suma, la idea de que las dificultades en particular que esté experimentando el sujeto se deben *solamente* a una alteración fisiológica o *solamente* a una perturbación psicológica deja de lado el hecho de que la naturaleza y la crianza son elementos interactivos. El estrés o ciertos factores psicológicos pueden dar lugar a alteraciones biológicas; los problemas psicológicos, a su vez, pueden estar influidos por perturbaciones biológicas innatas. Sencillamente, no hay manera de asegurar qué fue primero, o cuál es la denominada *causa última*. De la misma manera, un enfoque integral para que el individuo pueda superar sus problemas con el pánico, las fobias o la ansiedad no puede limitarse al tratamiento de las causas fisiológicas o psicológicas de manera aislada. Es necesario un conjunto de estrategias que aborden varios niveles diferentes, que incluyan los factores biológicos, conductuales, emocionales, mentales, interpersonales e incluso espirituales, para obtener una recuperación completa y duradera. Este enfoque multidimensional de la recuperación se trata en el capítulo siguiente y se asume a lo largo de todo el libro.

Las causas de los trastornos de ansiedad varían no solo según el nivel en el que se producen, sino también de acuerdo con el período de tiempo en el que operan. Algunas de ellas *predisponen* al individuo; estas causas preparan el escenario, desde el nacimiento o la infancia del sujeto, para que este desarrolle pánico o ansiedad más adelante. Otras son causas o circunstancias *recientes*, o *a corto plazo*, que *desencadenan* la aparición de, por ejemplo, ataques de pánico o agorafobia. Otras *mantienen* la situación; son factores pertenecientes a los ámbitos del estilo de vida de la persona, sus actitudes y comportamiento que hacen que los trastornos de ansiedad sigan existiendo una vez que se han desarrollado. El resto de este capítulo examina cada uno de estos tipos de causas con más detalle. Se incluye un apartado sobre las causas biológicas para que te familiarices con algunas de las hipótesis más conocidas en cuanto al papel del cerebro como origen de los ataques de pánico y la ansiedad. Se enumeran a continuación las causas de los trastornos de ansiedad.

CAUSAS DE LOS TRASTORNOS DE ANSIEDAD
Causas a largo plazo, predisponentes
1. Herencia.
2. Circunstancias de la infancia.
    - Los padres transmitieron al sujeto una visión demasiado cautelosa del mundo.
    - Los padres fueron excesivamente críticos con el sujeto y le pusieron el listón demasiado alto.
    - Inseguridad emocional y dependencia.
    - Los padres reprimieron la expresión de los sentimientos y la autoafirmación del sujeto.
3. Estrés acumulado a lo largo del tiempo.

Causas biológicas
1. La fisiología del pánico.
2. Ataques de pánico.
3. Ansiedad generalizada.
4. Trastorno obsesivo-compulsivo.
5. Enfermedades y problemas de salud que pueden causar ataques de pánico o ansiedad.

Causas a corto plazo, desencadenantes
1. Factores estresantes que desencadenan los ataques de pánico.
   - Una pérdida personal significativa.
   - Un cambio vital significativo.
   - Estimulantes y drogas recreativas.
2. Los condicionamientos y el origen de las fobias.
3. Traumas, fobias simples y trastorno de estrés postraumático.

Causas conservativas
1. Evitación de las situaciones fóbicas.
2. Diálogo interno marcado por la ansiedad.
3. Creencias erróneas.
4. Sentimientos retenidos.
5. Falta de asertividad.
6. Falta de habilidades para la autosuficiencia.
7. Tensión muscular.
8. Estimulantes y otros factores dietéticos.
9. Estilo de vida muy estresante.
10. Falta de sentido u objetivos en la vida.

CAUSAS A LARGO PLAZO, PREDISPONENTES
Herencia

¿Se heredan los trastornos de ansiedad? Las escasas pruebas que existen hasta la fecha parecen indicar que sí, al menos en parte. Por ejemplo, se estima que entre el 15 y el 25% de los niños que crecen con al menos un padre agorafóbico pasan también a serlo, mientras que la tasa de agorafobia en la población en general es solamente del 5%. De todos modos, este hecho en sí mismo no prueba que este trastorno sea hereditario, porque se podría argumentar que los niños *aprenden* de sus padres a ser agorafóbicos.

Los estudios llevados a cabo con gemelos idénticos proporcionan pruebas más convincentes. Estos, por supuesto, tienen exactamente la misma configuración genética. Si un gemelo idéntico desarrolla un trastorno de ansiedad, las probabilidades de que el otro gemelo idéntico también lo desarrolle son de entre un 31 y un 88%, dependiendo del estudio que estemos examinando. En comparación, cuando sc cstudia a los gemelos fraternos (cuyos genes no son más similares que los de los hermanos nacidos en momentos diferentes), las probabilidades son mucho menores: entre un 0 y un 38% (de nuevo, los resultados dependen del estudio). Tener la misma configuración genética que alguien que padece fobias o ansiedad hace que las probabilidades de padecer un problema similar sean de *más del doble*. Curiosamente, los porcentajes en el caso de los gemelos fraternos son generalmente más altos que la incidencia de los trastornos de ansiedad en la población en general (alrededor de entre un 8 y un 10%). Esto parece ofrecer argumentos para afirmar que crecer en la misma familia —ser criado de la misma manera— contribuye por lo menos en algo al desarrollo de los trastornos de ansiedad. Tanto la naturaleza como la crianza parecen tener un impacto.

¿Qué es lo que se hereda? Por lo que se sabe en este momento, parece que la agorafobia, la fobia social e incluso los ataques de pánico no se heredan específicamente de los padres. Lo que se hereda parece ser un *tipo de personalidad general* que predispone a la ansiedad excesiva. Se trata de una personalidad volátil, reactiva, que se excita fácilmente, que es más fácil que se vea provocada por cualquier estímulo ligeramente amenazante que la personalidad de los individuos que no experimentan trastornos de ansiedad. Una vez que el sujeto nace con esta personalidad altamente reactiva, es posible que desarrolle uno u otro trastorno de ansiedad en función del entorno en que crezca y la crianza que reciba. Por ejemplo, que desarrolle agorafobia o fobia social puede depender de hasta qué punto haya aprendido a sentir vergüenza en situaciones en las que se esperaba de él un determinado desempeño. Y que desarrolle o no ataques de pánico puede depender de la naturaleza e intensidad del estrés al que se halle expuesto en la adolescencia y principios de la adultez. En resumen, aunque la herencia puede hacer que la persona nazca con un sistema nervioso más reactivo, más excitable, las experiencias de la infancia, los condicionamientos y el estrés sirven para dar forma al tipo particular de trastorno de ansiedad que padecerá posteriormente.

Las investigaciones recientes en el campo de la genética de la conducta han comenzado a apuntar a genes específicos asociados con los trastornos de ansiedad. Por ejemplo, el cromosoma decimoséptimo (todos tenemos veintitrés) contiene un gen conocido como SERT (gen de la proteína transportadora de serotonina) que está activo en la fabricación de la serotonina (un neurotransmisor, recordémoslo). Las personas con la forma «corta» del gen tienden a tener mayor predisposición a contraer trastornos de ansiedad (así como trastornos del estado de ánimo como la depresión), mientras que las personas con la forma «larga» del gen cuentan con un cierto nivel de protección frente a la posibilidad de sufrir problemas de ansiedad, a pesar del estrés que experimenten en la infancia y la adultez.

Circunstancias de la infancia

¿Qué experiencias o entornos familiares presentes en la infancia podrían predisponer al individuo a padecer un trastorno de ansiedad en particular? Por desgracia, se ha llevado a cabo muy poca investigación sobre este tema. Los investigadores han descubierto que los ataques de pánico y la agorafobia que se padecen en la edad adulta están precedidos a menudo por un *trastorno de ansiedad por separación* en la infancia. Los niños que tienen este trastorno experimentan ansiedad, pánico o síntomas somáticos cuando se ven separados de sus padres, como cuando van a la escuela o incluso a la hora de acostarse. Más tarde, como adultos, estos mismos sujetos experimentan ansiedad cuando se encuentran separados de una persona o lugar «seguros». Las condiciones que conducen a padecer el primer trastorno, el de ansiedad por separación, se desconocen; tan solo existen especulaciones al respecto.

Se expone a continuación una lista de las circunstancias de la infancia que podrían predisponer al posterior desarrollo de trastornos de ansiedad. Esta lista está basada en mi propia experiencia con pacientes durante varios años. Estos factores son especialmente relevantes en caso de agorafobia o fobia social, pero también pueden ser aplicables a otros trastornos de ansiedad.

Los padres transmitieron al sujeto una visión demasiado cautelosa del mundo

Los padres de las personas con fobias tienden o bien a tener fobias ellos mismos o bien a sentir más miedo y ansiedad que la población media. A menudo están demasiado preocupados por los peligros potenciales que acechan a su hijo. Son propensos a decir, una y otra vez, cosas como: «No salgas, porque está lloviendo y pillarás un resfriado», «No mires tanto la televisión; vas a perder la vista» o «¡Ten mucho cuidado!». Cuanto más comunican una actitud de temor y cautela a su hijo, más ve este el mundo como un lugar «peligroso». Cuando uno aprende que el mundo exterior es amenazador, inmediatamente restringe su exploración de ese mundo y la toma de riesgos. La persona crece con una tendencia a preocuparse en exceso y a velar demasiado por la seguridad.

Los padres fueron excesivamente críticos con el sujeto y le pusieron el listón demasiado alto

Los niños que crecen con padres críticos y perfeccionistas no están nunca muy seguros de ser seres humanos aceptables. Siempre tienen alguna duda acerca de si son «lo suficientemente buenos» o «lo suficientemente dignos». Como resultado, están constantemente luchando para complacer a sus padres y seguir contando con su aprobación. Cuando son adultos, pueden tener demasiadas ganas de agradar, «quedar bien» y «ser buenos» a expensas de sus verdaderos sentimientos y su capacidad de ser asertivos. Al haber crecido sintiéndose siempre inseguros, pueden llegar a ser muy dependientes de una persona de confianza o de un lugar seguro, y es posible que eviten las situaciones públicas o sociales en las que corran el riesgo de «quedar mal». A menudo incorporan los valores de sus padres y se convierten en personas excepcionalmente perfeccionistas y autocríticas (así como críticas con los demás).

Principales causas de los trastornos de ansiedad

Inseguridad emocional y dependencia

Hasta la edad de cuatro o cinco años, los niños son totalmente dependientes de sus padres, especialmente de la madre. Cualquier circunstancia que les cree inseguridad durante este período puede conducirlos, más adelante, a una dependencia y aferramiento excesivos. La crítica excesiva y las normas perfeccionistas por parte de los padres parecen ser una fuente habitual de inseguridad para las personas que más tarde desarrollan trastornos de ansiedad. *Sin embargo, las experiencias de desatención, rechazo, abandono a través del divorcio o la muerte y maltrato físico o abuso o sexual también pueden dar lugar al tipo de inseguridad básica (así como a la dependencia emocional) que constituye el trasfondo de los trastornos de ansiedad.*

Crecer en una familia en la que uno o ambos padres son alcohólicos es también un factor concomitante habitual en el 20-25% de los pacientes que he visto. Como se explica en una serie de libros de divulgación sobre el tema, los hijos adultos de alcohólicos crecen con características tales como obsesión por el control, evitación de los sentimientos, dificultad para confiar en los demás, hiperresponsabilidad, pensamiento en términos de blanco o negro y desmedido afán de complacer, a expensas de sus propias necesidades. Aunque no todos los hijos adultos de alcohólicos padecen trastornos de ansiedad, las características anteriores se observan con frecuencia en muchas personas que tienen problemas de pánico o fobias.

Un denominador común en los hijos adultos de alcohólicos, los adultos supervivientes de varias formas de abuso y maltrato y la mayoría de las personas que padecen trastornos de ansiedad es un profundo sentimiento de inseguridad. Tal vez el grado de inseguridad y la forma en que los niños respondan a ella determinará si posteriormente tendrán algún tipo específico de trastorno de ansiedad —en vez de, por ejemplo, desarrollar una personalidad adictiva o alguna otra perturbación del comportamiento—. Cuando los niños responden a la inseguridad con una *dependencia excesiva*, el escenario está listo para que dependan demasiado de una persona o un lugar que les haga sentirse a salvo en el futuro. Esto es algo habitual en aquellos que sufren agorafobia.

Los padres reprimieron la expresión de los sentimientos y la autoafirmación del sujeto

Los padres no solo pueden fomentar la dependencia, sino que también pueden ahogar la capacidad innata del individuo de expresar sus sentimientos y autoafirmarse. Por ejemplo, el sujeto, de niño, pudo haberse visto continuamente reprendido o castigado por hablar, actuar impulsivamente o enojarse. Así pues creció con una actitud restrictiva, incluso punitiva, hacia la propia expresión de sus impulsos y sentimientos. Si estos impulsos y sentimientos son retenidos durante un largo período de tiempo, su reaparición súbita bajo condiciones de estrés puede desencadenar ansiedad o incluso pánico. Con frecuencia, quienes aprendieron a retener sus sentimientos y evitar su expresión personal en la infancia son ahora individuos más tensos, más propensos a sentirse ansiosos e incapaces de expresarse como adultos. Por supuesto, esta forma de contención experimentada en la infancia también puede conducir a la depresión y la pasividad más adelante.

En ambos casos, aprender a expresar los propios sentimientos y ser más asertivo puede tener un efecto muy beneficioso.

Leer sobre los cuatro tipos de causas que acabo de mencionar puede haberte estimulado a pensar en lo que sucedió en tu propia infancia. Utiliza el «Cuestionario de antecedentes familiares» que incluyo a continuación para explorar más a fondo qué circunstancias familiares pudieron haber contribuido a tus propios problemas de ansiedad.

CUESTIONARIO DE ANTECEDENTES FAMILIARES

Utiliza el siguiente cuestionario para reflexionar sobre tu infancia. ¿Puedes identificar qué condiciones pueden haber contribuido a tu problema actual con la ansiedad?

1. ¿Sufría alguno de tus padres ataques de ansiedad o fobias?
2. ¿Tenías algún hermano, abuelo u otro familiar que experimentase ataques de pánico o fobias?
3. ¿Parecía alguno de tus padres excesivamente proclive a preocuparse?
4. ¿Parecía alguno de tus padres demasiado preocupado por los peligros potenciales que pudiesen acecharte a ti o a otros miembros de la familia?
5. ¿Te animaban tus padres a explorar el mundo exterior o mantenían una actitud de precaución, sospecha o desconfianza?
6. ¿Sentías que tus padres eran excesivamente críticos contigo o que te exigían demasiado? Si este era el caso, ¿cómo te sentías ante esas críticas?

    - ❏ Humillado o minusvalorado.
    - ❏ Avergonzado o culpable.
    - ❏ Herido o rechazado.
    - ❏ Enojado o rebelde.

7. En tu infancia, ¿te sentías libre de expresar tus sentimientos e impulsos? ¿Cómo se lidiaba con los sentimientos en tu familia?

    - ❏ Podían expresarse libremente.
    - ❏ Eran castigados.
    - ❏ Eran negados.

8. ¿Era correcto llorar? ¿Cómo respondían tus padres cuando llorabas?
9. ¿Era correcto expresar enfado? ¿Cómo respondían tus padres cuando te enfadabas?
10. ¿Cuál era tu papel en el ámbito familiar? ¿Cómo se te percibía en relación con otros niños de la familia?

11. ¿Crees que creciste sintiéndote inseguro? ¿Cuál de estos elementos pudo haber contribuido a tu inseguridad?

    ❏ Demasiadas críticas por parte de tus padres.
    ❏ Demasiados castigos.
    ❏ Tus padres te hacían sentir avergonzado.
    ❏ Tus padres te hacían sentir culpable.
    ❏ Tus padres descuidaban ocuparse de ti.
    ❏ Uno de tus padres, o ambos, te «abandonó» al morir o al divorciarse.
    ❏ Sufriste maltrato físico.
    ❏ Sufriste abusos sexuales.
    ❏ Alguno de tus padres era alcohólico.

12. Si creciste sintiéndote inseguro, ¿cómo respondías a tus sentimientos de inseguridad?

    ❏ Por medio de hacerte muy dependiente de tu familia (¿Te resultó difícil dejar el hogar?).
    ❏ Por medio de hacerte muy independiente de tu familia (¿Abandonaste el hogar a una edad temprana?).
    ❏ Por medio de volverte iracundo o rebelde.

El estrés acumulado a lo largo del tiempo

Un tercer factor concomitante en el desarrollo de los trastornos de ansiedad es la influencia del estrés *acumulado* con el tiempo. Cuando el estrés persiste sin cesar durante un período de tiempo, como varios meses o años, tiende a acumularse. Este tipo de estrés es más duradero que las tensiones normales, temporales, relacionadas con una mudanza, la llegada de la Navidad o un revés financiero de corta duración. Puede derivar de conflictos psicológicos no resueltos que se han prolongado a lo largo de muchos años. O puede deberse a dificultades en un área de la vida de la persona —tal como problemas conyugales o de salud— que persisten durante un largo período de tiempo. Finalmente, puede deberse a la acumulación de un gran número de *acontecimientos de la vida*. Los acontecimientos de la vida, tal como aquí se entienden, a veces implican cambios sustanciales que requieren un ajuste y un reordenamiento de las prioridades de la persona. Ejemplos de estas situaciones son ir a la universidad, cambiar de trabajo, casarse o dejar una relación íntima, mudarse, tener un bebé, que los hijos se vayan de casa, etc. Si bien uno o dos eventos de estas características al año constituyen experiencias habituales y manejables, una serie de muchos de ellos en el curso de uno o dos años puede conducir a un estado de estrés crónico y agotamiento.

El concepto de *acontecimientos de la vida* surgió del trabajo de los doctores Richard Holmes y Thomas Rahe, que desarrollaron un instrumento llamado «Encuesta de acontecimientos de la vida» (también conocida como «Escala de reajuste social») para evaluar la cantidad y gravedad de los acontecimientos vitales que tienen lugar en un período de dos años. Utilizaron la encuesta específicamente para predecir el riesgo de contraer una enfermedad física. Sin embargo, también se puede emplear para medir, de una manera general, el estrés acumulativo. Puedes obtener una estimación de tu propio nivel de estrés acumulativo al completar la «Encuesta de acontecimientos de la vida» que se incluye en este capítulo.

Durante muchos años se ha sabido que el estrés puede aumentar el riesgo de desarrollar trastornos psicosomáticos como presión arterial alta, dolores de cabeza o úlceras. Solo recientemente se ha reconocido que los *trastornos psicológicos* pueden ser también el resultado de la acumulación de estrés. Con el tiempo, el estrés puede afectar a los sistemas de regulación neuroendocrinos del cerebro, que desempeñan un papel importante en los trastornos del estado de ánimo, como la depresión y los trastornos de ansiedad. El estrés actúa de un modo no específico; sencillamente, su impacto es mayor en la zona más débil del organismo. Si esta zona es el sistema cardiovascular, se puede padecer presión arterial alta o migrañas. Si esta zona son los sistemas neuroendocrinos y neurotransmisores del cerebro, uno será más proclive a padecer un trastorno de la conducta del estilo de cambios de humor, ansiedad generalizada o trastorno de pánico. En pocas palabras, el estrés acumulativo puede producir dolores de cabeza, o bien fatiga, o bien ataques de pánico, en función de cuál sea el aspecto fisiológico que la persona tenga más vulnerable. Esta vulnerabilidad puede, a su vez, estar influenciada por la herencia. Es probable que los genes, el estrés acumulativo y las circunstancias de la infancia, todo ello, contribuya a la génesis de un trastorno de ansiedad en particular, como se sugiere en este diagrama:

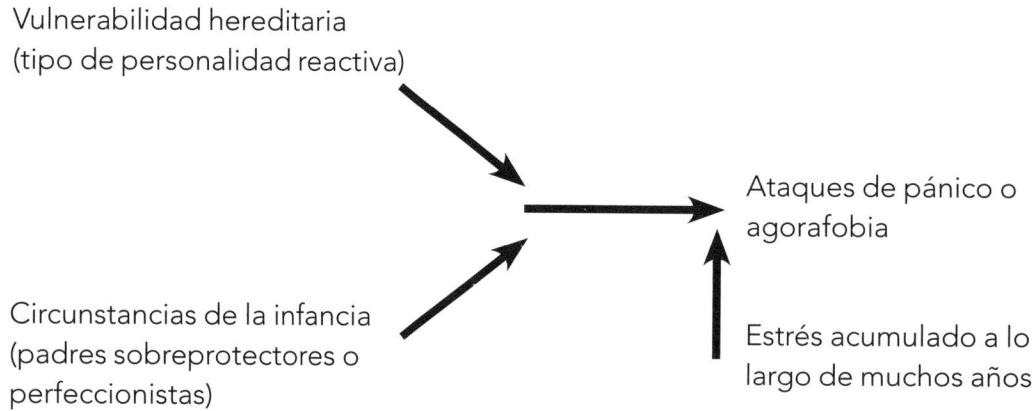

Si examinamos las causas a largo plazo, comprobamos que *ninguna* de ellas resulta suficiente, por sí misma, para dar lugar a un trastorno de ansiedad. Se puede vivir veinte años con vulnerabilidad hereditaria a los ataques de pánico y, sin embargo, nunca tener uno. Después los acontecimientos de la vida, una vez cumplidos los veinte, pueden llevar a la persona a acumular suficiente estrés como para activar lo que había estado allí solamente en potencia, y sobreviene el primer ataque de pánico. Si el sujeto creció sintiéndose inseguro y se le enseñó que el mundo exterior es peligroso, puede desarrollar agorafobia; en cambio, si creció sintiéndose avergonzado cuando realizaba alguna actividad de cara al público, tal vez su tipo particular de evitación fóbica será menos territorial y más social (en otras palabras, contraerá una fobia social).

ENCUESTA DE ACONTECIMIENTOS DE LA VIDA

Acontecimiento de la vida	Puntuación media de estrés
Muerte del cónyuge	100
Divorcio	73
Separación conyugal	65
Pena de cárcel	63
Muerte de un familiar cercano	63
Daños corporales o enfermedad	53
Matrimonio	50
Ser despedido del trabajo	47
Problemas conyugales	45
Jubilación	45
Cambios en el estado de salud de un miembro de la familia	44
Embarazo	40
Dificultades sexuales	39
Advenimiento de un nuevo miembro a la familia	39
Reajustes empresariales	39
Cambio en la situación financiera	38
Muerte de un amigo íntimo	37
Cambio a otro tipo de trabajo	36
Aumento en la cantidad de discusiones con el cónyuge	35
Hipoteca o préstamo para una compra mayor (como una casa)	31
Ejecución de una hipoteca o préstamo	30
Cambio de responsabilidades en el trabajo	29
Abandono del hogar por parte de un hijo	29
Problemas con los suegros	29
Logro personal destacado	28
El cónyuge empieza a trabajar o deja de trabajar	26
Inicio o final del curso escolar	26
Cambio en las condiciones de vida	25
Revisión de las costumbres personales	24
Problemas con el jefe	23

Cambio en cuanto a las horas o condiciones laborales 20
Cambio de residencia.. 20
Cambio de escuela 20
Cambio en las actividades de recreo 19
Cambio en las actividades de la iglesia... 19
Cambio en las actividades sociales 18
Hipoteca o préstamo por una compra menor
(como un coche o un televisor) 17
Cambio de costumbres en cuanto al sueño 16
Cambio en la cantidad de personas que se congregan en
las reuniones familiares 15
Cambio en los hábitos alimentarios 15
Vacaciones... 13
Navidad 12
Transgresiones menores de la ley... 11

Determina qué *acontecimientos de la vida* has experimentado en los últimos dos años y suma tu puntuación total de estrés. Por ejemplo, si te casaste, cambiaste de tipo de trabajo, te mudaste de residencia y te tomaste dos vacaciones, tu puntuación total de estrés sería 50 + 36 + 20 + 13 + 13 = 132. Si tu puntuación total de estrés está por debajo de 150, es menos probable que sufras los efectos del estrés acumulativo. Si se encuentra entre 150 y 300, *puede ser* que estés padeciendo estrés crónico (esto dependerá de cómo percibiste los acontecimientos de la vida que tuvieron lugar y cómo les hiciste frente). Si tu puntuación es más de 300, es probable que estés experimentando algunos efectos perjudiciales por el estrés acumulado. Ten en cuenta que las puntuaciones de estrés que se ofrecen en esta encuesta constituyen un promedio a partir de muchas personas; el grado en que cualquier evento en particular sea estresante para ti dependerá de cómo lo percibas.

CAUSAS BIOLÓGICAS

Las causas biológicas se refieren a desequilibrios fisiológicos presentes en el cerebro o en otro lugar del cuerpo que se asocian con los trastornos de ansiedad. Es importante reconocer que estos desequilibrios no son necesariamente las *causas últimas* de los trastornos de ansiedad y que pueden deberse a lo siguiente:

- ▶ Una vulnerabilidad hereditaria específica.
- ▶ Estrés acumulado a lo largo del tiempo.
- ▶ Una vulnerabilidad hereditaria que se manifieste por el estrés acumulativo.

Una vez más, es probable que los genes, la historia vital y el estrés trabajen juntos para ocasionar los problemas subyacentes a los trastornos de ansiedad.

Los últimos estudios han señalado distintas explicaciones biológicas para distintos tipos de trastornos de ansiedad. El tipo de disfunción asociada con los ataques de pánico espontáneos es probablemente diferente del tipo de disfunción asociada con el trastorno de ansiedad generalizada. Y ambas, a su vez, son diferentes de los desequilibrios fisiológicos asociados con el trastorno obsesivo-compulsivo. Cada una de estas disfunciones se trata por separado más adelante.

El estado de nuestro conocimiento sobre las causas biológicas subyacentes a los trastornos de ansiedad es todavía muy provisional e incompleto. Los mecanismos cerebrales que examinamos después, tras un apartado inicial sobre la fisiología del pánico, deben considerarse como hipotéticos, no como hechos probados.

Por último, es importante tener en cuenta que a pesar de que puede haber un desequilibrio fisiológico en el cerebro subyacente al trastorno de ansiedad, no existe ninguna razón para suponer que el sujeto no pueda corregirlo. *Si la persona está dispuesta a hacer cambios en su estilo de vida para reducir el estrés y mejorar su nivel de bienestar físico, cualesquiera desequilibrios fisiológicos asociados con el pánico, las fobias, la ansiedad o las obsesiones tenderán a disminuir, y tal vez desaparecerán por completo.* Entre estos cambios en el estilo de vida están conseguir tiempo para la relajación diaria, un programa de ejercicios, una buena nutrición, apoyo social y actividades que hagan sentir bien a la persona (véanse los capítulos correspondientes de este libro). Una forma alternativa de corregir un desequilibrio biológico es confiar en los medicamentos que alteran específicamente el funcionamiento del cerebro. Los fármacos funcionan bien a la hora de abordar las causas fisiológicas de los trastornos de ansiedad, aunque, en mi opinión, deben ser vistos como un último recurso. A menudo es posible corregir los desequilibrios físicos *solamente* mediante la mejora del nivel de salud y bienestar de la persona.

Más adelante, en este mismo apartado, conocerás mecanismos del cerebro que, se cree, a partir de investigaciones recientes, están en la base de los ataques de pánico, la ansiedad generalizada y el trastorno obsesivo-compulsivo. Antes, sin embargo, se tratará de una descripción de la fisiología básica del ataque de pánico —algo que está mucho mejor comprendido.

La fisiología del pánico

¿Qué sucede con el cuerpo de la persona durante un ataque de pánico? El pánico es una versión extrema de una reacción de alarma que el organismo, *de manera natural*, lleva a cabo en respuesta a cualquier tipo de amenaza. Hace años, Walter Cannon denominó a esta reacción «*respuesta de lucha o huida*». Es un mecanismo incorporado que permite a todos los animales superiores movilizar una gran cantidad de energía de forma rápida con el fin de hacer frente a los depredadores u otras amenazas inmediatas a su supervivencia. Esta reacción de alarma nos es muy útil en situaciones que son realmente peligrosas. Desafortunadamente, la mayoría de nosotros también experimentamos la reacción de lucha o huida en respuesta a cualquier situación que vemos como *psicológicamente* peligrosa, amenazante o abrumadora. Una discusión con el cónyuge o tener que levantarse e ir al trabajo tras haber dormido mal puede provocar una respuesta de estrés pronunciada, porque la situación *se percibe* como amenazante o abrumadora, aunque no suponga ningún riesgo directo para la propia supervivencia.

En el caso de un ataque de pánico, tal vez no se perciba ninguna amenaza en absoluto; la reacción puede surgir «de la nada», sin que se advierta la causa que la ha provocado. De alguna manera, la respuesta natural de lucha o huida está fuera de control. El hecho de que esto tenga lugar fuera de un contexto y sin razón aparente sugiere que los mecanismos cerebrales que controlan la respuesta no están funcionando adecuadamente. La hipótesis actual sobre la naturaleza de esta disfunción se describe en el próximo apartado. Sin embargo, la fisiología del pánico es mejor conocida.

El sistema nervioso lleva a cabo dos tipos de acciones distintas: las *voluntarias* y las *involuntarias*. Hay un sistema nervioso voluntario que mueve los músculos y obedece al mando directo de la persona. El sistema nervioso involuntario, por otro lado, regula las funciones automáticas que normalmente se hallan fuera del control deliberado, como los latidos del corazón, la respiración y la digestión. El sistema involuntario se divide, a su vez, en dos ramas: el sistema nervioso *simpático* y el *parasimpático*. El primero es el responsable de movilizar una serie de reacciones en todo el cuerpo cada vez que el individuo está emocionado o excitado. El segundo tiene una función opuesta: mantiene el buen funcionamiento (el funcionamiento normal) de los distintos órganos internos en los momentos en que estamos tranquilos y en reposo.

En un ataque de pánico, el sistema nervioso simpático pone en marcha varias reacciones corporales diferentes de manera rápida e intensa. Hace que las glándulas suprarrenales liberen grandes cantidades de adrenalina. Se siente una «sacudida» repentina, que va acompañada a menudo de un sentimiento de miedo o terror. En cuestión de segundos, el exceso de adrenalina puede causar que el corazón lata a un ritmo acelerado, que la respiración pase a ser rápida y superficial, que haya una sudoración profusa, que tengan lugar temblores y sacudidas y que las manos y los pies estén fríos. El sistema nervioso simpático también produce contracciones musculares (el caso más extremo de esto es cuando los animales «se congelan» por el miedo), que pueden dar lugar a que se experimenten fuertes contracciones en el pecho o la garganta, junto con el temor a no poder respirar. Otras reacciones son una excesiva liberación de ácido en el estómago, inhibición de la digestión, liberación de glóbulos rojos de la sangre por el bazo, liberación de azúcar almacenado por el hígado, aumento de la tasa metabólica y dilatación de las pupilas.

Todas estas reacciones tienen lugar cuando estás emocionado o excitado, pero de manera menos intensa. El problema en el caso del pánico es que alcanzan un nivel tan extremo que la persona se siente abrumada, aterrorizada y tiene el fuerte impulso de echar a correr. Es importante saber que la adrenalina que se libera durante el ataque de pánico tiende a ser reabsorbida por el hígado y los riñones a los pocos minutos. Si el sujeto puede «aguantar» los síntomas corporales del pánico sin luchar contra ellos o decirse lo horribles que son, tienden a desaparecer en poco tiempo. En el capítulo 6 se describen estrategias para aprender a observar los síntomas corporales del pánico, en lugar de reaccionar frente a ellos. Por medio de respirar correctamente y decirse frases de apoyo, calmantes, la persona puede aprender a manejar el pánico en lugar de asustarse y experimentar una reacción mucho más intensa.

Así como la fisiología del pánico se entiende bien, los mecanismos cerebrales que desencadenan estas reacciones fisiológicas son menos conocidos. El siguiente apartado presenta dos hipótesis recientes sobre unos desequilibrios en particular que tienen lugar en el cerebro que se cree que son responsables de los ataques de pánico.

Ataques de pánico

El cerebro es, con mucho, el sistema más complejo del organismo humano. Consta de más de cien mil millones de células cerebrales o *neuronas*. En cualquier momento dado, millones de impulsos nerviosos se transmiten a lo largo de múltiples rutas que interconectan varias regiones del cerebro. Cada vez que un solo impulso nervioso pasa de una célula nerviosa a otra debe cruzar un espacio. Las células nerviosas individuales no están conectadas, sino separadas por espacios diminutos llamados *sinapsis*. Se sabe desde hace algún tiempo que el proceso por el cual un impulso nervioso se mueve a través de una sinapsis es de naturaleza química. Cantidades microscópicas de sustancias químicas que se secretan en la sinapsis permiten que el impulso nervioso se transmita de una neurona a la siguiente. Estas sustancias químicas se denominan *neurotransmisores*; hay unos veinte tipos diferentes de ellos en el cerebro.

Parece que hay distintos sistemas cerebrales que son especialmente sensibles a ciertos neurotransmisores en particular. Cada sistema se compone de una vasta red de *neuronas* que son sensibles a un neurotransmisor en concreto. Uno de los sistemas, llamado *sistema noradrenérgico*, parece ser especialmente sensible al neurotransmisor *noradrenalina*. Otro sistema, el *sistema serotoninérgico*, contiene neuronas especialmente sensibles al neurotransmisor *serotonina*. Y hay otro, el *sistema glutamatérgico*, que es especialmente sensible al *glutamato*, un neurotransmisor estimulante. Estos tres sistemas tienen una gran cantidad de sitios receptores (ubicaciones en las células nerviosas que responden a los neurotransmisores) en algunas de las principales estructuras del cerebro que se activan durante un ataque de pánico. En concreto, se cree que la *amígdala* —una de esas estructuras— desempeña un papel clave a la hora de instigar el pánico. Las investigaciones efectuadas han permitido ver que la amígdala no actúa sola, sino en coordinación con diversas otras estructuras —entre todas contribuyen a la estimulación del pánico— entre ellas centros «superiores» del cerebro, como la corteza prefrontal y la ínsula, que sirven para modular la información sensorial, la cual interpretan como «peligrosa» o «segura». Dicha información se almacena como memoria en una parte del cerebro llamada *hipocampo*. Los centros superiores del cerebro y el hipocampo interaccionan directamente con la amígdala. Esta, a su vez, instiga el pánico mediante la estimulación de otras estructuras cerebrales: el *locus cerúleo*, que contribuye a la activación conductual y fisiológica en general; el *hipotálamo*, que regula la liberación de adrenalina (por medio de la glándula pituitaria, estimulando las glándulas suprarrenales) y que estimula el sistema nervioso simpático; el *área gris periacueductal*, que estimula la conducta defensiva y de evitación, y, finalmente, el *núcleo parabraquial*, que estimula el ritmo respiratorio.

Dentro del cerebro, es más probable que tengan lugar los ataques de pánico cuando todo este sistema está *demasiado sensibilizado*, tal vez por haber sido activado previamente con demasiada frecuencia, con demasiada intensidad o ambos motivos. Así, la base neurológica del pánico no es exactamente un «desequilibrio químico», como puede ser que digan los médicos a sus pacientes, sino un «sistema del miedo» demasiado sensibilizado (este sistema incluye todas las estructuras cerebrales mencionadas anteriormente). Los investigadores creen que la presencia insuficiente de los neurotransmisores serotonina y noradrenalina puede contribuir a una *inhibición insuficiente* de la amígdala, el locus cerúleo y estructuras asociadas que conforman el sistema del miedo. Por eso los antidepresivos ISRS o los IRSN, que afectan al metabolismo de la serotonina o la noradrenalina disponibles en todo el cerebro, pueden reducir los ataques de pánico (así como otros trastornos de ansiedad). Una categoría de antidepresivos más antiguos, los tricíclicos, también pueden ser eficaces para reducir los síntomas de los trastornos de ansiedad (véase el capítulo 17 para obtener mayor información sobre estos distintos tipos de medicamentos antidepresivos). Durante un período de dos a cuatro semanas, estos medicamentos parecen ser capaces de *estabilizar* y *desensibilizar* la amígdala, el locus cerúleo y otras estructuras que forman parte del sistema del miedo cuando están demasiado sensibilizados.

Hoy día sigue estando poco claro qué es lo que *causa* que el sistema del miedo adquiera esta hipersensibilidad. Una hipótesis es que los cambios en este sistema pueden tener lugar como resultado del estrés agudo o como consecuencia, a largo plazo, de múltiples factores estresantes experimentados a lo largo del tiempo. Aunque esta hipótesis no ha sido demostrada, *parece probable que el estrés acumulativo contribuya de manera importante a la aparición de los ataques de pánico* (como hemos visto anteriormente en este capítulo). Si esta hipótesis sobre la posibilidad de que el estrés altere la amígdala y el sistema del miedo resulta ser cierta, se deriva de ello una implicación importante: *el tratamiento más eficaz a largo plazo para las disfunciones del cerebro asociadas con el trastorno de pánico es un programa coherente e integral para reducir el estrés en la vida de la persona*. Los medicamentos pueden ayudar ciertamente, a corto plazo, a volver a estabilizar las estructuras del cerebro que contribuyen al pánico y la ansiedad. Pero cuando se retire la medicación al paciente, tanto el pánico como la ansiedad tenderán a regresar, a no ser que el sujeto haya introducido cambios en su estilo de vida que le permitan vivir de manera más sencilla y con mayor tranquilidad. Entre estos cambios están relajarse y hacer ejercicio con regularidad, gestionar bien el tiempo, alimentarse de manera adecuada, contar con apoyo personal y tener actitudes constructivas.

Una hipótesis adicional para la causa de los ataques de pánico tiene que ver con la corteza prefrontal. Se trata de un centro cortical cerebral «superior» que entra en juego *después* de que la amígdala haya estimulado un miedo repentino en respuesta a una amenaza potencial. La corteza prefrontal ayuda a la persona a evaluar el entorno para ver si existe o no una amenaza real. Si no parece haber ninguna, la corteza prefrontal ejerce una «influencia desde arriba» sobre la amígdala para que el sujeto pueda descartar la posible amenaza y no seguir experimentando pánico. Se cree que este vínculo entre la corteza prefrontal y la amígdala puede estar alterado, dañado, en el caso de las personas propensas a los ataques de pánico. Es decir, la corteza prefrontal no puede reducir adecuadamente la actividad de la amígdala, lo que permite que el miedo siga ganando terreno, hasta que tiene lugar el ataque de pánico.

Ansiedad generalizada

Los tranquilizantes benzodiacepínicos, tales como Xanax, Ativan o Klonopin, pueden reducir de manera eficaz la ansiedad en el caso del trastorno de ansiedad generalizada, así como en otros trastornos de ansiedad (incluida la ansiedad anticipatoria en el caso de las fobias). Se ha descubierto que un sistema receptor específico del cerebro, el sistema GABA, es excepcionalmente sensible a los medicamentos benzodiacepínicos. Este sistema está compuesto por neuronas que son sensibles al ácido gamma-aminobutírico (un neurotransmisor conocido también como GABA, para abreviar). El GABA funciona en el cerebro, de manera natural, como un neurotransmisor *inhibidor* —tiende a inhibir la actividad cerebral, a «bajar su tono», particularmente en el sistema límbico, el centro de las emociones—. Así, el GABA está asociado a la propia respuesta calmante natural del cerebro. Cuando les das a las personas GABA directamente, o si les suministras medicamentos que aumentan la actividad del sistema GABA, su ansiedad disminuye.

Parece que los tranquilizantes benzodiacepínicos estimulan el sistema GABA, lo vuelven más activo (es lo mismo que hace el neurotransmisor GABA). Es por ello por lo que estos fármacos mitigan la ansiedad, así como cualquier otra forma de excitación emocional.

¿Qué ocurre con el sistema GABA en las personas que padecen ansiedad crónica? Se han propuesto varias hipótesis. Puede haber una carencia del neurotransmisor GABA, con la consecuencia de que el sistema GABA presenta una menor actividad inhibidora. O puede haber una carencia de alguna sustancia benzodiacepínica de origen natural en el cerebro (aún no se ha identificado) que conduzca a que el sistema GABA presente una actividad reducida. Quizá hay demasiados receptores GABA en relación con la cantidad de GABA disponible. La situación es bastante compleja, puesto que la activación del cerebro (que guarda una relación directa con la ansiedad) es controlada no solo por el sistema GABA sino también por el sistema de la serotonina y el de la noradrenalina, e incluso por otros sistemas neurotransmisores. Por otra parte, las investigaciones sobre el cerebro han revelado que todos estos sistemas interactúan y se modulan entre sí. Baste decir que todos ellos juegan un papel importante en las bases neurobiológicas del trastorno de ansiedad generalizada.

Trastorno obsesivo-compulsivo

El mismo razonamiento que se aplica para el trastorno de ansiedad generalizada es válido para el trastorno obsesivo-compulsivo (TOC). La efectividad de los fármacos específicos, como la clomipramina (Anafranil) y los antidepresivos ISRS –la fluoxetina (Prozac), sertralina (Zoloft), paroxetina (Paxil) y fluvoxamina (Luvox)–, a la hora de reducir los síntomas obsesivo-compulsivos, nos dice algo acerca de los posibles mecanismos biológicos que operan en este trastorno. Estos fármacos son conocidos por aumentar la cantidad de una sustancia neurotransmisora específica, la serotonina, en el cerebro. Lo hacen de manera más eficaz que otro tipo de medicamentos antidepresivos. Así, sabemos que la serotonina (y el sistema de la serotonina) juega un papel importante en las bases neurobiológicas del TOC.

Las investigaciones han identificado un «neurocircuito» TOC que implica tres estructuras cerebrales: la *corteza orbitofrontal*, el *tálamo* y el *núcleo caudado*. Estas estructuras definen un circuito, o «bucle», que los estudios de imágenes cerebrales han demostrado que está demasiado activo en las personas que padecen el TOC. Cuando nos preocupamos, la corteza orbitofrontal envía una señal de preocupación al tálamo, que a su vez envía la señal de vuelta (a través del núcleo caudado) a la corteza orbitofrontal para que la interprete. En circunstancias normales, este ciclo tiene lugar solo una vez, o unas pocas veces. En las personas que padecen el trastorno, sin embargo, y a causa de un problema con el núcleo caudado, la señal va y viene muchísimas veces; se entra en un bucle. Parece que los medicamentos ISRS tienen el efecto de reducir el exceso de actividad de este circuito del TOC. Muchas neuronas de la serotonina desempeñan una función inhibidora, y parece que hay una gran cantidad de estas neuronas inhibidoras en las estructuras que constituyen el bucle del TOC. Por lo tanto, si se aumenta la cantidad de serotonina en el cerebro, se eleva la actividad inhibidora de las neuronas de la serotonina, lo que a su vez «frena» el exceso de actividad del circuito del TOC.

Otra estructura cerebral involucrada es la *circunvolución del cíngulo anterior*. Una de las funciones de la corteza cingulada es permitirnos cambiar, de forma flexible, la atención de un tema a otro. Cuando esta área no opera correctamente, podemos quedar más fácilmente «atascados» o atrapados en un tema en particular, como ocurre cuando nos obsesionamos con algo. Parece que los medicamentos ISRS ayudan a la corteza cingulada a funcionar mejor. Las investigaciones llevadas a cabo en el campo de las imágenes cerebrales también han encontrado que la terapia cognitivo-conductual, en concreto la exposición y prevención de respuesta, puede normalizar la función cerebral en las estructuras asociadas con el TOC. Es emocionante ver que una intervención estrictamente psicológica puede dar lugar a cambios duraderos en la función cerebral, similares a los que los fármacos pueden lograr.

Enfermedades y problemas de salud que pueden causar ataques de pánico o ansiedad

La fisiología del pánico descrita anteriormente está bien establecida. Pero las diversas explicaciones propuestas acerca de los mecanismos biológicos que implican distintos sistemas de neurotransmisores del cerebro siguen siendo, actualmente, hipotéticas. Es importante tener en cuenta que estas hipótesis biológicas se pueden aplicar a la mayoría de los casos de ataques de pánico y ansiedad generalizada, *pero no a todos*. A veces, las reacciones de pánico o ansiedad pueden surgir a raíz de problemas de salud que son bastante independientes de los trastornos de ansiedad reconocidos. El hipertiroidismo y la hipoglucemia, por ejemplo, pueden causar ataques de pánico que parecen, en todos los aspectos, idénticos a los observados en el trastorno de pánico. Niveles bajos de calcio o magnesio, o la alergia a ciertos aditivos alimentarios, también pueden producir pánico o ansiedad. Cuando estos problemas se corrigen, la ansiedad desaparece.

Cualquiera de los siguientes problemas de salud podría ser causa de ataques de pánico o ansiedad generalizada. Los seis que siguen son los que se ven con más frecuencia.

Síndrome de hiperventilación

La respiración rápida y poco profunda a nivel del pecho puede conducir, en ocasiones, a que la cantidad de dióxido de carbono presente en el torrente sanguíneo se reduzca de forma excesiva. Esto da lugar a síntomas muy similares a los del ataque de pánico, como aturdimiento, mareos, sensación de irrealidad, falta de aliento, temblores u hormigueo en las manos, pies o labios. Estos síntomas, a su vez, pueden percibirse como peligrosos y estimular un ataque de pánico en toda regla (véase el apartado dedicado a la respiración abdominal en el capítulo 4 para leer más sobre la hiperventilación).

Hipoglucemia

En el caso de un gran número de personas, el azúcar en sangre puede caer a niveles demasiado bajos como resultado de una dieta inadecuada o del estrés. Cuando esto ocurre, experimentan varios síntomas similares a los de una reacción de pánico, como ansiedad, temblores, mareos, debilidad y desorientación. La hipoglucemia puede causar ataques de pánico o, más frecuentemente, agravar las reacciones de pánico causadas por otros factores (véase el capítulo 15 para más detalles).

Hipertiroidismo

La secreción excesiva de la hormona tiroidea puede conducir a palpitaciones (latidos rápidos del corazón), sudoración y ansiedad generalizada. Otros síntomas del hipertiroidismo son pérdida de peso, temperatura corporal elevada, insomnio y ojos saltones. Si la persona tiene varios de los síntomas anteriores, puede sugerirle a su médico que le haga un panel de tiroides (una serie de pruebas para determinar si padece alguna enfermedad de esta glándula) para ver si este problema está contribuyendo a sus síntomas de ansiedad o pánico (véase el capítulo 16 para obtener más información acerca de cómo las enfermedades de la tiroides pueden afectar a la ansiedad).

Prolapso de la válvula mitral

El prolapso de la válvula mitral es un problema inofensivo que causa palpitaciones. Es causado por un ligero defecto de la válvula que separa las cámaras superior e inferior del lado izquierdo del corazón. La sangre pasa por la válvula mitral a medida que va desde la cámara superior a la inferior. El prolapso de la válvula mitral significa que la válvula no se cierra por completo y parte de la sangre puede fluir hacia atrás, de la cámara inferior a la superior, haciendo que el corazón lata fuera de ritmo. La alteración del ritmo resultante puede ser lo suficientemente desconcertante como para que algunas personas experimenten un ataque de pánico, pero *no* es un acontecimiento peligroso. El prolapso de la válvula mitral *no* provoca ataques cardíacos.

Por razones que no están claras, el prolapso de la válvula mitral es más frecuente en las personas con trastorno de pánico que en la población en general. En casos graves, puede ser tratado mediante el uso de fármacos betabloqueantes como Inderal.

Síndrome premenstrual

En el caso de la mujer, es importante observar si sus reacciones de pánico (o su ansiedad generalizada) empeoran justo antes o poco antes de la menstruación. Si es así, el tratamiento del síndrome premenstrual puede ser suficiente para aliviar el problema de pánico o ansiedad. El tratamiento implica generalmente mejoras en la dieta y el ejercicio, tomar suplementos como la vitamina B_6 y, en algunos casos, progesterona natural (véase el capítulo 16 para mayor detalle).

Alteraciones del oído interno

En el caso de una pequeña proporción de la población, los ataques de pánico parecen estar asociados con una alteración del equilibrio causada por la inflamación del oído interno (debida a una infección, alergia, el síndrome de Ménière u otros problemas). Si los mareos, el aturdimiento o la inestabilidad son una parte *importante* del problema de ansiedad o pánico del sujeto, puede consultar con un otorrinolaringólogo para que compruebe el laberinto de su oído interno.

Otros problemas de salud que pueden causar pánico o ansiedad

- Reacción aguda a la cocaína, anfetaminas, cafeína, aspartamo, inhibidores del apetito, medicamentos para el asma, esteroides u otros estimulantes.
- Abandono del alcohol, sedantes o tranquilizantes.
- Tirotoxicosis.
- Síndrome de Cushing.
- Tumor suprarrenal.
- Enfermedad paratiroidea.
- Convulsiones parciales complejas (epilepsia del lóbulo temporal).
- Ruptura del axón.

- Bajos niveles de calcio, magnesio, potasio, niacina o vitamina B_{12}.
- Enfisema.
- Embolia pulmonar.
- Arritmias cardíacas.
- Insuficiencia cardíaca congestiva.
- Hipertensión esencial.
- Toxinas ambientales como el mercurio, el dióxido de carbono, los hidrocarburos, los aditivos alimentarios o los pesticidas.

Para descartar cualquier problema de salud que pueda estar causando o agravando el pánico o la ansiedad, es conveniente que el paciente le indique a su médico que le haga (o le mande hacer) un examen físico completo, que incluya un análisis de sangre, antes de adoptar estrategias conductuales y psicológicas para la recuperación. Hay que tener en cuenta, sin embargo, que los problemas de salud anteriores —con la excepción de la hiperventilación y la hipoglucemia— contribuyen al pánico o la ansiedad solamente en una pequeña parte de los casos.

CAUSAS A CORTO PLAZO, DESENCADENANTES

Las causas a largo plazo, tales como la herencia, el entorno de la infancia y el estrés acumulativo, crean una *predisposición* a padecer trastornos de ansiedad. Sin embargo, se necesitan condiciones más específicas, que operen en un corto período de tiempo, para desencadenar realmente los ataques de pánico o provocar el desarrollo de una fobia. En este apartado vamos a considerar brevemente:

1. Los factores estresantes específicos que a menudo preceden a un primer ataque de pánico.
2. Los procesos de condicionamiento que dan lugar a fobias.
3. El papel del trauma en ciertas fobias simples y en el trastorno de estrés postraumático.

Factores estresantes que desencadenan los ataques de pánico

El primer ataque de pánico se ve precedido a menudo por un evento o situación estresante. En mi experiencia con las personas que son vulnerables al trastorno de pánico como resultado de los factores predisponentes descritos anteriormente, he encontrado que los siguientes tres tipos de factores estresantes preceden, a menudo, a su primer ataque de pánico:

Una pérdida personal significativa

La pérdida de una persona importante (sea por muerte, divorcio o separación) parece ser, con mucha frecuencia, el detonador del primer ataque de pánico. Otras pérdidas importantes, como la del empleo o la de la salud por enfermedad, o un importante revés financiero, también pueden precipitarlo.

Un cambio vital significativo

Un acontecimiento importante en la vida que provoque un período de ajuste de varios meses puede precipitar, en ocasiones, un primer ataque de pánico. Ejemplos de tal acontecimiento pueden ser casarse, tener un bebé, ir a la universidad, cambiar de trabajo, entrar en el ejército, efectuar un traslado o contraer una enfermedad física prolongada.

Puede ser que *cualquier factor de estrés importante*, ya se trate de una pérdida significativa o de un gran cambio en la vida, desencadene un primer ataque de pánico en un individuo que ya sea vulnerable a ellos por otras razones.

Estimulantes y drogas recreativas

No es raro que el primer ataque de pánico tenga lugar después de una ingesta excesiva de cafeína. A menudo las personas no son conscientes de que consumen demasiada cafeína hasta que un ataque de pánico en toda regla las hace tomar conciencia de ello.

Aún más común es la incidencia de ataques de pánico en los consumidores de cocaína. La cocaína es un estimulante tan fuerte que puede causarlos incluso en personas que *no* presentan predisposición al trastorno de pánico por los factores a largo plazo descritos anteriormente. Las anfetaminas (*speed*), el PCP, el LSD, altas dosis de marihuana y la retirada de narcóticos, barbitúricos o tranquilizantes también pueden llevar a un individuo a sufrir su primer ataque de pánico.

Los condicionamientos y el origen de las fobias

Una fobia es un miedo persistente e irracional a un determinado objeto, actividad o situación que se traduce en un deseo apremiante de evitar ese objeto, actividad o situación que se teme. Hay tres características que distinguen una fobia de los miedos cotidianos. En primer lugar, el sujeto tiene un miedo *persistente* al objeto o situación durante un largo período de tiempo. En segundo lugar, la persona sabe que su miedo es *irracional*, a pesar de que este reconocimiento no la ayuda a disiparlo. Por último, lo que es más característico de una fobia es que *se evita* la situación temida. Tener un miedo irracional a algo aún no es una fobia; la fobia comienza cuando realmente se empieza a evitar lo que se teme.

Lo que se evita tiende a variar entre los distintos tipos de fobias. Si el individuo es agorafóbico, tiende a alejarse de situaciones en las que tiene miedo de no poder escapar fácilmente si sufre un ataque de pánico. Ejemplos de estas situaciones son hallarse haciendo cola en la caja de un supermercado, o bien encontrarse en una autopista, un ascensor o un puente. Si la persona tiene una fobia social, tiende a evitar situaciones en las que teme sentirse humillada o avergonzada delante de los demás. Ejemplos de estas situaciones son hablar en público, las fiestas, los aseos públicos y las entrevistas de trabajo. Las fobias simples hacen que uno tema la posibilidad de la muerte o de sufrir lesiones por causas tales como desastres naturales o ciertos animales. O bien el individuo puede sentir un miedo enorme a verse atrapado.

¿Cómo se desarrollan estas fobias? Hay dos tipos de procesos que son los más comúnmente responsables de ello: los *condicionamientos* y los *traumas*. El trauma no está siempre implicado en el origen de una fobia, pero los procesos de condicionamiento están siempre presentes. Hay dos tipos de condicionamientos que contribuyen a la formación de una fobia: el *condicionamiento por asociación* y el *condicionamiento por evitación*.

En el condicionamiento por asociación, una situación que fue originalmente neutra comienza a provocar una fuerte ansiedad, ya que un día en particular el sujeto sufrió un ataque de pánico o tuvo una fuerte reacción de ansiedad en ella. Por ejemplo, la persona está conduciendo por la autopista y sufre, de manera espontánea, un ataque de pánico. El pánico se agrava por pensamientos de miedo del estilo: «¿Cómo puedo salir de aquí?» o «¿Qué pasa si tengo un accidente?». La mente crea una fuerte asociación entre estar en la autopista y experimentar ansiedad, por lo que más tarde estar en una autopista, o cerca de ella, o incluso pensar en autopistas provoca ansiedad. En resumen, el individuo ha *aprendido* a establecer una asociación entre las autopistas y la ansiedad. De la misma manera, si el sujeto experimenta una fuerte ansiedad la primera vez que intenta hablar en público, ello puede conducir a una asociación entre ambos hechos. Posteriormente, cada vez que intente hablar ante los demás, incluso cada vez que piense en hacerlo, se detonará automáticamente en él una fuerte ansiedad.

El condicionamiento por asociación puede hacer que se contraiga un miedo hacia una situación u objeto en particular, pero esto por sí mismo no da lugar a una fobia. Solo cuando la persona empieza a *evitar* esa situación u objeto, «aprende» a ser fóbica. Un principio de larga tradición en la psicología del comportamiento es que cualquier conducta que se ve recompensada tiende a repetirse. Evitar una situación ante la cual se siente ansiedad tiene una recompensa obvia: la reducción de la ansiedad. Cada vez que la persona evita la situación, recibe la recompensa de verse liberada de la ansiedad, por lo que fortalece su comportamiento de evitación y tiende a repetirlo. La evitación funciona muy bien a la hora de librarle a uno de la ansiedad.

Aprender a mantenerse alejado de una situación temible porque es gratificante hacerlo es lo que constituye el condicionamiento por evitación, que constituye el proceso más determinante en la formación de cualquier fobia. Se invierte y supera directamente por los procesos de exposición imaginaria y en la vida real que se describen en el capítulo 7.

Traumas, fobias simples y trastorno de estrés postraumático

La agorafobia y la fobia social tienden a desarrollarse principalmente como resultado de los procesos de condicionamiento que se acaban de describir. Ciertas fobias simples, por el contrario, pueden contraerse a raíz de experiencias traumáticas específicas. Si un niño pequeño agarra una abeja sin querer y le pica, este niño puede desarrollar fobia a las abejas. Este es un buen ejemplo de condicionamiento por asociación: el miedo que sintió en el momento de ser picado le hizo establecer una asociación entre las abejas y el miedo. El condicionamiento de la evitación puede entrar en juego si el niño empieza a alejarse corriendo de las abejas cada vez que las ve.

De la misma manera, estar en un coche en el momento de un accidente puede ser causa de que el individuo experimente miedo a conducir o incluso a ir de pasajero. O el hecho de estar próximo al ahogamiento puede desencadenar fobia al agua. Muchas fobias simples se remontan a algún tipo de incidente traumático que tuvo lugar en la infancia. Otras —especialmente las que tenemos desde una edad muy temprana, como el miedo a la oscuridad o a los insectos— pueden ser parte de nuestra herencia evolutiva. Estos temores pueden haber sido programados biológicamente en el sistema nervioso de todos los mamíferos para promover la supervivencia de la especie. Estos miedos innatos con los que la gente crece a menudo no pueden considerarse fobias a menos que conduzcan a la evitación persistente y persistan en la edad adulta.

Un resultado diferente del trauma es la aparición del trastorno de estrés postraumático, que se describe en el capítulo 1. En este caso no se padecen fobias específicas, sino que se tiende a desarrollar una serie de síntomas que «recrean» el trauma original. La mente intenta, por medio de recuerdos angustiosos y sueños acerca de lo sucedido, hacerse con el control del acontecimiento original y neutralizar la carga emocional que conlleva.

CAUSAS CONSERVATIVAS

Las causas conservativas de los trastornos de ansiedad son las que tienden a mantenerlos vigentes. Implican formas de pensar, de sentir y de afrontar la vida que sirven para perpetuar la ansiedad, el pánico o las fobias. En gran medida, este libro pretende ayudar a hacer frente a este tipo de causas. De los cuatro tipos de causas que estamos considerando, solamente las conservativas operan en el aquí y ahora y, por lo tanto, son las más fáciles de abordar. La siguiente lista no es exhaustiva; incluye solamente las que son más evidentes. Las causas conservativas serán abordadas con mayor detalle a lo largo del resto del libro.

Evitación de las situaciones fóbicas

Las fobias se desarrollan porque es muy gratificante evitar afrontar las situaciones que causan ansiedad. Mientras la persona siga evitando hacer frente a la situación, actividad u objeto fóbico, la fobia se mantendrá en su lugar, a salvo. Tratar de pensar o razonar la salida de una fobia no va a funcionar si se continúa evitando confrontarla directamente. Siempre que evite una situación, tenderá a preocuparse acerca de si alguna vez será capaz de manejarla.

Superar una fobia significa desaprender ciertas respuestas y reaprender otras. Cuando por fin se empieza a hacer frente a la situación, se *desaprende* tanto el miedo anticipatorio —la ansiedad acerca de la posibilidad de ser presa del pánico cuando se produzca la situación— como la evitación de la situación misma. Al mismo tiempo, el individuo se da la oportunidad de *aprender* que puede entrar —y permanecer— en la situación fóbica sin experimentar una ansiedad excesiva. Puede aprender a tolerar cualquier situación fóbica —y finalmente estar cómodo en ella— si se acerca a ella por medio de dar pasos lo suficientemente pequeños. Los procesos de desensibilización por medio de la imaginación y en la vida real que se tratan en el capítulo 7 están destinados a fomentar este tipo de aprendizaje.

Diálogo interno marcado por la ansiedad

El diálogo interno es lo que uno se dice a sí mismo en su propia mente. Es el monólogo interior con el que uno se identifica la mayor parte del tiempo, aunque puede ser tan automático y sutil que no lo advertimos a menos que demos un paso atrás y prestemos atención. Gran parte de la ansiedad tiene su origen en las declaraciones que la persona se hace a sí misma empezadas con las palabras *y si*; por ejemplo: «¿Y si tengo otro ataque de pánico?», «¿Y si pierdo el autocontrol mientras conduzco?», «¿Y si manifiesto ansiedad mientras hago cola, qué pensará la gente?». Este tipo de diálogo interno *anticipa* lo peor antes de que suceda. El término más común que lo define es *preocupación*.

El diálogo interno también puede contribuir al desencadenamiento de un ataque de pánico en toda regla. Dicho ataque puede comenzar con síntomas corporales tales como opresión en el pecho y palpitaciones. Si la persona puede aceptar y «fluir» con estos síntomas sin permitir que la asusten, no tardarán en alcanzar su punto máximo y, acto seguido, desvanecerse. Sin embargo, con demasiada frecuencia se dice cosas como: «¡Oh, no! ¡Voy a sufrir un ataque de pánico!», «¿Y si tengo un ataque al corazón?», «¡Tengo que salir de aquí, pero no puedo!», «La gente va a pensar que soy raro si tengo que descansar o apoyarme en algo durante unos momentos porque mis piernas se sienten débiles». Este diálogo amedrentador no hace más que agravar los síntomas físicos, lo que a su vez radicaliza aún más este tipo de diálogo... Se entra en un círculo vicioso que desemboca, efectivamente, en un ataque de pánico.

La buena noticia es que se puede aprender a reconocer el diálogo interno que provoca la ansiedad, detenerlo y reemplazarlo por afirmaciones que ayuden y tranquilicen a la persona. El tema del diálogo interno se trata en detalle en el capítulo 8.

Creencias erróneas

El diálogo interno negativo proviene de las creencias erróneas subyacentes que la persona tiene sobre sí misma, los demás y «la manera en que es el mundo». Por ejemplo, si el sujeto cree que no puede estar seguro solo, se dirá a sí mismo y a todos los demás que debe haber siempre alguien con él. Si cree que la vida es una lucha constante, se dirá a sí mismo que algo anda mal cuando empiece a sentirse mejor o cuando otros le ofrezcan ayuda. La creencia de que el mundo exterior es peligroso no promueve una actitud de confianza o la voluntad de asumir los riesgos necesarios para superar un problema como la agorafobia.

Cambiar las creencias básicas sobre uno mismo y la propia vida requiere tiempo y trabajo; no basta con revertir el diálogo interno ansioso. Pero hacerlo tendrá efectos de largo alcance en la autoestima del individuo, en su disposición a aceptar las imperfecciones en sí mismo y en los demás y a la hora de gozar de tranquilidad a largo plazo. El tema de las creencias erróneas se aborda en detalle en el capítulo 9.

Sentimientos retenidos

Negar los sentimientos de enfado, frustración, tristeza e incluso excitación puede contribuir a un estado de *ansiedad flotante*. La ansiedad flotante consiste en sentirse vagamente ansioso sin saber por qué. Puedes haber notado que después de dejar salir tus sentimientos de enojo o de haber dado un buen grito te sientes más tranquilo y a gusto. Expresar los sentimientos puede tener un efecto fisiológico inconfundible que resulta en una reducción de la ansiedad.

Como se mencionó anteriormente, las personas propensas a la ansiedad a menudo nacen con una predisposición a ser, emocionalmente, más reactivas o volátiles. Sin embargo, con frecuencia crecen en familias en las que obtener la aprobación de los padres es prioritario sobre la expresión de los propios sentimientos y necesidades. Llegados a la edad adulta, estos individuos todavía sienten que es más importante alcanzar la perfección o ser siempre agradables que expresar sentimientos fuertes. Esta tendencia a negar las emociones profundas puede llevar a un estado crónico de tensión y ansiedad. Algunos expertos creen que el peligro *externo* evitado por el fóbico es en realidad un sustituto de un peligro *interno* más profundo: el miedo a que sentimientos largamente retenidos afloren. El pánico puede tener lugar cuando esos sentimientos «amenazan» con irrumpir. Por ejemplo, si la persona tiene una fobia en relación con el agua, esto podría verse como el sustituto de un miedo más profundo, el miedo a los sentimientos negados. O temer a los animales feroces puede simbolizar el miedo subyacente a experimentar la propia ira y las necesidades insatisfechas de las que esta emana. Desde mi punto de vista, esta teoría de las fobias sobre la base de las emociones puede ser al menos parcialmente correcta.

Afortunadamente, es posible *aprender* a reconocer y expresar los propios sentimientos con mayor facilidad y frecuencia. Airear demasiado los sentimientos, especialmente el enfado, puede que no sea siempre productivo; sin embargo, es importante que por lo menos uno sepa lo que siente y que luego se permita expresar sus sentimientos de alguna manera. Si lo hace, reducirá sustancialmente su nivel de ansiedad y su tendencia a experimentar pánico. Este tema se trata en el capítulo 12.

Falta de asertividad

Con el fin de expresar sentimientos a otras personas, es importante desarrollar un estilo asertivo de comunicación que permita expresarse de una manera directa, franca. La comunicación asertiva logra el equilibrio adecuado entre la sumisión —en que la persona tiene miedo de pedir cualquier cosa— y la agresividad —en que la persona exige lo que quiere por medio de coacciones o amenazas—. Si el individuo es propenso a la ansiedad y las fobias, tiende a tener un comportamiento sumiso. Evita pedir directamente lo que quiere y tiene miedo de expresar sentimientos fuertes, especialmente el enojo. A menudo teme imponerse a los demás; no quiere comprometer la imagen de sí mismo como alguien que es complaciente y agradable. O tiene miedo de que la comunicación asertiva alejará a la persona de la que se siente dependiente para experimentar una sensación básica de seguridad. El problema de la falta de asertividad es que engendra sentimientos de resentimiento y confinamiento. Y el resentimiento y la sensación de confinamiento tienen un papel relevante a la hora de agravar la ansiedad y las fobias.

Es posible *aprender* a ser asertivo y a expresar directamente los propios deseos y sentimientos. En el capítulo 13 se presenta una introducción a este tipo de comunicación.

Falta de habilidades para la autosuficiencia

Es habitual que las personas que experimentan trastornos de ansiedad tengan un fuerte sentimiento de inseguridad. Esto es especialmente evidente en la agorafobia, donde la necesidad de estar cerca de un lugar seguro o de una persona de confianza puede ser muy fuerte. Esa inseguridad tiene su origen en distintas circunstancias de la infancia, como la negligencia, el abandono, el abuso, la sobreprotección y las críticas excesivas por parte de los padres, así como la presencia del alcoholismo o la dependencia respecto de sustancias químicas en la familia. Puesto que, de niños, nunca recibieron una crianza consistente o en la que pudieran confiar, los adultos supervivientes de estas diversas formas de privación carecen a menudo de la capacidad de atender adecuadamente sus propias necesidades. No saben cómo amarse y cuidar de sí mismos, de modo que sufren de baja autoestima y pueden sentirse ansiosos o abrumados ante las exigencias y responsabilidades que deben afrontar como adultos. Esta falta de habilidades para la autosuficiencia solo sirve para perpetuar la ansiedad.

La solución más duradera frente al abuso y la privación sufridos por parte de los padres es convertirse en un buen padre para uno mismo. Los métodos para la toma de conciencia de las propias necesidades, la sanación del «niño interior» y ocuparse uno cada vez más de sí mismo se presentan en el capítulo 14.

Tensión muscular

Cuando los músculos de la persona están rígidos, esta se siente obviamente «tensa». La tensión muscular tiende a constreñir la respiración. Y cuando la respiración es superficial y está constreñida, se es más propenso a experimentar ansiedad. La tensión muscular también contribuye a que los sentimientos permanezcan retenidos, lo cual, como se mencionó anteriormente, puede aumentar la ansiedad. Puedes haber notado que cuando tu cuerpo está tenso, tu mente tiene mayor tendencia a acelerarse. Cuando se relajan los músculos de todo el cuerpo, la mente empieza a desacelerarse y a estar más tranquila. Edmund Jacobson, fundador de métodos sistemáticos de relajación, dijo en una ocasión: «Una mente ansiosa no puede existir en un cuerpo relajado». El cuerpo y la mente están íntimamente relacionados en la ansiedad.

Es posible disminuir el nivel de tensión muscular de forma consistente por medio de seguir programas diarios de relajación profunda y de ejercicio vigoroso. Cualquiera de estos dos sistemas puede, por sí mismo, reducir la tensión muscular, pero la combinación de ambos tiene un efecto aún más profundo. En los capítulos 4 y 5 se presentan directrices detalladas para la incorporación de la relajación y el ejercicio en la propia vida.

Estimulantes y otros factores dietéticos

Estimulantes como la cafeína y la nicotina pueden agravar la ansiedad y dejar a la persona más vulnerable frente a los ataques de pánico. Incluso se puede no ser consciente de su impacto hasta que se ven reducidos o descartados. En el caso de algunos individuos, los ataques de pánico desaparecen totalmente cuando erradican la cafeína de sus dietas (no solo la cafeína del café sino también la presente en el té, en las bebidas de cola y en medicamentos de venta libre). En el caso de otras personas, otros factores dietéticos, tales como el azúcar y los aditivos alimentarios, pueden agravar las reacciones de pánico —en ocasiones, incluso provocarlas.

La conexión entre la nutrición y la ansiedad apenas ha sido explorada, tanto en los libros populares como en las obras técnicas sobre los trastornos de ansiedad. En el capítulo 15 analizamos esta conexión con detalle.

Estilo de vida muy estresante

Ya hemos hablado del estrés como causa de los trastornos de ansiedad, como agente predisponente y como causa a corto plazo. No resulta sorprendente que un estilo de vida estresante perpetúe los problemas de ansiedad. La frecuencia de los ataques de pánico y la gravedad de las fobias tiende a aumentar y disminuir en función de cómo se afronten los factores de estrés que jalonan la vida diaria. Tener una idea de todas las causas conservativas de la ansiedad analizadas en este apartado (la evitación de las situaciones fóbicas, el diálogo interno, las creencias erróneas, los sentimientos retenidos, la falta de asertividad, la falta de habilidades para la autosuficiencia, la tensión muscular y la dieta) le permitirá a la persona recorrer un largo camino hacia la reducción del estrés en su vida.

Falta de sentido u objetivos en la vida

Mi experiencia ha sido, en múltiples ocasiones, que los pacientes experimentan un alivio de la ansiedad, así como de las fobias, cuando llegan a sentir que su vida tiene significado, propósito y una dirección. Mientras la persona no descubra algo más grande que la autogratificación —algo que le dé a su vida un sentido de propósito—, podrá ser propensa a experimentar sentimientos de aburrimiento y una vaga sensación de encierro, ya que no estará advirtiendo todo su potencial. Esta sensación de confinamiento puede ser un potente caldo de cultivo para la ansiedad, las fobias e incluso los ataques de pánico.

El tema de la falta de sentido y propósito, y su relación con el bienestar psicológico, ha sido tratado en profundidad por psicólogos existenciales como Victor Frankl y Rollo May. En el capítulo 19 se presentan varias maneras de afrontar estas cuestiones y trabajar con ellas.

Otros factores asociados con el estrés, que no se abordan en estas páginas, son la gestión del tiempo, tener una personalidad de tipo A y la comunicación; hay muchos libros populares excelentes sobre la gestión del estrés que abordan estos otros temas. Puedo recomendar los siguientes: *Guide to Stress Reduction*, de John Mason, y *The Relaxation & Stress Reduction Workbook*, de Martha Davis, Elizabeth Eshelman y Matthew McKay (véase la lista de lecturas recomendadas al final de este capítulo).

EJERCICIO

1. ¿Cuál de los siguientes factores sientes que podría estar contribuyendo a que tu dificultad siga estando ahí?

    - ❏ Evitación de las situaciones fóbicas.
    - ❏ Diálogo interno marcado por la ansiedad.
    - ❏ Creencias erróneas.
    - ❏ Sentimientos contenidos.
    - ❏ Falta de asertividad.
    - ❏ Falta de habilidades para la autosuficiencia.
    - ❏ Tensión muscular.
    - ❏ Estimulantes y otros factores dietéticos.
    - ❏ Estilo de vida muy estresante.
    - ❏ Falta de significado o sentido de propósito.

2. ¿Puedes clasificar estas causas conservativas de acuerdo con cuánto sientes que influyen en tu problema? ¿En cuáles sientes que es más importante que trabajes?
3. Especifica tres causas conservativas en las que estarías dispuesto a trabajar seriamente a lo largo del próximo mes.

PARA SABER MÁS

Davis, Martha, Elizabeth Robbins Eshelman y Matthew McKay. *The Relaxation & Stress Reduction Workbook.* Sexta edición. New Harbinger Publications. Oakland (California), 2008.

Holmes, Thomas y Richard Rahe. «Social readjustment rating scale». *Journal of Psychosomatic Research*, 1967, 11: 213-218.

Mason, John. *Guide to Stress Reduction*. Segunda edición. Celestial Arts. Berkeley (California), 2001.

Preston, John, John O'Neal y Mary C. Talaga. *Handbook of Clinical Psychopharmacology for Therapists*. Séptima edición. New Harbinger Publications. Oakland (California), 2013.

True, W. R., J. Rice y S. A. Eisen. «A Twin Study of Genetic and Environmental Contributions to Liability for Post-Traumatic Stress Symptoms». *Archives of General Psychiatry*, 1993, 50 (4): 257-264.

# 3

La recuperación: un enfoque integral

En el capítulo 2 se mostró que muchos tipos de factores distintos constituyen causas concomitantes de los trastornos de ansiedad. La herencia, los desequilibrios fisiológicos del cerebro, las privaciones de la niñez y la crianza defectuosa, así como el efecto acumulativo del estrés en el tiempo, pueden acabar por dar lugar a la aparición de ataques de pánico, agorafobia o cualquiera de los otros trastornos de ansiedad. Las causas conservativas de estos trastornos (las que hacen que sigan existiendo) son también muchas y variadas. Estos factores pueden operar en el nivel del cuerpo (por ejemplo, la respiración superficial, la tensión muscular o la mala nutrición), en el nivel de las emociones (por ejemplo, los sentimientos retenidos), en el nivel del comportamiento (evitación de las situaciones fóbicas), en el nivel de la mente (el diálogo interno marcado por la ansiedad y las creencias erróneas) y en el nivel del sí mismo (como la baja autoestima o la falta de habilidades para la autosuficiencia).

Si las causas de los trastornos de ansiedad son tan variadas, un enfoque adecuado para la recuperación también tiene que serlo. La filosofía básica de este libro es que el enfoque más eficaz para el tratamiento del pánico, las fobias o cualquier otro problema de ansiedad será aquel que se ocupe de *toda la gama* de factores que contribuyen a estos problemas. Este tipo de enfoque se puede llamar *integral*; asume que no se puede solamente darle a alguien la medicación «correcta» y esperar que el pánico o la ansiedad generalizada desaparezcan. Tampoco se pueden abordar únicamente las privaciones de la infancia —trabajar con las consecuencias emocionales de la mala crianza recibida como hijo y esperar que los problemas desaparezcan—. Por la misma razón, no se puede solo enseñar a la gente nuevos comportamientos y nuevas formas de hablarse a sí misma y esperar que esto, sin más, resuelva sus problemas. Algunos terapeutas todavía tratan los trastornos de ansiedad exclusivamente como afecciones psiquiátricas que pueden ser «curadas» por medio de la medicación, o meramente como problemas de desarrollo de la infancia, o únicamente como problemas de conducta; pero la tendencia de los últimos años ha sido la de alejarse de este tipo de enfoques monocausales. Muchos médicos han descubierto que los problemas de ansiedad desaparecen solo temporalmente cuando no se abordan más que una o dos de sus causas. La recuperación duradera se logra cuando se está dispuesto a hacer cambios básicos e integrales en cuanto a hábitos, actitudes y estilo de vida.

En este capítulo se describe e ilustra un enfoque integral para la recuperación que ha evolucionado a lo largo de los últimos veinte años. Lo que hace que este enfoque sea verdaderamente integral es que ofrece intervenciones que abordan siete niveles diferentes de causas. Estos niveles son los siguientes:

- Físico.
- Emocional.
- Conductual.
- Mental.
- Interpersonal.
- Del sí mismo.
- Existencial y espiritual.

Siguen a continuación algunas breves descripciones de estos niveles, así como una vista previa del resto de los capítulos de este libro.

NIVEL FÍSICO

Entre las causas del nivel físico están los posibles desequilibrios fisiológicos en el cerebro y el resto del cuerpo (véase el apartado dedicado a las causas biológicas en el capítulo 2). Estas causas también incluyen la respiración superficial, las tensiones musculares, los efectos sobre el cuerpo del estrés acumulativo y los factores nutricionales y dietéticos (como el exceso de cafeína o azúcar en la dieta). Las estrategias para hacer frente a las causas del nivel físico se pueden encontrar en cinco capítulos de este libro. El capítulo 4 ofrece técnicas de respiración para ayudar a modificar el patrón de respiración superficial, a nivel del pecho, que contribuye a la ansiedad. Ese capítulo también proporciona dos técnicas profundas de relajación diseñadas para reducir la tensión muscular y los efectos del estrés —la relajación muscular y la meditación—. Cuando se practican de forma asidua, cualquiera de estas técnicas puede ayudar a experimentar una mayor sensación de tranquilidad general; a menudo hacen innecesario recurrir al uso de tranquilizantes.

El capítulo 5 aboga firmemente por llevar a cabo un programa de ejercicio aeróbico asiduo. Muchos de mis pacientes han encontrado que el ejercicio asiduo es *la estrategia más eficaz* (como estrategia sola, sin sumarla a otras) para reducir la tensión muscular, el estrés y, por lo tanto, la ansiedad (tanto crónica como aguda). El capítulo 15 aborda diversos cambios dietéticos que pueden ayudar a disminuir la ansiedad. Entre estos cambios están eliminar los estimulantes y las sustancias que provocan estrés en el cuerpo y basarse más en alimentos y suplementos que promueven una actitud más tranquila. El capítulo 16 examina distintos problemas de salud que pueden agravar la ansiedad –problemas tales como el agotamiento suprarrenal, el síndrome premenstrual, el trastorno afectivo estacional y el insomnio–; todos necesitan ser tratados en un programa integral para la superación de la ansiedad. Finalmente, el capítulo 17 habla de situaciones en las que es *apropiado* tomar medicación, junto con los riesgos y beneficios de cada uno de los principales tipos de fármacos utilizados para tratar los trastornos de ansiedad.

NIVEL EMOCIONAL

Los sentimientos retenidos –especialmente el enfado contenido– pueden ser una causa concomitante muy importante de la ansiedad crónica y los ataques de pánico. A menudo los sentimientos de pánico no son más que una tapadera para los sentimientos ocultos de enfado, frustración, dolor o desesperación. Muchas personas con trastornos de ansiedad se criaron en familias que desalentaron la expresión de los sentimientos y ahora, de adultas, pueden tener dificultad para meramente identificar lo que están sintiendo, no digamos ya para expresarlo. El capítulo 12 ofrece pautas y estrategias específicas para reconocer los síntomas de los sentimientos retenidos, identificar lo que se está sintiendo, aprender a expresar los sentimientos y comunicárselos a otra persona.

NIVEL CONDUCTUAL

Las fobias persisten a causa de un solo comportamiento: la evitación. Mientras el sujeto evite conducir por las autopistas, cruzar puentes, hablar en público o estar solo en casa, su temor en estas situaciones persistirá. La fobia se mantiene debido a que la conducta de evitación recibe una buena recompensa: no hay que lidiar con la ansiedad que se experimentaría al afrontar lo que se teme. El capítulo 7 describe estrategias que han demostrado ser muy eficaces en el tratamiento de las fobias. La exposición imaginaria permite a la persona confrontar primero su miedo en el nivel mental, por medio de imaginar una y otra vez que puede gestionar bien dicho miedo. La exposición en la vida real implica hacer frente a la fobia en la realidad, primero con la ayuda de una persona de apoyo, y de una manera muy progresiva. Tal vez la característica más importante de los dos tipos de exposiciones es que dividen en pequeños pasos el proceso de enfrentarse a lo que se teme.

Ciertos comportamientos tienden a alentar los ataques de pánico. Tratar de luchar contra el pánico o resistirse a él por lo general solo lo agravará. La mayoría de las veces es imposible salir del pánico por el mero ejercicio de la voluntad. El capítulo 6 sugiere estrategias que se pueden utilizar para minimizar el pánico las primeras veces que se manifiesta. Aprender a observarlo y «fluir con él» en vez de reaccionar a los síntomas corporales que provoca es tal vez el cambio de comportamiento más importante que se puede llevar a cabo. Técnicas específicas tales como hablar con otra persona, distraer la mente, estar físicamente activo, expresar las necesidades y sentimientos, hacer la respiración abdominal y repetir afirmaciones pueden, todo ello, fomentar una mayor capacidad de *hacer frente activamente* a los síntomas corporales del pánico, en lugar de reaccionar pasivamente a ellos.

NIVEL MENTAL

Aquello que se dice uno a sí mismo internamente —es decir, el denominado *diálogo interno*— tiene un efecto importante en su estado de ansiedad. Las personas aquejadas de todo tipo de trastornos de ansiedad tienden a implicarse demasiado en los pensamientos del tipo «¿y si...?»; imaginan el peor resultado posible antes de hallarse frente a lo que temen. Asustarse uno a sí mismo por medio de escenarios hipotéticos es lo que tradicionalmente se ha llamado *preocuparse*. Los pensamientos de autocrítica y los diálogos internos basados en el perfeccionismo (las declaraciones que uno se hace a sí mismo que comienzan con «debería», «tengo que», «debo») fomentan también la ansiedad.

El capítulo 8 presenta estrategias específicas para reconocer y *contrarrestar* los patrones de pensamiento destructivos. Al rehacer el diálogo interno a partir de afirmaciones que apoyen más a la persona, que le permitan tener una mayor confianza, el individuo puede comenzar a deshacer los hábitos largamente asentados de la preocupación, la autocrítica y el perfeccionismo, que perpetúan la ansiedad.

Bajo el diálogo interno que provoca la ansiedad hay *creencias erróneas* acerca de uno mismo, los demás y el mundo que producen ansiedad de formas muy básicas. Por ejemplo, si la persona ve que no da la talla en comparación con otras, o percibe el mundo exterior como un lugar peligroso, tenderá a permanecer ansiosa hasta que revise estas actitudes básicas. El capítulo 9 ofrece estrategias para identificar y contrarrestar las creencias erróneas que contribuyen a la ansiedad.

NIVEL INTERPERSONAL

Gran parte de la ansiedad que experimenta la gente surge de dificultades en las relaciones interpersonales. Cuando uno tiene dificultades para comunicar sus verdaderos sentimientos y necesidades a los demás, puede ser que esté tragándose esta frustración, hasta el punto de sentir tensión y ansiedad crónicas. Lo mismo ocurre cuando uno es incapaz de establecer límites o decir *no* a exigencias o peticiones de los demás que no desea atender. El capítulo 13 ofrece diversas estrategias para aprender a defender los propios derechos y a expresar los verdaderos deseos y sentimientos que uno tiene. La comunicación asertiva ofrece maneras de expresar lo que uno quiere o no quiere de un modo respetuoso hacia las otras personas. Aprender a ser asertivo es una parte muy importante del proceso de recuperación, especialmente si se padece fobia social o agorafobia.

Ser capaz de hablar con otros acerca del propio problema con la ansiedad o las fobias es también un paso importante en el proceso de recuperación. Al final del capítulo 6 se ofrecen maneras de hacerlo.

NIVEL DEL SÍ MISMO (AUTOESTIMA)

Entre todas las causas que contribuyen a los trastornos de ansiedad, la baja autoestima es una de las más profundas. Es posible que la persona haya crecido en una familia disfuncional que, por medio de diversas formas de privación, maltrato, abuso o negligencia, fomentó en ella un bajo sentimiento de autoestima. Como resultado, esa persona puede haber entrado en la edad adulta con sentimientos profundamente arraigados de inseguridad, vergüenza e insuficiencia, que tienden a aparecer, en el nivel más perceptible, como ataques de pánico, miedo a enfrentarse al mundo exterior (agorafobia), temor a la humillación (fobia social) o ansiedad generalizada. Con frecuencia, la baja autoestima está ligada con todas las distintas causas concomitantes descritas anteriormente; en particular, con la falta de asertividad, el diálogo interno autocrítico o perfeccionista y la dificultad para expresar los sentimientos.

Hay muchas maneras de edificar la autoestima. Adquirir una imagen positiva del propio cuerpo, trabajar por objetivos concretos y alcanzarlos y contrarrestar el diálogo interno negativo con afirmaciones de autovalía puede ayudar a ello. Muchos de mis pacientes han encontrado particularmente valioso cultivar una relación con su propio *niño interior*. El niño interior es la parte de uno que es espontánea y juguetona, pero también es el depositario de la inseguridad, la vergüenza o el dolor que pueden estar ahí desde la infancia. Es muy posible compensar la crianza inadecuada que uno puede haber recibido por medio de convertirse en un padre fuerte y solícito para el propio niño interior. El capítulo 14 ofrece estrategias y ejercicios específicos para fortalecer los sentimientos de autoestima.

NIVEL EXISTENCIAL Y ESPIRITUAL

A veces el individuo puede mejorar en todos los niveles descritos anteriormente y aun así seguir sintiéndose inquieto y ansioso. Parece alojar una vaga sensación de insatisfacción, vacío o aburrimiento de la vida, lo que puede llevar al pánico o a la ansiedad generalizada, crónica. En el caso de algunos de mis pacientes, la «solución» definitiva a su problema con la ansiedad ha sido encontrar un propósito o dirección más amplios que dieron un mayor significado a sus vidas. Con frecuencia esto implicó para ellos asumir una vocación que les permitiera desplegar sus verdaderos intereses y talentos. En un caso esto significó el desarrollo de un talento artístico que proporcionó a la persona una salida creativa. Los síntomas de la ansiedad (así como la depresión) pueden ser la manera que tiene la psique de empujar al individuo a explorar y actualizar un potencial no realizado en su vida; esto puede implicar un desarrollo intelectual o emocional, o incluso entrar más en contacto con su cuerpo. En lugar de considerar el pánico o las fobias *solamente* como una reacción frente a factores físicos, emocionales o mentales negativos, es posible que uno se sorprenda al descubrir que representan una llamada a la realización de su pleno potencial.

En el caso de muchas personas, un profundo compromiso e implicación espiritual les ofrece una vía importante para recuperarse de los problemas de ansiedad. Los programas de 12 Pasos han demostrado lo potente que es el despertar espiritual en el área de las adicciones, y lo mismo es cierto a la hora de recuperarse de los trastornos de ansiedad. Establecer una conexión con un Poder Superior (llámese Dios, Espíritu o como se quiera) puede proporcionar un medio profundo para lograr seguridad interior, fuerza, paz mental y la actitud de que el mundo exterior es un lugar favorable. En el capítulo 19 se trata el nivel existencial o espiritual de la recuperación.

CUATRO EJEMPLOS DE PROGRAMA DE RECUPERACIÓN INTEGRAL

Los apartados anteriores pueden haberte ayudado a ampliar tu comprensión acerca de los distintos niveles que entran en juego en un enfoque integral de la recuperación respecto de los trastornos de ansiedad. Para que puedas verlo de manera más concreta, voy a ofrecer el aspecto que adoptaría este enfoque en cuatro casos específicos. Estos cuatro ejemplos son los mismos que se presentaron al inicio del capítulo 1 y reflejan los cuatro tipos más comunes de trastornos de ansiedad que deben tratar los terapeutas: ataques de pánico, agorafobia, fobia social y trastorno obsesivo-compulsivo. Si eres víctima de alguno de estos trastornos, al leer cada uno de los ejemplos puedes empezar a formular las estrategias que deseas incluir en tu propio programa de recuperación. La «Tabla de las soluciones eficaces a los problemas» y el «Registro de las prácticas semanales» que siguen a estos ejemplos te permitirán elaborar tu propio programa personalizado con gran detalle.

Susan: trastorno de pánico

Recuerda, del capítulo 1, que Susan se despertaba cada noche a causa de unos ataques de pánico marcados por palpitaciones, mareos y el temor de que iba a morir. Se levantaba y trataba de hacer que estos síntomas desaparecieran, y se sentía cada vez más ansiosa cuando no lo hacían, hasta el punto de que se podía pasar una hora o más caminando por la casa. Aterrorizada y confundida, le preocupaba la posibilidad de sufrir un ataque al corazón. Tras una semana de episodios de pánico recurrentes, fue a ver a un cardiólogo.

Supongamos que su cardiólogo tuviera conocimiento acerca de los trastornos de ansiedad. Después de descartar cualquier problema del corazón, le diagnosticó un trastorno de pánico y la envió a un terapeuta especializado en el tratamiento del pánico y las fobias. Este terapeuta utilizó un enfoque integral de tratamiento, con una serie de componentes diseñados para mitigar el problema de Susan en los niveles físico, conductual, emocional y mental.

En primer lugar, el terapeuta la envió de nuevo a un médico, un internista, para descartar cualquier otra causa física posible del problema, como hipertiroidismo, hipoglucemia, prolapso de la válvula mitral o déficit de calcio y magnesio. Una vez que estas posibles causas fueron descartadas, Susan comenzó su programa de recuperación por medio de aprender técnicas de respiración abdominal (véase el capítulo 4) que la ayudaron a ralentizar la respuesta de excitación fisiológica que acompaña a los ataques de pánico. También se le pidió que practicara la relajación muscular progresiva a diario (capítulo 4) para entrenar a su cuerpo a entrar fácilmente en un estado relajado. La práctica asidua de la relajación muscular progresiva tuvo un efecto acumulativo (lo mismo habría sido cierto en caso de haber practicado regularmente cualquier otra técnica de relajación profunda, como la visualización o la meditación). Después de varias semanas, Susan se dio cuenta de que se sentía más relajada *todo el tiempo*. Además de las técnicas de respiración y relajación profunda, se le pidió que se sujetara a un programa asiduo de ejercicio vigoroso (véase el capítulo 5). Podía elegir el tipo de ejercicio, pero preferiblemente debía tratarse de un ejercicio aeróbico, durante media hora, cuatro o cinco veces por semana. El ejercicio asiduo, junto con las técnicas de respiración y relajación profunda, la ayudaron a aliviar el exceso de tensión muscular, a metabolizar el exceso de adrenalina, a ser menos vulnerable a los aumentos repentinos de la ansiedad y a experimentar una mayor sensación general de bienestar. Esta combinación de relajación y ejercicio, por sí misma, le permitió recorrer un largo camino hacia una reducción significativa de la intensidad y frecuencia de sus ataques de pánico.

El terapeuta de Susan también descubrió que estaba bebiendo tres o cuatro tazas de café al día. Aunque para algunos individuos esta podría ser una cantidad manejable, la mayoría de las personas que sufren trastornos de pánico encuentran que su problema se agrava incluso con cantidades más pequeñas de cafeína. A Susan se le pidió que redujera progresivamente su consumo de cafeína y reemplazara el café normal por el descafeinado. Su terapeuta también le recomendó una dieta equilibrada, consistente en gran parte en alimentos naturales, sin procesar, que contuvieran solamente una cantidad mínima de azúcar y sal. También le aconsejó que tomase el complejo vitamínico B de alta potencia, vitamina C y suplementos de calcio y magnesio (véase el capítulo 15).

A continuación le enseñó técnicas específicas para interrumpir el inicio del pánico cuando empezara a notar los primeros síntomas (véase el capítulo 6). Estas técnicas incluían llamar a un amigo o amiga, hacer ejercicio físico por medio de realizar tareas del hogar o escribir sus sentimientos en un diario si se sentía enojada o frustrada. El terapeuta puso especial hincapié en su diálogo interno, en lo que se decía a sí misma cuando comenzaba a experimentar los síntomas del pánico (véase el capítulo 8). Averiguó que Susan tenía tendencia a asustarse a sí misma, hasta llegar a experimentar un estado de pánico elevado, diciéndose cosas tales como: «¿Y si tengo un ataque al corazón?», «¡No puedo aguantar esto!» o «¡Tengo que salir de aquí!». Se le enseñó a reemplazar este diálogo interno atemorizante por afirmaciones más positivas, que la ayudasen, tales como: «Puedo manejar estas sensaciones», «Puedo fluir con esto y esperar a que mi ansiedad disminuya» o «Puedo dejar que mi cuerpo haga su trabajo y esto pasará». Después de practicar estas «afirmaciones de afrontamiento» muchas veces, Susan descubrió que podía sencillamente *observar* sus síntomas corporales en lugar de *reaccionar* a ellos. Después de un tiempo, fue capaz de evitar las reacciones de pánico importantes por completo. Su terapeuta también la ayudó a identificar algunas de sus creencias erróneas fundamentales que subyacían a gran parte de su comportamiento (véase el capítulo 9). Comenzó a soltar estos supuestos básicos acerca de sí misma, tales como: «Tengo que tener un éxito total en todo lo que haga», «La vida es una lucha» o «Todo debe ser totalmente predecible y estar bajo control». Fue capaz de tomarse la vida de una manera un poco más ligera y de ver con más perspectiva los desafíos que no podía evitar afrontar. El resultado neto de ello fue que su nivel general de ansiedad experimentó una reducción significativa.

Una última cuestión que tenía que ver con las reacciones de pánico de Susan era su tendencia a no manifestar en absoluto su frustración y su enfado. Desde el principio, su terapeuta notó que era más vulnerable al pánico en los días en que se había encontrado con numerosas situaciones frustrantes en el trabajo. Había crecido en una familia donde se suponía que todos daban siempre lo mejor de sí sin protestar. Se desalentaba la expresión directa de los sentimientos y necesidades personales, de modo que Susan había aprendido a mantener una fachada agradable tanto ante los extraños como ante los amigos, independientemente de cómo se estuviese sintiendo por dentro. Aunque ella no lo podía creer al principio, finalmente llegó a la conclusión de que sus reacciones de pánico a veces no eran más que intensos sentimientos de frustración y enojo disfrazados. Su programa de ejercicios la ayudó a descargar algunos de estos sentimientos. También encontró útil escribir cómo se sentía en un diario cada vez que se daba cuenta de que empezaba a sentirse al borde de un ataque.

El programa de recuperación de Susan consistió en varias intervenciones en los niveles físico, conductual, emocional y mental, que se resumen a continuación.

Físico	Ejercicios de respiración.
	Práctica asidua de la relajación profunda.
	Ejercicio aeróbico asiduo.
	Eliminación de la cafeína.
	Mejoras nutricionales, incluidos suplementos vitamínicos.
Conductual	Técnicas de afrontamiento para abortar las reacciones de pánico en sus inicios (tales como técnicas de respiración abdominal y de distracción).
Emocional	Identificar algunas reacciones de pánico como ira disfrazada.
	Aprender a expresar las frustraciones verbalmente y por escrito.
Mental	Cambiar el diálogo interno atemorizante al inicio del pánico por un diálogo interno de autoayuda, calmante.
	Practicar afirmaciones de afrontamiento.

Reevaluar creencias erróneas subyacentes y adoptar una perspectiva de la vida más relajada.

Fue gracias a una combinación de todas estas intervenciones como Susan fue capaz de encontrar un alivio duradero a sus ataques de pánico. Seis meses después del momento en que comenzó su programa, seguía sintiendo ansiedad ocasionalmente, pero solo rara vez experimentaba síntomas de pánico. En aquellas ocasiones en que le sobrevenían, contaba con varias herramientas que le permitían disipar la reacción antes de que cobrase fuerza.

Para Susan fue posible recuperarse de forma duradera del pánico sin el uso de medicamentos. Este no es siempre el caso. Cuando el pánico es tan frecuente o grave que interfiere en el trabajo, las relaciones o la capacidad general de desenvolverse (o cuando no cede ante enfoques como los descritos anteriormente), puede ser apropiado tomar medicación. Un antidepresivo como Zoloft (sertralina), tomado durante un período de seis meses a un año, a menudo puede ser muy útil en estos casos (véase el capítulo 17).

Cindy: agorafobia

Recuerda el caso de Cindy, que veíamos en el primer capítulo. No solo tenía ataques de pánico sino que estaba empezando a evitar situaciones tales como los supermercados, los restaurantes y las salas de cine, donde temía poder sufrir un ataque. También le preocupaba mucho la posibilidad de tener que dejar de ir a trabajar. Esta evitación de situaciones por miedo al pánico es el sello distintivo de la agorafobia. ¿Cómo sería un programa de recuperación integral para ella?

Casi todas las intervenciones descritas en el ejemplo de Susan se utilizaron también en el caso de Cindy, porque ella también estaba experimentando ataques de pánico. Las técnicas de respiración, la práctica asidua de la relajación muscular progresiva, el ejercicio asiduo (a ser posible, aeróbico) y las mejoras nutricionales eran, todo ello, necesarios para ayudarla a reducir el componente fisiológico del pánico (véanse los capítulos correspondientes de este libro). También aprendió las mismas técnicas de afrontamiento del pánico, por lo que fue capaz de *actuar* en lugar de *reaccionar* en el momento de experimentar la inminencia de los primeros síntomas corporales que se producen (véase el capítulo 6). Cindy también trabajó en cambiar el diálogo interno contraproducente (véase el capítulo 8). En su caso, esto era especialmente importante, no solo para hacer frente al pánico en sí, sino también para frenar su excesiva tendencia a preocuparse por la posibilidad de sufrir un ataque de pánico cuando iba a trabajar. Finalmente, al igual que Susan, necesitó reexaminar algunas de sus creencias erróneas básicas acerca de sí misma, como por ejemplo: «No puedo cometer errores», «Tengo que ser agradable ante todo el mundo» o «El éxito lo es todo». Construyó afirmaciones para contrarrestar estas creencias y las grabó en una cinta que escuchaba todas las noches al irse a dormir (véase el capítulo 9).

Fue importante para Cindy trabajar no solo con sus reacciones de pánico sino también con su comportamiento de evitación. Al principio, evitaba los lugares públicos concurridos, como los supermercados, restaurantes y salas de cine, y casi había llegado al punto de tener miedo de ir a trabajar. En tan solo unas pocas semanas, se había limitado seriamente en cuanto a los lugares adonde ir. Fue gracias a los procesos de exposición imaginaria y en la vida real como aprendió a volver a entrar en todos esos lugares y a sentirse cómoda en ellos (véase el capítulo 7). Ese proceso tuvo tres fases. En primer lugar, dividió el objetivo de volver a entrar en cada uno de esos lugares en una serie de etapas. Por ejemplo, en el caso del supermercado, estableció estos ocho pasos:

1. Pasar un minuto cerca de la entrada del supermercado.
2. Entrar en el supermercado y pasar un minuto junto a la puerta.
3. Dirigirse hasta el fondo del supermercado pero detenerse a medio camino, dejar pasar un minuto y luego salir.
4. Llegar hasta la parte trasera del supermercado, esperar un minuto y luego salir.
5. Pasar tres minutos en el supermercado sin comprar nada.
6. Comprar un artículo y hacer cola en la fila de pago rápido.
7. Comprar tres artículos y hacer cola en la fila de pago rápido.
8. Comprar tres artículos y hacer cola en la fila de pago normal.

La segunda fase consistió en la práctica de la exposición imaginaria: dio cada uno de estos pasos *en su imaginación* hasta que pudo visualizar el último con detalle sin sentir ninguna ansiedad.

En tercer lugar, Cindy practicó la exposición en la vida real: dio cada uno de los ocho pasos en la realidad. Practicó cada paso varias veces al principio con la ayuda de una persona de apoyo —normalmente su novio— y luego lo intentó en solitario. Por ejemplo, después de haber dominado el paso 3 por sí misma, comenzó a practicar el paso 4 con su persona de apoyo. Descubrió que el proceso se desarrollaba mejor si se detenía o se retiraba temporalmente en cada ocasión en que experimentaba que la ansiedad acudía con tanta fuerza que sentía que podía escapar a su control. Era más fácil para ella avanzar de una etapa a la siguiente si no se «sobreexponía» o sobreexcitaba por medio de forzarse hasta el punto de sentir una ansiedad intensa.

Cindy emprendió este proceso de tres fases —dividir la consecución del objetivo en varios pasos, la exposición imaginaria y la exposición en la vida real— con cada una de sus fobias. Mediante la práctica asidua de la exposición pudo, después de tres meses, entrar de nuevo en todos los lugares que había estado evitando y sentirse cómoda en ellos.

Cindy tenía un alto grado de automotivación. El estímulo y el apoyo constantes que recibió por parte de su novio, que siempre la acompañó en sus primeros encuentros con las situaciones fóbicas, aceleraron su progreso considerablemente.

La forma más directa y eficaz de superar cualquier miedo es hacerle frente. Si la persona es agorafóbica, sin embargo, la perspectiva de enfrentarse a temores largamente arraigados puede parecer abrumadora al principio. Cindy aprendió que este proceso de confrontación puede hacerse manejable si se divide en pasos lo suficientemente pequeños, que empiezan por darse en la imaginación.

Además de superar sus fobias, otra parte importante de la recuperación de Cindy consistió en aprender a ser asertiva (véase el capítulo 13). Una gran parte del estrés que contribuyó a su primer ataque de pánico vino de su incapacidad de decir *no* a las exigencias irrazonables que le imponía su jefe. Sus amigos también señalaron que no podía defender sus derechos o decir que no a su novio por temor a que la dejase. Su padre había abandonado a la familia cuando ella tenía ocho años; además, su madre era muy exigente y crítica. En consecuencia, Cindy nunca estuvo muy segura de haber sido amada y experimentaba una inseguridad profunda en cuanto a la posibilidad de verse abandonada. De niña temía que valerse por sí misma pondría en peligro el amor débil y condicional que recibía de su madre. Cindy llevó este patrón de dependencia y miedo al abandono a la edad adulta y lo reprodujo en la relación con su novio; esto, de forma sutil, le sirvió para reforzar su agorafobia. En un nivel inconsciente sentía que si dependía de que su novio cuidara de ella, nunca la dejaría.

Durante su recuperación, Cindy se dio cuenta de que quería reelaborar el «guion de su vida». Se sentía cada vez más frustrada por estar siempre complaciendo a todos los demás, y comenzó a reconocer la necesidad de desarrollar un mayor sentido de sí misma y sus propios derechos. Cuando aprendió a ser asertiva, descubrió que podía pedir lo que quisiera, decir que no a lo que no deseaba y aun así seguir obteniendo el amor y el apoyo que necesitaba por parte de su novio y otras personas. De hecho, se sorprendió al descubrir que todos, incluido su novio, la respetaban más por ser capaz de valerse por sí misma. La independencia que ganó Cindy al aprender a afrontar las situaciones que había estado evitando fue de la mano con la independencia que ganó al desarrollar una manera más asertiva de relacionarse con los demás. Ya no había ningún motivo por el que necesitase su agorafobia, porque ya no tenía ninguna necesidad de conservar la dependencia que la sostenía.

A causa de la inseguridad y el miedo al abandono heredados de su infancia, también resultó determinante para Cindy trabajar en su autoestima (véase el capítulo 14). Descubrió que el único remedio a la crianza inadecuada que había recibido era convertirse en un buen padre/madre para sí misma. Lo hizo, en parte, por medio de mejorar su imagen corporal y de contrarrestar su *crítico interior* (el diálogo interno autocrítico) con afirmaciones de autoaceptación y autoestima. Lo que encontró más útil, sin embargo, fue cultivar una relación con su *niña interior*. Cindy aprendió a reetiquetar los sentimientos de miedo e inseguridad como peticiones de atención y cuidado por parte de esta niña; obtuvo una considerable fuerza interior y confianza en sí misma en el momento en que aprendió varias maneras de apoyar, nutrir y cuidar a la niña que tenía dentro.

En resumen, el programa de recuperación de Cindy respecto a la agorafobia contenía todos los elementos del programa de Susan para los ataques de pánico, *además* de la exposición imaginaria y en la vida real, para superar sus aversiones. También fue necesario para Cindy abordar sus problemas de asertividad y autoestima. Necesitó superar los sentimientos de inseguridad y miedo al abandono que cargaba consigo desde la infancia —una inseguridad y un miedo que tendían a reforzar su agorafobia—. En total, su programa incluyó intervenciones en seis niveles diferentes:

Físico	Ejercicios de respiración.
	Práctica asidua de la relajación profunda.
	Ejercicio aeróbico asiduo.
	Mejoras nutricionales, que incluían suplementos vitamínicos.
Conductual	Técnicas de afrontamiento para abortar las reacciones de pánico en sus inicios.
	Exposición imaginaria y en la vida real para superar fobias específicas.
Emocional	Aprender a identificar y expresar sentimientos.
Mental	Contrarrestar el diálogo interno negativo que contribuyó a los ataques de pánico, así como a la preocupación por sufrir dichos ataques.
	Contrarrestar creencias erróneas subyacentes por medio de afirmaciones de autoayuda.
Interpersonal	Desarrollar un estilo interpersonal más asertivo.
Del sí mismo	Desarrollar la autoestima por medio de:
	▸ Trabajar en la propia imagen corporal.
	▸ Vencer al crítico interior.
	▸ Cultivar una relación con su niña interior.

Cindy tardó alrededor de un año en aplicar plenamente estas intervenciones. Al final del año, estaba cerca de verse libre de su agorafobia, así como de sus ataques de pánico. Decidió volver a la universidad a tiempo parcial para formarse oficialmente como enfermera mientras continuaba con su trabajo como secretaria médica.

Steve: fobia social

Como vimos en el capítulo 1, Steve tenía dificultades para asistir a las reuniones en el trabajo. No abría la boca en las sesiones grupales y temía que sus compañeros lo mirasen críticamente por no contribuir. Su peor temor era que le pidiesen realizar una presentación ante un grupo. Cuando esto finalmente ocurrió, se horrorizó tanto que sintió que tal vez tendría que dejar su trabajo.

Su problema reflejaba fielmente las características de una fobia social: temía sentirse avergonzado y humillado como resultado de no poder manejarse en el contexto de un grupo. Su programa de recuperación dependía en gran medida de los procesos de exposición imaginaria y en la vida real.

Al igual que Susan y Cindy, Steve requería el enfoque de un tratamiento integral. Puesto que tendía a sentir ansiedad la mayor parte del tiempo, necesitaba las mismas estrategias que se habían utilizado para reducir el componente físico de la ansiedad en los casos de Susan y Cindy. Steve empezó por aprender técnicas de respiración abdominal para disminuir la ansiedad a corto plazo. Encontró que dichas técnicas le resultaban muy útiles para mitigar la aprensión que sentía cuando se le pedía asistir a las reuniones de trabajo. También practicó una técnica de relajación profunda dos veces al día. En su caso, la meditación parecía funcionar mejor que la relajación muscular progresiva a la hora de calmar su mente (véase el capítulo 18). También vio que correr cuatro veces a la semana le inducía una mejora sustancial en cuanto a su nivel de tensión y ansiedad (véase el capítulo 5). Por último, se dio cuenta de que después de reducir su consumo de azúcar refinado sus cambios de humor se vieron amortiguados y era menos propenso a sufrir ataques depresivos (véase el capítulo 15). Al mejorar su estado general de salud y bienestar, Steve adquirió mayor confianza en su lucha contra la fobia social. La fobia de estar en las reuniones de trabajo se trató primero con la exposición imaginaria.

Al igual que en el caso de Cindy, Steve dividió en pasos el objetivo de ser capaz de manejarse en las reuniones:

1. Sentarse en un grupo pequeño (de menos de cinco personas) durante quince minutos.
2. Sentarse en un grupo pequeño entre cuarenta y cinco minutos y una hora.
3. Sentarse en un grupo más grande durante quince minutos.
4. Sentarse en un grupo más grande entre curenta y cinco minutos y una hora.
5. Repetir los pasos 1 a 4, pero haciendo al menos un comentario en el transcurso de la reunión.
6. Repetir los pasos 1 a 4, pero haciendo al menos dos comentarios durante la reunión.
7. Dar una presentación de un minuto ante un grupo pequeño.
8. Dar una presentación de tres minutos delante de un grupo pequeño.
9. Dar una presentación durante un período de cinco a diez minutos ante un grupo pequeño.
10. Repetir los pasos 7 a 9 con un grupo más grande.

La siguiente fase consistió en realizar cada uno de los pasos en detalle en su imaginación. Steve trabajó con cada paso en particular hasta no sentir ninguna ansiedad, para acometer después el siguiente. Si en algún momento su ansiedad empezaba a volverse muy fuerte —hasta el punto en que sentía que podía escapar a su control—, «apagaba» la escena que estaba visualizando y se retiraba, en su mente, a un escenario muy tranquilizador y relajante. Encontró útil grabar un audio que le guiara a través de la visualización en los diez pasos de su programa.

Después de haber practicado con éxito la exposición imaginaria, Steve emprendió la misión de conquistar su miedo a los grupos en la vida real (véase el capítulo 7). En primer lugar, se reunió con su jefe y le habló de su problema. Le explicó que quería ser capaz de participar en las reuniones y que estaba trabajando con un programa específico por pasos para superar su fobia. Se puso de acuerdo con él para asistir solamente a las reuniones pequeñas, cortas; tenía permiso para abandonar temporalmente la sala si su nivel de ansiedad subía demasiado. Después de dominar las reuniones pequeñas y breves, fue capaz de progresar a las más grandes y largas. Al saber que siempre tendría la libertad de retirarse si lo necesitaba, se sentía más dispuesto a emprender la exposición en la vida real. Después de trabajar en ello hasta el punto de poder participar verbalmente en las grandes reuniones, comenzó a trabajar en su miedo a hacer presentaciones. En lugar de comenzar por tratar de hacerlo en el trabajo, Steve decidió asistir a un curso para hablar en público en un colegio universitario de su localidad. Las exigencias de desempeño en un aula, donde todo el mundo estaba aprendiendo, parecían menos intensas que las expectativas en el trabajo. Después de finalizar las clases de hablar en público, organizó una breve presentación en el trabajo ante un pequeño grupo de compañeros a quienes conocía bien. Desde allí avanzó hacia hacer presentaciones ante grupos más grandes, a continuación presentaciones más largas y finalmente hacia hablar ante grupos de extraños.

Steve seguía sintiendo ansiedad cuando se exponía ante un grupo, pero ahora era capaz de *gestionarla* por medio de una combinación de técnicas de respiración abdominal y afirmaciones de afrontamiento: «Puedo aguantar esta ansiedad y estar bien», «Tan pronto como empiece a hablar estaré bien» o «Lo que tengo que decir vale la pena; todo el mundo estará interesado en ello». Con el tiempo y la práctica, llegó al punto en que ya no temía hacer presentaciones; de hecho, las esperaba como una oportunidad de contribuir con sus ideas y puntos de vista.

Además de practicar la exposición imaginaria y en la vida real, Steve, como Cindy, trabajó en la asertividad y la autoestima (véanse los capítulos 13 y 14). Había crecido en una familia en que era el más joven de tres hermanos. Sometido de continuo a sus hermanos mayores, aprendió a no manifestar sus propios sentimientos e ideas. A lo largo de su vida, había tenido miedo de valerse por sí mismo. Este temor no tuvo un papel menor en su dificultad para hablar o hacer presentaciones ante un grupo. Por medio de la práctica de habilidades de asertividad, aprendió a expresar sus sentimientos y deseos directamente a los demás. Se sorprendió gratamente al ver que las otras personas, por lo general, estaban interesadas en lo que tenía que decir y lo valoraban.

Steve había sido el niño más pequeño de la familia y se había visto «mimado» durante la infancia. Creció con un miedo subyacente a valerse por sí mismo y a asumir su plena responsabilidad como adulto. Tuvo que trabajar con su autoestima para darse cuenta de que era tan valioso, importante y capaz de contribuir como cualquier otra persona. El hecho de superar su fobia social sin duda ayudó a ello, pero, como Cindy, él también trabajó en construir una relación con su niño interior. Al validar y apoyar constantemente al niño pequeño que tenía dentro, fue superando gradualmente los sentimientos de insuficiencia y vergüenza que habían alimentado su fobia.

El programa de Steve para recuperarse de la fobia social contenía muchos componentes coincidentes con los del programa de Cindy para luchar contra la agorafobia. La única diferencia significativa fue que él no tuvo que lidiar con el pánico; su fobia se fundamentaba en el miedo a sentir vergüenza y humillación en vez de basarse en el miedo a perder el control durante un ataque de pánico. Las siguientes estrategias contribuyeron a su recuperación; entre ellas, la exposición en la vida real resultó tal vez la más crucial:

Físicas	Ejercicios de respiración.
	Práctica asidua de la relajación profunda.
	Ejercicio aeróbico asiduo.
	Mejoras nutricionales (específicamente, reducción de la ingesta de azúcar y, así, de los cambios de humor hipoglucémicos).
Conductuales	Exposición imaginaria.
	Exposición en la vida real, incluido un curso de cómo hablar en público previo a la realización de presentaciones en el trabajo.
Emocionales	Aprender a identificar y expresar sentimientos.
Mentales	Contrarrestar el diálogo interno negativo.
	Contrarrestar las creencias erróneas.
Interpersonales	Desarrollar un estilo de relación interpersonal asertivo.
Del sí mismo	Desarrollar la autoestima por medio de cultivar la relación con su niño interior.

Mike: trastorno obsesivo-compulsivo

Recordarás que Mike era un hombre de negocios de éxito que tenía un miedo irracional y recurrente cuando conducía: el miedo a haber atropellado a una persona o un animal. Su temor era tan fuerte y persistente que continuamente tenía que desandar la ruta para asegurarse de que no había nadie tendido en la calle. En el momento en que acudió a recibir tratamiento, su compulsión a comprobar era tan fuerte que tenía que deshacer la ruta tres o cuatro veces antes de poder continuar. Debido a que se sentía avergonzado e incapaz de controlar su comportamiento, también estaba significativamente deprimido —algo habitual en quienes sufren el trastorno obsesivo-compulsivo—. El problema de Mike era un ejemplo del tipo de trastorno obsesivo-compulsivo caracterizado por la necesidad de efectuar comprobaciones; en cualquier caso, el programa integral de recuperación que siguió podría aplicarse igualmente a otras formas de TOC (como la necesidad de lavarse continuamente las manos, contar u otras compulsiones).

En muchos aspectos, el camino de Mike hacia la recuperación era similar al que emprendieron Susan, Cindy y Steve en los ejemplos precedentes. Su terapeuta le indicó que practicara ejercicios de respiración, la relajación muscular progresiva y algún ejercicio aeróbico diario para reducir el componente fisiológico de su ansiedad. Mike también redujo la cantidad de cafeína y azúcar de su dieta y comenzó a tomar suplementos del complejo B de alta potencia y de vitamina C con el desayuno y la cena. Mejoró tanto con estas prácticas que había días en que no tenía la necesidad de deshacer la ruta ninguna vez. Sin embargo, su problema no desapareció por completo.

Mike trabajó en cambiar su diálogo interno mientras conducía. En lugar de preguntarse siempre: «¿Y si atropello a alguien?», aprendió a afirmar: «Si atropellase a alguna persona o animal, sin duda lo oiría o sentiría. Pero esto no ha sucedido, así que todo está bien». Repetirse este mensaje tranquilizador una y otra vez le ayudó a reducir el número de veces que necesitaba volver sobre la ruta de tres o cuatro a una o dos, pero no disipó totalmente su obsesión.

Otra intervención útil consistió en aprender a identificar y expresar sus sentimientos de enojo. Mike descubrió que enojarse con su compulsión a verificar y gritar «¡no!» en voz muy alta en su coche le permitía, a veces, disipar su ansiedad lo suficiente como para no tener que volver sobre sus pasos. Establecer contacto con sus frustraciones y reconocerlas también le ayudó a reducir el estrés en otras áreas de su vida; no solo mejoró en relación con su problema de la necesidad de comprobar. Sin embargo, expresar sus necesidades y sentimientos no fue suficiente —no más que las estrategias físicas y mentales que había probado— para resolver por completo su problema obsesivo-compulsivo.

Mike leyó sobre el tema y descubrió que el TOC responde mejor a la combinación de dos intervenciones específicas:

- Una intervención conductual llamada *exposición y prevención de respuesta*.
- La toma de medicación —específicamente, medicamentos antidepresivos como la clomipramina (Anafranil) y la fluoxetina (Prozac).

Bajo la supervisión de su terapeuta, Mike practicó la exposición y prevención de respuesta en dos pasos. En primer lugar, se le instruyó para que redujese a uno el número de veces que volvía sobre su ruta. Ya había rebajado la frecuencia de sus comprobaciones de cuatro o cinco hasta dos o tres, y en el transcurso de un mes fue capaz de reducirlas aún más, hasta llegar a una. En este punto, su terapeuta lo acompañó en el coche y le dio la instrucción de que cada vez que sintiese la necesidad de volver saliese de la carretera y detuviese el vehículo, esperar varios minutos —hasta que la ansiedad que sentía por no desandar su ruta disminuía— y retomar la conducción. Tras dos semanas de practicar la prevención de respuesta con su terapeuta, Mike fue finalmente capaz de hacerlo por su cuenta. Fue muy liberador para él no tener que gastar tanto tiempo y energía en desandar su trayecto.

Un problema que persistía, sin embargo, era que no podía conseguir que la obsesión de haber atropellado a alguien abandonara del todo su mente, a pesar de que el diálogo interno positivo le había resultado de alguna ayuda. Seguía estando pendiente de ello mientras conducía y estaba deprimido por tener tan poco control sobre sus pensamientos.

Su terapeuta lo derivó a un psiquiatra que le recetó clomipramina, un fármaco que ha sido eficaz en la eliminación o la reducción de los síntomas del trastorno obsesivo-compulsivo en alrededor del 60% de los casos en los que se ha utilizado. Tres semanas después de comenzar a tomar la medicación, las obsesiones de Mike habían desaparecido por completo y su depresión se había mitigado significativamente. Empezó a relajarse y a disfrutar de nuevo de la conducción, libre de cualquier preocupación por haber atropellado a alguien. Su médico le dijo que tendría que seguir medicándose durante un año, al finalizar el cual podría reducir gradualmente la dosis, hasta ver si era capaz de permanecer libre de obsesiones sin tomar medicación.

Aunque el trastorno obsesivo-compulsivo de Mike respondió muy bien a la combinación de las intervenciones descritas anteriormente, seguía sintiéndose deprimido de vez en cuando. Su terapeuta vio claro que se sentía un poco aburrido con su trabajo y con su vida en general. La fase final del programa de recuperación implicó hacer dos ajustes importantes que aportaron sentido y dirección a su vida. El primero de ellos consistió en un cambio de rumbo laboral. En el transcurso de un año, pasó de ostentar un cargo empresarial en el área del *marketing* a iniciar un pequeño negocio de venta por cuenta propia. Toda su vida, Mike había tenido un fuerte interés por la música, pero nunca había hecho nada para darle salida. Así que, como segundo paso, comenzó a recibir clases de piano. Un año después, llevó esta búsqueda un paso más allá: compró un sintetizador y comenzó a componer sus propias piezas para piano. Esta salida creativa añadió una nueva dimensión a su vida y le permitió expresar un potencial que no había atendido previamente. Fue después de esto cuando su depresión dejó de hacer acto de presencia completamente.

El componente más determinante de la recuperación de Mike respecto del trastorno obsesivo-compulsivo fue la combinación de la prevención de respuesta y la medicación. Y la clave de su recuperación respecto de la depresión fue la combinación de superar su trastorno obsesivo-compulsivo *y* el desarrollo de una salida creativa que le dio un nuevo sentido a su vida. Su programa de recuperación completo puede resumirse como sigue en los distintos niveles:

Físico	Ejercicios de respiración.
	Práctica asidua de la relajación profunda.
	Ejercicio aeróbico asiduo.
	Mejoras nutricionales más suplementos vitamínicos.
Conductual	Exposición y prevención de respuesta para erradicar su necesidad de comprobar.
Emocional	Aprender a identificar y expresar enojo y frustración.

MENTAL	Diálogo interno para contrarrestar los miedos relacionados con haber atropellado a alguien.
MEDICACIÓN	Tomar clomipramina durante un año.
EXISTENCIAL/ESPIRITUAL	Dar expresión a un interés creativo (tocar el piano y componer música).

PARA ELABORAR TU PROPIO PROGRAMA DE RECUPERACIÓN

Llegados a este punto, espero que te hayas hecho una idea acerca de tres elementos: el amplio abanico de estrategias utilizadas en un programa de recuperación integral, los tipos específicos de estrategias empleadas y cómo se implementan estas estrategias en casos específicos.

Ahora puedes empezar a elaborar tu propio programa de recuperación. Las dos tablas que se ofrecen a continuación están diseñadas para ayudarte en esto. La primera es la «Tabla de las soluciones eficaces a los problemas». Correlaciona distintos tipos de trastornos de ansiedad con capítulos específicos de este libro. Los capítulos que son especialmente relevantes para *todas las personas* que padecen el trastorno están marcados con una «X» (mayúscula). Por otra parte, los capítulos que son relevantes *a menudo* están marcados con una «x» (minúscula). La elección de las estrategias que lleves a cabo, por supuesto, dependerá de la naturaleza y las causas de tu dificultad concreta. Después de leer los tres primeros capítulos de este libro, debes de tener una idea de cuáles son las estrategias en las que te conviene poner el énfasis.

La segunda tabla, llamada «Registro de las prácticas semanales», te permite esbozar con detalle tu propio programa personal de recuperación. Esta tabla enumera todas las estrategias y habilidades específicas que se ofrecen en estas páginas. Después de cada habilidad, entre paréntesis, se indica la frecuencia recomendada de práctica en el período de tiempo de una semana. Esta tabla te permite marcar, cada día de la semana, los ejercicios que has practicado.

Como se trata de una tabla semanal, te recomiendo que hagas cincuenta y dos fotocopias de ella, para llevar a cabo el registro a lo largo de un año por lo menos (por supuesto, tu recuperación puede completarse en un período de tiempo considerablemente inferior a un año).

En la parte superior de la tabla, asegúrate de especificar las fechas de la semana de que se trate, así como tus objetivos para esa semana. En la parte inferior puedes estimar, en una escala que va del 0 al 100%, hasta qué punto crees que te has recuperado hasta esa semana. *(Nota: estate preparado para que tu nivel de recuperación refleje progresos pero también retrocesos de una semana a otra).* Es obvio que no vas a poner en práctica *todas* las estrategias que se recomiendan en este libro *todas* las semanas. Cuando leas cada capítulo, lo más probable es que quieras poner el énfasis en las habilidades que se enseñen en él. Hay cuatro habilidades, sin embargo, que te recomiendo que intentes practicar *de cinco a siete veces por semana* durante las cincuenta y dos semanas del año, independientemente del tipo de trastorno de ansiedad con el que estés luchando.

Soluciones eficaces a los problemas

Ansiedad «ordinaria»	Trastorno de estrés postraumático	Trastorno obsesivo-compulsivo	Trastorno de ansiedad generalizada	Fobia específica	Fobia social	Agorafobia	Ataques de pánico	
X	X	X	X	X	X	X	X	Relajación
X	X	X	X	X	X	X	X	Ejercicio
					x	X	X	Técnicas para afrontar el pánico
				X	X	X	X	Exposición
X	X	X	X	X	X	X	X	Diálogo interno
X	X	X	X	X	X	X	X	Creencias erróneas
X	X	X	X		X	X	X	Expresar sentimientos
x	x	x	x		X	X		Asertividad
X	X	X	X	X	X	X	X	Autoestima
X	X	X	X	X	X	X	X	Nutrición
	X	X	x		x	x	X	Medicación
x	x	x	x		x	x	x	Sentido/Espiritualidad

Registro de las prácticas semanales							
Objetivos de la semana	Fecha:						
1.							
2.							
3.							
	L	M	X	J	V	S	D
Realizada técnica de respiración profunda (6-7)							
Realizada técnica de relajación profunda* (5-7)							
Realizada media hora de ejercicio vigoroso (5-7)							
Utilizadas técnicas de afrontamiento para manejar el pánico**							
Practicada la neutralización del diálogo mental negativo (5-7)							
Utilizadas afirmaciones para contrarrestar las creencias negativas (5-7)							
Practicada la desensibilización por medio de la imaginación (3-5)							
Practicada la desensibilización en la vida real (3-5)							
Sentimientos identificados o expresados**							
Practicada la comunicación asertiva con una persona significativa**							
Practicada la comunicación asertiva para evitar la manipulación**							
Autoestima: realizado trabajo para mejorar la imagen del propio cuerpo**							
Autoestima: pasos dados hacia la consecución de objetivos**							
Autoestima: realizado trabajo para neutralizar al crítico interior**							
Autoestima: realizado trabajo para cuidar del niño interior**							
Alimentación: eliminados cafeína/azúcar/estimulantes (7)							
Alimentación: ingeridos solamente alimentos integrales, no procesados (5-7)							

Registro de las prácticas semanales							
Alimentación: consumidos suplementos antiestrés (5-7)							
Medicación: consumidos medicamentos adecuados según prescripción médica (7)							
Sentido: efectuar trabajo para descubrir o realizar el propósito de mi vida**							
Espiritualidad: utilizadas creencias y prácticas espirituales para reducir la ansiedad**							
Porcentaje de recuperación estimado (del 0 al 100%): _____							
* Por ejemplo, relajación muscular progresiva, visualización o meditación. ** Frecuencia recomendada: la variación depende del enfoque.							

- Una técnica de relajación profunda (como la relajación muscular, la visualización o la meditación).
- Media hora de ejercicio vigoroso.
- Buenos hábitos nutricionales.
- Contrarrestar el diálogo interno negativo o usar afirmaciones para contrarrestar creencias erróneas.

Si tienes fobias, hay dos estrategias adicionales que te recomiendo que practiques de tres a cinco veces por semana, hasta que te hayas librado de ellas:

- La exposición imaginaria.
- La exposición en la vida real.

Más allá de estas directrices, trabajarás por ti mismo, durante todo el tiempo que necesites, con las demás estrategias que formen parte de tu programa de recuperación.

Será el *compromiso constante que adoptes en el tiempo* con la práctica de las estrategias que sean útiles para ti lo que va a marcar la diferencia entre una recuperación parcial y una completa. El «Registro de las prácticas semanales» está diseñado para ayudarte a mantener la constancia en tu programa de recuperación a largo plazo.

ACTITUDES NECESARIAS PARA SEGUIR UN PROGRAMA DE RECUPERACIÓN PROPIO

A estas alturas puede ser que tengas una idea de las estrategias que quieres utilizar para tu recuperación. El «Registro de las prácticas semanales» te permitirá especificar, de forma semanal, las estrategias y habilidades que incorpores a tu programa. Puede ser que ya hayas adivinado, sin embargo, que la recuperación implica mucho más que una serie de estrategias. Tu capacidad de *implementar* las estrategias recomendadas en este libro depende totalmente de tu actitud; de tu compromiso y motivación para hacer realmente algo en relación con tu problema. Tu recuperación depende de la medida en que puedas adoptar e incorporar las cinco actitudes que se describen a continuación.

Asumir la responsabilidad (contando con apoyo)

¿Te sientes responsable de tu problema? ¿O lo atribuyes a algún capricho de la herencia, a haber tenido unos padres abusadores o maltratadores o a las personas que te estresan? Incluso si sientes que no eres el único responsable de haber creado tu trastorno, sí que eres el responsable, en última instancia, de seguir aferrado a él o de hacer algo al respecto. Puede ser que al principio te resulte difícil aceptar la idea de que la decisión de seguir con tu problema o superarlo sea tuya; sin embargo, aceptar toda la responsabilidad es el paso más empoderador que puedes dar. Si tú eres el único que mantiene tu problema vigente, eres también tú quien tiene el poder de cambiarlo y superarlo.

Asumir la responsabilidad significa no culpar a nadie de las propias dificultades. También significa que no te culpas *a ti mismo*. ¿Está realmente justificado que te culpes por tener ataques de pánico, fobias, obsesiones o compulsiones? ¿Es realmente culpa tuya que hayas contraído estos problemas? ¿No es más exacto decir que lo has hecho lo mejor que has podido hasta ahora con el conocimiento y los recursos que tenías a tu disposición? Mientras dependa de ti cambiar tu situación, sencillamente no tiene ninguna justificación que te juzgues o culpes por ella.

Asumir la responsabilidad de superar tu problema *no* significa que tengas que hacerlo todo solo. De hecho, es todo lo contrario: es más probable que estés dispuesto a cambiar y asumir riesgos si sientes que cuentas con el apoyo correcto. Un requisito previo importante para que emprendas tu propio programa de recuperación es que cuentes con un sistema de apoyo adecuado. Este puede incluir a tu cónyuge o pareja, uno o dos amigos cercanos y un grupo o aula de apoyo específicamente creado para ayudar a las personas que padecen trastornos de ansiedad.

Motivación (superar las recompensas secundarias)

Una vez que hayas decidido reconocer tu parte de responsabilidad en tu problema, tu capacidad para hacer algo al respecto dependerá de tu motivación. ¿Te sientes realmente motivado para cambiar? ¿Lo suficiente para estar dispuesto a aprender e incorporar varios nuevos hábitos de pensamiento y comportamiento a tu rutina diaria? ¿Lo suficiente para que te decidas a llevar a cabo algunos cambios básicos en tu estilo de vida?

La recuperación: un enfoque integral

En una ocasión, el psicólogo David Bakan hizo la observación de que «el sufrimiento es el gran motivador del crecimiento». Si estás experimentando una angustia considerable a causa de tu problema, es muy probable que te sientas muy motivado para hacer algo al respecto. Una creencia básica en tu propia valía también puede ser una fuerte motivación para el cambio. Si te quieres lo suficiente como para sentir que mereces sinceramente tener una vida plena y productiva, no vas a conformarte con que el pánico, las fobias u otros síntomas de ansiedad te lo impidan. Vas a exigir más que eso de la vida.

Esto nos lleva a la cuestión de qué es aquello que interfiere en la motivación. Cualquier persona, situación o factor que consciente o inconscientemente *te recompense por aferrarte a tu problema* tenderá a socavar tu motivación. Por ejemplo, puede ser que desees superar el problema que tienes con salir de casa; sin embargo —ya sea que te des cuenta de ello o no—, si quieres evitar afrontar el mundo exterior, conseguir un trabajo y obtener unos ingresos, tenderás a seguir encerrado. Conscientemente deseas superar la agorafobia, pero tu motivación no es lo suficientemente fuerte como para que supere a las «recompensas» inconscientes que recibes al no recuperarte.

Hace muchos años, Sigmund Freud se refirió a la idea de las recompensas inconscientes como «beneficios secundarios». Allí donde haya una fuerte resistencia a recuperarse de cualquier afección crónica o incapacitante —ya se trate de un trastorno de ansiedad, de la depresión, de una adicción o de la obesidad—, los beneficios secundarios acostumbran a estar operativos. Si ves que tienes dificultades para establecer o *sostener* la motivación en relación con hacer algo acerca de tu problema, es importante que te preguntes: «¿Qué recompensas estoy recibiendo al seguir así?». La siguiente es una lista de algunos de los beneficios secundarios más comunes que puede ser que te mantengan atascado:

▶ La creencia profundamente arraigada de que «no mereces» recuperarte y llevar una vida normal —la creencia de que eres indigno de ser razonablemente feliz—. Cuando el autocastigo es un beneficio secundario, a menudo ocurre que la persona se está castigando a sí misma para vengarse de alguien más. El autocastigo también puede tener lugar porque uno se siente culpable de su problema. La manera de salir de la culpa y de la tendencia a contenerse es trabajar en la propia autoestima (véase el capítulo 14).

▶ La creencia profundamente arraigada de que cambiar de verdad requiere «demasiado trabajo». Después de todo, quizá te sientas ya estresado y abrumado. Ahora se te está pidiendo que asumas una responsabilidad considerablemente superior y que lleves a cabo un mayor trabajo con el fin de recuperarte. Inconscientemente esto te puede parecer demasiado, y tal vez te sientas desanimado en cuanto a las posibilidades que concibes de llegar a superar tu problema. La solución a este dilema es que sustituyas tu asunción de que se trata de «demasiado trabajo» por creencias más positivas, como por ejemplo: «No tengo que estar completamente bien mañana; puedo dar pequeños pasos hacia la recuperación, a mi propio ritmo» o «Cualquier objetivo se puede lograr si se desglosa en pasos lo suficientemente pequeños». (Los programas de recuperación de 12 Pasos han sintetizado estas actitudes constructivas con el lema «Un día a la vez»).

- ▸ Si eres agorafóbico y relativamente incapaz de salir de casa, puede ser que estés apegado a las recompensas que obtienes por parte de tu cónyuge o pareja. Entre estas recompensas están recibir su atención, que te cuide y te de apoyo económico o, en general, que no tengas que hacer frente a responsabilidades propias de los adultos.

- ▸ Lo contrario de la última situación también puede ser cierto: tu cónyuge o pareja puede sentirse recompensado por el hecho de que eres dependiente de él. Estas recompensas pueden ser, para esa persona, la oportunidad de hacerse cargo de tu vida, controlarla, incluso asumir la responsabilidad de ella por ti (este es un ejemplo de *codependencia*; véase el capítulo 14). La recompensa también puede ser la garantía de que nunca te irás. Es decir, tu pareja puede temer que si te recuperas totalmente y eres más independiente, abandones el hogar. Debes darte cuenta de que no puedes seguir retenido por las recompensas secundarias que obtiene tu pareja a menos que, inconscientemente, sostengas una complicidad con él para mantenerlas.

La anterior es solo una lista parcial de beneficios secundarios. Pueden ser, o no, pertinentes en tu caso. Si sientes que tienes dificultades con la motivación en cualquier punto de tu recuperación, es importante que te hagas esta pregunta: «¿Cuál es la recompensa que obtengo por evitar el cambio?».

Comprometerte contigo mismo a seguir adelante

La motivación y el entusiasmo iniciales que sientes cuando decides por primera vez hacer algo en relación con tu problema suelen ser suficientes para empezar. La verdadera prueba está en seguir adelante. ¿Estás dispuesto a comprometerte a practicar *constantemente* las habilidades y estrategias que te convienen durante los muchos meses y a veces años en los que se requiere hacerlo para lograr una recuperación completa y duradera? Según mi experiencia, es difícil sostener un alto nivel de motivación a lo largo de prolongados períodos de tiempo a menos que se tenga el *compromiso* profundo y sincero de persistir con el programa de recuperación hasta que se esté completamente satisfecho con los resultados. En un nivel práctico, esto significa salir y hacer ejercicio, practicar la exposición o trabajar en tu autoestima incluso en los días en que no te apetece hacerlo. Significa que te levantas y sigues adelante, incluso después de haber sufrido un revés que haya hecho que te preguntes si *alguna vez* te sentiste mejor. Puesto que tu motivación puede experimentar altibajos, será tu compromiso personal de perseverar con tu programa lo que significará la diferencia entre una recuperación parcial o completa.

La disposición a asumir riesgos

Sencillamente, no es posible que cambies o crezcas en ninguna área de tu vida a menos que estés dispuesto a asumir algunos riesgos. Recuperarse significa estar dispuesto a experimentar con nuevas formas de pensar, sentir y actuar que pueden resultarte desconocidas al principio. También significa renunciar a algunas de las recompensas que obtienes al no cambiar, como se describe en el apartado dedicado a la motivación. Si padeces fobias, la manera de superarlas es hacer frente a esas situaciones que has estado evitando, de forma gradual y, al principio, solamente en tu imaginación. Si tu problema son los ataques de pánico, puede ser necesario que te arriesgues a renunciar a cierto control y aprendas a fluir con las sensaciones corporales desagradables en lugar de resistirte y luchar contra ellas. En cambio, si estás lidiando con obsesiones y compulsiones, puede ser necesario que te arriesgues a experimentar ansiedad cuando te resistas a ceder a los comportamientos compulsivos. O puede ser necesario que te arriesgues a tomar un medicamento que te receten...

Un programa eficaz para la recuperación se basa en tu disposición a arriesgarte a probar nuevas conductas que pueden causarte *más* ansiedad al principio, pero que a largo plazo pueden serte muy útiles. Como en el caso de asumir la responsabilidad, contar con el apoyo de personas que crean en ti y te respalden hará que correr riesgos te resulte considerablemente más fácil.

Definir y visualizar tus objetivos en relación con la recuperación

Es difícil abordar y superar un problema a menos que se tenga una idea clara, concreta, del objetivo al que se está apuntando. Antes de embarcarte en tu propio programa de recuperación, es importante que respondas a las siguientes preguntas:

- «¿Cuáles son los cambios positivos más significativos que quiero hacer en mi vida?».
- «¿Qué experimentaré una vez que me haya recuperado completamente?».
- «Específicamente, ¿cómo voy a pensar, sentir y actuar en mi trabajo, en mis relaciones con los demás y en mi relación conmigo mismo una vez que me haya recuperado del todo?».
- «¿De qué nuevas oportunidades podré gozar una vez que me haya recuperado totalmente?».

Una vez que hayas definido cuál podría ser el resultado de tu recuperación, puede ser muy útil que practiques *visualizarlo*. Durante el tiempo que destines a la práctica de la relajación profunda, tómate unos minutos para imaginar cómo sería tu vida si estuvieras totalmente libre de tus problemas. Visualiza en detalle cualquier cambio que desees ver materializado en tu trabajo, actividades recreativas y relaciones, así como en cuanto a tu imagen corporal y al aspecto que quieres ofrecer. Para ayudarte en la elaboración de este escenario positivo, utiliza el espacio que se te ofrece a continuación, o preferiblemente una hoja de papel, para escribir un «guion» del aspecto *ideal* que tendría tu vida al final de tu proceso de recuperación. Asegúrate de cubrir la mayor cantidad de áreas de tu vida posibles.

ESCENARIO IDEAL DE MI VIDA DESPUÉS DE HABERME RECUPERADO

La práctica diaria de la visualización de las metas que esperas lograr gracias a tu recuperación (preferiblemente en un estado relajado) aumentará tu confianza en el éxito. De hecho, esta práctica hará que te sea más probable obtener la recuperación completa. Hay abundantes pruebas filosóficas, tanto antiguas como modernas, de que aquello en lo que crees con todo tu corazón y ves con toda tu mente tiene una fuerte tendencia a hacerse realidad.

RESUMEN DE COSAS POR HACER

1. Repasa las historias de casos ofrecidas en este capítulo y examina la «Tabla de las soluciones eficaces a los problemas» para determinar qué capítulos de este libro son relevantes para tu problema.
2. Decide en qué orden vas a trabajar con los diversos capítulos que son relevantes para ti. Los más decisivos del libro, que puedes considerar leer primero, son el 4, el 5, el 6, el 7 y el 8.
3. Haz cincuenta y dos fotocopias del «Registro de las prácticas semanales» para hacer el seguimiento de tu programa de recuperación a lo largo de un año (tu recuperación, por supuesto, puede requerir menos de un año; también puede ser más larga).
4. Vuelve a leer el apartado final, «Actitudes necesarias para seguir un programa de recuperación propio», para reforzar en tu mente las cinco claves que te conducirán al éxito de una recuperación completa: *asumir la responsabilidad*, *contar con la debida motivación* (lo que supone superar las recompensas secundarias), *comprometerte contigo mismo*, *disponerte a asumir riesgos* y *definir y visualizar tus objetivos*.

La relajación

La capacidad de relajarse está en la base misma de cualquier programa que se emprenda para superar la ansiedad, las fobias o los ataques de pánico. Muchas de las otras habilidades que se describen en este libro, como la exposición, la visualización y cambiar el diálogo interno negativo, se basan en la capacidad de lograr una profunda relajación.

La relajación es más que dejarse llevar frente al televisor o en la bañera al final del día —aunque, sin duda, estas prácticas pueden ser relajantes—. El tipo de relajación que es realmente significativo en el tratamiento de la ansiedad es la práctica *asidua, diaria*, de alguna forma de *relajación profunda*. La relajación profunda hace referencia a un estado fisiológico que es exactamente el contrario a la forma en que reacciona el cuerpo cuando se halla bajo los efectos del estrés o de un ataque de pánico. Este estado fue descrito originalmente por Herbert Benson en 1975 como *respuesta de relajación*. Implica una serie de cambios fisiológicos, que son los siguientes:

- Disminución de la frecuencia cardíaca.
- Descenso de la frecuencia respiratoria.
- Disminución de la presión arterial.
- Disminución de la tensión de los músculos esqueléticos.
- Reducción de la tasa metabólica y el consumo de oxígeno.
- Disminución del pensamiento analítico.
- Aumento de la resistencia de la piel.
- Incremento de la actividad de las ondas alfa en el cerebro.

La práctica asidua de la relajación profunda entre veinte y treinta minutos diarios puede dar lugar, con el tiempo, a que este estado se extienda al resto de la vida de la persona. Es decir, después de varias semanas de practicar la relajación profunda una vez al día, uno tenderá a sentirse más relajado todo el tiempo.

Durante los últimos veinte años se han documentado otros numerosos beneficios derivados de la relajación profunda:

- Reducción de la ansiedad generalizada. Muchas personas han encontrado que la práctica asidua también reduce la frecuencia y gravedad de los ataques de pánico.
- Evitar que el estrés se convierta en acumulativo. El estrés incesante tiende a acumularse con el tiempo. Entrar en un estado de quietud fisiológica una vez al día le da al cuerpo la oportunidad de recuperarse de los efectos del estrés. Incluso el sueño puede ser ineficaz a la hora de romper el ciclo del estrés acumulativo a menos que la persona se haya dado permiso para relajarse profundamente estando despierta.
- Aumento del nivel de energía y de la productividad. (Cuando se está bajo los efectos del estrés, la persona puede trabajar en contra de sí misma y ser menos eficiente).
- Mejora de la concentración y la memoria. La práctica asidua de la relajación profunda tiende a aumentar la capacidad del individuo de concentrarse y evita que la mente «vaya a la carrera».
- Reducción del insomnio y la fatiga. Aprender a relajarse conduce a un sueño más reparador y profundo.
- Prevención o reducción de los trastornos psicosomáticos, como la hipertensión, las migrañas, los dolores de cabeza, el asma y las úlceras.
- Mayor confianza en uno mismo y menor sentimiento de culpa. En el caso de muchas personas, el estrés y el exceso de autocrítica o los sentimientos de insuficiencia van de la mano. Uno puede desempeñarse mejor, así como sentirse mejor, cuando está relajado.
- Mayor acceso a los sentimientos. La tensión muscular es uno de los principales impedimentos para ser consciente de los propios sentimientos.

¿Cómo se puede alcanzar un estado de relajación profunda? Algunos de los métodos más habituales son:

1. Respiración abdominal.
2. Relajación muscular progresiva.
3. Relajación muscular pasiva.
4. Visualización de una escena apacible.
5. Visualización guiada.

6. Meditación.
7. Biorretroalimentación.
8. Privación sensorial.
9. Yoga.
10. Música relajante.

Para nuestros propósitos aquí nos centraremos en los primeros seis de estos métodos, así como en los dos últimos.

RESPIRACIÓN ABDOMINAL

La respiración refleja directamente el nivel de tensión que experimenta uno en su cuerpo. Bajo tensión, la respiración generalmente pasa a ser superficial y rápida, y tiene lugar en la parte alta del pecho. Cuando la persona está relajada, respira más cabalmente, más profundamente, y desde el abdomen. Es difícil estar tenso y respirar desde el abdomen al mismo tiempo.

Algunos de los beneficios de la respiración abdominal son:

- Una mayor afluencia de oxígeno al cerebro y la musculatura.
- La estimulación del sistema nervioso parasimpático. Esta parte del sistema nervioso autónomo promueve un estado de calma y quietud. Funciona de una manera exactamente opuesta al sistema nervioso simpático, que estimula un estado de excitación emocional y las reacciones fisiológicas subyacentes a los ataques de pánico.
- Mayor sensación de conexión entre la mente y el cuerpo. La ansiedad y la preocupación tienden a mantenerse «en la cabeza». Unos pocos minutos de respiración abdominal profunda ayudarán a la persona a «bajar» al cuerpo y ocuparlo totalmente.
- Excreción más eficiente de las toxinas corporales. Muchas sustancias tóxicas del organismo se eliminan a través de los pulmones.
- Mejora de la concentración. Si la mente está desbocada, es difícil enfocar la atención. La respiración abdominal ayuda a relajar la mente.
- La respiración abdominal puede desencadenar por sí misma una respuesta de relajación.

Quien padece fobias, pánico u otros trastornos de ansiedad tiende a experimentar uno de los siguientes problemas respiratorios (o ambos):

1. Respira desde la parte superior del pecho, de manera que su respiración es poco profunda.
2. Tiende a hiperventilar; exhala demasiado dióxido de carbono en relación con la cantidad de oxígeno presente en la sangre. La respiración superficial, a nivel del pecho, puede

conducir a la hiperventilación si es rápida. La hiperventilación, a su vez, puede causar síntomas físicos muy similares a los que están asociados con los ataques de pánico.

A continuación, vamos a ver estos dos tipos de respiración con mayor detalle.

La respiración torácica, superficial

Los estudios han revelado diferencias entre los patrones de respiración de las personas ansiosas y tímidas y los de aquellas que son más relajadas y extrovertidas. Los temerosos y tímidos tienden a respirar de forma poco profunda, desde el pecho, mientras que los extrovertidos y relajados respiran de forma más lenta y profunda, y desde el abdomen.

Antes de seguir leyendo, tómate un momento para percibir cómo estás respirando en este momento. Tu respiración ¿es lenta o rápida? ¿Profunda o superficial? ¿Se centra en torno a un punto alto en el pecho o en el abdomen? También puedes advertir cambios en tu patrón de respiración cuando estás sometido al estrés frente a cuando te encuentras más relajado.

Si ves que tu respiración es superficial y tiene lugar en la parte alta del pecho, no te agobies. Es muy factible que uno pueda entrenarse en respirar más profundamente y desde el abdomen. Practicar la respiración abdominal (la cual se describe más adelante) de manera asidua te ayudará, gradualmente, a desplazar el centro de tu respiración del pecho al abdomen. La práctica asidua de la respiración abdominal completa también aumentará tu capacidad pulmonar, lo cual te capacitará para respirar más profundamente. Un programa de ejercicio vigoroso, aeróbico, también puede serte de utilidad.

Síndrome de hiperventilación

Quienes respiran desde el pecho es posible que tiendan a hiperventilar, a exhalar demasiado dióxido de carbono en relación con la cantidad de oxígeno presente en su torrente sanguíneo. También es posible que tiendan a respirar por la boca. El resultado es un conjunto de síntomas —taquicardias, mareos y sensaciones de hormigueo— tan similares a los síntomas del pánico que pueden ser indistinguibles de estos. Algunos de los cambios fisiológicos provocados por la hiperventilación son los siguientes:

- Un incremento de la alcalinidad de las células nerviosas, lo que hace que sean más excitables. El resultado es que la persona se siente nerviosa e inquieta.
- Una disminución de la presencia de dióxido de carbono en la sangre, lo que puede ocasionar que el corazón bombee más fuerte y rápido; a su vez, las luces parecen más brillantes y los sonidos más fuertes.
- Una constricción de los vasos sanguíneos del cerebro, lo que puede provocar sensaciones de mareo, desorientación e incluso irrealidad o separación respecto del cuerpo.

Todos estos síntomas pueden interpretarse como la antesala de un ataque de pánico. Tan pronto como la persona empiece a responder a estos cambios corporales con declaraciones mentales evocadoras del pánico, tales como: «¡Estoy perdiendo el control!» o «¿Qué me está pasando?», *será presa del pánico*. Los síntomas que inicialmente solo imitaban el pánico desatan una reacción que conduce al verdadero pánico. La hiperventilación puede causar sensaciones físicas que llevan a sufrir un ataque de pánico o contribuir al ataque en curso, al agravar los síntomas físicos desagradables.

Si el individuo sospecha que es víctima de la hiperventilación, puede advertir si habitualmente respira de forma superficial, desde el pecho, y por la boca. También puede observar si, cuando está asustado, tiende a contener la respiración o a respirar de manera muy superficial y rápida. Experimentar sensaciones de hormigueo o entumecimiento, sobre todo en los brazos o las piernas, es también un signo de hiperventilación. Si alguna de estas características está presente, puede ser que la hiperventilación esté desempeñando un papel tanto a la hora de instigar como de agravar las reacciones de pánico o ansiedad.

El remedio tradicional para los síntomas agudos de hiperventilación es respirar en una bolsa de papel. Esta técnica hace que se inhale dióxido de carbono, lo que produce que se restablezca el equilibrio normal entre el oxígeno y el dióxido de carbono en el torrente sanguíneo. Es un método que funciona. Igualmente eficaces para reducir los síntomas de la hiperventilación son la respiración abdominal y los ejercicios de aquietamiento de la respiración que se describen a continuación. Ambos ayudan a ralentizar la respiración, lo que disminuye de manera efectiva la entrada de oxígeno y hace que la proporción de oxígeno y dióxido de carbono vuelva a equilibrarse.

Si se pueden reconocer los síntomas de la hiperventilación como lo que son, y luego se aprende a mitigarlos por medio de aquietar deliberadamente la respiración, no es necesario tener una reacción de pánico frente a dichos síntomas.

Los dos ejercicios que se detallan a continuación pueden ayudar a cambiar el patrón de la respiración. Al practicarlos, es posible alcanzar un estado de relajación profunda en un corto espacio de tiempo. Normalmente, son suficientes tres minutos de práctica de la respiración abdominal o del ejercicio de aquietamiento de la respiración para entrar en un profundo estado de relajación. Muchas personas han utilizado con éxito una u otra técnica para abortar un ataque de pánico al sentir la inminencia de los primeros síntomas de ansiedad. Estas técnicas también son muy útiles a la hora de reducir la ansiedad anticipatoria que se puede experimentar antes de afrontar una situación fóbica. Si bien las técnicas de relajación muscular progresiva y de meditación que se describen más adelante, en este capítulo, tardan hasta veinte minutos en producir efectos, los dos métodos que se presentan a continuación pueden inducir un nivel de relajación de moderado a profundo en un tiempo de entre tres y cinco minutos solamente.

EJERCICIO DE RESPIRACIÓN ABDOMINAL

1. Percibe el nivel de tensión que estás sintiendo. A continuación, coloca una mano sobre el abdomen, justo por debajo de la caja torácica.
2. Inhala lenta y profundamente por la nariz hasta el «fondo» de los pulmones, es decir, haz llegar el aire tan abajo como te sea posible. Si estás respirando desde el abdomen, la mano debería *subir*. El pecho debería moverse solo ligeramente, mientras el abdomen se expande. (En la respiración abdominal, el diafragma –el músculo que separa la cavidad pulmonar de la cavidad abdominal– se mueve hacia abajo. Al hacerlo, provoca que los músculos que rodean la cavidad abdominal empujen hacia fuera).
3. Cuando hayas realizado una respiración completa, haz una breve pausa y luego exhala lentamente por la nariz o la boca, según prefieras. Asegúrate de sacar completamente el aire. *Al exhalar, permite que todo tu cuerpo se suelte* (puedes visualizar cómo los brazos y las piernas se sueltan y aflojan, como si fuesen los de un muñeco de trapo).
4. Haz diez respiraciones abdominales lentas y completas. Trata de mantener la respiración *suave* y *regular*, sin tragar saliva durante las largas inhalaciones ni permitir que, en la exhalación, todo el aire salga de golpe. Te ayudará a reducir el ritmo respiratorio el hecho de contar lentamente hasta 4 durante la inhalación (1-2-3-4) y, después, contar lentamente hasta 4 en la exhalación. Acuérdate de hacer una breve pausa al final de cada inhalación. Cuenta desde 10 hasta 1, restando un número con cada exhalación. Es decir:

   ▶ Inhalación lenta . . . Pausa . . . Exhalación lenta («Diez»).
   ▶ Inhalación lenta . . . Pausa . . . Exhalación lenta («Nueve»).
   ▶ Inhalación lenta . . . Pausa . . . Exhalación lenta («Ocho»).

   Y así hasta llegar a 1. Si empiezas a sentirte mareado mientras practicas la respiración abdominal, detente entre quince y veinte segundos, y después comienza de nuevo.
5. Prolonga el tiempo del ejercicio si lo deseas por medio de hacer dos o tres «rondas» de respiraciones abdominales, recordando contar hacia atrás de 10 a 1 en cada ronda. *Cinco minutos completos* de respiración abdominal tendrán un efecto pronunciado en la reducción de la ansiedad o de los primeros síntomas del pánico. Algunas personas prefieren contar del 1 al 10 en lugar de hacerlo del 10 al 1. Siéntete libre de hacerlo así si te va mejor.

La relajación

EJERCICIO DE RELAJACIÓN POR MEDIO DE LA RESPIRACIÓN

Este ejercicio constituye la adaptación de una práctica que se lleva a cabo dentro de la antigua disciplina del yoga. Es una técnica muy eficaz para alcanzar un estado profundo de relajación con gran rapidez.

1. Respirando desde el abdomen, inhala lentamente por la nariz mientras cuentas, despacio, del 1 al 5.
2. Haz una pausa y contén la respiración mientras cuentas hasta 5.
3. Exhala lentamente, por la nariz o la boca, mientras cuentas hasta 5 (o más si necesitas más tiempo). Asegúrate de sacar todo el aire.
4. Cuando hayas completado la exhalación, realiza dos respiraciones a tu ritmo normal; a continuación, repite los pasos 1 a 3 del ciclo anterior.
5. Realiza el ejercicio por lo menos entre tres y cinco minutos. Esto debería implicar realizar *al menos* diez ciclos de estas respiraciones (contando 5 al inhalar, 5 al retener y 5 al exhalar). A medida que hagas el ejercicio, acaso adviertas que puedes contar hasta un número superior al exhalar que al inhalar. Permite estas variaciones si tienen lugar de manera natural y prosigue con el ejercicio, durante un máximo de cinco minutos. Acuérdate de realizar dos respiraciones normales entre cada ciclo. Si comienzas a sentirte mareado mientras practicas este ejercicio, detente durante treinta segundos y luego empieza de nuevo.
6. A lo largo del ejercicio, mantén la respiración *suave* y *regular*; evita tragar saliva en el curso de la respiración o expulsar el aire de repente.
7. *Opcional:* cada vez que exhalas, puede apetecerte decir, para tus adentros: «Relájate», «Cálmate», «Suelta» o cualquier otra palabra o frase relajante. Permite que la totalidad de tu cuerpo se suelte mientras lo dices. Si lo haces cada vez que practicas el ejercicio, el solo hecho de pronunciar tu palabra relajante te aportará, con el tiempo, un estado leve de relajación.

Este ejercicio puede constituir una técnica potente para detener una reacción de pánico cuando se manifiestan los primeros signos de la ansiedad. También es útil a la hora de reducir los síntomas de la hiperventilación.

Practica el ejercicio

Practica el ejercicio de respiración abdominal o el de relajación por medio de la respiración *cinco minutos al día durante al menos dos semanas*. Si es posible, haz el ejercicio cada día a la misma hora, para que se convierta en un hábito. Con la práctica, puedes aprender en un corto período de tiempo a reducir las reacciones fisiológicas subyacentes a la ansiedad y el pánico.

Una vez que sientas que has ganado cierto dominio en el empleo de una u otra técnica, úsala cuando te sientas estresado o cuando experimentes ansiedad o la aparición de los síntomas del pánico. Cuando lleves un mes o más practicando cualquiera de estos dos ejercicios, comenzarás a reeducarte a ti mismo para respirar desde el abdomen. Cuanto más puedas desplazar el centro de la respiración desde el pecho hasta el abdomen, más fácil te resultará sentirte relajado de forma permanente.

RELAJACIÓN MUSCULAR PROGRESIVA

La relajación muscular progresiva es una técnica sistemática para alcanzar un estado de profunda relajación. Fue desarrollada por el doctor Edmund Jacobson hace más de cincuenta años. El doctor Jacobson descubrió que un músculo puede relajarse por medio de tensarlo primero durante unos segundos y luego soltarlo. Tensar y soltar varios grupos de músculos del cuerpo da lugar a un profundo estado de relajación, que el doctor Jacobson encontró que podía aliviar diversas afecciones, desde la presión arterial alta hasta la colitis ulcerativa.

En su libro original *Progressive Relaxation* el doctor Jacobson expuso una serie de doscientos ejercicios de relajación muscular diferentes y un programa de entrenamiento que se tardaba meses en completar. Más recientemente, el sistema se ha simplificado; ahora consiste entre 15 y 20 ejercicios básicos, que se ha comprobado que son tan eficaces, si se practican con asiduidad, como el sistema original.

La relajación muscular progresiva es especialmente útil para las personas cuya ansiedad se presenta fuertemente asociada con la tensión muscular. Esto es lo que a menudo nos lleva a decir que estamos «rígidos» o «tensos». Es posible experimentar rigidez crónica en los hombros y el cuello, que se puede aliviar con eficacia mediante la práctica de la relajación muscular progresiva.

Otros síntomas que responden bien a la relajación muscular progresiva son las cefaleas tensionales, los dolores de espalda, la rigidez de la mandíbula, la tirantez alrededor de los ojos, los espasmos musculares, la presión arterial alta y el insomnio. Si tus pensamientos se suceden con demasiada rapidez, probablemente el hecho de relajar tus músculos de forma sistemática te ayude a desacelerar la mente.

Los efectos inmediatos de la relajación muscular progresiva incluyen todos los beneficios de la respuesta de relajación descritos al principio de este capítulo. Los efectos a largo plazo de la práctica *asidua* son:

- ▶ Disminución de la ansiedad generalizada.
- ▶ Disminución de la ansiedad anticipatoria relacionada con las fobias.
- ▶ Reducción de la frecuencia y duración de los ataques de pánico.
- ▶ Mejora de la capacidad de hacer frente a situaciones fóbicas por medio de la exposición gradual.

- Mejora de la concentración.
- Mayor sensación de control sobre los estados de ánimo.
- Aumento de la autoestima.
- Incremento de la espontaneidad y la creatividad.

Estos beneficios a largo plazo se denominan a veces *efectos de generalización*: la relajación experimentada durante las sesiones diarias tiende, después de un mes o dos, a *generalizarse* (hacerse extensiva) al resto de la jornada. La práctica *asidua* de la relajación muscular progresiva puede hacer mucho a la hora de ayudar a gestionar mejor la ansiedad, hacer frente a los miedos, superar el pánico y sentirse mejor en general.

No hay contraindicaciones para esta técnica a menos que los grupos musculares que se van a tensar y relajar hayan sufrido lesiones. Si tomas tranquilizantes, es posible que practicarla asiduamente te permita reducir la dosis.

Directrices para practicar la relajación muscular progresiva (o cualquier forma de relajación profunda)

Las siguientes indicaciones te ayudarán a sacar el máximo partido de la relajación muscular progresiva. También son aplicables a *cualquier* tipo de relajación profunda que te comprometas a practicar con asiduidad, incluidas la autohipnosis, la visualización guiada y la meditación.

1. Practica durante al menos *veinte minutos al día* —aunque es preferible dos períodos de veinte minutos cada uno—. Es imprescindible practicar una vez al día para obtener los efectos de la generalización. (Es posible que desees comenzar la práctica con períodos de treinta minutos. A medida que adquieras habilidad en la técnica de la relajación, comprobarás que la cantidad de tiempo que necesitas para experimentar la respuesta de relajación se reduce).
2. Busca un *lugar tranquilo* para practicar en el que no se te distraiga. No permitas que suene el teléfono mientras estés practicando. Usa un ventilador o el aire acondicionado para traslapar el ruido de fondo, si es necesario.
3. Practica a *horas regulares*. Los mejores momentos son, generalmente, al despertar, antes de acostarse o antes de una comida. Una rutina constante de relajación diaria aumentará la probabilidad de experimentar los efectos de la generalización.
4. Practica con el *estómago vacío*. La digestión de los alimentos después de las comidas tenderá a interrumpir la relajación profunda.
5. Adopta una *postura cómoda*. Todo tu cuerpo, incluida la cabeza, debe encontrarse sobre un soporte. Acostarse en un sofá o en la cama y sentarse en una silla reclinable son buenas formas de lograrlo (si te acuestas, puedes colocar una almohada debajo de las rodillas para mayor apoyo). Sentarse es preferible a acostarse en caso de sentirse cansado y con

sueño. Es ventajoso experimentar toda la profundidad de la respuesta de relajación de manera consciente, sin dormirse.

6. *Afloja cualquier prenda de vestir que te apriete* y quítate los zapatos, el reloj, las gafas, las lentes de contacto, las joyas, etc.
7. *Toma la determinación de no preocuparte por nada.* Date permiso para dejar a un lado las preocupaciones del día. Permítete que el cuidado de ti mismo y la serenidad tengan prioridad sobre cualquiera de tus preocupaciones (el éxito con la relajación depende de que le des una prioridad elevada a la paz mental en tu esquema general de valores).
8. Asume una *actitud pasiva, desapegada*. Este es probablemente el elemento más importante. Adopta una actitud de «dejar que suceda» y permanece libre de cualquier preocupación acerca de si estás realizando la técnica más o menos bien. No *trates* de relajarte. No *trates* de controlar tu cuerpo. No juzgues cómo lo haces. La clave es soltar.

Técnica de la relajación muscular progresiva

La relajación muscular progresiva consiste en tensar y relajar, de manera sucesiva, dieciséis grupos musculares del cuerpo. La idea es tensar cada grupo muscular con fuerza –pero sin pasarse– durante unos diez segundos, y luego soltar de repente. A continuación, la persona se da entre quince y veinte segundos para relajarse, notando cómo siente el grupo muscular cuando está relajado, en contraste con cómo lo sentía cuando estaba tenso, antes de pasar al siguiente grupo de músculos. Uno también puede decir para sus adentros: «Me estoy relajando», «Estoy soltando», «Dejo que la tensión se vaya» o cualquier otra frase relajante durante cada período de relajación entre los sucesivos grupos musculares. A lo largo del ejercicio, mantén el enfoque en los músculos. Cuando tu atención divague, tráela de vuelta al grupo de músculos con el que estés trabajando. Las directrices siguientes describen la relajación muscular progresiva en detalle:

- Asegúrate de hallarte en un entorno tranquilo y confortable. Ten en cuenta las directrices para la práctica de la relajación que se han descrito anteriormente.
- Cuando tenses un grupo muscular en concreto, hazlo con fuerza pero sin exagerar, entre siete y diez segundos. Tal vez te vaya bien contar «uno mil uno», «uno mil dos», y así sucesivamente, como una forma de señalar los segundos.
- Concéntrate en lo que está sucediendo. Siente la acumulación de tensión en cada grupo muscular. A menudo es útil visualizar cómo se tensa el grupo muscular en cuestión.
- Al soltar los músculos, hazlo bruscamente, y luego relájate, disfrutando de la repentina sensación de flacidez. Deja que la relajación tenga lugar durante al menos entre quince y veinte segundos antes de pasar al siguiente grupo de músculos.
- Permite que todos los *otros* músculos de tu cuerpo permanezcan relajados, en la medida de lo posible, mientras trabajas en un grupo de músculos en particular.

- Tensa y relaja cada grupo muscular una vez. Pero si sientes especialmente rígida una zona en particular, puedes tensarla y relajarla dos o tres veces, y esperar unos veinte segundos entre cada ciclo.

Una vez que estés cómodamente apoyado en un lugar tranquilo, sigue estas instrucciones:

1. Para empezar, realiza tres respiraciones abdominales profundas, y exhala lentamente cada vez. Al exhalar, imagina que la tensión empieza a abandonar tu cuerpo.
2. Aprieta los puños. Sigue así entre siete y diez segundos y luego suelta entre quince y veinte segundos. *Aplica estos mismos intervalos de tiempo a todos los otros grupos de músculos.*
3. Aprieta los bíceps de esta manera: sube los antebrazos hasta la altura de los hombros y «haz músculo» con ambos brazos. Aguanta… y después relaja.
4. Aprieta los tríceps —los músculos de la parte trasera superior de los brazos— por medio de extender los brazos en línea recta y cerrar los codos. Aguanta… y después relaja.
5. Tensa los músculos de la frente levantando las cejas tanto como puedas. Aguanta… y después relaja. Imagina que los músculos de tu frente se suavizan y aflojan mientras se relajan.
6. Tensa los músculos de alrededor de los ojos apretando los párpados fuertemente cerrados. Aguanta… y después relaja. Imagina cómo sensaciones de relajación profunda se extienden por toda la zona de los ojos.
7. Tensa la mandíbula por medio de abrir la boca tan ampliamente que se estiren los músculos que hay alrededor de las articulaciones de la mandíbula. Aguanta… y después relaja. Deja que los labios se separen y permite que la mandíbula quede suelta.
8. Aprieta los músculos de la parte posterior del cuello echando la cabeza hacia atrás, como si fueras a tocar la espalda con la cabeza (sé suave con este grupo de músculos para evitar lesiones). Céntrate en tensar solamente los músculos del cuello. Aguanta… y después relaja. Dado que esta zona está, a menudo, especialmente tensa, es conveniente realizar el ciclo de tensión y relajación dos veces.
9. Realiza varias respiraciones profundas y concéntrate en sentir cómo la cabeza, por su propio peso, «se hunde» en la superficie en la que está descansando.
10. Tensa los hombros por medio de elevarlos como si fueran a tocar las orejas. Aguanta… y después relaja.
11. Tensa los músculos de alrededor de los omóplatos, empujando los hombros hacia atrás como si tuvieran que tocarse. Mantén la tensión en los omóplatos… y después suelta. Puesto que esta zona está a menudo especialmente tensa, puedes llevar a cabo dos veces la secuencia de tensión y relajación.

12. Tensa los músculos del pecho por medio de una inhalación profunda. Mantén esta posición durante un máximo de diez segundos... y luego suelta lentamente. Imagina que cualquier exceso de tensión presente en el pecho se va con la exhalación.
13. Tensa los músculos del estómago llevando a cabo un movimiento de succión. Aguanta... y después relaja. Imagina cómo una ola de relajación se expande por el abdomen.
14. Tensa la zona lumbar arqueándola hacia arriba (puedes omitir esta parte del ejercicio si tienes dolor de espalda en esa zona). Aguanta... y después relaja.
15. Tensa los glúteos juntándolos. Aguanta... y después relaja. Imagina que los músculos de las caderas se sueltan y se aflojan.
16. Tensa los músculos de los muslos hasta las rodillas. Probablemente tendrás que apretar las caderas junto con los muslos, ya que los músculos de los muslos están fijados a la pelvis. Aguanta... y después relaja. Siente cómo estos músculos se suavizan y relajan por completo.
17. Tensa los músculos de las pantorrilla tirando de los dedos de los pies hacia ti (flexionándolos con cuidado para evitar calambres). Aguanta... y después relaja.
18. Tensa los pies por medio de doblar los dedos hacia abajo. Aguanta... y después relaja.
19. Escanea mentalmente tu cuerpo para hallar cualquier tensión residual. Si un área en particular sigue estando tensa, repite uno o dos ciclos de tensión-relajación para ese grupo de músculos.
20. Ahora imagina cómo una ola de relajación se extiende lentamente por todo tu cuerpo, empezando por la cabeza y penetrando poco a poco en cada grupo muscular, hasta llegar a los dedos de los pies.

La secuencia completa de la relajación muscular progresiva debería durar entre veinte y treinta minutos la primera vez. Con la práctica, puedes reducir el tiempo necesario entre quince y veinte minutos. Es posible que desees grabar los ejercicios anteriores en audio para facilitarte tus primeras sesiones de práctica. Algunas personas prefieren utilizar siempre una grabación, mientras que otras se han aprendido tan bien los ejercicios después de algunas semanas de práctica que prefieren realizarlos de memoria.

Recuerda que la práctica asidua de la relajación muscular progresiva –una vez al día– tendrá el efecto de reducir de manera significativa tu nivel general de ansiedad. También disminuirá la frecuencia e intensidad de tus ataques de pánico, así como la ansiedad anticipatoria que pueda surgir en el curso de tu exposición sistemática a las situaciones fóbicas (véase el capítulo 7).

RELAJACIÓN MUSCULAR PASIVA

La relajación muscular progresiva es una técnica excelente para relajar la tensión muscular. La relajación muscular pasiva es una técnica alternativa a la anterior; puede inducir un estado general de relajación en la mente y el cuerpo. Muchas personas la prefieren porque no requiere realizar esfuerzos. No hay que tensar y relajar distintos grupos de músculos de forma activa; solamente hay que centrarse en cada grupo muscular siguiendo una secuencia –desde los pies hasta la cabeza– e imaginar que cada uno de ellos se relaja. En general, lo mejor es recostarse con los ojos cerrados para realizar esta práctica.

El siguiente guion nos conduce a lo largo de un ejercicio de relajación muscular pasiva. Si decides grabarlo en audio, es importante leerlo lentamente, haciendo pausas entre las frases.

> Comienza con dos o tres respiraciones profundas, abdominales, y recuéstate en la silla, la cama o donde sea que estés. Ponte muy cómodo. Deja de lado todas las preocupaciones e inquietudes del día y permite que este tiempo sea solo para ti. (Pausa).
> Deja que cada parte del cuerpo empiece a relajarse, empezando por los pies. Imagina cómo se aflojan y se relajan en este momento. Suelta cualquier exceso de tensión presente en los pies. Imagina cómo la tensión sale de ellos. (Pausa).
> A medida que los pies se relajan, imagina cómo la relajación sube a las pantorrillas. Permite que los músculos de las pantorrillas se relajen, se aflojen y suelten. Permite que cualquier tensión que estés sintiendo en ellas se desvanezca, con facilidad y rapidez. (Pausa).
> Ahora, a medida que las pantorrillas se destensan, permite que la relajación suba a los muslos. Deja que los músculos de los muslos se aflojen, se suavicen y se relajen por completo. Puedes comenzar a sentir las piernas, desde la cintura hasta los pies, cada vez más y más relajadas. Puedes notar cómo se vuelven pesadas a medida que se relajan más y más. (Pausa).
> Ahora continúa y deja que la relajación llegue a las caderas. Siente cómo cualquier exceso de tensión presente en ellas se disuelve y fluye hacia fuera. (Pausa).
> A continuación, permite que la relajación llegue a la zona del estómago. Suelta cualquier tensión presente en esa zona; suéltala totalmente ahora mismo, imaginando cómo sensaciones profundas de relajación se extienden por todo el abdomen. (Pausa).
> A medida que el abdomen se relaja, permite que la relajación se desplace hasta el pecho. Todos los músculos pectorales pueden suavizarse, aflojarse y soltarse. Con cada exhalación, imagina cómo cualquier tensión que queda en el pecho se va con la respiración, hasta sentirlo completamente relajado. Permite que la relajación se haga más profunda en la zona del pecho, en la zona del estómago y en las piernas. (Pausa).
> Permite ahora que la relajación llegue a los hombros; deja que sensaciones profundas de calma y distensión se extiendan por los músculos de los hombros. Deja que estos caigan, permitiendo así que se relajen totalmente. Ahora permite que la relajación presente en ellos baje a la zona superior de los brazos, descienda hasta los codos y antebrazos y, finalmente, llegue a las muñecas y las manos. Deja que los brazos se destensen y disfruta de la agradable sensación de tenerlos relajados. (Pausa).

Ahora, deja de lado cualquier preocupación, así como cualquier pensamiento desagradable o incómodo. Permítete estar totalmente en el momento presente, mientras te relajas cada vez más y más. (Pausa).

Siente ahora cómo la relajación llega al cuello. Todos los músculos del cuello se aflojan, se suavizan y se relajan por completo. Imagina cómo se destensan, como cuando se deshacen los nudos de una cuerda. (Pausa).

Ahora, la relajación pasa a la barbilla y las mandíbulas. Permite que las mandíbulas se relajen, se aflojen. A medida que se van relajando, imagina cómo la relajación llega a la zona de los ojos. Cualquier tensión se disipa y fluye hacia fuera a medida que permites que los ojos se relajen por completo. Cualquier cansancio ocular se disuelve ahora y los ojos pueden relajarse totalmente. Ahora permite que la frente también se relaje; deja que los músculos de la frente se suavicen y se relajen por completo, mientras percibes el peso de la cabeza contra la superficie sobre la que está descansando. Permite que el conjunto de la cabeza se relaje totalmente. (Pausa).

Disfruta de la agradable sensación de la relajación en todo el cuerpo; permítete entrar cada vez más profundamente en la quietud y la paz. Cada vez más, entra en contacto con ese lugar profundo dentro de ti donde moran la paz y la serenidad perfectas.

VISUALIZACIÓN DE UNA ESCENA APACIBLE

Después de completar la relajación muscular progresiva o pasiva, es útil que te visualices en medio de una escena apacible. Imaginarte a ti mismo en un entorno muy tranquilo puede proporcionarte una sensación global de relajación que te libere de los pensamientos de ansiedad. Este entorno puede ser una playa tranquila, un arroyo en las montañas o un lago en calma. O puede ser tu dormitorio o una acogedora chimenea en una fría noche de invierno. No te limites a la realidad; te puedes imaginar, si lo deseas, flotando en una nube o volando en una alfombra mágica. Lo importante es que visualices la escena con suficiente detalle como para que absorba tu atención por completo. Sumergirte en una escena apacible hará que tu estado de relajación sea más profundo; experimentarás efectos fisiológicos reales: tu tensión muscular disminuirá, tu ritmo cardíaco se ralentizará, tu respiración se hará más profunda, tus capilares se abrirán y calentarán tus manos y tus pies, y así sucesivamente. Una visualización relajante constituye una forma suave de autohipnosis.

He aquí tres ejemplos de escenas apacibles.

La playa

Estás caminando a lo largo de una hermosa playa desierta. Estás descalzo y puedes sentir la arena blanca firme bajo tus pies al caminar a lo largo de la orilla del mar. Puedes escuchar el sonido del oleaje como el flujo y el reflujo de las olas. El sonido es hipnótico y te relaja más y más. El agua es de un hermoso color azul turquesa salpicado de blanco en las crestas de las olas. Cerca del horizonte se puede ver cómo un pequeño velero se desliza suavemente. El sonido de las olas al romper en la orilla te arrulla, relajándote cada vez más. Aspiras el fresco olor salado del aire en cada respiración. Tu piel se ilumina con la calidez del sol. Puedes sentir una suave brisa en las mejillas, que alborota tu cabello. Te sientes muy tranquilo y a gusto.

El bosque

Estás acurrucado en tu saco de dormir. La luz del día está irrumpiendo en el bosque. Puedes sentir cómo los rayos del sol comienzan a calentar tu cara. El cielo del amanecer se extiende por encima de ti en tonos pastel rosáceos y anaranjados. Puedes oler el fresco aroma a pino de los bosques de los alrededores. Puedes escuchar el discurrir del agua en un arroyo de montaña cercano. El aire fresco y seco de la mañana es refrescante y vigorizante. Te sientes muy acogido, cómodo y seguro.

En casa

Imagina que estás cómodamente relajado en un sofá de tu casa, o en tu cama. Mientras permaneces recostado, realizas algunas respiraciones profundas, abdominales, y dejas de lado todas las preocupaciones e inquietudes del día. El espacio está en silencio y no hay distracciones. El teléfono está apagado y no tienes ninguna obligación de hacer nada. Aunque puede haber más personas en otro lugar de la casa, saben que deben dejarte en paz. Te sientes bien por poder relajarte, descansar y dejar que tu cuerpo y tu mente empiecen a desacelerarse. Puedes sentir que todo tu cuerpo empieza a relajarse. A medida que sigues descansando y relajándote, te encuentras cada vez más profundamente cómodo y a gusto. En este lugar tranquilo, te sientes muy seguro y en paz.

Date cuenta de que estas escenas se describen en un lenguaje que apela a los sentidos de la vista, el oído, el tacto y el olfato. El uso de palabras multisensoriales aumenta el poder de la escena para incitarte a que la experimentes como si estuvieras realmente allí. El objetivo de imaginar una escena apacible es transportarte desde tu estado habitual de agitación mental a un estado alterado de relajación profunda.

EJERCICIO

Usa una hoja de papel para diseñar tu propia escena apacible. Asegúrate de describirla con gran detalle, apelando a todos los sentidos que te sea posible. Te puede ser útil responder a las siguientes preguntas:

- ¿Cómo es la escena?
- ¿Qué colores predominan?

- ¿Qué sonidos están presentes?
- ¿Qué hora del día es?
- ¿Qué temperatura hace?
- ¿Qué estás tocando o con qué estás en contacto físico en la escena?
- ¿A qué huele el aire?
- ¿Estás solo o con alguien más?

Al igual que con la relajación muscular progresiva o la pasiva, tal vez desees grabar tu escena apacible para poder evocarla sin esfuerzo. Puede ser una buena idea grabarla a continuación de las instrucciones para la relajación muscular. Puedes utilizar el siguiente guion para introducir tu escena apacible cuando hagas tu propia grabación (los tres puntos indican pausas más cortas):

Piensa tan solo en relajar cada músculo del cuerpo, desde la parte superior de la cabeza hasta la punta de los dedos de los pies. (Pausa).

Al exhalar, imagina que liberas cualquier tensión que quede en tu cuerpo, mente o pensamientos;… sencillamente, permite que ese estrés se vaya. (Pausa).

Con cada inhalación, siente cómo tu cuerpo se hunde cada vez más,… cada vez más, hasta quedar totalmente relajado. (Pausa).

Ahora, imagina que vas a tu escena apacible… Imagina tu lugar especial tan vívidamente como te sea posible, como si estuvieras realmente allí. [Incluye aquí tu escena apacible].

Te sientes muy cómodo en ese hermoso lugar, y no hay nadie que te moleste… Este es el lugar más tranquilo del mundo para ti… Imagínate allí, sintiendo cómo una sensación de paz y bienestar fluye a través de ti. Disfruta de estas sensaciones positivas;… permite que se hagan cada vez más fuertes. (Pausa).

Recuerda: siempre que lo desees, puedes volver a este lugar especial. Basta con que dediques un tiempo a relajarte. (Pausa).

Estas sensaciones apacibles y positivas de relajación pueden hacerse más y más fuertes cada vez que eliges relajarte.

Una vez que hayas imaginado tu propia escena apacible ideal, practica regresar a ella cada vez que lleves a cabo la relajación muscular progresiva, la respiración profunda o cualquier otra técnica de relajación. Esto te ayudará a consolidar la escena en tu mente. Después de un tiempo se establecerá tan sólidamente que serás capaz de volver a ella en el calor del momento, siempre que lo desees, para calmarte y salir del pensamiento ansioso. Esta técnica es una de las herramientas más rápidas y eficaces que puedes utilizar para contrarrestar la ansiedad o el estrés continuos durante el día. Visualizar una escena apacible es también una parte importante de la exposición imaginaria, un proceso para superar fobias que se describe en el capítulo 7.

VISUALIZACIÓN GUIADA

A muchas personas les gusta escuchar visualizaciones guiadas con el objetivo de relajarse. Como en el caso de la relajación muscular pasiva, no se requiere ningún esfuerzo. Se trata sencillamente de recostarse, cerrar los ojos y escuchar un CD o un archivo MP3 entre veinte y treinta minutos, preferiblemente a la misma hora cada día. Sigue las directrices para la práctica de cualquier forma de relajación profunda de las que se han ofrecido anteriormente en este capítulo. Consulta las «Directrices para practicar la relajación muscular progresiva (o cualquier forma de relajación profunda)».

Hay muchos sitios web donde pueden obtenerse visualizaciones relajantes. Algunos de los más populares son www.drmiller.com y www.soundstrue.com (en inglés), o se puede hacer una búsqueda de «CD de relajación» en Amazon. Es una buena idea que compres al menos dos o tres CD de relajación distintos para ver cuál es más apropiado para ti.

MEDITACIÓN

Desde el momento en que nos despertamos hasta que nos acostamos, la mayoría de nosotros estamos implicados casi de continuo en actividades externas. Tendemos a estar solo mínimamente en contacto con nuestros sentimientos y nuestra conciencia. Incluso cuando retiramos los sentidos y nos quedamos dormidos por la noche, por lo general experimentamos una mezcla de recuerdos, fantasías, pensamientos y sentimientos relacionados con el día que acaba de transcurrir o con el siguiente. Rara vez podemos ir más allá de todo esto y experimentarnos a nosotros mismos «solo estando» en el momento presente. Para muchas personas de la sociedad occidental, de hecho, la idea de no hacer nada, o solamente ser, es difícil de comprender.

La meditación puede llevarte a este lugar donde sencillamente *eres*. Es el proceso que te permite detenerte por completo, dejar de lado los pensamientos sobre el pasado o el futuro inmediatos y únicamente centrarte en estar en el aquí y ahora. Puede ser útil practicar esta disciplina cuando encuentres que tu mente está acelerada o demasiado ocupada. (Para una visión en detalle de la meditación, como técnica de relajación y como estrategia general para hacer frente a la ansiedad, véase el capítulo 18).

YOGA

La palabra *yoga* significa 'uncir' o 'unificar'. Por definición, el yoga tiene que ver con fomentar la unidad de mente, cuerpo y espíritu. Aunque en Occidente se suele considerar como una serie de ejercicios de estiramiento, en realidad abarca una amplia filosofía de vida y un elaborado sistema para la transformación personal. Este sistema incluye preceptos éticos, una dieta vegetariana, los famosos estiramientos o posturas, prácticas específicas para dirigir y controlar la respiración, prácticas de concentración y la meditación profunda. Fue originalmente diseñado por el filósofo Patanjali en el siglo II antes de Cristo y todavía se practica en todo el mundo a día de hoy.

Las posturas de yoga, por sí mismas, proporcionan un medio muy eficaz para mejorar el estado físico, la flexibilidad y la relajación. Se pueden practicar solo o en grupo. Mucha gente encuentra que el yoga aumenta la energía y la vitalidad, a la vez que calma la mente. Puede compararse con la relajación muscular progresiva, ya que implica mantener el cuerpo en ciertas posiciones flexionadas durante unos momentos y después relajar. Tanto el yoga como la relajación muscular progresiva conducen a la relajación. Sin embargo, algunas personas encuentran que el yoga es más eficaz a la hora de liberar la energía bloqueada. Parece conseguir que la energía se mueva arriba y abajo de la columna vertebral y por todo el cuerpo de una manera que no es tan fácil lograr con la relajación muscular progresiva. Al igual que el ejercicio vigoroso, el yoga promueve directamente la integración entre la mente y el cuerpo. Sin embargo, en muchos aspectos, es más específico. Cada postura refleja una actitud mental: puede ser una actitud de rendición –como en ciertas posturas de flexión hacia delante– o de fortalecer la voluntad –como en las posturas de flexión hacia atrás–. Al hacer hincapié en ciertos movimientos y posturas de yoga, puedes cultivar determinadas cualidades positivas o pasar a través de patrones negativos, restrictivos, basados en la personalidad. Hay toda una escuela de yoga terapéutico que utiliza esta disciplina como una metodología para abordar y trabajar con los problemas de personalidad.

Si no se imparten clases de yoga en tu barrio, intenta trabajar con un vídeo o DVD de yoga en casa. La popular revista *Yoga Journal* ofrece muchos vídeos excelentes.

MÚSICA RELAJANTE

La música se ha llamado a menudo el lenguaje del alma. Parece que toca algo profundo dentro de nosotros. Puede llevarte a espacios interiores que están más allá de tu ansiedad y preocupaciones. La música relajante puede ayudarte a asentarte en un espacio de serenidad en lo profundo que es impermeable a las tensiones y problemas de la vida cotidiana. También puede sacarte de un estado de ánimo depresivo. Tanto si la utilizas como herramienta importante cuando dedicas tiempo a relajarte como si la empleas mientras conduces o como telón de fondo en el trabajo, es uno de los métodos más potentes y consagrados por el tiempo para soltar la ansiedad o la preocupación. Si utilizas la música para calmar la ansiedad, asegúrate de seleccionar piezas que sean realmente relajantes en lugar de estimulantes o emocionalmente evocadoras.

Tu dispositivo portátil es particularmente útil por la noche si te pones los cascos, con el fin de no molestar a las personas de tu alrededor. Puedes encontrar música que constituya un telón de fondo que te ayude con la práctica de las técnicas de relajación, como la relajación muscular progresiva o las visualizaciones guiadas.

ALGUNOS OBSTÁCULOS HABITUALES AL PROGRAMA DIARIO DE RELAJACIÓN PROFUNDA

Puedes encontrarte con distintos tipos de dificultades al tratar de practicar cualquier tipo de relajación profunda de manera asidua. Puedes comenzar con entusiasmo, reservándote un tiempo para practicar todos los días. Sin embargo, después de una semana por ejemplo, puede ser que te encuentres con que te «olvidas» de practicar. En una sociedad de ritmo acelerado que nos recompensa por nuestra velocidad, eficiencia y productividad, es difícil parar todo y no hacer más que relajarse durante un lapso de tiempo de entre veinte y treinta minutos. Estamos tan acostumbrados a «hacer» que nos puede costar limitarnos a «ser».

Si ves que has quebrantado tu compromiso personal de practicar la relajación profunda a diario, tómate tiempo para examinar con mucho cuidado lo que *te dices a ti mismo* —qué excusas te pones— los días en que no te relajas. Si sencillamente «no tienes ganas», por lo general hay una razón más específica para sentirte de esa manera que puedes encontrar al examinar lo que te dices a ti mismo.

Algunas excusas habituales para no practicar son las siguientes:

▸ «No tengo tiempo para relajarme».

Lo que esto significa, por lo general, es que no le has dado suficiente prioridad a la relajación entre las otras actividades con las que has abarrotado tu horario.

▸ «No tengo ningún lugar donde relajarme».

En ese caso, intenta crearlo. Puedes dejar que los niños vean su programa de televisión favorito o se diviertan con sus juguetes predilectos mientras tú estás en otra habitación, después de darles la instrucción de que no te interrumpan. Si los niños y tú contáis con una sola habitación, o si son demasiado pequeños para respetar tu privacidad, necesitas practicar en un momento en que estén fuera de casa o durmiendo. La recomendación es la misma si tienes un cónyuge exigente.

▸ «Los ejercicios de relajación parecen demasiado lentos o aburridos».

Si te pones esta excusa, es una buena muestra de que estás demasiado acelerado, de que te conduces demasiado frenéticamente por la vida. Reduce la velocidad; te hará bien.

▸ «Siento aún mayor ansiedad cuando me relajo».

A algunos individuos, la relajación profunda puede hacerles aflorar sentimientos retenidos, que a menudo van acompañados de sensaciones de ansiedad. Si este es tu caso, asegúrate de comenzar con períodos relativamente cortos de relajación y haz que estos sean progresivamente más largos. En el momento en que empieces a sentir ansiedad, abre los ojos y deja lo que estés practicando hasta que te sientas mejor. Con tiempo y paciencia, este problema en particular debería atenuarse. Si no lo hace, sería útil que consultases con un terapeuta profesional experto en el tratamiento de los trastornos de ansiedad para que te ayudase a llevar mejor la relajación.

- «No soy lo suficientemente disciplinado».

A menudo, esto significa que no has persistido con la práctica de la relajación el tiempo suficiente para interiorizarla como un hábito. Puedes haberte dicho cosas similares a ti mismo en el pasado cuando estabas tratando de adquirir una nueva conducta. Cepillarte los dientes no empezó siendo algo natural para ti cuando comenzaste; requirió algún tiempo y disciplina llegar al punto en que se convirtió en un hábito. Si llevas a cabo el esfuerzo de practicar la relajación profunda de cinco a siete días por semana durante al menos un mes, es probable que llegue a estar tan arraigada en ti que no tengas que volver a pensar en hacerla –sencillamente, realizarás la práctica de forma automática.

Practicar la relajación profunda es más que aprender una técnica: se trata de hacer un cambio fundamental en tu actitud y tu estilo de vida. Requiere que tengas la voluntad de dar prioridad a tu salud y a tu paz mental sobre las otras cuestiones que reclaman urgentemente tu atención: la productividad, los logros, el dinero o el estatus.

TIEMPO LIBRE Y GESTIÓN DEL TIEMPO

Este capítulo sobre la relajación no estaría completo si no habláramos del tiempo libre y de la gestión del tiempo. De hecho, apreciar y poner en práctica plenamente estas ideas en tu vida es *lo más importante que puedes hacer si deseas lograr llevar un estilo de vida más relajado*.

Se puede practicar la relajación muscular profunda o la meditación cada día y sentir un agradable respiro durante veinte o treinta minutos. Estas prácticas pueden, definitivamente, mejorar tu sensación general de relajación si las llevas a cabo con asiduidad. Sin embargo, si estás en una cinta de correr el resto del tiempo, con mucho que hacer y sin pausas en tu horario, es muy probable que sigas siendo presa del estrés y propenso a experimentar ansiedad crónica o ataques de pánico y que, en última instancia, te encamines hacia el agotamiento.

El tiempo libre

Como bien sabes, el tiempo libre es aquel que dedicas, al margen del trabajo u otras responsabilidades, a darte la oportunidad de descansar y reponer tu energía. Sin estos períodos, todo el estrés que experimentes en relación con el trabajo u otras responsabilidades tiende a volverse *acumulativo*. Cada vez tienes más, y no remite. Sigues esforzándote, hasta que finalmente caes víctima del agotamiento o experimentas un agravamiento de tu ansiedad o tus fobias. El sueño nocturno no cuenta como tiempo de inactividad (como una forma de tiempo libre). Si te acuestas con estrés, puedes dormir durante ocho horas y aun así despertarte sintiéndote tenso, cansado

La relajación

y estresado. El tiempo libre debe programarse durante el día, al margen del sueño. Su objetivo principal es permitir una pausa en el ciclo del estrés, para evitar que este se convierta en acumulativo. Te recomiendo que te otorgues los siguientes períodos de tiempo libre:

- Una hora al día.
- Un día a la semana.
- Una semana de cada doce o dieciséis semanas.

Si no cuentas con cuatro semanas de vacaciones pagadas al año, estate dispuesto a tomarte ese tiempo libre sin percibir sueldo. Durante estos períodos de tiempo libre, desengánchate de cualquier tarea que consideres trabajo, deja a un lado todas las responsabilidades y no contestes el teléfono a menos que se trate de alguien de quien te guste tener noticias.

Hay tres tipos de tiempo libre. Cada uno de ellos ocupa un lugar importante en el desarrollo de un estilo de vida más relajado: el tiempo de descanso, el tiempo de recreo y el tiempo para las relaciones. Es importante que consigas suficiente tiempo libre para los tres. A menudo, el tiempo de recreo y el de las relaciones pueden combinarse; sin embargo, es importante utilizar el de descanso para eso y nada más.

El **TIEMPO DE DESCANSO** es aquel en que dejas de lado todas las actividades y sencillamente te permites *ser*. Dejas de estar activo y te permites descansar plenamente. El tiempo de descanso puede consistir en tumbarte en el sofá y no hacer nada, meditar en silencio, sentarte en tu sillón reclinable y escuchar una música relajante, sumergirte en un *jacuzzi* o hacer una siesta en medio de la jornada laboral. La clave del tiempo de descanso es que es fundamentalmente pasivo –te permites dejar de hacer y cumplir objetivos y te limitas a ser–. La sociedad contemporánea nos anima a todos a que seamos productivos y siempre cumplamos con más y más a cada momento de la vigilia. El tiempo de descanso es un contrapunto necesario. Cuando estás sometido al estrés, es óptimo que goces de una hora de descanso al día, distinta del tiempo de sueño.

El **TIEMPO DE RECREO** implica participar en actividades que te ayudan a «re-crearte», es decir, te sirven para reponer la energía. El tiempo de recreo ilumina y eleva el espíritu. En esencia, consiste en hacer todo aquello que experimentas como diversión o juego. Ejemplos de tales actividades pueden ser arreglar el jardín, leer una novela, ver una película especial, ir de excursión, jugar al voleibol, hacer un viaje corto, hornear una barra de pan o ir de pesca. El tiempo de recreo se puede gozar durante la semana laboral, y es de lo más importante que cuentes con días libres. Este tiempo puedes pasarlo solo o con otra persona, en cuyo caso se superpone con el tercer tipo de tiempo libre.

El **TIEMPO PARA LAS RELACIONES** es el tiempo en que dejas de lado tus metas y responsabilidades particulares con el fin de disfrutar de estar con otra persona –o, en algunos casos, con varias personas–. El enfoque del tiempo para las relaciones es que honres la relación con tu pareja, hijos, otros familiares, amigos, mascotas, etc., y te olvides de tus ocupaciones individuales durante un tiempo. Si tienes familia, el tiempo para las relaciones tiene que repartirse de manera equitativa entre el tiempo a solas con tu cónyuge, el tiempo a solas con tus hijos y el tiempo en que toda la familia se reúne. Si estás soltero pero tienes pareja, debes repartir juiciosamente el tiempo que pasas con tu pareja y el que pasas con los amigos.

Al reducir el ritmo y encontrar tiempo para estar con los demás, es menos probable que descuides tus necesidades básicas de gozar de intimidad, contacto, afecto, aprobación, apoyo, etc. (véase el apartado «Tus necesidades básicas», en el capítulo 14). Satisfacer estas necesidades básicas es absolutamente vital para el bienestar. Si no dedicas el tiempo suficiente a las relaciones importantes, seguramente vas a sufrir –y las personas que más te importan y con las que tienes lazos, también.

¿Cómo puedes conseguir más tiempo libre (de los tres tipos) en tu vida? Un prerrequisito importante es superar la adicción al trabajo. La adicción al trabajo es un trastorno por el cual el trabajo es lo único que proporciona una sensación de satisfacción interior y autoestima. La persona dedica todo su tiempo y energía al trabajo, descuidando tanto sus necesidades físicas como las emocionales. La adicción al trabajo describe una forma de vida desequilibrada que a menudo conduce, primero, al estrés crónico, a continuación al agotamiento y en última instancia a una enfermedad grave.

Si eres adicto al trabajo, es posible *aprender* a disfrutar de los aspectos no laborales de la vida, como se mencionó anteriormente, y lograr un enfoque más equilibrado en general. Conseguir tiempo para el descanso, el ocio y las relaciones puede ser difícil al principio, pero tiende a ser cada vez más fácil y gratificante.

Otro paso importante es *estar dispuesto a hacer menos*. Es decir, que, literalmente, reduces el número de tareas y responsabilidades que manejas en el día a día. En algunos casos, esto puede implicar cambiar de trabajo; en otros, puede significar solamente una reestructuración de la forma de asignarle tiempo al trabajo en relación con el descanso y la relajación. Para algunas personas, esto se traduce en la decisión fundamental de que ganar dinero sea menos importante y que, en cambio, lo sea más llevar un estilo de vida más equilibrado. Antes de pensar en dejar tu trabajo actual, sin embargo, reflexiona sobre cómo puedes cambiar tus valores en el sentido de poner más énfasis en el *proceso* de la vida («cómo» vives) y menos en los logros y la productividad («lo» que haces) dentro de tus actuales condiciones de vida.

EJERCICIO

Dedica unos instantes a reflexionar sobre cómo puedes destinar más tiempo a cada uno de los tres tipos de tiempo libre que te he presentado. Escribe tus respuestas a continuación.

Tiempo de descanso:

Tiempo de recreo:

Tiempo para las relaciones:

Gestión del tiempo

Una habilidad muy importante que necesitas tener si quieres gozar de más tiempo fuera del trabajo y las responsabilidades es la de gestionar bien el tiempo. La gestión del tiempo hace referencia a la forma en que organizas o estructuras tus actividades diarias. Una gestión del tiempo ineficaz puede conducir al estrés, la ansiedad, el agotamiento y, finalmente, la enfermedad. Una gestión eficaz del tiempo, por el contrario, te permite dedicarte más a los tres tipos de tiempo libre antes descritos: el descanso, el recreo y las relaciones.

Desarrollar buenas habilidades de gestión del tiempo puede requerir renunciar a algunos hábitos arraigados. ¿Te reconoces en alguna de las siguientes tendencias? Márcalas:

- ❏ «Tiendo a subestimar la cantidad de tiempo necesario para completar una actividad o tarea. En el momento en que termino, constato que le he dedicado tiempo que necesitaba para otra cosa».
- ❏ «Tiendo a querer hacer demasiadas cosas en muy poco tiempo. Como resultado, termino corriendo».
- ❏ «Me resulta difícil dejar algo en lo que estoy involucrado. Así que acabo por no darme el tiempo suficiente para realizar (o completar) la siguiente actividad que tengo que llevar a cabo».
- ❏ «Tengo dificultades para priorizar las actividades –para conseguir realizar las más esenciales antes de atender las menos importantes».
- ❏ «Tengo dificultades para delegar tareas no esenciales a los demás, incluso cuando es posible hacerlo».

Si marcaste cualquiera de las afirmaciones anteriores como verdadera, puede resultarte útil aprender y cultivar habilidades de gestión del tiempo que sean efectivas.

Las competencias que se describen a continuación –establecer prioridades, delegar, permitir prórrogas, soltar el perfeccionismo, superar las dilaciones y decir no– pueden ayudarte a trabajar a favor del tiempo, y no en su contra.

Establecer prioridades

Establecer prioridades significa aprender a discriminar entre las tareas o actividades que son esenciales y las que no lo son. Atiendes lo que es más importante y pones todo lo demás en espera, o bien delegas tareas a otras personas (más adelante se habla de ello).

Puede ser que te resulte útil dividir tus tareas y responsabilidades diarias en tres categorías: *esenciales*, *importantes* y *menos importantes* o triviales. Las tareas o actividades *esenciales* son aquellas que requieren atención inmediata: es absolutamente necesario llevarlas a cabo –por ejemplo, llevar a los niños a la escuela–. También pueden ser actividades que son muy importantes para ti, tales como el ejercicio físico, si estás trabajando en la reducción de la ansiedad. Las tareas y actividades *importantes* son las que tienen un valor significativo pero se pueden posponer durante un tiempo limitado, tales como invertir tiempo de calidad en la relación personal con tu cónyuge o pareja. Sin embargo, las tareas importantes no se pueden aplazar demasiado. Las tareas *menos importantes* o triviales se pueden posponer durante mucho tiempo sin riesgos graves, o se pueden delegar en otros (tareas como llevar la pila de periódicos guardados en el garaje al centro de reciclaje o borrar fotos que ya no quieres conservar en tu ordenador).

Puede ser que te resulte útil, tal vez tan pronto como acabes de levantarte por la mañana, categorizar las tareas que debes afrontar como *esenciales*, *importantes* o *menos importantes*. Divide una hoja de papel en tres columnas y escríbelo todo. A continuación, empieza con las tareas que están en las columnas *esencial* e *importante*. Solo pasa a la categoría *menos importante* cuando hayas terminado con todas las tareas presentes en las dos primeras columnas. En general, te aconsejaría posponer todas las tareas de la columna *menos importante* a favor de darte más tiempo libre.

Si te tomas en serio lo de lograr llevar un estilo de vida más relajado, tendrás que poner el tiempo libre –el tiempo para el descanso, el recreo y las relaciones– en la categoría *esencial*. Cuando el tiempo libre se convierta en un componente habitual y de alta prioridad en tu horario –algo que te niegues a posponer–, comenzarás a llevar un ritmo más cómodo y tranquilo. Como resultado, te sentirás menos estresado y más capaz de dormir y de disfrutar de ti mismo en general. Hacer que el tiempo libre sea esencial requiere renunciar a las adicciones al trabajo, al logro externo y al éxito, así como dejar de lado el perfeccionismo.

También es posible que quieras incluir en la columna *esencial* aquellas actividades que contribuyan a que puedas lograr el cumplimiento de tus ideales y objetivos de vida a largo plazo, que tienden a quedarse ahí en el caso de la mayoría de las personas –postergados hasta un futuro distante–, *a menos* que dediques tiempo a hacer algo en aras de su consecución en el presente, paso a paso.

Delegar

La habilidad de delegar significa estar dispuesto a dejar que otra persona se ocupe de una tarea o actividad que es poco prioritaria para ti, o que es importante pero no tienes que realizar personalmente. Al delegar, liberas más tiempo para esas tareas que son esenciales y requieren que te ocupes tú personalmente. A menudo, delegar significa pagar a alguien para que haga lo que podrías hacer tú mismo si tuvieras tiempo ilimitado: limpiar la casa, lavar el coche, cocinar, cuidar de los niños, efectuar reparaciones básicas, etc. En otras ocasiones, delegar significa distribuir las tareas equitativamente entre los miembros de la familia: tu cónyuge y los niños hacen la parte de las tareas del hogar que en justicia les corresponden. Una clave para delegar es la disposición a confiar en las capacidades de los demás; renuncias a la idea de que solo tú puedes hacerlo bien y estás dispuesto a confiar la responsabilidad de una tarea a otra persona.

Permitir prórrogas

Un problema habitual en la gestión del tiempo es subestimar la cantidad de tiempo necesaria para completar una tarea. El resultado es que terminas corriendo para tratar de conseguir acabar algo, o bien le dedicas a eso un tiempo extra que interfiere en el tiempo que necesitabas para la siguiente actividad que tenías agendada. Por regla general, resulta útil prever un poco más de tiempo del esperable para cada actividad. Es mejor equivocarse a favor de sobrestimar el tiempo requerido para una tarea y poder disponer de más tiempo para proceder de manera pausada a la siguiente actividad que hacer lo contrario.

Un requisito importante para permitirse las prórrogas es estar *dispuesto a hacer menos cosas* —es decir, no querer incluir tantas tareas o actividades en un marco de tiempo dado—. Esto puede ser muy difícil para las personas adictas a su propia adrenalina, que parecen obtener una cierta euforia y satisfacción del hecho de ir con prisas o sentirse ocupadas. Sin embargo, permitirse más tiempo para hacer las tareas ofrece la enorme recompensa de poder continuar con las actividades del día a un ritmo más cómodo y relajado. Hacer esto te ahorrará mucho estrés.

Soltar el perfeccionismo

El perfeccionismo significa, esencialmente, poner demasiado alto el listón de las propias normas y expectativas. No hay lugar para los inevitables errores, frustraciones, retrasos y limitaciones que se presentan en el proceso de trabajar en aras de cualquier meta. El perfeccionismo puede mantenerte en la «cinta de correr» del exceso de trabajo o la dedicación exagerada, hasta el punto de que no te permites dedicar tiempo a tus propias necesidades. Soltar el perfeccionismo requiere un cambio fundamental de actitud. Pasa a estar bien el hecho de hacerlo lo mejor posible, cometer algunos errores en el camino y aceptar los resultados que obtengas, aunque tus mejores esfuerzos se queden cortos. También implica aprender a reírse de vez en cuando en lugar de desesperarse por las limitaciones inherentes a la existencia humana. (Para un tratamiento más en profundidad acerca de soltar el perfeccionismo, véase el capítulo 10).

Superar las dilaciones

Las dilaciones son siempre contraproducentes cuando uno se deja demasiado poco tiempo. Ya sea prepararse para un examen o para ir a trabajar, posponer lo inevitable nos deja agobiados y estresados al final.

Una de las razones que te inducen a demorarte puede ser que en realidad no quieras hacer lo que sea que tengas que hacer. Si este es el motivo de tu estancamiento, la solución consiste en delegar o priorizar. Si puedes delegar una tarea que no deseas realizar a otra persona, hazlo por todos los medios. Si no puedes, aborda la tarea que no quieres realizar *en primer lugar*. En otras palabras, dale prioridad por encima de las otras cosas que tengas que hacer. Prometerte a ti mismo que harás algo divertido o interesante después como recompensa por haber llevado a cabo la tarea no deseada a menudo da buenos resultados. A la hora de superar las dilaciones, la zanahoria por lo general funciona mucho mejor que el palo.

Otra razón para las demoras es el perfeccionismo. Si sientes que algo tiene que hacerse a la perfección, es posible que lo sigas postergando porque temas que no puedes hacerlo «bien». La solución aquí es lanzarte y empezar, tanto si sientes que estás listo para hacerlo bien como si no. Un principio importante que debes recordar es que *la motivación a menudo sigue al comportamiento*. El solo hecho de empezar una tarea a menudo genera la motivación para seguir adelante y completarla. Entonces es posible que te sobre el tiempo suficiente para volver atrás y rehacer o perfeccionar lo que hiciste. Si sigues estancado, sin embargo, puedes utilizar todo el tiempo necesario para hacer el tipo de trabajo que te gustaría hacer. El peor resultado es cuando no se intenta abordar la tarea en absoluto debido a que las expectativas son tan altas que es imposible dar la talla.

Decir no

Hay muchas razones por las cuales a las personas les resulta difícil decir no. Acaso quieren mostrarse siempre agradables y solícitas con la familia y los amigos, sin que importe lo que les pidan, por lo que les es difícil poner límites, incluso cuando las peticiones o necesidades de los demás son superiores a lo que son capaces de gestionar. O pueden estar tan ligadas a su trabajo que este constituya su principal fuente de identidad y sentido. Independientemente de lo exigentes y absorbentes que hayan llegado a ser las responsabilidades del trabajo, las siguen asumiendo, porque no hacerlo provocaría en ellas un sentimiento de vacío.

Para resumirlo, la dificultad a la hora de «decir no» tiene relación, por lo general, con la autoimagen. Si la imagen que tienes de ti mismo requiere que seas agradable todo el tiempo y estés siempre accesible a todos, probablemente no habrá ningún límite en cuanto a lo que los otros te pidan. Si tu trabajo es lo que eres, te será difícil decir que no a las exigencias laborales con el fin de conseguir tiempo para atender tus necesidades personales.

Aprender a decir que no requiere la voluntad de renunciar a las queridas creencias que tienes sobre ti mismo —lo que puede ser una de las cosas más difíciles para cualquiera—. Esto puede implicar expandir tu identidad más allá de cuidar de los demás, o atender los negocios, y aprender a tomarte el tiempo que necesitas para cuidarte y atender tus propias necesidades. Significa aceptar la realidad de que cuidar de ti mismo, incluso a expensas de lo que haces por los demás, *no es* un comportamiento egoísta. ¿Puedes realmente dar lo mejor de ti mismo a los demás o en el trabajo si estás cansado, estresado o quemado?

En mi caso, me fue necesario llegar hasta el borde de una enfermedad grave antes de adquirir plena conciencia de la importancia de decir no. En muchos casos, la enfermedad —ya sea en forma de ataques de pánico, depresión o algún otro problema persistente— puede forzar a las personas a reevaluar la forma en que viven sus vidas. La enfermedad puede ser el catalizador que haga que reduzcan la velocidad, presten atención y aprendan a vivir de una manera más sencilla, más equilibrada.

RESUMEN DE COSAS POR HACER

1. Vuelve a leer el apartado sobre la respiración abdominal y decide con qué ejercicio de respiración deseas trabajar. Practica el ejercicio elegido cinco minutos al día durante al menos dos semanas. Hazlo durante un mes o más tiempo si quieres cambiar tu patrón de respiración de modo que dejes de respirar desde el pecho y lo hagas desde el abdomen. Usa la respiración abdominal o el ejercicio de relajación por medio de la respiración cada vez que sientas que, de pronto, los síntomas de la ansiedad comienzan a manifestarse.
2. Practica la relajación muscular progresiva o pasiva entre veinte y treinta minutos diarios (dos sesiones de práctica al día es aún más recomendable) durante al menos dos semanas. Graba las prácticas (o pídele a alguien que las grabe con su voz) para poder seguirlas sin esfuerzo. Con el tiempo, memorizarás las instrucciones y podrás prescindir del audio.
3. Visualízate en una escena apacible tras la relajación muscular progresiva o pasiva. Puede ser útil grabar una descripción detallada de la escena después de las instrucciones grabadas para la relajación muscular. Trata de sentirte en la escena apacible (a la vez que realizas la respiración abdominal) en esos momentos del día en que te sobrevenga la ansiedad.
4. Después de practicar la relajación muscular durante al menos dos semanas, es posible que disfrutes tanto de sus beneficios que decidas adoptarla como tu técnica de relajación profunda preferida. Otra opción es aprender a meditar. *El tipo de técnica de relajación que utilices es menos importante que tu voluntad y tu compromiso de practicar algún método de relajación profunda a diario.*

5. Si encuentras dificultades para mantener tu compromiso de practicar la relajación profunda a largo plazo, vuelve a leer el apartado titulado «Algunos obstáculos habituales al programa diario de relajación profunda».
6. Toma en consideración lo que se dice en el apartado «Tiempo libre y gestión del tiempo». ¿Necesitas dedicar más tiempo al descanso, la relajación y las relaciones personales? ¿Qué cambios tienes que efectuar en tu horario diario para lograrlo? Piensa en al menos un cambio que podrías hacer, a partir de esta semana. ¿Estás dispuesto a comprometerte a ello?

PARA SABER MÁS

Benson, Herbert. *Beyond the Relaxation Response.* Berkley Books. Nueva York, 1985.

———. *The Relaxation Response*. Actualizado y ampliado. Quill. Nueva York, 2001.

Davis, Martha, Elizabeth Robbins Eshelman y Matthew McKay. *The Relaxation & Stress Reduction Workbook.* Sexta edición. New Harbinger Publications. Oakland (California), 2008.

Harp, David y Nina Smiley. *The Three-Minute Meditator*. Quinta edición. New Harbinger Publications. Oakland (California), 2007.

Jacobson, Edmund. *Progressive Relaxation*. University of Chicago Press. Chicago, 1965.

Kabat-Zinn, Jon. *Mindfulness en la vida cotidiana: donde quiera que vayas, ahí estás*. Paidós Ibérica. Barcelona, 2009.

Lakein, Alan. *Cómo tomar el control de tu tiempo y de tu vida*. VS Ediciones. Elche (Alicante), 2000.

Mason, John. *Guide to Stress Reduction*. Celestial Arts. Berkeley (California), 1985. (Este libro, en inglés, es especialmente recomendable como un buen recurso para guiones de relajación que puede grabarse uno mismo).

5
El ejercicio físico

Uno de los métodos más potentes y eficaces para mitigar la ansiedad generalizada y superar la predisposición a los ataques de pánico es un programa de ejercicio asiduo y vigoroso. Se sufren ataques de pánico cuando la reacción natural de lucha o huida del cuerpo —el aumento súbito de adrenalina que surge en respuesta a una amenaza real— pasa a ser excesiva o se produce fuera de contexto. El ejercicio es una salida natural para el cuerpo cuando se encuentra en el modo de lucha o huida. La mayoría de mis pacientes que han emprendido un programa de ejercicio asiduo son menos vulnerables a los ataques de pánico y, si los tienen, son menos graves. El ejercicio asiduo también mitiga la tendencia a experimentar ansiedad anticipatoria en relación con situaciones fóbicas y acelera la recuperación respecto a todo tipo de fobias, desde el miedo a hablar en público hasta el miedo a estar solo.

El ejercicio asiduo tiene un impacto directo en varios factores fisiológicos que subyacen a la ansiedad. Sus efectos son los siguientes:

- *Menor tensión en los músculos esqueléticos*, que es en gran parte responsable de las sensaciones de estar tenso o «agarrotado».
- *Metabolización más rápida del exceso de adrenalina y tiroxina* en la sangre, cuya presencia tiende a mantener a la persona en un estado de excitación y alerta.
- *Descarga de la frustración contenida*, la cual puede agravar las reacciones fóbicas o de pánico.

Algunos de los beneficios fisiológicos generales del ejercicio son estos:

- Mayor oxigenación de la sangre y el cerebro, lo que incrementa el estado de alerta y concentración.
- Mayor producción de endorfinas —sustancias naturales que se asemejan a la morfina, tanto químicamente como en sus efectos: aumentan la sensación de bienestar.
- Reducción del pH (incremento de la acidez) de la sangre, lo que proporciona una mayor energía.
- Mejora de la circulación.
- Mejora de la digestión y la metabolización de los alimentos.
- Mejora de la eliminación (por la piel, los pulmones y los intestinos).
- Reducción de los niveles de colesterol.
- Menor tensión arterial.
- Pérdida de peso, a la vez que se reduce el apetito, en muchos casos.
- Mejora de la regulación del azúcar en sangre (en caso de hipoglucemia).

Varios beneficios psicológicos acompañan a estas mejoras físicas:

- Aumento de las sensaciones subjetivas de bienestar.
- Reducción de la dependencia respecto del alcohol y los fármacos.
- Menos insomnio.
- Mejora de la concentración y la memoria.
- Reducción de la depresión.
- Aumento de la autoestima.
- Mayor sensación de control sobre la ansiedad.

SÍNTOMAS DE ESTAR EN BAJA FORMA

¿Cómo saber que se está en baja forma y se necesita hacer ejercicio? Estos son algunos de los síntomas más habituales:

- Quedarse sin aliento después de subir un tramo de escaleras.
- Necesitar mucho tiempo para recuperarse después de subir un tramo de escaleras.
- Sentirse agotado tras períodos cortos de ejercicio.
- Experimentar tensión muscular crónica.
- Tener un tono muscular deficiente.
- Padecer obesidad.
- Tener calambres y dolores musculares durante días después de participar en un deporte.
- Padecer cansancio general, letargo, aburrimiento.

El ejercicio físico

TU CONDICIÓN FÍSICA

La hoja de trabajo que sigue a continuación puede ayudarte a evaluar tu estado de forma o condición física. Piensa en la actividad física más vigorosa que practicas en una *semana promedio*. Cuando hayas respondido las preguntas, calcula la puntuación respecto a tu condición física y evalúa tu estado de forma física.

Intensidad	Frecuencia	Duración
¿Cómo de enérgico es tu ejercicio semanal?	¿Cuántas veces por semana haces ejercicio?	¿Durante cuánto tiempo haces ejercicio en cada ocasión?
Fuerte = 5 puntos (pedalear rápido, correr, baile aeróbico)	3 veces o más = 5 puntos	De 21 minutos a 1 hora = 5 puntos
Moderado = 3 puntos (*footing*, ir en bicicleta, caminar muy deprisa)	1 o 2 veces = 2 puntos	De 11 a 20 minutos = 3 puntos
Ligero = 1 punto (golf, pasear, la mayor parte de las tareas del hogar)	Ninguna = 0 puntos	10 minutos o menos = 1 punto

Suma tu puntuación: _____ + _____ + _____ = _____ Total

Puntuación total	Condición física	Acción recomendada
13 a 15	Muy buena	¡Felicidades! Mantén tu actual nivel de actividad
8 a 12	Normal	Eres moderadamente sedentario y deberías aumentar tu nivel de actividad
7 o menos	Deficiente	¡Empieza a elaborar un programa de ejercicio ahora!

Una forma alternativa de evaluar tu condición física es medir *la frecuencia de tu pulso en reposo* —la cantidad media de latidos por minuto que tienes cuando estás en reposo—. Por regla general, un pulso en reposo de 80 o superior sugiere que puedes, definitivamente, mejorar tu condición física. Un pulso en reposo de 70 a 80 sugiere que *es posible* que necesites hacer más ejercicio. Si sigues un programa de ejercicio físico y tu pulso medio, en reposo, está por debajo de 70, es probable que estés en buena forma. Para medirte el pulso, relájate, después toma nota del número de pulsaciones que tienes en veinte segundos y multiplica el resultado por tres.

LA PREPARACIÓN DE UN PROGRAMA DE ACONDICIONAMIENTO FÍSICO

Si has decidido que te gustaría hacer más ejercicio, necesitas preguntarte si estás totalmente listo para llevarlo a cabo. Hay ciertas condiciones físicas que limitan la cantidad e intensidad del ejercicio que debes realizar. Si tu respuesta a cualquiera de las siguientes preguntas es *sí*, consulta con tu médico antes de comenzar cualquier programa de ejercicio; así podrá recomendarte un programa de acondicionamiento restringido o supervisado adecuado a tus necesidades.

SÍ	NO	
❏	❏	¿Te ha dicho alguna vez el médico que tienes problemas del corazón?
❏	❏	¿Sientes con frecuencia dolores en el corazón o el pecho?
❏	❏	¿Te sientes a menudo débil o mareado?
❏	❏	¿Te ha dicho alguna vez el médico que tienes un problema de huesos o articulaciones (como artritis) que se ha visto o puede verse agravado por el ejercicio?
❏	❏	¿Te ha dicho alguna vez el médico que tu presión arterial estaba demasiado alta?
❏	❏	¿Tienes diabetes?
❏	❏	¿Tienes más de cuarenta años y estás poco acostumbrado al ejercicio vigoroso?
❏	❏	¿Hay alguna razón física, que aquí no se mencione, por la que no deberías emprender un programa de ejercicio?

Si has contestado *no* a todas las preguntas anteriores, puedes estar razonablemente seguro de que estás listo para comenzar un programa de ejercicio. Empieza poco a poco y aumenta tu actividad gradualmente a lo largo de algunas semanas. Si tienes más de cuarenta años y no estás acostumbrado a hacer ejercicio, acude a tu médico para que te haga un examen físico antes de iniciar un programa de acondicionamiento.

Algunas personas se muestran reacias a hacer ejercicio debido a que el estado de excitación fisiológica que acompaña al ejercicio vigoroso les recuerda demasiado a los síntomas del pánico. Si este es tu caso, podrías comenzar caminando cuarenta y cinco minutos al día.

Otra opción es avanzar *muy gradualmente* hasta un nivel más vigoroso de ejercicio. Puedes realizar solamente dos o tres minutos de *footing* o bicicleta y luego aumentar progresivamente la duración un minuto al día, acordándote de parar cada vez que sientas la más mínima evocación del pánico (véanse las descripciones de la exposición paso por paso en los capítulos 3 y 7). También podría ser útil que contases, al principio, con una persona que practicase el ejercicio contigo. Si tienes fobia al ejercicio, un programa de exposición gradual te ayudará de la misma manera que te ayudaría con cualquier otra fobia.

DETERMINAR EL PROGRAMA DE EJERCICIOS

Hay muchos tipos de ejercicio entre los que elegir. Decidir qué tipo realizar depende de los objetivos que se tengan. Para reducir la ansiedad generalizada o la propensión a experimentar ataques de pánico, un *ejercicio aeróbico* como correr, caminar a paso ligero, montar en bicicleta al aire libre o en una bicicleta estática, nadar o practicar baile aeróbico es lo más eficaz para muchas personas. El ejercicio aeróbico requiere una actividad sostenida por parte de los músculos más grandes, reduce la tensión muscular esquelética y mejora el *acondicionamiento cardiovascular* —la capacidad del sistema circulatorio de suministrar oxígeno a los tejidos y las células con mayor eficacia—. El ejercicio aeróbico asiduo disminuye el estrés y aumenta la resistencia de quienes lo practican.

Más allá de adquirir una buena condición física aeróbica, se puede realizar este tipo de ejercicio con otros objetivos. Si el aumento de la *fuerza* muscular es importante para ti, puedes incluir el levantamiento de pesas o el ejercicio isométrico en tu programa (ahora bien, si padeces una enfermedad del corazón o has tenido una angina de pecho, probablemente no deberías levantar pesas o hacer ejercicios de musculación). Si, en cambio, tu interés es la *socialización*, el frontenis, el golf o los deportes de equipo, como el fútbol, el baloncesto o el voleibol, podrían ser lo que estás buscando. Los ejercicios basados en los estiramientos, como el yoga, son ideales para desarrollar la *flexibilidad* muscular. Si lo que quieres es *perder peso*, hacer *footing* o montar en bicicleta es probablemente lo más indicado. Si tu objetivo es *descargar agresividad y frustración*, puedes probar los deportes competitivos. Por último, si lo que deseas es solamente salir al aire libre, hacer senderismo o jardinería sería lo apropiado. El senderismo riguroso puede incrementar tanto la fuerza como la resistencia. Para más información sobre los distintos beneficios de los diferentes tipos de ejercicio, puedes consultar el libro de Covert Bailey sobre el tema *The New Fit or Fat* (también publicado, en una edición revisada, bajo el título *The Ultimate Fit or Fat*).

Muchas personas encuentran útil *variar* el tipo de ejercicio que practican. Combinaciones populares consisten en hacer un tipo de ejercicio aeróbico, como *footing* o montar en bicicleta, tres o cuatro veces a la semana y uno de socialización (como el tenis) o de musculación dos veces a la semana. Seguir un programa con dos tipos distintos de ejercicio evita que cualquiera de ellos se haga demasiado aburrido. Se describen a continuación algunos de los tipos de ejercicio aeróbico más comunes. Cada uno de ellos tiene sus ventajas y posibles inconvenientes.

Correr

Durante muchos años, correr (o hacer *footing*) ha sido la forma más popular de ejercicio aeróbico, tal vez debido a lo cómodo que es practicarlo. El único equipo que se necesita son unas zapatillas de correr, y en muchos casos basta con salir por la puerta para poder comenzar. Correr es una de las mejores formas de ejercicio para perder peso, porque permite quemar calorías con gran rapidez. Numerosos estudios han demostrado sus beneficios para la depresión, ya que eleva tanto los niveles de endorfinas como de serotonina en el cerebro. Como se mencionó anteriormente, el ejercicio de correr disminuye la ansiedad por medio de metabolizar el exceso de adrenalina y liberar la tensión muscular esquelética. Correr unos cinco kilómetros (aproximadamente durante unos treinta minutos) cuatro o cinco veces por semana puede hacer mucho para reducir la vulnerabilidad a la ansiedad. Entrénate para poder recorrer un kilómetro en seis minutos.

La desventaja de correr es que, durante un tiempo, el riesgo de sufrir lesiones puede acentuarse. En particular, si se corre sobre superficies duras, el choque constante de las articulaciones puede conducir a problemas en los pies, las rodillas o la espalda. Se puede minimizar el riesgo de padecer lesiones adoptando estas medidas:

- ▸ Obtener un calzado adecuado, que minimice los choques de las articulaciones.
- ▸ Correr en superficies blandas —preferentemente hierba, tierra, una pista o una playa de arena endurecida—. Evitar el asfalto, si es posible; el asfalto está bien si se tiene un buen calzado y no se sale a correr todos los días.
- ▸ Calentar antes de comenzar a correr. Se puede empezar haciendo uno o dos minutos de *footing* muy lento.
- ▸ Evitar salir a correr todos los días; alternarlo con otras formas de ejercicio.

Si correr al aire libre es problemático para ti debido al clima, la falta de una superficie blanda, la contaminación o el tráfico, tal vez puedas adquirir una cinta de correr. Para que el ejercicio sea menos aburrido, puedes poner la cinta delante del televisor o reproductor multimedia.

Nadar

La natación es mi forma de ejercicio favorita. Es un ejercicio especialmente bueno, ya que utiliza muchos músculos diferentes del cuerpo. Los médicos suelen recomendar la natación a las personas con problemas musculoesqueléticos, lesiones o artritis, ya que en ella el impacto sobre las articulaciones se ve reducido al mínimo. No promueve la pérdida de peso en el mismo grado que correr, pero ayuda a dar firmeza al cuerpo.

Para conseguir una buena condición física aeróbica, lo mejor es nadar en estilo libre (crol) entre veinte y treinta minutos, preferiblemente cuatro o cinco veces por semana. Para realizar un ejercicio moderado y relajante, el estilo braza es una alternativa agradable. Como regla general, lo mejor es nadar en una piscina climatizada, en que la temperatura del agua esté entre 23,9 y 26,6º C.

El principal inconveniente de la natación es que muchas piscinas están fuertemente cloradas. Esto puede ser muy irritante para los ojos, la piel o el cabello, así como para las membranas de las vías respiratorias superiores. Esto se puede contrarrestar hasta cierto punto por medio del uso de gafas de protección y tapones para la nariz. Si tienes suerte, puedes encontrar una piscina que utilice peróxido de hidrógeno u ozono en burbujas como desinfectante. Cualquiera de estas dos opciones es preferible al cloro.

Montar en bicicleta

En los últimos años, el ciclismo se ha convertido en un ejercicio aeróbico muy popular. Si bien aporta, en gran medida, los mismos beneficios que el *footing*, es menos agresivo para las articulaciones. Para que constituya realmente un ejercicio aeróbico, es necesario pedalear con fuerza —hay que ir a unos 24 kilómetros por hora, o más, en una superficie plana—. Cuando el tiempo es bueno, puede ser muy agradable montar en bicicleta, especialmente si se pedalea por un entorno bello con poco tráfico o por un carril bici. Si el tiempo no lo permite, habrá que pedalear en una bicicleta estática.

Si quieres pedalear al aire libre, tendrás que invertir en una buena bicicleta. Tal vez prefieras pedir prestada la de otra persona antes de tomar la decisión de gastar varios cientos de euros o dólares. A la hora de comprar la bicicleta, te sugiero que evites las de carreras, a menos que decidas que quieres competir. Es probable que encuentres más agradable y menos estresante sentarte en posición vertical en la bicicleta que ir encorvado. Asegúrate de que el diseño y las dimensiones de la que adquieras se corresponden bien con tu cuerpo; de lo contrario, puedes acabar teniendo problemas. Es conveniente invertir en un asiento bien acolchado.

Cuando empieces con el ciclismo, date unos meses para alcanzar los 24 kilómetros por hora como velocidad de crucero. Pedalear durante una hora tres o cuatro veces por semana es suficiente. Lleva casco y procura evitar pedalear de noche.

Clases de aeróbic

La mayoría de las clases de aeróbic consisten en estiramientos de calentamiento y ejercicios aeróbicos dirigidos por un instructor. Se realizan generalmente con música. Las clases se ofrecen por lo general en gimnasios y cuentan con varios niveles, para practicantes principiantes, de nivel medio y avanzados. Dado que algunos de los ejercicios pueden ser traumáticos para las articulaciones, es mejor tratar de encontrar clases de aeróbic «de bajo impacto». El formato estructurado de una clase de aeróbic puede ser una excelente manera de motivarte a hacer ejercicio. Si ya cuentas con la debida motivación y prefieres quedarte en casa, hay muchos buenos vídeos y DVD disponibles.

Si decides hacer ejercicios de aeróbic, asegúrate de obtener un buen calzado que te estabilice los pies, absorba los impactos y minimice las torsiones. Lo mejor es hacer estos ejercicios en una superficie de madera y evitar las alfombras y moquetas, si es posible. Entre cuarenta y cinco y sesenta minutos de ejercicio (incluido el calentamiento) de tres a cinco veces por semana son suficientes.

Caminar

Caminar tiene ventajas con respecto a todas las otras formas de ejercicio. En primer lugar, no requiere entrenamiento –ya sabes cómo hacerlo–. En segundo lugar, no precisa más equipamiento que un par de zapatos, y se puede hacer prácticamente en cualquier lugar; incluso en un centro comercial, si es necesario. En tercer lugar, el riesgo de lesiones es menor que con cualquier otro tipo de ejercicio. Por último, es la actividad de ejercicio más natural. Todos nosotros tenemos una predisposición innata a caminar; hasta que la sociedad se volvió sedentaria, era una parte normal de la vida.

Caminar para relajarse y distraerse es una cosa; hacerlo para lograr el acondicionamiento físico aeróbico es otra. Para caminar de manera aeróbica, ponte como objetivo hacerlo durante alrededor de una hora a un ritmo lo suficientemente rápido para recorrer cinco kilómetros. Caminar entre veinte y treinta minutos no resulta suficiente, en general, para obtener un acondicionamiento físico de nivel aeróbico. Si conviertes el caminar en tu forma habitual de ejercicio, hazlo cuatro o cinco veces por semana, preferiblemente al aire libre. Si sientes que caminar durante una hora a paso ligero no es suficiente como ejercicio, pruébalo llevando pesos en las manos o caminando por una zona con colinas.

Para obtener el mayor beneficio del ejercicio de caminar, es importante adoptar una buena postura. Si sientes natural permitir que los brazos se balanceen en sentido opuesto a tus zancadas, obtendrás el «acondicionamiento lateral transversal», que te ayudará a integrar los hemisferios izquierdo y derecho del cerebro. También es importante contar con un buen calzado para caminar. Busca que tenga plantillas acolchadas y un buen arco y que proporcione un apoyo firme al talón.

Una vez que puedas caminar cómodamente durante cinco o seis kilómetros sin detenerte, considera la posibilidad de hacer senderismo –de día o de noche– en parques o espacios naturales. Las caminatas al aire libre pueden ser tan revitalizadoras para el alma como lo son para el cuerpo.

¡HORA DE EMPEZAR!

Si no has estado haciendo ejercicio, es importante que no empieces muy rápido o con demasiada intensidad. Quienes lo hacen a menudo desestiman prematuramente la idea de seguir un programa de ejercicio asiduo. Se recomiendan las siguientes pautas para comenzar:

- ▸ Familiarízate gradualmente con el ejercicio. Ponte metas limitadas desde el principio, como practicar solo durante diez minutos (o hasta que te falte el aliento) cada dos días durante la primera semana. Añade cinco minutos a tu tiempo de ejercicio cada semana, hasta llegar a los treinta minutos.

- Date un período de prueba de un mes. Comprométete a seguir con tu programa durante un mes, a pesar de los dolores, pereza u otras resistencias al ejercicio. Al final del primer mes, puedes estar empezando a experimentar suficientes beneficios como para que el ejercicio te resulte motivador por sí mismo. Ten en cuenta que lograr una buena condición física partiendo de un estado de baja forma requiere entre tres y cuatro meses.

- Mantén un registro de tu práctica diaria. Utiliza el «Registro diario de ejercicios» que se ofrece a continuación para realizar un seguimiento de la fecha, hora, duración y tipo de ejercicio que te comprometerás en realizar a diario (tal vez quieras hacer fotocopias del registro diario para poder llevar el control de tu programa de ejercicio más allá del primer mes). Si haces ejercicios aeróbicos, registra tu pulso inmediatamente después de completar tu entrenamiento y anótalo bajo la columna titulada «Pulso». Asegúrate también de evaluar tu nivel de satisfacción, utilizando una escala del 1 al 10, donde 1 es igual a ninguna satisfacción en absoluto y 10 es igual a la satisfacción total con la experiencia del ejercicio. Al comenzar a ponerte en forma, tu satisfacción debería aumentar. Por último, si no llevas a cabo tu sesión de ejercicio cuando tenías planeado hacerlo, indica el motivo. Más adelante puede ser útil que reevalúes estas razones para ver si son realmente válidas o «meras excusas» (véase el apartado «Obstáculos para la implementación de un programa de ejercicios» para afrontar las resistencias al mismo).

- *Espera* experimentar algo de incomodidad al principio. Es normal sentir dolores y molestias al empezar si partes de un estado de baja forma. Las incomodidades desaparecerán a medida que tu fuerza y tu resistencia aumenten.

- Trata de concentrarte en el *proceso* del ejercicio más que en el resultado. Intenta conectar con los aspectos inherentemente agradables del ejercicio mismo. Si te gusta el *footing* o el ciclismo, te resultará de ayuda moverte por un entorno paisajístico. Centrarte en la competencia con los demás o contigo mismo tenderá a hacer que tu ansiedad y tu estrés aumenten, en lugar de disminuir.

- Gratifícate por mantener un compromiso con tu programa de ejercicio. Concédete una cena fuera de casa o un viaje de fin de semana, o cómprate nueva ropa deportiva o un nuevo equipamiento a cambio de ser fiel a tu programa durante las primeras semanas y meses.

- *Calienta*. De la misma manera que tu coche necesita calentarse antes de empezar a rodar, tu cuerpo necesita un calentamiento gradual antes de ponerlo a hacer ejercicio vigoroso. Esto es especialmente importante si tienes más de cuarenta años. Cinco minutos de calistenia o ejercicios de estiramiento suelen ser suficientes.

- Después de un ejercicio vigoroso, es importante que te des unos minutos para enfriarte. Caminar durante entre dos y tres minutos te ayudará a traer de vuelta la sangre desde los músculos periféricos hasta el resto de tu cuerpo.
- Evita hacer ejercicio dentro de los noventa minutos posteriores a una comida y no comas hasta una hora después de hacer ejercicio.
- Evita hacer ejercicio cuando te sientas enfermo o demasiado estresado (prueba a realizar una técnica de relajación profunda en su lugar).
- Deja de hacer ejercicio si experimentas cualquier síntoma corporal brusco, inexplicable.
- Si te aburre hacer ejercicio en solitario, encuentra un compañero para que vaya contigo o una forma de ejercicio que requiera de un compañero.

CÓMO OPTIMIZAR LOS EFECTOS DE REDUCCIÓN DE LA ANSIEDAD QUE TIENE EL EJERCICIO

El ejercicio debe llevarse a cabo con suficiente asiduidad, intensidad y duración para que tenga un impacto significativo sobre la ansiedad. Las siguientes normas pueden verse como objetivos hacia los que apuntar:

- Lo ideal es que el ejercicio sea *aeróbico*.
- La frecuencia óptima es *entre cuatro y cinco veces* por semana.
- La duración óptima es *entre veinte y treinta minutos* o más por sesión.
- La intensidad óptima para el ejercicio aeróbico es una frecuencia cardíaca de *(220 − tu edad) x 0,75* durante al menos diez minutos.

La siguiente tabla indica los rangos de pulso aeróbico para distintas edades:

Edad	Frecuencia cardíaca (pulso)
20-29	145-164
30-39	138-156
40-49	130-148
50-59	122-140
60-69	116-132

Evita hacer ejercicio solo una vez a la semana. Practicarlo con escasa frecuencia, por rachas, es estresante para el cuerpo y en general hace más mal que bien (caminar es una excepción).

El ejercicio físico

Registro diario de ejercicio* para _____ (mes)						
Fecha	Hora	Tipo de ejercicio	Duración	Pulso	Nivel de satisfacción	Motivo por el que no he hecho el ejercicio
* Basado en una frecuencia máxima de seis días de ejercicio a la semana.						

OBSTÁCULOS PARA LA IMPLEMENTACIÓN DE UN PROGRAMA DE EJERCICIOS

Si tienes dificultad para iniciar o sostener un programa de ejercicios, pregúntate qué excusas te estás poniendo o qué razonamientos estás haciendo. ¿Qué te estás diciendo a ti mismo que tiende a hacer que lo pospongas? Trata de llevar a cabo un registro de tus oportunidades y excusas. Utiliza el ejemplo que sigue como modelo.

Bitácora de una teleadicta

Janine tiene más de veintidós kilos de sobrepeso. Quiere adelgazar, pero también usa su peso como excusa para no hacer ejercicio. Aquí está el registro de la batalla de Janine con su estilo de vida sedentario:

Oportunidad de hacer ejercicio desaprovechada	Motivo por el cual no hice ejercicio	Qué me diré a mí misma la próxima vez
Una amiga me invita a ir a su clase de aeróbic.	Pensé en lo grotesca que se me vería con leotardos. ¿Y si mi espíritu competitivo me hacía practicar demasiado y sufría un ataque al corazón?	Encontraré una ropa cómoda y holgada que hará que no se me vean tanto los michelines. Me centraré en mi propio ritmo; si empiezo a sentirme demasiado estresada, no me dará vergüenza ir más despacio o detenerme y hacer algunos estiramientos.
Ir caminando al supermercado.	Habría tenido que cargar con muchas cosas hasta casa. Además, parecía que iba a llover.	Iré más veces a comprar, de modo que solo tenga que cargar con una bolsa cada vez. Puedo llevar una mochila para dejar libres mis manos cuando camino de regreso a casa. Ahora que lo pienso, mi paraguas plegable cabe en mi mochila (y en cualquier caso no cuesta nada llevarlo).
El club excursionista anuncia una caminata para ir a ver pájaros.	No sé el nombre de ningún pájaro. No tengo prismáticos. Puedo sufrir un ataque de pánico si tenemos que subir a un lugar elevado.	Supongo que la gente participa en estas salidas porque no saben los nombres de los pájaros, así que estaré en buena compañía. Aunque no tenga prismáticos, será conveniente para mí salir a que me dé el aire (y tal vez veremos pájaros cerca). Pero intentaré que alguien me preste sus prismáticos. Le diré a mi amigo George si quiere venir; él sabe lo de mis ataques de pánico y podrá ayudarme si empiezo a sentirme estresada.

Excusas habituales para no hacer ejercicio

He aquí una lista de excusas habituales que se pone la gente para evitar hacer ejercicio:

▸ «No tengo tiempo».
Lo que estás diciendo en realidad es que no estás dispuesto a sacar tiempo para ello. No le estás dando suficiente importancia a la mejora de tu estado de forma física, al incremento de tu bienestar y al mejor control sobre la ansiedad que podrías lograr con el ejercicio. El problema no es el tiempo, sino las prioridades que estableces.

▸ «Estoy demasiado cansado para hacer ejercicio».
Una solución es hacer ejercicio antes de ir a trabajar —o a la hora del almuerzo— en lugar de hacerlo al final del día. Si no te resulta posible, no te rindas. Muchas de las personas que no hacen ejercicio no se dan cuenta de que el ejercicio moderado les puede permitir superar la fatiga. Muchos hacen ejercicio *a pesar* de sentirse cansados y descubren que se sienten rejuvenecidos y revitalizados después. Todo será más fácil una vez que superes la pereza inicial de empezar a hacer ejercicio.

▸ «Hacer ejercicio es aburrido; no me divierto».
¿Es realmente cierto que *todas* las actividades enumeradas anteriormente son aburridas para ti? ¿Las has probado todas? Puede ser que necesites encontrar a alguien con quien hacer ejercicio con el fin de pasártelo mejor. O tal vez tienes que alternar entre dos tipos diferentes de ejercicio para estimular tu interés. El ejercicio puede comenzar a sentarte maravillosamente bien después de unos meses, cuando pases a experimentarlo como gratificante en sí mismo, aunque inicialmente lo encontraras aburrido. Si has estado pensando en hacer *footing* pero crees que puede ser demasiado aburrido, te sugiero que leas el libro *Más allá del «jogging»*, de Mike Spino.

▸ «Es demasiado problemático ir a algún lugar para hacer ejercicio».
Esto no es realmente un problema, ya que hay varias maneras de hacer ejercicio vigoroso en la comodidad del hogar. Las bicicletas estáticas se han vuelto muy populares, y pedalear en una durante veinte minutos al día constituye un buen entrenamiento. Si te parece aburrido, escucha música (tal vez con auriculares) o coloca la bicicleta frente al televisor. Por otra parte, es cómodo y divertido realizar ejercicios de aeróbic en casa si se tiene un reproductor de DVD; hay muchos programas de aeróbic de bajo impacto disponibles en este formato. Otras actividades que se pueden realizar en el hogar son saltar sobre un *minitramp*, la calistenia o usar una máquina de remo o una máquina de levantamiento de pesas con pesas ajustables. También se emiten programas para realizar ejercicio a primeras

horas de la mañana en la televisión, por no hablar de lo que puedes encontrar en Internet. Si no puedes permitirte adquirir un equipamiento deportivo, pon una música desenfrenada y baila durante veinte minutos. En resumen: es muy posible seguir un programa de ejercicio adecuado sin salir de casa.

▶ «Temo que pueda tener un ataque de pánico».
Caminar de manera enérgica todos los días durante cuarenta y cinco minutos constituye una excelente forma de ejercicio que es muy poco probable que produzca síntomas que se puedan asociar con el pánico. Si prefieres hacer algo más vigoroso, empieza con un período muy corto de dos o tres minutos de ejercicio y añade, poco a poco, un minuto cada vez. Siempre que comiences a sentirte incómodo, detente, espera hasta haberte recuperado totalmente y luego trata de completar tu tiempo de ejercicio para ese día. Los principios de la exposición gradual descritos en el capítulo 7 se pueden aplicar de manera efectiva a la fobia al ejercicio.

▶ «El ejercicio provoca una acumulación de ácido láctico; ¿no causa esto ataques de pánico?».
Es cierto que el ejercicio aumenta la producción de ácido láctico, y que este puede promover ataques de pánico en algunas personas que ya son propensas a ellos. Sin embargo, el ejercicio asiduo también incrementa la *recirculación del oxígeno* en el cuerpo —es decir, la capacidad del organismo de oxidar las sustancias que no necesita, incluido el ácido láctico—. Cualquier incremento del ácido láctico producido por el ejercicio se verá compensado por el aumento de la capacidad del cuerpo de eliminarlo. El efecto neto del ejercicio asiduo es la *reducción* general de la tendencia a acumular ácido láctico.

▶ «Tengo más de cuarenta años; soy demasiado mayor para comenzar a hacer ejercicio».
Si tienes más de cuarenta años y sientes que «ya es demasiado tarde» para ti para empezar a hacer ejercicio, puede interesarte saber que muchas de las personas elegidas para ser astronautas tienen esa misma edad. También hay corredores de maratón que *comenzaron* a correr con cincuenta y hasta sesenta años, sin haber hecho ejercicio antes. A menos que el médico aporte una razón física clara por la que no puedas hacer ejercicio, la edad no es una excusa válida. Con paciencia y persistencia, es posible adquirir una excelente forma física a casi cualquier edad.

▶ «Soy demasiado gordo y estoy en muy baja forma» o «Me temo que voy a tener un ataque al corazón si estreso mi cuerpo mediante el ejercicio vigoroso».
Si existen razones físicas que justifiquen tu preocupación de estresar tu corazón, asegúrate de diseñar tu programa de ejercicio con la ayuda de tu médico. Caminar vigorosamente es un ejercicio

seguro para prácticamente todo el mundo y es considerado por algunos médicos el ejercicio ideal, ya que rara vez causa lesiones musculares u óseas. La natación es también una apuesta segura si se está en muy baja forma o con sobrepeso. Sé sensato y realista en cuanto al programa de acondicionamiento que elijas. Lo importante es que te comprometas y seas constante, tanto si tu programa consiste en caminar durante una hora todos los días como en entrenarte para correr un maratón.

▶ «Traté de hacer ejercicio una vez y no funcionó».
La pregunta aquí es: *¿por qué* no funcionó? ¿Comenzaste demasiado vigorosa y rápidamente? ¿Te aburriste? ¿Te plantaste ante los dolores y molestias iniciales? ¿Te sentías solo haciendo ejercicio por tu cuenta? Tal vez es hora de que te des otra oportunidad de descubrir todos los beneficios físicos y psicológicos de seguir un programa de acondicionamiento.

El ejercicio asiduo es un componente esencial dentro del programa global para superar la ansiedad, el pánico y las fobias que se presenta en este libro. Si se combina con un programa asiduo de relajación profunda, se experimentará sin duda una reducción sustancial de la ansiedad generalizada y, muy probablemente, aumentará también la resistencia frente a los ataques de pánico. El ejercicio y la relajación profunda son los dos métodos *más* eficaces para modificar la predisposición hereditaria bioquímica a la ansiedad. Las técnicas descritas en el resto de los capítulos de este libro dependen, para su efectividad, del compromiso de practicar la relajación profunda y un programa de ejercicio asiduo, hasta manejarse bien en ambos.

RESUMEN DE COSAS POR HACER

1. Evalúa tu estado de forma física, usando la encuesta que se ofrece en la tabla «Tu condición física».
2. Determina si estás listo para comenzar un programa de ejercicio por medio de responder a las preguntas del apartado «La preparación de un programa de acondicionamiento físico».
3. Selecciona uno o más tipos de ejercicio que prefieras realizar. Si estás demasiado bajo de forma, empieza caminando durante períodos de al menos treinta minutos o realizando una forma más vigorosa de ejercicio entre diez y quince minutos. Aumenta la duración e intensidad gradualmente. Haz ejercicio por lo menos cuatro veces por semana.
4. Haz el seguimiento de tu programa de acondicionamiento, utilizando el «Registro diario de ejercicio», por lo menos durante un mes.
5. Respeta todas las pautas para mantener un programa asiduo de ejercicio enumeradas en el apartado «¡Hora de empezar!». Es especialmente importante que te des tiempo para calentar y enfriarte antes y después de la práctica de un ejercicio vigoroso.

6. Si sientes resistencia a hacer ejercicio —o pierdes la motivación después de la primera semana más o menos— vuelve a leer el apartado «Obstáculos para la implementación de un programa de ejercicios». Trata de identificar lo que te estás diciendo a ti mismo sobre el ejercicio que origina tus resistencias o tu falta de motivación. Neutraliza tu diálogo interno negativo por medio de darte razones positivas para hacer ejercicio la próxima vez que tengas la oportunidad.

PARA SABER MÁS

Bailey, Covert. *The Ultimate Fit or Fat.* Houghton Mifflin Harcourt. Nueva York, 2000.

Mannocchia, Pat. *Anatomía del ejercicio.* Ed. Tutor. Madrid, 2008.

Sharkey, Brian y Steven Gaskill. *Fitness & Health.* Human Kinetics, 7ª edición. Champaign (Illinois), 2013.

Simon, Harvey. *The No Sweat Exercise Plan.* McGraw-Hill. Nueva York, 2006.

… … … … … … … … … … **6** … … … … … … … … … …

Lidiar con los ataques de pánico

Un ataque de pánico es un incremento repentino de la excitación fisiológica que puede surgir «de la nada» o en respuesta a encontrarse en una situación fóbica (o sencillamente pensar en ella). Los *síntomas corporales* que se producen con el comienzo del pánico pueden ser palpitaciones, opresión en el pecho o dificultad para respirar, sensación de asfixia, mareos, debilidad, sudoración, temblores y sacudidas u hormigueo en las manos y los pies. Las *reacciones psicológicas* que suelen acompañar a estos cambios corporales incluyen sensaciones de irrealidad, un intenso deseo de huir y el miedo a volverse loco, a morir o a hacer algo que escape al propio control.

Cualquiera que haya sufrido un ataque de pánico en toda regla sabe que es uno de los estados más intensamente incómodos que los seres humanos son capaces de experimentar. El primer ataque de pánico puede tener un impacto traumático; puede hacer que la persona se sienta aterrorizada e indefensa, con una fuerte ansiedad anticipatoria sobre la posible recurrencia de los síntomas del pánico. Desafortunadamente, en algunos casos, el pánico regresa y tiene lugar repetidamente. Los investigadores aún no saben por qué algunas personas experimentan un ataque de pánico una sola vez —o acaso una vez cada pocos años— mientras que otras desarrollan una condición crónica, con varios ataques a la semana.

La *buena* noticia es que se puede aprender a hacer frente a los ataques de pánico con tanta eficacia que estos dejan de tener el poder de asustar a la persona. Con el tiempo se puede realmente disminuir la intensidad y la frecuencia de los ataques de pánico, si se está dispuesto a efectuar algunos cambios en el estilo de vida. Los cambios en el estilo de vida que favorecen más la reducción de la gravedad de las reacciones de pánico se describen en otros capítulos de este libro. Son los siguientes:

- La práctica asidua de la relajación profunda (véase el capítulo 4).
- Un programa asiduo de ejercicio físico (véase el capítulo 5).
- La eliminación de los estimulantes (especialmente la cafeína, el azúcar y la nicotina) de la dieta (véase el capítulo 15).
- Aprender a reconocer y expresar los propios sentimientos, especialmente la tristeza y el enfado (véase el capítulo 12).
- Adoptar un diálogo interno y unas «creencias fundamentales» que promuevan una actitud más tranquila y tolerante hacia la vida (véanse los capítulos 8 y 9).

Estos cinco cambios en el estilo de vida son de distinta importancia en función de la persona. En la medida en que se puedan cultivar los cinco, sin embargo, el problema de las reacciones de pánico se mitiga con el tiempo.

El enfoque de este libro no está fuertemente orientado hacia la medicación. No obstante, hay algunas personas que sufren ataques de pánico para las cuales es apropiado el uso de fármacos. Si el sujeto está teniendo ataques de pánico con una intensidad y frecuencia que interfieren en su capacidad de trabajar, sus relaciones personales cercanas o su sueño, o si dichos ataques le dan la sensación, de un modo persistente, de estar perdiendo el contacto con la realidad, la medicación puede ser una intervención apropiada.

Los dos tipos de medicamentos más frecuentemente prescritos para los ataques de pánico son los antidepresivos (como Zoloft, Cymbalta y Lexapro) y los tranquilizantes menores (por ejemplo, Xanax o Ativan). Para obtener más información sobre el uso de medicamentos con receta para el tratamiento de los ataques de pánico, véase el capítulo 17.

El resto de este capítulo presentará algunas pautas específicas para hacer frente a los ataques de pánico *a corto plazo*, de forma inmediata. Se trata de estrategias prácticas para hacerles frente *en el mismo momento en que se producen*.

REDUCIR EL PELIGRO

Un ataque de pánico puede ser una experiencia aterradora e incómoda, pero no es en absoluto peligroso. Es posible que te sorprenda saber que el pánico es *una reacción corporal totalmente natural que simplemente ocurre fuera de contexto*. Tiene relación con la respuesta de lucha o huida —una respuesta instintiva en todos los mamíferos (no solo los seres humanos) para prepararlos fisiológicamente para luchar o huir cuando su supervivencia se ve amenazada—. Esta reacción instantánea es necesaria para asegurar la supervivencia de la especie en situaciones potencialmente mortales. En la naturaleza, sirve para proteger la vida de los animales cuando se enfrentan a sus depredadores. Y sirve para proteger la vida de las personas por medio de informar y movilizar su impulso de huir del peligro.

Supongamos, por ejemplo, que tu coche se detiene en la vía del tren, mientras un tren se acerca; está a unos doscientos metros de distancia. Experimentarías un aumento repentino de adrenalina, acompañado de sentimientos de pánico y un impulso muy fuerte y evidente de huir de la situación. De hecho, tu cuerpo experimentaría toda una serie de reacciones:

- Aumento del ritmo cardíaco.
- Incremento de la frecuencia respiratoria.
- Tensión muscular.
- Constricción de las arterias y reducción del flujo sanguíneo a las manos y los pies.
- Aumento del flujo sanguíneo a los músculos.
- Liberación de azúcar almacenado en el hígado al torrente sanguíneo.
- Aumento de la producción de sudor.

La intensidad misma de esta reacción y el fuerte impulso de huir son precisamente lo que garantizaría tu supervivencia. La oleada de adrenalina y el flujo de sangre a los músculos aumentaría tu estado de alerta y tu fuerza física. Tu energía se movilizaría y se dirigiría hacia la acción de escapar. Si estas reacciones fueran menos intensas o menos rápidas, es posible que no consiguieses salir de la vía a tiempo. Tal vez puedas recordar momentos de tu vida en que la respuesta de huida funcionó correctamente y te proporcionó un buen servicio.

En un ataque de pánico espontáneo, el cuerpo pasa exactamente por la misma reacción de huida fisiológica que en una situación en que la vida se halle verdaderamente amenazada. El ataque de pánico que te despierta por la noche o que surge de la nada es *fisiológicamente indistinguible* de la respuesta a experiencias tales como que tu coche se cale en las vías del tren o que te despiertes al oír un ladrón moviéndose por tu casa.

Lo que hace que un ataque de pánico sea único y difícil de afrontar es que estas reacciones corporales intensas se producen *en ausencia de cualquier peligro inmediato o aparente*. O, en el caso de la agorafobia, se producen en respuesta a situaciones que no constituyen una amenaza potencial para la vida (como hacer cola en el supermercado o estar solo en casa). En cualquier caso, la persona no sabe por qué está teniendo esa reacción. Y el hecho de no saber la causa —y no ser capaz de darle sentido al hecho de que su cuerpo esté atravesando por una respuesta tan intensa— solo sirve para hacer que toda la experiencia le resulte aún más aterradora. La tendencia es reaccionar a las sensaciones que son intensas e *inexplicables* con más miedo y una mayor sensación de peligro.

Nadie sabe bien, por ahora, por qué se producen los ataques de pánico espontáneos —es decir, por qué el mecanismo corporal de huida hace acto de presencia sin que exista ninguna razón evidente para ello o ningún contexto que lo justifique—. Algunos expertos creen que siempre hay *algún* estímulo detrás de un ataque de pánico, aunque no sea evidente. Otros son de la opinión de que los ataques repentinos surgen de un desequilibrio fisiológico temporal. Se sabe que hay una mayor tendencia a que tengan lugar ataques de pánico cuando la persona se ha visto sometida a un estrés prolongado o ha sufrido recientemente una pérdida significativa. Sin embargo, solo algunos de los individuos que han experimentado estrés o han tenido una pérdida padecen ataques de pánico, mientras que otros pueden sufrir dolores de cabeza, úlceras o una depresión reactiva. También se sabe que una perturbación en la parte del cerebro llamada locus cerúleo está implicada en los ataques de pánico, pero parece que esta perturbación es solo un elemento en una larga cadena de causas, y no la causa primaria. Esperemos que futuras investigaciones acaben por proporcionar una comprensión completa de las causas de los ataques de pánico. (Para una descripción más detallada de lo que se sabe hasta el día de hoy, consúltese el capítulo 2).

Puesto que en un ataque de pánico no hay ningún peligro externo inmediato o evidente, es posible que la persona tienda a *inventar* o *atribuir peligro* a las sensaciones corporales intensas que está experimentando. En ausencia de cualquier situación realmente amenazante, la mente puede malinterpretar que lo que está pasando *dentro* (en el cuerpo) constituye una amenaza para la vida. De hecho, puede llegar muy rápidamente a la siguiente conclusión: «Si me siento tan mal, tengo que estar en algún peligro. Si no hay un peligro externo manifiesto, el peligro debe de estar dentro de mí». De modo que es muy habitual, al padecer ataques de pánico, inventar alguno de los siguientes «peligros» (o todos ellos):

- *En respuesta a las palpitaciones:* «Voy a tener un ataque al corazón» o «Me voy a morir».
- *En respuesta a las sensaciones de asfixia:* «Voy a dejar de respirar y me asfixiaré».
- *En respuesta a las sensaciones de mareo:* «Me voy a desmayar» o «Todo me da vueltas».
- *En respuesta a las sensaciones de desorientación o «no sentirse del todo ahí»:* «Me estoy volviendo loco».
- *En respuesta a la flojera de piernas:* «No podré caminar» o «Me voy a caer».
- *En respuesta a la intensidad global de las reacciones del cuerpo:* «Voy a perder totalmente el control de mí mismo».

Tan pronto como la persona se identifica con cualquiera de estos presuntos peligros, su miedo se vuelve mucho más intenso. Este miedo exacerbado hace que sus reacciones corporales empeoren, lo que a su vez le origina aún más miedo, y queda atrapada en una espiral ascendente de pánico.

Esta espiral ascendente se puede evitar si entiende que aquello por lo que está pasando su cuerpo *no constituye un peligro*. Todos los peligros enumerados anteriormente son ilusorios, un producto de la imaginación cuando se está sometido a las intensas reacciones que constituyen el pánico. En realidad, ninguno de estos «peligros» tiene fundamento. Vamos a examinarlos uno por uno.

Un ataque de pánico no puede causar insuficiencia cardíaca o un paro cardíaco

Los latidos acelerados del corazón y las palpitaciones que se experimentan durante un ataque de pánico pueden ser sensaciones atemorizantes, pero no son peligrosas. El corazón humano se compone de fibras musculares muy fuertes y densas y puede soportar mucho más de lo que habitualmente piensa la gente. Según Weekes, un corazón sano puede bombear a 200 pulsaciones por minuto durante días —incluso semanas— sin sufrir ningún daño. Por lo tanto, si el corazón comienza a latir a ritmo acelerado, sencillamente hay que permitir que lo haga, confiando en que no pueden derivarse daños de ello y en que finalmente se apaciguará.

Hay una diferencia sustancial entre lo que sucede con el corazón durante un ataque de pánico y lo que sucede en un ataque cardíaco. Cuando se produce un ataque de pánico, el corazón puede estar acelerado, latir fuerte y en ocasiones perder latidos o efectuar algunos adicionales. Algunas personas incluso sienten dolores en la parte superior izquierda del pecho, que pasan con bastante rapidez. Ninguno de estos síntomas se ve agravado por el movimiento o por el aumento de la actividad física. Durante un ataque al corazón auténtico, el síntoma más común es el dolor continuo y una sensación de presión, incluso de aplastamiento, en el centro del pecho. El corazón puede acelerarse o latir con más fuerza, pero esto es secundario respecto al dolor. Además, el dolor y la presión empeoran cuando la persona hace algún esfuerzo y pueden tender a disminuir con el descanso. En el caso de un ataque de pánico ocurre lo contrario; la aceleración y los golpeteos del corazón pueden empeorar si uno se queda quieto y disminuir con el movimiento.

En el caso de las enfermedades del corazón, un electrocardiograma (ECG) muestra distintas alteraciones en el ritmo cardíaco. Se ha demostrado que durante un ataque de pánico el ECG no muestra anomalías, solo latidos rápidos del corazón. (Si el sujeto desea obtener garantías adicionales, puede indicarle a su médico que quiere que le haga un ECG).

En resumen: no hay nada que justifique que exista una conexión entre los ataques cardíacos y el pánico. Los ataques de pánico no constituyen un peligro para el corazón.

Un ataque de pánico no provocará que la persona deje de respirar o se asfixie

Es habitual, durante un ataque de pánico, sentir que el pecho se cierra y la respiración se constriñe. Esto puede llevar a la persona a experimentar el miedo repentino de que se va a asfixiar. En situaciones de estrés, los músculos del cuello y el pecho se tensan y reducen la capacidad respiratoria. El individuo afectado puede tener la seguridad de que no hay ningún problema con sus vías respiratorias o sus pulmones y de que las sensaciones de opresión desaparecerán. El cerebro tiene un mecanismo reflejo incorporado que acabará por *obligar* a la persona a respirar si no recibe el oxígeno suficiente. Si no lo crees, trata de contener la respiración durante un máximo de un minuto y observa lo que sucede. En cierto momento sentirás un fuerte reflejo de tomar más aire. Lo mismo sucede en un ataque de pánico si no se está recibiendo suficiente oxígeno: la persona abrirá la boca de forma automática y realizará una inspiración larga y profunda mucho antes de llegar al punto en el que podría desmayarse debido a la falta de oxígeno. (Incluso si se desmayase, comenzaría a respirar inmediatamente). En suma, la asfixia y las sensaciones de opresión que tienen lugar durante el episodio de pánico, por más desagradables que sean, no son peligrosas.

Un ataque de pánico no puede provocar un desmayo

La sensación de aturdimiento que se puede sentir al principio del ataque de pánico puede evocar el miedo a desmayarse. Lo que ocurre es que la circulación de la sangre al cerebro se ve ligeramente reducida, muy probablemente porque la persona está respirando con mayor rapidez (véase el apartado sobre la hiperventilación del capítulo 4). Esto *no* es peligroso y puede aliviarse por medio de respirar de manera lenta y regular desde el abdomen, preferiblemente por la nariz. También se puede evitar tomando la primera oportunidad que haya de caminar un poco. Se debe dejar que las sensaciones de aturdimiento aumenten y desaparezcan sin luchar contra ellas. Debido a que el corazón está bombeando más fuerte y aumentando la circulación sanguínea, es muy poco probable que la persona se desmaye (excepto en raras ocasiones si tiene fobia a la sangre y se halla expuesta a la vista de esta sustancia).

Un ataque de pánico no puede hacer que se pierda el equilibrio

A veces uno puede sentirse muy mareado cuando se desencadena el pánico. Puede ser que la tensión afecte al sistema de canales semicirculares del oído interno, que regula el equilibrio. Por unos momentos la persona puede sentirse mareada, o incluso puede parecerle que todo lo que la rodea está girando. Invariablemente, esta sensación pasará. No es peligrosa y es muy poco probable que sea tan fuerte que conduzca a la pérdida del equilibrio. Si las sensaciones de mareo pronunciado persisten durante más de unos pocos segundos, se puede consultar a un médico (preferiblemente un otorrinolaringólogo) para que compruebe si una infección, alergias u otras perturbaciones pueden estar afectando al oído interno.

La persona no se va a caer o no va a dejar de caminar cuando sienta las rodillas débiles durante un ataque de pánico

La adrenalina liberada durante un ataque de pánico puede dilatar los vasos sanguíneos de las piernas, haciendo que la sangre se acumule en los músculos y no circule totalmente. Esto puede producir una sensación de debilidad o temblor en las piernas, a la que se puede responder con el miedo a no poder caminar. Se debe tener la seguridad de que esta sensación es solo eso —una sensación— y de que las piernas son tan fuertes y capaces de cargar con la persona como siempre. ¡No van a ceder! Hay que permitir que estos temblores y sensaciones de debilidad pasen y darles a las piernas la oportunidad de que lo lleven a uno adonde tiene que ir.

Uno no puede «volverse loco» durante un ataque de pánico

La reducción del flujo de sangre al cerebro durante un ataque de pánico es debida a la constricción arterial, y es una consecuencia *normal* de la respiración rápida. Esto puede dar lugar a sensaciones de desorientación y de irrealidad que pueden resultar aterradoras. Si estas sensaciones hacen acto de presencia, hay que recordar que se deben solamente a una reducción leve y temporal de la circulación arterial en el cerebro y no tienen nada que ver con «volverse loco», por más misteriosas o extrañas que puedan parecer. Nadie ha enloquecido a raíz de un ataque de pánico, a pesar de que el miedo de que esto ocurra es frecuente. Aunque hagan sentir muy mal a quien las experimenta, las sensaciones de irrealidad son solo temporales y totalmente inofensivas.

Puede ser útil saber que las personas no «enloquecemos» de una manera súbita o espontánea. Los trastornos mentales que implican comportamientos que están etiquetados de «locura» (como la esquizofrenia o la psicosis maníaco-depresiva) se desarrollan muy gradualmente, a lo largo de varios años, y no surgen de los ataques de pánico. Nadie ha comenzado a tener alucinaciones o escuchar voces durante un ataque de pánico (salvo en casos excepcionales en los que el pánico fue inducido por una sobredosis de alguna de las llamadas drogas recreativas, como el LSD o la cocaína). En definitiva, un ataque de pánico no puede desembocar en locura, por más molestos o desagradables que sean los síntomas.

Un ataque de pánico no puede hacer que uno pierda el control de sí mismo

Debido a las intensas reacciones que el cuerpo atraviesa durante el episodio de pánico, es fácil imaginar que se podría perder totalmente el autocontrol. Pero ¿qué significa perder el control por completo? ¿Paralizarse del todo? ¿Actuar sin control o sin freno? No se ha informado de ningún caso en que haya ocurrido esto. Si algo sucede durante el episodio de pánico es que los sentidos y la conciencia se acentúan en relación con un único objetivo: escapar. Huir o intentar huir son las únicas maneras en las que probablemente se podría «actuar» durante un episodio de pánico. La idea de que se puede perder totalmente el control durante los ataques de pánico no es más que un mito.

El primer paso para aprender a hacer frente a las reacciones de pánico es reconocer que no son peligrosas. Debido a que las reacciones corporales que acompañan al pánico se experimentan tan intensas, es fácil imaginar que entrañan peligro. Sin embargo, esto no es así en realidad. Las reacciones fisiológicas subyacentes al pánico son *naturales* y constituyen una *protección*. De hecho, *el cuerpo humano está diseñado para ser presa del pánico* y así poder movilizarnos rápidamente con el fin de escapar de situaciones que realmente amenacen nuestra supervivencia. El problema lo tenemos cuando esta respuesta natural, preservadora de la vida, tiene lugar fuera del contexto de cualquier peligro inmediato o evidente. Cuando esto sucede, se puede avanzar en el dominio del pánico por medio de aprender a no imaginar el peligro donde no existe.

ROMPER LA CONEXIÓN ENTRE LOS SÍNTOMAS CORPORALES Y LOS PENSAMIENTOS CATASTROFISTAS

Hay una diferencia importante entre las personas que tienen ataques de pánico y las que no los tienen: *aquellos que son propensos a ello presentan una tendencia crónica a interpretar las sensaciones corporales ligeramente inusuales o incómodas de manera catastrofista*. Por ejemplo, ven las palpitaciones como señales de un ataque cardíaco inminente, la opresión en el pecho y la dificultad para respirar como signos de asfixia o el mareo como el precursor de un desmayo o colapso. Quienes no sufren ataques de pánico pueden percibir estos mismos síntomas corporales, que pueden no gustarles especialmente, pero *no los interpretan como catastróficos o peligrosos*.

Quienes tienen tendencia a interpretar las sensaciones corporales desagradables como presagios de algo peligroso o catastrófico también tienden a estar constantemente pendientes de su cuerpo para ver si descubren esas sensaciones. Probablemente están muy en sintonía con sus estados corporales internos y reaccionan fácilmente de forma exagerada si empiezan a sentir algo un poco insatisfactorio o inusual. Esta mayor *interiorización* agrava el problema, ya que es más probable que estas personas perciban y magnifiquen cualquier cambio repentino en el estado interno de su cuerpo que sea ligeramente inusual o desagradable.

Las circunstancias que pueden causar una irregularidad repentina en el estado fisiológico son legión, y muy variadas. A veces la causa se encuentra fuera del cuerpo. Por ejemplo, una discusión con el cónyuge, ver algo desagradable en la televisión, oír cómo se dispara la alarma del reloj o tener prisa por llegar a algún lugar podría ocasionar un aumento del ritmo cardíaco, una opresión en el pecho, náuseas en el estómago o cualquiera entre la amplia gama de los síntomas corporales asociados con la ansiedad. En otras ocasiones, la causa reside en algún cambio fisiológico sutil dentro del cuerpo —por ejemplo, la falta de oxígeno debido a la atenuación de la respiración, un cambio espontáneo en los sistemas neuroendocrinos del cerebro, un aumento de la tensión muscular en el cuello y los hombros o una caída del nivel de azúcar en sangre–. Tanto si la causa inicial se encuentra principalmente fuera del organismo como si se halla dentro, la persona no suele ser consciente de estos cambios fisiológicos hasta que experimenta los síntomas resultantes. Los ejemplos anteriores ilustran solo algunas posibilidades entre muchas; cualquiera de ellas podría constituir el acontecimiento desencadenante de un aumento de la ansiedad. Que se tenga o no un ataque de pánico depende de cómo la persona perciba el incremento de los síntomas corporales que tienen lugar y de cómo responda a ello.

En resumen, quienes sufren episodios de pánico son propensos a experimentar un aumento de la interiorización o la preocupación en relación con cambios sutiles en los síntomas corporales o el estado de ánimo y una mayor tendencia a interpretar las pequeñas anomalías o el aumento de los síntomas corporales como algo peligroso o catastrófico. El diagrama que sigue ilustra esta tendencia:

Desarrollo de un ataque de pánico

Fase 1   Circunstancias desencadenantes (internas o externas)

↓

Fase 2   Pequeño incremento de los síntomas corporales inusuales o desagradables (por ejemplo, palpitaciones, dificultad para respirar, debilidad o mareos, sudoración, etc.)

↓

Fase 3   Interiorización (una mayor focalización en los síntomas hace que sean más fáciles de advertir y que se magnifiquen con facilidad)

↓

Fase 4   Interpretación catastrofista (la persona se dice a sí misma que el síntoma es peligroso; por ejemplo: «Tendré un ataque al corazón», «Me voy a asfixiar», «Voy a perder totalmente el control», «Debo irme enseguida»)

↓

Fase 5   Ataque de pánico

La buena noticia es que es posible intervenir en cualquier punto de esta secuencia. En la fase 1, puede ser el *estrés generalizado* el que conduzca a las sensaciones corporales desagradables —palpitaciones, opresión en el pecho, mareos, etc.—. Incorporar a diario, en el estilo de vida, la relajación, el ejercicio, hábitos nutricionales para reducir el estrés y otras técnicas de gestión del estrés (véanse los capítulos 4, 5 y 15) puede significar mucho a la hora de mitigar la tendencia a experimentar aumentos repentinos de la excitación del sistema nervioso simpático. Más allá del estrés generalizado, uno puede ser capaz de identificar las circunstancias que causan los ataques de pánico por medio de observar cuidadosamente lo que estaba sucediendo justo antes del ataque, o dentro de las horas previas a que se produjera. Se puede utilizar el «Registro de los ataques de pánico» que se presenta en este capítulo para ayudar a determinar qué circunstancias iniciales pueden haber dado lugar al ataque. A continuación, la persona puede tratar de evitar o eliminar estas circunstancias para que no le causen problemas en el futuro. Todas las intervenciones destinadas a reducir la propensión a tener sensaciones corporales desagradables en las primeras etapas (fases 1 y 2 del diagrama anterior) requieren hacer cambios en el estilo de vida y las actitudes.

La fase 3 del ciclo del pánico consiste en estar demasiado centrado en el estado interno del cuerpo. Cuando se siente la inminencia del ataque de pánico, se puede reducir la interiorización utilizando cualquiera de las técnicas de afrontamiento activo que se describen más adelante en este capítulo en el apartado «Estrategias de afrontamiento para neutralizar el pánico en una etapa temprana». Estas técnicas sirven para desviar la atención de los síntomas corporales internos y tienen también un efecto relajante directo.

Quizá el cambio más importante que se puede efectuar para desactivar los ataques de pánico, sin embargo, tiene lugar en la fase 4. Es decir, se puede aprender a dejar de interpretar las sensaciones corporales desagradables como peligrosas o potencialmente catastróficas. De hecho, estudios recientes llevados a cabo tanto en Estados Unidos como en Inglaterra han determinado que la eliminación de las interpretaciones catastrofistas de los síntomas corporales puede, *en y por sí misma*, ser suficiente para aliviar los ataques de pánico. Si la persona puede aprender a tolerar sensaciones tales como mareos, opresión en el pecho, palpitaciones, etc., como síntomas corporales inocuos —y no como signos de un peligro inminente—, es muy probable que sufra menos ataques de pánico, incluso que deje de sufrirlos. Esto no quiere decir que las técnicas de gestión del estrés y las estrategias de afrontamiento del pánico no sean importantes; ocurre sencillamente que eliminar las interpretaciones catastrofistas puede, por sí mismo, hacer mucho para aliviar el pánico.

Para ayudar a romper la conexión entre los síntomas corporales y las interpretaciones catastrofistas, puede ser útil utilizar las tres herramientas que se incluyen un poco más adelante. La primera herramienta es un cuestionario sobre los síntomas corporales que pueden desencadenar los ataques de pánico. Se trata de valorar cada síntoma corporal en una escala del 0 al 5, de acuerdo con lo mucho (o poco) que afecta a la persona cuando sufre el pánico. La segunda herramienta es un cuestionario sobre las afirmaciones catastrofistas habituales que quienes sufren los ataques de pánico se dicen en respuesta a los síntomas corporales desagradables. Se trata de valorar cada una de estas afirmaciones catastrofistas en una escala del 1 al 4, de acuerdo con la medida en que uno siente que contribuyen a sus ataques de pánico.

Por último, la herramienta de la conexión entre los síntomas corporales y los pensamientos catastrofistas intenta conectar la lista de los síntomas corporales del «Cuestionario número 1 de los ataques de pánico» con la lista de los pensamientos catastrofistas del segundo cuestionario. Para cada uno de los síntomas corporales problemáticos a los que se ha puesto una puntuación de 4 o 5, hay que describir las afirmaciones catastrofistas específicas que es probable que se hayan visto desencadenadas por dichos síntomas. Por ejemplo, es posible conectar las palpitaciones con: «Estoy teniendo un ataque al corazón» y «Me voy a morir», o los mareos con: «Me voy a desmayar» o «Voy a perder el control».

Después de terminar, la persona debe tener una mejor idea de qué síntomas corporales en particular e interpretaciones catastrofistas asociadas desencadenan sus ataques de pánico. Este conocimiento probablemente la ayudará a romper la falsa conexión que ha hecho entre sus síntomas corporales y las interpretaciones erróneas. Hay que tener en cuenta, a lo largo de este ejercicio, que *ninguno de los síntomas corporales enumerados es realmente peligroso. Por más desagradables que puedan manifestarse estos síntomas, son completamente inofensivos.* También es importante tener en cuenta que *ninguno de los pensamientos catastrofistas examinados es verdadero o válido, aunque uno pueda haberse convencido de que sí lo son. Cada uno de estos pensamientos catastrofistas es simplemente falso; es una creencia errónea que se puede aprender a soltar.*

¿Cómo romper la conexión automática que se produce entre los síntomas corporales desagradables y los pensamientos catastrofistas falsos? Los tres procesos siguientes pueden ayudar a ello:

- Reconocer lo que ocurre.
- Anotar las explicaciones alternativas de los síntomas corporales.
- La exposición interoceptiva.

Reconocer lo que ocurre

El hecho de reconocer la tendencia a creer que unos síntomas corporales inofensivos son signos de un peligro inminente es el primer paso. La conciencia de las conexiones específicas entre los síntomas y los pensamientos catastrofistas, que puede haberse obtenido gracias al ejercicio «la conexión entre los síntomas corporales y los pensamientos catastrofistas», ayudará a comenzar a diluir el peligro cuando estos síntomas surjan en la vida cotidiana.

Anotar las explicaciones alternativas de los síntomas corporales

Las afirmaciones catastrofistas que surgen en un intento de darles sentido a los síntomas corporales desagradables durante un ataque de pánico son sencillamente falsas. No es cierto, por ejemplo, que los latidos rápidos del corazón o las palpitaciones ocurran porque se está teniendo un ataque al corazón. Tampoco la opresión en el pecho o la dificultad para respirar ocurren porque la persona esté a punto de asfixiarse. Asimismo, el mareo y el aturdimiento tampoco tienen lugar porque esté a punto de desmayarse o «volverse loca». En cada uno de estos casos, hay una explicación alternativa que no es catastrofista sino avalada por los hechos. Las explicaciones lógicas alternativas podrían ser más o menos estas:

- El incremento de los latidos del corazón o las palpitaciones se debe, muy probablemente, al aumento de la producción de adrenalina y de la actividad del sistema nervioso simpático que acompañan a la primera etapa de una reacción de ansiedad. Estas reacciones forman parte de los medios normales con que cuenta el cuerpo para gestionar cualquier amenaza que *perciba* —forman parte de la respuesta de lucha o huida—. No son reacciones peligrosas en modo alguno, incluso si se prolongan durante algún tiempo. Por ejemplo, un corazón sano puede latir aceleradamente durante horas sin que esto suponga ningún riesgo.

CUESTIONARIO NÚMERO 1 DE LOS ATAQUES DE PÁNICO

Síntomas corporales

Durante un ataque de pánico pueden tener lugar cualesquiera de los siguientes síntomas corporales. Evalúa cada uno de ellos de acuerdo con su efecto cuando estás experimentando un episodio de pánico e indica tus respuestas en la escala que va del 0 al 5 de la columna de la derecha.

0 = Ningún efecto
1 = Efecto leve
2 = Efecto medio
3 = Efecto fuerte
4 = Efecto intenso
5 = Efecto muy intenso

#	Síntoma						
1.	Nudo en el estómago.	0	1	2	3	4	5
2.	Palmas sudorosas.	0	1	2	3	4	5
3.	Calor por todo el cuerpo.	0	1	2	3	4	5
4.	Latidos rápidos o pesados.	0	1	2	3	4	5
5.	Manos temblorosas.	0	1	2	3	4	5
6.	Rodillas o piernas débiles o temblorosas.	0	1	2	3	4	5
7.	Temblar por dentro o por fuera.	0	1	2	3	4	5
8.	Boca seca.	0	1	2	3	4	5
9.	Nudo en la garganta.	0	1	2	3	4	5
10.	Opresión en el pecho.	0	1	2	3	4	5
11.	Hiperventilación.	0	1	2	3	4	5
12.	Náuseas o diarrea.	0	1	2	3	4	5
13.	Mareo.	0	1	2	3	4	5
14.	Sensación de irrealidad (como si se estuviese en un sueño).	0	1	2	3	4	5
15.	Incapacidad de pensar con claridad.	0	1	2	3	4	5
16.	Visión borrosa.	0	1	2	3	4	5
17.	Sensación de estar parcialmente paralizado.	0	1	2	3	4	5
18.	Sensación de desapego o de estar flotando.	0	1	2	3	4	5
19.	Palpitaciones o latidos irregulares.	0	1	2	3	4	5
20.	Dolor en el pecho.	0	1	2	3	4	5
21.	Hormigueo en las manos, los pies o la cara.	0	1	2	3	4	5
22.	Sensación de debilidad.	0	1	2	3	4	5
23.	Sensación de mariposas en el estómago.	0	1	2	3	4	5
24.	Manos frías y húmedas.	0	1	2	3	4	5

Lidiar con los ataques de pánico

CUESTIONARIO NÚMERO 2 DE LOS ATAQUES DE PÁNICO

Pensamientos catastrofistas*

Los pensamientos catastrofistas juegan un papel fundamental a la hora de agravar los ataques de pánico. Usando la escala que sigue a continuación, puntúa cada uno de los siguientes pensamientos de acuerdo con el grado en que crees que contribuyen a tus ataques de pánico.

1 = Nada en absoluto   2 = Un poco   3 = Bastante   4 = Mucho

1. Voy a morir.	1	2	3	4
2. Voy a enloquecer.	1	2	3	4
3. Estoy perdiendo el control.	1	2	3	4
4. Esto nunca va a acabar.	1	2	3	4
5. Estoy realmente asustado.	1	2	3	4
6. Estoy teniendo un ataque al corazón.	1	2	3	4
7. Me voy a desmayar.	1	2	3	4
8. No sé qué pensará la gente.	1	2	3	4
9. No podré salir de aquí.	1	2	3	4
10. No entiendo qué me está pasando.	1	2	3	4
11. La gente creerá que estoy loco.	1	2	3	4
12. Siempre seré así.	1	2	3	4
13. Voy a vomitar.	1	2	3	4
14. Debo de tener un tumor cerebral.	1	2	3	4
15. Voy a asfixiarme hasta morir.	1	2	3	4
16. Voy a actuar de manera insensata.	1	2	3	4
17. Me estoy quedando ciego.	1	2	3	4
18. Voy a hacerle daño a alguien.	1	2	3	4
19. Voy a tener un derrame cerebral.	1	2	3	4
20. Voy a gritar.	1	2	3	4
21. Voy a balbucear o hablar de manera cómica.	1	2	3	4
22. Voy a quedarme paralizado por el miedo.	1	2	3	4
23. Tengo algún problema físico grave.	1	2	3	4
24. No podré respirar.	1	2	3	4
25. Va a ocurrir algo horrible.	1	2	3	4
26. Voy a hacer una escena.	1	2	3	4

* Adaptado, en el original inglés, de «Panic Attack Cognitions Questionnaire», en *Coping with Panic: A Drug-free Approach to Dealing with Anxiety Attacks*, por G. A. Clum. Copyright © 1990 de Brooks / Cole Publishing Company, una división de International Thomson Publishing Inc., Pacific Grove, CA 93950. Reproducido con permiso del editor.

LA CONEXIÓN ENTRE LOS SÍNTOMAS CORPORALES Y LOS PENSAMIENTOS CATASTROFISTAS

En la columna izquierda que sigue a continuación, anota los síntomas corporales que puntuaste con 4 o 5 en el primer cuestionario sobre los ataques de pánico. Describe tus síntomas corporales más problemáticos, de uno en uno. A continuación, anota las afirmaciones catastrofistas del segundo cuestionario que hayas puntuado con un 3 o un 4. Haz una lista con las afirmaciones catastrofistas que sería más probable que dieras en respuesta a cada uno de los síntomas corporales. Por ejemplo: «Latidos rápidos o pesados» es un síntoma corporal que podría provocar declaraciones catastrofistas como: «Estoy teniendo un ataque al corazón» y «Voy a morir».

Síntoma corporal: Pensamientos catastrofistas:

Síntoma corporal: Pensamientos catastrofistas:

Síntoma corporal: Pensamientos catastrofistas:

Síntoma corporal: Pensamientos catastrofistas:

- El aumento de la opresión en el pecho y la dificultad para respirar pueden explicarse como resultado de la contracción de los músculos que rodean la cavidad torácica; esta contracción, a su vez, se debe a la mayor actividad del sistema nervioso simpático. Estos síntomas no tienen nada que ver con el proceso de la asfixia. Los músculos del pecho no se pueden contraer hasta el punto de que haya riesgo de asfixia, por más desagradable que sea sentir esa opresión.
- El mareo y el aturdimiento son síntomas habituales que pueden presentarse con la ansiedad, pero no son causados por el hecho de estar a punto de desmayarse. Su causa son constricciones de poca importancia en las arterias del cerebro, que conducen a una ligera reducción de la circulación sanguínea. Es extremadamente improbable que la persona se desmaye, aunque se sienta muy aturdida. Los desmayos normalmente ocurren durante una caída de la presión arterial; en cambio, cuando se comienza a sentir ansiedad, por lo general se experimenta un *aumento* de la presión arterial debido al incremento de la adrenalina y de la actividad del sistema nervioso simpático. Aún menos plausible es la idea de que el mareo y el aturdimiento sean causados por el hecho de que el individuo esté a punto de volverse loco. La génesis de los trastornos mentales graves no tiene nada que ver con los ataques de pánico, y se produce durante un período de tiempo mucho más largo que la duración de cualquier ataque de pánico.

Estos ejemplos pueden servir de guía para que la persona elabore sus propias explicaciones alternativas, no catastrofistas, para los síntomas corporales molestos. Puede ser útil acudir al primer apartado de este capítulo, «Reducir el peligro», para hallar las propias explicaciones alternativas. El proceso de escribir estas explicaciones ayuda a reforzar la convicción de que los síntomas corporales incómodos son realmente inofensivos en lugar de constituir signos de un peligro inminente.

Una opción es poner las explicaciones alternativas de los síntomas corporales en fichas (de 7,5 x 12,5 cm aproximadamente), de modo que cada ficha contenga un esclarecimiento de un síntoma en particular. Uno puede llevar consigo las fichas en su bolso o cartera y sacarlas y leerlas si siente que los síntomas comienzan a manifestarse.

La exposición interoceptiva

Un tratamiento muy eficaz para los ataques de pánico consiste en inducir voluntariamente síntomas corporales que pueden desencadenar el pánico. Muchos terapeutas se refieren a esta técnica como *exposición interoceptiva*, proceso que consiste en *exponerse a los síntomas corporales internos asociados con el pánico*, como los que se señalan en el «Cuestionario número 1 de los ataques de pánico». La exposición interoceptiva se realiza habitualmente en el contexto de la sesión de terapia. Por ejemplo, si los mareos y la dificultad para respirar son síntomas problemáticos para el paciente, el terapeuta puede indicarle que hiperventile durante dos minutos y luego se levante de repente, con el fin de suscitar estos síntomas. Esto puede sonar como un procedimiento terapéutico inusual y extremo, pero, de hecho, es inofensivo y a menudo da muy buenos resultados. A menos que el paciente tenga un trastorno respiratorio, hiperventilar durante dos minutos no entraña ningún peligro. Hiperventilar deliberadamente le da a la persona la oportunidad de *experimentar síntomas corporales incómodos sin que ocurra nada negativo o peligroso*. La clave aquí es que el sujeto aprenda en un nivel visceral, vivencial, que no ocurre nada terrible a raíz de las sensaciones corporales que ha estado interpretando como peligrosas. Inducir mareo de manera reiterada de esta manera ayuda a que un individuo propenso al pánico adquiera la profunda convicción de que el mareo no es peligroso.

Hay quienes prefieren probar las técnicas de inducción de síntomas con un terapeuta profesional que tenga experiencia con ellas. Por otro lado, algunas personas han aplicado estas técnicas por su cuenta y les han resultado muy útiles. Si decides incluirlas en tu programa de autoayuda, conviene que tengas en cuenta las siguientes pautas:

- *Consulta con tu médico si sobrepasas los cuarenta años o sospechas que puedes tener algún problema físico que impida el uso de procedimientos de inducción de síntomas.* Por ejemplo, no hagas tres minutos de hiperventilación si padeces un problema respiratorio crónico como asma o enfisema. Tampoco subas y bajes escaleras si tienes cualquier tipo de enfermedad del corazón que limite el ejercicio físico que puedes realizar. Tampoco lleves a cabo procedimientos de inducción si estás embarazada o tienes epilepsia.
- Aunque las técnicas son inofensivas, es una buena idea que un amigo o miembro de la familia esté presente la primera vez que las realizas, para que te proporcione apoyo y aliento. Si puedes conseguir que tu persona de apoyo las haga contigo, tanto mejor.
- Tienes que persistir en practicar cada técnica de inducción el tiempo suficiente para que las sensaciones producidas sean desagradables o te causen un aumento de la ansiedad. Por lo general, esto implica practicar la técnica durante un período de entre treinta segundos y dos minutos. La finalidad es *simular*, si es posible, las sensaciones reales que se experimentan durante un ataque de pánico. La clave es exponerse a las sensaciones corporales desagradables y darse cuenta de que no implican ningún daño. Como regla general, sigue realizando la técnica hasta unos treinta segundos *después* de notar por primera vez que te produce sensaciones desagradables o ansiedad. Si te detienes en el momento en que empiezas a sentir los síntomas desagradables, tenderás a reforzar el miedo que les tienes.
- Revisa el «Cuestionario número 1 de los ataques de pánico» e identifica los síntomas corporales que son más problemáticos para ti. Después practica cualquiera de las técnicas de inducción que se ofrecen a continuación que pueden producir esos síntomas. Realiza cada técnica de inducción tres o cuatro veces seguidas; luego repite la práctica diariamente

durante varios días hasta que pierda su capacidad de causarte ansiedad. Si perseveras, los síntomas que experimentas a raíz de los procedimientos de inducción acabarán por perder su capacidad de producirte ansiedad. Esta es precisamente la finalidad.

Técnicas de inducción

Después de obtener el visto bueno de tu médico, prueba a practicar las siguientes seis técnicas de inducción de síntomas:

1. Hiperventila continuamente durante dos minutos. Esto implica respirar de manera rápida y profunda con la boca abierta. Al cabo de dos minutos, ponte de pie. Síntomas: desorientación, mareo, aturdimiento.
2. Respira a través de una paja de cóctel mientras te tapas la nariz durante un minuto —no permitas que entre nada de aire por la nariz—. Síntomas: dificultad para respirar, ahogo.
3. Sube y baja escaleras rápidamente durante unos noventa segundos o hasta que tu ritmo cardíaco aumente notablemente. Detente si sientes mareos o si tu frecuencia cardíaca supera las 140 pulsaciones por minuto. Otra opción es que utilices una bicicleta estática o una escaladora para aumentar tu ritmo cardíaco. Síntomas: palpitaciones, latidos fuertes.
4. Da vueltas —preferiblemente en una silla de escritorio o bien de pie— durante treinta segundos o un minuto. No es necesario completar el minuto si te encuentras significativamente mareado. Permanece cerca de una silla o un sofá donde puedas sentarte con facilidad. Síntomas: mareo, desorientación.
5. Tensa cada parte del cuerpo y sostén la tensión durante un minuto antes de soltar. Síntoma: tensión muscular.
6. Ponte ropa de abrigo y enciende la calefacción o siéntate en una sauna. Síntoma: sudoración.

Recuerda que es necesario persistir con cada uno de estos procedimientos el tiempo suficiente para que se produzcan sensaciones desagradables. Lo ideal es que te permitas sentir estas sensaciones desagradables durante un período de hasta treinta segundos, aunque tal vez desees comenzar con un período más corto la primera vez que utilices la inducción. Obtendrás el mayor provecho de este ejercicio si el procedimiento realmente te provoca cierta incomodidad o ansiedad. Una vez más, la idea es que te demuestres a ti mismo que puedes experimentar síntomas corporales desagradables sin que nada horrible o peligroso ocurra. En la medida en que este aprendizaje se traslade a los síntomas de pánico de la vida real, es probable que dejes de tener ataques de pánico —es decir, serás capaz de soportar las sensaciones corporales desagradables durante la etapa temprana del pánico sin reaccionar a ellas como si fuesen peligrosas—. Ten en cuenta que puede ser que tengas que practicar los procedimientos de inducción de síntomas muchas veces antes de llegar al punto en que los síntomas no te produzcan ninguna ansiedad.

Después de practicar la autoinducción de síntomas desagradables y ansiedad durante treinta segundos, puedes practicar algunas habilidades de afrontamiento que se expondrán más adelante en este capítulo. Entre estas habilidades están la respiración abdominal, repetir afirmaciones de afrontamiento, moverse y hablar con alguien, entre otras. El objetivo es experimentar plenamente los síntomas desagradables y la ansiedad de manera que puedas acostumbrarte a ellos, pero también se pueden practicar estas habilidades de afrontamiento para que la ansiedad disminuya. Las inducciones de síntomas proporcionan una excelente oportunidad de ganar confianza en el dominio de las habilidades de afrontamiento.

¿Qué pasa si las inducciones no te producen ningún tipo de ansiedad, incluso desde el principio? Esto puede deberse al menos a dos razones. Podría suceder porque te sientes seguro al realizar el procedimiento en la comodidad de tu propio hogar o con tu persona de apoyo. O posiblemente, el proceso de inducción de síntomas corporales *de manera voluntaria* te dé una sensación de control sobre lo que está sucediendo que no está presente cuando se produce una situación de pánico en la vida real. Con el fin de que los procedimientos de inducción de síntomas sean un poco más contundentes, se pueden modificar las condiciones en las que se realizan de la siguiente manera:

- Pasar por ello solo.
- Llevarlos a cabo fuera de casa o del lugar que te proporcione sensación de seguridad.
- Efectuarlos mientras te visualizas a ti mismo en la situación fóbica.
- Practicarlos (por ejemplo, hiperventilar o dar vueltas) cuando te enfrentes a una situación fóbica en la vida real.

Si quieres dominar tu fobia por completo, deberías intentar inducirte deliberadamente síntomas incómodos en la situación fóbica (a menos que pueda ser potencialmente peligroso hacerlo; por ejemplo, si estás conduciendo por una carretera muy transitada).

Para ver más en detalle cómo utilizar las inducciones de síntomas y beneficiarte de ellas, consulta el libro de David Barlow y Michelle Craske y el de Denise Beckfield, enumerados al final de este capítulo.

NO HAY QUE LUCHAR CONTRA EL PÁNICO

Resistirse a los síntomas iniciales del pánico o luchar contra ellos es probable que los empeore. Es importante evitar tensarse como reacción a los síntomas del pánico o tratar de hacer que desaparezcan por medio de contenerlos o apretar los dientes. Aunque es importante actuar en lugar de permanecer pasivo (como veremos más adelante), no se debe luchar contra el pánico.

Claire Weekes, en sus populares libros *Autoayuda para tus nervios* y *Peace from Nervous Suffering*, describe un enfoque de cuatro pasos para hacer frente al pánico:

1. Afrontar los síntomas (no huir de ellos)

   El intento de sofocar los primeros síntomas del pánico o huir de ellos es una manera de decirse uno a sí mismo que no puede gestionar una situación en particular. En la mayoría de los casos, esto solo creará más pánico. Es más constructivo cultivar la actitud de decirse a sí mismo: «Está bien; aquí está de nuevo. Puedo permitir que mi cuerpo pase por estas reacciones y manejar esto. Lo he hecho antes».

2. Aceptar lo que el cuerpo está haciendo (no luchar contra ello)

   Cuando se intenta luchar contra el pánico, uno solamente se tensa en contra de él, lo cual no hace más que incrementar la ansiedad. Adoptar la actitud opuesta, la de *soltar* y *permitir* que el cuerpo tenga sus reacciones (tales como palpitaciones, opresión en el pecho, palmas sudorosas, mareos, etc.), permitirá atravesar el pánico de una manera mucho más rápida y sencilla. La clave es ser capaz de ver u observar el estado de excitación fisiológica del cuerpo —por más inusual o incómoda que se experimente— sin reaccionar a ella con más miedo o ansiedad.

3. Flotar en la ola del ataque de pánico en lugar de tratar de forzar el camino a través de él

   Claire Weekes hace una distinción entre el *primer miedo* y el *segundo miedo*. El primer miedo consiste en las reacciones fisiológicas que subyacen al pánico; el segundo es cuando uno mismo se induce temor ante estas reacciones por medio de decirse frases como: «¡No puedo manejar esto!», «¡Tengo que salir de aquí ahora mismo!» o «¿Y si otras personas ven que me ocurre esto?». Aunque no se puede hacer mucho en relación con el primer miedo, se puede eliminar el segundo por medio de aprender a fluir con el auge y la remisión del estado de excitación del cuerpo y no luchando o reaccionando con miedo contra dicha excitación. En lugar de asustarse uno a sí mismo en relación con sus reacciones corporales, puede moverse con ellas y tranquilizarse mediante afirmaciones como: «Esto también pasará», «Voy a dejar que mi cuerpo haga su trabajo y pase por esto» o «He manejado esto antes y puedo manejarlo ahora». En el siguiente apartado se ofrece una lista de afirmaciones de afrontamiento positivas.

4. Dejar que pase el tiempo

   El pánico es causado por un aumento repentino de la adrenalina. Si la persona se puede permitir fluir con las reacciones corporales causadas por este incremento, gran parte de esta adrenalina se metabolizará y reabsorberá en tres o cinco minutos. Tan pronto como esto ocurra, la persona comenzará a sentirse mejor. *Los ataques de pánico acontecen durante un tiempo limitado.* En la mayoría de los casos, el episodio de pánico alcanzará su punto máximo y comenzará a remitir a los pocos minutos. Es más probable que pase rápidamente si uno no lo agrava luchando contra él o reaccionando con más miedo (el «segundo miedo») por medio de decirse cosas con las que se asuste a sí mismo.

AFIRMACIONES DE AFRONTAMIENTO

Se puede usar cualquiera de las siguientes afirmaciones positivas, o todas ellas, para ayudarse a cultivar actitudes de aceptación, para «flotar» en la ola del pánico y para permitir que pase el tiempo durante un ataque de pánico. Puede ser útil repetir una sola afirmación una y otra vez durante el primer minuto, o los dos primeros minutos, al sentir la proximidad de los síntomas del pánico. También se puede hacer la respiración abdominal profunda junto con la repetición de la afirmación de afrontamiento. Si una afirmación se vuelve aburrida o parece dejar de surtir efecto, hay que probar con otra:

- «Esta sensación no es cómoda o agradable, pero puedo aceptarla».
- «Puedo tener ansiedad y aun así hacer frente a esta situación».
- «Puedo manejar estos síntomas o sensaciones».
- «Esto no es una emergencia. Puedo pensar lentamente lo que tengo que hacer».
- «Esto no es lo peor que podría suceder».
- «Voy a convivir con esto y esperar a que mi ansiedad disminuya».
- «Esta es una oportunidad para mí de aprender a afrontar mis miedos».
- «Voy a dejar que mi cuerpo haga su trabajo. Esto pasará».
- «Voy a pasar por esto; no necesito dejar que me afecte».
- «Merezco sentirme bien en este momento».
- «Puedo tomarme todo el tiempo que necesito para soltar y relajarme».
- «No tengo necesidad de forzarme. Puedo elegir dar solo un pequeño paso hacia delante».
- «He sobrevivido a esto antes y en esta ocasión voy a sobrevivir también a ello».
- «Puedo utilizar mis estrategias de afrontamiento y permitir que esto pase».
- «Esta ansiedad no me hará daño, aunque sea desagradable».
- «Esto no es más que ansiedad; no voy a dejar que me afecte».
- «No me va a pasar nada grave».
- «Luchar y resistirme a esto no me va a ayudar, así que voy a dejar que pase».
- «Esto son solo pensamientos, no la realidad».
- «No necesito estos pensamientos; puedo optar por pensar de manera diferente».
- «Esto no es peligroso».
- «¿Y qué?».
- «*Don't worry; be happy*» («No te preocupes; sé feliz»). Esta popular expresión se puede utilizar para inducir un componente de ligereza o humor.

FORMAS DE TRABAJAR CON LAS AFIRMACIONES DE AFRONTAMIENTO

Selecciona tus declaraciones de afrontamiento favoritas de la lista anterior y prueba a trabajar con ellas de cualquiera de las siguientes maneras. Esto te ayudará a consolidarlas en la mente:

1. Escribe hasta cinco de tus afirmaciones de afrontamiento favoritas, en letra grande y negrita, en una ficha o una hoja de papel. Puedes utilizar un rotulador para hacer que destaquen más. Haz copias de esta lista y ponlas en algunos lugares importantes de la casa. Si tu ansiedad está relacionada con la conducción, pon la lista en el salpicadero. Llévala contigo, en el bolsillo o en el bolso, cuando tengas que enfrentarte a cualquier situación fóbica, y repásala cuando sea necesario.
2. *Recita* las afirmaciones de afrontamiento de tu lista en voz alta. Pronuncia cada una lentamente y de forma enfática, dejando un tiempo entre ellas.
3. *Escucha* un audio con tus afirmaciones de afrontamiento favoritas, que habrás grabado con tu propia voz (o la de un amigo). Puedes encontrar instrucciones explícitas para efectuar una grabación con tu voz en un ordenador portátil o un teléfono inteligente si buscas, en Google, «cómo grabar mi voz». Las instrucciones son fáciles y simples para la mayoría de los ordenadores y dispositivos móviles. Registra tus afirmaciones de afrontamiento despacio, dejando tiempo entre ellas. Reproduce después el audio dos o tres veces al día, ya sea mientras te relajas o al entrar en una situación que te provoque ansiedad.

EXPLORAR LOS ANTECEDENTES DE LOS ATAQUES DE PÁNICO

Se puede aumentar el dominio sobre los ataques de pánico por medio de investigar los tipos de circunstancias que tienden a precederlos. Las personas agorafóbicas están muy familiarizadas con estas circunstancias. Saben que son más propensas a sufrir un ataque de pánico, por ejemplo, si se encuentran lejos de casa, conducen sobre un puente o están sentadas en un restaurante, por lo que evitan sistemáticamente estas situaciones en particular. En cambio, si se sufren ataques de pánico espontáneos procedentes «de la nada», puede resultar útil registrarlos durante dos semanas y tomar buena nota de lo que estaba sucediendo inmediatamente antes del ataque, así como en las horas previas. Si es tu caso, puedes observar si alguna de las siguientes condiciones influye en la probabilidad de que tengas una reacción de pánico:

- ¿Estabas sometido a una situación que te causaba estrés?
- ¿Estabas solo o con alguien?
- Si estabas con alguien, ¿era un familiar, un amigo o un extraño? (aplica el plural si estabas con más de una persona).
- ¿En qué estado de ánimo te encontrabas en las horas previas al pánico? ¿Ansioso? ¿Deprimido? ¿Emocionado? ¿Triste? ¿Enojado? ¿De alguna otra manera?

- ¿Estabas teniendo pensamientos negativos o de miedo justo antes del episodio de pánico?
- ¿Te sentías cansado o descansado?
- ¿Estabas experimentando algún tipo de pérdida?
- ¿Sentías calor o frío?
- ¿Estabas inquieto o tranquilo?
- ¿Consumiste cafeína o azúcar justo antes del ataque de pánico?
- ¿Existen otras circunstancias que se correlacionen con tus reacciones de pánico?

Puedes utilizar el «Registro de los ataques de pánico» que se ofrece a continuación para controlar todos los ataques que experimentes durante un período de dos semanas. Haz fotocopias y rellena un cuestionario por cada ataque que tengas. Contesta todas las preguntas teniendo en cuenta el conjunto del día, desde el momento en que te despertaste hasta el momento en que experimentaste el pánico. Si el ataque te sobrevino durante la noche, responde a partir del día anterior a esa noche.

Al hacer el esfuerzo de registrar los ataques de pánico y observar cuidadosamente todas las circunstancias que sistemáticamente los preceden, estás dando un paso importante. Estás aprendiendo que no es necesario ser la víctima pasiva de un suceso que parece estar totalmente fuera de tu control. En vez de esto, puedes comenzar a modificar las circunstancias de tu vida diaria de una manera que reduzca significativamente las probabilidades de que sufras ataques de pánico.

REGISTRO DE LOS ATAQUES DE PÁNICO

Rellena un formulario por cada ataque de pánico que padezcas a lo largo de un período de dos semanas.

Fecha: _____.
Hora: _____.
Duración (minutos): _____.
Intensidad del pánico (puntúalo del 5 al 10 utilizando la «Escala de la ansiedad» que se ofrece después): _____.

Antecedentes

1. Nivel de estrés durante el día precedente (del 1 al 10, siendo 1 el nivel más bajo de estrés y 10 el más alto): _____.
2. ¿Estabas solo o con alguien? _____.
3. Si no estabas solo, ¿te acompañaba algún familiar, algún amigo o algún extraño? _____.

4. Tu estado de ánimo en las tres horas previas al ataque de pánico era el siguiente:
    - ❏ Ansioso.
    - ❏ Deprimido.
    - ❏ Emocionado.
    - ❏ Enfadado.
    - ❏ Triste.
    - ❏ Otro (especifícalo) _____.
5. ¿Estabas ante
    - ❏ un desafío
    - ❏ en un contexto de tranquilidad?
6. ¿Estabas teniendo pensamientos negativos o de miedo antes de caer presa del pánico?
    - ❏ Sí.
    - ❏ No.
    - ❏ En caso afirmativo, ¿qué pensamientos? _____.
7. ¿Estabas
    - ❏ cansado
    - ❏ descansado?
8. ¿Estabas experimentando algún tipo de disgusto emocional o pérdida?
    - ❏ Sí.
    - ❏ No.
9. ¿Estabas sintiendo
    - ❏ calor
    - ❏ frío
    - ❏ ninguna de las dos cosas?
10. ¿Te sentías inquieto e impaciente?
    - ❏ Sí.
    - ❏ No.
11. ¿Estabas dormido antes de sufrir el pánico?
    - ❏ Sí.
    - ❏ No.
12. ¿Consumiste cafeína o azúcar dentro de las ocho horas previas al episodio de pánico?
    - ❏ Sí.
    - ❏ No.
    - ❏ En caso afirmativo, ¿qué cantidad? _____.
13. ¿Has advertido cualquier otra circunstancia que se correlacione con tus reacciones de pánico? (especifica cuál o cuáles) _____
_____
_____.

APRENDER A DISCRIMINAR LOS PRIMEROS SÍNTOMAS DEL PÁNICO

Con la práctica, se puede aprender a identificar las primeras señales indicativas de que un ataque de pánico puede ser inminente. Para algunas personas, dichas señales pueden ser una aceleración repentina de los latidos del corazón. Para otras, una opresión en el pecho, tener las manos sudorosas o sentir náuseas. Otras podrían experimentar un ligero mareo o desorientación. La mayoría de las personas notan algunos síntomas de advertencia preliminares antes de alcanzar el «punto de no retorno», en que el ataque de pánico es inevitable.

Es posible distinguir entre los distintos niveles o grados de la ansiedad previa al pánico utilizando la «Escala de la ansiedad», que contempla diez niveles:

Escala de la ansiedad

7-10. *Ataque de pánico grave*	Todos los síntomas del nivel 6 pero exagerados; terror; miedo a enloquecer o morir; compulsión a escapar.
6. *Ataque de pánico moderado*	Palpitaciones; dificultad para respirar; sensación de estar desorientado o desapegado (sensación de irrealidad); pánico en respuesta a lo que se percibe como pérdida de control.
5. *Pánico incipiente*	Latidos fuertes o irregulares; respiración constreñida; desorientación o mareo; un miedo definido a perder el control; compulsión a escapar.
4. *Ansiedad fuerte*	Sentirse incómodo o disperso; corazón acelerado; tensión muscular; comenzar a preguntarse si se será capaz de mantener el control.
3. *Ansiedad moderada*	Sentirse incómodo pero todavía al mando; el corazón empieza a latir más deprisa; respiración más rápida; palmas sudorosas.
2. *Ansiedad leve*	Mariposas en el estómago; tensión muscular; claramente nervioso.
1. *Ansiedad muy leve*	Una pizca de ansiedad; ligeramente nervioso.
0. *Relajación*	Calma; sensación de no estar distraído y de estar en paz.

Es habitual experimentar los síntomas que se enumeran en distintos niveles de esta escala, aunque pueden no corresponderse exactamente con los síntomas específicos de una persona dada. Lo importante es que cada cual identifique lo que constituye el nivel 4 para él. Este es el punto en que *el control sobre las propias reacciones comienza a disminuir*, sean cuales sean los síntomas que se estén experimentando. Hasta el nivel 3, y en el mismo nivel 3, el individuo puede sentirse muy ansioso e incómodo, pero todavía siente que puede lidiar con la situación. A partir del nivel

4, empieza a preguntarse si podrá gestionar lo que le está ocurriendo, lo que puede conducirlo a un pánico aún mayor. Con la práctica, puede aprender a «pillarse a sí mismo» y abortar la reacción de pánico *antes* de que llegue al punto de no retorno. Cuanto más hábil se sea a la hora de reconocer las señales de alerta temprana del pánico —las que se manifiestan hasta el nivel 4 de la escala—, más control se logrará sobre las reacciones de pánico. Identifica esta página con un clip o de alguna otra manera, puesto que me referiré a esta escala con frecuencia, en este capítulo y en los siguientes.

ESTRATEGIAS DE AFRONTAMIENTO PARA NEUTRALIZAR EL PÁNICO EN UNA ETAPA TEMPRANA

Primero tienes que aprender a identificar tus propias señales de advertencia de un posible ataque de pánico. ¿Cuáles son tus síntomas de nivel 4? Una vez que descubras tus señales anticipatorias, es el momento de que *hagas algo* al respecto. Luchar contra el pánico no es una buena idea, pero no hacer nada y permanecer pasivo puede ser incluso peor. La mejor solución es utilizar una serie de estrategias de afrontamiento de eficacia probada.

Si has sido capaz de detectar los primeros síntomas del pánico antes de que escapasen a tu control (antes de alcanzar el nivel 5 o superarlo), puedes utilizar cualquiera de las siguientes estrategias de afrontamiento para evitar una reacción de pánico en toda regla.

La práctica de la respiración abdominal

Respirar lentamente desde el abdomen te puede ayudar a reducir los síntomas corporales del pánico de una de estas dos maneras:

1. Al ralentizar la respiración y respirar desde el abdomen, puedes invertir dos de las reacciones asociadas con la respuesta de lucha o huida: el aumento de la frecuencia respiratoria y la mayor contracción de los músculos de la pared torácica. Después de tres o cuatro minutos de realizar la respiración abdominal de manera lenta y regular, es probable que sientas que has mitigado una reacción instintiva que amenazaba con escapar a tu control.
2. La práctica lenta de la respiración abdominal, especialmente cuando se hace por la nariz, puede reducir los síntomas de hiperventilación que pueden causar o agravar los ataques de pánico. Los mareos, la desorientación y las sensaciones de hormigueo asociados con la hiperventilación se deben a la respiración rápida y poco profunda, a nivel del pecho. Tres o cuatro minutos de respiración abdominal lenta tienen la virtud de invertir este proceso y erradicar los síntomas de la hiperventilación.

Repasa el apartado dedicado a la respiración abdominal del capítulo 4, junto con los ejercicios de respiración abdominal y de relajación por medio de la respiración. Elige el ejercicio que prefieras y practícalo durante cinco minutos al día, hasta que sientas que lo dominas. (Practicar la respiración abdominal a diario también te ayudará a habituarte a respirar desde un nivel más profundo de los pulmones). Una vez que te sientas cómodo y confiado con una de las técnicas, trata de usarla en cualquier momento en que experimentes la aparición de los primeros síntomas del pánico. Acuérdate de realizar la respiración abdominal lenta durante un período de tres a cinco minutos, hasta que puedas sentir que los síntomas del pánico comienzan a remitir. Si el ejercicio de respiración te provoca mareo, detente durante treinta segundos y luego vuelve a empezar.

Una práctica alternativa que ayuda a algunas personas a neutralizar el pánico es efectuar una inspiración profunda y retener el aire todo el tiempo posible, en el momento de sentir la inminencia de los síntomas del pánico. Si se sigue experimentando ansiedad después de hacer esto, conviene repetirlo dos o tres veces más.

Repetir afirmaciones de afrontamiento positivas

Uno de los puntos centrales de este capítulo ha sido hacer hincapié en el papel del diálogo interno negativo a la hora de agravar los ataques de pánico. Así como las reacciones corporales físicas asociadas con el pánico (el *primer miedo*) pueden venir de la nada, la reacción emocional a estos síntomas corporales (el *segundo miedo*) no lo hace. Esta reacción parte de lo que *uno se dice a sí mismo* acerca de estos síntomas. Si uno se dice que sus síntomas fisiológicos son horribles y muy amenazadores, que no puede soportarlos, que va a perder el control o que puede morir, se asusta a sí mismo y se induce un estado de ansiedad elevada. Por el contrario, acepta lo que le está sucediendo y se dice frases calmantes, tranquilizadoras, como por ejemplo: «Esto no es más que ansiedad y no voy a dejar que me afecte», «He pasado por esto antes y no es peligroso» o «Puedo manejar esto hasta que pase», se puede minimizar o eliminar la escalada de los síntomas.

Utiliza cualquiera de las afirmaciones de afrontamiento positivas enumeradas anteriormente en este capítulo cuando sientas la proximidad de los primeros síntomas del pánico. Esto te ayudará a alejar la mente *tanto* de los síntomas corporales del pánico *como* del diálogo interno inductor del miedo, que solo puede empeorar las cosas. Elige cualquiera de las estrategias que figuran en el apartado «Formas de trabajar con las afirmaciones de afrontamiento» para practicar tus declaraciones dos o tres veces al día, cuando no estés sintiendo pánico o ansiedad. Sigue practicándolas hasta que se conviertan casi en un automatismo. Y utilízalas cuando te sobrevenga un episodio de pánico (o al hallarte frente a una situación fóbica). Sigue con la práctica durante uno o dos minutos, hasta que sientas que la intensidad fisiológica de la ansiedad comienza a disminuir.

Aprender a utilizar con eficacia las afirmaciones de afrontamiento para superar el pánico conlleva práctica y perseverancia. Pero quienes hacen el esfuerzo se sorprenden al constatar lo bien que pueden funcionar a la hora de evitar que los síntomas de la ansiedad superen el nivel 4 de la «Escala de la ansiedad». El diálogo interno positivo también puede ayudar a limitar un ataque de pánico que ya haya superado el nivel 4.

En suma, la forma en que uno responda a los primeros síntomas físicos del pánico vendrá determinada en gran medida por lo que se diga a sí mismo, como se ilustra a continuación:

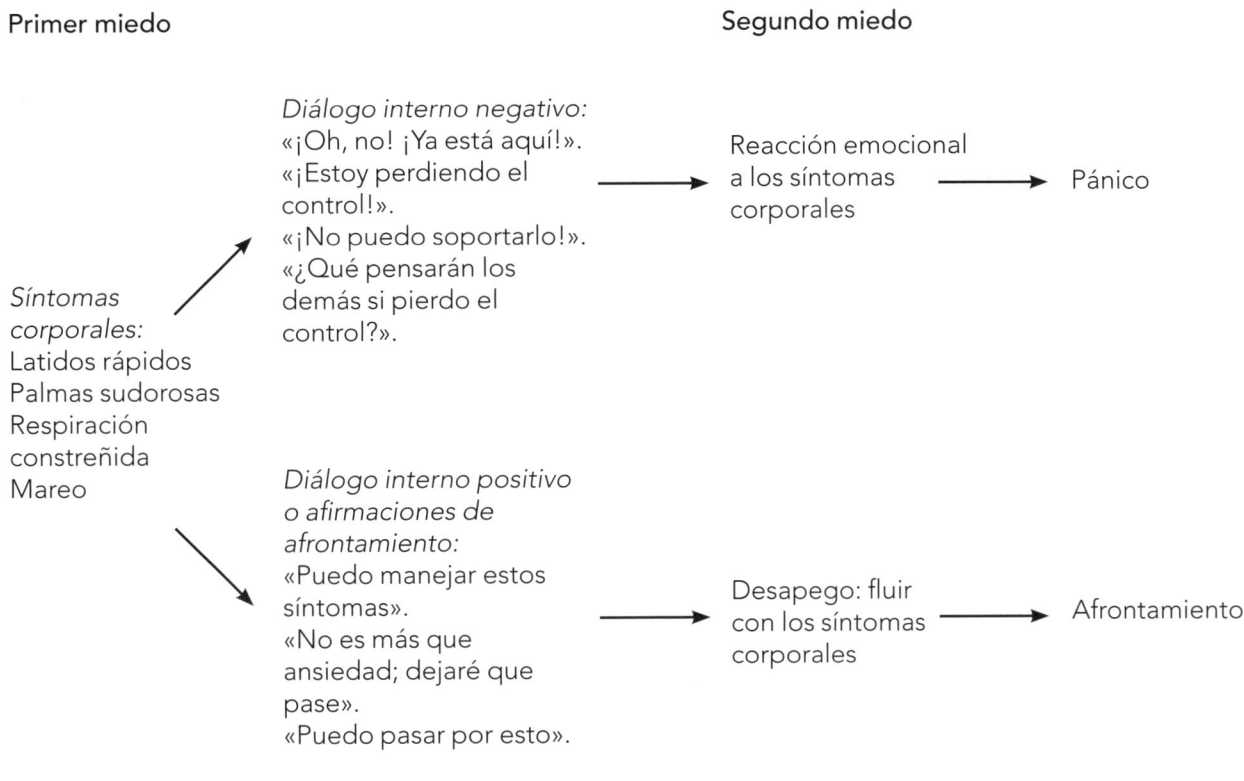

Tú eliges.

Usar la respiración abdominal en combinación con las afirmaciones de afrontamiento

Puede ser que *combinar* la respiración abdominal con la repetición de una afirmación positiva de afrontamiento funcione mejor a la hora de limitar el pánico. En general, es mejor hacer frente a las sensaciones físicas del pánico con un ejercicio de respiración abdominal primero, y seguir poco después con la repetición metódica de una frase de afrontamiento. Se puede trabajar con las dos técnicas de forma simultánea o bien exclusivamente en la reducción de la excitación fisiológica durante un minuto o dos y luego empezar a trabajar con una afirmación positiva. Cada cual debe experimentar para ver qué funciona mejor en su caso. Es mejor adquirir cierta habilidad y familiaridad con cada tipo de estrategia por separado, al principio, antes de tratar de juntarlas.

Hablar con una persona de apoyo que esté físicamente cerca o por teléfono

Hablar con alguien puede ayudarte a lograr que la mente se aleje de los síntomas y pensamientos corporales de ansiedad. Puedes hacerlo si estás conduciendo un coche (puedes hablar con uno de los pasajeros, o detenerte y hablar con alguien por el móvil) o si te hallas en la cola del supermercado, o en un ascensor, o en un avión, etc. Puede dar muy buenos resultados. Si estás hablando en público, confiar en la audiencia puede ayudar, a menudo, a disipar la ansiedad inicial.

Moverse o hacer alguna actividad física

Moverse y hacer algo físico permite disipar la energía o adrenalina adicionales que se crean por la reacción de lucha o huida que tiene lugar durante un episodio de ansiedad aguda. En vez de resistirse a la excitación fisiológica que es normal que acompañe a la ansiedad, se trata de moverse con ella. En el trabajo, puedes caminar hasta el baño y volver, o pasear al aire libre durante diez minutos. En casa puede ser el momento de realizar tareas domésticas que requieran actividad física o de hacer ejercicio en la bicicleta estática o en el *minitramp*. Ocuparse del jardín es una excelente manera de canalizar la energía física resultante de una reacción de ansiedad.

Estar en el presente

Consiste en concentrarse en elementos concretos del entorno inmediato. En un supermercado, por ejemplo, puedes mirar a la gente que te rodea, o los diversos folletos que hay junto a la caja registradora. Al conducir, puedes mirar los coches que tienes delante u otros detalles del entorno circundante (siempre y cuando no desvíes la mirada de la carretera, por supuesto). Estar en el presente y centrarte en los objetos externos te ayudará a minimizar la atención que prestas a los síntomas físicos problemáticos o a los pensamientos catastrofistas del estilo «¿y si...?». Si es posible, puedes tocar algunos objetos cercanos para reforzar tu estancia en el presente inmediato. Otra buena manera de conectarte a tierra es centrarte en las piernas y los pies. Si estás de pie o caminando, presta atención a las piernas y los pies e imagina que estás conectado a la tierra.

Usar técnicas de distracción sencillas

Hay muchos actos repetitivos sencillos que te pueden ayudar a desviar la atención de la ansiedad. He aquí algunas sugerencias:

- ▶ Desenvolver y masticar un chicle.
- ▶ Contar hacia atrás desde 100 de tres en tres: 100, 97, 94, y así sucesivamente.
- ▶ Contar la cantidad de personas que hay en la fila de la caja (o en todas las filas) en el supermercado.
- ▶ Contar el dinero que llevas en la billetera.
- ▶ Al conducir, contar los giros de volante.

- Tirar de una banda de goma que lleves en la muñeca. Esto puede sacar a tu mente de los pensamientos de ansiedad.
- Darte una ducha fría.
- Cantar.

Nota: las técnicas de distracción están muy bien para ayudar a hacer frente a la aparición repentina de la ansiedad o la preocupación. Sin embargo, no hay que permitir que la distracción se convierta en una forma de evitar la ansiedad o huir de ella. En última instancia, se tiene que experimentar directamente y dejarla pasar con el fin de convencerse de que no es perjudicial. Cada vez que se produce un arrebato de ansiedad y se permite que pase sin tratar de rehuirla, uno aprende que puede sobrevivir a lo que sea que ofrezca el sistema nervioso en el momento. De este modo, se adquiere confianza en la propia capacidad de gestionar la ansiedad en todas las situaciones.

Enojarse con la ansiedad

El enojo y la ansiedad son respuestas incompatibles. Es imposible experimentar ambas al mismo tiempo. En algunos casos los síntomas de ansiedad son un sustituto de sentimientos más profundos de ira, frustración o rabia. Si uno se enoja con su ansiedad en el momento en que surge, puede evitar que vaya en aumento. Esto se puede hacer de manera verbal o física. Se puede decir a los síntomas frases tales como: «¡Apártate de mi camino! ¡Tengo cosas que hacer!», «¡Al diablo con esto! ¡No me importa lo que piensen los demás!» o «¡Esta reacción es ridícula! ¡Voy a hacerlo de todos modos!». Este método puede ser efectivo para algunas personas.

Estas son algunas técnicas clásicas, avaladas por el tiempo, para expresar físicamente el enojo:

- Golpear una almohada en la cama con los dos puños.
- Gritar en una almohada o en el coche (a solas con las ventanillas cerradas).
- Golpear una cama o un sofá con un bate de béisbol de plástico.
- Arrojar huevos a la bañera (los restos son arrastrados por el agua).
- Cortar madera.

Es muy importante tener en cuenta, a la hora de dar rienda suelta a la ira, que hay que dirigirla al espacio o hacia un objeto, *no hacia otra persona*. En caso de sentirse uno muy enojado con alguien, tiene que ventilar primero la carga física de la ira de una de las formas anteriores antes de intentar comunicarse con esa persona. Hay que evitar las expresiones físicas y verbales de ira hacia los otros seres humanos.

Experimentar algo que dé un placer inmediato

La sensación de placer también es incompatible con el estado de ansiedad. Cualquiera de las actividades siguientes puede ayudar a neutralizar la ansiedad, la preocupación o incluso el pánico:

- Hacer que tu pareja o tu cónyuge te abrace (o te dé un masaje en la espalda).
- Darte una ducha caliente o relajarte con un baño caliente.
- Tomar un aperitivo o una comida placentera.
- Tener actividad sexual.
- Leer libros de contenido humorístico o ver un DVD cómico.

APRENDER A OBSERVAR LAS SENSACIONES CORPORALES DE ANSIEDAD (EN VEZ DE REACCIONAR A ELLAS)

Se puede dar un gran paso adelante por medio de aprender a separarse emocionalmente de los primeros síntomas físicos del pánico: solo hay que *observarlos*. En la medida en que uno pueda observar las intensas reacciones que experimenta su cuerpo sin interpretarlas como una amenaza, será capaz de ahorrarse una angustia considerable. Varias de las estrategias descritas en el apartado anterior pueden ayudar a adoptar esta postura de desapego. Gracias a la respiración abdominal profunda se puede reducir la velocidad de respuesta de los mecanismos fisiológicos responsables del pánico, y así uno obtiene *tiempo* para desimplicarse un poco. A través del diálogo interno positivo se reemplaza la cháchara atemorizante, que puede agravar la ansiedad, por afirmaciones de afrontamiento específicamente diseñadas para fomentar una actitud de desapego y de «fluir» con la experiencia.

Se necesita un poco de práctica para aprender a utilizar las técnicas de respiración y el diálogo interno positivo. Trabajar con ello de manera constante permite, con el tiempo, llegar a un punto en que, en lugar de reaccionar, se pueden observar las reacciones corporales asociadas con el pánico y fluir con ellas. Este tipo de desprendimiento es la clave para ser capaz de dominar el pánico.

¿QUÉ HACER CUANDO EL PÁNICO SUPERA EL NIVEL 4?

Si eres incapaz de detener la reacción de pánico antes de que vaya más allá de tu punto personal de no retorno, conviene que observes las siguientes pautas:

- Sal de la situación que ha provocado el pánico si es posible.
- No trates de controlar o combatir los síntomas; en vez de esto, acéptalos y fluye con ellos, recordando que el pánico no es peligroso y pasará.
- Llama a alguien y exprésale las sensaciones que estás experimentando.
- Muévete o realiza una actividad física.
- Concéntrate en objetos que tengas alrededor.
- Toca el suelo u objetos físicos que te rodean, o «enraízate» de alguna otra manera.

- Si estás en un lugar donde puedas hacerlo, descarga la tensión por medio de dar puñetazos, llorar o gritar.
- Respira lenta y regularmente por la nariz para reducir los posibles síntomas de hiperventilación.
- Utiliza el diálogo interno positivo (afirmaciones de afrontamiento) junto con la respiración lenta.
- Como último recurso, toma una dosis extra de un tranquilizante menor (con la aprobación general de tu médico).

Durante un ataque de pánico intenso, puedes sentirte muy confundido y desorientado. Prueba a hacerte las siguientes preguntas con el fin de ser más objetivo (puedes escribirlas en una ficha —de 7,5 x 12,5 cm aproximadamente— y llevarla contigo en todo momento):

- ¿Son estos síntomas que siento verdaderamente peligrosos? Respuesta: «No».
- ¿Qué es lo peor de lo peor que podría pasar? Las respuestas habituales: «Podría tener que salir de esta situación rápidamente» o «Podría tener que pedir ayuda».
- ¿Me estoy diciendo a mí mismo algo que esté empeorando la situación?
- ¿Qué es lo mejor que podría hacer para ayudarme en este momento?

EN RESUMEN

En general, cuando los síntomas de la ansiedad empiecen a aflorar, utiliza la siguiente técnica de tres pasos para gestionarlos:

1. **Acepta tus síntomas.** No luches contra ellos o te resistas a ellos. Resistirse a los síntomas de la ansiedad o huir de ellos tiende a empeorarlos. Cuanto más puedas adoptar una actitud de aceptación, por más desagradables que puedan ser los síntomas, más serás capaz de hacerles frente. La aceptación te prepara para hacer algo proactivo con tu ansiedad en lugar de quedar atrapado en tus reacciones a ella.
2. **Practica la respiración abdominal.** Tan pronto como la ansiedad se presente, empieza siempre por realizar la respiración abdominal. Si has estado practicando esta respiración con regularidad, el solo hecho de comenzarla le envía una señal a tu cuerpo para que se relaje y se desconecte de una posible respuesta de lucha o huida.
3. **Utiliza una estrategia de afrontamiento.** Cuando vayas sintiéndote centrado en la respiración abdominal, utiliza una afirmación de afrontamiento o una técnica de distracción (por ejemplo, hablar con otra persona o repetir afirmaciones de afrontamiento) para seguir gestionando tus sensaciones. Cualquier estrategia de afrontamiento reforzará la postura básica de no dar atención o energía a los pensamientos negativos o a las sensaciones

corporales incómodas. Al practicar regularmente técnicas de afrontamiento, refuerzas una actitud de dominio de la ansiedad en lugar de otra de victimización y sumisión pasiva. Ten en cuenta que la respiración abdominal es, en sí misma, una estrategia de afrontamiento, y a veces resultará suficiente.

COMENTA TU PROBLEMA

Una buena manera de reducir al mínimo las probabilidades de experimentar pánico en un gran número de situaciones es, simplemente, informar a la persona pertinente de que tienes un problema con los ataques de pánico o la agorafobia.

Esto es especialmente importante si temes que interfieran en tu capacidad de desempeñar tu trabajo. Si intentas trabajar sin permitir que nadie sepa tu problema, puedes llegar a sentirte cada vez más atrapado en la situación —atrapado por el miedo a lo que los demás puedan pensar de ti si pierdes el control—. Es posible que esto aumente las probabilidades de que sufras un ataque de pánico, en vez de reducirlas.

Si le comentas algo de tu problema a tu jefe o a un compañero, harás que tu lugar de trabajo sea más un «lugar seguro». Vas a preocuparte menos por lo que puedan pensar los demás si te entra el pánico, porque alguien relevante ya estará informado. Más importante aún, te habrás dado permiso para salir temporalmente del trabajo en caso de que la situación te supere. Con este permiso, es mucho menos probable que te sientas atrapado, y con mayor seguridad se disiparán los temores que puedas haber contraído en relación con ir a trabajar.

Lo mismo ocurre con cualquier otra situación en la que tengas miedo de experimentar el pánico y en la que, sin embargo, haya algún responsable con quien puedas hablar. Entre estas situaciones pueden estar aulas, consultorios médicos, fiestas (habla con el anfitrión) o reuniones grupales (habla con el facilitador).

Para ayudarte a hablar de tu problema, incluyo la siguiente carta, extraída con permiso del *Manual del programa TERRAP*, del doctor Art Hardy (TERRAP, acrónimo de *territorial apprehension*, ofrece profesionales y recursos para tratar la ansiedad; visita www.terrap.com). Puedes utilizar la carta como base para la elaboración de tu propio guion sobre lo que quieres compartir acerca de tu problema. La que aquí se reproduce versa sobre la agorafobia, pero también puede adaptarse para que se refiera a la fobia social y al trastorno de pánico. Entrega la carta a alguien a quien quieras comentarle tu problema, o léesela.

Recuerda que *todo el mundo* ha experimentado ansiedad y que *todo el mundo* se siente incómodo en algunas situaciones. Si asumes el riesgo de compartir algo acerca de tu caso, te sorprenderá ver el apoyo y la aceptación que recibes.

En la carta se usa el tratamiento de *usted*. Obviamente, puedes adaptar el tratamiento según el destinatario.

Carta para hablar del problema

Estimado/a – Apreciado/a – Querido/a _____:

Quiero decirle algo sobre mí. Tengo un problema con un tipo de ansiedad que se llama agorafobia. No es una enfermedad mental, sino un tipo de ansiedad que causa ataques de pánico. Aunque cinco de cada cien personas padecen agorafobia, algunos no han oído hablar de este problema. Me resulta difícil hablar de ello, pero es importante para mí compartir esta información con usted.

La agorafobia es similar a la claustrofobia, excepto por el hecho de que los ataques de pánico pueden ser provocados por muchos factores, como las multitudes, estar lejos de casa, las autopistas, los puentes y muchas otras situaciones. Yo no puedo anticipar ni controlar estos ataques de ansiedad. Debido a que son extremadamente incómodos, a veces aterradores y siempre embarazosos, he estado evitando las situaciones que puedan suscitarlos.

He encontrado ayuda para este problema y estoy haciendo progresos. En este momento estoy avanzando y quiero avanzar aún más, pero todavía necesito poder salir de las situaciones que me resultan aterradoras. He comprobado que cuando otras personas entienden que puedo tener que abandonar una situación que me resulta incómoda puedo manejarme mejor, y esto contribuye a mi recuperación.

Es extremadamente importante que me sienta libre de salir de cualquier situación dada en cualquier momento, por más inocua que pueda parecer dicha situación. No pido que entienda mi problema, pero le agradecería su ayuda.

Al explicarle esto no estoy solicitando su simpatía, pero sí me gustaría poder contar con su apoyo moral mientras trabajo para recuperarme. Soy consciente de que la manera en que afronto el problema puede confundirle e incluso parecerle inapropiada. Esté seguro de que he recibido tratamiento por otros métodos, pero he constatado que el sistema que estoy utilizando ahora me está ayudando a recuperarme. Por medio de su aceptación, usted estará trabajando conmigo en la superación de este problema.

RESUMEN DE COSAS POR HACER

1. Vuelve a leer el apartado «Reducir el peligro» de este capítulo varias veces para reforzar la idea de que los diversos síntomas del ataque de pánico no son peligrosos.
2. Completa los dos cuestionarios sobre los ataques de pánico de este capítulo. A continuación, trabaja con la herramienta que sigue a los cuestionarios, «La conexión entre los síntomas corporales y los pensamientos catastrofistas». Recuerda que las sentencias catastrofistas que te dices a ti mismo son las principales responsables del desencadenamiento de los ataques de pánico.

3. Vuelve a leer el apartado «No hay que luchar contra el pánico», donde se ofrece el enfoque de cuatro pasos de Claire Weekes para hacer frente a los ataques de pánico, que te ayudará a cultivar actitudes de aceptación y no resistencia hacia los síntomas del pánico. Aprende a fluir con el pánico en lugar de luchar contra él.
4. Haz el seguimiento de tus ataques de pánico durante dos semanas, utilizando el «Registro de los ataques de pánico» para buscar qué condiciones y estímulos preceden a tus reacciones de pánico.
5. Trabaja en aprender a reconocer tus propios síntomas tempranos del pánico. Identifica cuáles son los síntomas de nivel 4 para ti en la «Escala de la ansiedad» (el punto en el que sientes como si estuvieras empezando a perder el control).
6. Experimenta con distintas estrategias de afrontamiento cuando sientas que los síntomas del pánico progresan hasta el nivel 4. ¿Qué estrategias funcionan mejor para ti?
7. Presta especial atención a las siguientes estrategias de afrontamiento:

   ▸ Practica la respiración abdominal (utilizando el ejercicio de respiración abdominal o el de relajación por medio de la respiración del capítulo 4) durante cinco minutos diarios, hasta que hayas dominado la técnica. Después utilízala para reducir la excitación cuando sientas los primeros síntomas físicos del pánico.
   ▸ Selecciona una o más afirmaciones de afrontamiento y practica usarlas en el momento en que te des cuenta de que estás empezando a asustarte a ti mismo con el diálogo interno negativo. Repite tus afirmaciones de afrontamiento hasta que seas capaz de superar cualquier diálogo interno negativo que tenga lugar en tu cabeza.
   ▸ Cuando domines la práctica de la respiración abdominal y el uso de las afirmaciones de afrontamiento, prueba a combinar ambos. Empieza con la respiración abdominal y sigue con la repetición de una afirmación de afrontamiento. La combinación adecuada de estas técnicas puede ser más efectiva que cualquiera de ellas sola.

8. Experimenta con estrategias de afrontamiento para las reacciones de pánico que tengan lugar por encima del nivel 4 en la «Escala de la ansiedad» para averiguar cuáles te funcionan mejor.
9. Si te sientes inclinado a ello, prueba los procedimientos de inducción de síntomas. Estos procedimientos te expondrán a las sensaciones físicas que asocias con el pánico. Si estás trabajando con un terapeuta, puedes pedirle que te ayude a inducirte los síntomas.
10. Habla de tu problema con un familiar, amigo o supervisor del trabajo, utilizando la «Carta para hablar del problema» como marco del contenido.

PARA SABER MÁS

Barlow, David y Michelle Craske. *Mastery of Your Anxiety and Panic: Workbook*. Cuarta edición. Oxford University Press. Nueva York, 2007 (presentación detallada del enfoque cognitivo-conductual para el tratamiento del pánico).

Beckfield, Denise F. *Master Your Panic and Take Back Your Life*. Segunda edición. Impact Publishers. San Luis Obispo (California), 1998 (guía de autoayuda útil y completa).

Weekes, Claire. *Autoayuda para tus nervios*. Edaf. Madrid, 2006.

———. *Peace from Nervous Suffering*. Bantam Books. Nueva York, 1978 (un excelente recurso para aprender a lidiar con el pánico y otras formas de ansiedad).

Wilson, Reid. *No al pánico: cómo controlar los ataques de angustia*. Segunda edición. Cuatro Vientos. Santiago de Chile, 2009.

Zuercher-White, Elke. *An End to Panic*. Segunda edición. New Harbinger Publications. Oakland (California), 1998.

7

Una ayuda para las fobias: exponerse

La manera más eficaz de superar una fobia es hacerle frente. Continuar evitando la situación temida es el principal factor que hace que la fobia siga vigente.

Tener que hacer frente a una situación que se ha estado evitando durante años puede parecer, al principio, una tarea imposible. Sin embargo, esta tarea puede hacerse manejable si se divide en pasos lo suficientemente pequeños. En lugar de afrontar la situación de golpe, puede hacerse muy gradualmente, incrementando la intensidad de la exposición de forma muy progresiva. Puede avanzarse por medio de dar pasos muy pequeños, incluso diminutos.

Las fobias se desarrollan como resultado de la *sensibilización*, el proceso de volverse sensible a un estímulo en particular. En esencia, lo que ocurre es que se aprende a asociar la ansiedad con una situación concreta. Acaso una vez la persona se vio inmersa en el pánico mientras estaba sentada en un restaurante, o sola en casa. Si el nivel de ansiedad fue elevado, es probable que estableciera una fuerte asociación entre estar en esa situación y padecer ansiedad. A partir de ese momento, el hecho de hallarse en esa situación o cerca de ella, o tal vez el solo hecho de pensar en ella, empezó a desencadenar automáticamente la ansiedad. Puesto que la conexión entre la situación y la ansiedad se producía de manera automática y escapaba, aparentemente, a su control, es probable que hiciera todo lo posible para evitar exponerse de nuevo a la situación. Esta evitación fue recompensada, ya que salvó al sujeto de volver a experimentar la ansiedad. Pero en el momento en que empezó a evitar la situación, contrajo una fobia en toda regla.

La *exposición* es el proceso de *desaprender* la conexión entre la ansiedad y una situación en particular. Para que la exposición tenga lugar, es necesario entrar en la situación fóbica de forma progresiva, por pasos. En el caso de la exposición en la vida real, uno se enfrenta directamente a la situación fóbica; permite que la ansiedad crezca y, al soportarla durante un período de tiempo, aprende que puede *gestionarla* en una situación que se había acostumbrado a evitar. Se trata, primero, de *desaprender* la conexión entre la situación fóbica (por ejemplo conducir por la autopista) y la respuesta de ansiedad, y segundo, de ganar confianza en la propia capacidad de gestionar la situación con independencia de si la ansiedad hace acto de presencia. Exponerse repetidamente a la situación permite, con el tiempo, superar la anterior evitación.

La exposición es el tratamiento más eficaz disponible para las fobias. Muchos estudios controlados han demostrado, de manera consistente, que la exposición directa a las situaciones fóbicas es más eficaz que otros tratamientos no conductuales, tales como la terapia por *insight*, la terapia cognitiva sola o los medicamentos. Nada funciona mejor, a la hora de superar un miedo, que afrontarlo, especialmente cuando se hace de forma sistemática y por medio de pequeños incrementos en la exposición. Además, la mejoría obtenida a partir de la exposición en la vida real no desaparece, generalmente, con el paso de las semanas o los meses. Una vez que la persona ha completado su proceso de exposición a una situación fóbica en la vida real, puede permanecer libre de ese miedo. En algunos casos, sin embargo, puede ser que tenga que llevar a cabo una sesión de exposición de «refuerzo» periódica para conservar los resultados de la exposición original, sobre todo si la situación no se produce a menudo (por ejemplo, ver serpientes en el zoológico).

La exposición es el tratamiento que se debe elegir en caso de agorafobia, fobias sociales y muchas fobias específicas. Es útil para superar las *fobias territoriales* que son comunes en la agorafobia –por ejemplo, el miedo a entrar en supermercados o centros comerciales, a conducir por puentes o autopistas, a subirse a autobuses, trenes o aviones, a escalar alturas, o a estar a solas–. Entre las *fobias sociales* que responden bien a la exposición directa están el temor a hablar en público, a hacer presentaciones, a estar en grupos, a asistir a eventos sociales, a asistir a una cita, a usar los baños públicos y a hacer exámenes. Y las *fobias específicas*, que pueden ir desde el miedo a las arañas hasta el miedo al agua o al dentista, pueden superarse gracias a este tipo de tratamiento.

Si la exposición en la vida real es un tratamiento tan eficaz, ¿por qué hay todavía tantas personas fóbicas? ¿Por qué no todo el mundo ha hecho uso de un tratamiento tan potente? La respuesta es fácil: a pesar de su eficacia, la exposición no es un proceso particularmente sencillo o cómodo de realizar. No todo el mundo está dispuesto a tolerar lo desagradable que es afrontar las situaciones fóbicas o persistir en dicho afrontamiento de forma asidua. *La terapia de exposición exige un fuerte compromiso por parte de la persona.* Si el sujeto está realmente comprometido con su recuperación, estará dispuesto a lo siguiente:

> ▸ *Asumir el riesgo* de comenzar a hacer frente a situaciones que puede haber estado evitando desde hace muchos años.

- *Tolerar la incomodidad inicial* que a menudo implica exponerse a las situaciones fóbicas —aunque la exposición tenga lugar de forma muy progresiva.
- *Persistir en la práctica de la exposición* de manera constante, a pesar de los posibles contratiempos, durante un período de tiempo lo suficientemente largo como para permitirse lograr la recuperación completa (por lo general, esto requiere entre unas cuantas semanas y un año o más).

Si la persona está lista para comprometerse verdaderamente con la exposición durante el período de tiempo que sea necesario, se recuperará de sus fobias.

LA EXPOSICIÓN DE AFRONTAMIENTO Y LA EXPOSICIÓN TOTAL

El proceso de exposición se puede dividir generalmente en dos etapas: la *exposición de afrontamiento* y la *exposición total*. La etapa de afrontamiento implica contar con distintos apoyos que ayuden al individuo a empezar con la exposición y gestionar los primeros pasos del proceso. Estos apoyos pueden incluir a una persona acompañante (o «persona de apoyo»), la dosis baja de un tranquilizante, practicar la respiración abdominal profunda o repetir afirmaciones de afrontamiento positivas (véase, por ejemplo, la lista de afirmaciones de afrontamiento del capítulo 6). Cuando el sujeto avance más allá de los primeros pasos de su jerarquía (una serie gradual de aproximaciones a su situación fóbica), tendrá que dejar de depender, progresivamente, de este tipo de estrategias de afrontamiento.

Es así como se llega a la segunda etapa, la de la «exposición total», que significa entrar en la situación fóbica sin depender de apoyos o estrategias de afrontamiento. La exposición total es necesaria, ya que *enseña al individuo que puede gestionar una situación que previamente había estado evitando bajo cualquier circunstancia*. Por ejemplo, en lugar de creer que solo puede conducir por autopistas si toma medicamentos, sabe que puede hacerlo a pesar de su ansiedad o independientemente de si utiliza o no algo para mitigarla. La exposición total conduce a dominar por completo la situación que antes había sido fóbica.

La exposición total, en que no se depende de ninguna estrategia de afrontamiento —como una persona de apoyo o la medicación—, es la manera más rápida y eficaz de superar una fobia. Algunos sujetos emprenden con valentía la exposición total a su fobia —por ejemplo, estar solo en casa, viajar a lugares elevados o conducir hasta el supermercado local— sin utilizar estrategias de afrontamiento como apoyo. Otros prefieren el enfoque más suave de usar estrategias de afrontamiento que les ayuden a empezar con la exposición y a pasar por las primeras etapas. Poco a poco, a medida que avanzan, van prescindiendo de estas estrategias con el fin de dominar completamente la situación.

LAS ESTRATEGIAS DE AFRONTAMIENTO Y EL DOMINIO DE LA EXPOSICIÓN

La distinción que se acaba de hacer entre la exposición de afrontamiento y la exposición total implica que en realidad hay dos enfoques para tratar con las fobias: el afrontamiento y el pleno dominio. Sin duda, lo deseable es llegar a dominar la fobia por completo —por ejemplo, la fobia a volar, a ir en ascensor o a conducir por autopistas—. En la práctica, sin embargo, algunos optan por quedarse con el afrontamiento, es decir, se conforman con ser capaces de gestionar su situación fóbica con el uso de cualesquiera ayudas que sienten que necesitan. Su objetivo es hacer frente a la situación, no dominarla completamente.

Para muchos individuos fóbicos, la capacidad de llegar a gestionar una situación difícil sin una persona de apoyo es un logro significativo. También lo es la capacidad de hacer frente a una fobia sin la ayuda de medicación. Sin embargo, en la práctica, existe diversidad en cuanto a la voluntad de renunciar a este tipo de ayudas. A menudo, como resulta comprensible, la variable crítica es la *frecuencia* con que se requiere confrontar la situación. Si la persona tiene que hacer frente a una situación frecuente, como conducir a diario por la autopista para ahorrarse un tiempo considerable para llegar al trabajo, es muy probable que aspire a dominarla totalmente. Llevar a cabo la exposición una y otra vez cada día durante semanas y meses hará que el pleno dominio (sin necesidad de estrategias de afrontamiento como apoyo) sea más factible. Es distinto el caso de las situaciones fóbicas con las que la persona se encuentra solo raramente. Si volar o dar una presentación es una circunstancia relativamente excepcional, depender de cualquier recurso que necesiten para hacerle frente puede ser suficiente para algunas personas (mientras que otras aspiran al dominio total también en estas situaciones, aunque ello requiera un período mayor de tiempo a causa de la menor frecuencia de las exposiciones).

CÓMO PRACTICAR LA EXPOSICIÓN

Se pueden utilizar las siguientes pautas para diseñarse uno mismo su terapia de exposición:

Establecer los objetivos

Empieza por definir claramente tus objetivos. ¿Qué situaciones son las que quieres dejar de evitar en mayor medida? ¿Deseas ser capaz de conducir por la autopista solo? ¿Hacer la compra semanal tú mismo? ¿Dar una presentación en el trabajo? ¿Volar en un avión?

Asegúrate de que tus objetivos sean específicos. En lugar de apuntar a algo tan amplio como estar a gusto en todo tipo de tiendas, define un objetivo concreto, como «comprar los alimentos de la semana en el supermercado del barrio yo mismo» o «volar en avión durante una hora». Con el tiempo desearás eliminar todas las restricciones —es decir, querrás sentirte cómodo en cualquier tienda o en cualquier vuelo.

Una vez que hayas definido los objetivos, ponte plazos. ¿En qué fecha te gustaría ser capaz de dar un discurso, conducir por la autopista o tomar un vuelo? ¿A dos meses vista? ¿Dentro de un año? Date un período de tiempo en el que trabajar en el asunto y comprométete a respetar los plazos que te hayas fijado. A menudo es útil distinguir entre los objetivos a corto y a largo plazo. Utiliza la siguiente hoja de trabajo para definir dónde te gustaría estar, en cuanto a tu proceso de recuperación, en varios momentos del futuro. Haz una copia de esta declaración de objetivos y ponla en un lugar visible, para que tengas siempre presente tu plan para superar tus miedos.

OBJETIVOS

En tres meses:

En seis meses:

En un año:

Crear una jerarquía para cada objetivo

Tienes que crear una jerarquía de exposiciones para cada objetivo que hayas definido. Una *jerarquía* es una exposición gradual a la situación fóbica. Se empieza con una exposición muy limitada a la situación y luego, gradualmente, por medio de pequeños incrementos, se aumenta el grado de exposición. Por ejemplo, si la persona tiene miedo de subirse a los ascensores, puede empezar por acercarse a un ascensor, sin subirse en él. El siguiente paso podría ser el de subir y bajar del ascensor sin ponerlo en marcha. A continuación, el siguiente paso consistiría en subir un piso y volver. Después de eso, se procedería a subir dos pisos, y así sucesivamente. Puedes utilizar las siguientes directrices, así como las jerarquías de muestra que aparecen más adelante en el capítulo, para elaborar tu propia jerarquía de exposiciones:

1. Elige una situación fóbica concreta que desees trabajar; por ejemplo, ir al supermercado, conducir por la autopista o dar una charla ante un grupo.
2. Imagina tener que hacer frente a esta situación de una manera muy limitada, de tal forma que apenas te cause ninguna molestia. En el caso de ir al supermercado, esto podría

consistir en conducir hasta el aparcamiento del establecimiento y luego regresar a casa. En el caso de dar una charla, podría consistir en impartir una charla de un minuto a un amigo en la comodidad del hogar. En una escala del 1 al 10, estas exposiciones tendrían una intensidad de 1.

3. Ahora imagina cuál sería la exposición más fuerte o desafiante en relación con tu fobia y ubícala en el extremo opuesto, como el escalón más alto de tu jerarquía. Por ejemplo, si tienes fobia a los supermercados, el escalón más alto podría ser estar esperando en una larga fila para pagar sin ir acompañado. En el caso de los aviones, podría ser tomar un vuelo transcontinental o encontrarte con graves turbulencias de aire. En el caso de hablar en público, puedes imaginarte exponiendo ante una gran multitud, o bien dando una conferencia larga, o bien hablando sobre un tema muy exigente. En una escala del 1 al 10, dichas exposiciones tendrían una intensidad de 10.

4. A continuación tómate algún tiempo para imaginar seis o más exposiciones de distinta intensidad relacionadas con tu fobia y clasifícalas, en la escala del 1 al 10, de acuerdo con el potencial que tienen de provocarte ansiedad. Ubica estas situaciones en orden ascendente entre los dos extremos que has definido. Utiliza las jerarquías de muestra que se presentan unas pocas páginas más adelante para ayudarte. Después, anota tu lista de escenas en la «Hoja de trabajo de la jerarquía» (página 200).

Determinar escenas de intensidad variable

Trata de identificar qué parámetros específicos de tu fobia te provocan más o menos ansiedad y utilízalos para plantear situaciones de distintas intensidades. En el caso de la conducción, tales variables pueden ser: la distancia a la cual te alejes de tu casa, conducir solo o ir acompañado, la congestión del tráfico, la cantidad de semáforos o lo fácil que resulte salir de la autopista. Si se trata de hablar en público, pueden ser: la duración de la charla, la cantidad de público presente o si el público está compuesto por gente conocida, menos conocida o desconocida.

En el caso de cada fobia, hay por lo general uno o más parámetros que se pueden utilizar para graduar la intensidad de la exposición. He aquí algunas variables habituales:

- La distancia a la que se halla la situación temida.
- La duración de la exposición.
- La proximidad de una salida o de una manera de salir de la situación.
- La complejidad general de la situación (como la cantidad de vehículos o personas).
- La hora del día.

Tomar conciencia de los elementos específicos, dentro de cualquier situación fóbica, que te provocan ansiedad aumentará tu sensación de control sobre esa situación y acelerará tu aprendizaje de una nueva respuesta de adaptación a la situación.

Nota: si se tiene dificultad para pasar de una etapa a la siguiente en la jerarquía, siempre se puede añadir un paso adicional. Por ejemplo, supongamos el caso de una persona que se está exponiendo a ir al supermercado. Ha llegado al punto en el que puede permanecer en el establecimiento durante varios minutos, pero es incapaz de comprar un artículo y hacer cola en la fila de pago rápido. Esta persona podría añadir el paso intermedio de poner un artículo en su cesta, esperar en la fila mientras el nivel de ansiedad se mantenga poco intenso y, luego, devolver el artículo al lugar donde lo encontró. Podría repetir este paso, sin comprar nada, hasta que la acción se le haga monótona. El siguiente paso intermedio podría consistir en comprar un solo artículo en el supermercado y ponerse en la fila de pago rápido. Tras hacer esto una o dos veces, puede comprar dos o tres artículos y ponerse en la fila de pago rápido. Cuando se haya acostumbrado a esto, estará preparada para comprar más artículos y ponerse en una fila de pago normal.

Si tienes problemas para ir más allá de un paso en particular, intenta lo siguiente: retrocede a la etapa anterior de la jerarquía en tu próxima sesión de práctica y trabaja desde ahí. Por ejemplo, si ahora ya puedes conducir sobre un puente pequeño pero tienes dificultades para avanzar a la siguiente etapa, vuelve a conducir por el puente pequeño varias veces. El objetivo es que llegues a acostumbrarte tanto al puente pequeño que sientas el fuerte incentivo de intentar abordar el siguiente paso de la jerarquía.

Si te resulta difícil empezar con la terapia de exposición, trata de comenzar con un reto incluso menos desafiante que el que habías puesto inicialmente en el nivel 1. Por ejemplo, pongamos que tienes fobia a volar y no te sientes preparado para conducir hasta el aeropuerto. Como paso previo, mira un DVD que muestre aviones despegando y en vuelo, o acostúmbrate a mirar fotos de aviones en una revista. Si todavía no puedes llegar al aeropuerto, conduce *cerca* de él varias veces, hasta que te sientas capaz de conducir hasta el aparcamiento del aeropuerto, dar media vuelta y regresar a casa.

Opcional: intentar primero la exposición imaginaria

Algunas personas prueban a practicar la técnica llamada *exposición imaginaria* antes de exponerse a una situación fóbica en la vida real. Consiste en visualizar las experiencias que se han escrito en la jerarquía en lugar de enfrentarse a ellas en la vida real. Para utilizar esto como estrategia previa a la exposición en la vida real, véase el apartado titulado «Exposición imaginaria» (se encuentra al final de este mismo capítulo).

Ejemplos de jerarquías

Siguen a continuación tres ejemplos de jerarquías concebidas para la exposición en la vida real. Hay que tener en cuenta que se trata solamente de jerarquías de muestra; la jerarquía de cada cual respecto a las escenas fóbicas que tengan relación con ascensores, supermercados o aviones puede variar en función de cuáles son los aspectos de la situación que le desencadenan una mayor ansiedad. Ten en cuenta que los dos primeros ejemplos, los ascensores y los supermercados, ilustran tanto la etapa de afrontamiento como la de exposición total. La jerarquía supone confiar en una persona de apoyo durante la etapa de afrontamiento de la exposición. Algunos prefieren confiar en este tipo de apoyo al empezar y al pasar por la fase de afrontamiento. Otros, no. Así pues, la decisión sobre si contar o no con alguien de apoyo (como un buen amigo o un familiar) es totalmente personal.

El tercer ejemplo, una jerarquía para la fobia a volar, ilustra el abordaje de la exposición en solitario, sin una persona de apoyo, pero utilizando algunas estrategias de afrontamiento en las primeras etapas.

De acuerdo con mi propio punto de vista y experiencia, las tres jerarquías ilustran la posibilidad de llevar a cabo una fase de afrontamiento antes de proceder a la exposición total. Muchos de mis pacientes parecen preferir este enfoque, ya que han sufrido ataques de pánico durante los intentos de exposición en el pasado. Sin embargo, la fase de afrontamiento es opcional y no resulta necesaria o esencial para completar la exposición. Bastantes terapeutas utilizan solamente la exposición total con sus pacientes, con la visión de que incluso la ansiedad prolongada en la situación fóbica no es perjudicial, sino que es propicia para el aprendizaje. Los pacientes aprenden que pueden gestionar la situación sin ningún tipo de estrategias de apoyo y a pesar de soportar niveles incómodos de ansiedad. Algunos lectores pueden preferir la exposición directa y no recurrir a estrategias de afrontamiento. Si tú y tu terapeuta os sentís inclinados a ello, trabajad solamente con las partes de las jerarquías siguientes correspondientes a la exposición total.

Ascensores

Exposición de afrontamiento

1. Mira ascensores; observa cómo vienen y van.
2. Entra con tu persona de apoyo en un ascensor que permanezca quieto.
3. Sube y baja un piso, y después dos, con tu persona de apoyo.
4. Entra solo en un ascensor que permanezca quieto.
5. Sube y baja una planta, en el ascensor, solo; tu persona de apoyo aguarda fuera del ascensor en el piso al que llegarás.
6. Sube o baja dos o tres plantas con tu persona de apoyo.
7. Sube o baja dos o tres plantas solo; tu persona de apoyo aguarda fuera del ascensor en el piso al que llegarás.

Exposición total

1. Sube y baja una planta solo; tu persona de apoyo aguarda en un coche fuera del edificio.
2. Sube y baja una planta solo, sin que tu persona de apoyo esté presente (es decir, has acudido al edificio solo).

3. Sube y baja dos o tres plantas solo, sin la persona de apoyo.
4. Sigue aumentando, progresivamente, la cantidad de plantas que subes en el ascensor sin la presencia de tu persona de apoyo, hasta que puedas llegar a lo alto de un edificio de entre cinco y diez plantas.
5. Continúa aumentando, progresivamente, la cantidad de plantas que subes en el ascensor sin tu persona de apoyo, hasta que puedas llegar a lo alto de un edificio de veinte o treinta plantas —o del edificio más alto que haya en tu ciudad—. Si practicas cada día, progresarás con mayor rapidez.
6. Monta en dos ascensores diferentes en dos edificios distintos, de distintas alturas, solo.
7. Monta en diversos tipos de ascensores ubicados en varios edificios de tu ciudad (o en la ciudad más cercana) solo.

Supermercados

Exposición de afrontamiento

1. Conduce hasta el supermercado con tu persona de apoyo y pasad un minuto en el aparcamiento.
2. Conduce hasta el supermercado con tu persona de apoyo y pasad entre cinco y diez minutos en el aparcamiento.
3. Camina hasta la entrada del supermercado y pasea por fuera durante dos minutos con tu persona de apoyo.
4. Entra en el supermercado durante quince o treinta segundos con tu persona de apoyo y después salid.
5. Entra en el supermercado durante uno o dos minutos con tu persona de apoyo y después salid.
6. Camina hasta el fondo del supermercado con tu persona de apoyo y pasad cinco minutos en el establecimiento.
7. Entra en el supermercado con tu persona de apoyo y acompáñala mientras compra uno o dos artículos.

Exposición total

1. Ve al supermercado y aparca durante cinco minutos cerca de la entrada principal, sin tu persona de apoyo.
2. Ve al supermercado y entra durante un período de entre diez y treinta segundos sin tu persona de apoyo.
3. Ve al supermercado y permanece en él durante un minuto, caminando a lo largo de uno de los pasillos.

4. Ve al supermercado, camina hasta el fondo y permanece en el establecimiento entre dos y tres minutos, solo (divide este paso en otros adicionales si lo necesitas).
5. Ve al supermercado y permanece dentro entre tres y cinco minutos, recorriéndolo (divide este paso en otros adicionales si lo necesitas).
6. Ve al supermercado, permanece en él durante cinco minutos y compra un artículo. Paga en la fila de pago rápido.
7. Visita el supermercado, permanece dentro entre cinco y diez minutos y compra dos o tres artículos. Paga en la fila de pago rápido.
8. Acude al supermercado, permanece en él entre ocho y quince minutos, compra varios artículos y paga en una fila de pago normal.
9. Visita el supermercado, permanece dentro durante al menos quince minutos y compra una docena de artículos o más. Paga en una fila de pago normal.
10. Compra en dos o tres supermercados distintos de tu ciudad; adquiere una docena de artículos o más y paga en una de las filas de pago normal.

Volar

Exposición de afrontamiento
1. Acércate al aeropuerto y conduce por las cercanías.
2. Aparca en el aeropuerto durante cinco o diez minutos.
3. Entra en la terminal y camina por ella durante cinco minutos.
4. Ve hasta el puesto de control de seguridad y haz cola durante cinco minutos.
5. Pasa el control de seguridad y camina hasta una puerta de embarque lejana.
6. Toma un vuelo corto (de no más de media hora). En tu primer vuelo, utiliza estrategias de afrontamiento tales como la respiración abdominal, afirmaciones de afrontamiento o una dosis baja de un tranquilizante.
7. Toma un vuelo más largo (de una hora o más). Utiliza estrategias de afrontamiento como las del paso 6. Intenta usar menos esas estrategias, aunque el vuelo sea más largo.

Exposición total
1. Si sientes que necesitas una exposición adicional a los entornos de un aeropuerto, acércate al aeropuerto más grande que tengas cerca y entra en él, hasta que te sientas cómodo permaneciendo en la fila del control de seguridad y atravesando dicho control (como en los pasos 1 a 5 de la exposición de afrontamiento que se acaba de describir).
2. Toma un vuelo corto, si es posible de no más de media hora, sin apoyarte en ninguna estrategia de afrontamiento, como podría ser la presencia de una persona de apoyo o tomar un medicamento.

3. Toma un vuelo más largo, de una o dos horas si es posible, sin apoyarte en ninguna estrategia de afrontamiento. Puedes leer una revista o mirar por la ventana para combatir el aburrimiento, pero es importante que no acudas a estas actividades como una forma de escapar de tu experiencia de exposición o de atenuarla (así facilitas y aceleras el proceso de superar tu fobia).
4. Programa un vuelo largo (de cinco horas o más, o transcontinental). Evita usar estrategias de afrontamiento.
5. Programa vuelos largos con escalas, de forma que tengas que hacer por lo menos un trasbordo en cada uno. Evita utilizar estrategias de afrontamiento.
6. Vuela a un destino al que no hayas ido nunca antes, sin acudir a estrategias de afrontamiento.

El diseño de tus propias jerarquías

Puedes diseñar tu propia jerarquía de pasos para una fobia en particular utilizando la «Hoja de trabajo de la jerarquía» que sigue. Para cada fobia, puedes utilizar una jerarquía para la fase de afrontamiento de la exposición y una segunda jerarquía para la fase de la exposición total. Puede ser que no necesites efectuar veinte pasos para cada jerarquía, pero trata de concebir un mínimo de siete u ocho, desde el menos desafiante hasta el más exigente. Para cada fobia, la jerarquía de la exposición de afrontamiento y la jerarquía de la exposición total deben tener más o menos el mismo número de pasos.

PROCEDIMIENTO BÁSICO PARA LA EXPOSICIÓN

Los dos pasos siguientes detallan cómo proceder durante la práctica de la exposición:

1. **ENTRA EN LA SITUACIÓN FÓBICA Y AGUANTA.** Entra en tu situación fóbica, comenzando con el primer paso de tu jerarquía o con aquel en que lo dejaste la última vez. Continúa en la situación; permanece en ella aunque la ansiedad empiece a incomodarte. Si sientes que puedes gestionarla, muy bien; *quédate en esa situación atemorizante y soporta la ansiedad*. Incluso si no te sientes cómodo en la situación, permanece en ella, siempre y cuando tu nivel de ansiedad no llegue hasta el punto en que comiences a sentirla inmanejable o en que ya no puedas controlarla. *Deja que pase el tiempo.* Durante la fase de afrontamiento de la exposición, puede ser útil practicar una de las técnicas de respiración abdominal que se describen en el capítulo 4. Respirar desde el abdomen puede ayudar a diluir un poco la ansiedad. O bien puedes practicar algunas de las afirmaciones de afrontamiento que se ofrecen en el capítulo 6 para ayudarte a mantener tu confianza y continuar. Más tarde, durante la exposición total, deberás abstenerte de utilizar las técnicas de afrontamiento, para no volverte demasiado dependiente de ellas. Durante la fase de la exposición total, la del dominio de la fobia, esfuérzate al máximo

ANSIEDAD Y FOBIAS

HOJA DE TRABAJO DE LA JERARQUÍA

Jerarquía para _____ (especifica la fobia).

Instrucciones: comienza con una manera relativamente fácil o leve de afrontar tu fobia. Consigna al menos siete u ocho pasos que impliquen exposiciones cada vez más difíciles. El paso final debe ser tu objetivo o incluso un paso que esté más allá de lo que te has propuesto como objetivo. Anota la fecha en la que completas cada paso a medida que avanzas por la jerarquía. Para cada fobia, haz una jerarquía separada para la fase de la exposición de afrontamiento y para la fase de la exposición total.

Paso *Fecha de compleción*

1. _____
2. _____
3. _____
4. _____
5. _____
6. _____
7. _____
8. _____
9. _____
10. _____
11. _____
12. _____
13. _____
14. _____
15. _____
16. _____
17. _____
18. _____
19. _____
20. _____

Nota: recuerda hacer al menos dos fotocopias de esta hoja de trabajo para cada una de tus fobias (una para la exposición de afrontamiento y otra para la exposición total) antes de rellenar la del libro.

para permanecer en la situación de exposición sin echarte atrás. La investigación realizada por Michelle Craske et al. (2008) mostró que la disposición a soportar la ansiedad durante la exposición, incluso a niveles altos, permite obtener resultados mejores y de forma más rápida. La persona descubre que puede permanecer en una situación que previamente había evitado, mientras tolera la ansiedad. Esto le da confianza para seguir progresando en la jerarquía.

2. **SIGUE AVANZANDO POR LA JERARQUÍA,** paso a paso. Si tienes que retirarte y retroceder a un paso anterior, está bien; parte de ese paso y avanza por los escalones de la jerarquía durante la sesión de exposición de ese día. Acepta los síntomas de ansiedad si aparecen y haz lo que puedas para soportarlos a medida que surgen y pasan. No te fustigues si tu rendimiento resulta ser menos espectacular de lo que era al principio; esto es algo habitual. En un día o dos, encontrarás que eres capaz de seguir progresando por tu jerarquía. Continúa avanzando a través de tantos pasos de tu jerarquía como te sientas capaz de dar. Esto constituye una sesión de práctica, y normalmente necesitarás entre treinta minutos y una o dos horas para completarla.

En general, se logran resultados más rápidos con las sesiones de exposición más largas que con las sesiones cortas, pero ve a tu propio ritmo. Para la mayoría de las personas, una sesión de práctica al día, entre tres y cinco días por semana, es suficiente. Ten en cuenta que es probable que tu progreso a través de los pasos de tu jerarquía sea desigual. Algunos días disfrutarás de un excelente progreso —incluso, tal vez, pasarás por varias etapas—; otros días, tendrás que repetir el mismo paso varias veces; otros es posible que apenas progreses en absoluto, y habrá también días en que no vas a llegar tan lejos como en los días anteriores. Un determinado lunes, es posible que pases cinco minutos a solas en el supermercado por primera vez en años. El martes puede ser que aguantes cinco minutos de nuevo, pero no más. Después, el miércoles, tal vez no consigas entrar en el establecimiento. El jueves o el viernes, sin embargo, quizá descubras que puedes permanecer diez minutos en el interior. Estos altibajos, este fenómeno de dar dos pasos hacia delante y uno hacia atrás, es típico de la terapia de exposición. ¡No dejes que te desaliente!

Qué hacer si empiezas a sumirte en el pánico durante la exposición de afrontamiento

Algunos expertos en la ansiedad abogan por continuar con la exposición a la situación fóbica independientemente de cuánto se dispare la ansiedad de la persona, incluso si llega al punto del pánico. El problema es que si se llega a tener un ataque de pánico durante la exposición se corre el riesgo de resensibilizarse a la situación y de que el miedo a la fobia se refuerce. Esto es especialmente cierto durante la primera fase de la exposición, la del afrontamiento. Aunque siempre es mejor tratar de soportar la incomodidad que se siente durante la exposición, también es útil poder contar con una «estrategia de salida» en caso de que el ataque de pánico parezca inminente. Si de pronto sientes que te estás encaminando hacia un ataque de pánico, considera la opción de retirarte temporalmente de la situación y regresar a ella tan pronto como te sea posible, después de que tu ansiedad haya vuelto a adquirir unas proporciones manejables.

Retirarse es una «estrategia de repliegue» que tienes que utilizar solamente si sientes que tu ansiedad está escapando a tu control. Siempre es mejor tratar de permanecer en la situación, aceptar y aguantar la incomodidad que surja y esperar a que pase la ansiedad. (Recuerda el proceso de cuatro pasos de Claire Weekes para lidiar con una ansiedad elevada, que vimos en el capítulo 6: hacer frente a los síntomas, aceptar lo que el cuerpo está haciendo, flotar con la ola de la ansiedad y dejar que pase el tiempo). Sin embargo, si sientes que no puedes soportar la ansiedad y que estás empezando a encaminarte hacia un ataque de pánico, puedes retirarte y volver a la situación tan pronto como sea posible. En muchos casos esto es fácil de hacer. Si estás conduciendo por la autopista, puedes detenerte en el arcén (si es lo suficientemente amplio; siempre es mucho más seguro llegar a un área de descanso) o tomar la salida más cercana. Si estás en un restaurante, puedes retirarte al baño y regresar después. Si estás volando, no puedes salir del avión, pero sí retirarte a un lugar seguro en tu mente (utilizando una visualización grabada, como la que vimos en el capítulo 4) o levantarte y caminar hasta el lavabo. Recuerda que retirarse no es lo mismo que huir –la idea es salir temporalmente de la situación y después regresar a ella.

Durante la etapa de la exposición total, lo más probable es que te hayas acostumbrado lo suficiente a la situación como para que no tengas un ataque de pánico. En el caso poco probable de que empieces a ser presa del pánico durante la exposición total, puedes optar por salir de ella temporalmente. Date unos minutos para recuperarte, pero no te vayas a casa. Una vez que estés más tranquilo, termina la sesión de exposición. Además, es óptimo que puedas volver a exponerte a la misma situación al día siguiente o al cabo de dos días.

CÓMO APROVECHAR LA EXPOSICIÓN AL MÁXIMO

Estas instrucciones están destinadas a ayudarte a sacar el máximo provecho de la exposición en la vida real:

1. **Estate dispuesto a asumir riesgos.** El hecho de exponerte a una situación fóbica que has estado evitando durante mucho tiempo va a implicar un cierto riesgo. Sencillamente, no puedes hacer frente a tus miedos y recuperarte sin sentir que estás asumiendo un riesgo. Es más fácil correr el riesgo, sin embargo, si empiezas con objetivos pequeños, limitados, y procedes de forma gradual. Establecer una jerarquía de situaciones fóbicas permite llevar a cabo este trabajo progresivo hacia el dominio de las fobias.
2. **Hacer frente a las resistencias.** El hecho de exponerse a una situación que se ha estado evitando puede hacer que aparezcan resistencias. Observa si te demoras a la hora de empezar con las sesiones de exposición o si encuentras razones para posponerlas. La sola idea de ir a exponerse a una situación fóbica puede provocar una fuerte ansiedad, miedo a verse atrapado o

declaraciones contraproducentes, tales como: «Nunca voy a ser capaz de hacerlo» o «Esto no tiene remedio». En vez de quedarte atascado en la resistencia, trata de considerar el proceso de exposición como una importante oportunidad terapéutica. Al sumirte en ello, aprenderás acerca de ti mismo y trabajarás a través de patrones de evitación de largo alcance que han condicionado tu vida. Date palabras de ánimo sobre cómo mejorarán tu vida y tus relaciones cuando ya no se vean afectadas por tus fobias. También puedes repasar el apartado sobre la motivación titulado «Actitudes necesarias para seguir un programa de recuperación propio» (capítulo 3). Considera si existen beneficios secundarios (es decir, recompensas sutiles) que puedan estar contribuyendo a tu resistencia. Una vez que traspases cualquier resistencia inicial a la exposición en la vida real, las cosas se pondrán más fáciles. Si sientes que estás teniendo el problema de oponer resistencia en cualquier momento, puedes consultar con un terapeuta que esté familiarizado con la terapia de exposición.

3. **ESTATE DISPUESTO A TOLERAR UN CIERTO MALESTAR.** Hacer frente a situaciones que se han estado evitando durante mucho tiempo no es particularmente cómodo o agradable. Resulta inevitable que experimentes algo de ansiedad a lo largo de la práctica de la exposición. De hecho, es habitual sentirse *peor* al inicio de esta terapia antes de sentirse mejor. Reconoce que sentirse peor *no* es un indicio de regresión, sino de que la exposición está realmente *funcionando*. Significa que estás sentando las bases para sentirte mejor. A medida que adquieras más habilidad en la gestión de los síntomas de ansiedad cuando se presenten durante la exposición, tus sesiones de práctica serán más fáciles y adquirirás más confianza.

4. **EVITA QUE LA SITUACIÓN TE DESBORDE. ESTATE DISPUESTO A RETIRARTE.** Durante la fase de afrontamiento, puedes recurrir a la opción de retirarte de la exposición fóbica y regresar a ella si tu ansiedad parece de pronto inmanejable y se dirige hacia el pánico. Mientras que soportar la incomodidad de la ansiedad durante la exposición puede acelerar tu progreso, tener un ataque de pánico puede hacerte retroceder. Así pues, si es necesario (si ves que te estás encaminando hacia un ataque de pánico), considera la posibilidad de retirarte y de volver a la situación tan pronto como sea posible. Esto es muy importante durante la fase de afrontamiento inicial. Durante la fase de la exposición total, esfuérzate lo que puedas para permanecer en la situación sin retirarte. Por supuesto, retirarse y volver es siempre una opción en una situación de emergencia (por ejemplo, si estás conduciendo entre mucho tráfico y empiezas a sentir mareos y sensaciones de despersonalización que afecten a tu capacidad de conducir). De cualquier modo, es preferible acudir a la opción del retiro al principio del proceso de exposición y reducirla al mínimo o evitarla por completo durante la fase de la exposición total. La voluntad de soportar la ansiedad durante la exposición total es la garantía de que lograrás dominar plenamente la fobia.

5. **CUENTA CON UNA PERSONA DE APOYO.** Durante la fase de afrontamiento de la exposición, puede resultarte útil apoyarte en una persona en quien confíes (como tu cónyuge, tu pareja, un amigo

o un profesional), con el fin de que te acompañe en tus primeras incursiones en la situación fóbica. Esta persona de apoyo puede proporcionarte seguridad y alivio, darte ánimos para que persistas y elogiarte por tus progresos.

De cualquier modo, no debería presionarte. Debe animarte a que entres en la situación fóbica sin salir corriendo, pero depende de ti decidir la intensidad de la exposición y hacer todo lo que puedas para soportar tu ansiedad hasta que pase. Tu persona de apoyo no debe criticar tus intentos ni decirte que lo intentes con más fuerza. Pero es conveniente que pueda identificar cualquier resistencia por tu parte y ayudarte a reconocer si dicha resistencia está presente. Su principal tarea es darte ánimos y apoyarte sin juzgar tu desempeño. Unas páginas más adelante se ofrecen directrices para esta persona acompañante.

Una persona de apoyo resulta a menudo de ayuda para empezar con la exposición. Sin embargo, para llegar a dominar totalmente tu fobia *necesitarás finalmente renunciar a ella y afrontar la situación fóbica solo*. El resultado es que ganarás confianza respecto a poder manejar la situación bajo cualquier circunstancia.

6. **UTILIZA ESTRATEGIAS DURANTE LA FASE DE AFRONTAMIENTO PARA EMPEZAR.** Si puedes iniciar la exposición sin usar ninguna estrategia de afrontamiento (incluida la presencia una persona de apoyo que te acompañe), tu progreso puede acelerarse. Si no es así, hay una serie de estrategias de afrontamiento que pueden ayudarte a comenzar con la exposición y conducirte por las primeras etapas de tu jerarquía. Estas estrategias te ayudarán a adquirir confianza para llevar a cabo la exposición y gestionar los primeros pasos:

- Realiza la respiración abdominal profunda.
- Sírvete de afirmaciones de afrontamiento para prepararte para afrontar tu fobia y para empezar a lidiar con ella (consulta el capítulo 6 para ver ejemplos de afirmaciones de afrontamiento).
- Hazte acompañar por una persona de apoyo (véase el punto 5).
- Enójate con tu ansiedad.
- Utiliza una dosis *baja* de un tranquilizante (como 0,25 mg de Xanax o Ativan).

Para dominar completamente tu fobia, deberás dejar de depender de estas estrategias a medida que subas por los escalones de la jerarquía. Como ya se mencionó, estos recursos pueden reforzar sutilmente la tendencia a tener miedo de la situación fóbica. Puede ser que te digas, de forma consciente o inconsciente: «Puedo manejar la situación solamente si cuento con mi muleta de seguridad; sin ella, soy incapaz». Cuando puedas afrontar la situación fóbica cómodamente sin la ayuda de una persona de apoyo, medicación, un teléfono móvil a mano u otros objetos que te den seguridad, habrás logrado el pleno dominio de la fobia.

7. **PLAN PARA CONTINGENCIAS PARA CUANDO EMPIECES A EMPRENDER LA EXPOSICIÓN.** Supongamos que estás practicando en un ascensor y sucede lo peor: se detiene entre dos pisos. O supongamos que estás comenzando a conducir por la autopista y empiezas a sufrir un ataque de pánico cuando te encuentras lejos de una salida. Especialmente al principio, durante la fase de afrontamiento de la exposición, es conveniente planificar lo que se va a hacer si se presentan este tipo de escenarios. En el primer ejemplo, date un poco de seguridad por medio de hacer las prácticas en un ascensor que tenga un teléfono de emergencia que funcione. O, en el caso de la autopista, dite de antemano que puedes retirarte al arcén o, al menos, conducir lentamente con las luces de emergencia puestas hasta llegar a una salida. Durante la fase de afrontamiento de la fobia a volar, puedes tener un conjunto de estrategias de emergencia previstas (como hablar con un asistente de vuelo, levantarte y caminar hasta el lavabo, escuchar algo relajante en tu dispositivo de música portátil con los auriculares puestos o tomar algún medicamento). Reitero una vez más que durante la segunda fase de la exposición, la de la exposición total, conviene prescindir de estas estrategias.

8. **PLANIFICA TUS EXPOSICIONES CON ANTELACIÓN.** Cuando empieces a practicar la exposición, puedes sentirte inclinado a hacerlo de forma espontánea, solo cuando más te apetece. El hecho de practicar solo cuando quieres hacerlo –en lo que denominas tus «días buenos»– puede, sin duda, ayudarte a empezar a afrontar situaciones que has estado evitando durante mucho tiempo. Sin embargo, una vez que hayas empezado con las prácticas, lo mejor es que las planifiques con antelación. Haz el esfuerzo de realizarlas por igual en tus días «buenos» y en tus días «malos». Si esperas los días buenos para practicar, tenderás a posponer las prácticas hasta sentirte mejor, lo que retrasará tu progreso. Si bien puedes experimentar una ansiedad anticipatoria más acusada al enfrentarte a exposiciones previstas, esta ansiedad disminuirá a medida que comiences a tener éxitos con tu práctica.

9. **CONFÍA EN TU PROPIO RITMO.** Es importante no considerar la exposición en la vida real como una especie de carrera. El objetivo no es ver lo rápido que puedes superar el problema: presionarte a ti mismo para hacer grandes progresos con rapidez no es, por lo general, una buena idea. De hecho, hacerlo conlleva el riesgo de que vuelvas a hacerte sensible a la fobia si intentas abordar pasos superiores de la jerarquía antes de sentirte totalmente cómodo con los pasos anteriores. Decide qué ritmo deseas llevar a la hora de exponerte a las situaciones fóbicas, siendo consciente de que los logros muy pequeños cuentan mucho en este tipo de trabajo.

10. **SUELTA LA NECESIDAD DE TENER TODO EL CONTROL.** Trabaja en aceptar el hecho de que algunas cosas están bajo tu control mientras que otras no lo están. Puedes controlar el coche cuando eres el conductor, pero tienes que ceder el control cuando eres un pasajero en un autobús o un avión. Puedes controlar hasta qué punto alejarte de tu casa conduciendo, pero no puedes controlar el tráfico, las filas del supermercado o el funcionamiento de un ascensor. *Durante la fase de afrontamiento*, puedes utilizar la respiración abdominal y afirmaciones tales como: «Suelto y

confío», «Voy a hacerlo lo mejor que pueda» o incluso «Dios está conmigo» para ayudarte a aceptar las situaciones o los síntomas físicos que no puedes controlar completamente.

11. **PRÉMIATE POR TUS PEQUEÑOS LOGROS.** Es habitual que las personas que pasan por la exposición en la vida real se censuren por no avanzar con suficiente rapidez. Ten en cuenta que es importante que te premies constantemente por tus pequeños logros. Por ejemplo, el hecho de que seas capaz de adentrarte en una situación fóbica un poco más que el día anterior merece que te des una recompensa, como una visita a la heladería o a la tienda de plantas, o una cena fuera de casa. Ser capaz de permanecer en la situación unos momentos más o poder tolerar las sensaciones de ansiedad durante un poco más de tiempo también merece un premio. Recompensarte por tus pequeños logros te ayudará a mantener la motivación de seguir practicando.

12. **PRACTICA CON REGULARIDAD.** El hecho de practicar de forma metódica y asidua —en lugar de apresurarte o presionarte a ti mismo— será lo que acelerará más tu recuperación. Lo ideal es practicar la exposición en la vida real *de tres a cinco veces por semana*, si es posible. Sesiones de práctica largas (de una hora o más), con varios ensayos de exposición a la situación fóbica, tienden a producir resultados más rápidos que sesiones más cortas. Siempre y cuando soportes la ansiedad en la situación (retirándote y regresando durante la fase de afrontamiento, solo si necesitas hacerlo), será imposible que la exposición que lleves a cabo en una sesión de práctica dada te supere (lo peor que puede pasar es que termines más o menos cansado o agotado). La *regularidad* de tu práctica determinará el ritmo de tu recuperación. Si no estás practicando con regularidad, advierte qué excusas te estás dando y siéntate con alguien para evaluarlas. A continuación, busca argumentos para refutar esas excusas la próxima vez que vayan surgiendo. La práctica asidua de la exposición es *la clave* para una recuperación completa y duradera.

13. **ESPERA CONTRATIEMPOS Y TEN CLARO CÓMO GESTIONARLOS.** Para algunas personas, avanzar por los pasos de su jerarquía no siempre es un proceso fluido, lineal. Es posible tener días «buenos» y «malos». Un contratiempo significa simplemente que un día puedes no ser capaz de progresar hasta tan arriba en tu jerarquía como sí pudiste hacerlo el anterior, a pesar de dedicarle a ello más tiempo y tus mejores esfuerzos. Si esto ocurre, no te desanimes; considera que es tan solo un revés temporal. Reanuda el progreso por los pasos de la jerarquía en la siguiente ocasión. Por ejemplo, un día puedes ser capaz de conducir hasta una tienda ubicada a cinco kilómetros de distancia de tu casa, y al siguiente, por más tiempo y esfuerzo que dediques a ello, solo eres capaz de conducir hasta una tienda que se encuentre a tres kilómetros de tu hogar. Del mismo modo, un día te quedas solo en casa sin tu persona de apoyo durante seis horas; al día siguiente, comienzas a sentir pánico después de tres horas, por lo que llamas a tu persona de apoyo y le pides que regrese a casa. Aun cuando regresa, sigues sintiéndote ansioso; te parece que no puedes librarte de la ansiedad hagas lo que hagas. Durante la fase de afrontamiento, aprende a aceptar los contratiempos temporales cuando se produzcan; no permitas que te desanimen o amilanen. Reanuda el trabajo con tu jerarquía al día siguiente. Si los contratiempos empiezan

a acontecer con frecuencia, es una buena idea que hables con un terapeuta que tenga experiencia en trabajar con la ansiedad y las fobias.

Durante la fase de dominio de la fobia, el objetivo es que trates de hacerlo lo mejor que puedas en cada práctica de exposición –dentro de los límites de la fatiga y el agotamiento–. Si tiene lugar un contratiempo inevitable durante la fase de dominio, habla con un terapeuta experto en el tratamiento de las fobias y en el proceso de la exposición.

14. **ESTATE PREPARADO PARA EXPERIMENTAR EMOCIONES FUERTES.** El hecho de hacer frente a situaciones fóbicas que se han estado evitando durante mucho tiempo suscita, a menudo, sentimientos retenidos, no solo de ansiedad, sino también de enojo y tristeza. Este es un factor normal y esperable del proceso de recuperación. *Permite* que estos sentimientos afloren y permítete expresarlos. Asume la idea de que está bien tener estos sentimientos, a pesar de que puedas sentirte incómodo con ellos. Una parte importante de la recuperación respecto de una condición fóbica es aprender a aceptar, expresar y comunicar los propios sentimientos (véase el capítulo 12).

15. **SIGUE HASTA EL FINAL.** La terapia por medio de la exposición finaliza cuando se llega al punto en que ya no se tiene miedo de los ataques de pánico en *ninguna* situación que antes constituía un problema (obviamente, esto no se refiere a las situaciones extremas en las que cualquier persona tendría miedo). Generalmente, se tarda entre un mes y un año (o más) en completar un proceso de recuperación. Sentirse cómodo con la mayoría de las situaciones pero que queden todavía una o dos a las que se tiene miedo es generalmente insuficiente. Para alcanzar la libertad duradera respecto de las fobias, es importante seguir trabajando hasta que se llegue al punto en que se pueda estar en cualquier situación que la gente no fóbica consideraría segura y las reacciones de pánico se perciban como manejables y nada peligrosas.

MANTENER LA ACTITUD CORRECTA

Abordar las situaciones atemorizantes con la *actitud correcta* es tan importante (si no más) que aprender las estrategias específicas de afrontamiento. Si uno comienza con la actitud correcta, utilizar las técnicas adecuadas se vuelve mucho más fácil. Las cinco actitudes siguientes son especialmente importantes a la hora de incrementar la capacidad de afrontar y superar los propios miedos con eficacia.

Aceptar los síntomas corporales de la ansiedad

Recordemos los cuatro puntos de Claire Weekes que vimos en el capítulo 6: *afrontar* los síntomas, *aceptar* la reacción del cuerpo, *flotar* en la ola de la ansiedad y *permitir que pase el tiempo*. Luchar contra los síntomas corporales de ansiedad que surgen mientras se afronta algo difícil hará que empeoren. Tratar de negarlos o huir de ellos también los empeorará. *Aceptar* los síntomas corporales de la ansiedad es lo primero que hay que hacer cuando esta aparece, ya sea de forma espontánea o por hallarse uno en una situación fóbica. Esta actitud se puede aprender y cultivar.

Mantenerse arraigado en el momento presente

La ansiedad comienza como una reacción física y se ve agravada por los pensamientos catastrofistas y del tipo «¿qué pasaría si...?». Cuanto más se pueda anclar uno en su cuerpo en el momento presente, menos se dejará llevar por estos pensamientos.

Durante la fase de afrontamiento de la fobia (dentro del proceso de la exposición), la respiración abdominal es una excelente manera de permanecer anclado en el cuerpo –la respiración es un proceso que está más centrado en el cuerpo que en la mente–. Otra estrategia útil es centrarse en los brazos y las piernas mientras se respira. Cuanta más atención se pueda llevar a ellos, menos probable es verse involucrado en los propios pensamientos.

Saber que el miedo siempre pasa

Ningún estado de ansiedad es permanente; siempre pasa. El cuerpo metaboliza el exceso de adrenalina en un período de cinco a diez minutos, por lo que el peor grado de pánico que se puede llegar a experimentar no es probable que se extienda más allá de ese tiempo. Si la ansiedad está presente en menor grado, puede persistir algo más que unos pocos minutos, pero con el tiempo también pasará. *Tarde o temprano, todo aquello amenazador que uno ha construido en su mente desaparece, porque la mente deja de centrarse en ello y se desplaza a otro centro de interés.*

Si se siente ansiedad en relación con algo, la exposición a ello ya ha empezado

Cuando uno se enfrenta a algo que teme, es casi inevitable que experimente cierta ansiedad. En lugar de magnificar la ansiedad con pensamientos más ansiosos, puede reubicársela en un nuevo marco por medio de un cambio de actitud. Se puede decir: «Esta ansiedad es buena; significa que ya estoy experimentando la exposición», o bien: «Necesito esta ansiedad; no puedo completar la exposición a la situación sin sentirla». Esto es cierto: uno no puede superar la ansiedad a una situación fóbica sin sentirla primero en la situación hasta cierto punto. El camino para salir de la ansiedad comienza experimentándola directamente. Si se sabe esto, hacer frente a lo que se teme se vuelve más fácil. Cada vez que la ansiedad reaparezca, uno puede recordarse confiadamente que se halla un paso más cerca de acabar con ella.

La exposición siempre funciona (con la práctica)

No hay miedo que no pueda superarse por medio de una reiterada exposición. La habituación siempre vence al miedo, si uno está dispuesto a perseverar en el afrontamiento de lo que teme una y otra vez. La ansiedad se basa en la proyección de resultados espantosos a partir de algo que no es totalmente conocido. Una vez que este «algo» se vuelve totalmente familiar y conocido, pierde siempre su capacidad de evocar el miedo. La exposición siempre funciona (con la práctica). Interiorizar esta verdad resulta de ayuda para adquirir el valor de persistir en el afrontamiento del miedo, por más difícil que pueda parecer al principio lidiar con él.

FACTORES QUE PUEDEN FOMENTAR O IMPEDIR EL ÉXITO

Numerosos estudios han examinado las condiciones que influyen en el éxito de la terapia de exposición. En este apartado se resumen las conclusiones de dichos estudios. Para mayor detalle, remito al libro *Anxiety and Its Disorders: The Nature and Treatment of Anxiety and Panic,* de David Barlow (véase especialmente el capítulo 11).

Lo que promueve el éxito

1. **LA COLABORACIÓN DE LA PAREJA O EL CÓNYUGE**. Cuando el compañero o el cónyuge apoya la recuperación de la persona y está dispuesto a ayudarla en el proceso de la exposición, los resultados son a menudo excelentes. Por el contrario, si se muestra indiferente, no colabora o, consciente o inconscientemente, se opone a la recuperación, puede ser difícil alcanzar el éxito por medio de la exposición. Si la persona siente que su pareja está interfiriendo en su proceso de superar sus fobias, es recomendable que ambos consulten con un terapeuta de parejas competente que sea experto en el tratamiento de las fobias.

2. **LA DISPOSICIÓN A TOLERAR CIERTO MALESTAR**. Como se vio en el apartado anterior, es inevitable sentir más ansiedad cuando uno empieza a enfrentarse a situaciones fóbicas en la vida real. La práctica de la terapia de exposición es un trabajo duro y requiere que se esté dispuesto a tolerar un cierto malestar. Puede ser tentador no empezar la exposición o no seguir adelante con ella por miedo a experimentar las sensaciones desagradables; es por eso por lo que es tan importante gratificarse por los esfuerzos realizados. En algunos casos, dosis *bajas* de un tranquilizante menor pueden constituir un complemento útil en las primeras etapas de afrontamiento de la terapia de exposición; pueden reducir la ansiedad lo suficiente para hacer que el proceso sea posible a la vez que la exposición tiene lugar. Más adelante, en este mismo capítulo, se trata el tema del uso de medicamentos para la exposición.

3. **LA CAPACIDAD DE MANEJAR LOS PRIMEROS SÍNTOMAS DEL PÁNICO**. El miedo a tener un ataque de pánico es tal vez el mayor obstáculo para emprender el proceso de la exposición. Si la persona ha aprendido a gestionar sus síntomas del pánico por medio de la exposición interoceptiva (como se detalla en el capítulo 6), puede abordar la exposición con mayor confianza. Hoy en día, muchos programas de tratamiento de las fobias entrenan a los pacientes a hacer frente a las reacciones físicas asociadas con el pánico *antes* de dar inicio a un programa de exposición gradual.

4. **LA CAPACIDAD DE MANEJAR LOS CONTRATIEMPOS**. Algunas personas abandonan su programa de exposición después de experimentar uno o dos reveses. No reconocen que los reveses forman parte del proceso; de hecho, cabe esperar que tengan lugar. La capacidad de tolerar los contratiempos y persistir en las sesiones de práctica diaria a pesar de ellos tiene una importancia crucial para el éxito.

5. **LA VOLUNTAD DE PRACTICAR REGULARMENTE**. La práctica asidua y constante —es decir, de tres a cinco veces por semana— es sin duda el factor más indicativo de si se tendrá éxito con la terapia de

exposición. No hay nada que pueda sustituirla. Mi experiencia a lo largo de los años ha sido que quienes practican regularmente son los que se recuperan. No hay ninguna fobia que no pueda superarse por medio del compromiso constante y persistente con la práctica de la exposición. Esta es, definitivamente, una máxima de la experiencia humana: «La persistencia gana la carrera».

6. **HACER EXPOSICIONES DE SEGUIMIENTO Y MODIFICAR EL CONTEXTO DE LA EXPOSICIÓN.** Según Michelle Craske (Craske *et al.*, 2008), el éxito de la exposición puede reforzarse de dos maneras: en primer lugar, realizando *exposiciones de seguimiento* a intervalos periódicos después del tratamiento de la terapia de exposición inicial (lo cual refuerza lo que se ha aprendido durante dicha exposición) y en segundo lugar, *modificando el contexto* de la exposición (es decir, las características de la situación de exposición en sí). Por ejemplo, si la persona tiene fobia a las autopistas, conduciría por varias autopistas en lugar de limitarse a aumentar la distancia a conducir en una sola. Si tiene miedo de las serpientes, se acercaría a varias en lugar de aproximarse cada vez más a una sola. Si teme a las alturas, miraría desde ventanas altas e iría a distintos lugares elevados, además de subir cada vez más tramos de una única escalera interior (y exterior), etc.

Qué interfiere en el éxito

Lo contrario de cualquiera de las condiciones mencionadas anteriormente tenderá a impedir el éxito de la exposición: la falta de colaboración por parte de la pareja, la propia incapacidad de tolerar un cierto malestar, la falta de habilidades para lidiar con el pánico, la incapacidad de manejar los contratiempos y la falta de voluntad para practicar con constancia. Además, la investigación clínica ha demostrado que los dos factores siguientes pueden impedir el éxito de la terapia de exposición:

1. **LA DEPRESIÓN.** Las personas que padecen depresión clínica asociada con la agorafobia o con la fobia social están menos motivadas, en general, para practicar la exposición. También tienen tendencia a subestimar sus éxitos y progresos cuando asumen la práctica. Síntomas habituales de la depresión clínica son:

    ▶ Fatiga y falta de energía.
    ▶ Autorreproches y sentimientos de inutilidad.
    ▶ Pérdida de interés o placer en relación con las actividades habituales.
    ▶ Dificultad para concentrarse.
    ▶ Disminución del apetito.
    ▶ Dificultad para dormir.
    ▶ Pensamientos suicidas.

Si la persona reconoce que está experimentando tres o más de los síntomas anteriores, sería aconsejable que realizara una consulta clínica antes de emprender un programa de exposición autorregulado. La terapia cognitivo-conductual es un tratamiento muy efectivo para la depresión. En los casos más graves, algún medicamento antidepresivo, tomado bajo la supervisión de un médico, puede ayudar a levantar lo suficiente el ánimo como para permitir la práctica de la exposición en la vida real.

2. **EL ALCOHOL Y LOS TRANQUILIZANTES.** El alcohol o las dosis convencionales de tranquilizantes menores tienden a interferir en la exposición. Es necesario experimentar *algo* de ansiedad durante la exposición a una situación fóbica con el fin de aprender respuestas nuevas y más adaptadas a ella. Quienes deciden seguir la terapia de exposición mientras están tomando altas dosis de tranquilizantes menores a menudo recaen cuando dejan la medicación. Lo óptimo es emprender la exposición sin acudir a los fármacos. Sin embargo, si la persona y su médico deciden que es conveniente el apoyo de un tranquilizante para poder emprender la exposición, deben asegurarse de que la dosis de consumo sea baja (por ejemplo, 0,25 mg de Xanax o Klonopin). Se pueden tomar tranquilizantes durante la fase de afrontamiento de la exposición, pero deberían abandonarse durante la fase del pleno dominio de la fobia.

DIRECTRICES PARA LA PERSONA DE APOYO

Como se mencionó, el hecho de que quien experimenta una fobia cuente con una persona de apoyo que la acompañe puede ser de ayuda a la hora de emprender por primera vez la exposición, así como durante la fase de afrontamiento. Hay un amplio abanico de posibilidades de personas de apoyo. Puede tratarse del cónyuge, la pareja, un familiar, un amigo, otra persona que tenga fobias, alguien que se recuperó de sus fobias o un terapeuta. Las características más importantes de una persona de apoyo eficaz son una actitud solícita, la capacidad de no emitir juicios, la paciencia y la voluntad de animar al individuo, de forma persistente, a afrontar sus miedos.

PARA LA PERSONA DE APOYO: en las pautas que siguen, se denomina tu «pareja fóbica» a la persona fóbica a la que asistirás; a veces se habla también de tu «acompañante», en aras de la simplicidad. Ambas denominaciones implican que has establecido una asociación de trabajo con ella con el fin de apoyarla y acompañarla durante las primeras etapas de afrontamiento de su fobia.

1. Familiarízate con el material que se presenta en este libro, especialmente los conceptos de exposición y retirarse, así como la «Escala de la ansiedad» (que está en el capítulo 6).
2. Además de acompañar a tu pareja fóbica durante las prácticas de exposición, resulta de ayuda que participes activamente en su tratamiento. Si es posible, asiste al menos a una sesión de

tratamiento individual o grupal y reúnete con su terapeuta. Si eres un amigo y no un familiar, conoce a la familia de la persona fóbica.

3. Ayuda a tu pareja fóbica a definir unos objetivos específicos para cada sesión de práctica. Por ejemplo, si está practicando conducir por la autopista, estableced exactamente cuántas salidas le gustaría intentar pasar antes de dejar la autopista. ¿A qué hora del día y en qué condiciones de tráfico quiere efectuar la exposición? Si está practicando la exposición a los supermercados, estableced exactamente durante cuánto tiempo desearía intentar permanecer en el establecimiento y hasta dónde quiere llegar a la hora de adentrarse en él.

4. Antes de dar comienzo a una sesión práctica de exposición, determina claramente con tu pareja fóbica qué espera de ti durante la práctica. ¿Quiere que hables mucho con ella? ¿Que permanezcas a su lado? ¿Que la sigas? ¿Que aguardes en la puerta del establecimiento o junto a la caja registradora? ¿Que la agarres de la mano?

5. Si tu pareja fóbica se abruma fácilmente, ayúdale a descomponer cada problema en pasos pequeños y progresivos.

6. Depende de tu acompañante —no de ti— definir los objetivos de la sesión de práctica. Las personas de apoyo deben colaborar, no tomar la iniciativa. Deja que tu pareja fóbica decida hasta qué punto está dispuesta a avanzar en la exposición. No presiones a nadie que tenga fobias para que haga nada que no esté preparado para hacer o que no esté dispuesto a realizar.

7. Como persona de apoyo, familiarízate con los tipos de síntomas que podría experimentar tu acompañante si se encamina hacia el pánico. Anímale a que te comunique la aparición de los primeros síntomas del pánico (los que corresponden al nivel 4 en la «Escala de la ansiedad»; véase el capítulo 4). No tengas reparos en preguntarle de vez en cuando cómo lo lleva.

8. Elabora con tu pareja fóbica una lista de afirmaciones de afrontamiento y procedimientos de relajación que puedes recordarle que utilice durante la fase de afrontamiento de las sesiones de exposición.

9. No permitas que la angustia de tu acompañante te altere, pero no dejes de tomarla en serio. Recuerda que la ansiedad no es necesariamente racional. Si tu pareja fóbica tiene un ataque de pánico, anímala a que se tome algún tiempo para recuperarse y que se esfuerce para regresar a la situación fóbica, si es posible. Permite la posibilidad de acabar con la sesión, sin embargo, si parece abrumada, superada o altamente estresada. Por encima de todo, permanece cerca de tu acompañante hasta que el pánico se haya desvanecido por completo.

10. Un abrazo puede hacer mucho más que un montón de palabras. Si ves que tu pareja fóbica tiene miedo en una situación en particular, el hecho de abrazarla u ofrecerle tu mano le ayudará a aliviar la ansiedad mejor que cualquier discurso sobre la ausencia de razones para tener miedo.

11. Sé confiable. Encuéntrate allí donde digas que vas a estar durante una sesión de práctica. No te desplaces a otro lugar con el fin de poner a prueba a tu acompañante. Puede ser aterrador para él regresar al lugar de encuentro preestablecido y ver que te has ido.

12. ¡No presiones a una persona fóbica! Los individuos fóbicos saben lo que está pasando en su cuerpo y pueden ser presa del pánico si se los empuja más allá de donde están preparados para ir en esa etapa concreta de su recuperación. Deja que tu pareja fóbica te diga cuándo es el momento de terminar la sesión de práctica.
13. Por otro lado, anima a tu acompañante a sacar el máximo provecho de la práctica. Es mejor intentar exponerse a una situación atemorizante y tener que retirarse temporalmente que no intentarlo en absoluto. Las resistencias de una persona fóbica pueden hacer que la práctica resulte imposible e impedir el progreso. Si tu pareja fóbica parece estar estancada o si le falta motivación para practicar, pregúntale qué le está impidiendo proseguir. Ayúdale, si puedes, a explorar e identificar sus resistencias psicológicas.
14. A pesar de todo tu deseo de ayudar, las personas fóbicas deben conservar la responsabilidad de su propia recuperación. Sé comprensivo con tu acompañante y aliéntalo, pero evita tratar de intervenir y hacerlo todo por él. Si lo haces, solo socavarás su confianza. Para recuperarse, los individuos fóbicos tienen que desarrollar su propio sentido de la identidad y la autosuficiencia. Asegúrate de estar alentando la *independencia* de tu pareja fóbica —en vez de que dependa de ti de manera prolongada.
15. Trata de ver las cosas desde el punto de vista de tu pareja fóbica. Actividades que parecen insignificantes a los demás —como caminar por la calle a lo largo de dos manzanas o comer en un restaurante— pueden significar todo un reto para la persona fóbica, que puede tener que trabajar mucho y desarrollar un gran valor para hacer eso mismo, aunque sea durante un corto período de tiempo. Estos logros y los esfuerzos que conducen a ellos deben ser reconocidos.
16. Las personas fóbicas son generalmente muy sensibles y necesitan recibir muchos elogios por cada paso que dan. Asegúrate de reconocerle a tu acompañante sus pequeños logros. Alábalo por cualquier éxito y sé comprensivo y tolerante con sus retrocesos.
17. No psicoanalices. Tu trabajo como persona de apoyo es ofrecer aliento y sostén, no decirle a tu pareja fóbica lo que piensas que está mal en ella o cómo se creó su problema.
18. Manifiéstale a tu pareja fóbica que confías en su progreso, aunque sea muy gradual. Cuando surjan dudas, permite que sepa que crees que puede tener éxito en su recuperación si persevera.
19. Fomenta la práctica por medio de recompensas. Por ejemplo, podrías decir: «Cuando lleves bien el tema de los restaurantes, iremos a comer a un lugar especial».
20. Acepta los días «malos» de tu pareja fóbica y alienta en ella la idea de que no puede tener un día perfecto todas las veces. *Los reveses temporales forman parte del curso normal de la terapia de exposición.*
21. Puede ser necesario que reajustes tu horario para facilitar la práctica de tu acompañante. Asegúrate de que estás dispuesto a asumir el compromiso de trabajar con él regularmente durante un período sostenido de tiempo antes de brindarte como persona de apoyo. Si no puedes acompañarle a lo largo de todo el período de recuperación (que por lo general requiere entre unos pocos meses y un año), especifícale durante cuánto tiempo puedes comprometerte.

22. Sé consciente de tus propios límites. Sé indulgente contigo mismo cuando seas una persona de apoyo menos que perfecta. Si has llegado al límite de tu capacidad de brindar apoyo, tómate un descanso.

Para más información sobre cómo ser una persona de apoyo eficaz, consulta el libro de Karen Williams *How to Help Your Loved One Recover from Agoraphobia* (véase la referencia al final del capítulo).

¿CUÁNDO SON ÚTILES LOS MEDICAMENTOS?

El énfasis de este capítulo hasta el momento se ha puesto en ofrecer estrategias prácticas que pueden ayudar a la persona fóbica a afrontar y superar sus fobias en la vida real. Si se practican regularmente y con plena conciencia, estas estrategias son muy eficaces. La exposición directa ha demostrado ser, una vez tras otra, el método más útil para superar las fobias.

En ocasiones, sin embargo, es difícil para algunos individuos empezar con la exposición. Cuando su nivel de ansiedad es muy alto, o cuando han estado evitando ciertas situaciones durante mucho tiempo, su resistencia inicial a empezar con las primeras sesiones de exposición puede ser fuerte. Pueden, literalmente, tener dificultad para «salir por la puerta». Es en estos casos cuando la medicación, a veces, puede ser útil. Aunque no proporcione una solución a largo plazo, puede ayudar a superar los bloqueos iniciales que impiden empezar. También puede ayudar a gestionar la primera fase de la exposición, la del afrontamiento (es decir, puede ser útil para avanzar por los primeros pasos de la jerarquía). Una vez que la persona adquiere cierta confianza en cuanto a su capacidad de gestionar situaciones que previamente había evitado, puede ir prescindiendo de la medicación progresivamente.

Hay dos tipos de medicamentos que pueden ser eficaces para facilitar la primera fase de la exposición. Ambos pueden reducir la frecuencia e intensidad de los ataques de pánico lo suficiente como para ayudar a la persona a superar su resistencia inicial. También tenderán a disminuir la ansiedad anticipatoria.

- ▶ Los medicamentos antidepresivos ISRS, como Lexapro, Celexa o Zoloft (véase «Los fármacos antidepresivos ISRS», en el capítulo 17), a menudo ayudan por medio de reducir la ansiedad y la depresión. Esto sin duda puede ayudar a aumentar la motivación para llevar a cabo la exposición. Por lo general, es necesario tomarlos durante un período de tres o cuatro semanas antes de poder obtenerse beneficios terapéuticos. Además, si la persona es sensible a estos fármacos, lo mejor es que empiece con una *dosis baja* —por ejemplo, la mitad o incluso una cuarta parte de una pastilla por día— y poco a poco ascienda hasta tomar un comprimido diario. Lo habitual es tomarlo por la mañana.
- ▶ Se puede tomar una dosis *baja* de un tranquilizante benzodiacepínico, como 0,25-0,5 mg de Klonopin (clonazepram) o 0,25 mg de Xanax (alprazolam), una media hora antes de la

sesión de práctica. Con las benzodiacepinas, hay que respetar dos condiciones. En primer lugar, es importante que la dosis sea baja, ya que si se toma una dosis lo suficientemente alta como para enmascarar la ansiedad, no se experimentará la exposición. Siempre es necesario experimentar algo de ansiedad para que la exposición sea efectiva. En segundo lugar, si es posible, hay que tomar el medicamento *solamente* antes de salir a hacer la práctica. Tomar la medicación una o varias veces al día a lo largo de varias semanas, aunque a menudo se recete de este modo, es más probable que conduzca a la dependencia respecto del medicamento y, con el tiempo, a la adicción. Si la persona no está tomando ninguna medicación, recomiendo que pruebe el enfoque antidepresivo antes de intentar tomar una dosis baja de un tranquilizante benzodiacepínico, ya que los antidepresivos no conllevan ningún riesgo de adicción. En cualquier caso, con el tiempo será necesario llevar a cabo la exposición sin la ayuda de medicamentos si se quiere llegar a dominar totalmente la fobia.

Véase el capítulo 17 para obtener más directrices sobre cómo tomar tanto los medicamentos antidepresivos como los tranquilizantes.

LA EXPOSICIÓN IMAGINARIA

El procedimiento original para el tratamiento de las fobias, desarrollado por Joseph Wolpe en la década de los cincuenta, implicaba la visualización de exposiciones progresivas a la fobia usando imágenes. El psiquiatra sudafricano Wolpe, se refirió a este proceso como «desensibilización imaginaria» y tuvo cierto éxito con él. En los años setenta, el campo de la ansiedad pasó de la desensibilización imaginaria a la desensibilización *en la vida real* (consistente en afrontar la fobia en la vida misma). Por lo general, este segundo sistema se denominaba sencillamente *exposición*. Hay ciertos tipos de fobias que son difíciles de afrontar en la vida real debido a las escasas oportunidades de exponerse directamente a ellas; por ejemplo, la fobia a las tormentas eléctricas o a los vuelos transcontinentales. En estos casos, se utilizan alternativas a la desensibilización imaginaria tradicional: la persona se expone a escenas de vídeo (por ejemplo, mira vídeos de rayos y tormentas eléctricas) o a recreaciones de la situación por medio de «exposiciones virtuales» (véase el apartado sobre el tratamiento de las fobias específicas en el capítulo 1).

En algunos casos, puede ser que le resulte útil a la persona visualizar que se enfrenta a la situación fóbica antes de afrontarla en la vida real. Esto proporciona una forma más suave de hacer frente a la situación al principio, antes de confrontarla directamente.

Cómo proceder con la exposición imaginaria

Para trabajar con la exposición imaginaria, elige una situación fóbica en particular en la que desees trabajar; por ejemplo, volar. A continuación, crea una jerarquía de exposiciones. Imagina que tienes que hacer frente a esta situación de una manera muy limitada, una manera que apenas te moleste en absoluto. Puedes crear este escenario imaginándote a ti mismo algo apartado, en el espacio o en el tiempo, de la exposición total a la situación; por ejemplo, puedes visualizarte aparcando delante del aeropuerto, sin entrar en él, o imaginar tus emociones un mes antes de tener que tomar un vuelo. También puedes rebajar la dificultad de la situación por medio de visualizarte con una persona de apoyo a tu lado. Intenta, a través de visualizaciones como las mencionadas, crear un contexto muy leve en relación con tu fobia y establécelo como el primer paso de tu jerarquía. Resulta útil, en este primer paso, escribir la escena con todo detalle.

Después, imagina cuál sería la escena más fuerte o desafiante en relación con tu fobia y ubícala en el extremo opuesto, como el escalón más alto de tu jerarquía. En el caso de volar, este paso podría consistir en tomar un vuelo transcontinental o encontrarte con graves turbulencias de aire en pleno vuelo. Una vez más, elabora esta escena escribiéndola con todos los detalles.

A continuación, tómate algún tiempo para imaginar ocho o más escenas de distinta intensidad relacionadas con tu fobia y clasifícalas según su potencial de provocarte ansiedad. En el caso de volar, las escenas pueden incluir cualquiera de las siguientes; las primeras ocuparían el lugar «más bajo» en la jerarquía (puesto que son las que provocan menos ansiedad) mientras que las últimas son, típicamente, las que se ubican en la parte «más alta»:

- Llegar al aeropuerto el día del vuelo.
- Facturar el equipaje.
- Pasar por el control de seguridad.
- Esperar junto a la puerta de embarque.
- Entrar en el avión.
- Encontrar tu asiento en el avión.
- Abrocharte el cinturón de seguridad.
- Oír cómo la azafata cierra la puerta del avión (esta puede ser la exposición más difícil para muchas personas).
- Dirigirse el avión hacia la pista de despegue.
- Acelerar el avión por la pista de despegue.
- Sentir cómo el avión ya no está en contacto con el suelo.
- Subir hasta la altitud de crucero mientras permaneces con el cinturón abrochado.

(Los pasos siguientes solo son necesarios si para ti el aterrizaje es más difícil que el despegue).

- Oír cómo la azafata anuncia a los pasajeros que se preparen para el aterrizaje.
- Oír cómo el tren de aterrizaje se despliega mientras el avión se aproxima a la pista.
- Experimentar la sacudida del impacto con el suelo al aterrizar.

Si tu plan es acabar por afrontar tu miedo en la vida real, es deseable que las escenas que describas se correspondan lo máximo posible con las de la vida real. Ubica tus escenas en orden ascendente entre los dos extremos que ya has definido. Una vez más, elabora cada escena por medio de escribirla con el mayor detalle posible.

El solo hecho de escribir las escenas con detalle ya constituye una forma suave de exposición. Al llevar a cabo la exposición imaginaria, empieza por relajarte durante unos diez minutos al principio. Puedes utilizar la relajación muscular progresiva o una visualización guiada con esta finalidad (estas técnicas se describen en el capítulo 4). Después visualiza detalladamente cada escena de la jerarquía, por orden, dedicando un minuto más o menos a cada una de ellas. Si sientes que la ansiedad hace acto de presencia, no te preocupes; permanece con ella y permite que pase. Si se da la circunstancia poco probable de que piensas que te estás encaminando hacia un ataque de pánico, deja de visualizar la escena, haz una pausa y regresa a ella cuando te sientas mejor. Después, sigue avanzando por tu jerarquía paso a paso, visualizando cada escena una o más veces, hasta que te sientas cómodo o solo mínimamente ansioso con ellas. Dedica entre quince y veinte minutos al día a este proceso de visualizar tus escenas fóbicas por orden, hasta completar el último paso de la jerarquía.

VISUALIZACIÓN PARA DOMINAR UNA FOBIA

Puedes utilizar la siguiente visualización para ganar confianza en cuanto a afrontar y dominar una situación fóbica en particular que hayas estado evitando. La visualización implica verte totalmente a ti mismo en esa situación. Es mejor trabajar con ella *después* de haber usado el proceso de exposición imaginaria para superar cualquier ansiedad que te pueda sobrevenir inicialmente al imaginarte lidiando con tu fobia. Si esta visualización te provoca ansiedad, vuelve atrás y trabaja con ella gradualmente usando la exposición imaginaria.

> Tómate unos momentos para imaginar qué estarás haciendo y cómo te sentirás cuando hayas tenido éxito con el objetivo que te has puesto. Obsérvate totalmente dentro de la que era tu situación fóbica... haciendo lo que quieres hacer... sintiéndote tranquilo, cómodo y confiado... (Dedica más o menos un minuto a visualizarte gestionando con éxito una situación que has estado evitando).
> Sabes que ya no hay ninguna necesidad de evitar esta situación. Te sientes tranquilo y seguro en ella. A medida que entras en la situación, tu respiración se mantiene calmada y regular y todos tus músculos están totalmente relajados. Es realmente fácil permanecer en esta situación y te sientes bien en ella. Experimentas una sensación de relajación general... Has tenido éxito en el logro de tu objetivo y te sientes orgulloso de ti mismo por haberlo conseguido. Tienes la confianza de poder gestionar esta situación cada vez que regresas a ella. Te sientes muy bien por tener la libertad de poder estar en esta

situación... por haber logrado plenamente tu objetivo... por haber dejado el pasado totalmente atrás... por ser capaz de hacer lo que quieres. Tu vida se enriquece con tu éxito. Te sientes tranquilo y a gusto siempre que te hallas en esta situación. De hecho, no te importa mucho hallarte o no en ella. Para ti es una situación rutinaria... que no tiene nada de especial... que forma parte de la vida de cada día. Te sientes cómodo... a gusto... tranquilo... bien. Estás feliz de saber que has tenido éxito... Has logrado tu objetivo... Has adquirido el dominio de ti mismo que siempre has querido. Ahora puedes disfrutar plenamente de la vida... Sabes que te sentirás a salvo y confiado siempre que te halles en esta situación. Disfrutas realmente de tu éxito y de la libertad de elección que has obtenido. Ahora vuelve a tomarte unos momentos para imaginar cómo pensarás, actuarás y te sentirás cuando hayas logrado tu objetivo en relación con esta situación... Obsérvate a ti mismo manejándola justo de la manera en que quieres afrontarla...

Observa qué estás haciendo... (durante quince segundos o más).

Observa tu aspecto... Tal vez tienes una sonrisa de confianza en la cara... ¿Cómo expresa tu rostro tu éxito y tu sentimiento de logro? (durante quince segundos o más).

Ahora percibe el sentimiento de logro muy dentro de ti... Disfruta del maravilloso sentimiento de satisfacción que has obtenido a raíz de tu logro... (durante quince segundos o más).

Acaso puedes ver también a amigos y familiares en la escena, y los buenos sentimientos que expresan por tu éxito. ¿Puedes ver cómo te los expresan? (durante quince segundos o más).

Ahora que sabes que has logrado tu objetivo, tómate un poco de tiempo para imaginar cómo disfrutarás de la nueva libertad que has obtenido en tu vida. ¿Hay nuevas oportunidades disponibles para ti ahora que tienes mayor libertad? Observa cómo disfrutas de estas oportunidades. (Permítete visualizarlo durante un minuto).

RESUMEN DE COSAS POR HACER

1. Decide en relación con qué fobias estás listo para llevar a cabo la exposición.
2. Establece una jerarquía con al menos ocho pasos para cada fobia con la que desees trabajar. Si aún no has elaborado ninguna jerarquía para tus fobias, utiliza los ejemplos presentes en este capítulo como modelos. Si vas a dividir tu exposición en dos fases (la de afrontamiento y la total), elabora una jerarquía de pasos progresivos para cada una.
3. Repasa el apartado «Procedimiento básico para la exposición» para familiarizarte completamente con el procedimiento correcto.
4. Practica la exposición de tres a cinco días por semana. Controla tus progresos por medio de indicar la fecha en que completas cada paso en tu «Hoja de trabajo de la jerarquía». La práctica asidua es la mejor manera de asegurar el éxito.
5. Considera si te sientes confiado y preparado para acometer directamente la exposición total a tu fobia, ya se trate de conducir por autopistas, estar solo en casa o

aproximarte a serpientes. En el caso de la exposición total, afrontas tu fobia por medio de una serie de pasos progresivos (una jerarquía) pero ya no te apoyas en estrategias de afrontamiento.

6. Si decides que quieres empezar tu exposición con el auxilio de estrategias de afrontamiento antes de proceder a la exposición total, elige si deseas que una persona de apoyo te acompañe. Puede ser tu cónyuge, tu pareja, un amigo íntimo, una persona fóbica recuperada o un terapeuta. Contar con una persona de apoyo puede ayudarte a hacer más fácil tu tránsito por las primeras etapas de la exposición, a no ser que tengas claro que prefieres exponerte solo. Indícale que lea el apartado «Directrices para la persona de apoyo», en este capítulo.

7. Durante la primera fase de la exposición, sírvete de estrategias de afrontamiento (como la respiración abdominal, las afirmaciones positivas, una persona de apoyo y dosis bajas de un tranquilizante) si sientes que lo necesitas. Pero prescinde de dichas estrategias cuando llegues a la fase de exposición total a la fobia. Así aprenderás que puedes gestionar totalmente la situación sin tener que acudir a ninguna estrategia de apoyo. De otro modo, vas a tener la sensación de poder afrontar tu fobia solamente si recurres a dichas estrategias.

8. Repasa el apartado «Cómo aprovechar la exposición al máximo» con el fin de comprender plenamente todos los ingredientes que contribuyen al éxito de la exposición. Tu disposición a hacer frente a las resistencias iniciales, tolerar un cierto malestar, aprender a retirarte de la situación y regresar a ella si es necesario, practicar regularmente y manejar los contratiempos es particularmente importante.

9. Puede ser que quieras visualizarte en tu situación fóbica antes de afrontarla en la vida real. Si este es el caso, sírvete de las directrices que se presentan en el apartado «La exposición imaginaria», hacia el final de este capítulo. Otra opción es que practiques la «Visualización para dominar una fobia», grabando el texto que se ofrece en un dispositivo de tu elección.

10. Si has utilizado todo lo que viene en el libro hasta ahora, incluido este capítulo, y sigue costándote empezar con la exposición, consulta con tu médico sobre la posibilidad de tomar algún medicamento que te ayude a lanzarte.

PARA SABER MÁS

Barlow, David. *Anxiety and Its Disorders: The Nature and Treatment of Anxiety and Panic*. Segunda edición. Guilford Press. Nueva York, 2004.

Beckfield, Denise F. *Master Your Panic and Take Back Your Life*. Segunda edición. Impact Publishers. San Luis Obispo (California), 1998.

Bourne, Edmund J. *Overcoming Specific Phobia: Therapist and Client Protocols* (dos libros). New Harbinger Publications. Oakland (California), 1998.

Craske, Michelle G., Katharina Kircanski, Moriel Zelikowsky, Jayson Mystkowski y Aaron Baker. «Optimizing Inhibitory Learning During Exposure Therapy». *Behaviour Research and Therapy* 46 (1): 5-27. 2008.

Feninger, Mani. *Journey from Anxiety to Freedom.* Prima Publishers. Rocklin (California), 1998.

McNally, Richard J. «Mechanisms of Exposure Therapy: How Neuroscience Can Improve Psychological Treatments for Anxiety Disorders». *Clinical Psychology Review,* 27 (2007): 750-759.

Ross, Jerilyn. *Triumph Over Fear.* Bantam Books. Nueva York, 1994.

Williams, Karen. *How to Help Your Loved One Recover from Agoraphobia.* New Horizon Press. Far Hills (Nueva Jersey), 1993.

Zuercher-White, Elke. *An End to Panic*. Segunda edición. New Harbinger Publications. Oakland (California), 1998.

El diálogo interno

Imaginemos a dos personas que están al volante en medio del tráfico en hora punta. La dinámica es la típica en estos casos: los coches avanzan un poco y se detienen. Una de ellas se percibe a sí misma como atrapada, y se dice cosas como: «No puedo soportar esto», «¡Tengo que salir de aquí!», «¿Quién me mandaba meterme en este atolladero?»... Esta persona siente ansiedad, frustración e ira. En cambio, la otra percibe la situación como una oportunidad para acomodarse, relajarse y escuchar música. Se dice: «Puedo sencillamente relajarme y seguir el ritmo del tráfico», o «Puedo relajarme haciendo unas cuantas respiraciones profundas». Esta persona experimenta una sensación de calma y aceptación. En ambos casos, la situación es exactamente la misma, pero las emociones que emergen en respuesta a dicha situación son muy diferentes a causa del monólogo interior de cada individuo, o *diálogo interno*.

La verdad es que *es lo que nos decimos a nosotros mismos* en respuesta a cualquier situación lo que determina principalmente nuestras emociones y estados de ánimo. A menudo nos lo decimos de una manera tan rápida y automática que ni siquiera nos damos cuenta, de modo que tenemos la impresión de que la situación externa «hace que» nos sintamos como nos sentimos. Pero son realmente nuestras interpretaciones y pensamientos acerca de lo que está sucediendo lo que constituye la base de nuestras reacciones emocionales. Podemos representar de esta manera la secuencia de lo que ocurre:

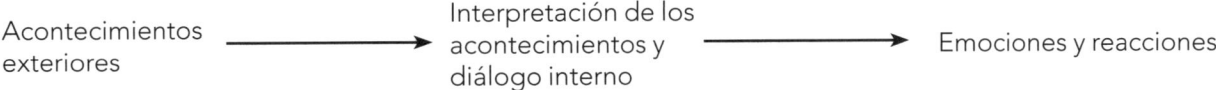

En pocas palabras: somos en gran medida responsables de cómo nos sentimos (salvo en el caso de que existan determinantes fisiológicos, como una enfermedad). Esta es una verdad profunda y muy importante, que a veces se necesita mucho tiempo para comprender plenamente. A menudo es mucho más fácil culpar de la manera como nos sentimos a algo o alguien externo que asumir la responsabilidad de nuestras reacciones. Sin embargo, es por medio de nuestra disposición a aceptar esta responsabilidad que empezamos a tomar las riendas de nuestras propias vidas y tener dominio sobre ellas. La comprensión de que somos los principales responsables de lo que sentimos es empoderador, una vez que lo asumimos plenamente. Esta es una de las claves más importantes para disfrutar de una vida más feliz, más eficaz y libre de ansiedad.

LA ANSIEDAD Y EL DIÁLOGO INTERNO

Las personas que padecen fobias, ataques de pánico y ansiedad en general son especialmente propensas a implicarse en el diálogo interno negativo. La ansiedad se puede generar en el calor del momento por medio de decirse uno a sí mismo, repetidas veces, frases que comienzan con «y si...». Cualquier ansiedad que se experimenta ante la perspectiva de afrontar una situación difícil se edifica sobre los «y si...» que se dice uno a sí mismo. Cuando alguien decide evitar completamente una situación, es probable que sea debido a las preguntas atemorizantes que se ha hecho: «¿Y si me entra el pánico?», «¿Y si no puedo manejarlo?», «¿Si me ven ansioso, qué pensarán los demás de mí?». El hecho de advertir que se está entrando en la manera de pensar basada en el «y si...» es el primer paso para adquirir el control sobre el diálogo interno negativo. El verdadero cambio se produce cuando uno empieza a *contrarrestar* y *reemplazar* las declaraciones negativas basadas en el «y si...» por declaraciones positivas que refuercen la propia capacidad de hacer frente a la situación. Por ejemplo, uno puede decirse: «¿Y qué?», «Esto son solo pensamientos», «Esto no es más que cháchara atemorizante», «Puedo manejar esto» o «Puedo respirar, soltar y relajarme».

Se exponen a continuación algunos hechos básicos sobre el diálogo interno. Después, hablaremos de los distintos tipos de monólogos internos contraproducentes.

ALGUNAS CUESTIONES BÁSICAS SOBRE EL DIÁLOGO INTERNO

- ▸ El diálogo interno acostumbra a ser tan automático y sutil que uno mismo no lo percibe, o bien no se da cuenta del efecto que tiene sobre sus propios sentimientos y estados de ánimo. Uno reacciona sin darse cuenta de lo que se dijo a sí mismo justo antes de reaccionar. A menudo es solo cuando la persona se relaja, da un paso atrás y realmente examina lo que se ha estado diciendo a sí misma cuando puede ver la conexión entre el diálogo interno y sus sentimientos o emociones. Lo importante es que *se puede aprender a disminuir la velocidad del diálogo interno negativo y a tomar nota de él*.
- ▸ El diálogo interno se manifiesta a menudo *de forma telegráfica*. Una palabra corta o una sola imagen contienen toda una serie de pensamientos, recuerdos o asociaciones. Por

ejemplo, si uno siente que su corazón comienza a latir más rápido y se dice: «¡Oh, no!», hay implícitas en este «¡oh, no!» momentáneo toda una serie de asociaciones respecto a los miedos que uno tiene en relación con el pánico, recuerdos de ataques de pánico anteriores y pensamientos acerca de cómo evitar la situación actual. Identificar el diálogo interno puede requerir desentrañar varios pensamientos contenidos en una sola palabra o imagen.

▸ El diálogo interno ansioso es típicamente *irracional, pero casi siempre suena como la verdad*. El pensamiento basado en el «y si...» puede llevarle a uno a esperar el peor resultado posible en una situación dada, un resultado que es muy poco probable que se produzca. Sin embargo, debido a que la asociación se lleva a cabo con tanta rapidez, se toma como indiscutible y no se cuestiona. Es difícil evaluar la validez de una creencia de la que se es apenas consciente; sencillamente, se acepta tal cual.

▸ El diálogo interno negativo *perpetúa la evitación*. La persona se dice a sí misma que un escenario tal como una autopista es peligroso y que por eso lo evita. Al continuar evitándolo, refuerza la idea de que es peligroso. Puede incluso proyectar imágenes catastróficas en torno a la perspectiva de enfrentarse a la situación. En resumen: el diálogo interno ansioso conduce a la evitación, la evitación engendra un diálogo interno más ansioso, y el ciclo continúa.

▸ El diálogo interno puede *desencadenar o agravar un ataque de pánico*. El ataque de pánico a menudo comienza con síntomas de incremento de la excitación fisiológica, como un aumento del ritmo cardíaco, opresión en el pecho o palmas sudorosas. Biológicamente, esta es la respuesta *natural* del cuerpo al estrés —la respuesta de lucha o huida que todos los mamíferos, incluidos los humanos, experimentan normalmente ante la percepción de una amenaza—. No hay nada intrínsecamente anormal o peligroso en esta respuesta. Sin embargo, estos síntomas pueden recordarle a la persona sus anteriores ataques de pánico. En lugar de sencillamente permitir que la reacción fisiológica del cuerpo se desarrolle, llegue a un pico y se desvanezca a su debido tiempo, el diálogo interno atemorizante hace que la persona se asuste a sí misma, con el resultado de que su reacción de pánico se vuelve considerablemente más intensa. De ese modo, se dice cosas como estas: «¡Oh, no; está sucediendo de nuevo!», «¿Y si pierdo el control?», «¡Tengo que salir de aquí ahora mismo!» o «Voy a luchar contra esto y hacer que se vaya». Este diálogo interno atemorizante agrava los síntomas físicos iniciales, lo que a su vez fomenta un diálogo interno más atemorizante todavía. Un ataque de pánico fuerte puede abortarse o manifestarse de una manera mucho menos intensa si uno, al asomar los primeros síntomas, se da a sí mismo mensajes positivos: «Puedo aceptar lo que está sucediendo a pesar de que es incómodo», «Voy a dejar que mi cuerpo haga su trabajo», «Esto va a acabar», «He pasado por esto antes y esta vez también lo voy a lograr» o «Esto es solo una explosión de adrenalina que puede metabolizarse y pasar en unos pocos minutos».

- El diálogo interno negativo consiste en *una serie de malos hábitos*. No se nace con una predisposición al diálogo interno atemorizante: *se aprende* a pensar de esta manera. Y así como se pueden reemplazar los hábitos de *comportamiento* poco saludables, como fumar o beber café en exceso, por comportamientos más positivos, favorecedores de la salud, las formas de pensar poco saludables pueden reemplazarse por hábitos *mentales* más positivos y útiles. Hay que tener en cuenta que la adquisición de hábitos mentales positivos requiere la misma persistencia y práctica que el aprendizaje de nuevos comportamientos.

TIPOS DE DIÁLOGO INTERNO NEGATIVO

No todos los diálogos internos negativos son iguales. Los seres humanos no solo son diversos sino que también son complejos; tienen personalidades multifacéticas. Para hacer referencia a estas facetas, a veces se habla de *subpersonalidades*. Cada una de nuestras distintas subpersonalidades juega su propio papel y posee su propia voz en el complejo funcionamiento de la consciencia, los recuerdos y los sueños. A continuación hago un esbozo de los cuatro tipos de subpersonalidad más comunes que tienden a ocupar un lugar destacado en el caso de las personas que son propensas a la ansiedad: el preocupado, el crítico, la víctima y el perfeccionista. Dado que la fuerza de estas voces interiores es distinta de un individuo a otro, a cada uno puede resultarle útil clasificarlas de más fuerte a más débil en su caso.

El preocupado (fomenta la ansiedad)

Características: esta suele ser la subpersonalidad más fuerte en los sujetos propensos a la ansiedad. El preocupado crea ansiedad por medio de imaginar el peor de los escenarios posibles. Se amedrenta con fantasías de desastres o catástrofes cuando se imagina afrontando algo que teme. También se agrava el pánico por medio de reaccionar a los primeros síntomas físicos de un ataque de pánico y promueve sus propios temores de que lo que está sucediendo es peligroso o embarazoso («¡¿Y si tengo un ataque al corazón!?», «¡¿Qué van a pensar si me ven!?»). En resumen, las tendencias dominantes del preocupado son anticipar lo peor, sobrestimar las posibilidades de que algo malo o embarazoso acontezca y crear imágenes grandiosas de catástrofes o fallos potenciales. El preocupado está siempre vigilante, observando cualquier pequeño síntoma o señal de problemas con desasosegada aprensión.

Expresión favorita: con mucho, la expresión favorita del preocupado es: «¿Y si...?».

Ejemplos: algunos cuestionamientos típicos del preocupado son estos: «¡Oh, no; mi corazón está empezando a latir más rápido! ¿Y si sufro un ataque de pánico y pierdo totalmente el control de mí mismo?», «¿Y si empiezo a tartamudear en medio de mi discurso?», «¿Y si me ven temblar?», «¿Y si estoy solo y no hay nadie a quien llamar?», «¿Y si soy incapaz de superar esta fobia?», «¿Y si no puedo ir a trabajar durante el resto de mi vida?»...

El crítico (fomenta la baja autoestima)

Características: el crítico es la parte de uno que está constantemente juzgando y evaluando su comportamiento. En este sentido, puede parecer más «independiente» que las otras subpersonalidades. Tiende a señalar los defectos y limitaciones de uno mismo siempre que se presenta la ocasión. Salta a partir de cualquier error para recordarse que es un fracaso. El crítico genera ansiedad por medio de avergonzarse por no ser capaz de manejar sus síntomas de pánico, por no ser capaz de ir a lugares adonde solía ir, por no poder rendir al máximo o por tener que depender de otra persona. También le gusta compararse con los demás, comparación en la que, por lo general, los otros salen favorecidos. Tiende a ignorar sus cualidades positivas y resalta sus debilidades e insuficiencias. El crítico puede ser la personificación, en el propio diálogo interno, de la voz de su madre o de su padre, un maestro al que temía o cualquier sujeto que lo hirió en el pasado con sus críticas.

Expresiones favoritas: «¡Eres decepcionante!», «Esto que has hecho ha sido una estupidez»...

Ejemplos: estas frases son típicas del diálogo interno del crítico: «Mira que eres estúpido...» (el crítico disfruta poniendo etiquetas negativas), «¿No puedes hacerlo nunca bien?», «¿Por qué estás siempre de esta manera?», «Él/Ella sí que puede hacerlo», «Lo podrías haber hecho mejor»... El crítico tiene creencias negativas en relación consigo mismo, tales como: «Soy inferior a los demás», «No valgo mucho», «Tengo algún tipo de defecto de fabricación» o «Soy débil; debería ser más fuerte».

La víctima (fomenta la depresión)

Características: la víctima es la parte de uno que se siente impotente o desesperada. Genera ansiedad por medio de decirse que no está haciendo ningún progreso, que su problema no tiene solución o que el camino es demasiado largo y empinado como para que haya alguna oportunidad real de recuperación. La víctima también juega un papel importante en la creación de la depresión. Cree que hay algo inherentemente incorrecto en sí mismo; se convence de que es, en algunos sentidos, carente, defectuoso o indigno. Siempre percibe obstáculos insalvables entre él y sus metas. Se queja y lamenta de cómo son las cosas en la actualidad. Cree que nada cambiará nunca.

Expresiones favoritas: «No puedo», «Nunca voy a poder»...

Ejemplos: la víctima dice cosas como estas: «Nunca voy a poder hacer esto, así que ¿por qué intentarlo?», «Hoy me siento agotado físicamente, así que ¿por qué molestarme en hacer nada?», «Tal vez podría haberlo hecho si hubiese tenido más iniciativa hace diez años, pero ahora ya es demasiado tarde»... La víctima tiene creencias negativas del estilo: «Soy un desastre», «Hace demasiado tiempo que tengo este problema, así que nunca voy a mejorar», «Lo he intentado todo; nada va a funcionar nunca»...

El perfeccionista (fomenta el estrés crónico y el agotamiento)

Características: el perfeccionista es primo hermano del crítico, pero su preocupación no es tanto la de abatirse como la de empujarse y aguijonearse para hacerlo mejor. Genera ansiedad por medio de decirse constantemente que sus esfuerzos no son suficientes, que *debería* trabajar más duro, que *debería* tener siempre todo bajo control, que *debería* ser siempre competente, que *debería* ser siempre agradable, etc. El perfeccionista es la parte exigente de uno que quiere ser mejor y no tolera los errores o contratiempos. Tiende a tratar de convencerse de que su valía depende de *factores externos*, como los logros profesionales, el dinero y el estatus, la aceptación por parte de los demás, el hecho de ser amado o su capacidad de ser agradable y amable con los demás, independientemente de lo que hagan. El perfeccionista no está nada convencido de su valor intrínseco, de modo que se empuja hacia el estrés, el cansancio y el agotamiento en la búsqueda de sus objetivos. Le gusta ignorar las señales de advertencia del cuerpo.

Expresiones favoritas: «Debería...», «Tengo que...», «Debo...».

Ejemplos: el perfeccionista puede dar instrucciones tales como: «Siempre debería estar supervisándolo todo», «Siempre debería ser considerado y generoso», «Siempre debería ser agradable y complaciente», «*Tengo que* (conseguir este trabajo, lograr esta cantidad de dinero, recibir la aprobación de Fulano, etc.)» o «No merezco mucho» (Léase sobre los *debería* al final del siguiente apartado).

EJERCICIO: ¿QUÉ TE ESTÁN DICIENDO TUS SUBPERSONALIDADES?

Tómate tu tiempo para pensar acerca de cómo cada una de las subpersonalidades anteriores juega un papel en tus pensamientos, sentimientos y comportamientos. En primer lugar, estima hasta qué punto te afecta cada una por medio de clasificar su grado de influencia desde «nada» hasta «mucho» en una escala de seis puntos (encontrarás las hojas de trabajo en las páginas siguientes). ¿Qué subpersonalidad es más fuerte y cuál es más débil en tu caso? Después, piensa en lo que cada subpersonalidad te está diciendo con el fin de crearte ansiedad, o agravarla, en cada una de estas cuatro situaciones diferentes:

1. El trabajo (en tu trabajo, como estudiante o en otras situaciones de rendimiento).
2. Las relaciones personales (con tu cónyuge o pareja, padres, hijos y amigos).
3. Síntomas de ansiedad (en ocasiones en las que experimentas pánico, ansiedad o síntomas obsesivo-compulsivos).
4. Situaciones fóbicas (ya sea antes de afrontar una fobia o mientras estás haciendo frente a la situación fóbica).

Estos son algunos ejemplos correspondientes al preocupado:

El preocupado

Trabajo: «¿Y si mi jefe se entera de que tengo agorafobia? ¿Va a despedirme?».

Relaciones: «Mi marido se está cansando de tener que llevarme a los sitios. ¿Y si se niega a hacerlo? ¿Y si me deja?».

Síntomas de ansiedad: «¿Y si me ven caer presa del pánico? ¿Y si piensan que soy raro?».

Situación fóbica: «¿Y si tengo un accidente la primera vez que intento conducir por la autopista?».

Puedes darte cuenta de que el diálogo interno del preocupado en las dos últimas situaciones es, con mucho, la fuente más habitual de tu ansiedad. Si tienes ataques de pánico, el preocupado es propenso a crear ansiedad en cuanto a cuándo y dónde podrías sufrir el próximo. En caso de que los síntomas corporales del pánico comiencen a aflorar, él los magnificará como algo peligroso, lo que solamente desencadenará más pánico. Muchas de las estrategias de afrontamiento que se describen en el capítulo 6 (en particular, el uso de declaraciones de afrontamiento positivas) están diseñadas para ayudarte a lidiar con el preocupado durante un ataque de pánico.

Si tienes fobias, el preocupado te informa de todo lo que podría suceder si tuvieras que afrontar tu miedo. Como resultado, a menudo experimentas «ansiedad anticipatoria» (la ansiedad que se siente antes de enfrentarte a una fobia) y tratas de evitar lidiar con tu fobia, sea cual sea. Encontrarás útil hacer un análisis por separado de lo que el preocupado te está diciendo (es decir, tus «y si...») en el caso de cada una de tus fobias específicas. Pregúntate lo que temes que podría suceder si afrontaras cada una de ellas.

Estos son algunos ejemplos de cómo operan las otras subpersonalidades de las que estamos tratando:

El crítico

Trabajo: «Soy un incompetente a causa de mi problema».

Relaciones: «Soy un peso para mi marido».

Síntomas de ansiedad: «Soy un debilucho; me desmorono cuando sufro un ataque de pánico».

Situación fóbica: «Todos los demás pueden conducir; me siento un fracasado».

La víctima

Trabajo: «Mi situación en el trabajo es desesperada. Tarde o temprano me despedirán».

Relaciones: «Mis padres me arruinaron como persona» o «No puedo hacerlo sin mi pareja».

Síntomas de ansiedad: «*Nunca* superaré estos ataques de pánico. Algo debe de estar muy mal en mí».

Situación fóbica: «Es inútil que acuda a más entrevistas de trabajo. Nadie me va a contratar cuando vean que tengo tanta ansiedad».

El perfeccionista

Trabajo: «*Debería* ser capaz de vender como antes, por más ansiedad que sienta».

Relaciones: «No *debería* depender de mi marido ni de nadie para que me lleve a los sitios».

Síntomas de ansiedad: «*Tengo que* poder evitar que estos pensamientos crucen por mi mente».

Situación fóbica: «*Tengo que* aprender a conducir como cualquier otra persona».

Utiliza las hojas de trabajo que siguen para escribir las afirmaciones que provocan ansiedad que están utilizando tus subpersonalidades en cada situación. No necesitas hacer esto para las cuatro subpersonalidades o para los cuatro tipos de situaciones en cada caso; hazlo solo con aquellas subpersonalidades y situaciones que sospeches que te dan problemas.

Controla lo que te dicen tus subpersonalidades durante una semana por lo menos. Por ahora, completa únicamente las columnas de la izquierda. (Rellenarás las columnas de la derecha de las hojas de trabajo más tarde. Utiliza hojas adicionales si necesitas más espacio). Presta especial atención a las ocasiones en que sientas ansiedad (o pánico), en que te muestres autocrítico o en que te sientas deprimido, avergonzado o alterado de cualquier otra manera. Busca los pensamientos que cruzaban por tu mente que te llevaron a sentirte del modo en que te sentiste. «Sentí miedo» no es un buen ejemplo de diálogo interno, porque no indica lo que estabas pensando (diciéndote a ti mismo) que te hizo sentir miedo. Por otro lado, el pensamiento: «¿Y si hoy me entra el pánico en el trabajo?» es un ejemplo de pensamiento que puede haberte llevado a sentir miedo. Consulta, más adelante en este capítulo, el paso 4 del apartado titulado «Orientaciones generales para identificar el diálogo interno y contrarrestarlo» para encontrar más sugerencias en cuanto a cómo proceder para separar los pensamientos de los sentimientos.

El diálogo interno

SUBPERSONALIDAD: EL PREOCUPADO

Me afecta: nada en absoluto _____ mucho
                                      1 2 3 4 5 6

Diálogo interno negativo	Contraafirmaciones positivas

Situación

Trabajo/Escuela

Relaciones

Síntomas de ansiedad
(préstales especial atención si tienes ataques de pánico)

Fobias
(determina el diálogo interno del preocupado en relación con cada una de tus fobias —utiliza una hoja distinta si es necesario)

ANSIEDAD Y FOBIAS

SUBPERSONALIDAD: EL CRÍTICO

Me afecta: nada en absoluto _____ mucho
   1   2   3   4   5   6

Diálogo interno negativo	Contraafirmaciones positivas
Situación	
Trabajo/Escuela	
Relaciones	
Síntomas de ansiedad	
Fobias	

El diálogo interno

SUBPERSONALIDAD: LA VÍCTIMA

Me afecta: nada en absoluto _____ mucho
                         1   2   3   4   5   6

| Diálogo interno negativo | Contraafirmaciones positivas |
|---|---|//

Situación

Trabajo/Escuela

Relaciones

Síntomas de ansiedad

Fobias

ANSIEDAD Y FOBIAS

SUBPERSONALIDAD: EL PERFECCIONISTA

Me afecta: nada en absoluto _____ mucho
                                         1   2   3   4   5   6

Diálogo interno negativo	Contraafirmaciones positivas

Situación

Trabajo/Escuela

Relaciones

Síntomas de ansiedad

Fobias

CONTRARRESTAR EL DIÁLOGO INTERNO NEGATIVO

La forma más eficaz de hacer frente al diálogo interno negativo del preocupado y otras subpersonalidades es *contrarrestarlo* o neutralizarlo con afirmaciones positivas y útiles. Contrarrestar implica *escribir* y *ensayar* afirmaciones positivas que refuten o invaliden directamente el diálogo interno negativo. Si uno se está creando ansiedad y otros estados emocionales perturbadores a través de una programación mental negativa, puede comenzar a cambiar la forma de sentir por medio de sustituir dicha programación por otra positiva. Hacer esto requiere un poco de *práctica*. Cuando se ha estado practicando el diálogo interno negativo durante años, se han desarrollado, de manera natural, algunos hábitos muy fuertes. Es probable que el preocupado y otras subpersonalidades cuenten con un buen arraigo. Cuando uno empieza a advertir que se está implicando en la negatividad y la contrarresta con afirmaciones positivas y propicias, comienza a cambiar su forma de pensar. Con la práctica y un esfuerzo constante, se acaba por modificar de forma permanente tanto el modo de pensar como el de *sentir*.

A veces, la actividad de contrarrestar tiene lugar de manera natural y fácil. En estos casos, la persona está dispuesta a sustituir las afirmaciones que le han estado causando ansiedad y angustia por otras positivas y razonables, y se siente preparada para ello. Está más que deseosa de renunciar a los hábitos mentales negativos que no le están sirviendo de ayuda. Pero hay otras personas que se oponen a la idea de contrarrestar; estas dicen: «Pero ¿y si es verdad lo que dice mi preocupado (crítico, víctima o perfeccionista)? Me resulta difícil creer lo contrario»; también pueden preguntarse: «¿Cómo puedo sustituir las afirmaciones negativas por otras positivas si realmente no me las creo?».

Puede ser que el individuo esté fuertemente apegado a una parte de su diálogo interno negativo. Se ha estado diciendo a sí mismo este tipo de cosas durante años y le resulta difícil renunciar tanto al hábito como a la creencia. Estas personas no son fáciles de persuadir. Si este es tu caso y quieres hacer algo para poner remedio a tu diálogo interno negativo, es importante que lo sometas al escrutinio racional. Puedes debilitar el poder de tus afirmaciones negativas exponiéndolas a cualquiera de las siguientes preguntas socráticas (a la investigación racional):

1. ¿Qué pruebas hay de esto?
2. ¿Es esto *siempre* verdad?
3. ¿Fue verdad en el pasado?
4. ¿Cuáles son las probabilidades de que esto realmente ocurra (o sea cierto)?
5. ¿Qué es lo peor que podría pasar? ¿Qué hay de malo en eso? ¿Qué harías si ocurriera lo peor?
6. ¿Estás viendo el panorama completo?
7. ¿Estás siendo totalmente objetivo?

La validez de las afirmaciones negativas no tiene nada que ver con el grado de apego que se tenga a ellas o con lo arraigadas que puedan estar. Tiene que ver con si aguantan o no un análisis cuidadoso, objetivo. Considera los ejemplos siguientes:

Preocupado: «¿Y si tengo un ataque al corazón la próxima vez que me entre el pánico?».

Cuestionamiento: «¿Qué pruebas hay de que los ataques de pánico provoquen ataques al corazón?». Respuesta: ninguna (véase el capítulo 6).

Contraafirmación: «Los ataques de pánico, por incómodos que puedan resultar, no son peligrosos para mi corazón. Puedo dejar que el pánico crezca, decaiga y pase, y mi corazón estará bien».

Crítico: «Eres débil y neurótico a causa de tus estúpidas fobias».

Cuestionamiento: «¿Qué pruebas hay de esto?». Respuesta: las fobias son causadas por un proceso de condicionamiento que tiene lugar en un estado elevado de ansiedad (véase el capítulo 2). «Débil» y «neurótico» son etiquetas negativas que no explican nada.

Contraafirmación: «Mis fobias se desarrollaron de resultas de un proceso de condicionamiento que me hizo sensibilizarme a ciertas situaciones. Estoy aprendiendo a superar mis fobias por medio de un proceso de exposición progresiva».

Víctima: «Nunca voy a superar este problema. Estaré limitado en cuanto a mi movilidad el resto de mi vida».

Cuestionamiento: «¿Qué pruebas hay de que la agorafobia sea un problema para toda la vida? ¿Qué otros resultados son posibles?». Respuesta: el 90% de los agorafóbicos se recuperan con un tratamiento efectivo.

Contraafirmación: «Hay solución para mi problema. Puedo superarlo por medio de establecer un programa de recuperación y comprometerme con él».

Perfeccionista: «Tengo que recibir la aceptación y aprobación de mis padres o me quedaré hecho polvo».

Cuestionamiento: «¿Estoy siendo totalmente objetivo? ¿Es cierto que la aprobación de mis padres sea absolutamente necesaria para mi bienestar? ¿Qué es lo peor que podría ocurrir?». Respuesta: «Podría sobrevivir y contar con personas que me atendieran y apoyaran incluso sin la aprobación de mis padres».

Contraafirmación: «Estoy dispuesto a seguir adelante con mi vida e intentar mejorarme independientemente de lo que piensen mis padres».

Si sientes que estás apegado al diálogo interno negativo, utiliza cualquiera de las preguntas socráticas anteriores para evaluar la validez de lo que te estás diciendo a ti mismo. En la mayor parte de los casos, te darás cuenta de que las declaraciones negativas de tu preocupado, crítico, víctima y perfeccionista están poco justificadas. En el peor de los casos, serán solo parcial u ocasionalmente verdad. Una vez que hayas desacreditado la manera de ver las cosas de una subpersonalidad, estarás preparado para contrarrestar sus afirmaciones con otras positivas y útiles.

REGLAS PARA ESCRIBIR CONTRAAFIRMACIONES POSITIVAS

- *Evita las negaciones* a la hora de escribir tus contraafirmaciones. En lugar de: «No voy a sentir pánico cuando me suba al avión», puedes escribir: «Estoy confiado y tranquilo en relación con subir al avión». Decirte a ti mismo que algo *no* va a suceder es más probable que te genere ansiedad que una afirmación directa.
- Formula tus contraafirmaciones en tiempo *presente* («Puedo respirar y dejar que estas sensaciones pasen» es preferible a: «Me sentiré mejor en unos minutos»). Dado que gran parte de tu diálogo interno negativo tiene lugar aquí y ahora, debes contrarrestarlo con afirmaciones que estén también en tiempo presente. Si no estás preparado para afirmar *directamente* algo, trata de comenzar tu formulación positiva de alguna de estas maneras: «Estoy dispuesto a...», «Estoy aprendiendo a...», «Puedo...».
- Siempre que sea posible, formula tus afirmaciones en *primera persona*. Puede resultar útil escribir una o dos frases de justificación de la contraafirmación (véanse los ejemplos anteriores de contraafirmaciones para el preocupado y el crítico), pero trata de terminar con una afirmación en primera persona.
- Es importante que *creas* de alguna manera en tus frases positivas. No escribas algo solo porque sea positivo si en realidad no lo crees. Si es conveniente, utiliza primero preguntas socráticas para desafiar tu diálogo interno negativo, y después formula una contraafirmación positiva que te merezca cierta credibilidad.

Para empezar, aquí hay algunos ejemplos más de contraafirmaciones positivas que puedes utilizar con cada una de las subpersonalidades anteriores:

El preocupado

En lugar de: «¿Y si...?», puedes decir: «¿Y qué?», «Puedo manejar esto», «Puedo sentir ansiedad y aun así hacerlo», «Esto puede ser aterrador, pero puedo tolerar un poco de ansiedad, pues sé que va a pasar» o «Voy a acostumbrarme a esto con la práctica».

El crítico

En lugar de minusvalorarte, puedes decir: «Estoy bien siendo como soy», «Soy digno de ser amado y de amar», «Soy una persona única y creativa», «Merezco las cosas buenas de la vida tanto como cualquier otra persona», «Me acepto y creo en mí mismo» o «Soy digno del respeto de los demás».

La víctima

En lugar de sentirte desesperanzado, puedes decir: «No tengo que estar del todo bien mañana mismo», «Puedo seguir avanzando paso a paso», «Reconozco los progresos que he hecho y voy a seguir mejorando», «Nunca es demasiado tarde para cambiar» o «Estoy dispuesto a ver el vaso medio lleno en lugar de medio vacío».

El perfeccionista

En lugar de exigirte ser perfecto, puedes decir: «Está bien cometer errores», «La vida es demasiado corta para tomarla muy en serio», «Los reveses son parte del proceso y una experiencia de aprendizaje importante», «No tengo que ser siempre...» o «Mis necesidades y sentimientos son tan importantes como los de cualquier otra persona».

EL TRABAJO CON LAS CONTRAAFIRMACIONES

Ahora ya estás listo para contrarrestar todas las formulaciones negativas que registraste en las hojas de trabajo para las diversas subpersonalidades. Escribe contraafirmaciones correspondientes a cada formulación negativa en la columna de la derecha. Utiliza hojas adicionales si es necesario.

Una vez que hayas acabado de escribir las afirmaciones positivas para cada subpersonalidad en cada situación, hay varias maneras en que puedes trabajar con tus contraafirmaciones positivas:

- ▶ Lee tu lista de contraafirmaciones positivas lenta y cuidadosamente durante unos minutos al día a lo largo de al menos dos semanas. Date cuenta de si puedes sentir cierta convicción en cuanto a su verdad a medida que las lees. Esto te ayudará a integrarlas más profundamente en tu consciencia.
- ▶ Haz fotocopias de tus hojas de trabajo y cuélgalas en un lugar visible. Tómate tiempo para leer cuidadosamente tus contraafirmaciones positivas una vez al día.
- ▶ Graba tus contraafirmaciones en audio, dejando unos cinco segundos entre cada una de ellas para darte tiempo a asimilarla. Puedes mejorar significativamente el efecto de este audio por medio de concederte entre diez y quince minutos para llegar a estar muy relajado antes de escuchar tus afirmaciones positivas. Vas a estar más receptivo a ellas si te encuentras relajado. Puedes grabar las instrucciones para la relajación muscular progresiva

El diálogo interno

o una de las visualizaciones relajantes que se describen en el capítulo 4 en los primeros diez o quince minutos del audio.
- ▶ Si tienes un problema con una fobia en particular, puedes trabajar con contraafirmaciones que sean *específicas para esa fobia*. Por ejemplo, si sientes miedo de hablar ante grupos, haz una lista de todos tus temores acerca de lo que podría suceder y elabora afirmaciones positivas para contrarrestar cada uno de ellos. Después, lee cuidadosamente tu lista de contraafirmaciones cada día durante dos semanas o graba un audio corto tal como se describe en el punto anterior.

CAMBIAR EL DIÁLOGO INTERNO QUE PERPETÚA MIEDOS Y FOBIAS ESPECÍFICOS

Hay tres factores que tienden a perpetuar los miedos y las fobias: la sensibilización, la evitación y el diálogo interno negativo, distorsionado. El capítulo 7 se centró en los dos primeros factores. Una fobia se desarrolla cuando la persona se sensibiliza en relación con una determinada situación, objeto o acontecimiento —en otras palabras, cuando la ansiedad está condicionada por esa situación, objeto o acontecimiento, o cuando aparece asociada con ellos—. Si el pánico surge repentinamente mientras el sujeto está conduciendo por la autopista o mientras está solo en casa, puede comenzar a sentir ansiedad cada vez que se halle en cualquiera de estas situaciones. *Sensibilizarse* significa que la mera presencia de la situación —o el solo hecho de pensar en ella— puede bastar para desencadenar la ansiedad de forma automática.

Después de producirse la sensibilización, puede ser que la persona empiece a *evitar* la situación. Repetir la conducta de evitación es muy gratificante, ya que evita que uno tenga que sentir ninguna ansiedad. La evitación es la forma más poderosa de aferrarse a una fobia, porque impide que uno llegue a aprender que puede manejar la situación.

El tercer factor que perpetúa los miedos y las fobias, como se ha indicado, es el diálogo interno distorsionado. Cuanta más *preocupación* y *ansiedad anticipatoria* se experimentan en relación con lo que se teme, más probable es que uno se implique con un diálogo interno no constructivo con respecto a dicho miedo. Se pueden tener incluso *imágenes* negativas sobre lo que podría ocurrir si uno se viese obligado a enfrentarse a lo que teme o si los peores temores de uno se hiciesen realidad. Tanto el diálogo interno negativo como las imágenes negativas sirven para perpetuar los propios miedos, y garantizan que uno siga conservando dichos miedos. También socavan la confianza de uno mismo en la posibilidad de que pueda llegar a superar sus temores. Si ambos no estuvieran presentes, sería mucho más probable que la persona superase su evitación y afrontase sus miedos.

Los miedos se presentan de muchas maneras, pero la naturaleza del diálogo interno atemorizante es siempre la misma. Tanto si uno teme cruzar puentes como hablar en público, padecer una enfermedad seria, palpitaciones o que sus hijos se metan en problemas, los tipos de pensamiento distorsionado que perpetúan estos miedos son los mismos. *Existen tres distorsiones básicas:*

237

1. **Sobrevalorar las posibilidades de un resultado negativo.** Sobrestimar las probabilidades de que algo malo suceda es un tipo de distorsión. La mayoría de las veces las preocupaciones consisten en formulaciones del tipo «y si…» que sobrestiman un resultado negativo en particular. Por ejemplo: «¿Y si me sobreviene un ataque de pánico y pierdo todo control sobre mí mismo?», «¿Y si me ven en pleno ataque de pánico y piensan que soy raro?» o «¿Y si suspendo el examen y tengo que dejar la escuela?».

2. **Catastrofismo.** La segunda distorsión consiste en pensar que si se produjera un resultado negativo, este sería catastrófico, abrumador e imposible de manejar. Los pensamientos catastrofistas contienen formulaciones tales como: «No podría manejarlo», «Estaría abrumado», «Nunca lograría acabar con los efectos de esto» o «Nunca me perdonarían».

3. **Subestimar la propia capacidad de hacer frente a la situación.** La tercera distorsión consiste en no reconocer la propia capacidad de hacer frente a la situación si acabase por producirse un resultado negativo. Esta subestimación de la propia capacidad de lidiar con la realidad se halla generalmente implícita en los propios pensamientos catastrofistas.

Si tomamos cualquier miedo dado y examinamos los pensamientos negativos que contribuyen a mantenerlo vigente, es probable que encontremos estas tres distorsiones. En la medida en que se puedan superar con pensamientos basados en la realidad, el miedo tenderá a alejarse. En esencia, se puede definir el miedo como *la sobrevaloración irrazonable de alguna amenaza, junto con una subestimación de la propia capacidad de hacerle frente*.

Se ofrecen a continuación algunos ejemplos de cómo los distintos tipos de distorsiones operan con varios temores. En cada ejemplo, se identifican los tres tipos de pensamientos distorsionados. Las distorsiones se desafían después en cada caso y se modifican con contraafirmaciones más apropiadas, más basadas en la realidad.

Ejemplo 1: miedo a tener un ataque de pánico al conducir por una autopista

Pensamientos de sobrestimación de la situación
- «¿Y si no puedo manejar el coche? ¿Y si me distraigo y pierdo el control del vehículo? ¿Y si provoco un accidente y mato a alguien?».

Pensamientos catastrofistas
- «No podría lidiar con la situación si perdiese el control del coche. Sería una situación totalmente inmanejable para mí —el fin del mundo— si provocase un accidente». (**Nota:** la imagen de un accidente horrendo podría acompañar y amplificar la fuerza de este pensamiento catastrofista).

Subestimación de la propia capacidad de hacer frente a la situación
- «No podría soportarlo si perdiese el control del coche, sobre todo si tuviera un accidente. Me moriría de vergüenza si los otros conductores se diesen cuenta de lo asustado que

estoy». «¿Qué le diría a la policía, que soy fóbico? No sería capaz de volver a conducir si me parasen para ponerme una multa». «No podría vivir conmigo mismo si le causase daño físico a otra persona y sé que no podría hacer frente a la vida en una silla de ruedas».

Refutar los pensamientos distorsionados

Es posible refutar cada uno de estos tipos de pensamiento distorsionado por medio de preguntas y contraafirmaciones. He aquí algunos ejemplos:

Pensamientos de sobrestimación de la situación

En el caso de los pensamientos de sobrevaloración, la pregunta apropiada es: «Viendo objetivamente la situación, ¿cuáles son las probabilidades de que realmente tenga lugar el resultado negativo imaginado?».

En el caso del ejemplo anterior, la pregunta es: «Si me entrase un ataque de pánico durante la conducción, ¿cuáles serían las probabilidades reales de que perdiese el control del vehículo?». Se podría utilizar este contraargumento: «Sería poco probable que un ataque de pánico me llevase a perder el control por completo. En el momento en que sintiese acercarse la ansiedad, podría salir del carril y detenerme en el arcén. Si no hubiese arcén, podría circular despacio por el carril derecho, tal vez a 70 kilómetros por hora, poner las luces de emergencia y conservar el control sobre mí mismo hasta llegar a la salida más cercana. Una vez fuera de la autopista, mi pánico comenzaría a reducirse».

Pensamientos catastrofistas

Con el catastrofismo, la pregunta relevante es: «Si ocurriese lo peor, ¿es realmente cierto que no podría manejarlo?». La idea es imaginar este peor escenario posible y luego preguntarse si *en realidad* uno no podría gestionar las consecuencias.

En el ejemplo anterior, uno podría hacerse esta pregunta: «Si ocurriese lo peor —si tuviera un accidente, uno que incluso causase lesiones—, ¿sería totalmente incapaz de manejar la situación?».

A continuación, se puede utilizar un contraargumento como el siguiente: «Por más malo que fuese tener un accidente, en la mayoría de los casos sería capaz de lidiar con él si no estuviese herido. Es habitual que las personas sepan cómo actuar en una situación de emergencia y que tengan que enfrentarse a su ansiedad después. Así que, con toda probabilidad, me manejaría bien en caso de accidente, siempre y cuando no estuviese herido». «Incluso si sufriese lesiones y fuese incapaz de manejar la situación, la policía y el personal sanitario llegarían pronto al lugar de los hechos y se harían cargo de todo. Sencillamente, no hay manera de que la situación pudiese llegar a ser completamente inmanejable».

Subestimación de la propia capacidad de hacer frente a la situación

Para contrarrestar la idea de que no se puede hacer frente a la situación, a menudo hay que efectuar el proceso de responder a los pensamientos catastrofistas a partir de una evaluación más objetiva. Sin embargo, el proceso no está completo hasta que uno realmente *identifica y enumera las maneras específicas en las que puede lidiar con la situación*. En el ejemplo anterior, algunas de las posibles estrategias de afrontamiento pueden ser las siguientes:

- «Si tuviera un ataque de pánico, podría hacer frente a la situación por medio de salir de la autopista de inmediato o conducir lentamente hasta la salida más cercana».
- «En el caso muy poco probable de que provocase un accidente, aun así podría afrontar la situación. Intercambiaría nombres y direcciones con las otras partes implicadas. Si mi coche dejase de estar en condiciones para conducirlo, la policía me llevaría probablemente a un lugar donde podría llamar a la grúa. Sería una experiencia muy desagradable, por decirlo suave; pero, siendo realistas, podría gestionarla. Me he manejado en situaciones de emergencia en el pasado y podría hacerlo también en esta ocasión, si no estuviese herido».
- «Incluso si se diese la remota posibilidad de que sufriese heridas, no me "volvería loco" o "perdería totalmente el control". Me limitaría a esperar a que el personal sanitario llegase y se hiciese cargo de la situación».

Ejemplo 2: miedo a caer presa del pánico al hablar en una clase o reunión
Pensamientos de sobrestimación

- «¿Y si sufro un ataque de pánico mientras estoy hablando? ¿No pensarán los demás que soy muy raro o que estoy loco?».

Cuestionamiento: «Siendo realistas, ¿qué probabilidades hay de que me venga el pánico mientras hablo? Y si eso sucede, ¿cuáles son las probabilidades de que la gente sepa lo que estoy pensando o me juzgue de alguna manera?».

Contraargumentos: «Es posible que pueda empezar a sentir un ataque de pánico mientras hablo. Si esto ocurriera, podría abreviar mi mensaje y volver a sentarme. Como la gente tiende a estar atrapada en sus propios pensamientos y temores, probablemente nadie advertiría mi dificultad o juzgaría que mis comentarios se han quedado cortos».

«Incluso si me viesen en esa situación —si viesen que mi cara se pone roja o escuchasen el temblor de mi voz—, hay muy escasas probabilidades de que pensasen que soy raro o estoy loco. Es mucho más probable que expresasen una preocupación empática».

Pensamientos catastrofistas

- «Si me sobreviniese pánico al hablar y la gente pensase que soy raro, sería terrible. Jamás lo olvidaría».

Cuestionamiento: «Supongamos que ocurre lo que es poco probable que ocurra y la gente realmente piensa que soy extraño o raro porque me vi sumido en el pánico. ¿Tan terrible sería eso?».

Contraargumentos: «No sería el fin del mundo que algunas personas pensasen que soy raro o que tengo algún problema. No tienen forma de saber lo que es sufrir ataques de pánico, por lo que no podrían realmente entenderlo. Si no lo entienden, o si malinterpretan lo que me ocurre, esto no disminuye ni un ápice mi valor como ser humano. Si creo en mí mismo, en realidad no importa lo que piensen los demás. Ciertamente, si los demás supieran lo que es tener un ataque de pánico, probablemente mostrarían empatía».

SUBESTIMACIÓN DE LA PROPIA CAPACIDAD DE HACER FRENTE A LA SITUACIÓN

- «Si la gente pensara que soy raro, no podría soportarlo».

  Cuestionamiento: «¿Es realista asumir que no podría soportarlo? ¿Es realista suponer que nunca podría olvidarlo?».

  Contraargumentos: «Si la gente pensara que soy raro o diferente porque me entró el pánico, podría explicarles que a veces tengo ataques de pánico en situaciones sociales. Con toda la publicidad sobre los trastornos de ansiedad que hay hoy en día, probablemente lo entenderían. Ser totalmente honesto es una manera en que podría manejar la situación. Y fuera lo que fuese lo que ocurriera, lo olvidaría al cabo de un tiempo. No es cierto que nunca podría olvidarlo».

Ejemplo 3: miedo a una enfermedad grave

PENSAMIENTOS DE SOBRESTIMACIÓN

- «No tengo energía y me siento cansado todo el tiempo. ¡Tal vez tengo cáncer y no lo sé!».

  Cuestionamiento: «¿Cuáles son las probabilidades de que los síntomas de baja energía y fatiga signifiquen que tengo cáncer?».

  Contraargumentos: «Los síntomas de fatiga y baja energía pueden ser indicativos de todo tipo de problemas físicos y psicológicos; por ejemplo, la presencia de un virus de baja patogenicidad, anemia, agotamiento suprarrenal o hipotiroidismo, depresión o alguna alergia alimentaria, por nombrar algunos. Hay muchas explicaciones posibles para mi problema, y no presento ningún síntoma específico que sugiera que tengo cáncer. Así que las probabilidades de que mi fatiga y mi baja energía indiquen la presencia de cáncer son muy bajas».

PENSAMIENTOS CATASTROFISTAS

- «Si me diagnosticasen cáncer, sería el fin. No podría soportarlo. Lo mejor que podría hacer sería zanjar rápidamente los asuntos pendientes y acabar con mi vida».

  Cuestionamiento: «Si ocurriera lo improbable y realmente me diagnosticaran cáncer, ¿cómo de terrible podría ser esto? ¿Quedaría realmente hecho trizas y querría morir?».

  Contraargumentos: «Por más terrible que pueda ser un diagnóstico de cáncer, es poco probable que me hundiera completamente. Después de un período inicial para hacerme a la idea, en que lo pasaría mal —este período podría ser de días o semanas—, lo más probable es que empezara a pensar en lo que tendría que hacer para encarar la situación. Sería ciertamente difícil, pero no sería una situación que yo estuviese menos equipado para manejar que cualquier otra persona».

SUBESTIMACIÓN DE LA PROPIA CAPACIDAD DE HACER FRENTE A LA SITUACIÓN

- «Si me diagnosticaran cáncer, sencillamente no podría afrontarlo».

Cuestionamiento: «Siendo realistas, ¿es realmente cierto que no tendría ninguna manera de hacer frente a la situación?».

Contraargumentos: «¡Por supuesto que lucharía! Después de un período inicial de adaptación a la situación, mi médico y yo planificaríamos las estrategias de tratamiento más eficaces posibles. Me uniría a un grupo de apoyo local a pacientes con cáncer y obtendría mucho apoyo por parte de mis amigos y familia inmediata. Probaría métodos alternativos, como la visualización y cambios en la dieta, que podrían ayudar. En resumen, intentaría todo lo posible para tratar de curarme».

Los tres ejemplos anteriores ilustran cómo los pensamientos de sobrestimación de la situación y los catastrofistas pueden ser impugnados y luego contrarrestados por una forma de pensar más realista, menos generadora de ansiedad. Ahora es tu turno. Durante las próximas dos semanas, lleva el registro de los momentos en que te sobreviene la ansiedad o el pánico. Cada vez que lo hagas, utiliza los siguientes cinco pasos para trabajar con el diálogo interno negativo:

Paso 1: si te sientes ansioso o alterado, haz algo para relajarte, como respiración abdominal, relajación muscular progresiva o meditación. Es más fácil que percibas tu diálogo interno cuando dedicas tiempo a frenar y relajarte.

Paso 2: después de obtener un cierto grado de relajación, pregúntate: «¿Qué me estaba diciendo a mí mismo que me hizo sentir ansiedad?» o «¿Qué estaba pasando por mi mente?». Acuérdate de separar los pensamientos de los sentimientos u emociones. Por ejemplo: «Me sentí aterrorizado» describe una emoción, mientras que «Este pánico no tendrá fin» es un pensamiento de sobrevaloración que pudo haberte llevado a sentirte aterrorizado.

Paso 3: identifica los tres tipos básicos de distorsiones en tu diálogo interno ansioso. Clasifícalas como *pensamientos de sobrestimación de la situación*, *pensamientos catastrofistas* y *pensamientos que subestiman tu capacidad de hacer frente a la situación*.

Paso 4: una vez que hayas identificado tus pensamientos distorsionados de ansiedad, desafíalos con preguntas apropiadas:

- *Para los pensamientos de sobrestimación de la situación:* «¿Cuáles son las probabilidades reales de que este resultado temido tenga lugar en realidad?».

> - *Para los pensamientos catastrofistas:* «Si el resultado temido tuviera realmente lugar, cómo de terrible sería? ¿Es realmente cierto que me quedaría hecho pedazos y perdería mi capacidad de afrontar la situación?».
> - *Para los pensamientos que subestiman tu capacidad de hacer frente a la situación:* «Si se produjera el resultado temido, ¿qué podría hacer para afrontarlo?».

Paso 5: escribe contraargumentos para cada una de tus declaraciones de ansiedad. Estos contraargumentos deben contener un lenguaje y una lógica que reflejen una manera de pensar más equilibrada, más realista.

Utiliza la «Hoja de las preocupaciones» que sigue para anotar tus pensamientos ansiosos y los correspondientes contraargumentos para cualquier fobia o miedo específicos con que elijas trabajar. En el espacio de la parte inferior de la hoja, haz una lista de maneras en que podrías hacer frente a la situación si el resultado negativo (aunque improbable) que temes realmente tuviera lugar.

Sería una buena idea que hicieses fotocopias de esta hoja de trabajo antes de empezar, para que puedas rellenar una hoja por cada miedo o fobia específicos que tengas.

OTROS TIPOS DE PENSAMIENTOS DISTORSIONADOS (DISTORSIONES COGNITIVAS)

La sobrestimación y el catastrofismo, junto con la subestimación de la propia capacidad de hacer frente a la situación, son los tipos más comunes de distorsiones del pensamiento que contribuyen a la mayor parte de los miedos y las fobias. Hay otros tipos de distorsiones, sin embargo, que pueden sesgar las formas en que uno se percibe y evalúa a sí mismo y en que percibe y evalúa innumerables situaciones de la vida cotidiana. Estas distorsiones pueden contribuir no solo a la ansiedad sino también, en gran medida, a la depresión, la culpa, la autocrítica o el cinismo que uno puede sentir. Aprender a identificar estos modos inútiles de pensamiento y a contrarrestarlos con un diálogo interno más realista y constructivo puede hacer mucho por ayudar a gestionar el estrés diario de una manera más equilibrada y objetiva. Esto, a su vez, reducirá significativamente la cantidad de ansiedad, depresión y otros estados emocionales desagradables que experimente la persona. Recuerda que la experiencia inmediata que tenemos del mundo exterior está en gran parte conformada y coloreada por nuestros propios pensamientos sobre el mundo. Si cambiamos nuestros pensamientos, cambiamos la forma en que este se nos presenta.

A continuación se describen cuatro distorsiones cognitivas adicionales que son especialmente relevantes para las personas que tienen trastornos de ansiedad. Utiliza los ejemplos que se dan para cada una para ayudarte a identificar estas distorsiones cuando se producen en tu propio diálogo interno. Luego escribe tanto tus pensamientos distorsionados como los contraargumentos apropiados, utilizando la «Hoja de las distorsiones cognitivas». Haz fotocopias de esta hoja, con el fin de disponer de varias para cada uno de los cuatro tipos de distorsiones cognitivas.

ANSIEDAD Y FOBIAS

HOJA DE LAS PREOCUPACIONES

Fobia o miedo específico _____.

Diálogo interno ansioso	Contraargumentos
Pensamientos (o imágenes) de sobrestimación «¿Y si...?»	
Pensamientos (o imágenes) catastrofistas «Si ocurriese lo peor...»	

Estrategias de afrontamiento: haz una lista de las maneras en que lidiarías con la situación si un resultado negativo (pero improbable) tuviera lugar. Utiliza la otra cara de la hoja si es necesario. Cambia: «¿Y si...?» por: «¿Qué haría si (uno de los hechos negativos predichos) aconteciera?».

El diálogo interno

HOJA DE LAS DISTORSIONES COGNITIVAS

*Tipo de
pensamiento distorsionado:* _____. *Contraargumentos racionales*

Sobregeneralizar

Generalizar en exceso o *sobregeneralizar* es asumir (por lo general falsamente) que debido a que se ha tenido una mala experiencia en una situación en particular esta mala experiencia siempre se repetirá en situaciones similares. Esto sucede automáticamente en el proceso de desarrollo de una fobia: la persona sufre un ataque de pánico en una tienda, y después de un tiempo empieza a evitar todas las tiendas. (La generalización de una fobia de una situación a todas las análogas también se ve influida por un fenómeno de condicionamiento que los psicólogos conductuales llaman *generalización del estímulo*).

Por ejemplo, la persona concluye que debido a que ha tenido una mala experiencia al hablar en público *nunca* será capaz de hablar en público con éxito. O debido al hecho de que experimentó un ataque de pánico en que se sintió aterrorizada y fuera de control, asume que el siguiente y todos los posteriores serán iguales de fuertes. O bien alguien hizo un comentario poco halagador sobre su rendimiento en el trabajo o en la escuela y concluye que *todo el mundo* debe de ver eso de esa manera (lo que a su vez la lleva a creer que su trabajo es «objetivamente» deficiente).

La esencia de la sobregeneralización consiste en saltar de un caso presente a *todos* los casos del futuro. Se puede decir que se está sobregeneralizando cuando el diálogo interno incluye palabras como *nunca*, *siempre*, *todos*, *cada*, *ninguno*, *nadie* y *todo el mundo* o declaraciones absolutas que incorporan estas palabras («Nunca voy a ser capaz de conducir de nuevo» o «Nadie seguiría siendo mi amigo si realmente me conociera»).

Hay tres tipos de preguntas socráticas que son eficaces para desafiar y refutar racionalmente las sobregeneralizaciones:

- ▸ ¿Qué pruebas hay de esto?
- ▸ ¿Cuáles son las probabilidades de que esto realmente ocurra (o sea cierto)?
- ▸ ¿Ha sido esto cierto en el pasado?

La mayor parte de los casos de sobregeneralización no podrán resistir estas preguntas. El ejemplo siguiente ilustra cómo cuestionar y contrarrestar los pensamientos de sobregeneralización.

Sobregeneralización: «Ese ataque de pánico que tuve ayer en la autopista fue tan terrible que nunca volveré a ser capaz de conducir por autopistas».

Cuestionamiento: «¿Es realmente probable que por el hecho de que ayer tuve dificultades para conducir por la autopista nunca más seré capaz de volver a conducir por ninguna autopista? ¿Ha sido esto cierto en el pasado?».

Contraargumento: «Puede ser que necesite dejar de conducir por autopistas durante un tiempo. Después, me sentiré lo suficientemente bien como para volver a intentarlo. Creo que puedo conseguirlo si divido este objetivo en pasos lo suficientemente pequeños. Después de todo, podía conducir por autopistas en el pasado, así que sé que puedo hacerlo de nuevo».

Ten en cuenta que una de las claves para combatir las sobregeneralizaciones es buscar pruebas que equilibren la visión de la situación, es decir, se trata de equilibrar la perspectiva negativa con otras pruebas que sean más positivas y convincentes.

EJERCICIO

Vigila tu diálogo interno durante una semana y advierte las ocasiones en que utilizas palabras como *siempre, nunca, todo el mundo, nadie*, etc. Escribe tus generalizaciones en la columna de la izquierda de una de tus copias de la «Hoja de las distorsiones cognitivas» y luego escribe contraargumentos racionales en la columna de la derecha. Utiliza pruebas que equilibren tu perspectiva de la situación y sé lo más específico posible en tus contraargumentos.

Filtraje

El *filtraje* implica seleccionar un aspecto negativo de una situación y centrarse en él de tal manera que se ignoran sus aspectos positivos. Es una táctica favorita del crítico. Aplicado a uno mismo, consiste en centrarse en un solo fallo y no hacer ningún caso de las propias cualidades y puntos fuertes. En ocasiones, consiste en filtrar la visión de una relación personal de tal manera que no se ve nada positivo en ella.

El filtraje tiene lugar habitualmente en el curso de la exposición a una situación fóbica, cuando el sujeto se enfoca en un revés y hace caso omiso a todo el progreso que ha realizado. El hecho de que haya podido ir a trabajar solo la semana pasada pero no pueda hacerlo durante la semana presente hace que empiece a cuestionar todo el proceso de exposición en la vida real. O bien la persona ha sufrido un ataque de pánico fuerte e ignora el hecho de que ha tenido un menor número de ataques de pánico en los últimos dos meses que anteriormente. Otro ejemplo sería recibir una evaluación positiva sobre el propio desempeño laboral, pero centrarse exclusivamente en el par de críticas (o en la única crítica) que contenía dicha evaluación. Es como estar usando unas gafas que filtran todo lo positivo. Es como el viejo chiste sobre la madre que le da dos corbatas a su hijo adulto. Cuando se presenta en casa de su madre llevando una de ellas, la madre le pregunta: «Entonces, ¿qué tiene de malo la otra corbata?».

Cuando las siguientes palabras surgen en el diálogo interno, es muy posible que se esté filtrando: *inútil, sin sentido, sin remedio, estúpido, fracasado, peligroso, injusto*. De hecho, cualquier palabra que se use que tenga un alcance globalmente negativo puede indicar que se está filtrando. Si describes algo o a alguien en tales términos, reexamina tu pensamiento para ver si estás viendo las cosas de una manera *equilibrada* —una manera que tenga plenamente en cuenta tanto los aspectos positivos como los negativos.

Las preguntas socráticas resultan a menudo de ayuda a la hora de cuestionar las distorsiones cognitivas debidas al filtraje:

- ¿Estás viendo el panorama completo? O ¿estás teniendo en cuenta tanto el lado malo como el lado bueno?
- ¿Hay en esta situación (persona, objeto) aspectos positivos que estás ignorando?

Ambas preguntas te recuerdan que busques otras pruebas más positivas y que consideres las dos caras de un asunto dado. El ejemplo siguiente ilustra esto:

Filtraje: «He suspendido el examen de cálculo de mitad del semestre. ¡Me voy al carajo! ¡Nunca aprobaré el semestre!». (Advierte el uso de afirmaciones catastrofistas además del filtraje).

Cuestionamiento: «¿Estoy viendo el panorama completo?».

Contraargumento: «Estoy sacando unas notas entre aceptables y buenas en las otras asignaturas. En cálculo, estoy haciendo lo suficientemente bien los deberes como para compensar las malas notas en los exámenes, así que al menos puedo aprobar. La idea de que no puedo aprobar el semestre es infundada».

En este ejemplo de filtraje, el contraargumento se basa en el equilibrio de las pruebas, al igual que el contraargumento a la sobregeneralización del apartado anterior. Estos dos tipos de distorsión cognitiva se parecen en que ambas *ignoran* las pruebas contrarias.

EJERCICIO

Vigila tu diálogo interno durante una semana y observa cualquier ejemplo de filtraje, sobre todo cuando te encuentres viendo algo exclusivamente desde una perspectiva negativa o usando etiquetas globalmente negativas tales como «fracaso», «inútil» o «imposible». Escribe tu diálogo basado en el filtraje en la columna izquierda de una de tus hojas de trabajo y luego refuta cada declaración negativa con contraargumentos racionales que tengan en cuenta la totalidad de la situación.

Razonamiento emocional

El *razonamiento emocional* se refiere a la tendencia a juzgar o evaluar algo de manera ilógica, exclusivamente a partir de los propios sentimientos. Puede haber, por supuesto, algunos casos en que basarse únicamente en los sentimientos pueda ser útil y apropiado. Por ejemplo, si uno no se siente bien con alguien con quien se esté reuniendo, a quien esté entrevistando o con quien esté manteniendo citas, esta puede ser una razón suficiente para decidir no continuar con la relación. En muchos otros casos, sin embargo, basarse tan solo en los sentimientos y poner la razón en suspenso puede llevar a conclusiones erróneas.

Un ejemplo común de esto es llegar a la conclusión de que porque uno *se siente* de cierta manera uno *es* necesariamente de esa manera («Me siento inútil; por lo tanto, debo de *ser* un inútil»; «Me siento incompetente; por lo tanto, *soy* un incompetente»; «Me siento feo; por lo tanto, *soy* feo»). Llegar a la conclusión, a partir de un sentimiento o estado de ánimo negativo, de que se posee esa cualidad negativa intrínsecamente y para siempre es como concluir, a partir de un día de lluvia, que el sol nunca brilla. «Siento, luego existo» no es una conclusión exacta o verdadera.

Un ejemplo de razonamiento emocional es cuando se toma una decisión totalmente a partir de un impulso, sin la mediación del razonamiento. Si bien la espontaneidad constituye un argumento a favor de actuar así en ciertas ocasiones, hay muchas situaciones en que las decisiones impulsivas pueden dar lugar a problemas. Hay que tener cuidado con no precipitarse de esta manera a la hora de emitir juicios.

He aquí algunas preguntas que pueden usarse para cuestionar el razonamiento emocional:

- ¿Te basas exclusivamente en tus sentimientos?
- ¿Estás viendo esto objetivamente?
- ¿Qué pruebas hay de que tu juicio (basado en tus sentimientos) sea totalmente acertado?

Advierte el uso de estas preguntas en los ejemplos siguientes:

Razonamiento emocional: «Me parece imposible ir y participar en esa reunión. Sencillamente, no puedo hacerlo».

Cuestionamiento: «¿Me estoy dejando llevar solo por mis sentimientos? ¿Estoy viendo esto objetivamente?».

Contraargumento: «Solo porque lo sienta imposible no quiere decir que afrontar esta situación sea imposible. Si necesito abandonar la reunión, puedo hacerlo (puedo decir que tengo que ir al baño). Sabiendo esto, iré y me daré una oportunidad».

Razonamiento emocional: «Hoy me siento muy mal; tiene que estar pasándome algo muy grave».

Cuestionamiento: «¿Estoy siendo totalmente objetivo? ¿Qué pruebas hay de esto?».

Contraargumento: «El hecho de que me sienta mal no quiere decir que tenga un defecto inherente. Aunque esté deprimido, no hay nada que demuestre la idea de que no tengo remedio. ¿Y qué si me siento mal? Sé que hay cosas que puedo hacer (ejercicio, llamar a un amigo, trabajar en el jardín…) para salir de este estado de ánimo».

EJERCICIO

Durante la próxima semana, intenta ser consciente de las ocasiones en que realizas juicios o sacas conclusiones únicamente a partir de tus sentimientos. Advierte especialmente aquellas ocasiones en las que efectúas juicios instantáneos. Utiliza las preguntas sugeridas anteriormente para cuestionar los razonamientos emocionales y anota tus contraargumentos en la columna derecha de una de tus hojas de trabajo.

Los «debería»

Los «debería» son el sello distintivo de la subpersonalidad perfeccionista descrita anteriormente. Los estamos utilizando siempre que nos decimos a nosotros mismos: «Debería hacer esto», «Debo hacer aquello» o «Tengo que hacerlo» en un intento de motivarnos para hacer algo. En los casos de responsabilidad ética o de cortesía común, los «debería» *pueden* ser apropiados. No hay nada incorrecto en formulaciones tales como: «Debería hacerle saber que aprecio el favor que me hizo», «Debería ser honesto en mi declaración de la renta» o «Debería enseñar a Johnny a mirar a ambos lados cuando cruza la calle». La dificultad surge cuando se utiliza el «debo» o el «debería» para presionarse uno a sí mismo para satisfacer unas expectativas autoimpuestas que son demasiado altas:

- «Siempre debería mostrarme agradable y alegre ante los demás, a pesar de mis sentimientos».
- «Debería ser totalmente competente».
- «Debería ser el cónyuge, padre, amante, amigo, trabajador, estudiante… "perfecto"».
- «Debería ser totalmente autosuficiente».
- «Nunca debería cansarme o ponerme enfermo».
- «Nunca debería sentir emociones negativas como enojo o celos».
- «Debería obtener logros que me aportaran una mejor posición social o riqueza».
- «No debería ser vulnerable a los ataques de pánico».
- «Nunca debería tener miedo».

Cuando uno se impone a sí mismo «deberías» como los mencionados, puede tener la garantía de que se mantendrá tenso y ansioso. Estos «debería» también reducen la confianza en uno mismo y su autoestima. Después de que el perfeccionista le dice a uno lo que debería hacer, el crítico entra en escena para informarle de lo corto que se quedó.

¿Cómo se puede saber cuándo los «debería» son apropiados y cuándo son el reflejo de un mal hábito inductor de estrés? En su libro *Self-Esteem*, Matthew McKay y Patrick Fanning esbozan cuatro criterios para determinar cuándo un «debería» refleja una norma «saludable» y cuándo no:

1. ¿Es flexible la norma? En otras palabras, ¿permite excepciones o bien es rígida y global, sin concesiones?
2. ¿Se basa la norma en tu propia experiencia o la has «heredado» de tus padres, sin que la hayas cuestionado nunca?
3. ¿Es la norma realista (tiene en cuenta todas las consecuencias que puede tener su aplicación) o se basa en un sentido arbitrario de la rectitud, sin que importen las consecuencias?
4. Esta norma ¿mejora tu vida (reconoce tus necesidades y sentimientos) o la restringe (ignora tus necesidades y sentimientos)?

Cuando descubres que te estás diciendo a ti mismo «debería» o «debo», puedes evaluar la conveniencia de tu diálogo interno de acuerdo con estos criterios. Si un «debería» no cumple uno solo de los criterios, es suficiente para poner seriamente en duda su razonabilidad. Considera el ejemplo siguiente:

Declaración «debería»: «Debería mostrarme siempre agradable y positivo con los demás».
Cuestionamiento: «¿Esto es algo que he comprobado por mí mismo o lo he aceptado de mis padres sin cuestionármelo? ¿Es algo que reconozca mis sentimientos y necesidades o los ignora?».
Contraargumento: «Mi madre me dio el mensaje de que siempre debía mostrarme agradable, independientemente de cuál fuese la situación. En mi propia experiencia, he aprendido que hay momentos en que es hipócrita actuar de esta manera. Este "debería" también ignora mis necesidades y sentimientos, ya que hay momentos en los que realmente no tengo ganas de mostrarme alegre y agradable. Conclusión: está bien no ser siempre agradable y alegre».

EJERCICIO

Advierte, en el transcurso de una semana, con qué frecuencia te dices: «Debería hacer esto», «Debo hacer aquello» o «Tengo que hacerlo». Escríbelo en la columna izquierda de una de tus hojas de trabajo. Utiliza los cuatro criterios anteriores para cuestionar los «debería» que implican que te has impuesto normas excesivamente rígidas y exigentes. Utiliza preguntas socráticas para refutar los «debería» que implican expectativas poco realistas. Escribe tus contraargumentos en la columna derecha de la hoja.

ORIENTACIONES GENERALES PARA IDENTIFICAR EL DIÁLOGO INTERNO Y CONTRARRESTARLO

El diálogo interno negativo no es más que una acumulación de hábitos mentales autolimitantes. Para comenzar a romper estos hábitos, se puede empezar por advertir las ocasiones en que uno se implica en un diálogo interno no constructivo; a partir de ahí se puede proceder a contrarrestar dicho diálogo. Es preferible hacerlo por escrito, por medio de redactar afirmaciones más positivas y racionales. Requirió años de «práctica» llegar a interiorizar los hábitos de diálogo interno negativo; del mismo modo, requerirá repetición y práctica aprender maneras más constructivas y útiles de pensar.

Sigue estos pasos:

1. **ADVIERTE.** «Cázate a ti mismo» en el acto de implicarte en un diálogo interno negativo. Sé consciente de las situaciones que es probable que se vean desencadenadas o agravadas por tu diálogo interno negativo:

   ▸ Cualquier ocasión en que sientas ansiedad, incluido el comienzo de un ataque de pánico. (Estate atento al preocupado y a las distorsiones cognitivas de sobrestimación y catastrofismo).
   ▸ Cuando anticipas tener que enfrentarte a una tarea difícil o a una situación fóbica. (De nuevo el preocupado, la sobrestimación y el catastrofismo desempeñan un papel importante).
   ▸ Ocasiones en las que has cometido algún tipo de error y te sientes crítico contigo mismo. (No pierdas de vista al crítico, a las sobregeneralizaciones, al filtraje y a los «debería»).
   ▸ Ocasiones en que te sientes deprimido o desanimado. (Estate atento a la víctima, la sobrestimación, el catastrofismo, el filtraje y las sobregeneralizaciones).
   ▸ Situaciones en las que estés enojado contigo mismo o con los demás. (Presta atención al crítico, al perfeccionista y a cualquiera de las distorsiones cognitivas anteriormente descritas).
   ▸ Situaciones en las que te sientas culpable o avergonzado. (Estate especialmente atento al perfeccionista y a los «debería»).

2. **DETENTE.** Hazte cualquiera de las siguientes preguntas, o todas ellas:
   ▸ «¿Qué me estoy diciendo a mí mismo que me está haciendo sentir de esta manera?».
   ▸ «¿Realmente quiero hacerme esto a mí mismo?».
   ▸ «¿Realmente quiero estar molesto?».

Si la respuesta a las dos últimas preguntas es «no», ve al paso 3. Date cuenta de que a veces tus respuestas pueden ser «sí». Tal vez desees seguir estando molesto antes que cambiar tu diálogo interno subyacente. A menudo esto se debe a que estás albergando fuertes sentimientos que no te has permitido expresar plenamente. Es habitual permanecer ansioso, enojado o deprimido durante un tiempo cuando existen fuertes sentimientos que no se han reconocido completamente –no digamos ya expresado.

Si te sientes demasiado alterado para llevar a cabo fácilmente la tarea de identificar y contrarrestar el diálogo interno, date la oportunidad de reconocer y expresar tus sentimientos. Si no hay nadie disponible con quien puedas compartirlos, prueba a escribirlos en un diario. Cuando te hayas calmado y estés listo para relajarte, continúa con los pasos siguientes (consulta el capítulo 12 para más directrices y estrategias).

Otra razón por la que puede ser que estés conservando tu ansiedad es que percibas una fuerte necesidad de «mantenerlo todo bajo control». A menudo estás sobrestimando algún peligro o preparándote para una catástrofe imaginaria, y permanecer tenso y vigilante es la forma en que tienes una sensación de control. Tu vigilancia está validada por la sensación de control que te da. Desafortunadamente, en el proceso puedes irte tensando cada vez más, hasta que llegas al punto en que tu mente parece correr fuera de control y tú acabas por morar en el peligro y la catástrofe, hasta excluir casi todo lo demás. Esto, a su vez, te conduce a una mayor tensión y ansiedad. La única manera de salir de este círculo vicioso es soltar y relajarse. El siguiente paso, la relajación, es crucial para poder frenar la mente y resolver los patrones de diálogo interno negativo.

3. **Relájate.** Interrumpe tu secuencia de pensamientos negativos con varias respiraciones abdominales profundas o utilizando algunos métodos de distracción. Se trata de *soltar*, *desacelerar* y *relajarse*. El diálogo interno negativo es tan rápido, automático y sutil que puede no detectarse si uno está tenso y acelerado y es incapaz de reducir la velocidad. Es difícil reconocer el diálogo interno y deshacerse de él con solo pensar en ello; es necesario relajarse físicamente primero. En casos extremos pueden ser necesarios entre quince y veinte minutos de relajación profunda, utilizando la respiración, la relajación muscular progresiva o la meditación, para frenarse uno lo suficiente como para poder identificar lo que se ha estado diciendo. Si no estás excesivamente agitado, es probable que puedas completar este paso en un minuto o dos.

4. **Anota** el diálogo interno (negativo) que te llevó a sentirte ansioso, molesto o deprimido. A menudo es difícil descifrar lo que uno se está diciendo a sí mismo con solo reflexionar sobre ello. El acto de escribirlo te ayudará a aclarar qué te dijiste específicamente a ti mismo. Utiliza el «Registro diario de los pensamientos disfuncionales» que se ofrece en el ejercicio posterior a este apartado para anotar tu diálogo interno.

Puede requerir un poco de práctica aprender este paso. *Es importante identificar lo que se dice uno a sí mismo para poder discernir los pensamientos de los sentimientos.* Una forma de hacer esto es anotar solamente los sentimientos primero y luego descubrir los pensamientos que condujeron a ellos. Como regla general, las formulaciones basadas en los sentimientos contienen palabras que expresan emociones, tales como *asustado*, *herido* y *triste*, mientras que las formulaciones basadas en los pensamientos no contienen esas palabras. Por ejemplo, en la afirmación: «Me siento estúpido e irresponsable», los pensamientos y sentimientos están entrelazados. Puede descomponerse en un sentimiento en particular («Me siento molesto» o «Me siento decepcionado») y en los pensamientos que dan lugar de manera lógica, por medio del diálogo interno, a estos sentimientos («Soy estúpido» o «Soy un irresponsable»).

Para poner otro ejemplo, la afirmación: «Estoy demasiado asustado para emprender esto» contiene entremezclados una sensación de miedo y uno o más pensamientos. Se puede descomponer en el sentimiento «tengo miedo» que surge de la afirmación negativa «esto es inmanejable» o «no puedo emprender esto». Uno puede preguntarse, en primer lugar: «¿Qué estaba sintiendo?», y luego preguntarse: «¿Qué pensamientos estaban pasando por mi mente que me hicieron sentir de la manera en que me sentí?».

Ten siempre en cuenta que *el diálogo interno consiste en pensamientos, no en sentimientos*. La mayor parte de las veces estos pensamientos son juicios o valoraciones de una situación o de uno mismo. Los sentimientos son reacciones emocionales que aparecen como *consecuencia* de estos juicios y apreciaciones.

5. **IDENTIFICA** el tipo de diálogo interno negativo en que te implicaste (¿pertenece al preocupado, al crítico, a la víctima o al perfeccionista?). Busca también las *distorsiones cognitivas* que estaban presentes (como la sobrestimación, el catastrofismo, la sobregeneralización y el filtraje). Después de hacer esto durante un tiempo, adquirirás conciencia de los tipos de diálogo interno negativo y de los tipos de distorsiones cognitivas que eres especialmente propenso a utilizar. Con la práctica, podrás identificarlos más rápidamente a medida que surjan.
6. **CONTRARRESTA** el diálogo interno negativo (es decir, responde a él o cuestiónalo) por medio de afirmaciones positivas, racionales y de autoapoyo. Responde a cada formulación negativa que has anotado por medio de escribir una afirmación opuesta, positiva. Estas contraafirmaciones deben redactarse de manera que eviten las negaciones y sean en tiempo presente y en primera persona. También deben resultarte *creíbles* y *hacerte sentir bien*; debes sentirte cómodo con ellas.

En muchos casos, encontrarás útil cuestionar y refutar tus formulaciones negativas con las preguntas socráticas enumeradas al principio de este capítulo. En otros casos, puedes concebir una contraafirmación positiva de inmediato, sin tener que pasar por el proceso de cuestionamiento racional. Esto está bien, siempre y cuando creas hasta cierto punto en tu contraafirmación.

Ejercicio: registro diario de los pensamientos disfuncionales

A continuación se ofrece el «Registro diario de los pensamientos disfuncionales», diseñado por Aaron Beck, uno de los pioneros en la investigación del diálogo interno. Esta tabla ha sido creada específicamente para ayudar a identificar y contrarrestar los pensamientos negativos. Es especialmente pertinente utilizar este registro diario en los momentos en que uno se siente ansioso, deprimido, autocrítico o mal de alguna otra manera. Las columnas deben rellenarse de izquierda a derecha, como sigue:

1. *Situación:* describe en pocas palabras la situación específica que te alteró o te condujo a sentir ansiedad. Si fueron exclusivamente pensamientos, anticipaciones o recuerdos (es decir, procesos internos) los que te llevaron a alterarte, descríbelos.
2. *Emoción/Emociones:* ¿qué emociones (por ejemplo, ansiedad, depresión o vergüenza) experimentaste mientras te sentiste alterado? En una escala del 0 al 100, ¿qué intensidad tuvieron tus emociones?
3. *Pensamiento(s) automático(s):* aquí es donde escribes el diálogo interno negativo que hizo que te sintieras deprimido, alterado o ansioso. Piensa en qué te estabas diciendo a ti mismo cuando tus fuertes emociones hicieron acto de presencia (procura separar los pensamientos que cruzaban por tu mente de las emociones resultantes). Pregúntate qué pensamientos te condujeron a sentirte de esa manera. Si en el momento de realizar este ejercicio aún te sientes tenso o alterado, date tiempo para relajarte antes de intentar identificar el diálogo interno. Una vez que has determinado lo que te estabas diciendo a ti mismo, valora hasta qué punto crees en ello: ¿cómo de válido te parece en una escala del 0 al 100?
4. *Respuesta racional:* en esta columna, escribe afirmaciones positivas para contrarrestar tu diálogo interno negativo. Piensa en cómo podrías adoptar un punto de vista más constructivo y favorable y escribe afirmaciones que les den la vuelta a tus pensamientos negativos. Utiliza preguntas socráticas, si es necesario, para cuestionar el diálogo interno negativo. Asegúrate de creer en alguna medida en tus contraargumentos positivos. Especifica tu grado de fe en ellos en una escala del 0 al 100.
5. *Resultado:* en primer lugar, vuelve a puntuar tu grado de creencia en tu diálogo interno negativo (como resultado de haber escrito contraargumentos positivos). Después vuelve a puntuar las emociones que experimentaste antes de hacer el ejercicio. ¿Cuál es la intensidad de tus emociones ahora, en una escala del 0 al 100?

Nota: antes de rellenar el registro diario, haz al menos cincuenta fotocopias para un uso futuro.

Si te tomas en serio la superación de tus hábitos en cuanto al diálogo interno negativo, te recomiendo que utilices el «Registro diario de los pensamientos disfuncionales» realmente a diario durante al menos dos semanas. Después de esto, recurre a él cada vez que te sientas ansioso, deprimido, autocrítico, enfadado o alterado de cualquier otra manera a lo largo de los dos próximos meses. Necesitarás algún tiempo y esfuerzo para escribir tu diálogo interno negativo junto con los contraargumentos positivos, pero serán un tiempo y un esfuerzo bien invertidos. La práctica de escribir contraargumentos de forma repetida te ayudará a interiorizar el nuevo hábito de darle un giro de ciento ochenta grados a la dinámica negativa de tus pensamientos siempre que adviertas que esta se pone en marcha. Después de un mes o dos de escribirlo todo, te darás cuenta de que empiezas a contrarrestar el diálogo interno negativo de forma automática y sin esfuerzo a medida que surge. *Cultivar el hábito de contrarrestar es uno de los pasos más significativos que puedes dar a la hora de lidiar con todos los tipos de ansiedad, así como con los ataques de pánico.*

INTERRUMPIR EL DIÁLOGO INTERNO NEGATIVO: LA OPCIÓN BREVE

El uso del «Registro diario de los pensamientos disfuncionales» te ayudará mucho a superar los hábitos mentales muy establecidos que te producen ansiedad, depresión y baja autoestima. En muchas situaciones, sin embargo, puede ser que no tengas el tiempo ni la oportunidad de escribir el diálogo interno negativo y los contraargumentos positivos. Sigue los tres pasos que se exponen a continuación siempre que quieras interrumpir una secuencia de pensamientos negativos en el acto:

1. **PERCIBE** que te estás implicando en un diálogo interno negativo. El mejor momento para descubrirte a ti mismo involucrado en un diálogo interno negativo es cuando te estás sintiendo ansioso, deprimido, autocrítico o alterado en general.
2. **DETENTE.** Hazte alguna de las preguntas siguientes, o todas ellas:

    ▸ «¿Qué me estoy diciendo a mí mismo que me está haciendo sentir de esta manera?».
    ▸ «¿Realmente quiero hacerme esto a mí mismo?».
    ▸ «¿Realmente quiero estar alterado?».

3. **RELÁJATE O CAMBIA DE ACTIVIDAD.** Para romper una secuencia de diálogo interno negativo, tienes que cambiar de marcha. Lo puedes lograr desacelerando por medio de la práctica de la respiración abdominal profunda *o* por medio de encontrar algún tipo de actividad en la que puedas sumergirte. A menudo, hacer algo *físico* (como ejercicio, bailar o tareas domésticas) será lo que tendrá más poder para sustituir a la dinámica de pensamientos negativos, porque te sacará de la cabeza y te llevará al cuerpo. Otras formas de lograrlo son entablar una conversación, leer, los pasatiempos y juegos, los audios de relajación y la música. También puedes probar con una técnica de detención de los pensamientos tal como gritar «¡para!» o «¡fuera!», o con una acción física tal como pisarte el pie o chasquear una banda elástica contra tu muñeca. (En el apéndice 1 se ofrece una lista más detallada de actividades alternativas).

El diálogo interno

REGISTRO DIARIO DE LOS PENSAMIENTOS DISFUNCIONALES

Fecha	Situación	Emoción/Emociones	Pensamiento(s) automático(s)	Respuesta racional	Resultado
	Describe uno de estos dos: 1. El acontecimiento que te ha conducido a la emoción desagradable. 2. La corriente de pensamientos, ensoñaciones o recuerdos que ha desembocado en tu emoción desagradable.	1. Especifícala(s): triste, ansioso, enfadado, etc. 2. Clasifica tu grado de emoción del 1 al 100.	1. Escribe el pensamiento o los pensamientos automáticos que precedieron a las emociones. 2. Puntúa tu creencia en estos pensamientos automáticos del 0 al 100.	1. Escribe tu respuesta racional a los pensamientos automáticos. 2. Puntúa tu creencia en esta respuesta racional del 0 al 100.	1. Vuelve a puntuar tu creencia en los pensamientos automáticos del 0 al 100. 2. Especifica y puntúa tus emociones subsiguientes del 0 al 100.

Instrucciones: cuando experimentas una emoción desagradable, date cuenta de cuál fue la situación que pareció estimular la emoción. Si la emoción tuvo lugar mientras estabas pensando, soñando despierto, etc., advierte el pensamiento automático asociado con ella. Haz constar en qué grado crees en este pensamiento: 0 = nada en absoluto; 100 = totalmente. A la hora de puntuar la emoción, 1 = un indicio; 100 = intensidad máxima.

El propósito de este apartado ha sido sugerir métodos adecuados para interrumpir el diálogo interno negativo «en el momento». *No* pretende sustituir la práctica de escribir contraargumentos o contraafirmaciones o de utilizar el «Registro diario de los pensamientos disfuncionales». Solamente mediante esto último, y gracias a practicar durante varias semanas, se puede empezar a cambiar de manera efectiva el hábito de toda la vida de pensar negativamente, que surge de las subpersonalidades y distorsiones cognitivas que se describen en este capítulo.

RESUMEN DE COSAS POR HACER

1. Vuelve a leer el apartado «Algunas cuestiones básicas sobre el diálogo interno» para reforzar tu comprensión de la naturaleza automática del diálogo interno y su papel a la hora de mantener tanto las fobias como los ataques de pánico.
2. Familiarízate con las cuatro subpersonalidades que contribuyen en gran medida a tu diálogo interno negativo: el preocupado, el crítico, la víctima y el perfeccionista. Determina su papel en tu vida cotidiana por medio de rellenar las hojas del ejercicio «¿Qué te están diciendo tus subpersonalidades?». Después, contrarresta el diálogo negativo de cada subpersonalidad con afirmaciones positivas. Lee tus afirmaciones positivas cada día durante una semana o grábalas, de tal manera que puedas escucharlas en el coche o cuando te acuestes por la noche.
3. Haz una lista de todas tus fobias y otros miedos específicos, y clasifica estos distintos elementos de más a menos perturbador. Rellena la «Hoja de las preocupaciones» para cada uno de tus miedos o fobias más difíciles. En cada caso, escribe los pensamientos de sobrestimación y catastrofistas que hacen que el miedo siga vigente. Después, rechaza estos pensamientos negativos con contraargumentos más razonables y positivos. Finalmente, escribe las maneras en que reaccionarías si lo que temes se presentase.
4. Identifica y cuestiona otros tipos de distorsiones cognitivas que pueden estar agravando tu miedo y ansiedad. Utiliza la «Hoja de las distorsiones cognitivas» para identificar ejemplos de sobregeneralización, filtraje, razonamiento emocional y «deberías» que acuden a veces cuando te sientes ansioso, deprimido, autocrítico o alterado de cualquier otra manera. Después, utiliza las preguntas socráticas para cuestionar tus afirmaciones distorsionadas y escribe los contraargumentos positivos correspondientes.
5. Familiarízate con los seis pasos que conducen a identificar y contrarrestar el diálogo interno negativo: advertirlo, detenerlo, relajarse y frenar, escribir las afirmaciones negativas, identificar la subpersonalidad o distorsión cognitiva que está operando y contrarrestar cada afirmación negativa con una alternativa racional y positiva. Cuando hayas completado los ejercicios para las subpersonalidades, la «Hoja de las preocupaciones» y las otras distorsiones cognitivas (para lo que podrías necesitar algunas semanas), dedica al menos dos semanas más a rellenar el «Registro diario de los pensamientos disfuncionales» cada

día. Ten unas cincuenta copias del «Registro diario» a mano con esta finalidad y para un uso futuro. Si pones todo tu empeño en esto, dará sus frutos.
6. Utiliza la «opción breve» de interrumpir el diálogo interno negativo cuando quieras salirte rápidamente del hilo del pensamiento negativo. Recuerda que esto no es sustitutivo de los ejercicios 2, 3 y 4 indicados anteriormente.

PARA SABER MÁS

Barlow, David y Michelle Craske. *Mastery of Your Anxiety and Panic: Workbook*. Cuarta edición. Oxford University Press. Nueva York, 2007.

Beck, Aaron T. *Cognitive Therapy and the Emotional Disorders*. Meridian. Nueva York, 1979.

Beck, Aaron T. y Gary Emery. *Trastornos de ansiedad y fobias: una perspectiva cognitiva*. Desclée de Brouwer. Bilbao, 2014 (este libro está pensado, ante todo, como apoyo a los profesionales).

Burns, David. *Feeling Good*. Avon. Nueva York, 1999 (clásico libro popular sobre las distorsiones cognitivas).

Helmstetter, Shad. *What to Say When You Talk to Yourself*. Pocket Books. Nueva York, 1982 (este libro es oportuno y fácil de leer).

McKay, Matthew, Martha Davis y Patrick Fanning. *Thoughts & Feelings: The Art of Cognitive Stress Intervention*. Tercera edición. New Harbinger Publications. Oakland (California), 2007.

McKay, Matthew y Patrick Fanning. *Self-Esteem*. Tercera edición. New Harbinger Publications. Oakland (California), 2000.

Wilson, Reid. *No al pánico: cómo controlar los ataques de angustia*. Segunda edición. Cuatro Vientos. Santiago de Chile, 2009.

9

Creencias erróneas

Tal vez te has preguntado: «¿De dónde viene el diálogo interno negativo?». En la mayoría de los casos es posible rastrear el pensamiento negativo hasta los supuestos o las creencias más profundos que tenemos acerca de nosotros mismos, los demás y la vida en general. Estos supuestos básicos han recibido varios nombres: «guiones», «creencias fundamentales», «decisiones de la vida», «creencias falaces» o «creencias equivocadas». Al crecer los aprendimos de nuestros padres, profesores y compañeros, así como de la sociedad en general. Estas creencias son tan subyacentes a nuestra forma de pensar que no las reconocemos como *creencias* en absoluto; las damos por sentadas y asumimos que reflejan la realidad. Ejemplos de creencias erróneas habituales son: «No puedo hacer nada (en relación con algo)», «La vida es dura» o «Siempre debería quedar bien y tener un comportamiento agradable, independientemente de cómo me sienta». Las creencias erróneas no son un descubrimiento reciente; forman parte de lo que las personas tienen en mente cuando se refieren a su «actitud» o «punto de vista».

Las creencias erróneas están en la raíz de gran parte de la ansiedad que uno experimenta. Como se vio en el capítulo anterior, la persona se conduce a sí misma hacia un estado de ansiedad en gran medida por medio de lo que se dice a sí misma, al anticipar lo peor (con los pensamientos basados en el «y si...»), al rebajarse (con los pensamientos de autocrítica) y al forzarse a satisfacer unas exigencias y unas expectativas irrazonables (con el pensamiento perfeccionista). Detrás de estos patrones destructivos de diálogo interno hay algunos supuestos falsos básicos acerca de uno mismo y de «la manera como es la vida».

Uno podría ahorrarse cierta preocupación, por ejemplo, si soltara el supuesto básico: «Tengo que preocuparme por los problemas antes de que haya alguna posibilidad de que desaparezcan». Del mismo modo, uno se sentiría más confiado y seguro si desechara las creencias erróneas: «No soy nada a menos que tenga éxito» o «No soy nada a menos que otros me amen y aprueben». Y, una vez más, la vida sería menos estresante y tensa si uno dejara de lado la creencia: «Tengo que hacerlo perfectamente o no vale la pena que me moleste en intentarlo». Se puede hacer mucho por llevar un estilo de vida menos ansioso trabajando en cambiar los supuestos básicos que tienden a perpetuar la ansiedad.

Las creencias erróneas impiden a menudo que las personas alcancen sus objetivos más importantes en la vida. Puedes preguntarte en este mismo momento: «¿Qué es lo que realmente quiero de la vida? ¿Qué intentaría hacer si supiera que no puedo fallar?». Tómate unos minutos para reflexionar seriamente sobre esto y escribe tu respuesta en el espacio siguiente (utiliza una hoja de papel si necesitas más espacio):

Ahora, si aún no tienes lo que quieres, hazte una pregunta muy sencilla: «¿Por qué no?». Haz una lista de las razones que se te ocurran en el siguiente espacio o escríbelas en otra hoja de papel:

En el proceso de realizar el ejercicio anterior, es posible que hayas descubierto ciertas creencias o supuestos que te han estado deteniendo. ¿Son estos supuestos realmente válidos? Estos son algunos ejemplos de supuestos que frenan a las personas: «No puedo permitirme tener lo que quiero», «No tengo tiempo para volver a la universidad y estudiar lo que me interesa», «No poseo el talento necesario para triunfar». En un nivel más inconsciente, incluso podrías sentir que no mereces lograr lo que realmente quieres. Pues bien, ninguna de estas ideas refleja necesariamente la verdadera naturaleza de la realidad. Todas ellas implican supuestos que podrían resultar perfectamente falsos si fuesen sometidos a escrutinio. A menudo uno mismo no se da cuenta de cómo estos supuestos están afectando a su comportamiento hasta que alguien se lo señala.

Las creencias erróneas a menudo imponen límites a la autoestima y la autovaloración. Muchas de estas creencias implican la idea de que la propia valía depende de algo externo a uno mismo, como el estatus social, la riqueza, las posesiones materiales, el amor de otra persona o la aprobación social en general. Si uno no tiene esto, de alguna manera cree que no vale mucho. La creencia de que «el éxito lo es todo» o «mi valía depende de lo que pueda lograr» pone las bases de la autoestima fuera de uno mismo. Lo mismo ocurre con la creencia «no soy nada a menos que me amen (o que reciba aprobación)».

La verdad que algunas personas tardan mucho tiempo en descubrir es que la autoestima es *inherente*. Cada uno de nosotros tenemos un valor y una dignidad esenciales, por el solo hecho de que somos seres humanos. Tú mismo tienes muchas cualidades y talentos, independientemente de tus logros externos o de la aprobación de los demás. Sin pensarlo, respetamos el valor inherente de los perros y los gatos como animales. Así, también, los seres humanos tienen un valor inherente *tal y como son*, aparte de lo que logren y posean, o independientemente de la aprobación de que disfruten. A medida que uno crece en autoestima, puede *aprender* a respetarse y creer en sí mismo, sin que importe lo que haya logrado y sin depender de otros para sentirse bien (o sin hacer que otros dependan de uno).

EJEMPLOS DE CREENCIAS ERRÓNEAS

Hay innumerables creencias erróneas. Cada uno tiene su propia colección como resultado de lo que aprendió de sus padres, profesores y compañeros durante la infancia y la adolescencia. A veces se toma una falsa creencia directamente de los padres; por ejemplo, al escuchar de ellos: «Los niños grandes no lloran» o «Las niñas buenas no se enojan». En otras ocasiones, la persona forja una actitud hacia sí misma como resultado de verse frecuentemente, y durante muchos años, criticada («No valgo nada»), ignorada («Mis necesidades no importan») o rechazada («No soy digno de ser amado»). Lo lamentable es que uno puede asumir estas actitudes equivocadas hasta el punto en que actúa de maneras —y permite que otros le traten de maneras— que las confirman. Al igual que los ordenadores, las personas pueden ser «preprogramadas» y las creencias erróneas de la infancia pueden convertirse en profecías autocumplidas.

A continuación se presentan algunos ejemplos de creencias erróneas bastante comunes que tienden a influir en muchos individuos. Después de cada una de ellas hay contraafirmaciones que sustituyen la creencia negativa por otra positiva, de un modo muy similar a como el diálogo interno negativo se veía contrarrestado por afirmaciones positivas en el capítulo anterior:

- «No puedo hacer nada. Soy víctima de las circunstancias externas».
    Soy responsable de mi vida y tengo el control de esta. Las circunstancias son las que son, pero puedo decidir mi actitud hacia ellas.
- «La vida es dura. Algo tiene que estar mal si la vida parece demasiado fácil, placentera o divertida».
    La vida es plena y placentera.
    Está bien que me relaje y me divierta.
    La vida es una aventura y estoy aprendiendo a aceptar sus altibajos.
- «Si asumo un riesgo, voy a fallar. Si fallo, los demás me rechazarán».
    Está bien que asuma riesgos.
    No importa si fallo; puedo aprender mucho de cada error.
    Estoy de acuerdo con tener éxito.
- «No soy importante. Mis sentimientos y necesidades son irrelevantes».
    Soy una persona valiosa y única.
    Merezco tener mis sentimientos y necesidades atendidos, tanto como cualquier otra persona.
- «Siempre debería quedar bien y actuar de manera agradable, independientemente de cómo me sienta».
    Está bien que sencillamente sea yo mismo.
- «Si me preocupo lo suficiente, este problema debería mejorar o desaparecer».
    Preocuparse no tiene ningún efecto en la solución de los problemas; tomar medidas, sí.
- «No puedo hacer frente a situaciones difíciles o que me producen pánico».
    Puedo aprender a manejar cualquier situación atemorizante si me aproximo a ella lentamente, por medio de pasos lo suficientemente pequeños.
- «El mundo exterior es peligroso. Solamente existe seguridad en lo que es familiar y conocido».
    Puedo aprender a sentirme más a gusto con el mundo exterior. Espero con interés las nuevas oportunidades de aprendizaje y crecimiento que el mundo exterior me puede brindar.

El solo hecho de *reconocer* las propias creencias erróneas es el primer paso, y el más importante, hacia soltarlas. El segundo paso consiste en elaborar una afirmación positiva para contrarrestar cada creencia errónea y grabarla en la mente hasta conseguir la «desprogramación».

Creencias erróneas

El cuestionario que sigue a continuación te ayudará a identificar algunas de tus creencias no constructivas. Valora cada afirmación en una escala del 1 al 4, de acuerdo con el grado en que piensas que influye en tus sentimientos y comportamientos. Luego selecciona las creencias que puntuaste con un 3 o un 4.

CUESTIONARIO DE CREENCIAS ERRÓNEAS

¿En qué grado influyen en tus sentimientos y comportamientos las siguientes creencias no constructivas? Tómate tu tiempo para reflexionar sobre cada creencia.

1 = nada en absoluto
2 = un poco/a veces
3 = mucho/con frecuencia
4 = muchísimo

Pon el número apropiado después de cada afirmación:

1. «Me siento impotente o desamparado».
2. «A menudo me siento como una víctima de las circunstancias externas».
3. «No tengo el dinero necesario para hacer lo que realmente quiero».
4. «Rara vez dispongo del tiempo suficiente para hacer lo que quiero».
5. «La vida es muy difícil; hay que lucharla».
6. «Si las cosas van bien, ¡cuidado!».
7. «Siento que no me lo merezco. Siento que no soy lo suficientemente bueno».
8. «A menudo siento que no merezco tener éxito o ser feliz».
9. «A menudo tengo una sensación de derrota y resignación, un sentimiento de "¿por qué molestarse?"».
10. «Mi situación parece desesperada».
11. «Hay algo que está fundamentalmente mal en mí».
12. «Me siento avergonzado de mi situación».
13. «Si me arriesgo a mejorar, temo que vaya a fallar».
14. «Si me arriesgo a mejorar, temo que vaya a tener éxito».
15. «Si me recuperase totalmente, podría tener que hacer frente a realidades que prefiero no afrontar».
16. «Siento que no soy nada (o que no puedo hacerlo) a menos que me amen».
17. «No puedo soportar estar separado de los demás».
18. «Si una persona a quien amo no me quiere a su vez, siento como si fuera por mi culpa».
19. «Es muy duro estar solo».
20. «Lo que los demás piensen de mí es fundamental».
21. «Me siento personalmente amenazado cuando se me critica».
22. «Es importante complacer a los demás».

23. «No voy a gustarle a la gente si ven quién soy realmente».
24. «Tengo que conservar una fachada, o los demás verán mis debilidades».
25. «Debo conseguir o producir algo significativo para sentirme bien conmigo mismo».
26. «Mis logros en el trabajo/los estudios son muy importantes».
27. «El éxito lo es todo».
28. «Tengo que ser el mejor en lo que hago».
29. «Tengo que ser alguien (alguien excepcional)».
30. «Fracasar es terrible».
31. «No puedo confiar en otros para obtener ayuda».
32. «No puedo recibir de los demás».
33. «Si permito que alguien se acerque demasiado, temo que vaya a controlarme».
34. «No puedo permitirme perder el control».
35. «Soy el único que puede resolver mis problemas».
36. «Debería ser siempre muy generoso y desinteresado».
37. «Debería ser el _____ perfecto» (marca lo que se aplique en tu caso):

    ❏ Empleado
    ❏ Amante
    ❏ Profesional
    ❏ Amigo
    ❏ Cónyuge
    ❏ Estudiante
    ❏ Padre/madre
    ❏ Hijo

38. «Debería ser capaz de soportar cualquier dificultad».
39. «Debería ser capaz de encontrar una solución rápida a todos los problemas».
40. «No debería cansarme o fatigarme nunca».
41. «Debería ser siempre eficiente».
42. «Debería ser siempre competente».
43. «Debería ser capaz de preverlo siempre todo».
44. «No debería enojarme o irritarme nunca», «No me gusta la ira», «Tengo miedo de la ira».
45. «Debería mostrarme siempre complaciente o agradable, independientemente de cómo me sienta».
46. «A menudo me siento _____» (marca lo que aplique en tu caso):

    ❏ Feo
    ❏ Poco inteligente
    ❏ Inferior o defectuoso
    ❏ Culpable o avergonzado

47. «Soy como soy; en realidad no puedo cambiar».
48. «El mundo exterior es un lugar peligroso».

Creencias erróneas

49. «A menos que te preocupes por los problemas, no hacen más que empeorar».
50. «Es arriesgado confiar en la gente».
51. «Mis problemas desaparecerán por sí solos con el tiempo».
52. «Siento ansiedad ante la perspectiva de cometer errores».
53. «Me exijo ser perfecto».
54. «Si no tuviera a mi persona de confianza (o mi lugar seguro), creo que no lo podría aguantar».
55. «Si dejo de preocuparme, temo que va a ocurrir algo malo».
56. «Tengo miedo de afrontar el mundo exterior por mí mismo».
57. «Mi valía no viene dada; me la tengo que ganar».

Puedes haber advertido que algunas de las creencias del cuestionario forman grupos específicos, cada uno de los cuales refleja una creencia o actitud muy básica sobre la vida. Regresa a tus respuestas y observa cómo las puntuaste en relación con cada uno de los grupos de creencias relacionados a continuación.

Suma tus puntuaciones para cada uno de los siguientes grupos de creencias. Si la puntuación total de las preguntas de un subgrupo en particular excede la puntuación de referencia que se indica, es probable que tengas un problema en esa área en concreto. Es importante que prestes una especial atención a ese subgrupo cuando empieces a trabajar con afirmaciones para comenzar a cambiar tus creencias erróneas.

Si tu puntuación total para las preguntas 1, 2, 7, 9, 10 y 11 es superior a 15:	Probablemente crees que estás desamparado o que no puedes cambiar las cosas, que tienes poco control (o ninguno) sobre las circunstancias externas o que no puedes hacer mucho que te ayude en tu situación. En resumen: «Soy incapaz» o «No puedo hacer mucho en relación con mi vida».
Si tu puntuación total para las preguntas 16, 17, 18, 19, 54 y 56 es superior a 15:	Probablemente crees que tu valía depende del amor de otro. Sientes que necesitas el amor de otra persona (o de más de una) para sentirte bien contigo mismo y seguir adelante. En resumen: «Mi valía y mi seguridad dependen de que me amen».

Si tu puntuación total para las preguntas 20, 21, 22, 23, 24 y 45 es superior a 15:

Probablemente crees que tu valía depende de la aprobación de los demás. Ser agradable y que quienes te rodean te acepten es muy importante para sentirte seguro y para tu sentido de identidad. En resumen: «Mi valía y mi seguridad dependen de la aprobación de los demás».

Si tu puntuación total para las preguntas 25, 26, 27, 28, 29, 30, 41 y 42 es superior a 20:

Probablemente crees que tu valía depende de tus logros externos, como tu rendimiento en el trabajo o en la escuela, de tu estatus o de tu riqueza. En resumen: «Mi valía depende de mi rendimiento o de mis logros».

Si tu puntuación total para las preguntas 31, 32, 33, 34, 35 y 50 es superior a 15:

Probablemente crees que no puedes confiar en los demás o recibir su ayuda. Puedes tender a conservar las distancias con la gente y evitar la intimidad por miedo a perder el control. En resumen: «Si confío o me acerco demasiado, perderé el control».

Si tu puntuación total para las preguntas 37, 38, 39, 40, 52 y 53 es superior a 25:

Probablemente crees que tienes que ser perfecto en algunas o en muchas áreas de la vida. Te exiges demasiado a ti mismo y no dejas lugar para los errores. En resumen: «Tengo que ser perfecto» o «No está bien cometer errores».

CONTRARRESTAR LAS CREENCIAS ERRÓNEAS

Ahora que te has hecho una idea de cuáles son las creencias erróneas que tienen un mayor impacto en ti, ¿qué puedes hacer para cambiarlas? El primer paso es que te preguntes con qué firmeza sostienes dichas creencias. Hay tres maneras posibles de mantener una creencia errónea:

1. En realidad, no crees eso. Ves esa creencia como un hábito mental nocivo que estás realmente dispuesto a abandonar. Estás convencido de la inutilidad de dicha creencia y te das cuenta de que no tiene una carga emocional para ti. Si este es el caso, estás listo para crear una afirmación positiva para contrarrestarla. Puedes pasar directamente al apartado «Directrices para construir afirmaciones» y seguir los pasos sugeridos para crear afirmaciones con el fin de contrarrestar una creencia en particular. También puedes ver el apartado «Ejemplos de afirmaciones» al final del capítulo para obtener ideas de alternativas concretas a cualquiera de las creencias del «Cuestionario de creencias erróneas».

2. En realidad, no suscribes la creencia en un nivel intelectual, pero resuenas emocionalmente con ella e influye sobre tu manera de actuar. *No quieres creer* que «es importante ser siempre agradable con los demás», por ejemplo, pero ves que continúas sintiendo y actuando como si fuera verdad. Es difícil «expulsar la creencia del sistema». Si este es tu caso, es importante que sometas la creencia a las preguntas 4 y 5 del próximo apartado, «Cinco preguntas para cuestionar las creencias erróneas». Identifica cualquier creencia que puntuaste con un 3 o un 4 que aún te afecte, a pesar de tus dudas intelectuales. A continuación, sírvete de las preguntas 4 y 5 para examinar si la creencia es favorable a tu bienestar y si es fruto de tu propia elección o de tu historia familiar.
3. Puede ser que tengas realmente fe en una creencia en particular; no estás convencido de que sea inexacta. Necesitarás un poco de persuasión antes de que puedas considerar renunciar a ella. La idea de sustituir con una afirmación positiva una actitud en la que hace mucho tiempo que crees te parece superficial o ingenuamente optimista. Si este es el caso, es importante que sometas la creencia a las preguntas 1, 2 y 3 del próximo apartado, «Cinco preguntas para cuestionar las creencias erróneas». Estas tres primeras preguntas están tomadas de las preguntas socráticas presentadas en el capítulo 8 y son especialmente útiles para impugnar una creencia equivocada en un nivel estrictamente lógico. Si desacreditas tu creencia en el ámbito puramente racional, procede a continuación con las preguntas 4 y 5. Te permitirán ver cómo afecta esa creencia a tu bienestar personal y podrás determinar si se trata de una creencia propia o bien si la adquiriste (de tus padres o de alguna otra manera).

CINCO PREGUNTAS PARA CUESTIONAR LAS CREENCIAS ERRÓNEAS

1. ¿Qué pruebas hay de que esta creencia sea cierta? Si observas objetivamente toda tu experiencia de vida, ¿cuáles son las pruebas de que esto sea cierto?
2. Esta creencia ¿es siempre o invariablemente verdad para ti?
3. Esta creencia ¿ofrece una perspectiva completa de la situación? ¿Tiene en cuenta tanto las ramificaciones positivas como las negativas?
4. Esta creencia ¿fomenta tu bienestar o tu paz mental?
5. ¿Elegiste esta creencia por ti mismo o surgió de tu experiencia de crecer en tu familia?

Hay que decir algunas palabras sobre esta última pregunta. Muchas de tus creencias erróneas las adquiriste probablemente de tu familia mientras crecías. Hay por lo menos dos maneras en que esto pudo suceder. Una de ellas es que uno de tus progenitores, o ambos, pudieron haber tenido esa creencia y sencillamente la aprendiste de ellos. Por ejemplo, las creencias del estilo: «El mundo exterior es un lugar peligroso» o «Es arriesgado confiar en la gente» pudieron haber sido actitudes de tus padres que adoptaste completamente, porque de niño no se te presentaron otras perspectivas alternativas.

La otra manera en que pudiste haber adquirido una creencia errónea es como *reacción a algo que sucedió a la forma en que te trataron* de niño. Por ejemplo, si tu padre murió y tu madre se puso a trabajar cuando tenías cinco años de edad, pudiste sentirte abandonado y desarrollar la creencia: «Estar solo significa que te han abandonado y que no te aman». O si tus padres esperaban que triunfases y criticaban tus errores y tu rendimiento en la escuela, tu reacción implicó probablemente que forjases creencias tales como: «Mis logros son muy importantes» y «No está bien cometer errores».

A menudo es útil, en el proceso de evaluar las creencias erróneas, ver cómo surgieron de circunstancias desafortunadas o disfuncionales que se dieron durante la infancia. Si bien dichas creencias pudieron haberte ayudado a sobrevivir cuando eras un niño, *hace mucho que han perdido su utilidad y ahora solo te sirven para crearte ansiedad o estrés*. Para investigar las conexiones existentes entre tu infancia y tus creencias erróneas, consulta el apartado «Circunstancias de la infancia» y completa el «Cuestionario de antecedentes familiares», ambos en el capítulo 2, si no lo has hecho todavía. También puede ser útil que leas el apartado «Algunas causas de la baja autoestima», en el capítulo 14, para hacerte una idea más clara de los distintos tipos de situaciones disfuncionales de la infancia que pueden sentar las bases para el desarrollo de creencias erróneas.

Ejemplos

Los ejemplos siguientes ilustran la aplicación de las preguntas anteriores al cuestionamiento de las creencias erróneas.

Creencia errónea:	«Soy incapaz o estoy desamparado». (Nota: a la hora de cuestionar creencias del «Cuestionario de creencias erróneas», reformula cualquier creencia que comience con «(Me) siento...» por «Soy/Estoy...». Esto proporciona una afirmación más directa de la creencia).
Cuestionamiento:	1. «¿Cuáles son las pruebas de esto?». 2. «¿Es esto *siempre* cierto para mí?». 4. «¿Fomenta esta creencia mi bienestar?».
Contraargumentos:	1. «¿Cuáles son las pruebas de esto?». «Aunque a menudo me *siento* incapaz o desamparado, eso no significa necesariamente que *sea* incapaz o que esté desamparado». (Reconoce que la creencia errónea que se está cuestionando es un ejemplo de una actitud típica de la subpersonalidad de víctima que se describe en el capítulo 8. También es un ejemplo de distorsión cognitiva basada en el razonamiento emocional). «Después de todo, puedo trabajar para dominar las

Creencias erróneas

estrategias presentes en este libro y consultar a un terapeuta especializado en los trastornos de ansiedad para que me ayude a superar mi problema. Además, cuento con el apoyo constante de mi familia y amigos. Por lo tanto, no hay pruebas sólidas de que sea incapaz o de que esté desamparado».
2. «¿Es esto *siempre* cierto para mí?».
«Hay días en que sin duda me siento incapaz o desamparado, pero otros días me siento más capaz y optimista. No es cierto que *siempre* me sienta de esa manera».
4. «¿Fomenta esta creencia mi bienestar?».
«Creer que soy incapaz y que estoy desamparado es destructivo para el desarrollo de la confianza en mí mismo y para mis esperanzas de recuperarme. Esta creencia definitivamente no fomenta mi bienestar ni mi paz mental».

Afirmaciones:	*Creo en mí mismo.*
	Confío en que tengo la capacidad de superar mi problema con la ansiedad.
Creencia errónea:	«Es muy importante complacer a los demás».
Cuestionamiento:	2. «¿Es esto *siempre* cierto para mí?».
	4. «¿Fomenta esta creencia mi bienestar?».
	5. «¿Elegí esta creencia por mí mismo o la adquirí a raíz de mis experiencias en la infancia?».
Contraargumentos:	2. «¿Es esto *siempre* cierto para mí?».
	«Es cierto que hay algunas situaciones en las que es útil comportarse de una manera agradable. Si me están entrevistando para un trabajo o estoy en una primera cita, consolando a mi cónyuge o celebrando una fiesta, por lo general *quiero* ser agradable. Por otro lado, si me siento cansado o alterado y necesito el apoyo de mi pareja o mis amigos, me es más conveniente pedirles que estén allí por mí que tener que negar mis necesidades y mostrar una fachada agradable. En resumen: a veces es más importante para mí atender mis propios sentimientos».
	4. «¿Fomenta esta creencia mi bienestar?».
	«En algunas situaciones, probablemente sí. Me siento bien conmigo mismo si puedo ser agradable en situaciones en las que mostrarme así puede ser apropiado. Sin embargo, no me sirve tratar de ser agradable cuando

me siento mal o estoy alterado. Voy a ser más honesto y a permanecer más sintonizado conmigo mismo para que los demás sepan lo que siento y pueda pedirles apoyo».

5. «¿Elegí esta creencia por mí mismo o la adquirí a raíz de mis experiencias en la infancia?».

«Mi madre estaba enferma y con frecuencia se estuvo quejando durante gran parte de mi infancia. Sentía que tenía que estar siempre en guardia para protegerla de mis propios problemas. Me parecía que tenía que ser agradable para seguir contando con su aprobación. ¡No es de extrañar que creciera con una mentalidad complaciente! Supongo que no elegí libremente esta creencia, sino que me vino impuesta por las circunstancias de mi infancia».

Afirmaciones: *Es correcto no ser siempre agradable.*
Puedo disfrutar de ser agradable en esos momentos en los que realmente me apetece serlo.

CREENCIA ERRÓNEA: «Mis logros en el trabajo/los estudios son extremadamente importantes».

Cuestionamiento: 2. «¿Es esto *siempre* cierto para mí?».
3. «Esta creencia ¿contempla el cuadro completo?».
4. «¿Fomenta esta creencia mi bienestar?».
5. «¿Elegí esta creencia por mí mismo o la adquirí a raíz de mis experiencias en la infancia?».

Contraargumentos: 2. «¿Es esto *siempre* cierto para mí?».
«No, en la medida en que otras áreas de mi vida (la salud, las relaciones, el tiempo de ocio o las actividades creativas) también son importantes. Lograr objetivos en los estudios o el trabajo es sin duda importante, pero *no es importante las veinticuatro horas del día, los siete días de la semana*».
3. «Esta creencia ¿contempla el cuadro completo?».
«Es cierto que lo que puedo lograr en los estudios o el trabajo es importante. Tengo que mantener un cierto nivel de competencia como estudiante con el fin de obtener el título que me ayudará a encontrar un trabajo», «Tengo que mantener un cierto nivel de rendimiento en el trabajo para conservar mi empleo»). «Pero al considerar estos logros como extremadamente importantes, ¿estoy viendo el cuadro completo? Si este

fuera el caso, serían más importantes que mi salud, mi sosiego, mi familia y todo lo demás que valoro. Una actitud así me conduciría a llevar un estilo de vida desequilibrado y, en última instancia, poco saludable; sería una manera de vivir en la que no me importaría nada excepto mi éxito y mis logros. Por lo tanto, no es razonable creer que mis logros son extremadamente importantes».

4. «¿Fomenta esta creencia mi bienestar?».

«Por las razones mencionadas, reconozco que centrarme *exclusivamente* en los logros no es saludable».

5. «¿Elegí esta creencia por mí mismo o la adquirí a raíz de mis experiencias en la infancia?».

«Mis padres eran profesionales que tuvieron éxito en sus carreras y esperaban que siguiese su ejemplo. Yo siempre tenía que hacerlo bien en la escuela para recibir su aprobación; me criticaban cuando sacaba menos de un notable. Mi actitud de considerar que los logros son tan importantes me vino de vivir con ellos; no la elegí libremente».

Afirmaciones: *Mis logros son importantes y también lo son otros aspectos de mi vida.*
Estoy aprendiendo cómo equilibrar el trabajo y la diversión en mi vida.

Los ejemplos anteriores pueden servir como directrices para que te cuestiones tus propias creencias erróneas. Si una creencia en particular cuenta con pocas pruebas que la respalden, si no siempre es cierta o si no promueve tu bienestar personal, lo más probable es que sea errónea. Si la adquiriste en el contexto de unas circunstancias familiares disfuncionales en vez de elegirla libremente como adulto, es igualmente probable que sea errónea. Es importante que pases por un proceso de cuestionamiento si te sientes apegado de algún modo a cualquier creencia.

Una vez que hayas completado el proceso de cuestionar todas las creencias erróneas que puntuaste con un 3 o un 4, estás listo para elaborar afirmaciones positivas con el fin de neutralizar cada una de ellas. El siguiente apartado explica cómo hacerlo. Aunque es preferible que formules tus propias afirmaciones, puedes acudir a los ejemplos que se ofrecen al final del capítulo si necesitas ayuda para crear una afirmación para una creencia errónea en particular.

Después de que hayas creado tus afirmaciones, regresa al «Cuestionario de creencias erróneas» y escribe cada afirmación en mayúsculas junto a la creencia errónea en particular que pretende neutralizar (consulta los ejemplos de creencias erróneas y afirmaciones que se ofrecen anteriormente en este mismo capítulo).

El proceso de contrarrestar las creencias erróneas con afirmaciones es muy similar al de contrarrestar el diálogo interno negativo con contraargumentos y contraafirmaciones positivas, que se describe en el capítulo 8. La diferencia entre los contraargumentos/contraafirmaciones y las afirmaciones es que estas últimas son formulaciones muy compactas que se pueden ensayar con facilidad (no son muy distintas de las afirmaciones de afrontamiento para los ataques de pánico que figuran en el capítulo 6). Escribir afirmaciones de forma repetida sobre papel o escucharlas insistentemente en un audio puede, si eres persistente, acabar por sustituir las creencias erróneas indeseadas en tu mente. En el capítulo dedicado al diálogo interno (capítulo 8), el proceso importante que había que dominar era el de «contrarrestar». Al escribir continuamente contraargumentos y contraafirmaciones para el diálogo interno negativo, llegas a desarrollar el *hábito* de percibir y contrarrestar aquello que te dices a ti mismo que te provoca ansiedad. En este capítulo, el proceso importante es el trabajo con las afirmaciones. Gracias a este trabajo vas a cambiar las creencias fundamentales que subyacen a tu diálogo interno negativo.

DIRECTRICES PARA CONSTRUIR AFIRMACIONES

- Una afirmación debe ser *corta*, *simple* y *directa*. «Creo en mí mismo» es preferible a: «Tengo un montón de buenas cualidades en las que creo».
- Hay que hacer las afirmaciones utilizando el *presente de indicativo* («Soy próspero») o el *presente continuo* («Me estoy volviendo próspero»). Decirse uno a sí mismo que algún cambio que desea tendrá lugar en el futuro siempre mantiene dicho cambio un paso más allá.
- Hay que tratar de *evitar las negaciones*. En lugar de decir: «Ya no tengo miedo de hablar en público», es más conveniente: «Estoy libre del miedo de hablar en público» o «Me estoy volviendo audaz en cuanto a hablar en público». Del mismo modo, en lugar de la formulación negativa: «No soy perfecto», se puede decir: «Está bien ser menos que perfecto» o «Está bien cometer errores». La mente inconsciente es incapaz de hacer la distinción entre una formulación positiva y otra negativa, de manera que puede convertir una formulación negativa, como: «No tengo miedo», en una formulación positiva que no es la que se quiere afirmar (es decir: «Tengo miedo»).
- Empieza con la declaración directa de un cambio positivo que desees efectuar en tu vida (por ejemplo: «Estoy consiguiendo más tiempo para mí cada día»). Si te parece un poco demasiado para ti todavía, prueba a cambiarla por: «Estoy dispuesto a conseguir más tiempo para mí». La *voluntad* de cambiar es el primer paso que debes dar con el fin de hacer realidad cualquier cambio sustancial en tu vida. Una segunda alternativa a una declaración directa es afirmar que te estás *volviendo* de una determinada manera o que estás *aprendiendo* a hacer algo. Si no estás listo para una declaración directa como: «Soy fuerte y estoy seguro de mí mismo», puedes afirmar: «Me estoy volviendo fuerte y seguro de mí mismo». Del mismo modo, si no te sientes preparado para la declaración: «Me enfrento a mis temores de buena gana», inténtalo con «Estoy aprendiendo a enfrentarme a mis miedos».

- Es importante que uno crea en cierta medida en las afirmaciones que hace, o al menos que esté dispuesto a creer en ellas. No es de ninguna manera necesario, sin embargo, creer en una afirmación al 100% al principio. De lo que se trata es de cambiar las propias creencias y actitudes en el sentido de la afirmación.

FORMAS DE TRABAJAR CON LAS AFIRMACIONES

Una vez que hayas hecho una lista de afirmaciones, decide algunas con las que te gustaría trabajar. En general, es una buena idea trabajar solamente con dos o tres a la vez, a menos que decidas hacer una grabación que las contenga todas. Se exponen a continuación algunas de las formas más útiles en que se pueden utilizar las afirmaciones:

- Escribe la afirmación repetidamente, unas cinco o diez veces al día, durante una o dos semanas. Cada vez que dudes de si crees en la afirmación, escribe tu duda en el reverso de la hoja. A medida que continúes escribiendo la afirmación una y otra vez, dándote la oportunidad de expresar cualquier duda, descubrirás que tu disposición a creer en ella va en aumento. He aquí un ejemplo:

Afirmación	*Duda*
«Estoy aprendiendo a estar bien solo».	«Sí, durante unas horas, pero ¿cómo voy a lograrlo durante todo un día?».
«Estoy aprendiendo a estar bien solo».	«¿Y si sufro un ataque de pánico y no hay nadie cerca?».
«Estoy aprendiendo a estar bien solo».	«No estoy seguro de ser capaz de lograrlo».
«Estoy aprendiendo a estar bien solo».	

Después, vuelve atrás y contrarresta tus dudas, una por una, con formulaciones positivas. En el ejemplo anterior, las tres dudas podrían ser contrarrestadas con las tres afirmaciones siguientes:

«Poco a poco, puedo aprender a alargar el tiempo en que estoy bien estando solo a todo un día».
«Si sufro un ataque de pánico mientras estoy solo, puedo hacer respiraciones profundas, fluir con las sensaciones y llamar a _____».
«Si divido este objetivo en pasos lo suficientemente pequeños, sé que puedo hacerlo».

- Escribe tu afirmación en letras gigantes con rotulador en una hoja de papel en blanco (las palabras deben ser visibles desde por lo menos seis metros de distancia). A continuación, cuelga la hoja en el espejo del baño, en la nevera o en algún otro lugar transitado de la casa. El hecho de ver constantemente la afirmación, día tras día, tanto si estás atento a ella de manera activa como si no, te ayudará a reforzarla en tu mente.

▶ Registra una serie de afirmaciones en audio. Si elaboras veinte o más afirmaciones para contrarrestar las formulaciones del «Cuestionario de creencias erróneas», puedes ponerlas todas en el audio. Puedes utilizar tu propia voz o pedirle a otra persona que las grabe. Asegúrate de que las afirmaciones estén en primera persona y de dejar entre cinco y diez segundos entre ellas para que te dé tiempo a asimilarlas. El hecho de escuchar el audio una vez al día durante treinta días dará lugar a un cambio importante en tu forma de pensar y en la forma en que te sientes contigo mismo. Es correcto reproducir el audio en cualquier momento, incluso mientras limpias la casa o conduces. Sin embargo, puedes acelerar el proceso por medio de prestarle toda la atención, en un estado de gran relajación, una vez que te has ralentizado lo suficiente como para sentir profundamente cada afirmación.

▶ Trabaja con un compañero. Haz que te diga la afirmación en *segunda* persona mientras te mira a los ojos. Después de que haya pronunciado la afirmación (por ejemplo: «Estás aprendiendo a superar tus miedos»), respondes: «Sí, lo sé». La otra persona te sigue repitiendo la afirmación hasta que esté convencida de que dices en serio el «sí, lo sé». Cuando hayáis acabado, invertid los roles. Esta vez tú repites la afirmación en *primera* persona mientras miras a los ojos de tu compañero. Después de decir la afirmación en cada ocasión (por ejemplo: «Estoy aprendiendo a superar mis miedos»), él responde con la frase «¡Sí, es verdad!». Una vez más, es necesario hacer esto hasta que la otra persona esté convencida de que realmente crees lo que estás diciendo.

▶ Medita en una sola afirmación. El hecho de repetir una afirmación lentamente y con convicción en un estado profundamente meditativo es una forma muy potente de incorporarla en la propia consciencia. La meditación es un estado en el que uno puede experimentarse a sí mismo como un «ser completo». Todo aquello que uno afirma o declara con todo su ser tiene una fuerte tendencia a hacerse realidad.

CÓMO AUMENTAR EL PODER DE UNA AFIRMACIÓN

Existen tres formas fundamentales de reforzar una afirmación o cualquier nuevo hábito de pensar: la *repetición*, el *sentimiento* y la *integración activa*.

REPETICIÓN Originalmente, requirió repetición «programar» creencias erróneas en tu mente. Si tus padres te repitieron en numerosas ocasiones: «¡Cállate!» o «¡Pórtate bien!», esto reforzó en ti la creencia errónea «Soy indigno» o «Soy poco importante». De la misma manera, la exposición repetida a una afirmación positiva puede ayudarte a inculcarla en tu mente, hasta que sustituya a la falsa creencia original.

SENTIMIENTO Decir afirmaciones con profunda convicción y sentimiento es el método más potente, en mi opinión, para fortalecerlas. Conseguir que una nueva creencia se aloje *en tu corazón* —así como en tu cabeza— le dará la mayor potencia y eficacia. Una buena manera de hacer esto es alcanzar un estado profundo de relajación primero —por medio de la relajación muscular progresiva o la meditación— y luego pronunciar la afirmación lentamente, con sentimiento y convicción. Se ha dicho que lo que uno cree con todo su corazón se convierte en parte de sí mismo.

INTEGRACIÓN ACTIVA También se puede aumentar la convicción acerca de una afirmación haciendo un seguimiento de aquello que la confirma en la vida real. Selecciona una afirmación con la que desees trabajar y anótala en una tarjeta. A lo largo del día, anota en el otro lado de la tarjeta cualquier hecho o situación, por insignificante que sea, que apoye la afirmación. Haz esto durante dos semanas o más, a ver si puedes elaborar una lista de confirmaciones. Por ejemplo, si estás trabajando con la afirmación: «Puedo recuperarme por medio de asumir riesgos pequeños, a mi propio ritmo», puedes enumerar todos los éxitos que tengas con la reducción de la ansiedad o el afrontamiento de las situaciones fóbicas. Si estás trabajando con la afirmación: «Estoy aprendiendo que en la vida hay otras cosas además del éxito profesional (o académico)», puedes enumerar todas las ocasiones en las que obtuviste gozo de otras actividades para demostrarte la verdad de tu nueva creencia.

Reforzar una afirmación señalando los acontecimientos de la vida real que la confirman hará mucho por reforzar tu convicción en cuanto a su verdad.

EJEMPLOS DE AFIRMACIONES

A continuación se presentan ejemplos de afirmaciones que puedes utilizar para contrarrestar formulaciones del «Cuestionario de creencias erróneas». Sírvete de todas aquellas con las que te sientas bien o utilízalas como pautas para confeccionar las tuyas propias.

1. «Soy el responsable de mi vida y tengo el control de ella».
2. «Las circunstancias son las que son, pero puedo elegir mi actitud hacia ellas».
3. «Me estoy volviendo próspero. Estoy creando los recursos financieros que necesito».
4. «Estoy fijando prioridades y logrando tiempo para lo importante».

5. «La vida tiene sus retos y sus satisfacciones; gozo de la aventura de la vida. Cada reto que se presenta es una oportunidad de aprender y crecer».
6. «Acepto los altibajos naturales de la vida».
7. «Me amo y me acepto tal como soy».
8. «Merezco las cosas buenas de la vida tanto como cualquier otra persona».
9. «Estoy abierto a descubrir un nuevo significado en mi vida».
10. «Nunca es demasiado tarde para cambiar. Estoy mejorando paso a paso».
11. «Soy, por naturaleza, una persona sana, fuerte y capaz de lograr la recuperación completa. Estoy mejorando día tras día».
12. «Estoy comprometido a superar mi problema. Estoy trabajando en mi recuperación».
13. «Puedo recuperarme por medio de asumir pequeños riesgos, a mi propio ritmo».
14. «Estoy ilusionado con la nueva libertad y las nuevas oportunidades que tendré cuando me haya recuperado completamente».
15. «Estoy aprendiendo a amarme a mí mismo».
16. «Estoy aprendiendo a sentirme a gusto estando solo».
17. «Si alguien no corresponde a mi amor, lo dejo correr y sigo adelante».
18. «Estoy aprendiendo a estar en paz conmigo mismo cuando estoy solo. Estoy aprendiendo a divertirme cuando estoy solo».
19. «Me respeto y creo en mí, independientemente de las opiniones de los demás».
20. «Puedo aceptar las críticas constructivas y aprender de ellas».
21. «Estoy aprendiendo a ser yo mismo cuando estoy con los demás. Es importante que atienda mis propias necesidades».
22. «Está bien que sea yo mismo cuando estoy con otras personas. Estoy dispuesto a ser yo mismo cuando estoy con los demás».
23. «Valoro mis logros, y soy mucho más que todos ellos juntos».
24. «Estoy aprendiendo cómo equilibrar el trabajo y la diversión en mi vida».
25. «Estoy aprendiendo que en la vida el éxito no lo es todo. El mayor éxito es vivir bien».
26. «Soy una persona única y capaz tal como soy. Estoy satisfecho haciéndolo lo mejor que puedo».
27. «Está bien cometer errores. Estoy preparado para a aceptar mis errores y aprender de ellos».
28. «Estoy dispuesto a permitir que otros me ayuden. Reconozco que necesito a los demás».
29. «Estoy abierto a recibir el apoyo de quienes me rodean».
30. «Estoy dispuesto a correr el riesgo de acercarme a alguien».
31. «Estoy aprendiendo a relajarme y soltar. Estoy aprendiendo a aceptar las cosas que no puedo controlar».
32. «Estoy dispuesto a dejar que otros me ayuden a solucionar mis problemas».

Creencias erróneas

33. «Cuando me amo y me preocupo por mí mismo, soy más capaz de ser generoso con los demás».
34. «Estoy haciéndolo lo mejor que puedo como _____ (opcional: Y estoy abierto a aprender formas de mejorar)».
35. «Es correcto sentirse molesto cuando las cosas van mal».
36. «Estoy bien si no puedo tener siempre una respuesta rápida a todos los problemas».
37. «Está bien que consiga tiempo para descansar y relajarme».
38. «Lo hago lo mejor que puedo, y estoy satisfecho con eso».
39. «No hay ningún problema si soy incapaz de preverlo siempre todo».
40. «Está bien estar enojado en ocasiones. Estoy aprendiendo a aceptar y expresar mis sentimientos de enojo adecuadamente».
41. «Estoy aprendiendo a ser honesto con los demás, incluso cuando no me siento complaciente o con ganas de mostrarme agradable».
42. «Creo que soy una persona atractiva, inteligente y valiosa. Estoy aprendiendo a soltar la culpa».
43. «Creo que puedo cambiar. Estoy dispuesto a cambiar (o crecer)».
44. «El mundo exterior es un lugar donde crecer y divertirse».
45. «Preocuparse por un problema es el verdadero problema. Lo que permitirá mejorar la situación es hacer algo al respecto».
46. «Estoy aprendiendo (o dispuesto) a confiar en otras personas».
47. «Estoy comprometiéndome a hacer lo que pueda para superar mi problema con _____».
48. «Estoy aprendiendo que no hay nada de malo en cometer errores».
49. «Nadie es perfecto. Estoy aprendiendo (o dispuesto) a ser más benevolente conmigo mismo».
50. «Estoy dispuesto a ser (o aprender a ser) autosuficiente».
51. «Estoy aprendiendo a soltar las preocupaciones. Puedo sustituir la preocupación por la acción constructiva».
52. «Estoy aprendiendo que puedo lidiar con el mundo exterior, paso a paso».
53. «Soy intrínsecamente digno como persona. Me acepto tal y como soy».

El propósito de este capítulo ha sido aumentar tu conciencia acerca de las creencias erróneas y ayudarte a identificar algunas de las tuyas. Contrarrestar el diálogo interno negativo y las creencias erróneas con el pensamiento positivo y las afirmaciones puede hacer mucho por ayudarte a llevar una vida más tranquila, más equilibrada y libre de ansiedad. Mientras que los capítulos anteriores sobre la relajación y el ejercicio fueron diseñados para ayudarte a superar las bases fisiológicas de la ansiedad, la intención de los dos últimos capítulos ha sido darte herramientas para hacer frente a esa parte de la ansiedad que está en tu mente (lo que te dices a ti mismo y lo que crees). En el capítulo 12 examinaremos la importante relación existente entre la ansiedad y los sentimientos.

RESUMEN DE COSAS POR HACER

1. Completa el «Cuestionario de creencias erróneas» y marca aquellas que hayas puntuado con un 3 o un 4. Fíjate en aquellos subgrupos de creencias cuya puntuación total supere la de referencia para esos grupos. El tema de cada uno de esos subgrupos merece que le dediques una atención especial.
2. Vuelve a leer el apartado «Contrarrestar las creencias erróneas» hasta que estés totalmente familiarizado con distintas maneras de cuestionarlas. Utiliza las «cinco preguntas para cuestionar las creencias erróneas» para poner en entredicho cualquier creencia con la que resuenes emocionalmente o que te parezca intelectualmente plausible.
3. Después de cuestionar tus creencias erróneas, crea afirmaciones para contrarrestar cada una de ellas. Utiliza las «directrices para construir afirmaciones» para ayudarte, y consulta el apartado «Ejemplos de afirmaciones» del final del capítulo para obtener una lista de ejemplos. En el cuestionario, escribe cada una de tus afirmaciones en mayúsculas debajo de la creencia errónea que estés contrarrestando.
4. Vuelve a leer el apartado «Formas de trabajar con las afirmaciones» y decide qué método de repetición de afirmaciones deseas utilizar –por ejemplo, escribirlas de forma repetida, escucharlas en una grabación, trabajarlas con un compañero o meditar en ellas–. Emplea este método durante un período de entre dos semanas y un mes a diario, y después cada vez que sientas la necesidad.

PARA SABER MÁS

Bloch, Douglas. *Palabras que curan: el uso de las afirmaciones en la vida cotidiana*. Los Libros del Comienzo. Madrid, 1992.

Burns, David. *Feeling Good: The New Modern Therapy*. Edición revisada. Avon Books. Nueva York, 1999.

Handly, Robert, y Pauline Neff. *Anxiety and Panic Attacks: Their Cause and Cure*. Random House. Nueva York, 1987 (popular libro para las personas fóbicas sobre cómo utilizar las afirmaciones y la visualización).

McKay, Matthew y Patrick Fanning. *Prisioneros de la creencia*. Los Libros del Comienzo. Madrid, 1993.

10

Tipos de personalidad que perpetúan la ansiedad

Las personas que son propensas a los trastornos de ansiedad tienden a compartir ciertos rasgos de personalidad. Algunos de estos rasgos son positivos —como la creatividad, la capacidad intuitiva, la sensibilidad emocional, la empatía y la amabilidad—. Rasgos como estos hacen que estas personas se hagan querer por sus amigos y familiares. En cambio, otros rasgos habituales tienden a agravar la ansiedad e interfieren en su autoconfianza. Este capítulo se centra en cuatro de estos rasgos, todos los cuales deben abordarse en algún punto del proceso de recuperación:

1. El perfeccionismo.
2. La excesiva necesidad de aprobación.
3. La tendencia a ignorar las señales físicas y psicológicas del estrés.
4. La excesiva necesidad de control.

Una persona dada puede no poseer estos cuatro rasgos; pero si el pánico, las fobias o la ansiedad generalizada han formado parte de su vida durante un determinado período de tiempo, ya sea corto o largo, es probable que se identifique al menos con dos o tres de ellos.

ORÍGENES DE LOS RASGOS GENERADORES DE ANSIEDAD

¿Cuál es el origen de estos rasgos que perpetúan la ansiedad? Rasgos como la creatividad y la sensibilidad emocional pueden formar parte del componente hereditario de los trastornos de ansiedad. Por otra parte, el perfeccionismo y la necesidad excesiva de aprobación o control muy probablemente tuvieron su origen en experiencias de la primera infancia. Hay varias maneras en que se pueden adquirir estos rasgos. Si los padres los tienen, se pueden aprender directamente, a partir de su ejemplo. Si ambos son grandes triunfadores y se exigen la perfección a sí mismos, es posible interiorizar sus valores y comportarse de una manera similar. Alternativamente, tales rasgos pueden desarrollarse como *respuesta* a las formas en que la persona fue tratada por uno de sus padres, o por ambos. Si, por ejemplo, la criticaban o reprendían con frecuencia, es posible que decidiese, a una edad temprana, que nada de lo que podía hacer era lo suficientemente bueno. Como resultado de ello, actualmente se esfuerza por hacerlo todo a la perfección. O puede ser que busque constantemente confirmación y aprobación por parte de los demás; en el proceso, puede haber aprendido a negar sus sentimientos y a hacer caso omiso de las señales de estrés.

Si deseas obtener una visión más clara acerca de cómo desarrollaste alguno de los rasgos que se consideran en este capítulo, puedes empezar por acudir al «Cuestionario de antecedentes familiares» del capítulo 2. Reflexionar sobre tus respuestas a las preguntas te ayudará a entender mejor tu pasado.

A continuación se ofrecen pautas para ayudar a identificar cada uno de los cuatro rasgos perpetuadores de la ansiedad mencionados, trabajar con ellos y cambiarlos.

PERFECCIONISMO

El perfeccionismo tiene dos aspectos. En primer lugar, conlleva una tendencia a tener expectativas poco realistas (demasiado elevadas) sobre uno mismo, los demás y la vida. Cuando alguien o algo no da la talla, la persona se siente decepcionada o adopta una actitud crítica. En segundo lugar, tiende a preocuparse demasiado por los pequeños defectos y errores que ve en sí misma o en sus logros. Al centrarse en lo que está mal, suele descartar e ignorar lo que está bien.

El perfeccionismo es una causa habitual de la baja autoestima. Critica todos los esfuerzos de la persona y la convence de que nada de lo que haga está lo suficientemente bien. También puede hacer que uno llegue hasta el punto de experimentar estrés crónico, desgaste y agotamiento. Cada vez que el perfeccionismo le aconseja a uno que «debería», «debe» o «tiene que», esa persona tiende a seguir adelante movida por la ansiedad, más que por sus deseos e inclinaciones naturales. Cuanto más perfeccionista es uno, más probable es que experimente ansiedad.

Superar el perfeccionismo requiere un cambio fundamental de actitud consigo mismo y respecto a cómo se enfoca la vida en general. Las siete directrices siguientes pretenden ser un punto de partida para lograr este cambio.

Suelta la idea de que tu valía viene determinada por tus logros y realizaciones

Los logros externos pueden ser la manera como la sociedad mide la «valía» o el estatus de una persona. Pero ¿vas a permitir que la sociedad tenga la última palabra sobre tu valor como individuo? Trabaja para reforzar la idea de que tu valía te viene dada. Las personas les atribuyen un valor inherente a los animales domésticos y a las plantas por el solo hecho de que existen. Como ser humano, tienes el mismo valor inherente por el solo hecho de que estás aquí. Estate dispuesto a reconocer y afirmar que eres digno de ser amado y aceptado como eres, independientemente de cuáles sean tus logros externos. Cuando las personas reflexivas están cerca de la muerte, por lo general hay solo dos cosas que parecen haber sido importantes para ellas en sus vidas: aprender cómo amar a los demás y crecer en sabiduría. Si necesitas evaluarte por medio de algún criterio, prueba estos en lugar de las definiciones de la sociedad respecto a lo que tiene valor.

Reconoce y supera las formas de pensamiento perfeccionistas

El perfeccionismo se expresa en la forma en que te hablas a ti mismo. El pensamiento basado en el «debo» y el «debería», el todo o nada y la sobregeneralización es el característico de la actitud perfeccionista. A continuación se presentan ejemplos de formulaciones asociadas a cada estilo de pensamiento y las contraafirmaciones correspondientes, más realistas.

Estilo de pensamiento	**Contraafirmaciones**
Debo/Debería	
«Debería poder hacer bien esto».	«Lo haré lo mejor que pueda».
«No debo cometer errores».	«No pasa nada por cometer errores».
Todo o nada	
«Todo esto está mal».	«No está *todo* mal. Hay partes de ello que están bien y otras que requieren atención».
«No puedo hacerlo de ninguna manera».	«Si lo divido en pasos lo suficientemente pequeños, puedo hacerlo».
Sobregeneralización	
«*Siempre* hago las cosas mal».	«No es cierto que *siempre* haga las cosas mal. En este caso en particular, voy a volver a ello y a hacer las correcciones necesarias».
«*Nunca* podré hacerlo».	«Si doy pequeños pasos y sigo esforzándome, con el tiempo lograré lo que me he propuesto».

Dedica una semana a advertir todas las ocasiones en las que te veas implicado en pensamientos del tipo «debo», «debería», «todo o nada» o que expresen sobregeneralización. Lleva un cuaderno contigo con el fin de que puedas anotar los pensamientos a medida que surjan. Examina lo que te dices a ti mismo en los momentos en que te sientas especialmente ansioso o estresado.

Presta especial atención al uso de las palabras *debo*, *debería*, *tengo que*, *siempre*, *nunca*, *todos* o *ninguno*. Después de haber pasado una semana anotando tus sentencias perfeccionistas, elabora contraafirmaciones para cada una. En las semanas siguientes, lee a menudo tu lista de contraafirmaciones para animarte a concebir un enfoque menos perfeccionista de la vida. Puedes acudir al capítulo 8 para obtener más información sobre cómo crear contraafirmaciones y trabajar con ellas.

Deja de magnificar la importancia de los pequeños errores

Uno de los aspectos más problemáticos del perfeccionismo es que te hace centrarte en los pequeños defectos o errores. Los perfeccionistas son propensos a juzgarse de manera muy severa a causa de un solo error, prácticamente insignificante, que tendrá pocas consecuencias inmediatas, o ninguna, y que tampoco tendrá efectos a más largo plazo. Piensa en ello: ¿qué importancia tendrá el error que cometiste hoy a un mes vista? ¿O dentro de un año? En el 99,9% de los casos, el error se olvidará en un corto período de tiempo. No hay verdadero aprendizaje sin errores o contratiempos. Ningún gran éxito se alcanzó sin pasar por muchos fracasos ni cometer muchos errores por el camino.

Céntrate en lo positivo

Al detenerse en los pequeños errores o equivocaciones, los perfeccionistas tienden a no tener en cuenta sus logros positivos. Ignoran selectivamente cualquier cosa positiva que hayan hecho. Una manera de neutralizar esta tendencia es hacer un inventario, cuando se acerque el final del día, de tus logros. Piensa de qué maneras, pequeñas o grandes, has sido de ayuda a otras personas durante la jornada, o agradable con ellas. Piensa en los pequeños pasos que has dado hacia la consecución de tus metas. ¿Qué otras cosas hiciste? ¿Qué ideas tuviste?

Pon atención a si descalificas algo positivo con un *pero* —por ejemplo: «Tuve una buena sesión de práctica, pero me sobrevino la ansiedad cerca del final»—. Aprende a dejar fuera los *peros* en las evaluaciones de tus actitudes y comportamientos.

Trabaja en metas realistas

Sé realista: ¿te has puesto unas metas alcanzables o has situado el listón demasiado alto? ¿Esperarías de alguien más las metas que te has puesto a ti mismo? A veces es difícil reconocer la naturaleza excesivamente elevada de ciertos objetivos. Puede ser útil hacer una «revisión de la realidad» con un amigo o consejero para determinar si es realista lograr una meta dada o si es incluso razonable luchar por ella. ¿Estás esperando demasiado de ti mismo y del mundo? Es posible que tengas que ajustar un poco algunas de tus metas, de acuerdo con los factores limitantes que son el tiempo, la energía y los recursos de que dispones o puedes disponer. Si tu sentido de valía procede realmente de tu interior, en vez de estar basado en tus logros, serás capaz de hacer esto. Aceptar las propias limitaciones es el mayor acto de amor propio.

Trae más placer y diversión a tu vida

El perfeccionismo tiende a hacer que la persona se vuelva rígida y abnegada. Sus propias necesidades humanas se ven sacrificadas a favor de la búsqueda de objetivos externos. En última instancia, esta tendencia puede conducir a una asfixia de la vitalidad y la creatividad. El placer —disfrutar de la vida— es lo que permite invertir esta tendencia.

Los indios sioux tienen un dicho sabio: «Lo primero que la gente dice después de su muerte es: "¿Por qué fui tan serio?"». ¿Te estás tomando a ti mismo demasiado en serio y no te estás permitiendo dedicar tiempo a divertirte y descansar? ¿Cómo puedes lograr más tiempo para el ocio y el placer? Puedes cambiar por medio de tomarte tiempo cada día para realizar al menos una actividad que te guste.

Disfruta del viaje de la vida

Si participas en algún deporte, ¿juegas para ganar o para disfrutar de la actividad de jugar? En tu vida en general, ¿estás «jugando para ganar», canalizando tus energías para sobresalir a toda costa, o estás disfrutando el proceso de vivir día a día a medida que avanzas?

La mayoría de las personas descubren, especialmente cuando se van haciendo mayores, que para obtener el mayor placer de la vida es mejor darle valor al *proceso* de hacer las cosas, no solo al producto o la realización. Expresiones populares de esta idea son las frases: «El viaje es más importante que el destino» y «Detente a oler las rosas del camino».

EXCESIVA NECESIDAD DE APROBACIÓN

Todos los seres humanos necesitan la aprobación de los demás. Pero en el caso de muchas personas que luchan contra la ansiedad y las fobias, esta necesidad puede ser excesiva. El hecho de estar demasiado preocupado por la aprobación surge a menudo de un sentimiento interno de estar equivocado o ser indigno. Esto conduce a la creencia errónea de que uno no puede ser aceptado tal como es («Si los demás vieran realmente quién soy, no me aceptarían»). Quienes tienen una necesidad excesiva de aprobación están siempre buscándola en otras personas. Al tratar de ser agradables en general, pueden ajustarse tan bien a las expectativas de los demás que con frecuencia ignoran sus propias necesidades y sentimientos. A menudo les cuesta mucho poner límites o decir no.

La consecuencia a largo plazo de estar siempre adaptándose a los demás y mostrarse agradable con ellos a expensas de uno mismo es que uno termina albergando mucha frustración y resentimiento por no haber atendido sus propias necesidades básicas. La frustración y el resentimiento retenidos constituyen una fuente inconsciente de ansiedad y tensión crónicas.

Hay muchas maneras de superar la necesidad excesiva de aprobación. Las siguientes pautas pueden ayudarte a empezar:

Fórjate una visión realista de la aprobación de los demás

Cuando quienes te rodean no te expresan su aprobación, o incluso actúan de manera grosera o crítica, ¿cómo lo recibes? ¿Tiendes a tomarlo como algo personal, a verlo como una prueba más de tu propia ineptitud o falta de valía? A continuación se presentan algunas actitudes habituales características de las personas que ponen excesivo énfasis en gustar siempre a los demás. Podrían llamarse, en conjunto, «actitudes complacientes» hacia los demás. Después de cada una de ellas se ofrece una visión alternativa que representa, en la mayoría de los casos, una perspectiva más realista.

Actitud habitual: «Si alguien no es amable conmigo, es porque hice algo mal».

Visión alternativa: «Las personas pueden ser incapaces de expresar calidez o aceptación hacia mí por razones que no tengan nada que ver conmigo. Por ejemplo, sus propios problemas, frustraciones o cansancio pueden obstaculizar su expresión amable y acogedora».

Actitud habitual: «Las críticas de los demás solo sirven para subrayar el hecho de que realmente soy indigno».

Visión alternativa: «Las personas que encuentran defectos en mí pueden estar proyectando sus propios defectos, que no pueden admitir tener, sobre mí. Es una tendencia humana la de proyectar defectos de los que no se es consciente sobre los demás».

Actitud habitual: «Creo que soy una persona agradable. ¿No debería gustarle a todo el mundo?».

Visión alternativa: «Siempre habrá gente a la que no le voy a gustar, haga lo que haga. El proceso por el cual las personas sienten atracción o repulsión por los demás es a menudo irracional».

Actitud habitual: «Es muy importante que los demás me aprueben y me acepten».

Visión alternativa: «No es necesario que reciba la aprobación de todos mis conocidos con el fin de vivir una vida feliz y con sentido, sobre todo si creo en mí y me respeto a mí mismo».

La próxima vez que te sientas dejado de lado o rechazado, tómate un momento para calmarte y pensar acerca de si la persona que está actuando de manera negativa está reaccionando a algo que hiciste o si sencillamente está molesta por algo que tiene poco o nada que ver contigo. Pregúntate si podrías estar tomándote sus declaraciones o su comportamiento desconsiderados de una forma demasiado personal.

Haz frente a la crítica de manera objetiva

La necesidad excesiva de aprobación suele ir acompañada de la incapacidad de soportar las críticas. Puedes aprender a cambiar tu actitud hacia las críticas; puedes hacer caso omiso de los comentarios críticos infundados y aceptar las críticas constructivas como una experiencia de aprendizaje positiva.

Las tres directrices siguientes pueden serte útiles:

Evalúa el origen de la crítica. Si eres objeto de crítica, es importante que te preguntes *quién* está efectuando la crítica. ¿Está esta persona cualificada para criticarte? ¿Sabe lo suficiente acerca de ti, tus habilidades o el tema del que se trata para hacer una evaluación razonable? ¿Tiene un sesgo que le haría imposible ser objetiva? (Cuanta más carga emocional tenga la relación, más probable es que esto sea cierto). ¿Está hablando de manera emocional o racional? A menudo se puede aliviar el escozor de las críticas por medio de explorar las respuestas a estas preguntas.

Pide detalles. Esto es especialmente importante si recibes una crítica amplia, como: «Hiciste un pésimo trabajo» o «No creo que sepas lo que estás haciendo». No aceptes un juicio global. Pregúntale a la persona que ha formulado la crítica en qué cuestiones o comportamientos específicos cree que no has dado la talla. Indaga cuál es su punto de vista en cuanto a las acciones que podrías llevar a cabo para mejorar tu rendimiento o arreglar la situación de que se trate.

Decide si esa crítica tiene cierta validez. Has evaluado la fuente de la crítica y también, en el caso de que sea global, has pedido detalles. La siguiente pregunta que debes hacerte es si esa crítica está de algún modo justificada. Por lo general, cuando una crítica contiene algo de verdad, escuece un poco más —uno puede verse de algún modo perturbado por ella o sentir algún dolor–. En cambio, si la crítica no está justificada, es probable que la reacción emocional ante ella sea poco intensa, incluso nula: es posible descartarla como irrelevante, absurda o fruto de la desinformación.

La mejor manera de operar con la crítica que suena a verdad es visualizarla como una retroalimentación importante que puede ayudarte a aprender algo acerca de ti mismo. Asegúrate también de recordarte que la crítica va dirigida –o debería ir dirigida– a un solo aspecto de tu comportamiento, no al conjunto de tu persona. He aquí algunas buenas afirmaciones para ayudarte a cultivar una respuesta positiva:

- ▶ «Esta crítica es una buena oportunidad de aprender algo».
- ▶ «Esta crítica atañe solamente a unas pocas acciones mías, no a la totalidad de mi ser».
- ▶ «Aunque estas críticas me incomoden, esto no quiere decir que se me rechace o desapruebe completamente».

Reconoce y suelta la codependencia

Marca cualquiera de las formulaciones siguientes que reflejen, en general, tus creencias:

- ❏ «Si alguien importante para mí espera que haga algo, debo hacerlo».
- ❏ «No debería mostrarme irritable o desagradable».
- ❏ «No debería hacer nada que hiciese que los demás se enojasen conmigo».
- ❏ «Debería hacer que la gente a quien amo continuase siendo feliz».
- ❏ «Por lo general, es culpa mía si alguien que me importa se disgusta conmigo».
- ❏ «Mi autoestima viene de ayudar a otros a resolver sus problemas».
- ❏ «Tiendo a excederme en la atención a los demás».
- ❏ «Si es necesario, voy a dejar de lado mis propios valores o necesidades con el fin de preservar la relación con mi pareja».
- ❏ «Dar es la forma más importante que tengo de sentirme bien conmigo mismo».
- ❏ «El miedo a que otra persona se enoje tiene mucha influencia en lo que digo o hago».

Si has marcado tres o más formulaciones, es probable que la codependencia sea una de las cuestiones que tengas que abordar.

La codependencia puede ser definida como la tendencia a poner las necesidades de los demás por delante de las propias. Uno se adapta hasta tal punto a los demás que tiende a descartar o ignorar sus propios sentimientos, deseos y necesidades básicas. La autoestima del individuo depende en gran medida de su eficacia a la hora de complacer o atender a otra persona (u otras personas) o de lo bien que resuelva sus problemas.

La consecuencia de mantener un enfoque codependiente de la vida es mucho resentimiento y frustración, así como el hecho de que hay necesidades personales que permanecen insatisfechas. Cuando estos sentimientos y necesidades permanecen inconscientes, a menudo resurgen como ansiedad –especialmente como *ansiedad crónica, generalizada*–. Los efectos a largo plazo de la codependencia son el estrés, la fatiga, el agotamiento y, con el tiempo, una enfermedad física seria.

Recuperarse de la codependencia implica, en esencia, aprender a amarse a uno mismo y cuidar de sí mismo. Significa conceder al menos el mismo tiempo a las propias necesidades que a las necesidades de los demás. Significa poner límites en cuanto a lo que uno va a hacer o tolerar, y aprender a «decir no» cuando es apropiado. La siguiente lista de afirmaciones te animará a desarrollar una actitud de autocuidado que puede conducirte más allá de la codependencia (véase el capítulo 9 para obtener sugerencias sobre cómo trabajar con las afirmaciones):

- ▸ «Estoy aprendiendo a cuidar mejor de mí mismo».
- ▸ «Reconozco que mis propias necesidades son importantes».
- ▸ «Es bueno para mí que me tome tiempo para mí mismo».
- ▸ «Estoy encontrando el equilibrio entre mis propias necesidades y mi preocupación por los demás».
- ▸ «Si cuido bien de mí mismo, tendré más por ofrecer a las otras personas».

Tipos de personalidad que perpetúan la ansiedad

- «Está bien que pida a los demás lo que quiero de ellos».
- «Estoy aprendiendo a aceptarme tal y como soy».
- «Es correcto decir que no a las exigencias de los demás cuando necesito hacerlo».
- «No tengo que ser perfecto para que me acepten y me amen».
- «Puedo cambiarme a mí mismo, pero acepto que no puedo hacer que otra persona cambie».
- «Estoy soltando la actitud de responsabilizarme de los problemas de los demás».
- «Respeto lo suficiente a los demás como para saber que pueden responsabilizarse de sí mismos».
- «Suelto la culpa cuando no puedo cumplir con las expectativas de los demás».
- «La compasión hacia los demás es una expresión de amor; en cambio, sentirse culpable por sus sentimientos o reacciones no sirve para nada».
- «Estoy aprendiendo a quererme más cada día».

Con el fin de trabajar con tus propios problemas de codependencia, puedes leer algunos de los libros clásicos sobre el tema, como *Libérate de la codependencia*, de Melody Beattie, *La codependencia*, de Pia Mellody, y *Las mujeres que aman demasiado*, de Robin Norwood. Considera también la posibilidad de asistir a una reunión local de Codependientes Anónimos, que ofrecen el enfoque de los 12 Pasos para superar estas actitudes.

Las tres pautas anteriores son solo un primer paso en la dirección de aprender a estar menos preocupado por la aprobación de los demás. Los capítulos sobre la asertividad y la autoestima de este libro también te ayudarán a aprender a confiar en ti mismo en lugar de depender de otros para vivir convencido de que eres inherentemente valioso y digno de aceptación.

TENDENCIA A IGNORAR LAS SEÑALES FÍSICAS Y PSICOLÓGICAS DEL ESTRÉS

Las personas que tienen trastornos de ansiedad a menudo no están en contacto con sus cuerpos. Si estás ansioso o preocupado, es posible que «vivas en tu cabeza», como suele decirse. En este caso, no te sientes fuertemente conectado con el resto de tu cuerpo, del cuello hacia abajo. Intenta comprobarlo por ti mismo mientras sigues leyendo. ¿Sientes como si la mayor parte de tu energía –tu «centro de gravedad»– estuviese ubicada de tu cuello hacia arriba? ¿O te sientes sólidamente conectado con el resto de tu organismo, en contacto con el pecho, el estómago, los brazos y las piernas?

En la medida en que no estás en contacto con tu cuerpo puedes pasar por alto –a menudo de forma inconsciente– toda una serie de síntomas físicos que surgen cuando estás sometido al estrés. Ejemplos de síntomas físicos que pueden significar estrés son la fatiga, los dolores de cabeza, los nervios estomacales, la tensión muscular, las manos frías o la diarrea, por mencionar algunos. Por desgracia, cuando no eres consciente de que eres víctima del estrés, es muy probable que sigas forzándote, sin aflojar el ritmo o sin tomarte tiempo libre. Puedes seguir adelante hasta llegar a un estado de agotamiento o enfermedad.

Muchas personas con trastornos de ansiedad llevan mucho tiempo empujándose a sí mismas de forma muy dura y se exceden continuamente –tratan de hacer demasiado en muy poco tiempo–. Impulsadas por criterios perfeccionistas, siguen tratando de hacer y ser más para todos. A menudo prosiguen a lo largo de varios meses consecutivos –incluso años– sin darse cuenta de que están sujetos a altos niveles de estrés, o sencillamente ignorándolo.

Un posible resultado del estrés crónico, acumulativo, es que los sistemas de regulación neuroendocrinos del cerebro comienzan a funcionar mal, y debido a ello aparecen los ataques de pánico, la ansiedad generalizada, la depresión, los cambios de humor o alguna combinación de todos ellos (véase el capítulo 2). También se pueden padecer úlceras, hipertensión, dolores de cabeza u otras enfermedades psicosomáticas bajo condiciones de estrés crónico. Si lo que está vulnerable son los sistemas de los neurotransmisores, los efectos del estrés crónico tienden a aparecer en forma de trastorno de ansiedad o del estado de ánimo. Aunque estos trastornos causan una angustia significativa por sí mismos *son, de hecho, señales de advertencia*. El cuerpo cuenta con mecanismos para evitar su propia autodestrucción, y los trastornos de pánico o la depresión pueden ser vistos como formas de obligarnos a frenar y cambiar nuestro estilo de vida antes de que contraigamos una enfermedad grave o muramos.

Uno de los temas de este libro es que la recuperación respecto de los trastornos de ansiedad depende en gran medida de la capacidad que tenga la persona de gestionar el estrés y lidiar con él. Esto, a su vez, requiere que uno aprenda a *reconocer* sus propios síntomas de estrés y luego *haga* algo al respecto –que alivie sus síntomas por medio de la relajación profunda, el ejercicio, los períodos de inactividad, la interacción social constructiva, el esparcimiento, etc.–, de modo que el estrés no se acumule.

El estrés puede manifestarse no solo en forma de síntomas físicos, sino también emocionales y psicológicos. Los síntomas psicológicos son *directamente* indicativos de que el sistema nervioso (y posiblemente el sistema endocrino) se está viendo sobrecargado. Como se mencionó anteriormente, no estar en contacto con el propio cuerpo puede hacer que no se adviertan los síntomas físicos del estrés. Es más difícil no ser consciente de los síntomas psicológicos, sin embargo, puesto que forman parte importante de la experiencia inmediata. El problema es que si uno está demasiado ocupado o preocupado, o va siempre con demasiadas prisas, puede optar por hacer caso omiso de los dos tipos de síntomas.

La «Lista de verificación de síntomas del estrés» que se ofrece a continuación está diseñada para ayudarte a aumentar tu conciencia de los síntomas tanto físicos como psicológicos del estrés. Puedes hacer varias fotocopias de esta lista y completarla de manera periódica para comprobar cómo está tu nivel de estrés.

La «Encuesta de los acontecimientos de la vida» del capítulo 2 medía tu nivel de estrés acumulado a lo largo de un período de dos años. La «Lista de verificación de síntomas del estrés» te permitirá determinar la carga de estrés que llevan soportando tu cuerpo y tu psique en el último mes. Dedica un tiempo a completar esta lista ahora.

La gestión del estrés implica dos pasos. El primero consiste en *reconocer e identificar* los propios síntomas del estrés. El segundo es decidir *no hacer caso omiso de ellos*. Si realmente deseas encontrar alivio respecto de los trastornos de ansiedad, necesitas *hacer* algo para reducir tu estrés y gestionarlo mejor. Algunas de las estrategias de gestión del estrés que se describen en este libro son la relajación profunda, el ejercicio asiduo, el tiempo de inactividad, la gestión del tiempo, cultivar unas actitudes y un diálogo interno constructivos, expresar sentimientos, aprender a ser asertivo y a cuidar de uno mismo y una buena nutrición.

Hay muchas otras estrategias disponibles para hacer frente al estrés. Las encontrarás descritas en libros sobre la gestión del estrés, tales como la segunda edición de la *Guide to Stress Reduction*, de John Mason, y *The Relaxation & Stress Reduction Workbook*, de Martha Davis, Elizabeth Eshelman y Matthew McKay. A continuación de la «Lista de verificación de síntomas del estrés», se ofrece una lista de veinticuatro habilidades de afrontamiento positivas para lidiar con él.

EXCESIVA NECESIDAD DE CONTROL

La excesiva necesidad de control hace que quieras que todo en la vida sea predecible. Es un tipo de vigilancia que requiere que todas las premisas se cumplan; es lo opuesto a soltar y confiar en el proceso de la vida.

A menudo la necesidad excesiva de control tiene sus orígenes en una historia personal traumática. Después de pasar por experiencias en las que uno se sintió asustado y vulnerable, o violado e impotente, es fácil crecer a la defensiva y vigilante. Se puede ir por la vida de esta manera, listo para oponer las propias defensas en respuesta a cualquier situación que parezca desafiar la propia sensación de seguridad (tanto si la amenaza es real como si no). Los supervivientes de traumas importantes a menudo desarrollan personalidades altamente controladas o controladoras; o pueden haberse sentido tan ansiosos que decidieron rendirse (en este caso se sienten deprimidos y desanimados en cuanto a la posibilidad de conservar cualquier control de sus vidas; esto se ha denominado «indefensión aprendida»).

Superar la excesiva necesidad de control requiere tiempo y persistencia. Al respecto, hay cuatro estrategias que se han revelado útiles para muchas personas:

La aceptación

La aceptación implica aprender a vivir un poco más cómodamente con la imprevisibilidad de la vida —con los cambios inesperados que tienen lugar todos los días a pequeña escala y, con menos frecuencia, a gran escala—. Es inevitable que nos encontremos con cambios que somos

LISTA DE VERIFICACIÓN DE SÍNTOMAS DEL ESTRÉS

Instrucciones: marca cada elemento que describa un síntoma que hayas experimentado hasta un grado significativo durante el último mes; después cuenta la cantidad total de elementos señalados.

Síntomas físicos
- ❏ Dolores de cabeza (migraña o tensión).
- ❏ Dolores de espalda.
- ❏ Tensión muscular.
- ❏ Dolor en el cuello y los hombros.
- ❏ Tensión en la mandíbula.
- ❏ Calambres o espasmos musculares.
- ❏ Nervios estomacales.
- ❏ Otros dolores.
- ❏ Náuseas.
- ❏ Insomnio (dormir poco).
- ❏ Fatiga, falta de energía.
- ❏ Manos o pies fríos.
- ❏ Tensión o presión en la cabeza.
- ❏ Presión arterial alta.
- ❏ Diarrea.
- ❏ Problema cutáneo (por ejemplo, sarpullidos).
- ❏ Alergias.
- ❏ Rechinamiento de dientes.
- ❏ Trastornos digestivos (calambres, hinchazón).
- ❏ Dolor o úlcera estomacal.
- ❏ Estreñimiento.
- ❏ Hipoglucemia.
- ❏ Cambios en el apetito.
- ❏ Resfriados.
- ❏ Sudoración profusa.
- ❏ El corazón late con rapidez o con fuerza, incluso en reposo.
- ❏ Cuando estoy nervioso, acudo al alcohol, los cigarrillos o las denominadas drogas recreativas.

Síntomas psicológicos
- ❏ Ansiedad.
- ❏ Depresión.
- ❏ Confusión o sensación de irrealidad.
- ❏ Miedos irracionales.
- ❏ Comportamiento(s) compulsivo(s).
- ❏ Lapsos de memoria, ser olvidadizo.
- ❏ Sentirse sobrecargado o abrumado.
- ❏ Hiperactividad (sentir que no se puede reducir el ritmo).
- ❏ Cambios de humor.
- ❏ Soledad.
- ❏ Problemas con las relaciones.
- ❏ Insatisfecho o infeliz con el trabajo.
- ❏ Dificultad para concentrarse.
- ❏ Irritabilidad frecuente.
- ❏ Inquietud.
- ❏ Aburrimiento frecuente.
- ❏ Preocuparse u obsesionarse a menudo.
- ❏ Culpa frecuente.
- ❏ Arrebatos de cólera.
- ❏ Episodios de llanto.
- ❏ Pesadillas.
- ❏ Apatía.
- ❏ Problemas sexuales.
- ❏ Cambios de peso.
- ❏ Comer en exceso.

Evalúa ahora tu grado de estrés:

Cantidad de elementos marcados	Nivel de estrés
0-7	bajo
8-14	moderado
15-21	alto
+22	muy alto

VEINTICUATRO ESTRATEGIAS POSITIVAS PARA COMBATIR EL ESTRÉS

Estrategias físicas y en cuanto al estilo de vida (véanse los capítulos 4 y 5)
1. Respiración abdominal y relajación.
2. Dieta antiestrés.
3. Ejercicio asiduo.
4. Períodos de inactividad (incluidos «días para la salud mental»).
5. Minidescansos (períodos de entre cinco y diez minutos para relajarse durante el día).
6. Gestión del tiempo (ritmo adecuado).
7. Higiene del sueño (véase el capítulo 16).
8. Elegir un ambiente no tóxico.
9. Seguridad material.

Estrategias emocionales (véanse los capítulos 12, 13 y 14)
10. Apoyo social y relaciones sociales.
11. Autocuidado.
12. Buena comunicación.
13. Asertividad.
14. Actividades recreativas (tiempo para divertirse).
15. Liberación emocional.
16. Sentido del humor (capacidad de ver las cosas en perspectiva).

Estrategias cognitivas (véanse los capítulos 8 y 9)
17. Pensamiento constructivo (capacidad de contrarrestar los pensamientos negativos).
18. Distracción (capacidad de distraerse de las preocupaciones negativas) (véase el apéndice 1).
19. Enfoque práctico de los problemas (por oposición al enfoque reactivo).
20. Aceptación (capacidad de aceptar los contratiempos y afrontarlos).
21. Tolerancia a la ambigüedad (capacidad de ver los tonos de gris).

Estrategias filosóficas y espirituales (véase el capítulo 19)
22. Metas o propósitos consistentes por los que trabajar.
23. Filosofía de vida positiva.
24. Vida y compromiso religioso o espiritual.

incapaces de predecir o controlar en nuestro entorno, en la forma en que otros optan por comportarse y en la propia salud física. Es posible que uno tenga los recursos para hacer frente a estos cambios, pero no siempre va a estar preparado para ellos. Habrá momentos en que la situación de vida personal podrá parecer relativamente caótica, desordenada o fuera de control. Cultivar la aceptación significa adquirir la voluntad de tomarse la vida como viene. En lugar de temer las ocasiones en que las circunstancias no obedecen a las propias expectativas y luchar contra ellas, se puede aprender a fluir con el cambio. Expresiones populares para referirse a esto son «ir con la corriente» y «tomarse las cosas con calma». Más brevemente, la aceptación implica *no resistencia*.

Hay muchas maneras de cultivar una mayor aceptación. Ciertamente, soltar el perfeccionismo, como se ha descrito anteriormente en este capítulo, constituirá un buen comienzo. La voluntad de dejar de lado las expectativas poco realistas puede ahorrarle a uno muchas decepciones. La relajación es también una clave importante. Cuanto más relajado permanece uno, menos probabilidades hay de que tenga miedo y se ponga a la defensiva cuando las circunstancias cambian repentinamente y las cosas no salen como quería. Cuando uno está relajado y reduce el ritmo, es más fácil que fluya con lo inesperado en lugar de resistirse a ello.

Por último, puede ser muy útil tener sentido del humor ante la vida. El humor permite alejarse un paso de esos momentos en los que todo parece estar en desorden y conseguir algo de perspectiva. Si uno puede permanecer relajado y reírse un poco de las situaciones que parecen escapar al propio control, la respuesta comienza a cambiar d: «¡Oh, Dios mío!» a: «Ah, bueno; así son las cosas». La aceptación asegura que uno será capaz de afrontar la situación mejor y más pronto. Es probable que digas: «Ahora, ¿qué tengo que hacer?» mucho antes después de un: «Ah, bueno» que después de un: «¡Oh, Dios mío!».

He aquí algunas afirmaciones que pueden ayudar a cultivar la aceptación:

- ▸ «Estoy aprendiendo a tomarme la vida como viene».
- ▸ «Está bien soltar y confiar en que las cosas saldrán bien».
- ▸ «Puedo relajarme y tolerar un poco de desorden y ambigüedad».
- ▸ «Estoy aprendiendo a no tomarme a mí mismo, o a no tomarme la vida, tan en serio».

Cultivar la paciencia

Las personas que enfocan los problemas de la vida con una actitud demasiado controladora quieren verlos resueltos de un día para otro. Sin embargo, a menudo las situaciones difíciles no se pueden resolver de inmediato. Todas las piezas que contribuyen a una solución se van juntando progresivamente, a lo largo de un período de tiempo. Cultivar la paciencia significa permitirse tolerar confusiones y ambigüedades temporales mientras se espera a que todos los pasos necesarios para la solución confluyan. A medida que se cultiva la paciencia, se aprende a soltar y esperar que la solución o la respuesta emerjan.

Confiar en que la mayor parte de los problemas se resuelven con el tiempo

El desarrollo de la confianza va junto con el cultivo de la paciencia. Puede no verse la solución a una dificultad en particular de forma fácil o rápida; pero si uno necesita ver siempre de antemano cómo va a ir algo, puede convertirse en una persona muy ansiosa. Hay un viejo refrán que dice: «La vida es un río; no siempre puedes ver lo que te aguarda después de la curva». Cultivar la confianza significa creer que, *con el tiempo, casi todo sale bien*. O se halla una solución o bien, si el problema no se puede resolver externamente, se aprende a cambiar la propia actitud hacia ese problema, de modo que lidiar con él se hace más fácil. Cuando uno mira hacia atrás a los problemas que se ha encontrado en su vida, se da cuenta de que en la mayor parte de los casos, si no en todos, se resolvió por sí mismo con el tiempo.

Cultivar un enfoque espiritual de la vida

Cultivar un enfoque espiritual de la vida puede significar muchas cosas (para un abordaje más en detalle de este tema, véase el capítulo 19). En esencia, significa creer en un Poder, Fuerza o Inteligencia Superior que trasciende el mundo tal como normalmente lo percibimos y conocemos. Muy a menudo implica también tener una relación personal —en la propia experiencia interior— con ese Poder, Fuerza o Inteligencia.

Cultivar la propia espiritualidad ofrece al menos dos maneras de reducir la excesiva necesidad de control. En primer lugar, da la opción de «entregar» o dejar cualquier problema que parezca insoluble, abrumador o sencillamente preocupante al cuidado de ese Poder Superior. Esta posibilidad se expresa así en el tercer paso de todos los programas de 12 Pasos: «Decidimos poner nuestras voluntades y nuestras vidas al cuidado de un Poder Superior, como sea que concibamos ese Poder». Esto *no* significa abandonar la responsabilidad de gestionar los problemas que se presentan en la vida. Significa que hay un recurso más alto (*más alto* en el sentido de que está más allá de las propias capacidades) que puede proporcionar apoyo y asistencia cuando se ha alcanzado el punto en que el problema parece ser insoluble, a pesar de los mejores esfuerzos por parte de la persona. La fe en un recurso de este tipo le permite a uno abandonar la idea de que tiene que controlarlo absolutamente todo. Algunos de mis pacientes encuentran que pueden acercarse a una situación fóbica más fácilmente si «entregan» su preocupación y ansiedad a un Poder Superior.

La segunda forma en que el cultivo de la espiritualidad puede reducir la necesidad de control es el fomento de la creencia de que *vivimos con un propósito mayor, que está más allá de lo aparente, más allá de lo que se manifiesta físicamente en nuestro día a día*. Si se cree que la realidad no cuenta con ningún fundamento espiritual, los acontecimientos impredecibles e imprevistos de la vida pueden parecer aleatorios y caprichosos. Uno puede sentirse ansioso porque no hay nada que pueda explicar por qué tuvo lugar ese acontecimiento indeseable o por qué se produjo esa situación aparentemente injusta. La mayor parte de las formas de espiritualidad ofrecen la visión alternativa de que el universo no es aleatorio; acontecimientos que pueden parecer carentes de sentido y brutales desde una perspectiva humana tienen algún significado o propósito en un esquema más amplio de las cosas.

Una frase popular que expresa esta idea es: «Todo ocurre por algo». A menudo, una mirada retrospectiva nos proporciona una visión más clara. Al reflexionar profundamente sobre algunos de los contratiempos imprevistos de nuestras vidas, podemos ver en retrospectiva qué utilidad tuvieron para nosotros —esto puede ser muy obvio o puede ser que nos demos cuenta de que, sencillamente, potenció nuestro crecimiento y desarrollo como seres humanos.

Las cuatro características que hemos visto en este capítulo —el perfeccionismo, la excesiva necesidad de aprobación, la tendencia a ignorar las señales físicas y psicológicas del estrés y la excesiva necesidad de control— son comunes a muchas personas que se enfrentan a la ansiedad día a día. Espero que, llegado este punto, hayas adquirido mayor conciencia acerca de cuáles de estos rasgos podrían constituir un problema para ti. Cambiar actitudes como el perfeccionismo o la excesiva necesidad de control requerirá tiempo y compromiso por tu parte. Parte del proceso implica cambiar ciertas creencias erróneas que puedes estar albergando, como se vio en el capítulo 9. En última instancia, sin embargo, puede ser que tengas que reevaluar y cambiar ciertos valores y prioridades básicos en tu vida.

RESUMEN DE COSAS POR HACER

1. ¿Qué estás dispuesto a hacer hoy, y cada día, para suavizar tu búsqueda de la perfección? ¿Puedes soltar algunas de las exigencias que te impones a ti mismo con el fin de tener tiempo para abordar tu programa de recuperación respecto de la ansiedad o, sencillamente, para descansar y relajarte? Cada día, encuentra algo que harías de ordinario que no *tenga que* hacerse (como tareas del trabajo o del hogar) y aplázalo para otro día.
2. Si la excesiva necesidad de aprobación es un tema importante para ti, asegúrate de pasar un tiempo extra con los capítulos de este libro dedicados a la asertividad y la autoestima. Es fundamental que trabajes en el cultivo de un mayor respeto por ti mismo, la capacidad de cuidar de ti mismo, el conocimiento de tus derechos básicos y la voluntad de pedir lo que quieres. Si sospechas que la codependencia es un problema en tu caso, consulta la bibliografía sobre el tema al final de este capítulo, o asiste a una reunión de Codependientes Anónimos en tu zona.
3. Completa la «Lista de verificación de síntomas del estrés» para tener una idea de tu nivel de estrés en el último mes. Si el estrés constituye un verdadero problema para ti, céntrate en los capítulos dedicados a la relajación, el ejercicio y la nutrición para empezar con un programa de gestión del estrés. Trabajar con las creencias erróneas (capítulo 9) y el perfeccionismo es también importante. Consulta la bibliografía sobre el tema de la reducción del estrés a continuación.

4. Aprender a soltar la excesiva necesidad de control puede constituir un desafío para las personas que son propensas a la ansiedad. Cultivar el sentido del humor y la capacidad de reírse de las limitaciones de la vida es una manera de empezar. Uno tiende a relajarse a medida que aprende a reírse y divertirse más. Otra forma de proceder, si te sientes inclinado a ello, es cultivar tu espiritualidad y tu confianza en un Poder Superior (véase el capítulo 19).

PARA SABER MÁS

Beattie, Melody. *Libérate de la codependencia*. Editorial Sirio. Málaga, 2009.

Davis, Martha, Elizabeth Robbins Eshelman y Matthew McKay. *The Relaxation & Stress Reduction Workbook*. Sexta edición. New Harbinger Publications. Oakland (California), 2008.

Mason, John. *Guide to Stress Reduction*. Segunda edición. Celestial Arts. Berkeley (California), 1985.

Mellody, Pia. *La codependencia*. Paidós Ibérica, 2005.

Norwood, Robin. *Las mujeres que aman demasiado*. Ediciones B. Barcelona, 2010.

Peurifoy, Reneau. *Venza sus temores: ansiedad, fobia y pánico*. Ediciones Robinbook. Teià (Barcelona), 2014.

11
Diez fobias específicas habituales

Una fobia específica implica el miedo a un tipo concreto de objeto o situación (por ejemplo, a volar, a un determinado animal o a ir al dentista), que la persona tiende a evitar por completo, o lo soporta horrorizada. Se tiene miedo a la situación misma, no a sufrir un ataque de pánico. Si el sujeto evita la situación a partir, sobre todo, del miedo a experimentar un ataque de pánico, lo más probable es que padezca agorafobia (véase el capítulo 1). El ataque de pánico puede tener lugar si la persona, de forma inesperada, se halla frente a una situación fóbica que ha estado evitando.

Las fobias específicas afectan a muchos individuos. Más de la mitad de la población de Estados Unidos experimenta algún grado de ansiedad cuando se trata de hablar en público, y el miedo a volar afecta aproximadamente al 20% de la población. Para recibir el diagnóstico de padecer una fobia específica, sin embargo, la persona no solo debe tener un fuerte miedo a la situación y evitarla, sino que la fobia, además, interfiere significativamente en la vida laboral o social del sujeto. Si usamos este criterio, un 10% de la población aproximadamente tiene una fobia específica que la incapacita para algo en algún período de su vida.

Hay muchos tipos de fobias específicas. Hay listas que relacionan más de un centenar de ellas, a algunas de las cuales se les ponen nombres exóticos. En este capítulo se describen diez tipos habituales de fobias específicas, junto con sus posibles causas y los tratamientos habituales. Se mencionan recursos como libros y audios relevantes para las distintas fobias, cuando los hay. Aunque la lista de fobias habituales que aquí se describen está lejos de ser exhaustiva, los principios cognitivo-conductuales y las estrategias de tratamiento que se exponen pueden aplicarse a todo tipo de fobias.

Estas son las fobias que se tratan en este capítulo:

1. El pánico escénico.
2. El miedo a volar.
3. La claustrofobia.
4. La hipocondría (miedo a tener una enfermedad).
5. La odontofobia (miedo a ir al dentista).
6. La fobia a la sangre o a las inyecciones.
7. La emetofobia (miedo al vómito).
8. La acrofobia (miedo a las alturas).
9. Las fobias a insectos y otros animales.
10. El miedo a la muerte.

Incluso los lectores que no tengan ninguna de estas fobias obtendrán, de la lectura de este capítulo, cierta comprensión en cuanto a la diversidad de sus causas, así como en cuanto a los tratamientos habitualmente más efectivos para toda clase de fobias. Para una descripción en detalle de los mecanismos de afrontamiento de las fobias en general, véase el capítulo 7.

PÁNICO ESCÉNICO

El miedo a desempeñarse o hablar delante de un público es la fobia más habitual; afecta aproximadamente al 70% de la población mundial. Dentro del pánico (o miedo) escénico, el temor a hablar en público es conocido también como *glosofobia*. El pánico escénico es complejo y puede contener cualquiera de los miedos siguientes, o todos ellos:

- Miedo a ser juzgado como raro o inferior por parte de los demás.
- Miedo a rendir por debajo de las propias posibilidades o a cometer un error, como en los conciertos o en los acontecimientos deportivos.
- Miedo a que los demás vean la ansiedad de uno, la cual puede manifestarse como sudoración, tartamudez, rubor o manos temblorosas.
- Miedo al fracaso o al rechazo, como en una entrevista de trabajo o en un examen oral.
- Ansiedad por la incertidumbre acerca de cómo actuará uno cuando tenga que hacerlo.

El pánico escénico tiene a menudo un fuerte componente anticipatorio; el sujeto experimenta una preocupación considerable antes de llevar a cabo su actuación o discurso. Normalmente, la ansiedad aumenta a medida que se acerca el momento de la exposición. En el caso de muchas personas, la ansiedad se esfuma en el momento en que empiezan a hablar, cantar, etc.; en el caso de otras, sin embargo, siguen experimentando síntomas durante la ejecución, como latidos rápidos del corazón, temblores en las manos, sudoración, náuseas o sequedad en la boca. En el peor de los casos, la ansiedad es lo suficientemente intensa como para interferir en la ejecución o desbaratar el discurso.

El pánico escénico afecta a toda clase de personas, ya sean noveles o profesionales. Por ejemplo, la cantante Barbra Streisand estuvo veintisiete años evitando cualquier actuación en directo.

Causas

La causa a largo plazo del pánico escénico puede ser una sola experiencia traumática de hablar ante un grupo o realizar una ejecución musical en la infancia. O puede ser, sencillamente, que la persona sea propensa a la ansiedad social y a la timidez desde sus primeros años. El sujeto evita, de forma constante, hablar o ejecutar cualquier otra habilidad delante de los demás; y, en el caso más extremo, estar en grupos en general. El pánico escénico es distinto de la fobia social (véase el capítulo 1); afecta a una gran cantidad de personas que no evitan ni temen participar en grupos.

La causa inmediata del pánico escénico reside a menudo en unas creencias e imágenes, profundamente asentadas, en las que uno piensa de sí mismo que va a perder el control o va a mostrarse incompetente delante de los demás. La persona puede imaginar que cometerá errores garrafales, creer que su ejecución tiene que ser perfecta para ser aceptable o sobrestimar el perfil técnico de aquellos ante los que va a exponerse. Estos pensamientos contraproducentes pueden ser muy persistentes y conducir a la evitación a largo plazo de cualquier situación en que la persona tenga la oportunidad de desempeñarse delante de los demás.

Tratamiento

El tratamiento cognitivo-conductual del pánico escénico consiste en identificar las creencias e imágenes contraproducentes fundamentales y en ir interiorizando progresivamente creencias más constructivas, como las siguientes:

- ▸ La persona tiene realmente la capacidad de desempeñarse bien delante de los demás.
- ▸ Es posible abrazar la ansiedad, o «fluir con ella», cuando se presenta, en lugar de resistirse a ella.
- ▸ Es humano cometer errores; no pasa nada.
- ▸ Los demás mostrarán su aprobación si uno es «uno mismo».
- ▸ Uno puede sentirse ansioso por dentro, pero es probable que los demás no se den cuenta.
- ▸ La gente no lo está escrutando a uno para ver si falla en su discurso o ejecución.
- ▸ Si uno se centra en lo que quiere transmitir, puede retirar su atención de la ansiedad.
- ▸ Con la práctica y el debido ensayo, la persona puede asegurarse de realizar una buena ejecución.

Tras la sustitución de las creencias disfuncionales tiene lugar una jerarquía de exposiciones progresivas hacia oportunidades de desempeño cada vez más exigentes. Por ejemplo, en el caso de hablar en público, el individuo empezaría hablando delante de uno o dos amigos, después ante un grupo de amigos y finalmente frente a un conjunto de personas desconocidas. Además, la cantidad y tal vez el perfil técnico del público al que se habla podría incrementarse también paulatinamente.

Un aspecto importante del tratamiento consiste en aprender a desviar la atención de la preocupación excesiva sobre uno mismo y su imagen para pasar a ponerla en cómo lo que uno va a hacer puede beneficiar, ayudar o entretener a los asistentes. Centrarse en cómo se puede ayudar o beneficiar a los demás puede marcar una gran diferencia. Cuanto más puede pensar la persona en la contribución que está haciendo al público, menos centrada está en sus propios pensamientos y sensaciones.

Otros consejos prácticos, que se mencionan a menudo en los programas para perder el miedo a hablar en público, son los siguientes:

- Dedicar mucho tiempo a ensayar el discurso o ejecución, para adquirir mayor confianza. Lo ideal es hacerlo delante de un amigo.
- Dar un paseo una hora o dos antes de la ejecución para soltar los nervios y asegurarse de no exponerse con el estómago vacío (hay que mantener alto el nivel de azúcar en sangre).
- Tener un vaso de agua a mano, para tener algo que hacer si la mente se distrae a causa de los pensamientos de ansiedad o los síntomas corporales.
- En caso de tener miedo del público, el sujeto puede imaginarlo como bebés con gorro o desnudo, para recordarse que no son más que personas.
- Si ello es coherente con la filosofía del sujeto, puede pronunciar una oración o entregar su ejecución a su deidad.

Medicación

Muchos utilizan medicamentos betabloqueantes, como propranolol o metoprolol, antes de su actuación para reducir los síntomas corporales tales como sudoración, temblor de las manos o latidos rápidos del corazón. Estos fármacos pueden ser muy eficaces. Es menos habitual, aunque a veces resulta útil, tomar un tranquilizante o un sedante la noche anterior (para garantizar el sueño). Si bien estos últimos pueden ser útiles para reducir la ansiedad o ayudar a dormir, tienen la desventaja de que a veces desvirtúan el acceso a los propios sentimientos y a la propia espontaneidad. Una dosis demasiado alta también puede mitigar la claridad mental.

Recursos

Los libros y CD de Janet Esposito (en inglés) son muy recomendables para hacer frente al pánico escénico. Su primera obra, *In the Spotlight*, constituye una excelente introducción general, mientras que su reciente libro *Getting Over Stage Fright* ofrece afirmaciones y prácticas específicas para ayudar a replantear el enfoque y la actitud de las personas a la hora de actuar delante de los demás.

MIEDO A VOLAR

El miedo a volar es la segunda fobia más habitual (después del miedo a hablar en público) y afecta a alrededor del 20% de la población, que o bien evita volar o bien lo hace con malestar. Esta fobia puede condicionar la vida de una persona de forma importante, puesto que puede hacerle descartar empleos que requieran volar o impedirle ir de vacaciones para visitar a familiares y amigos.

Con frecuencia, el miedo a volar se superpone con otras fobias, particularmente la *claustrofobia* (el miedo a verse encerrado sin posibilidad de salir durante un período de tiempo determinado). El miedo a las alturas (*acrofobia*) también puede desempeñar un papel. Para algunas personas, el principal temor es sufrir un accidente aéreo, a pesar de que las probabilidades reales de accidente sean de menos de una entre diez millones. Otros temores son el miedo a encontrarse con turbulencias o a que el avión sea secuestrado; también hay personas que experimentan un miedo más general, el de no tener el control (sus vidas están en manos de los pilotos).

La fobia a volar puede hacer que la persona evite por completo subirse a un avión o que acceda a volar solamente si cuenta con la ayuda de algún sedante (el alcohol o un tranquilizante). Quienes tienen miedo a volar temen, en muchos casos, sufrir un ataque de pánico durante el vuelo, y esto puede tener su origen en una mala experiencia anterior.

Causas

La causa más frecuente de la fobia a volar es una experiencia traumática con un vuelo, ya sea relacionada con otra fobia (como la fobia a las alturas o a sentirse encerrado) o como resultado de haber encontrado turbulencias de aire, de haberse mareado (y haber vomitado) durante el vuelo o de haber tenido un ataque de pánico importante. Una vez que la persona empieza a evitar volar, durante más tiempo lo evita y más remota se vuelve la idea de volver a volar de nuevo.

Simplemente presenciar las escenas de un accidente aéreo por televisión resulta suficiente, en el caso de algunos individuos, para empezar a desarrollar la fobia. Del mismo modo, tener una experiencia negativa *después* de un vuelo, como haber volado para asistir a una reunión en que se le comunicó a la persona su despido, puede ser lo suficientemente traumático como para instigar una asociación muy negativa con el hecho de volar.

Tratamiento

La información y la terapia cognitivo-conductual son los pilares de un tratamiento eficaz para la fobia a volar. La información incluye conocimientos sobre cómo vuelan los aviones y todas las múltiples precauciones que se toman para garantizar la seguridad. El hecho de que los aviones estén diseñados para soportar varias veces la intensidad de unas turbulencias con las que jamás podrían llegarse a encontrar es una información útil para reducir los temores de la persona en torno a la posibilidad de tener un viaje agitado a causa de las turbulencias. El hecho de comprender que ciertos ruidos bruscos, como la disposición del tren de aterrizaje, forman parte de la rutina de los vuelos, puede ayudar a quienes se sobresaltan con cualquier sonido inesperado. Por último, el hecho de saber que las probabilidades estadísticas de que un avión de pasajeros se estrelle son de menos de una entre diez millones (es mucho más probable morir o resultar herido de gravedad en un accidente automovilístico) constituye una ayuda para muchos.

La terapia cognitivo-conductual consiste en enseñar estrategias de control del pánico (véase el capítulo 6) y luego en trabajar para cambiar los convencimientos catastrofistas que tiene el individuo basados en sus miedos específicos. Se establece una jerarquía de exposiciones progresivas para llegar a volar, que empieza con acercarse al aeropuerto y acaba con un vuelo real, por lo general de no más de una hora de duración. A veces los terapeutas especialistas en la fobia a volar tienen un acuerdo con una compañía aérea para que permita a sus pacientes entrar y sentarse en un avión en tierra unos días antes de tomar un vuelo. Esta es una exposición intermedia importante. El día del primer vuelo, el terapeuta acompaña al individuo, o bien procura que cuente con una persona de apoyo.

La distracción es a menudo una técnica útil para facilitar que quien tiene miedo a volar tome el primer vuelo. El terapeuta o la persona de apoyo habla continuamente a la persona fóbica tanto antes del vuelo como cuando se lleva a cabo, con el fin de desviar su atención de los pensamientos de miedo y los síntomas corporales. La persona fóbica también puede subir a bordo algunos de sus pasatiempos y recursos favoritos, tales como revistas, un reproductor de CD con visualizaciones guiadas o cuadernos de crucigramas.

La medicación puede constituir un tratamiento adicional en algunos casos. Los tranquilizantes como Xanax o Ativan, o los betabloqueantes como el propranolol o el metoprolol, pueden utilizarse para ayudar tanto con la experiencia subjetiva de la ansiedad como con los síntomas físicos, antes del vuelo y mientras este se produce. Muchos a quienes les inquieta volar se automedican por medio del alcohol antes de tomar el avión y durante el vuelo. Esto tiene el problema de que el alcohol tiene un efecto más fuerte sobre el cuerpo en un entorno presurizado (debido al hecho de que los niveles de oxígeno son más bajos), de modo que una o dos copas pueden dar lugar a altos niveles de intoxicación en algunas personas.

He aquí algunas pautas adicionales para aquellos que experimentan miedo a volar:

> ▶ Informarse acerca de cómo funcionan los aviones. Por ejemplo, es útil saber que si falla un motor el avión puede seguir volando. El curso SOAR, mencionado en «Recursos», proporciona información detallada en relación con volar.

- Si la persona tiene el problema de sentirse encerrada, debe asegurarse de elegir un asiento de pasillo (esto también es aconsejable para quienes tienen miedo a estar muchos metros sobre el suelo).
- Ir con mucho tiempo el día del primer vuelo; no terminar corriendo.
- Es conveniente que una persona de apoyo acompañe al sujeto y hable con él (la técnica de la distracción) las primeras veces que vuele.
- Si es posible, que el vuelo inicial no sea de más de una hora de duración en cada sentido.
- Disponer de pasatiempos y/o recursos de afrontamiento de la ansiedad a bordo del avión.
- Tomar medicamentos recetados solamente en caso de sentir la necesidad de tener un margen de seguridad adicional contra la ansiedad. Evitar la cafeína el día del vuelo.

Recursos

Hay varios programas especiales y sitios web que tienen una gran cantidad de información destinada a que la persona pueda hacer frente a su fobia a volar, además de los cursos de pago. Dos de los programas más conocidos son el curso SOAR (www.miedovolar.com) y el programa Achieving Comfortable Flight, de Reid Wilson, quien es también autor del libro *¡No al pánico! Cómo controlar los ataques de angustia*, en el que se dan consejos sobre el miedo a volar; véase la referencia al final del capítulo).

CLAUSTROFOBIA

La mayoría de la gente sabe que la *claustrofobia* es el miedo a verse encerrado y no tener escapatoria. Este miedo puede adoptar varias formas, como a hallarse en habitaciones pequeñas o en las que hay muchas personas, a encontrarse atrapado en el tráfico, a los túneles, al metro, a que la fila en la que uno está no avance o a permanecer sentado en una silla mientras se recibe un tratamiento. Esta fobia puede solaparse con otras. Muchas personas que temen volar tienen en realidad miedo de la reclusión forzosa que constituye el avión durante un período determinado de tiempo. Y el miedo a los ascensores puede tener un fuerte componente de claustrofobia. Una de las formas más conocidas de claustrofobia tiene lugar durante el confinamiento en la pequeña cámara con forma de túnel donde se ubica a los individuos para hacerles una resonancia magnética. Esto puede constituir un serio problema si la persona necesita pasar por un procedimiento de este tipo.

En el caso de un porcentaje de claustrofóbicos, el problema tiene una segunda etapa: si no se alivia el miedo al confinamiento, ello conduce al temor de padecer asfixia, de no disponer del aire suficiente. Tanto el miedo a la reclusión como esta fobia en combinación con el miedo a la asfixia pueden desembocar en ataques de pánico. Los ataques de pánico se presentan con su habitual gama de síntomas, como sudoración, temblores y palpitaciones. La claustrofobia también puede hacer que la persona sienta que las paredes se están cerrando, lo que la lleva a experimentar el impulso desesperado de escapar.

La claustrofobia puede presentarse en un amplio abanico de situaciones. Por ejemplo, el sujeto puede evitar las multitudes en general, o puede ser que se siente siempre cerca de la puerta en cualquier sala donde haya más personas, con el fin de tener un pronto acceso a la salida. Viajar puede ser muy difícil para algunos claustrofóbicos, ya que sea cual sea el transporte que usen, ya se trate del avión, el tren o el automóvil, tendrán que estar en situación de confinamiento durante un período sostenido.

Causas

No hay un consenso claro sobre las causas de la claustrofobia. La explicación más habitual es que el individuo tuvo una experiencia traumática en la infancia en la que se asustó mientras estaba de alguna manera encerrada. Sin embargo, hay muchísimas personas con claustrofobia que no pueden recordar dicha experiencia. Cierto grado de resistencia al confinamiento es común a todos los animales y humanos, pero la claustrofobia parece ser una versión muy exagerada de esta reacción.

Tratamiento

Como ocurre con otras fobias, la terapia cognitivo-conductual es efectiva para tratar la claustrofobia. En cuanto a la parte cognitiva de la terapia, el terapeuta ayuda a la persona a identificar y desafiar creencias catastrofistas, como la falsa idea de que estar en una habitación o en un avión con muchas personas es potencialmente amenazador o peligroso. La persona trabaja en reforzar la creencia de que tiene muchas ventajas superar la evitación de viajar debida solamente al miedo a los espacios cerrados. Después de trabajar en el cambio de creencias, el sujeto afronta una jerarquía personalizada de exposiciones, en la que avanza desde los tipos de confinamiento que menos lo incomodan hasta los que más lo alteran. Por ejemplo, en el caso de los túneles, avanzaría desde los más cortos hasta los más largos, probablemente con la compañía de una persona de apoyo al principio. En el caso del transporte público (autobuses o trenes), progresaría desde pequeños trayectos junto con una persona de apoyo hasta viajes más largos solo.

La realidad virtual también se ha utilizado con eficacia para tratar la claustrofobia. Las investigaciones al respecto revelaron que la realidad virtual —la recreación de una experiencia tridimensional en vídeo por medio de un procedimiento de resonancia magnética— permitió a los individuos ver reducida su ansiedad cuando afrontaron después la exposición en la vida real (García-Palacios *et al.*, 2007). A veces se acude a medicamentos tranquilizantes o betabloqueantes para tratar la claustrofobia en aquellos casos en que la situación temida ocurre con poca frecuencia, como por ejemplo volar en avión.

HIPOCONDRÍA (MIEDO A TENER UNA ENFERMEDAD)

La hipocondría se define como una preocupación excesiva sobre la posibilidad de tener una enfermedad grave, incluso después de que una exploración médica la haya desestimado. A menudo la persona toma un solo síntoma —como una molestia estomacal, un dolor de cabeza continuado o palpitaciones— como la prueba de que padece una enfermedad que amenaza acabar con su vida. Puede ver un dolor de cabeza pronunciado como la prueba de que tiene un tumor cerebral, o la tos continua como un síntoma de cáncer. O puede tomarse el hecho de que olvidó dónde puso algo como indicativo de que está empezando a desarrollar la enfermedad de Alzheimer.

Algunos sujetos hipocondríacos consultan continuamente con varios médicos y se hacen examinar de forma repetida con el fin de confirmar la presencia de la enfermedad temida, mientras que otros evitan totalmente ir al médico por el miedo a que el peor de sus pronósticos se vea confirmado.

A menudo se considera la hipocondría un trastorno del espectro de los obsesivo-compulsivos, porque suele implicar la presencia de miedos intrusivos seguidos por una comprobación compulsiva (como la de tocarse en búsqueda de algún bulto o tomarse continuamente la presión arterial). En otros casos, presenta más el aspecto de una fobia, consistente en la sensibilización y evitación en relación con cualquier cosa que le recuerde al sujeto la enfermedad que teme tener. Cuanto más tiende la persona a autoexaminarse, buscar repetidamente el diagnóstico médico y presentar un comportamiento de estar continuamente asegurándose de no padecer lo que teme, más encaja el problema dentro de la categoría de los trastornos de tipo obsesivo-compulsivo. Una diferencia entre el trastorno obsesivo-compulsivo (TOC) y la hipocondría es que los aquejados del TOC tienden a temer contraer una enfermedad, mientras que los hipocondríacos temen que ya tienen la enfermedad.

Entre un 3 y un 5% de la población experimenta hipocondría en algún momento de sus vidas, hombres y mujeres por igual.

Causas

Hay muchos tipos de factores que pueden conducir a la hipocondría. Puede desarrollarse como una identificación inconsciente a partir de la muerte o enfermedad grave de un familiar cercano; de pronto la persona teme que ha contraído la misma enfermedad o una semejante. Incluso el hecho de acercarse a la edad en la que tuvo lugar la muerte prematura de un ser querido puede bastar para activar la preocupación acerca de si a uno podría ocurrirle lo mismo.

Las pandemias anunciadas, como un brote de gripe de alcance mundial, hace que algunas personas se obsesionen con enfermar. Incluso el hecho de ver un reportaje en televisión sobre una enfermedad en particular puede bastar para activar una preocupación seria en relación con esa enfermedad.

Los estudios sobre la hipocondría que han buscado antecedentes familiares han encontrado pocas pruebas de que exista una predisposición genética a ella. De todos modos, tener un familiar de primer grado con el TOC aumenta la posibilidad de que el sujeto pueda desarrollar una preocupación obsesiva hacia una enfermedad en particular.

Tratamiento

La terapia cognitivo-conductual es el principal tratamiento para la hipocondría. El aspecto cognitivo de la terapia se centra en identificar y neutralizar las falsas creencias que condujeron a la persona a sobrestimar la amenaza implícita en sus síntomas. Las probabilidades de tener realmente una enfermedad potencialmente mortal son por regla general muy escasas; mucho menos de las que estima la persona. Y el aspecto conductual se centra en detener la búsqueda de una confirmación continua por parte de los médicos y otras personas. Asimismo, el sujeto deja de examinar continuamente su cuerpo en busca de la prueba del problema –ya que esto lo único que hace es reforzar su miedo–. La investigación excesiva sobre la enfermedad en Internet también se suspendería. El hecho de que la persona se exponga con frecuencia a los síntomas que evocan su preocupación acerca de tener la enfermedad –sin implicarse en supervisar su cuerpo, buscar confirmación o investigar en Internet– es un enfoque muy similar al de exposición y prevención de respuesta que se utiliza en el tratamiento del TOC.

Otro método utilizado para la hipocondría es la exposición imaginaria. La persona escribe el peor escenario posible que concibe en relación con la enfermedad que teme (como el cáncer o el sida) con gran detalle. Este texto se graba en audio y la persona escucha la grabación repetidamente, hasta haber neutralizado los temores y preocupaciones que le evocan esas palabras. Si bien puede tratarse de un proceso incómodo al principio, acaba por reducir la frecuencia e intensidad de las preocupaciones intrusivas sobre la enfermedad.

La terapia basada en el *mindfulness* puede emplearse para tratar la hipocondría del mismo modo que se utiliza para tratar el TOC. El objetivo de esta terapia (al igual que el de la terapia de la aceptación y el compromiso) es desarrollar la capacidad de estar más dispuesto a experimentar sensaciones, emociones y pensamientos incómodos sin tener que luchar contra ello o tratar de controlarlo. Esto puede, naturalmente, conducir a la persona a tener menos comportamientos basados en la preocupación, tales como visitas al médico, exámenes del propio cuerpo o la búsqueda de confirmaciones.

Por último, al igual que con el TOC, los medicamentos ISRS (inhibidores selectivos de la recaptación de serotonina) pueden ser útiles para reducir la ansiedad y la depresión relacionadas con la preocupación excesiva por tener una enfermedad.

ODONTOFOBIA (MIEDO LA DENTISTA)

La odontofobia o fobia dental puede implicar el miedo y la evitación de la odontología en general o un miedo más específico en relación con exponerse a un procedimiento dental en particular. En algunos casos no parece tratarse de una fobia en absoluto, sino de síntomas del trastorno de estrés postraumático en respuesta a una experiencia dental traumática previa.

Más de la mitad de los adultos estadounidenses experimentan cierta ansiedad cuando se trata de ir al dentista, y un número mucho menor son fóbicos hasta el punto de evitar por completo a los odontólogos a menos que se enfrenten a una emergencia dental aguda y dolorosa. Obviamente, esto puede ocasionar problemas de salud dental muy graves, que acabarán por dar lugar a procedimientos mucho más serios e intrusivos en el futuro, puesto que la persona no habrá recibido las limpiezas regulares y el mantenimiento dental de rutina durante años.

La fobia dental presenta mayor incidencia entre las mujeres y los niños pequeños que entre los hombres. Cuanto más invasivo es el procedimiento (por ejemplo, la cirugía oral), mayor es la probabilidad de padecer odontofobia o, al menos, una ansiedad dental anticipatoria considerable.

Causas

Hay muchas maneras de contraer el miedo a ir al dentista. La más frecuente es haber tenido una experiencia dental dolorosa o traumática. Un segundo factor es la personalidad del dentista. Incluso en ausencia de experiencias dolorosas, muchos desarrollan miedos como consecuencia de trabajar con un profesional al que encontraron frío, impersonal o indiferente.

Otra causa puede ser escuchar la mala experiencia de otra persona. O esta fobia puede constituir una extensión de la fobia a ir al médico —que consiste en el temor a someterse a cualquier procedimiento en una clínica administrada por un profesional de la salud.

A menudo, la fobia dental puede solaparse con el miedo al confinamiento (estar en una silla que no se puede abandonar durante un período de tiempo) o el miedo a la pérdida de control (la persona teme ceder todo el control al dentista, especialmente en los casos en que se le administra anestesia local o total. A veces el sujeto teme rendirse a los efectos de la anestesia).

Tratamiento

Al igual que en el caso de otras fobias, el tratamiento de primera línea para la fobia dental es la terapia cognitivo-conductual. Incluiría tres estrategias:

1. Aprender técnicas de control del pánico, como las que se describen en el capítulo 6 de este libro (por ejemplo, la respiración abdominal y el uso de afirmaciones de afrontamiento específicas).
2. Identificar y cuestionar los miedos catastrofistas sobre la situación fóbica —tanto la tendencia a sobrestimar lo peligrosa que es la situación como la de subestimar la propia capacidad de afrontarla, como se describe en el capítulo 8.
3. La exposición gradual a la situación fóbica. Se establecería una jerarquía de exposiciones progresivas, primero a la recepción de la consulta, a continuación a la sala de tratamientos y, por último, a un procedimiento específico, como recibir una inyección. En este último caso, podrían darse estos pasos: primero, ver la jeringa; después, tenerla entre las manos; lo siguiente, presenciar cómo el dentista se pone una inyección de «placebo» a sí mismo y, finalmente, recibir la inyección, en un estado de relajación inducida.

Hay una variable crucial más allá de la terapia cognitivo-conductual que es fundamental para el éxito del tratamiento: la personalidad y el estilo del dentista en el trato con sus pacientes.

La mayoría de los exfóbicos dentales atestiguan que el factor más importante que les ayudó a superar su miedo fue cómo los trataba el dentista. ¿Es una persona cálida, cariñosa, atenta, tranquilizadora y dispuesta a explicar las cosas con claridad y sencillez? Estas cualidades personales significan mucho a la hora de que el paciente vea mitigada su ansiedad. Otras cosas que se pueden hacer para que el entorno dental en general sea más confortable para los fóbicos son prescindir de los olores antisépticos tradicionales, hacer que el personal no use uniformes médicos y poner música relajante de fondo.

Existen clínicas especializadas que aseguran ofrecer odontología no atemorizante en muchas de las principales áreas metropolitanas. Es útil preguntar a algunos amigos si han encontrado un dentista con el que se sientan cómodos y a gusto.

A menudo se usan medicamentos para controlar la ansiedad relacionada con los procedimientos dentales. El óxido nitroso (o «gas de la risa») se puede utilizar para ayudar a la persona a relajarse, aunque algunos sujetos tienen miedo de la máscara que se les tiene que poner para administrarles el gas. Los tranquilizantes benzodiacepínicos, como Xanax o Valium, se pueden administrar vía oral o intravenosa antes del procedimiento. Aunque estos medicamentos ayudan al paciente a relajarse, este permanece consciente y es capaz de comunicarse con el dentista. En general, si la persona es propensa a la ansiedad dental, conviene que le pida a su dentista que utilice un anestésico que no contenga epinefrina.

He aquí unos consejos generales útiles para las personas odontofóbicas:

- A la hora de querer probar con un nuevo dentista, conviene que se encuentre con él antes de emprender ningún procedimiento, para ver qué sensaciones le suscita a nivel personal y para que pueda valorar si se sentirá a gusto en esa consulta.
- Acudir al dentista con una persona de apoyo, pero no permitir que esa persona hable por uno. Quien experimenta la fobia debe comunicarse directamente con el dentista.
- Ante cualquier procedimiento nuevo, la persona fóbica hará bien en pedirle el dentista que le explique y muestre el procedimiento en detalle antes de llevarlo a cabo.
- Acordar con el dentista una señal manual que pueda utilizarse para que este sepa cuándo la persona necesita tomar un descanso o que se le aplique más anestesia local.
- Encontrar un dentista que sea cuidadoso, atento a las necesidades del paciente, dispuesto a explicarlo todo y que ofrezca mucho apoyo. Si el dentista no es alguien en quien la persona odontofóbica pueda confiar y con quien pueda sentirse cómoda, conviene que busque a otro.

Recursos

Para más información sobre el tratamiento de las fobias dentales (en inglés), visita www.dentalfearcentral.org. También puedes visitar los muchos recursos vinculados a este sitio.

FOBIA A LA SANGRE O A LAS INYECCIONES

Los miedos a la sangre, a las heridas con sangre y a las inyecciones a menudo van de la mano. Alrededor del 70% de las personas que tienen fobia a la sangre también tienen fobia a las inyecciones. Por otro lado, solo alrededor del 30% de quienes experimentan fobia a las inyecciones tienen miedo a la sangre y las heridas. La fobia a las inyecciones puede tener consecuencias muy graves para la salud, si la persona se niega a que le tomen muestras de sangre o a que le administren por vía intravenosa medicamentos que podrían salvarle la vida. Alrededor del 25% de los fóbicos a la sangre y a las inyecciones ponen en peligro su salud al evitar completamente acudir al médico (Thompson, 1999).

Entre todos los trastornos de ansiedad, la fobia a la sangre o a las inyecciones tiene el grado más fuerte de incidencia familiar. Hasta el 60% de las personas con este tipo de fobia tienen un familiar con el mismo problema; en cambio, solamente alrededor del 5% de los individuos con claustrofobia o fobia a los animales tienen un familiar con la misma fobia. La incidencia de la fobia a la sangre o a las inyecciones entre la población global es aproximadamente del 3%.

Otra característica inusual de la fobia a la sangre y/o a las inyecciones, que la hace distinta de todas las otras fobias, es que a menudo implica una respuesta de desmayo. Cuando la persona se enfrenta a la vista de la sangre (propia o ajena) o a la perspectiva de recibir una inyección, se produce una respuesta en dos fases. La primera fase es una respuesta normal de ansiedad —aumento del ritmo cardíaco y de la presión arterial y otros síntomas del pánico—. A esto le sigue un descenso repentino de la presión arterial y una ralentización de la frecuencia cardíaca (bradicardia), que implica una reducción del flujo sanguíneo al cerebro, lo que a menudo resulta en desmayos (esto es conocido como «respuesta vasovagal»; parece que el nervio vago estimula el sistema nervioso parasimpático en exceso para compensar la inicial activación del sistema nervioso simpático asociada con la ansiedad). Alrededor del 75% de las personas con fobia a la sangre o a las inyecciones tienden a desmayarse, lo que les permite escapar del estímulo temido.

Causas

Puesto que las fobias a la sangre, a las heridas y a las inyecciones tienden a darse en familias, la causa más probable es que los niños ven e interiorizan el miedo de sus padres y hermanos.

Tratamiento

La terapia cognitivo-conductual, con el énfasis en la exposición gradual, funciona bien para la fobia a la sangre o a las inyecciones. Sin embargo, a causa de la respuesta del desmayo, se incluye en la terapia una técnica adicional denominada *tensión aplicada*. Ante el primer indicio de posible desmayo, se le indica a la persona que tense los pies, las piernas y los brazos rápidamente, todo a la vez. Esto aumenta la presión arterial y evita la respuesta de desmayo; y, lo que es aún más importante, le da a la persona la confianza de que dispone de una estrategia de afrontamiento que puede utilizar para evitar desmayarse. Con esta confianza, es mucho más fácil gestionar la exposición.

Requiere un poco de ingenio establecer jerarquías eficaces para este tipo de fobias. Una posible jerarquía para la hemofobia (el miedo a la sangre) podría ser esta:

1. Leer un artículo sobre las hemorragias.
2. Mirar fotos de sangre.
3. Mirar fotos de heridas con sangre.
4. Ver vídeos o películas que muestren sangre y heridas.
5. Sostener un frasco o tubo de ensayo que contenga sangre.
6. Visitar un banco de sangre.
7. Presenciar una operación quirúrgica veterinaria (en caso de que se pueda conseguir).

En el caso de la fobia a las inyecciones, una posible jerarquía podría ser esta:

1. Mirar fotos de personas que están recibiendo una inyección.
2. Mirar filmaciones de personas que están recibiendo una inyección.
3. Visitar un consultorio médico y observar cómo le pinchan a alguien.
4. Visitar un consultorio médico y observar cómo le realizan una extracción de sangre a alguien.
5. Sostener jeringas.
6. Pedirle a un profesional de la salud que le acerque a la persona fóbica la aguja de una jeringa a la piel hasta tocarla, sin penetrarla.
7. Recibir una inyección en el brazo.
8. Ser objeto de una extracción de sangre.

Al igual que ocurre con las otras fobias, lo mejor es comenzar la jerarquía en cualquier paso que provoque una ansiedad leve y repetir los pasos difíciles varias veces, hasta que la ansiedad disminuya. Puede resultar de mucha ayuda que el sujeto cuente con una persona de apoyo que lo acompañe al consultorio médico al principio. También puede recurrir a un fármaco tranquilizante para que le ayude a gestionar un paso especialmente difícil, pero por lo general no se recomienda a quienes son propensos a los desmayos. Con el fin de adquirir la confianza de no desmayarse, el individuo debería recurrir a la tensión aplicada en el momento de empezar a sentirse aturdido; como se explicó con anterioridad, esto consiste en tensar repentinamente los pies, las piernas y los brazos a la vez. En el caso de las personas a las que les resulta difícil evitar desmayarse, pueden llevar a cabo las exposiciones primero acostadas, después sentadas y finalmente de pie.

En los entornos médicos, y especialmente en los dentales, se pueden utilizar distintos tipos de anestésicos para mitigar el miedo a las inyecciones. Normalmente consisten en algún tipo de gel anestésico que se aplica a la encía, a lo cual sigue la inyección del anestésico, de forma muy gradual. A menudo la persona ni siquiera es consciente de la aguja. La mayoría de los dentistas competentes saben administrar inyecciones indoloras.

EMETOFOBIA (MIEDO AL VÓMITO)

El miedo al vómito, también llamado *emetofobia*, tiene una incidencia sorprendentemente alta. Puede adoptar varias formas: miedo a vomitar, a hacerlo en público, a ver un vómito o a ver vomitar a alguien.

La emetofobia puede desarrollarse en la niñez o en la edad adulta y persistir durante muchos años si no recibe tratamiento. A veces está acompañada de otros miedos, como el miedo a comer, o de otros trastornos, como algún trastorno alimentario (anorexia o bulimia) o el TOC.

La mayoría de las personas que padecen emetofobia raramente vomitan; puede ser que no lo hayan hecho desde la infancia. Sin embargo, cuando su miedo es grave, pueden ver su vida limitada en muchos sentidos. Puede ser que eviten los viajes largos en coche o que solo acudan a lugares en los que saben que podrán acceder fácilmente a un baño. O puede ser que teman estar cerca de bebés o personas enfermas que crean que tienen más posibilidades de vomitar. Con frecuencia, están atentas al menor de los síntomas gastrointestinales. Lo peor que les puede ocurrir a quienes experimentan esta fobia es sentir náuseas. Tienen miedo a vomitar, lo que agrava sus náuseas, lo que a su vez aumenta sus ganas de vomitar, y el ciclo continúa hasta que el sujeto puede caer presa del pánico.

Causas

En el trasfondo de las personas que tienen miedo al vómito puede encontrarse a menudo un miedo general a perder el control. En algunos casos, la fobia comienza en la infancia, con un vómito que fue especialmente desagradable, o al ver vomitar a un ser querido muy enfermo. Cuanto más traumática fue la experiencia inicial, más probable es que se desarrolle la fobia. En otros casos, no puede encontrarse ningún incidente traumático en el pasado, y el miedo parece tener más que ver con la pérdida del autocontrol.

Tratamiento

Lo primero consiste en averiguar qué es aquello que realmente teme la persona. ¿Es el mismo hecho de vomitar o se trata de un miedo al rechazo si los demás ven que vomita? ¿O tiene que ver, más generalmente, con la pérdida de control de su cuerpo? Es importante identificar el miedo o los miedos centrales y trabajar con ellos.

A continuación, es importante hacer una lista de todas las situaciones que evita el sujeto a causa de su miedo. Por ejemplo, puede ser que evite los viajes largos en coche, los cruceros, ciertos alimentos que piensa que podrían provocarle náuseas, estar cerca de los bebés y niños pequeños e ir a los parques de atracciones. La persona hace una lista con todas las situaciones que está evitando, por orden de dificultad, y después, progresivamente, se arriesga a exponerse a cada una de ellas. Pasar por esta jerarquía la ayudará a recuperar su vida, así como a reducir el miedo al vómito.

Por último, la exposición gradual al vómito ayudará a superar este miedo. Una manera de hacer la exposición consiste en escribir una serie de escenarios de vómito, partiendo de los más manejables y avanzando hasta el peor que la persona pueda concebir (por ejemplo, describe con detalle cómo vomita sobre sí misma y sobre algunos socios de trabajo con los que está, que la reprueban). Después procede a leer la redacción de estos escenarios de forma repetida o, mejor aún, busca a alguien que se los lea repetidamente varias veces, y se prosigue hasta que las escenas pierden su capacidad de evocar mucha ansiedad.

Otra forma de hacer la exposición (que no excluye la primera) es mirar una serie de escenas de vómito, avanzando desde fotos de vómito a color hasta vídeos y películas que tengan claras escenas de vómito. Finalmente, la persona debe exponerse a una situación de vómito —por ejemplo, puede ir a una guardería a la hora del almuerzo—. Si la persona es lo suficientemente atrevida, puede llegar a inducirse el vómito, si bien los expertos en emetofobia tienen división de opiniones sobre la utilidad de esto último.

Si el individuo lleva a cabo uno de los dos tipos de exposición, o ambos, se acostumbrará más a los vómitos y cambiará sus creencias fundamentales en relación con ellos; pasará de verlos como algo horrible a una función corporal normal.

En general no se emplean medicamentos para la emetofobia (excepto, a veces, para ayudar a la persona a exponerse a una situación que ha estado evitando). La mayoría de los emetofóbicos tienden a evitar los medicamentos contra la ansiedad por temor a que los hagan vomitar. Los remedios para las náuseas, como el té de jengibre o el 7Up, pueden ser útiles para reducir las náuseas que se prolongan en el tiempo y que exacerban la ansiedad.

Recursos

En Internet hay muchos sitios excelentes sobre la emetofobia.

ACROFOBIA (MIEDO A LAS ALTURAS)

El miedo a las alturas, o *acrofobia*, es otra fobia muy común. A menudo aparece combinada con otras fobias, como el miedo a volar, a subirse a los ascensores o a conducir sobre un puente alto. La forma más frecuente de este miedo es estar muy arriba en un edificio.

A veces, el miedo a las alturas se confunde con el vértigo. El *vértigo* es la sensación de que las cosas que hay alrededor de uno están girando, cuya causa es generalmente una afección, y rara vez tiene lugar en el caso de la acrofobia. Una reacción más habitual si se tiene miedo a las alturas son los mareos y la dificultad para confiar en el propio sentido del equilibrio. A menudo, la persona se agarra a algo para mantenerse firme, y si esto no funciona, es posible que sufra un ataque de pánico.

Los individuos con acrofobia deben evitar los trabajos de construcción en alturas o subir escaleras altas. Por desgracia, esta es una fobia en que el pánico puede, en algunas circunstancias, provocar una caída peligrosa.

La acrofobia puede conllevar serias restricciones en la vida de la persona si hace, por ejemplo, que no acepte una oferta de trabajo que implicaría estar en lo alto de un edificio o que no visite a alguien que se halle en una planta alta de un hospital.

Causas

Cierto grado de acrofobia está presente de forma instintiva en todos los animales. Tiene la ventaja evolutiva de prevenir caídas. Sin embargo, una verdadera fobia a las alturas no es natural sino adquirida, y constituye una exageración de la respuesta de miedo a las alturas normal, adaptativa. Puede desarrollarse como resultado de una caída real o del recuerdo de un incidente en que la persona, en su infancia, tuvo mucho miedo de caer. La gente propensa a tener problemas de equilibrio puede ser más susceptible a contraer miedo a las alturas, pero la investigación al respecto no es concluyente.

Tratamiento

La terapia cognitivo-conductual es eficaz para superar el miedo a las alturas. Se le enseñan primero a la persona estrategias de control del pánico (véase el capítulo 6) y luego se somete a una exposición gradual, progresiva, a una jerarquía de situaciones que implican alturas cada vez mayores. Esto puede hacerse por medio de ir subiendo pisos en un edificio y mirar por la ventana o incluso saliendo a los balcones. Como en el caso de las otras fobias, contar con una persona de apoyo que lo acompañe a uno al principio de sus exposiciones puede ser de mucha ayuda. He aquí un ejemplo de jerarquía de exposiciones para el miedo a las alturas:

1. Ir a la segunda planta de un edificio y mirar por una ventana durante un período de entre diez segundos y un minuto. Se puede ir con una persona de apoyo si se prefiere.
2. Mirar por la ventana de una segunda planta durante un período de entre dos y cinco minutos. Mirar hacia delante y después hacia abajo. Se puede ir con una persona de apoyo si se prefiere.
3. Repetir los pasos 1 y 2 solo, o con acceso telefónico a una persona de apoyo y después solo.
4. Ir a la tercera planta de un edificio y mirar por una ventana entre diez y sesenta segundos. Se puede ir con una persona de apoyo si se prefiere.

5. Repetir el paso 4 entre dos y cinco minutos. Mirar hacia delante y después hacia abajo.
6. Repetir los pasos 4 y 5 con acceso telefónico a la persona de apoyo y después solo.
7. Continuar el proceso descrito en los pasos 1 a 6 con plantas cada vez más elevadas en un edificio más alto. A partir del cuarto piso, tomar un ascensor para seguir subiendo.
8. Seguir avanzando hacia pisos más altos por medio de pequeños incrementos, hasta alcanzar el objetivo deseado (idealmente, el piso más alto del edificio más elevado de la zona donde vive la persona).
9. Si es posible, salir a un balcón o mirador que se halle a la altura que la persona se había planteado como objetivo (se puede salir a balcones ubicados en plantas más bajas primero).
10. Repetir el paso 9 durante mayores tiempos de exposición y caminando más cerca de la barandilla.

La exposición virtual también se ha utilizado con eficacia para el miedo a las alturas. Esto implica recrear una jerarquía de escenarios a distintas alturas en la realidad virtual utilizando un equipo especial. Los facultativos que pueden costearse el equipo prefieren esta opción, porque permite a los terapeutas tratar a más personas de una manera más eficaz y oportuna.

FOBIAS A INSECTOS Y OTROS ANIMALES

Las fobias a determinados tipos de animales abundan. Se puede tener miedo a serpientes, murciélagos, ratones o ratas, perros, gatos, determinadas aves, ranas, arañas, abejas o cucarachas, por citar algunos de los ejemplos más habituales. Las personas con este tipo de fobia evitan no solo un animal en particular, sino también las zonas donde creen que podrían verse expuestas a la criatura que temen. Los indicios de la presencia del animal temido, tales como ver una tela de araña, oír ladrar a un perro o estar cerca de un parque zoológico, son suficientes para evocar un fuerte miedo en esas personas. A veces, el solo hecho de ver una foto del animal las conduce a tener un ataque de pánico.

En la infancia, muchos de estos miedos son tan habituales que se consideran normales. Solo cuando alteran significativamente la vida del individuo —ya se trate de un niño o de un adulto— o le causan angustia se consideran propiamente fobias. En general, las fobias a los animales tienden a ser más habituales en las mujeres que en los hombres, especialmente las que se refieren a serpientes, ratones, arañas y cucarachas.

Causas

Se ha propuesto que ciertas de esas fobias, como el miedo a las serpientes o a animales grandes, son innatas en todos los mamíferos porque confieren una ventaja evolutiva a la hora de promover la supervivencia. En muchos casos, sin embargo, la causa de la fobia parece ser una experiencia traumática anterior, como que te muerda un perro, te arañe un gato o te pique una avispa. También es posible que los niños adquieran el miedo de alguno de sus padres. El solo hecho de observar cómo uno de los progenitores expresa miedo ante la vista de un ratón o una araña puede inspirar el mismo miedo en el niño. También ha habido casos en que el solo hecho de ver una película de terror sobre un animal en particular ha sido suficiente para provocar una fobia.

Tratamiento

Superar la fobia a un animal es sencillo. Consiste en la exposición gradual a la criatura temida. Al igual que ocurre con la exposición a cualquier otra fobia, es necesario establecer una jerarquía de exposiciones progresivas a la criatura, avanzando desde las fotos y las filmaciones hasta el contacto real. Una jerarquía genérica aplicable a cualquier fobia a los animales podría ser esta:

1. Hacer un dibujo del animal.
2. Mirar fotos en blanco y negro del animal.
3. Ver fotos a color del animal.
4. Ver un vídeo del animal.
5. Sostener una versión de juguete del animal.
6. Mirar el animal desde una distancia (esto puede implicar un viaje a una tienda de mascotas o al zoológico).
7. Acercarse cada vez más al animal.
8. Observar cómo alguien toca o sostiene el animal.
9. Tocar o sostener el animal estando enjaulado y, por último, directamente.

Nota: los dos últimos pasos pueden requerir una visita a una tienda de mascotas, a un espacio natural o al zoológico. En los casos en que no es posible tocar a la criatura (los osos, por ejemplo), la observación sostenida del animal en un zoológico, a escasa distancia, sería el escalón más alto de la jerarquía.

Al igual que ocurre con todas las jerarquías de exposición, avanzar a través de las distintas etapas requiere compromiso, perseverancia y la disposición a tolerar diversos grados de ansiedad. Si la ansiedad se vuelve extrema, puede ser útil que el sujeto cuente con una persona de apoyo que lo acompañe en las primeras fases de la exposición.

A veces un fármaco, como un betabloqueante o una benzodiacepina, puede ser útil para ayudar a abordar un paso especialmente difícil, pero al final hay que prescindir de cualquier medicamento. Lo mejor es comenzar la jerarquía con un paso que evoque una ansiedad leve y saltarse cualquier paso previo que no exponga a la persona a ninguna ansiedad. Conviene repetir un determinado paso más de una vez si es necesario, hasta que la ansiedad alcance un nivel bajo.

Al trabajar a través de la jerarquía, también es importante que el sujeto piense acerca de qué aspecto del animal encuentra especialmente aterrador. En el caso de un perro, por ejemplo, ¿es su ladrido, su aspecto, su tamaño, la forma que tiene de moverse o la idea de que puede atacar? Una vez que la persona ha identificado cuáles son las características específicas del animal que más le molestan, es importante que se centre en ellas a medida que avanza por la exposición. Una vez que el sujeto se ve menos condicionado por las características que más lo incomodan gracias a la exposición repetida, es más probable que se mantenga libre de la fobia de forma indefinida.

MIEDO A LA MUERTE

El miedo a la muerte, conocido también como *tanatofobia*, puede implicar uno o varios temores. Estos son algunos de los tipos más comunes de miedos al respecto:

- El miedo a la inexistencia, al fin permanente de la vida.
- El miedo a lo desconocido, a no saber qué va a pasar después de la muerte.
- El miedo a que la experiencia más allá de la muerte sea negativa, a partir de creencias religiosas como la idea del infierno o el purgatorio.
- El miedo a la enfermedad, el dolor y el sufrimiento asociados con la muerte.
- El miedo a la muerte de un ser querido con quien se está estrechamente unido.
- El miedo a lo que va a pasar con los familiares queridos después de la muerte de la persona.
- El miedo a aquello que está muerto, como los cadáveres, o a cosas asociadas con la muerte, como ataúdes, funerarias y cementerios (este tipo de miedo se conoce como *necrofobia*).

A veces el miedo básico es el de perder el control. Morir está fuera del control de la persona, y el sujeto puede intentar mantener la muerte a raya a través de visitas frecuentes a los médicos y prácticas de salud rituales (en este caso, el miedo a la muerte se superpone con la hipocondría).

Causas

Las causas del miedo a la muerte varían en función de cuál de los miedos anteriores es dominante. La filosofía existencialista sostiene que el miedo a la no existencia es innato a la condición humana y que todos los seres humanos lo sienten a un nivel profundo. Algunos incluso han llegado a afirmar que el miedo a la muerte (en el sentido de la no existencia permanente) es el miedo fundamental, subyacente a todos los demás. Ciertamente, el punto de vista existencialista contiene por lo menos alguna verdad. Todos nosotros, en un momento u otro, hemos sentido ansiedad en relación con nuestro fallecimiento.

Otros miedos a la muerte orbitan en torno a las creencias religiosas sobre el castigo y el infierno en la otra vida. Los terapeutas que consideren que estas creencias son ficticias tienen que ser sensibles a la hora de trabajar con pacientes que las toman muy en serio.

El miedo al dolor y al sufrimiento asociado con la muerte puede surgir de la experiencia traumática de ser testigo de cómo un ser querido pasó por una larga agonía. A menudo, el fallecimiento de un ser querido puede conducir a temer más la propia muerte, así como a tener miedo de los lugares y objetos relacionados con ella.

Tratamiento

El tratamiento de la tanatofobia, por supuesto, depende de la naturaleza específica del miedo que tenga la persona. Trabajar con el temor a no existir puede requerir alguna reflexión filosófica profunda sobre el sentido de la vida y el reconocimiento de que, probablemente, la mejor manera de lidiar con la muerte es vivir la vida lo mejor que se pueda. También es importante darse cuenta de que ninguno de nosotros es único a este respecto; todo el mundo tiene que habérselas con la muerte.

Algunas personas responden favorablemente a la lectura de libros que ofrecen pruebas de la supervivencia de la consciencia después de la muerte. Una extensa bibliografía sobre las experiencias cercanas a la muerte y numerosos informes individuales de lo que la gente «vio» en este tipo de experiencias constituyen para muchos la prueba concluyente de que la muerte no significa el final permanente de la existencia.

Entre los libros que describen las visiones del «otro lado» de personas que han tenido experiencias cercanas a la muerte, los siguientes son buenas opciones para empezar: *Vida después de la vida*, de Raymond Moody, y *Evidencias del más allá*, de Jeffrey Long y Paul J. Perry.

El miedo a la muerte de un ser querido puede ser difícil de gestionar, pero puede ser visto como una «llamada espiritual» a desarrollar la fuerza interior y la capacidad de valerse por sí mismo. Algunas personas se animan con la creencia de que, después de morir, se reunirán con los seres queridos que «se fueron antes», una posibilidad que la literatura sobre las experiencias cercanas a la muerte sugiere claramente.

Por último, si el miedo a la muerte comenzó con la traumática experiencia de ser testigo del fallecimiento de un familiar o amigo, puede ser útil probar la hipnoterapia o la desensibilización y reprocesamiento por medio del movimiento ocular (EMDR, por sus siglas en inglés) para trabajar con los recuerdos traumáticos y reconfigurarlos.

RESUMEN DE COSAS POR HACER

1. Lee, en este capítulo, acerca de cualquier fobia específica que te afecte. Es posible que quieras trabajar con un terapeuta o una persona de apoyo para emprender un plan de exposición detallado para superar tu miedo. Una búsqueda por Internet acerca de cualquiera de las fobias que se describen en este capítulo te conducirá a sitios web que ofrecen más información, consejos y varias opciones de tratamiento.
2. Incluso si no estás lidiando con ninguna de las fobias que se describen en este capítulo, leer los apartados dedicados al tratamiento de los distintos tipos de fobias puede darte algunas nuevas ideas sobre cómo trabajar con cualquier fobia que puedas tener. Consulta

también el capítulo 7 para obtener mayor información sobre el afrontamiento de las fobias.

PARA SABER MÁS

Bourne, Edmund J. *Overcoming Specific Phobia: Therapist and Client Protocols* (conjunto de dos libros). New Harbinger Publications. Oakland (California), 1998.

Brown, Duane. *Volar sin miedo.* Amat Editorial. Barcelona, 2008.

García-Palacios, A., H. Hoffman, T. Richards, E. Seibel y S. Sharar. «Use of Virtual Reality Distraction to Reduce Claustrophobia Symptoms During a Mock Magnetic Resonance Imaging Brain Scan: A Case Report». *CyberPsychology and Behavior,* 10 (3): 485-488, 2007.

Long, Jeffrey, y Paul J. Perry. *Evidencias del más allá.* Editorial Edaf. Madrid, 2011.

Maisel, Eric. *Dominar la ansiedad relacionada con la creatividad.* Ed. Obelisco. Barcelona, 2012.

Thompson, Alandra. «Cognitive Behavioral Treatment of Blood-Injury-Injection Phobia: A Case Study». *Behavior Change*, 36 (1999): 182-190.

Wilson, Reid. *¡No al pánico! Cómo controlar los ataques de angustia.* Segunda edición. Ed. Cuatro Vientos. Santiago de Chile, 2009.

12

Expresar los propios sentimientos

A medida que avances en tu recuperación, puede ser que adviertas que empiezan a emerger emociones y sentimientos a los que no estás acostumbrado. Esto ocurre especialmente al principio de afrontar las fobias. Es completamente normal experimentar ciertos sentimientos más intensamente cuando se empiezan a afrontar situaciones que se han estado evitando durante mucho tiempo. Si te está sucediendo esto, te hallas en el buen camino.

Muchas de las personas que son fóbicas y propensas a la ansiedad tienden a tener dificultades con los sentimientos. Pueden tener problemas incluso para saber *qué* están sintiendo. O acaso son capaces de identificar sus sentimientos, pero no de expresarlos. Cuando ciertos sentimientos comienzan a surgir en el camino de afrontamiento de las fobias o de la gestión del pánico, a menudo existe la tendencia a evitar que hagan acto de presencia, lo cual no hace más que agravar el estrés y la ansiedad. Los objetivos de este capítulo son: ayudar a aumentar la conciencia de los propios sentimientos y ofrecer algunas herramientas y estrategias para identificar y expresar dichos sentimientos con mayor facilidad.

ALGUNOS DATOS SOBRE LOS SENTIMIENTOS

- Los sentimientos, a diferencia de los pensamientos, implican una *reacción de todo el cuerpo*. Están mediados tanto por una parte del cerebro llamada sistema límbico como por el sistema nervioso autónomo, que opera sin el concurso de la voluntad de la persona. Cuando uno está emocionalmente excitado, siente esta excitación por todo el organismo y experimenta reacciones corporales tales como un aumento del ritmo cardíaco y respiratorio, sudoración e incluso estremecimientos o temblores (advierte las similitudes con el pánico, que es otro tipo de estado emocional intenso).

▸ Los sentimientos no vienen de la nada, sino que están *influidos por nuestros pensamientos y percepciones*. Surgen de la forma en que percibimos o interpretamos los acontecimientos externos o de la manera en que reaccionamos ante los propios procesos de pensamiento o diálogo interno (véase el capítulo 8), a las imágenes que acuden a nuestra mente o a los recuerdos. Si no se puede identificar ningún estímulo en relación con una reacción emocional en particular (por ejemplo, un ataque de pánico espontáneo), el estímulo puede ser inconsciente. Los sentimientos también se ven afectados por el estrés. Cuando se está sometido a una situación de estrés, el cuerpo se halla en un estado de excitación fisiológica similar al que acompaña a una emoción: puesto que uno ya está preparado para tener reacciones emocionales, puede ser que no cueste mucho que se desencadenen. El tipo particular de emoción que se experimente dependerá del punto de vista de la persona en relación con los acontecimientos externos y de lo que se diga a sí misma acerca de ellos.

▸ Los sentimientos pueden dividirse en dos grupos, *simples* y *complejos*. Hay mucha controversia y desacuerdo acerca de cómo ubicar los sentimientos en una u otra categoría —incluso acerca de si puede efectuarse esta distinción—, pero para nuestros propósitos distinguiremos entre las *emociones básicas* como el enfado, el dolor, la tristeza, el miedo, el amor, la emoción o la alegría y los *sentimientos más complejos*, como la ambición, el alivio, la decepción o la impaciencia. Los sentimientos complejos pueden implicar una combinación de emociones más básicas y también están conformados por pensamientos e imágenes. Muchos de los sentimientos de la «Lista de sentimientos» que se presenta más adelante en este capítulo son complejos. Los sentimientos complejos pueden estar presentes durante mucho tiempo y están más vinculados a procesos del pensamiento, mientras que las emociones básicas tienden a ser de corta duración, tienen un carácter más reactivo y están más ligadas a las reacciones físicas involuntarias mediadas por el sistema nervioso autónomo. El miedo o el pánico son emociones básicas, mientras que la ansiedad flotante (la ansiedad que no aparece relacionada con ningún factor aparente que la desencadene) es un ejemplo de sentimiento más complejo.

▸ Los sentimientos son lo que nos da *energía*. Si estamos en contacto con los propios sentimientos y podemos expresarlos, nos sentimos con más energía. En cambio, si hemos perdido el contacto con ellos o somos incapaces de darles expresión, podemos sentirnos aletargados, entumecidos, cansados o deprimidos. Como veremos en breve, los sentimientos bloqueados o retenidos pueden conducir a la ansiedad.

▸ Los sentimientos vienen a menudo *mezclados* en lugar de hacerlo de forma pura. A veces uno puede experimentar una emoción simple o básica como miedo, tristeza o rabia; lo más habitual, sin embargo, es experimentar dos emociones o más al mismo tiempo. Por ejemplo, es habitual sentir ira y miedo a la vez cuando se está amenazado. O se puede sentir enojo, culpa y amor, todo al mismo tiempo, en respuesta a una discusión con la pareja, uno de los padres o un amigo íntimo.

- Los sentimientos a menudo son *contagiosos*. Si estás cerca de alguien que está llorando, puedes comenzar a sentirte triste o incluso a llorar. O puedes recoger la excitación o el entusiasmo de otra persona. Los individuos fóbicos y propensos a la ansiedad a menudo son especialmente permeables a los sentimientos de quienes los rodean. Cuanto más se aprende a estar en contacto con los propios sentimientos y a sentirse cómodo con ellos, menos propenso se es a «atrapar» los de los demás.

- Los sentimientos *no* son correctos o incorrectos. Como reacciones que son, los sentimientos sencillamente *existen*. El miedo, la alegría, la culpa o el enfado no son, en sí mismos, válidos o inválidos; ocurre solamente que uno tiene estos sentimientos y que por lo general se sentirá mejor si puede expresarlos. Las *percepciones* o los *juicios* que condujeron a ellos, sin embargo, pueden ser correctos o incorrectos, válidos o inválidos. Hay que tener cuidado de no considerar que uno mismo u otro individuo está equivocado por el solo hecho de tener un sentimiento, sea cual sea.

- Los sentimientos son a menudo objeto de *contención*. A veces uno puede controlarlos o «retenerlos» de forma activa. Por ejemplo, una persona todavía está molesta por una discusión que tuvo con su cónyuge y tiene que hablar con un colega del trabajo. Entonces, evita expresar sus sentimientos de forma deliberada y consciente, porque sabe que no sería apropiado manifestarlos en el entorno laboral. En otras ocasiones, podemos comenzar a experimentar sentimientos desagradables y decidir que no queremos lidiar con ellos. En lugar de retenerlos deliberadamente, nos sumergimos en el trabajo y ponemos la mente en otra cosa —en esencia, ignoramos esos sentimientos—. Esta evitación o evasión de los sentimientos es una forma más sutil de contención (a la que algunos se refieren como «represión»). Con el tiempo, la práctica de retener continuamente los sentimientos puede llevar a una mayor dificultad para expresarlos o incluso identificarlos. Cuando el proceso de contención comienza en la infancia, uno tiende a crecer sin estar en contacto con sus sentimientos y pasa por la vida experimentando un cierto entumecimiento o «vacío».

¿POR QUÉ LAS PERSONAS FÓBICAS Y PROPENSAS A LA ANSIEDAD TIENDEN A RETENER SUS SENTIMIENTOS?

Las personas con trastornos de ansiedad tienden a frenar la expresión de sus sentimientos. Esto puede obedecer a dos motivos. En primer lugar, muchas de estas personas suelen tener una fuerte necesidad de control y/o miedo a perder el control. Es difícil renunciar a la pérdida parcial del control que implica la experiencia plena de los sentimientos. Cuando los sentimientos se han negado de forma crónica durante mucho tiempo, pueden vislumbrarse enormes y abrumadores cuando empiezan a aflorar. Uno puede incluso experimentar miedos irracionales a «volverse loco» o desmoronarse cuando se abandona a toda la fuerza de estos sentimientos largamente contenidos. Hay que tener en cuenta que estos son los mismos temores que se manifiestan durante un ataque de pánico. De hecho, *en algunos casos el pánico en sí puede ser una señal de que hay unos sentimientos retenidos que están tratando de emerger*. En lugar de lidiar con sentimientos que parecen abrumadores, se cae presa del pánico. Es importante saber que los sentimientos solo *parecen* abrumadores o atemorizantes en el momento en que comienzan a aflorar por primera vez. Este miedo desaparece tan pronto como uno se permite aceptarlos y *sentirlos*. Sencillamente, no es posible «volverse loco» por sentir plenamente las propias emociones. De hecho, «la locura» —o una grave perturbación emocional— es más probable que se desarrolle como resultado de *no* experimentar los propios sentimientos.

Una segunda razón por la cual las personas fóbicas tienen dificultades para expresar sus sentimientos es que a menudo se criaron con unos padres excesivamente críticos que pusieron unas normas demasiado exigentes. En tal situación, el niño no se sintió libre de expresar sus impulsos y sentimientos naturales. La aprobación de los padres es tan esencial para cada uno de nosotros que siempre vamos a retener nuestras reacciones y sentimientos naturales si están en conflicto con las expectativas parentales. Como adultos, muchos de nosotros seguimos llevando a cabo esa elección. El enfado acostumbra a ser el sentimiento que más habitualmente se retuvo, porque con frecuencia no se toleraba en la infancia o su expresión se castigaba. Para el niño, el enfado se convierte en verdaderamente peligroso si su expresión pone en peligro la aprobación y el afecto constantes de sus padres, de los cuales depende por completo para sobrevivir. Se hablará con mayor profusión del enfado más adelante, en este mismo capítulo.

IDENTIFICAR, EXPRESAR Y COMUNICAR SENTIMIENTOS

Debido al hecho de que las personas fóbicas, por su propia naturaleza, tienden a ser emocionalmente reactivas y a tener sentimientos muy fuertes, es especialmente importante que aprendan a expresar, en lugar de retener, lo que sienten. En realidad, tiene lugar un proceso de tres etapas.

Tal vez uno ha retenido hasta tal punto sus emociones que durante gran parte del tiempo ni siquiera sabe *lo que* está sintiendo. Un primer paso importante es aprender a *identificar* los propios sentimientos. Una vez que se ha desarrollado esta conciencia y la capacidad de identificar los propios sentimientos, el segundo paso es aprender a *expresarlos*. Esto normalmente implica estar dispuesto a compartirlos con otra persona. Una opción alternativa es «escribirlos» en un diario o descargarlos físicamente (por ejemplo, a través del llanto o de liberar la ira en una almohada).

Cuando uno ha expresado sus sentimientos de alguna manera, está listo para el tercer y último paso: *comunicarlos* a quien perciba que ha contribuido a «desencadenar» esas emociones en particular. A los efectos de este capítulo, «comunicar» un sentimiento significa decirle a alguien que ese sentimiento tiene que ver con algo que esa persona dijo o hizo. Así como *expresar* enfado significa únicamente encontrar una manera de descargarlo (por ejemplo, por medio de decirle a un amigo neutral que te sientes enojado por algo), *comunicar* el enfado significa hacer que alguien sepa que estás disgustado por algo que dijo o hizo.

La buena noticia es que identificar, expresar y comunicar los propios sentimientos es algo que se puede aprender a hacer –y que se puede mejorar con la práctica–. Requiere un poco de tiempo y perseverancia, sin embargo, si uno ha tenido la costumbre de retener o ignorar sus propios sentimientos durante gran parte de su vida.

En resumen, la capacidad de adquirir mayor conciencia de los propios sentimientos y expresarlos constituye una parte *esencial* del proceso de recuperarse de los trastornos de ansiedad. Es tan importante como la relajación, la exposición y las habilidades cognitivas tratadas en los capítulos anteriores.

IDENTIFICAR LOS PROPIOS SENTIMIENTOS

¿Cómo puedes identificar lo que sientes? Te resultará útil seguir estos tres pasos:

1. Reconocer los síntomas de los sentimientos retenidos.
2. Conectarte a tu cuerpo.
3. Discriminar el sentimiento exacto.

Reconoce los síntomas de los sentimientos retenidos

Los sentimientos retenidos se dan a conocer con frecuencia a través de varios tipos de síntomas corporales y psicológicos:

ANSIEDAD FLOTANTE. La ansiedad surge de muchas fuentes. A veces es solamente miedo ante la incertidumbre. A veces aparece al anticipar un resultado negativo –lo que hacemos con los pensamientos de tipo «y si...»–. Si la ansiedad no parece relacionada con ninguna situación específica sino que es tan solo una inquietud vaga, indefinida, esto puede deberse al hecho de que surge de sentimientos fuertes e inexpresados. Cada sentimiento tiene una carga de energía. Cuando contenemos esa energía y no le damos expresión, esto puede dar lugar a un estado de tensión o ansiedad imprecisa. La próxima vez que contengas tu enojo hacia alguien, observa si después te sientes ansioso. Retener el entusiasmo o la excitación por algo también puede producir ansiedad.

DEPRESIÓN. En su conocido libro *The Road Less Traveled*, M. Scott Peck define la depresión como «sentimientos atascados». A menudo nos sentimos deprimidos cuando estamos conteniendo un dolor o una tristeza no expresados por alguna pérdida. Dejar salir las lágrimas y el llanto a menudo nos ayuda a sentirnos mejor –en este caso, lloramos la pérdida de manera eficaz–. La depresión también puede ser consecuencia de retener la ira. Los psicólogos de la

Gestalt fueron los primeros en señalar que la depresión puede encubrir la ira girada en contra del yo. Si te sientes deprimido y no has experimentado ninguna pérdida reciente, puede ser útil que te preguntes con qué estás enojado. Esta es una pregunta especialmente buena si ves que te estás atacando y criticando a ti mismo.

Síntomas psicosomáticos. Síntomas psicosomáticos habituales tales como dolores de cabeza, úlceras, presión arterial alta y asma son a menudo el resultado final de la contención crónica de sentimientos. Si bien los síntomas psicosomáticos pueden surgir de cualquier tipo de estrés crónico, la retención de sentimientos a lo largo de muchos años constituye una forma de estrés que es especialmente propensa a hacer mella en el cuerpo. Aprender a identificar y expresar sentimientos fuertes puede conducir a una reducción o incluso a la remisión de muchos tipos de síntomas psicosomáticos.

Tensión muscular. La tensión y la rigidez muscular es un síntoma muy común de la contención crónica de sentimientos. Tendemos a endurecer ciertos grupos de músculos cuando retenemos lo que sentimos. Distintos sentimientos se retienen apretando distintos grupos musculares: el enfado o la frustración, tensando la parte posterior del cuello y los hombros (estas son las zonas, por cierto, donde la tensión se experimenta con mayor frecuencia en nuestra sociedad); el dolor y la tristeza, apretando los músculos del pecho y de la zona de los ojos; el miedo, endureciendo la zona del estómago y el diafragma, y la contención de los sentimientos sexuales puede manifestarse como endurecimiento de grupos musculares de la región pélvica. Esta correlación entre zonas del cuerpo y la contención de sentimientos específicos no debería considerarse como absoluta. El enfado, por ejemplo, se puede retener por medio de apretar muchos grupos musculares diferentes, desde los ojos hasta la pelvis. El tema es que la tirantez muscular, o la tensión física que se experimente en cualquier zona del cuerpo, puede ser un signo de sentimientos crónicamente atascados. Esta relación entre los sentimientos retenidos y la tensión muscular ha sido explorada con gran profundidad por la escuela terapéutica conocida como *bioenergética*. Los libros del doctor Alexander Lowen ofrecen una buena introducción a este enfoque.

Cualquiera de los cuatro síntomas anteriores puede ser indicativo de que se han estado reteniendo sentimientos fuertes. Una vez que se ha reconocido esto, el siguiente paso es sintonizar exactamente con lo que se está sintiendo.

Conéctate a tu cuerpo

Permanecer en la cabeza, sumergido en las preocupaciones e inquietudes diarias, tiende a mantenerte desconectado de tus sentimientos. Para cambiar de marcha y tener acceso a tus sentimientos, es necesario que dejes de enfocarte en la cabeza y pases a enfocarte en el cuerpo. Como ya he dicho, los sentimientos tienden a quedar retenidos en el cuerpo. Nuestro uso del lenguaje lo refleja en expresiones como «corazón roto», «quebradero de cabeza» o «sentimiento visceral». Si dedicas tiempo a sintonizar con tu cuerpo, puedes aprender a establecer contacto con tus sentimientos e identificarlos. Muchas personas han encontrado útiles los siguientes pasos (basados en un proceso llamado «centrarse en la experiencia» desarrollado por Eugene Gendlin —consulta la referencia al final de este capítulo):

1. Relájate físicamente. Te resultará difícil saber lo que sientes si tu cuerpo está tenso y tu mente está acelerada. Dedica entre cinco y diez minutos a hacer la relajación muscular progresiva, a meditar o a efectuar alguna otra técnica de relajación para bajar el ritmo.
2. Pregúntate: «¿Qué estoy sintiendo en este momento?» o «¿Cuál es mi principal problema o preocupación en este momento?».
3. Sintoniza con ese lugar del cuerpo donde experimentas sensaciones emocionales como enfado, miedo o tristeza. A menudo, será el área del corazón o los intestinos (o del estómago/diafragma), aunque pueden experimentarse también en otras zonas superiores o inferiores del cuerpo.
4. Espera y escucha lo que puedes sentir o captar en ese espacio interior donde se alojan esos sentimientos. *No trates de analizar o juzgar* lo que hay ahí. Sé un mero observador y permítete tener cualquier sentimiento o estado de ánimo que esté esperando salir a la superficie. Limítate a *esperar* hasta que surja algo.
5. Si te quedas en blanco en los pasos 3 y 4 o todavía estás atascado en la cabeza (es decir, si tus pensamientos están acelerados), regresa al paso 1 y vuelve a empezar. Lo más probable es que necesites más tiempo para relajarte. Unos cuantos minutos de respiración lenta y profunda es probable que te ayuden a adquirir mayor conciencia de tus sentimientos.
6. Una vez que has obtenido una impresión general de lo que estás sintiendo, puedes lograr mayor concreción por medio de responder las siguientes preguntas:

    ▸ «¿En qué parte de mi cuerpo está este sentimiento?».
    ▸ «¿Cuál es la forma de este sentimiento?».
    ▸ «¿Cuál es el tamaño de este sentimiento?».
    ▸ «Si este sentimiento tuviera un color, ¿cuál sería?».

Si, después de tomarte el tiempo para relajarte y sintonizar con lo que estás sintiendo, sigues teniendo solamente una vaga impresión de lo que hay allí, puede serte útil examinar una lista de palabras que expresen sentimientos con el fin de identificar cuál es el que estás experimentando exactamente.

Identifica el sentimiento exacto: la lista de sentimientos

La lista de palabras que se ofrece a continuación puede ayudarte a identificar exactamente lo que estás sintiendo. Sírvete de ella cada vez que tengas la vaga sensación de un sentimiento pero no estés seguro de cuál podría ser exactamente. Lee la lista hasta que una palabra en particular destaque en tu conciencia y después comprueba si coincide con tu experiencia interior.

EXPRESAR SENTIMIENTOS

Una vez que eres capaz de identificar lo que estás sintiendo, es muy importante que lo expreses. *Expresar* sentimientos, aquí, significa «dejar que se vayan», por medio de compartirlos con otra persona, escribirlos o descargarlos físicamente (por ejemplo, golpeando tu cama con un bate de plástico o gritando en una almohada). Expresar los propios sentimientos *no* significa «arrojarlos» o dirigirlos contra alguien que percibes como responsable de cómo te sientes. La habilidad de hacer que alguien sepa cómo te sientes en relación con esa persona (o, mejor dicho, en relación con su comportamiento) se discute más adelante, en el apartado «Cómo comunicar tus sentimientos a alguien».

Los sentimientos pueden compararse con cargas de energía que necesitan ser liberadas o descargadas físicamente del cuerpo. Cuando no se expresan, tienden a almacenarse en el organismo en forma de tensión o ansiedad o de otros modos, que dan lugar a los síntomas descritos anteriormente. Tu salud física, así como tu sensación de bienestar, dependen de tu voluntad de reconocer y expresar los sentimientos en el momento en que acontecen, o cerca de ese momento. Se exponen a continuación algunas maneras útiles de expresar los sentimientos.

Compartirlos

La mejor manera de expresar los propios sentimientos es, probablemente, compartirlos con un amigo de confianza, un compañero o un consejero. Compartirlos no significa solamente *hablar* de ellos, sino dejarlos salir. Es importante que tengas un alto nivel de confianza con la persona con la que los compartas, con el fin de que puedas abrirte y revelar totalmente tus verdaderos sentimientos. Y también es importante que esa persona te *escuche atentamente* —es decir, que no te ofrezca consejos, opiniones o sugerencias mientras tanto—. Tu capacidad de compartir vendrá determinada, en parte, por su disposición a no hacer nada más que «escuchar». (Este tipo de escucha puede ser «activa»; esto quiere decir que el oyente resume de vez en cuando lo que has dicho con el fin de que puedas confirmar que lo ha entendido correctamente).

Escribirlos

Si tus sentimientos surgen con intensidad y no hay nadie disponible de inmediato para hablar de ello, agarra papel y bolígrafo y escribe lo que sientes. Puedes ir haciendo así un «diario de sentimientos» en el que reflejes tus sentimientos fuertes de vez en cuando (véase el ejercicio 2 al

Expresar los propios sentimientos

LISTA DE SENTIMIENTOS

Sentimientos positivos

A salvo	Capaz	Fiel	Respetado
Aceptado	Cariñoso	Fuerte	Satisfecho
Adorable	Cómodo	Generoso	Seguro
Afectuoso	Competente	Genial	Sencillo
Agradecido	Complacido	Gozoso	Sexi
Alegre	Confiado	Hermoso	Simpático
Aliviado	Contento	Ilusionado	Solidario
Amable	Cuidadoso	Indulgente	Tierno
Amado	Curioso	Jocoso	Valeroso
Amoroso	Deseable	Juguetón	Valiente
Animado	Divertido	Orgulloso	Vivaz
Apasionado	Encantado	Pacífico	Vivo
Atento	Especial	Pleno	
Autoconfiado	Esperanzado	Preocupado	
Bien	Excitado	Querido	
Calmado	Feliz	Relajado	

Sentimientos negativos

Abatido	Desconfiado	Hostil	Irritado
Abrumado	Descorazonado	Humillado	Lleno de pánico
Aburrido	Desdeñoso	Ignorado	Melancólico
Agitado	Desencantado	Impaciente	Miedoso
Aislado	Desenfrenado	Impotente	Necesitado
Amargado	Desengañado	Imprudente	Necio
Ansioso	Desesperado	Inadecuado	No apreciado
Aprensivo	Desesperanzado	Incómodo	No atractivo
Atrapado	Desolado	Incompetente	Quisquilloso
Avergonzado	Despreciado	Incomprendido	Ridículo
Celoso	Disgustado	Indeciso	Solo
Con odio	Dubitativo	Indefenso	Susceptible
Confundido	Enfadado	Indignado	Temeroso
Confuso	Exasperado	Inferior	Tonto
Culpable	Frenético	Inhibido	Torpe
Dependiente	Frustrado	Inquieto	Triste
Deprimido	Furioso	Insatisfecho	Viejo
Derrotado	Herido	Inseguro	
Desanimado	Horrorizado	Insuficiente	

final de este capítulo). Semanas o meses más tarde te resultará muy instructivo releer el diario para hacerte una idea de los patrones o temas generales presentes en tu vida. Tanto si llevas un diario como si no, el acto de escribir tus sentimientos bastará a menudo para darles salida, hasta que tengas la oportunidad de hablar de ellos.

Descargar la tristeza

Puedes hacerte las siguientes preguntas:

- ¿Lloras alguna vez?
- ¿En qué circunstancias lloras?
- ¿Lloras cuando alguien te hace daño? ¿Cuando te sientes solo? ¿Cuando tienes miedo?
- ¿Lloras sin ninguna razón aparente?
- ¿Solamente lloras cuando estás solo o permites que alguna otra persona te vea llorar?

A veces puedes tener la sensación de estar al borde de las lágrimas. Te sientes como si quisieras llorar, pero tienes dificultades para «sacarlo». En esos momentos, un estímulo artístico concreto puede ayudarte. Piezas de música evocadoras que sean especialmente significativas para ti pueden ayudarte a desencadenar el llanto. Mirar una película de carácter emocional, leer poesía o literatura o incluso ver ciertos anuncios de la televisión pueden traer también a la superficie una sensación de tristeza inicialmente vaga.

Descargar el enfado

Puede ocurrir que te sientas enojado o frustrado a menudo pero seas reacio a expresarlo por temor a herir a los demás. Es muy posible, y a menudo saludable, sin embargo, descargar el enfado de formas no destructivas —formas que no implican «descargarlo» sobre otra persona—. *Realizar movimientos físicos de carácter agresivo* acostumbrará a traer el enfado a la superficie. El blanco de estos movimientos, no obstante, tiene que ser siempre un objeto inanimado. Las siguientes acciones han sido de ayuda para muchas personas a la hora de liberar sus sentimientos de enfado:

- Golpear una gran almohada con ambos puños.
- Gritar en una almohada.
- Golpear un saco de boxeo.
- Lanzar huevos contra una pared o en una bañera.
- Gritar dentro de un coche.
- Cortar madera.
- Golpear un muñeco hinchable de tamaño real.

- Golpear con una vieja raqueta de tenis o un bate de plástico contra la cama.
- Tener una rutina física vigorosa.

No recomiendo hacer nada de esto (con la excepción del ejercicio físico) todos los días. Carol Tavris, en su libro *Anger: The Misunderstood Emotion*, expone las pruebas que demuestran que descargar el enfado en exceso solo tiende a producir más enfado. El término popular *rabiólico* describe al individuo que se ha vuelto adicto a la ira a través de la expresión *excesiva* de esta. En cambio, muchas personas fóbicas y propensas a la ansiedad tienen tendencia a retener o negar los sentimientos de enfado bajo cualquier circunstancia. El enfado puede ser una emoción tan difícil para ti que conviene realizar algunos comentarios adicionales.

LIDIAR CON EL ENFADO

De todas las distintas emociones que pueden dar lugar a la ansiedad, el enfado es la más habitual y generalizada. Comprende un continuo de emociones que van desde la rabia en un extremo hasta la impaciencia y la irritación en el otro. La frustración es tal vez la forma más común de enfado que la mayoría de nosotros experimentamos.

La propensión a las fobias y al comportamiento obsesivo-compulsivo se asocia a menudo con el enojo contenido. *La preocupación de la persona por sus fobias, obsesiones y compulsiones aumenta durante los momentos en que se siente más frustrada o de cualquier otra manera enojada con lo que le está ocurriendo en la vida.* Con frecuencia, sin embargo, es completamente (o casi completamente) inconsciente de esos sentimientos de enojo o frustración.

¿Por qué deberían, quienes padecen fobias y otros trastornos de ansiedad, estar predispuestos a negar o contener su enfado? Hay varias razones:

- Las personas que son propensas a las fobias y la ansiedad quieren pensar de sí mismas que son agradables y complacientes, y así es como quieren mostrarse ante los demás. Esto deja muy poco espacio para experimentar, y mucho menos expresar, emociones de enfado.
- Estos individuos, especialmente si padecen agorafobia, a menudo dependen de forma extraordinaria de las relaciones con personas que son muy significativas para ellos. Las expresiones externas de enfado son tabú, ya que podrían amenazar con alejar a la persona de la que el agorafóbico se siente dependiente para su supervivencia.
- Los propensos a la ansiedad tienen una elevada necesidad de control. Pero el enfado, sobre todo cuando se desborda en forma de ira, es probablemente el menos racional y controlable de nuestros sentimientos. Ceder a la ira, con la consiguiente pérdida de control, es muy alarmante para quienes sienten siempre la necesidad de conservar el control de sí mismos.

Las consecuencias de contener el enfado o la ira a lo largo del tiempo se han discutido en el apartado anterior, donde se han detallado los síntomas de los sentimientos retenidos. La ansiedad generalizada puede ser un signo de enfado contenido. Lo mismo ocurre con la depresión o los síntomas psicosomáticos tales como úlceras, tensión en el cuello y la parte superior de la espalda o cefaleas tensionales. Algunos indicios adicionales de enfado contenido son:

- Un *aumento* de las preocupaciones fóbicas o una sensibilización a nuevas situaciones sin ninguna razón obvia.
- Un *incremento* de los pensamientos obsesivos o los comportamientos compulsivos.
- Comportamientos contraproducentes, como una excesiva autocrítica, maximizar lo que va mal en la vida y no tener en cuenta lo que va bien, quejarse de los problemas sin emprender ningún tipo de acción y tener comportamientos pasivo-agresivos, como la dilación o llegar siempre tarde, culpar a los demás o preocuparse por el futuro en lugar de disfrutar el presente.

Algunas pautas para aprender a gestionar el enfado

Una vez que has tomado conciencia de los indicios y síntomas del enfado contenido, ¿qué puedes hacer para lidiar mejor con estos sentimientos? Las siguientes pautas pueden serte útiles:

1. *Estate dispuesto a dejar de lado la norma de tener que ser siempre agradable o complaciente en todas las situaciones.* Amplía tu concepto de ti mismo para que puedas permitirte expresar irritación o enojo en situaciones en las que hacerlo podría ser apropiado. Ejemplos de ello serían aquellas ocasiones en las que alguien insiste en responderte con comentarios sarcásticos o humillaciones sutiles —o una situación en la que alguien haya roto un acuerdo importante que hizo contigo—. Recuerda que expresar tu enojo *no* significa arrojarlo al otro, sino compartir con alguien cómo te sientes —preferiblemente, *no* con la persona con la que estás enojado—. Tienes que hacer esto con sentimiento; no se trata de que te limites a hablar de manera desapegada acerca de tu enfado. Expresar tu enojo puede significar también escribir o desahogar físicamente tus sentimientos. Cuando estés listo para decirle al otro que estás enojado con él o con su comportamiento, hay habilidades específicas que puedes aprender para comunicar tus sentimientos sin herirlo ni menospreciarlo. Puedes ver el próximo apartado, «Cómo comunicar tus sentimientos a alguien», y el capítulo 13 para encontrar pautas sobre la manera de comunicar el enfado u otros sentimientos.
2. *Trabaja en superar los «y si…» en relación con lo que podría ocurrir si permitieras que tu enfado se manifestase.* Por lo general, estos «y si…» son exagerados y poco razonables; por ejemplo: «¿Y si me vuelvo loco?» o «¿Y si hago algo terrible?». Recuerda que la ira contenida

durante mucho tiempo puede *parecer* inquietante al principio. Su intensidad puede sobresaltarte durante los primeros momentos en que le das rienda suelta, pero no va a hacer que «te desmorones», «te vuelvas loco» o «hagas algo destructivo». La intensidad de tus sentimientos de enojo disminuirá rápidamente tan pronto como te permitas experimentarlos. Esto es especialmente cierto si expresas tu enfado de manera benigna. Si tu ira es intensa, intenta descargarla sobre objetos inanimados o sobre el papel de las formas anteriormente descritas, en lugar de «arrojarla» a alguien a quien te gustaría culpar de tus sentimientos.

3. *Trabaja en superar tus temores en cuanto a alejar a las personas que te importan cuando permitas que tu enfado se muestre.* Ser capaz de comunicar de forma adecuada sentimientos de enfado a quienes nos importan es, de hecho, indicativo de que nos preocupamos por ellos. Si no nos importan, es más probable que nos retraigamos y que contengamos nuestros verdaderos sentimientos. Así como expresar demasiado el enojo puede ser destructivo para los demás o para uno mismo, no comunicar nunca sentimientos de enfado a alguien a quien amas puede transmitir indiferencia o una especie de falsa ecuanimidad o «superioridad moral».

4. *Aprende a comunicar los sentimientos de enojo de forma asertiva en vez de agresiva.* Es muy posible transmitir enojo o frustración hacia otras personas de una manera que respete su dignidad –de un modo que no las haga sentirse culpables o humilladas–. Una forma es hablar en primera persona y no en segunda, esto es, decir: «Me siento enojado cuando rompes tus compromisos» en lugar de: «Me vuelves loco cuando rompes tus compromisos». Las formulaciones en primera persona son respetuosas hacia el otro; en cambio, las formulaciones en segunda persona ponen al otro a la defensiva y le otorgan la culpa de lo que siente el que habla. Lo creas o no, los demás no te *hacen* enfadar. Reaccionas con enfado a tu propia interpretación del significado de la conducta de la otra persona. Algo que dice o hace va en contra de tus normas acerca de lo que es justo o aceptable, de manera que te sientes enojado. Puedes aprender a expresar tus sentimientos de enojo sin lastimar, juzgar o culpar a quienes te rodean mediante el uso de las habilidades de comunicación que se presentan en el siguiente apartado.

5. *Aprende a discriminar los distintos modos de expresar enfado, en función de la intensidad de tus sentimientos.* Si tu enfado consiste en una ira intensa, es probable que no estés preparado para hablar con alguien todavía. En vez de esto, necesitas una forma directa y física de expresión, como golpear almohadas o gritar en ellas, o realizar un ejercicio físico vigoroso. Después de que tu ira ha menguado como resultado de la expresión física directa –o si tu enfado empezó ya siendo moderado–, habla de ello con alguien. Si es posible, lo mejor es que compartas tus sentimientos con un amigo neutral antes de enfrentarte directamente a la persona con la que estás enojado. Si no hay nadie neutral disponible,

utiliza las pautas de comunicación que siguen, así como las que se describen en el capítulo 13. Si, por último, tu enfado consiste solamente en una irritación leve, puedes utilizar el método contrastado de respirar profundo y contar hasta diez para disiparlo —o bien comunicar directamente este sentimiento si lo deseas.

Una advertencia

Este apartado sobre la gestión del enfado está pensado para ti si tienes dificultades para ser consciente de los sentimientos de enfado o para expresarlos. Si tiendes a contener tu enojo, incluso si se aprovechan o abusan de ti, aprender a estar más en contacto con estos sentimientos puede ser empoderador para ti. Si tienes dificultades para defenderte por ti mismo frente a la manipulación o cuando se violan tus límites, sin duda tendrás que aprender a comunicar tu enfado de forma apropiada y *asertiva*.

Por otra parte, si te sientes enojado a menudo y descubres que tus sentimientos interfieren en tus relaciones, evidentemente no necesitas que te den instrucciones sobre cómo identificar y expresar tu enfado. Si estás cansado de la carga emocional y física que conlleva el enfado frecuente, necesitas otro tipo de solución. *Cuando cualquier emoción es excesiva o destructiva, la solución no radica en expresarla más, sino en cambiar el diálogo interno y las creencias erróneas que la agravan.* En resumen, aunque este capítulo te será útil si tienes dificultades para reconocer o expresar tus sentimientos, necesitarás un enfoque más cognitivo en caso de experimentar cualquier sentimiento que te resulte excesivo o destructivo (por ejemplo, la ansiedad en sí). Así pues, puede serte útil, si el enojo acude a ti con demasiada facilidad e interfiere en tus relaciones, que repases los capítulos 8 y 9.

El enfado, como todas las otras emociones, está determinado por tus percepciones y tu monólogo interior. Las otras personas y situaciones no te «hacen» enfadar *por sí mismas*; son tus interpretaciones de lo que los otros hacen y dicen y tus comentarios internos sobre ello lo que estimula tu enfado. A menudo, estas interpretaciones y este diálogo interno contienen un elemento de distorsión. Cualquiera de las siguientes distorsiones cognitivas puede desencadenar el enfado:

- ▶ **Las etiquetas generales.** Cuando describes a alguien para tus adentros como un «vago» o un «idiota», lo descartas sin tener en cuenta la totalidad de la persona.
- ▶ **Pensar en términos de blanco o negro.** Ves las cosas en términos extremos, de tal manera que las personas o situaciones son o del todo buenas o del todo malas; no contemplas los tonos de gris. Por lo tanto, a menudo pierdes de vista la verdad de una situación.
- ▶ **Magnificar.** Cuando inflas algo desproporcionadamente, aumenta tu sensación de agravio y victimismo. Esta es una forma habitual de alimentar y conservar la ira.
- ▶ **Tus derechos.** Si crees que siempre debes obtener lo que quieres, que debes poder tenerlo todo de manera fácil o que la vida siempre debe ser justa, tu pensamiento se basa en la creencia errónea de que tienes el *derecho natural* de ver totalmente satisfechas tus

necesidades todo el tiempo. Este tipo de error puede llevar a experimentar una gran cantidad de ira y culpa autodestructivas.

Los ejemplos anteriores son solamente cuatro entre varios tipos de pensamiento distorsionado que pueden conducir a una ira excesiva y destructiva. Una discusión más completa de las creencias erróneas que pueden desencadenar la ira se puede encontrar en *Venza su ira*, de Matthew McKay, Peter Rogers y Judith McKay. Si el exceso de ira está interfiriendo en tu bienestar y tus relaciones, te recomiendo encarecidamente este libro.

CÓMO COMUNICAR TUS SENTIMIENTOS A ALGUIEN

Comunicar tus sentimientos, a los efectos de este capítulo, significa hacer saber a alguien que tus sentimientos tienen algo que ver con lo que esa persona dijo o hizo. Este nivel de gestión de los sentimientos suele conllevar más riesgos que expresarlos a un tercero o sobre un papel. Sin embargo, cuando permites que alguien sepa cómo te sientes en relación con él es cuando tienes las mayores probabilidades de completar tu trabajo con ese sentimiento. Puedes vivir con un sentimiento de miedo o enojo en relación con alguien durante mucho tiempo sin que haya ningún cambio hasta que, finalmente, permites que esa persona sepa cómo te sientes. Una vez que lo has hecho, ya no es necesario que conserves ese sentimiento en secreto o que guardes silencio sobre él. A veces la persona por la que sientes eso ya no está accesible o viva, en cuyo caso puedes comunicar tus sentimientos por medio de escribir una carta (véase el ejercicio 3 del final de este capítulo).

Hay que respetar dos reglas importantes a la hora de comunicar los propios sentimientos:

1. Asegúrate de que la persona a la que revelas tus sentimientos está dispuesta a escucharte.
2. Evita culpar o menospreciar a la persona a la que te estás dirigiendo.

La primera regla es importante porque tus sentimientos son una parte íntima de ti que merece respeto. Si alguien no está preparado para escucharte o dispuesto a ello, es muy probable que abandones la conversación sintiéndote minusvalorado e incomprendido. Tu tristeza, miedo o enojo en relación con la persona pueden incluso aumentar. Cuando estés listo para decirle a alguien cómo te sientes, pídele que le dedique tiempo a escucharte. Podrías decirle: «Tengo algo importante que decirte y te agradecería que me escucharas». Si te interrumpe, puedes indicarle: «¿Puedes por favor esperar hasta que haya terminado?». Cuando otra persona realmente te escucha, esto significa que te presta toda su atención, no te interrumpe y no te ofrece ningún consejo, opinión o juicio. Tan solo te escucha, en silencio y con atención. Si tiene algún comentario, puede esperar a manifestarlo hasta después de que hayas terminado con tu exposición. La única interrupción adecuada por su parte sería un resumen ocasional de lo que has dicho, solamente para confirmar que te ha escuchado con precisión. Este resumen ocasional por parte del oyente se llama *escucha activa* y es una habilidad acerca de la cual puedes aprender acudiendo a cualquier libro o curso básico sobre comunicación. Si la persona a la que te estás dirigiendo tiene buenas habilidades para la escucha, esto aumentará tu capacidad de destapar y comunicar lo que estás sintiendo.

La segunda regla es importante porque la persona a la que estás hablando puede escucharte mejor si la respetas y te abstienes de culparla o hacerla responsable de tus sentimientos. Se necesitan tres habilidades para lograr esto: hacer las formulaciones en primera persona, referirte a cómo te sientes en relación con el comportamiento del otro en vez de en relación con él como individuo y evitar juzgarlo.

1. *Haz las formulaciones en primera persona.* Cuando le comuniques lo que sientes a alguien, empieza lo que vayas a decir con la expresión: «Siento...» o «Me siento...». De esta manera asumes la responsabilidad de tus sentimientos en lugar de desviarlos hacia la otra persona. En el momento en que le dices a alguien: «Me haces/hiciste sentir...», abandonas tu responsabilidad y pones a tu interlocutor a la defensiva. Aunque una parte de ti quiera echarle la culpa al otro, lograrás comunicarte más fácilmente y serás mejor escuchado si comienzas con: «Siento...» o «Me siento...».

2. *Refiérete al comportamiento de la otra persona en lugar de efectuar un ataque personal.* ¿En relación con qué tienes esos sentimientos? Aunque en un principio puede parecer que estás enojado con la otra persona o que tienes miedo de ella, esto resulta ser casi siempre una sobregeneralización. Si llevas a cabo una reflexión más profunda, descubrirás que estás enojado o asustado por algo específico que *dijo* o *hizo*. Antes de comunicar tus sentimientos, es importante que determines de qué se trata. Después, cuando hables, completa tu formulación en primera persona con una referencia a esas palabras o acciones específicas:

▸ «Me siento enojado porque no llamaste cuando dijiste que lo harías».
(*No:* «Tuve un ataque de pánico porque no llamaste, pero esto a ti no te importa» o «No llamaste, idiota, y esto me hizo sentir fatal»).

▸ «Me sentí amenazada cuando te vi bailando con tu secretaria en la fiesta».
(*No:* «¿Cómo pudiste bailar con ella si sabías lo humillada que me sentiría?» o «¡Eres completamente insensible a mis sentimientos!»).

▸ «Tengo miedo cuando hablas de irte».
(*No:* «Tengo miedo» o «¿Cómo puedes hablarme así sabiendo lo vulnerable que soy?»). Aunque las maneras correctas e incorrectas de expresar los propios sentimientos pueden implicar poco más que una diferencia en la formulación, esta diferencia es importante. Hacer referencia a los propios sentimientos en vez de al comportamiento del otro hace

que pongas al otro, o que te pongas a ti mismo, en una posición de inferioridad. En el primer ejemplo, arrojar la propia ira a la otra persona es probable que la haga sentirse culpable o enojada. Llamar idiota a alguien sin duda hará que se ponga a la defensiva. En el tercer ejemplo, decirle a alguien que tienes miedo de él es probable que te haga ponerte más a la defensiva *a ti* y que esto fomente una mayor distancia en la relación. En resumen, referirte a tus sentimientos en relación con una declaración o un comportamiento específico de la otra persona permite que esta sepa que estás molesto con *algo que puede cambiar*, en lugar de estarlo con lo que es como persona.
3. *Evita emitir juicios.* Este punto habla por sí mismo y es una extensión del punto anterior. Al decirle a tu interlocutor cómo te sientes en relación con lo que dijo o hizo, evita juzgarlo. El problema lo tienes con su comportamiento, no con él. Abstenerte de juzgar a los demás aumentará en gran medida la probabilidad de que te escuchen.

BUSCAR LA NECESIDAD QUE HAY DETRÁS DE LOS SENTIMIENTOS

Los sentimientos fuertes son a menudo indicios de necesidades no satisfechas. Tal vez uno se siente ansioso porque tiene miedo de lo que otras personas piensen de él si manifiesta signos de pánico. La necesidad de aceptación está por debajo de este miedo. O bien se experimenta tristeza o pena porque se está solo después de que haya partido alguien de quien uno se sentía cerca. Detrás de este dolor está la necesidad de compañía y afecto. O uno se siente enojado porque su socio rompió un acuerdo importante que tenía con él. La necesidad que hay detrás de este enojo es de respeto y consideración. O alguien puede sentirse aburrido, vacío o deprimido porque su vida parece demasiado aburrida o rutinaria. La necesidad que hay detrás de su aburrimiento es la de un mayor sentido y propósito para su vida.

Al buscar la necesidad que se oculta detrás de los sentimientos, uno se aproxima a estos desde una perspectiva nueva y más profunda. No solo está sintiendo el enfado o la tristeza sin razón, sino que sabe que tiene una necesidad en particular. Una vez que se ha adquirido una visión más clara de las propias necesidades, se puede comenzar a abordar cómo hacer para satisfacerlas. Si la persona no hace caso de las necesidades que hay detrás de un sentimiento o no puede atenderlas, se encuentra con que el sentimiento se hace cada vez más presente, hasta el punto de llegar a sentir que nunca la abandonará. Estos sentimientos excesivos pueden verse también como un indicio más que como un problema. Cuando uno llega al punto de preguntarse por qué se siente triste o enojado todo el tiempo, esta es una señal segura de que necesita descubrir alguna necesidad insatisfecha. El tema de cómo pedir lo que se necesita se trata en detalle en el siguiente capítulo, dedicado a la asertividad. Se dirá más sobre la naturaleza de las necesidades humanas y la importancia de reconocerlas y satisfacerlas en el capítulo 14, dedicado a la autoestima. Si la ansiedad está demasiado presente en tu vida, tómatelo como una señal de que estás negando algunas de tus necesidades básicas.

AUTOEVALUACIONES

Las dos autoevaluaciones siguientes están destinadas a ayudarte a adquirir más conciencia sobre la forma de gestionar dos emociones importantes: el enfado y la tristeza. Utilízalas como base para identificar las actitudes o los hábitos que se interponen en el camino de tu capacidad de expresar y comunicar lo que sientes.

Autoevaluación 1: aumentar la conciencia del enfado

1. ¿Qué mensajes recibiste de niño en relación con la expresión del enfado?
2. ¿Qué tipos de personas, situaciones y eventos tienden a hacerte enfadar?
3. ¿Es aceptable para ti sentirte enfadado?
4. ¿Cómo te sientes en relación con expresar sentimientos de enfado, tanto a otras personas como contra objetos inanimados?
5. Si expresas enfado, ¿cómo lo haces? ¿Eres agresivo? ¿Asertivo? ¿Resistente o tenaz? ¿Te quejas? ¿Te rebelas?
6. ¿Qué estás dispuesto a hacer para aumentar tu capacidad de reconocer los sentimientos de enfado? ¿Y para expresarlos? ¿Y para comunicarlos de manera apropiada?

Autoevaluación 2: aumentar la conciencia de los sentimientos de tristeza

1. ¿Qué mensajes recibiste de niño sobre el llanto?
2. ¿Qué tipo de situaciones podrían llevarte a llorar? ¿Sueles llorar por alguna razón o sin ningún motivo aparente?
3. ¿Lloras siempre solo o puedes llorar en presencia de otro?
4. ¿Cómo te sientes en relación con el llanto? ¿Aliviado? ¿Deprimido? ¿Avergonzado? ¿De alguna otra manera?
5. ¿Qué estás dispuesto a hacer para mejorar tu capacidad de reconocer los sentimientos de tristeza? ¿Y para expresarlos? ¿Y para comunicarlos de manera apropiada?

EJERCICIOS

Los tres ejercicios siguientes te ofrecen formas directas de expresar tus sentimientos.

Ejercicio 1: busca un compañero para escucharos

Ponte de acuerdo con tu cónyuge, tu pareja o un amigo íntimo para reservaros una hora –o más– cada semana para escucharos el uno al otro. En ese encuentro, llevad a cabo una actividad recíproca. En primer lugar, tu compañero te presta toda su atención durante media hora, mientras tú expresas lo que has estado sintiendo a lo largo de la semana. Después intercambiáis los roles. Durante tu turno de hablar, es necesario que te centres en la forma en que realmente te has estado sintiendo en relación con lo que ha estado aconteciendo en tu vida; no basta con que charles sobre ello o lo describas. En tu turno de escuchar, tienes que prestar toda tu atención al hablante, sin interrumpirlo. Durante todo el período en que estás escuchando, abstente por completo de ofrecer tus consejos, opiniones o comentarios. Lo que sí puedes hacer es pedirle a tu interlocutor que te ofrezca alguna aclaración si estás confundido con respecto a algo que esté diciendo. También es útil que resumas de vez en cuando lo que te comunica, comenzando con: «A ver si te estoy siguiendo. Has dicho que...». Recordemos que esto se llama escucha activa.

Ejercicio 2: el diario de sentimientos

Ten un cuaderno a tu lado cuyo único propósito sea proporcionarte un lugar donde expresar tus sentimientos. Escribe en él cada vez que sientas la necesidad de liberar tu frustración, ira, ansiedad, miedo, tristeza o dolor, así como reflejar sentimientos positivos tales como la alegría, el amor y el entusiasmo. Comienza cada entrada con las palabras «(me) siento» o «(me) sentí» y consulta la «Lista de sentimientos» para ayudarte a identificar los sentimientos específicos que estés experimentando.

Ejercicio 3: escribe una carta en laque comuniques tus sentimientos

Escribe una carta para comunicar tus sentimientos a alguien a quien ya no puedas acceder personalmente. Buenos candidatos para esto serían un excónyuge, un examante o un padre o madre que haya fallecido. Tómate un tiempo para expresar todos tus sentimientos hacia esa persona, tanto los positivos como los negativos. Persiste con el proceso hasta que sientas que has dicho todo lo que tenías que decir. No es raro que una carta como esta se extienda a lo largo de varias páginas.

Cuando hayas finalizado la carta, léesela a un amigo íntimo o a un consejero, lo que ayudará a dotarla de mayor realidad. Si prefieres no darle a conocer la carta a nadie, también está bien.

Opción: es posible escribirle una carta a alguien que esté accesible pero a quien, por diversas razones, has evitado comunicar tus sentimientos. Te sugiero que consultes con un amigo íntimo o, mejor aún, con un consejero antes de decidir enviar dicha carta.

RESUMEN DE COSAS POR HACER

1. Vuelve a leer el apartado «Reconoce los síntomas de los sentimientos retenidos» hasta que estés familiarizado con los signos tanto psicológicos como corporales de los sentimientos retenidos, como la ansiedad flotante, los estados de ánimo depresivos, los síntomas psicosomáticos tales como dolores de cabeza o úlceras, la tensión muscular, etc.
2. Si te resulta difícil identificar tus sentimientos, practica el ejercicio de concentración del apartado «Conéctate a tu cuerpo». Sírvete de la «Lista de sentimientos» para ayudarte a identificar exactamente lo que estás sintiendo.

3. Practica la expresión de tus sentimientos a diario. Búscate un «compañero de escucha» a quien le puedas expresar tus sentimientos de forma asidua (ejercicio 1) o escribe un diario de sentimientos (ejercicio 2). Advierte los cambios en tu nivel de tensión corporal y en tu estado de ánimo después de expresar lo que sientes.
4. Si te resulta particularmente difícil gestionar el enfado, vuelve a leer el apartado «Algunas pautas para aprender a gestionar el enfado». Practica sentirte cómodo al expresarle tu enfado a una persona neutral o en un diario antes de intentar comunicarlo directamente.
5. A la hora de comunicarle tu enfado o cualquier otro sentimiento directamente a alguien, recuerda asegurarte de que está dispuesto a escucharte, hacer tus formulaciones en primera persona, referirte a tus sentimientos en relación con su comportamiento (o sus palabras) en lugar de hacerlo en relación con su persona y evitar juzgarlo.
6. Escribe una carta en la que le comuniques tus sentimientos a alguien que haya sido o sea importante en tu vida (ejercicio 3).

PARA SABER MÁS

Gendlin, Eugene T. *Focusing*. Ediciones Mensajero. Bilbao, 2008.

McKay, Matthew, Martha Davis y Patrick Fanning. *Los secretos de la comunicación personal*. Paidós Ibérica. Barcelona, 2011.

McKay, Matthew, Peter Rogers y Judith McKay. *When Anger Hurts*. Segunda edición. New Harbinger Publications. Oakland (California), 2003.

Peck, M. Scott. *The Road Less Traveled*. Edición del 25.º aniversario. Touchstone Books. Nueva York, 2003.

Rubin, I. R. *The Angry Book*. Touchstone Books. Nueva York, 1997.

Tavris, Carol. *Anger: The Misunderstood Emotion*. Edición revisada. Touchstone Books. Nueva York, 1989.

13

SER ASERTIVO

La asertividad es una actitud y una forma de actuar en cualquier situación en la que se necesite:

- Expresar los propios sentimientos.
- Pedir lo que uno quiere.
- Decir que no a algo que no se quiere.

Volverse asertivo requiere autoconciencia y saber lo que se quiere. Detrás de este conocimiento está la creencia de que uno tiene el derecho a pedir lo que desea. Cuando se es asertivo, se es consciente de los derechos básicos como ser humano. Uno se da a sí mismo, y a sus necesidades particulares, el mismo respeto y dignidad que daría a cualquier otra persona y a sus necesidades. Actuar asertivamente es una forma de cultivar la autoestima y el sentido de la propia valía.

La persona fóbica o propensa a la ansiedad puede actuar asertivamente en algunas situaciones, pero le resulta difícil hacer peticiones o decir que no a miembros de la familia o a amigos cercanos. Al haber crecido quizá en una familia donde sintió la necesidad de ser perfecta y complacer a sus padres, sigue siendo una «persona complaciente» en la edad adulta. Es así como a menudo termina haciendo muchas cosas que realmente no quiere hacer en relación con su cónyuge u otras personas. Esto genera resentimiento, que a su vez produce tensiones y conflictos, a veces abiertos, en las relaciones. Cuando uno aprende a ser asertivo, puede comenzar a expresar sus verdaderos sentimientos y necesidades con mayor facilidad. Uno puede sorprenderse cuando empieza a obtener más de lo que quiere de resultas de su asertividad. También puede sorprenderse al ver que el comportamiento asertivo le hace ser más respetado por los demás.

ESTILOS DE COMPORTAMIENTO ALTERNATIVOS

La asertividad es una forma de actuar que establece un equilibrio entre dos extremos: la agresividad y la sumisión.

El comportamiento *no asertivo* o *sumiso* implica ceder a las preferencias de los demás en detrimento de los propios derechos y necesidades. La persona no expresa sus sentimientos o no deja que los demás sepan lo que quiere. El resultado es que los demás desconocen sus sentimientos o deseos –y por lo tanto no se les puede culpar por no responder a ellos–. El comportamiento sumiso también incluye sentirse culpable –o tener la sensación de mostrarse impositivo– al intentar pedir lo que se quiere. Si uno les da a quienes le rodean el mensaje de que *no está seguro* de tener el derecho de expresar sus necesidades, tenderán a no tenerlas en cuenta. Los individuos fóbicos y propensos a la ansiedad son a menudo sumisas porque, como se mencionó anteriormente, procuran sobremanera mostrarse «agradables» o «complacientes» con todo el mundo. O pueden temer que la expresión abierta de sus necesidades aleje al cónyuge o a la persona de quien se sienten dependientes.

El comportamiento *agresivo*, por otra parte, puede implicar comunicarse de una manera exigente, avasalladora o incluso hostil con los demás. Las personas agresivas normalmente son insensibles a los derechos y sentimientos de los demás y tratan de obtener lo que quieren a través de la coacción o la intimidación. Tienen éxito por el ejercicio de la fuerza bruta, y se ganan enemigos y crean conflictos por el camino. La agresividad a menudo pone a los demás a la defensiva, lo que los lleva a retirarse o luchar en lugar de colaborar. Por ejemplo, una forma agresiva de decirle a alguien que quiere que le adjudiquen una determinada tarea sería decir: «Esta tarea lleva mi nombre escrito en ella. Solo con que le lances una mirada al jefe cuando la saque a colación durante la reunión, te vas a arrepentir».

Como alternativa a ser abiertamente agresivas, muchas personas son *pasivo-agresivas*. En lugar de enfrentarse abiertamente a un problema, expresan sus sentimientos agresivos o de enojo de forma encubierta, por medio de la resistencia pasiva. Por ejemplo, si están enojadas con su jefe, llegan siempre tarde al trabajo. O bien no quieren hacer lo que les ha pedido su cónyuge, de modo que lo posponen o «se olvidan» de ello por completo. En lugar de pedir lo que realmente quieren o hacer algo al respecto, se quejan continuamente de lo que les falta. Los individuos pasivo-agresivos rara vez consiguen lo que quieren, porque nunca se hacen comprender. Su comportamiento tiende a dejar a las otras personas enojadas, confundidas y resentidas. Una manera pasivo-agresiva de pedir una tarea en particular en el trabajo podría ser señalar lo inadecuada que es *otra persona* para esa tarea o decirle a un compañero de trabajo: «Si me asignaran tareas más interesantes, podría llegar a alguna parte en esta empresa».

Finalmente, otro estilo de conducta no asertiva es ser *manipulador*. Los manipuladores intentan conseguir lo que quieren por medio de hacer que otros sientan lástima o culpabilidad hacia ellos. En lugar de asumir la responsabilidad de satisfacer sus propias necesidades, desempeñan el papel de víctima o mártir en un esfuerzo por hacer que otros se ocupen de ellos. Cuando esto no funciona, pueden enojarse abiertamente o fingir indiferencia. La manipulación solo funciona siempre y cuando aquellos a quienes está dirigida no se den cuenta de lo que está sucediendo. La persona que está siendo manipulada puede sentirse confundida o «loca» cuando llega este momento; después se enoja y siente resentimiento hacia el manipulador. Una forma manipuladora de pedir una tarea en particular en el trabajo sería decirle al jefe: «Si me das este trabajo, creo que mi novio finalmente sentirá un poco de respeto hacia mí», o decirle a un colega: «No digas ni una palabra sobre esto, pero si no me asignan esta tarea, voy a utilizar finalmente esas pastillas para dormir que he estado guardando».

El comportamiento *asertivo*, a diferencia de los estilos descritos anteriormente, consiste en pedir lo que se quiere (o decir que no) de una manera sencilla, directa, que no anula, ataca ni manipula a nadie. Uno comunica sus sentimientos y necesidades de forma honesta y directa, a la vez que sigue mostrándose respetuoso y considerado con los demás. Se defiende a sí mismo y defiende sus derechos sin pedir disculpas o sentirse culpable. En esencia, la asertividad consiste en asumir la responsabilidad de satisfacer las propias necesidades de una manera que preserve la dignidad de los demás. Las otras personas se sienten cómodas con alguien asertivo, porque saben cuál es su verdadera postura. El individuo asertivo es respetado por su honestidad y su franqueza. En lugar de exigir o mandar, hace su petición de una manera sencilla y directa; por ejemplo, dice: «Realmente me gustaría que me asignases esta tarea» o «Espero que el jefe decida asignarme esta tarea».

¿Con cuál de las cinco descripciones anteriores identificas más tu comportamiento? Tal vez adoptes más de un estilo de comportamiento, en función de la situación. El siguiente ejercicio te ayudará a identificar tu modo de comportamiento preferido cuando quieres algo.

¿CUÁL ES TU ESTILO?

Piensa en las siguientes situaciones, de una en una. ¿Cómo acostumbrarías a gestionarlas? ¿Sería tu enfoque no asertivo (es decir, no harías nada al respecto), agresivo, pasivo-agresivo, manipulador o responderías asertivamente? Apunta después de cada situación el estilo que adoptarías.

1. Un vendedor te mantiene al teléfono intentando venderte algo que no quieres.
2. Te gustaría romper una relación que para ti ya no está funcionando.
3. Estás sentado en el cine y las personas que hay detrás de ti no dejan de hablar.
4. Tu médico te hace esperar durante más de veinte minutos.

5. Tu hijo adolescente tiene puesta la música demasiado alta.
6. Tu vecino de al lado tiene puesta la música demasiado alta.
7. Te gustaría devolver algo a la tienda y obtener un reembolso.
8. Estás haciendo cola y alguien se cuela delante de ti.
9. Hace tiempo que tu amigo te adeuda dinero –un dinero del que te iría bien disponer.
10. Recibes una factura que parece inusualmente alta por el servicio que recibiste.
11. La persona que ha efectuado reparaciones en tu hogar te exige cobrar, pero ha hecho un trabajo insatisfactorio.
12. En un restaurante, te sirven una comida demasiado hecha o demasiado cruda.
13. Te gustaría pedirle un gran favor a tu pareja o cónyuge.
14. Te gustaría pedirle un gran favor a un amigo.
15. Un amigo te pide un favor que no tienes ganas de hacerle.
16. Tu hijo, tu cónyuge o tu compañero de piso no está haciendo la parte que en justicia le corresponde realizar de las tareas domésticas.
17. Te gustaría hacer una pregunta, pero te preocupa que alguien pueda pensar que es una tontería.
18. Estás en un grupo y te apetecería hablar, pero no sabes cómo será recibida tu opinión.
19. Te gustaría entablar una conversación en el contexto de un encuentro de varias personas, pero no conoces a nadie.
20. Estás sentado o de pie al lado de alguien que fuma, y el humo está empezando a molestarte.
21. Crees que el comportamiento de tu pareja o cónyuge es inaceptable.
22. Crees que el comportamiento de un amigo es inaceptable.
23. Tu compañero se cae inesperadamente, justo cuando estabas a punto de salir a hacer unos recados.
24. Estás hablando con alguien sobre algo importante, pero no parece estar escuchando.
25. Un amigo te deja plantado en una cita para comer.
26. Devuelves un artículo que no quieres a unos grandes almacenes y solicitas que te devuelvan el dinero. El empleado, en lugar de eso, se ofrece a cambiarte el artículo por otro.
27. Estás hablando y alguien te interrumpe.
28. Tu teléfono suena, pero no tienes ganas de contestar la llamada.
29. Tu pareja o cónyuge te hace callar como si fueras un niño.
30. Recibes una crítica injusta por parte de alguien.

Si has obtenido menos de veinticinco respuestas asertivas entre los treinta casos presentados, te será útil trabajar en tu asertividad.

Ser asertivo

CUESTIONARIO DE LA ASERTIVIDAD

Para aclarar aún más las situaciones en las que podrías ser más asertivo, responde al siguiente cuestionario, desarrollado por Sharon y Gordon Bower en su libro *Asserting Yourself*. Marca las situaciones que se aplican en tu caso en la columna A y luego evalúa el nivel de comodidad que sientes en ellas en la columna B:

1 = cómodo
2 = un poco incómodo
3 = moderadamente incómodo
4 = muy incómodo
5 = insoportablemente amenazado

(Estos distintos niveles de malestar se pueden expresar igualmente en relación con sentimientos de enojo, miedo o pasividad).

A) Comprueba aquí si la situación se aplica en tu caso.
B) Evalúa la situación del 1 al 5 en función del grado de incomodidad que te genera.

¿Cuándo te comportas de manera no asertiva?

A	B	
___	___	A la hora de pedir ayuda.
___	___	Al expresar una diferencia de opinión.
___	___	Al escuchar o expresar sentimientos negativos.
___	___	Al escuchar o expresar sentimientos positivos.
___	___	Al tratar con alguien que se niega a colaborar.
___	___	Al hablar sobre algo que te molesta.
___	___	Al hablar cuando todos los ojos están puestos en ti.
___	___	Al protestar por una estafa.
___	___	Al decir que no.
___	___	Al responder a críticas inmerecidas.
___	___	Al pedirle algo a alguien que representa la autoridad.
___	___	Al negociar por algo que quieres.
___	___	Al tener que hacerte cargo de algo.
___	___	Al pedir colaboración.
___	___	Al proponer una idea.
___	___	Al hacer preguntas.
___	___	Al hacer frente a los intentos de otro de hacer que te sientas culpable.
___	___	Al pedir un servicio.
___	___	Al pedir una cita.

_____ _____ Al pedir favores.
_____ _____ Otros _____.

¿Quiénes son las personas con las que no eres asertivo?

A B

_____ _____ Los padres.
_____ _____ Los compañeros de trabajo o de clase.
_____ _____ Los extraños.
_____ _____ Los viejos amigos.
_____ _____ El cónyuge o la pareja.
_____ _____ El jefe.
_____ _____ Los familiares.
_____ _____ Los hijos.
_____ _____ Los conocidos.
_____ _____ Vendedores, empleados, personal contratado.
_____ _____ Más de dos o tres personas en un grupo.
_____ _____ Otros _____.

¿Qué objetivos has sido incapaz de lograr con estilos no asertivos?

A B

_____ _____ La aprobación de los demás por cosas que has hecho bien.
_____ _____ Obtener ayuda con ciertas tareas.
_____ _____ Más atención por parte de tu pareja, o pasar más tiempo con ella.
_____ _____ Ser escuchado y comprendido.
_____ _____ Hacer que situaciones aburridas o frustrantes hayan pasado a ser más satisfactorias.
_____ _____ No tener que ser agradable todo el tiempo.
_____ _____ Confianza para hablar de algo que es importante para ti.
_____ _____ Sentirte más a gusto con los extraños, los empleados de las tiendas, los mecánicos, etc.
_____ _____ Confianza a la hora de pedirle el contacto a las personas que encuentras atractivas.
_____ _____ Conseguir un nuevo trabajo, pedir entrevistas, solicitar aumentos de sueldo, etc.
_____ _____ Sentirte cómodo con las personas que supervisan tu trabajo o con las que trabajan bajo tu supervisión.

Ser asertivo

		No sentirte enojado y amargado una gran parte del tiempo.
_____	_____	Superar un sentimiento de impotencia y la sensación de que en realidad nunca cambia nada.
_____	_____	Empezar a tener experiencias sexuales satisfactorias.
_____	_____	Hacer algo totalmente diferente y novedoso.
_____	_____	Tener tiempo para ti.
_____	_____	Hacer cosas divertidas o relajantes.
_____	_____	Otros _____.

Evalúa tus respuestas

¿Qué te dicen tus respuestas acerca de las áreas en las que necesitas desarrollar más la asertividad? ¿De qué manera contribuye tu conducta no asertiva a las situaciones específicas que marcaste en la lista «¿Cuál es tu estilo?»? Al elaborar tu propio programa de asertividad, tal vez sea mejor que empieces por centrarte en los elementos que has puntuado con un 2 y un 3. Estas situaciones son, probablemente, las más fáciles de cambiar. Los elementos que has calificado como muy incómodos o amenazadores puedes dejarlos para más adelante.

APRENDER A SER ASERTIVO

Aprender a ser asertivo implica trabajar sobre sí mismo en seis áreas distintas:

1. Desarrollar comportamientos asertivos no verbales.
2. Reconocer los propios derechos básicos como ser humano y estar dispuesto a ejercerlos.
3. Tomar conciencia de los propios sentimientos, necesidades y deseos, que son únicos.
4. Practicar las respuestas asertivas (primero a través de la escritura y jugando a ejercer roles y después en la vida real).
5. La asertividad en el acto.
6. Aprender a decir no.

Cada una de estas áreas es la materia del resto de este capítulo.

DESARROLLAR COMPORTAMIENTOS ASERTIVOS NO VERBALES

Algunos de los aspectos no verbales de la asertividad son los siguientes:

▶ *Mirar directamente* a la otra persona al dirigirte a ella. Mirar hacia abajo o a lo lejos transmite el mensaje de que no estás muy seguro de pedir lo que quieres. El extremo opuesto, mirar fijamente, tampoco es efectivo, ya que puede poner a la otra persona a la defensiva.

- Mantener una *postura abierta* y no cerrada. Si estás sentado, no cruces las piernas o los brazos. Si estás de pie, permanece erguido y sobre ambos pies. Sitúate frente a la persona a la que te estás dirigiendo en lugar de permanecer de pie a un lado.
- Mientras estás manteniendo la comunicación asertiva, *no retrocedas o te alejes* de la otra persona. La expresión *defender tu posición* es literalmente aplicable en este caso.
- *Conserva la calma.* Evita excitarte mucho o revelarte excesivamente emocional. Si te sientes enojado, descarga tus sentimientos de ira *en otro lugar* antes de intentar ser asertivo. Una solicitud tranquila pero firme tiene mucho mayor poder de convicción, para la mayoría de la gente, que un arranque de ira.

Intenta practicar las habilidades no verbales anteriores con un amigo mediante el uso de juegos de rol en situaciones que requieran una respuesta asertiva. Una lista de este tipo de situaciones se puede encontrar al final del apartado «Asertividad en el acto».

RECONOCER Y EJERCER LOS PROPIOS DERECHOS BÁSICOS

Como seres humanos adultos, todos tenemos ciertos derechos básicos. A menudo, sin embargo, los hemos olvidado, o cuando éramos niños nunca nos enseñaron a creer en ellos. El desarrollo de la asertividad implica reconocer que, tanto como cualquier otra persona, tienes derecho a todo lo que figura en la «Carta de los derechos personales» que sigue. La asertividad implica también asumir la responsabilidad de ejercer estos derechos en aquellas situaciones en las que se vean amenazados o vulnerados. Lee la «Carta de los derechos personales» y reflexiona sobre tu disposición a creer en cada uno de ellos y ejercerlo.

CARTA DE LOS DERECHOS PERSONALES

1. Tengo derecho a pedir lo que quiero.
2. Tengo derecho a «decir no» a las peticiones o demandas que no pueda atender o satisfacer.
3. Tengo derecho a expresar todos mis sentimientos, positivos y negativos.
4. Tengo derecho a cambiar de opinión.
5. Tengo derecho a cometer errores y a no tener que ser perfecto.
6. Tengo derecho a regirme por mis propios valores y normas.
7. Tengo derecho a decir que no a cualquier cosa si siento que no estoy preparado para ello, es peligroso o contraviene mis valores.
8. Tengo derecho a establecer mis propias prioridades.
9. Tengo derecho a no ser responsable de la conducta, acciones, sentimientos o problemas de los demás.
10. Tengo derecho a esperar que los demás sean honestos.

11. Tengo derecho a estar enojado con alguien a quien amo.
12. Tengo derecho a ser yo, con mis singularidades.
13. Tengo derecho a sentir temor y a decir: «Tengo miedo».
14. Tengo derecho a decir: «No lo sé».
15. Tengo derecho a no dar excusas o razones por mi comportamiento.
16. Tengo derecho a tomar decisiones a partir de mis sentimientos.
17. Tengo derecho a mis propias necesidades de tiempo y espacio.
18. Tengo derecho a ser juguetón y ligero.
19. Tengo derecho a estar más sano que quienes me rodean.
20. Tengo derecho a estar en un entorno no abusivo.
21. Tengo derecho a hacer amigos y estar a gusto con la gente.
22. Tengo derecho a cambiar y crecer.
23. Tengo derecho a que mis necesidades y deseos sean respetados por los demás.
24. Tengo derecho a ser tratado con dignidad y respeto.
25. Tengo derecho a ser feliz.

Haz una fotocopia de la lista anterior y ponla en un lugar visible. Si dedicas un tiempo a leer atentamente la lista todos los días, finalmente aprenderás a aceptar que tienes todos estos derechos.

TOMAR CONCIENCIA DE LOS PROPIOS SENTIMIENTOS, NECESIDADES Y DESEOS

El desarrollo de la conciencia de los propios sentimientos y la capacidad de expresarlos se trató en el capítulo 12. Estar en contacto con los propios sentimientos es un prerrequisito importante para llegar a ser asertivo. En el siguiente capítulo, dedicado a la autoestima, veremos en detalle cómo reconocer y atender los propios deseos y necesidades.

Es difícil que uno actúe asertivamente a menos que tenga claro qué es lo que está sintiendo y qué es lo que quiere y lo que no quiere.

La asertividad implica decir cómo te sientes por dentro *y* expresar directamente qué cambios te gustaría que tuviesen lugar –por ejemplo: «Me siento molesto en este momento *y* me gustaría que me escuchases»–. Si te sientes confundido o ambivalente acerca de tus deseos o necesidades, acláralos en primer lugar, por medio de escribirlos o hablar de ellos con un amigo o un consejero. También puedes jugar a adoptar roles con un amigo para pedir lo que quieres de antemano. Asegúrate de no *dar por sentado* que los demás ya saben lo que quieres: tienes que hacer saber tus necesidades. Las otras personas no leen las mentes.

PRACTICAR LAS RESPUESTAS ASERTIVAS

A la hora de aprender a ser más asertivo, a menudo es muy útil empezar por reflejar las respuestas sobre papel. Escribe una situación problemática que exija una respuesta firme por tu parte. Después formula en detalle cómo vas a gestionarla. Este ensayo por escrito puede permitirte sentirte más preparado y confiado cuando tengas que hacer frente a la situación en la vida real.

Cómo describir tu situación problemática

En su libro *Asserting Yourself*, Sharon y Gordon Bower sugieren que primero selecciones una situación problemática del «Cuestionario de la asertividad». Escribe una descripción de la situación, que incluya la persona implicada (el *quién*), el tiempo y el escenario (el *cuándo*), *lo que* te molesta de la situación, *cómo* tenderías normalmente a lidiar con ella, los *miedos* que tienes de las consecuencias que podrían derivarse de tu asertividad y, por último, el *objetivo* de tu comportamiento.

Es importante ser específico en estas descripciones. Por ejemplo, la siguiente descripción de una situación problemática es demasiado vaga:

> Tengo un montón de problemas para convencer a algunos de mis amigos de que me escuchen, para variar. Nunca dejan de hablar, y nunca consigo colar ni una palabra. Me gustaría poder participar más en la conversación. Siento que estoy dejando que me atropellen.

Observa que la descripción no especifica *quiénes* son esos amigos en particular, *cuándo* es más probable que ocurra este problema, *cómo* actúa la persona no asertiva ni con qué *miedos* relaciona el hecho de ser asertiva, y tampoco se menciona un *objetivo* específico en relación con el hecho de querer participar más en la conversación. Una situación problemática mejor definida podría ser la siguiente:

> Cuando me encuentro con mi amiga Joanna (*quién*) para tomar un café después del trabajo (*cuándo*), a menudo habla sin parar de sus problemas matrimoniales (*qué*). Me siento allí y trato de interesarme por su situación (*cómo*). Si la interrumpo, temo que piense que no me importa lo que me dice (*miedo*). Me gustaría poder cambiar de tema y hablar a veces de mi propia vida (*objetivo*).

EJERCICIO: ESPECIFICA TUS SITUACIONES PROBLEMÁTICAS

En una hoja de papel, redacta dos o tres de tus propias situaciones problemáticas. Asegúrate de especificar el quién, el cuándo, el qué, el cómo, el miedo y el objetivo, como se ha descrito anteriormente. Si es posible, elige situaciones vigentes. Empieza con una que no sea demasiado incómoda o abrumadora.

Cómo elaborar una respuesta asertiva

Ahora que has definido tus situaciones problemáticas, el siguiente paso es elaborar una respuesta asertiva para cada una de ellas. A efectos del aprendizaje de las habilidades para la asertividad, esta respuesta puede dividirse en seis etapas (lo adapto de la obra de los Bower):

1. Evalúa tus derechos dentro de la situación en cuestión.
2. Determina el momento de hablar de lo que quieres.
3. Dirígete a la principal persona implicada y plantea el problema en términos de sus consecuencias para ti.
4. Expresa tus sentimientos en relación con esa situación en particular.
5. Haz tu petición para cambiar la situación.
6. Exponle a esa persona las consecuencias de que obtengas (o no) su colaboración.

Vamos a considerar cada uno de estos puntos con mayor detalle:

1. **Evalúa tus derechos.** Consulta la «Carta de los derechos personales». ¿Qué tienes derecho a pedir en esta situación?
2. **Determina el momento.** Encontrad un momento adecuado para ambas partes para hablar del problema. Este paso, por supuesto, se omite en aquellas situaciones en las que tienes que ser espontáneamente asertivo, en el acto.
3. **Plantea la situación problemática en términos de sus consecuencias para ti.** No cometas el error de esperar que las otras personas lean las mentes. La mayoría están envueltas en sus propios pensamientos y problemas, y seguramente no sabrán lo que te está pasando a menos que expongas explícitamente tu caso. Expresa con claridad tu punto de vista, incluso si lo que estás describiendo te parece obvio. Esto le permitirá a la otra persona tener una mejor idea de cuál es tu posición. Describe el problema con la mayor objetividad posible, sin utilizar un lenguaje culpabilizador o enjuiciador.

Ejemplos:
- «Tengo un problema con el volumen de tu música. Debo estudiar para un examen que tengo mañana y el sonido está tan alto que no puedo concentrarme».
- «Hoy no tengo manera de ir al supermercado. Mi persona de apoyo está enferma y no tengo leche, verduras ni carne».
- «Me parece que casi siempre hablas tú cuando estamos juntos. Me gustaría tener la oportunidad de comunicarte algunos de mis pensamientos y sentimientos, también».

4. **Expresa tus sentimientos.** Al hablarles de tus sentimientos a otros, hazles saber lo mucho que te afecta su comportamiento y lo mucho que afecta a tus reacciones. Incluso si la persona con

la que estás hablando está totalmente en desacuerdo con tu posición, al menos debe poder apreciar tus fuertes sentimientos sobre el tema.

Todos somos dueños de nuestros propios sentimientos. Aunque de entrada puede ser difícil de creer, nadie más que tú mismo *hace* que tengas sentimientos de miedo, ira o tristeza. Las otras personas dicen y hacen todo tipo de cosas, pero es tu *percepción* (tu interpretación) de su comportamiento la que es, en última instancia, responsable de lo que sientes. No eliges necesariamente cómo reaccionas ante los demás, pero aun así tu reacción se basa en tu percepción del significado de lo que dicen o hacen.

Al expresar tus sentimientos, asegúrate siempre de conservar la conciencia de ser el dueño de tus reacciones en lugar de culpar de ellas a otros. Si bien puedes señalar lo que hizo la otra persona para estimular tus sentimientos, estate dispuesto a asumir la responsabilidad última de ellos.

La mejor manera de hacer esto es ser dueño de tus sentimientos por medio de hablar de ellos en primera persona (es decir: «Me sentí triste cuando te olvidaste de llamarme en el momento en que dijiste que lo harías»). Al utilizar la primera persona reconoces tu responsabilidad por tus sentimientos, mientras que las frases en segunda persona generalmente acusan o juzgan al otro.

Ejemplos:
- En lugar de decir: «Me haces enojar cuando no escuchas lo que te digo», puedes optar por: «Me siento enojado cuando no me escuchas».
- En lugar de decir: «Demuestras que no tienes respeto por mí o por esta casa cuando dejas las cosas por ahí tiradas», sería preferible: «Me siento menospreciada y desvalorizada cuando dejas las cosas por ahí tiradas».
- En lugar de decir: «No te importo yo ni que me restablezca; nunca me ayudas», es mejor: «Me siento muy triste y no querido cuando parece que no me estás ayudando en mi intento de restablecerme».

5. **Haz tu petición.** Este es el paso *clave* para ser asertivo. Sencillamente, pide lo que quieres (o lo que no quieres) de una manera directa, sencilla. Ten en cuenta las siguientes pautas para hacer peticiones asertivas:

- *Utiliza el comportamiento asertivo no verbal.* Ponte frente a la otra persona, establece contacto visual, mantén una postura abierta y procura permanecer tranquilo y sereno.
- *Formula tu petición de manera sencilla.* Una o dos frases fáciles de comprender suelen bastar: «Me gustaría que sacases tú el perro a pasear esta noche» o «Quiero que acudamos juntos a un consejero matrimonial».
- *Evita pedir más de una cosa a la vez.*

- *Sé específico.* Pide exactamente lo que quieres, o la persona a la que te estás dirigiendo podrá malinterpretarte. En lugar de decir: «Me gustaría que me ayudases con mis sesiones de práctica», especifica lo que deseas; di por ejemplo: «Me gustaría que vinieses conmigo cuando practico conducir por la autopista todos los sábados por la mañana». O en lugar de: «Me gustaría que volvieses a casa a una hora razonable», especifica: «Me gustaría que volvieses a casa a las doce de la noche».
- *Efectúa tus formulaciones en primera persona:* «Me gustaría...», «Quiero...», «Te agradecería que...». *Es muy importante evitar el uso de la segunda persona en el momento mismo de realizar la petición.* Las formulaciones amenazadoras («Vas a hacer esto, o de lo contrario...») o coercitivas («Tienes que...») pondrán a la otra persona a la defensiva y las probabilidades de conseguir lo que quieres se verán reducidas.
- *Cuestiona comportamientos, no personalidades.* Y cuando cuestiones lo que está haciendo alguien, cuestiona específicamente ese comportamiento; no la personalidad del individuo. Haz que sepa que tienes un problema con algo que está haciendo (o no haciendo), no con él como persona.

  Es preferible decir: «Tengo un problema cuando no llamas para hacerme saber que vas a llegar tarde» que: «Creo que eres un desconsiderado por no llamarme para hacerme saber que vas a llegar tarde».

  Referirse al *comportamiento* problemático preserva el respeto por la otra persona. Juzgar a los demás personalmente, por lo general los pone a la defensiva. Cuando cuestiones la conducta de alguien (por ejemplo, su falta de honradez), *formula siempre una petición positiva después de expresar tu queja*; por ejemplo, puedes decir: «Me gustaría que respetaras los acuerdos que tienes conmigo».
- *No te disculpes* por tu petición. Cuando quieras pedir algo, hazlo directamente. Di: «Me gustaría que...» en lugar de: «Sé que esto puede parecer una imposición, pero me gustaría que...». Cuando quieras rechazar una petición, hazlo de forma directa pero cortés. No te disculpes o pongas excusas. Di solamente: «No, gracias», «No, no me interesa» o «No, no soy capaz de hacer esto». Si la respuesta de la otra persona es la de criticarte, intentar incitarte o querer hacerte sentir culpable o si responde de manera sarcástica, limítate a repetir tu declaración con firmeza, hasta que surta efecto.
- *Haz peticiones; no formules exigencias u órdenes.* La conducta asertiva siempre respeta la humanidad y los derechos de la otra persona. Por lo tanto, una respuesta asertiva es siempre una petición y no una exigencia. Exigir y mandar son formas de comportamiento agresivas basadas en el falso supuesto de que uno siempre tiene la razón, o de que siempre tiene derecho a obtenerlo todo a su manera.

6. **Expón cuáles son las consecuencias de obtener (o no) la colaboración de la otra persona.** Con los amigos y compañeros íntimos, manifestar consecuencias positivas en caso de que satisfagan tu petición puede constituir una oferta honesta de intercambio, y no una manipulación.

Ejemplos:
- ▸ «Si sacas al perro, te voy a dar un masaje en la espalda».
- ▸ «Si me das tiempo para terminar este proyecto, vamos a tener más tiempo para hacer algo especial juntos».

En los casos en que estés tratando con alguien que tenga un historial de resistencia y falta de colaboración, puedes describir las consecuencias *naturales* (generalmente negativas) de su actitud. Si es posible, las consecuencias negativas deben derivarse de forma natural de la realidad objetiva de la situación en lugar de representar algo que se impone arbitrariamente. Esto último es probable que se perciba como una amenaza y puede aumentar la resistencia de la otra persona.

Ejemplos:
- ▸ «Si no podemos salir a tiempo, voy a tener que irme sin ti».
- ▸ «Si sigues hablándome de esta manera, me voy a ir. Hablaremos de nuevo mañana».

Escenarios de ejemplo

Procedo a ilustrar los seis pasos de una respuesta asertiva:

A Jean le gustaría gozar de media hora de paz y tranquilidad ininterrumpidas mientras lleva a cabo su ejercicio de relajación. Su esposo, Frank, tiende a interrumpir su tiempo de silencio con preguntas y otras maniobras de llamada de atención. Antes de enfrentarse a él, escribió una respuesta asertiva de la siguiente manera:

1. *Evalúa tus derechos.*
   - ▸ «Tengo derecho a gozar de un tiempo de tranquilidad a solas».
   - ▸ «Tengo derecho a atender mi necesidad de relajarme».
   - ▸ «Tengo derecho a que mi marido respete mis necesidades».
2. *Determina el momento.*
   - ▸ «Cuando Frank llegue a casa del trabajo esta noche, le preguntaré si podemos sentarnos y hablar de este tema. Si a él no le va bien esta noche, vamos a programar el momento dentro de los próximos dos días».
3. *Plantea las consecuencias de la situación problemática.*
   - ▸ «Te he dicho varias veces que necesito media hora cada día para relajarme e incluso he cerrado la puerta, pero sigues entrando y haciéndome preguntas. Esto perturba mi concentración e interfiere en una parte importante de mi programa de gestión de la ansiedad».
4. *Expresa tus sentimientos.*

- «Me siento frustrada cuando interrumpen mi atención. Me enojo cuando no respetas mi derecho a tener algo de tiempo para relajarme».

5. *Haz tu petición.*
   - «Me gustaría que no se me interrumpiera durante el tiempo en que la puerta está cerrada, salvo en casos de emergencia extrema. Me gustaría que respetaras mi derecho a tener media hora de tiempo a solas cada día».

6. *Expón las consecuencias de obtener la colaboración de la otra persona.*
   - «Si respetas mi necesidad de tener un poco de tranquilidad, voy a ser mucho más capaz de pasar algún tiempo contigo después y ser una buena compañera».

A Sharon le gustaría que su novio, Jim, la ayudara a recuperar la capacidad de conducir por la autopista. Específicamente, desearía que la acompañara a realizar una práctica de una hora cada sábado. Ha sido reacia a pedírselo durante varios meses debido a las fuertes exigencias del trabajo de Jim.

1. *Evalúa tus derechos.*
   - «Tengo derecho a pedirle a Jim que me ayude, incluso si está muy ocupado».

2. *Determina el momento.*
   - «Este sábado por la mañana voy a preguntarle si tiene tiempo para hablar de mi necesidad de obtener su ayuda. Si no es un buen momento, vamos a establecer otro momento que nos vaya bien a los dos».

3. *Expón las consecuencias de la situación problemática.*
   - «Mi progreso en cuanto a superar mi miedo a conducir por las autopistas ha sido lento. He tenido dificultades para encontrar a alguien que venga conmigo los sábados, que es cuando puedo practicar más fácilmente. Para poder avanzar en esta etapa, necesito que alguien me acompañe, aunque más adelante seré capaz de practicar sola».

4. *Expresa tus sentimientos.*
   - «Me he estado sintiendo muy frustrada por no haber tenido muchas oportunidades de practicar la conducción por la autopista. Me siento muy decepcionada por el ritmo con el que progreso».

5. *Haz tu petición.*
   - «Me gustaría que me acompañaras en mi práctica de conducir por las autopistas durante una hora todos los sábados. Te agradecería mucho que me ayudaras con esto».

6. *Expón las consecuencias de obtener la colaboración de la otra persona.*
   - «Si me ayudas con mis sesiones de práctica, estoy segura de que voy a poder superar antes mi fobia a las autopistas. Va a ser muy positivo para nosotros que no tenga que seguir pidiéndote que me lleves a todos esos lugares a los que solo se puede ir por autopista».

ANSIEDAD Y FOBIAS

EJERCICIO: ELABORAR UNA RESPUESTA ASERTIVA

Ahora es tu turno. Selecciona una de las situaciones problemáticas que has descrito anteriormente y redacta una respuesta asertiva siguiendo los seis pasos expuestos. Puedes hacer fotocopias de este ejercicio antes de rellenar los espacios (si necesitas más espacio, utiliza una hoja de papel aparte).

1. Evalúa tus derechos.

2. Determina el momento.

3. Expón las consecuencias de la situación problemática.

4. Expresa tus sentimientos.

5. Haz tu petición.

6. Expón las consecuencias de obtener (o no) la colaboración de la otra persona.

Una vez que has escrito en detalle tu respuesta asertiva a la situación problemática, comprobarás que te sientes más preparado y confiado cuando afrontes esa situación en la vida real. Este proceso de escribir metódicamente tu respuesta asertiva por adelantado es especialmente útil durante el período en que estés aprendiendo a ser asertivo. Más adelante, cuando domines bien el tema de la asertividad, puede ser que no tengas que escribir cada vez tu respuesta de antemano. Nunca es una mala idea, sin embargo, preparar la respuesta, sobre todo cuando hay mucho en juego. Los abogados lo hacen como forma de ganarse la vida, ya que suelen afirmar o reivindicar los derechos de sus clientes en situaciones de alto riesgo.

Por último, un *paso intermedio* importante entre escribir una respuesta asertiva y hacer frente al problema en la vida real es *representar* esa respuesta con un amigo o consejero. Esta puede ser una herramienta indispensable para el cultivo de los aspectos no verbales de la asertividad descritos anteriormente en este capítulo. Esto aumentará aún más tu confianza y tu sensación de estar bien preparado cuando sea el momento de enfrentarse a la situación real. El entrenamiento en la asertividad, ya sea que se lleve a cabo en un contexto psicoterapéutico o en la dinámica de un aula, se basa principalmente en los juegos de rol como herramienta de enseñanza.

ASERTIVIDAD EN EL ACTO

En el curso de la vida cotidiana surgen muchas situaciones que te retan a ser espontáneamente asertivo. Alguien fuma justo a tu lado, haciéndote sentir incómodo. Alguien pone la música a todo volumen mientras estás tratando de dormirte. Alguien se te cuela en la fila (muchas de las situaciones enumeradas en el cuestionario «¿Cuál es tu estilo?», al principio de este capítulo, son de este tipo). ¿Qué hacer? Estos son los pasos que debes seguir para ser asertivo en el acto:

1. **EVALÚA TUS DERECHOS.** A menudo darás este paso de forma automática, sin necesidad de detenerte a reflexionar, porque la violación de tus derechos será evidente y quizá flagrante. En otras ocasiones, puede ser que tengas que hacer una pausa y pensar en cuál de tus derechos está en juego.
2. **HAZ TU PETICIÓN.** Este es el paso *clave* de la asertividad en el acto. En muchos casos, la respuesta asertiva consistirá *solamente* en este paso. Alguien interfiere en tus derechos y sencillamente le pides, de forma directa, lo que quieres o no quieres. Como se vio anteriormente, tu formulación puede comenzar con palabras como estas:

   ▸ «Me gustaría…».
   ▸ «Quiero…».
   ▸ «Te/Le agradecería…».
   ▸ «¿Podría/s por favor…?».

Tu formulación debe:

- Ser firme.
- Ser simple e ir directa al grano.
- No contener disculpas por tu parte.
- No enjuiciar a la otra persona o culparla.
- Ser siempre una petición, no una exigencia.

Si la persona no colabora o finge no darse cuenta, limítate a *repetir* tu petición. Formular la petición de forma reiterada te resultará más útil para conseguir lo que quieres que enojarte o mostrarte agresivo si aquel con quien estás tratando es un extraño. Evita la estrategia de la reiteración, no obstante, si es un familiar o un amigo cercano (los niños pequeños son la excepción).

3. **EXPÓN LAS CONSECUENCIAS DEL PROBLEMA.** Este paso es opcional en el caso de la asertividad en el acto, pero puede ser útil. Si percibes que la persona que tienes delante se siente confundida por tu petición, puedes explicarle por qué su comportamiento tiene un efecto negativo sobre ti. De hecho, puede empatizar más con tu posición de esta manera, lo que hace que aumenten las posibilidades de obtener su colaboración. He aquí un par de ejemplos:

- «Aquí todo el mundo, incluido yo, ha estado esperando en fila» (como preludio a: «¿Podría usted ponerse en la parte de atrás de la fila, por favor?»).
- «Soy alérgica al humo de los cigarrillos» (como preludio a: «¿Podría usted fumar en otro lugar, por favor?»).

4. **EXPRESA TUS SENTIMIENTOS.** Si estás tratando con un desconocido con quien no deseas tener una relación más allá de la situación, por lo general es correcto omitir este paso. La única ocasión para usarlo con un extraño es si esa persona no colabora *después* de que hayas hecho tu petición asertiva (por ejemplo: «Le he dicho ya dos veces que no estoy interesado en su producto y usted sigue intentando vendérmelo. Estoy empezando a sentirme irritado»). Por otra parte, a menudo es una buena idea expresar los propios sentimientos cuando se necesita ser asertivo en el acto con el cónyuge, un hijo o un amigo cercano («Estoy muy decepcionado porque no me llamaste cuando dijiste que lo harías» o «Me siento demasiado cansado para limpiar la cocina en este momento»).

5. **EXPÓN LAS CONSECUENCIAS DE OBTENER (O NO) LA COLABORACIÓN DE LA OTRA PERSONA.** En las situaciones con desconocidos, por lo general no será necesario este paso. En raras ocasiones, con alguien que se resista, puedes optar por exponer las consecuencias negativas de su falta de colaboración, aunque será difícil evitar que esto sea entendido como una amenaza (por

ejemplo: «Si sigue fumando, voy a tener un ataque de asma»). Con la familia y los amigos, se pueden expresar consecuencias positivas para reforzar la petición («Si te metes en la cama a las ocho y media, te voy a leer un cuento»).

La esencia de ser asertivo en el acto no es otra que hacer la petición de la forma más sencilla, concreta y directa posible. La elección de si mencionar o no los propios sentimientos o las consecuencias del comportamiento de la otra persona va a depender en gran medida de la situación. Menciona las consecuencias cuando quieras que aprecie mejor tu postura y expresa tus sentimientos cuando quieras que comprenda con qué intensidad te afecta lo que está haciendo (o dejando de hacer).

EJERCICIOS DE ASERTIVIDAD EN EL ACTO

Los ejercicios siguientes están diseñados para permitirte practicar las respuestas asertivas en el acto. Las situaciones que se presentan son habituales, y puedes habértelas encontrado en tu vida. El ejercicio consiste en rellenar cada espacio en blanco con una respuesta asertiva. Otra opción es representar estas situaciones con un amigo. Esto te proporcionará una práctica directa con los aspectos verbales y no verbales de la comunicación asertiva. Al practicar, acuérdate de conservar la calma.

1. Llevas el coche al taller para un cambio de aceite y recibes una factura por ese concepto más alineación de las ruedas y nuevas bujías. Dices:

_____

_____

2. Quedas con una amiga para conducir por turnos para ir al trabajo. Cada día que conduces tú, ella tiene que hacer un recado de camino a casa. Cuando conduce ella, no efectuáis nunca ninguna parada. Dices:

_____

_____

3. Cuando invitas a casa a tus compañeras de trabajo, la conversación gira siempre en torno a las tiendas. Estás planeando una fiesta y prefieres evitar los temas habituales. Dices:

_____

_____

4. Estás en el banco. El cajero pregunta: «¿Quién es el siguiente?». Es tu turno. Una mujer que entró después de ti exclama: «¡Yo!». Dices:

_____

_____

5. Estás en un taxi y sospechas que el taxista te está llevando por una ruta indirecta. Dices:

_____

_____

6. Estás en un restaurante en el que, como en la mayor parte de los restaurantes hoy día, no se puede fumar (aunque no haya señales de prohibido fumar a la vista). Pero una persona que está en la mesa de al lado enciende un cigarrillo. Dices:

_____

_____

7. Has tenido a menudo, en el pasado, reacciones adversas a los medicamentos. Tu médico te extiende una receta sin decirte qué efectos secundarios puedes esperar. Dices:

_____

_____

8. Te estás comprando ropa nueva. La dependienta te está presionando para que compres algo que te hace parecer cinco kilos más voluminosa. Dices:

_____

_____

9. Estás jugando al minigolf con tu cónyuge. No lo estás haciendo muy bien, pero estás pasando un buen rato. Tu cónyuge no para de decirte cómo hacerlo «bien». Dices:

_____

_____

10. Estás dispuesto a pasar un domingo tranquilo en casa, el primero en mucho tiempo. Tus padres te llaman y te invitan a pasar el día con ellos. No quieres ir. Dices:

_____

_____

11. Recibes una notificación en la que se te informa de que han puesto a tu hijo en la clase de un profesor que sabes que es notoriamente incompetente. Llamas al director y dices:

_____

_____

12. Alguien toca el timbre de la puerta de tu casa, con ganas de convertirte a su religión. No estás interesado. Dices:

_____

_____

13. Una amiga te pide que hagas de canguro para ella, pero tienes otros planes para el día. Dices:

_____

_____

14. Te sientes sola y «excluida». Tu marido se encuentra en la sala de estar, leyendo. Dices:

_____

_____

15. Has estado corriendo todo el día de aquí para allá. Hace mucho calor y no tienes aire acondicionado. Preparas una ensalada para la cena, ya que no deseas encender el horno. Tu marido llega a casa hambriento y quiere una comida caliente. Dices:

_____

_____

16. Unos amigos se presentan, sin haber sido invitados, a las cinco de la tarde. Ahora ya son las siete y quieres servirle la cena a tu familia. No tienes suficiente para incluir a los invitados. Dices:

_____

_____

APRENDER A DECIR NO

Un aspecto importante de ser asertivo es la capacidad de decir no a las peticiones que no se desea atender. Esto significa poner *límites* a las otras personas cuando pretenden que dediques tu tiempo y energía a atender sus demandas, cuando estas solicitudes entran en conflicto con tus propios deseos y necesidades. También significa que puedes rehusar sin sentirte culpable.

En algunos casos, especialmente si estás tratando con alguien con quien no quieres fomentar una relación, el solo hecho de decir «no, gracias» o «no, no estoy interesado» de una manera firme y educada debería ser suficiente. Si la otra persona persiste, repite tu afirmación conservando la calma y sin pedir disculpas. Si necesitas formular tu declaración de manera más fuerte y enfática, puedes mirar a la persona directamente a los ojos, elevar ligeramente tu tono de voz y reafirmar tu posición: «Le dije que no, gracias».

En muchos otros casos —con los conocidos, amigos y familiares— puedes dar alguna explicación sobre por qué rechazas la petición. Aquí, a menudo es útil seguir un procedimiento de tres o cuatro pasos:

1. Reconocer la petición de la otra persona repitiéndola.
2. Explicar el motivo de no aceptarla.
3. Decir que no.
4. (Opcional): si es conveniente, sugiere una propuesta alternativa en la que tanto tus necesidades como las de la otra persona se vean satisfechas.

Sírvete del paso 4 solo si puedes ver fácilmente una forma en que tú y la otra persona os encontréis a medio camino.

Ejemplos:

- «Entiendo que te gustaría mucho que nos encontrásemos esta noche (*reconocimiento*). Resulta que he tenido un día muy largo y me siento agotado (*explicación*), así que esta noche no puedo quedar (*decir no*). ¿Habría otra noche esta semana en que pudiésemos encontrarnos? (*opción alternativa*)».

- «¿Dices que necesitas un poco de ayuda con la mudanza? (*reconocimiento*). Me gustaría echar una mano, pero le prometí a mi novio que saldríamos el fin de semana (*explicación*), así que no voy a estar disponible (*decir no*). Espero que puedas encontrar a alguien más».

Date cuenta de que en este ejemplo la hablante no solo reconoce la necesidad de su amigo, sino que indica que le habría gustado ayudar si las circunstancias hubieran sido otras. A veces es posible que quieras que el otro sepa que en otras circunstancias habrías respondido a su petición de buena gana.

- «Me doy cuenta de que te gustaría volver a salir conmigo (*reconocimiento*). Creo que eres una buena persona, pero me parece que no tenemos lo bastante en común para seguir con la relación (*explicación*), así que tengo que decir que no (*decir no*)».
- «Sé que te gustaría que me encargase de Johnny hoy (*reconocimiento*), pero tengo algunos recados importantes por hacer (*explicación*). Así que hoy no puedo hacer de canguro (*decir no*)».

¿Hay determinados tipos de situaciones en que tienes problemas para decir que no? Haz una lista de estas situaciones en el espacio siguiente:

Ahora toma una hoja de papel y escribe una respuesta asertiva hipotética para cada una de estas situaciones en la que digas que no, siguiendo el procedimiento de tres pasos descrito anteriormente.

Las siguientes sugerencias pueden ser también útiles para aprender a decir no (adaptado del libro *When Anger Hurts*, de Matthew McKay, Peter Rogers y Judith McKay):

1. *Tómate tu tiempo.* Si eres del tipo de persona a quien le resulta difícil decir no, date un poco de tiempo para pensar y aclararte con lo que quieres decir antes de responder a la petición de alguien (por ejemplo: «Te lo haré saber a finales de la semana» o «Te llamaré mañana por la mañana después de haberlo consultado con la almohada»).
2. *No te disculpes demasiado.* Cuando te disculpas por decir que no, les das a los demás el mensaje de que «no estás seguro» de que tus propias necesidades sean tan importantes como las suyas. Esto les abre la puerta a poder presionarte para que cumplas con lo que quieren. En algunos casos pueden incluso tratar de jugar con tu culpabilidad para obtener otras cosas o para que «lo arregles» por haber dicho que no en un principio.
3. *Sé específico.* Es importante que seas muy específico al afirmar lo que vas y no vas a hacer. Por ejemplo: «Estoy dispuesto a ayudarte con el traslado, pero debido a mi espalda solo puedo transportar objetos ligeros» o «Puedo llevarte al trabajo, pero solo si puedes estar en mi casa a las ocho y cuarto».
4. *Utiliza un lenguaje corporal asertivo.* Asegúrate de estar justo enfrente de la persona con la que estás hablando y mantén un buen contacto visual. Procura hablar en un tono de voz tranquilo pero firme. Evita emocionarte.
5. *¡Cuidado con la culpa!* Puedes sentir el impulso de hacer *otra cosa* para alguien después de rechazar su petición. Tómate tiempo para pensarlo antes de realizar este ofrecimiento. Asegúrate de que parte de un deseo verdadero en lugar de venir de la culpa. Habrás dominado completamente la habilidad de decir que no a los demás cuando llegues al punto de poder hacerlo sin sentirte culpable.

RESUMEN DE COSAS POR HACER

Aprender a ser asertivo te permitirá obtener más de lo que quieres y te ayudará a minimizar la frustración y el resentimiento en tus relaciones interpersonales —con la pareja, los familiares y los amigos—. También te ayudará a asumir más riesgos y pedirle más a la vida, puesto que contarás con una mayor autonomía y confianza en ti mismo.

Llegar a ser asertivo requiere, sin embargo, *práctica*. La primera vez que intentes actuar asertivamente con los familiares y amigos, estate dispuesto a sentirte incómodo. Estate también preparado para asumir que no entiendan lo que estás haciendo; también es posible que su reacción sea ofenderse. Si te explicas lo mejor que puedas y les das tiempo para que se adapten a tu nuevo comportamiento, puedes tener una grata sorpresa al ver que te respetan por tu franqueza y honestidad recién descubiertas.

Para que puedas sacar el mayor provecho de este capítulo, te sugiero que hagas lo siguiente:

1. Determina cuál es tu estilo de comportamiento predominante (sumiso, agresivo, pasivo-agresivo, manipulador o asertivo) por medio de preguntarte cómo responderías a cada una de las treinta situaciones enumeradas en el cuestionario «¿Cuál es tu estilo?».
2. Adquiere claridad respecto a las situaciones y personas con las que te gustaría ser más asertivo completando el «Cuestionario de la asertividad».
3. Haz una fotocopia de la «Carta de los derechos personales» y ponla en un lugar visible. Léela varias veces, hasta que te sientas completamente familiarizado con todos los derechos que se enumeran en ella.
4. Identifica dos o tres situaciones problemáticas en las que te gustaría ser más asertivo. Escríbelas en el marco del ejercicio «Especifica tus situaciones problemáticas». Efectúa tu descripción de cada situación específica; indica en cada caso a *quién* implica, *cuándo* se produce, *qué* te molesta de la situación, *cómo* lidiarías normalmente con ella, cuáles son tus *temores* en relación con ser asertivo y, por último, tu *objetivo*.
5. Escribe una respuesta asertiva para cada una de tus situaciones problemáticas. Tu narración para cada respuesta asertiva debe contener los seis pasos que se indican en el ejercicio «Elaborar una respuesta asertiva».
6. Familiarízate totalmente con las pautas para hacer una petición asertiva: el uso de comportamientos no verbales asertivos, formular la petición de manera sencilla, ser específico, hablar en primera persona, cuestionar los comportamientos (no las personalidades), no disculparte por ser asertivo y efectuar peticiones en lugar de expresar exigencias.
7. Repasa las pautas para ser asertivo en el acto y haz los «Ejercicios de asertividad en el acto».
8. Representa con un amigo o consejero, por medio de adoptar roles, tus respuestas asertivas a tus situaciones problemáticas o a las situaciones que se plantean en los «Ejercicios de asertividad en el acto».
9. Repasa el apartado «Aprender a decir no» y, con un amigo o consejero, representad por medio de roles la negativa a atender peticiones no razonables.
10. Consulta los libros referidos a continuación sobre habilidades para la asertividad para una cobertura más completa del tema. Si sientes la necesidad de buscar ayuda adicional más allá de este libro, busca si se ofrecen, en tu zona, programas de educación para adultos en escuelas o institutos. La mayoría de estos programas ofrecen talleres y clases de entrenamiento en la asertividad.
11. Consulta los libros que figuran a continuación sobre habilidades para la comunicación o asiste a una clase de comunicación para respaldar tu entrenamiento en la asertividad con

otras habilidades interpersonales importantes, como la escucha, la capacidad de manifestar lo que piensas y la negociación.

PARA SABER MÁS

Habilidades para la asertividad

Alberti, Robert E. y Michael Emmons. *Con todo tu derecho*. Ediciones Obelisco. Barcelona, 2006.

Bower, Sharon y Gordon Bower. *Asserting Yourself*. Perseus. Reading (Massachusetts), 2004.

Davis, Martha, Elizabeth Robbins Eshelman y Matthew McKay. *The Relaxation & Stress Reduction Workbook*. Sexta edición. New Harbinger Publications. Oakland (California), 2008.

McKay, Matthew, Peter Rogers y Judith McKay. *When Anger Hurts*. Segunda edición. New Harbinger Publications. Oakland (California), 2003.

Smith, Manuel J. *Cuando digo no, me siento culpable*. DeBolsillo. España, 2010.

Habilidades para la comunicación

Fisher, Roger y William Ury. *Obtenga el sí: el arte de negociar sin ceder*. Ediciones Gestión. Barcelona, 2011.

McKay, Matthew, Martha Davis y Patrick Fanning. *Los secretos de la comunicación personal*. Paidós Ibérica. Barcelona, 2011.

14

La autoestima

La autoestima es una forma de pensar, sentir y actuar que implica que uno se acepta y respeta a sí mismo, y que confía y cree en sus habilidades. Cuando uno se *acepta* a sí mismo, puede vivir cómodamente tanto con sus fortalezas como con sus debilidades personales sin criticarse demasiado. Cuando uno se *respeta* a sí mismo, reconoce su propia dignidad y su valía como ser humano único. De ese modo, se trata tan bien como trataría a alguien a quien respetase. La *confianza en sí mismo* significa que los propios comportamientos y sentimientos son lo suficientemente consistentes como para darle a uno un sentido interno de continuidad y coherencia a pesar de los cambios y desafíos que planteen las circunstancias externas. *Creer en uno mismo* significa que el individuo siente que merece tener las cosas buenas de la vida. También significa que tiene confianza en poder satisfacer sus necesidades, aspiraciones y metas más profundas. Para hacerte una idea de tu propio nivel de autoestima, piensa en alguien (o imagina lo que sería conocer a alguien) a quien aceptes y respetes *plenamente*, en quien confíes y creas *totalmente*. Ahora pregúntate en qué medida tienes estas actitudes hacia ti mismo. ¿Dónde te ubicarías en la siguiente escala?

Muy baja autoestima _____ Muy alta autoestima
          0   1   2   3   4   5   6   7   8   9   10

Una verdad fundamental acerca de la autoestima es que tiene que venir *de dentro*. Cuando la autoestima es baja, esta carencia crea una sensación de vacío que uno puede tratar de llenar por medio de aferrarse –a menudo compulsivamente– a algo externo que le proporcione una sensación temporal de satisfacción y plenitud. Cuando la búsqueda para llenar el vacío interior a través de la apropiación de algo externo se vuelve desesperada, repetitiva o automática, uno tiene lo que se llama una *adicción*. En términos generales, la adicción es un apego a algo o alguien externo que uno siente que necesita para que le proporcione una sensación de satisfacción o alivio interior. A menudo, este apego sustituye con una sustancia o actividad la preocupación por gozar de unas relaciones humanas sanas. También puede sustituir la sensación permanente de confianza y fuerza interior por una sensación temporal de control o poder.

Una alternativa saludable a las adicciones es trabajar en aumentar la autoestima. Crecer en autoestima significa desarrollar la confianza y la fuerza que surgen de dentro. Uno no deja de disfrutar plenamente de la vida, si bien ya no necesita apropiarse de algo o alguien que esté fuera de sí mismo para sentirse bien, o identificarse con ello. La base de la autoestima está dentro de uno; por eso, es mucho más estable y duradera.

MANERAS DE AUMENTAR LA AUTOESTIMA

Hay muchos caminos hacia la autoestima. No es algo que se desarrolle de la noche a la mañana o como resultado de una sola idea, decisión o cambio de comportamiento. La autoestima *se construye poco a poco* por medio de la disposición a trabajar en una serie de áreas de la propia vida. En este capítulo se consideran –en tres partes– varias maneras de fomentar la autoestima:

1. Cuidar de uno mismo.
2. Cultivar el apoyo y la intimidad.
3. Otros caminos hacia la autoestima.

Lo más fundamental para la autoestima es la voluntad y la capacidad que tenga la persona de cuidar de sí misma. Esto significa que, en primer lugar, uno puede *reconocer* sus necesidades básicas como ser humano y luego *hacer* algo para satisfacerlas. Cuidar de sí mismo también implica cultivar una relación con esa parte de uno mismo conocida como el «niño interior». El niño interior es un lugar ubicado muy adentro que es el origen de las propias necesidades. Es nuestro lado lúdico, espontáneo y creativo, si bien también carga con todos los dolores emocionales, miedos o sensaciones de vulnerabilidad que adquirimos desde la infancia. Cuando uno pasa a ser un buen padre para su propio niño interior, puede superar las limitaciones y deficiencias que experimentó durante los años de su crianza. Como manifiesta cierto dicho popular: «Nunca es demasiado tarde para tener una infancia feliz».

La primera parte del capítulo se centra en este tema, el cuidado de uno mismo. Comienza enumerando varias situaciones familiares disfuncionales que pueden desencadenar una baja autoestima. A continuación se trata el tema de las necesidades humanas básicas, para ayudarte a identificar cuáles son las necesidades que es más importante que abordes en tu vida en estos momentos. Por último, se ofrecen distintos métodos para el cultivo de la relación con el propio niño interior. Aprender a satisfacer las propias necesidades –cuidar de sí mismo y nutrirse– *es lo más fundamental e importante que uno puede hacer para construir su autoestima.*

La segunda parte de este capítulo es una extensión de la primera. Encontrar apoyo e intimidad en la propia vida es, obviamente, una parte importante del cuidado de uno mismo. Los demás no pueden darte la autoestima, pero su apoyo, aceptación, aprobación y amor pueden hacer mucho para que refuerces y fortalezcas tu propia autoafirmación. Esta parte se divide en cuatro apartados. El primero aborda la importancia de desarrollar un sistema de apoyo. El segundo presenta diez condiciones que creo que son fundamentales para una verdadera intimidad. El tercero aborda la cuestión de los límites interpersonales –poner límites en las relaciones es esencial tanto para la intimidad como para la autoestima–. Un último apartado pone de relieve la importancia de la asertividad para la autoestima.

La tercera parte presenta cuatro aspectos adicionales de la autoestima:

1. El bienestar físico y la imagen corporal.
2. La autoexpresión emocional.
3. El diálogo interno y las afirmaciones que favorecen la autoestima.
4. Los objetivos personales y el sentimiento de realización.

Si bien estos caminos hacia la autoestima son diferentes entre sí, todos ellos pueden verse como una extensión de la idea básica de cuidar de uno mismo.

PRIMERA PARTE: CUIDAR DE UNO MISMO

Cuidar de sí mismo es la base sobre la que descansan todas las otras vías hacia la autoestima. Sin una *disposición* y *capacidad* básica de cuidarse, amarse y nutrirse a uno mismo, es difícil conseguir una experiencia profunda o duradera de autoestima.

Tal vez tuviste la suerte de recibir amor, aceptación y cuidado por parte de tus padres, que constituyeron la base sólida de tu autoestima en la edad adulta. En este caso, estás libre de cualquier sentimiento profundo de inseguridad y es probable que tu camino hacia la autoestima sea corto y sencillo; va a implicar solamente ciertos cambios en tu actitud, hábitos y creencias. Sin embargo, si llevas a cuestas un sentimiento de inseguridad desde hace mucho tiempo, el camino hacia la autoestima implica desarrollar la capacidad de darte a ti mismo lo que tus padres no pudieron darte. *Es posible superar las carencias del pasado solamente por medio de convertirte en un buen padre para ti mismo.*

Algunas causas de la baja autoestima

Vamos a ver cuáles son algunas de las circunstancias de la infancia que pueden conducir a crecer con sentimientos de inseguridad o insuficiencia:

1. **Unos padres demasiado críticos.** Los padres que se mostraban constantemente críticos o que establecían normas de comportamiento tan estrictas que eran imposibles de cumplir pueden haber dejado en su hijo una impronta de culpabilidad; la sensación de que, de alguna manera, nunca podrá ser «lo suficientemente bueno». Una vez adulto, seguirá tendiendo a la perfección para superar un sentimiento de inferioridad con raíces en la infancia. También podrá tener una fuerte tendencia a la autocrítica.
2. **Una pérdida significativa en la infancia.** Si la persona se vio separada de uno de sus progenitores como consecuencia de su muerte o del divorcio, pudo haberse sentido abandonada. Así, pudo haber crecido con una sensación de vacío e inseguridad interior que puede revivir muy intensamente en el momento de afrontar la pérdida de personas importantes en su vida adulta. Para tratar de superar sus viejos sentimientos de abandono, tal vez dependa demasiado de alguien en particular o de alguna adicción —a la comida, a las drogas, al trabajo o a lo que sea que le resulte útil para tapar su dolor.
3. **Abusos por parte de los padres.** El maltrato y el abuso sexual son formas extremas de privación. Pueden dejar a la persona con una compleja mezcla de sentimientos, incluidos los de insuficiencia, inseguridad, falta de confianza, culpa y rabia. Los adultos que recibieron maltrato de niños pueden convertirse en víctimas perpetuas o bien desarrollar una postura hostil hacia la vida y victimizar a otros. Los adultos —especialmente los hombres— que fueron víctimas de abusos sexuales de niños expresan a veces su rabia convirtiéndose en violadores o abusadores. O pueden volver esa rabia contra sí mismos y desarrollar profundos sentimientos de autodesprecio e insuficiencia. Los supervivientes de infancias abusivas a menudo, y es comprensible, tienen dificultades con las relaciones íntimas en su vida adulta. El abuso verbal constante puede tener efectos igualmente perjudiciales, pero menos potentes.
4. **Unos padres alcohólicos o que abusaban de las drogas.** Mucho se ha escrito en los últimos años sobre los efectos del alcoholismo de los padres sobre los niños. Ser un bebedor compulsivo o abusar de las drogas da lugar a un ambiente familiar caótico, poco fiable, en el que es difícil que el niño desarrolle un sentimiento básico de seguridad o confianza. La negación persistente del problema, a menudo por parte de ambos progenitores, le enseña a negar sus sentimientos y su dolor relacionados con la situación familiar. Muchos de estos niños crecen con una baja autoestima o un escaso sentido de identidad personal. Afortunadamente, existen en la actualidad grupos de apoyo que tienen la finalidad de ayudar a los hijos adultos de alcohólicos a sanar los efectos negativos de su pasado. Si uno de tus padres era alcohólico (o si ambos lo eran) puedes leer estos libros: *Hijos adultos de padres alcohólicos*, de Janet Woititz, y *Recovery: A*

Guide for Adult Children of Alcoholics, de Herbert Gravitz y Julie Bowden. También puedes unirte a un grupo de apoyo o terapéutico para hijos adultos de alcohólicos que haya en tu zona.

5. **UNOS PADRES NEGLIGENTES.** Algunos padres, por el hecho de que están preocupados por sí mismos, por su trabajo u otras cuestiones, no les proporcionan a sus hijos la atención y el cuidado adecuados. Los niños dejados a su suerte a menudo crecen sintiéndose inseguros, desvalorizados y solos. De adultos, pueden tender a no tener en cuenta o descuidar sus propias necesidades.
6. **EL RECHAZO DE LOS PADRES.** Aunque no lleven a cabo maltrato o abusos sexuales, algunos padres transmiten a sus hijos la sensación de que no son deseados. Esta actitud, profundamente dañina, enseña al niño a crecer con dudas acerca de su derecho a existir. Estas personas tienen tendencia al autorrechazo o al autosabotaje. Los adultos con estos pasados deben aprender a amarse y cuidar de sí mismos con el fin de darse lo que sus padres no les proporcionaron.
7. **LA SOBREPROTECCIÓN PARENTAL.** El niño que está sobreprotegido puede ser que nunca aprenda a correr el riesgo de la independencia ni a confiar en el mundo que hay más allá de la familia inmediata. Al llegar a la edad adulta, puede sentirse muy inseguro y con miedo a aventurarse lejos de una persona o lugar de confianza. Por medio de aprender a reconocer y atender sus propias necesidades, puede adquirir la confianza necesaria para hacer su propia vida y descubrir que el mundo no es un lugar tan peligroso.
8. **LA INDULGENCIA EXAGERADA POR PARTE DE LOS PADRES.** Los hijos «mimados» de padres superindulgentes no se han expuesto lo suficiente a la gratificación diferida o a unos límites adecuados. Al llegar a la edad adulta, estas personas tienden a estar aburridas, carecen de persistencia o tienen dificultades para iniciar y mantener un esfuerzo individual. Tienden a esperar que el mundo venga a ellas en lugar de asumir la responsabilidad de la creación de sus propias vidas. Mientras no estén dispuestas a asumir su responsabilidad personal, se sentirán estafadas y muy inseguras, porque la vida no sigue ofreciéndoles lo que aprendieron a esperar durante la infancia.

¿Alguna de las categorías anteriores parece corresponder a tu caso? ¿Tal vez más de una? Puede ser que al principio encuentres difícil reconocer problemas en tu pasado. Nuestra memoria de la infancia es a menudo vaga y confusa, sobre todo cuando no *queremos* recordar lo que sucedió realmente. El objetivo de recordar y reconocer lo que te pasó de niño no es que puedas culpar a tus padres. Lo más probable es que lo hicieran lo mejor que pudieron con los recursos personales que tenían disponibles, que pudieron haberse visto seriamente limitados como consecuencia de las privaciones que experimentaron con *sus* padres. El propósito de recordar tu pasado es que puedas *soltarlo* y *reconstruir tu presente*. Los viejos patrones basados en el miedo, la culpa o el enfado tenderán a interferir en tu vida y en tus relaciones actuales hasta que puedas identificarlos y soltarlos. Una vez que reconoces cómo fueron las cosas y, en última instancia, perdonas a tus padres por lo que no fueron capaces de darte, puedes comenzar realmente a transitar el camino de aprender a cuidar de ti mismo. En esencia, esto significa que llegues a ser un buen padre para ti. En este apartado consideraremos tres maneras importantes en que puedes aprender a cuidar mejor de ti mismo:

1. Reconocer y satisfacer tus necesidades básicas.
2. Descubrir tu niño interior y cultivar tu relación con él.
3. Obtener tiempo a diario para pequeños actos que te conduzcan a nutrirte a ti mismo.

Tus necesidades básicas

Las *necesidades humanas básicas* son contar con una vivienda, ropa, alimentos, agua, tiempo de sueño, oxígeno, etc. —en otras palabras, lo que los seres humanos necesitan para su supervivencia física—. No fue sino hasta en las últimas décadas cuando se identificaron las *necesidades psicológicas* de orden superior. Aunque no sea necesario para la supervivencia, satisfacer estas necesidades es esencial para el propio bienestar emocional y para adaptarse de forma satisfactoria a la vida. El psicólogo Abraham Maslow propuso cinco niveles de necesidades humanas, tres de los cuales se hallan más allá de las preocupaciones fundamentales por la seguridad y la supervivencia. Ordenó estos niveles jerárquicamente, de esta manera:

Necesidades de autorrealización (realización del propio potencial, plenitud)

↑

Necesidades de estima (autorrespeto, maestría, sensación de logro)

↑

Necesidades de pertenencia y amor (apoyo y afecto por parte de los demás, intimidad, sentido de pertenencia)

↑

Necesidades de seguridad (refugio, entorno estable)

↑

Necesidades fisiológicas (comida, agua, sueño, oxígeno)

En el esquema de Maslow, la atención a las necesidades de nivel superior depende de tener las necesidades de nivel inferior satisfechas. Es difícil satisfacer las necesidades de pertenencia y estima si uno está pasando hambre. En un nivel más sutil, es difícil realizar el propio potencial si uno se siente aislado y alienado por no tener cubiertas las necesidades de amor y pertenencia. Maslow, que escribió en la década de los sesenta, estimó que el estadounidense promedio satisfacía tal vez el 90% de las necesidades fisiológicas, el 70% de las necesidades de seguridad, el 50% de las necesidades de amor, el 40% de las necesidades de estima y el 10% de la necesidad de autorrealización. Aunque definió la estima estrictamente en términos de sensación de logro y maestría, una autoestima total depende de *reconocer y atender todas las necesidades propias*.

¿Cómo puedes reconocer cuáles son tus necesidades? ¿De cuántas de las siguientes necesidades humanas importantes eres consciente?

1. Seguridad física.
2. Seguridad financiera.
3. Amistad.
4. La atención de los demás.
5. Ser escuchado.
6. Orientación.
7. Respeto.
8. Aprobación.
9. Expresar y compartir tus sentimientos.
10. Sentido de pertenencia.
11. Formación.
12. Tocar y ser tocado físicamente.
13. Intimidad.
14. Expresión sexual.
15. Lealtad y confianza.
16. Sentimiento de logro.
17. Sensación de progresar hacia el cumplimiento de los propios objetivos.
18. Sentirse competente o maestro en algún área.
19. Hacer una contribución.
20. Jugar y divertirte.
21. Sentimiento de libertad, independencia.
22. Creatividad.
23. Conciencia espiritual (conexión con un «Poder Superior»).
24. Amor incondicional.

Ahora vuelve a leer la lista con atención y pregúntate cuántas de estas necesidades estás viendo cumplidas en este momento. ¿En qué áreas te quedas corto? ¿Qué medidas concretas puedes adoptar en las próximas semanas y meses para satisfacer mejor tus necesidades insatisfechas?

Trabajar con tus jerarquías de exposición para superar tus fobias te ayudará a satisfacer dos de las necesidades enumeradas, la «sensación de progresar hacia el cumplimiento de los propios objetivos» y «sentirte competente o maestro en algún área». Ir a bailar o al cine esta noche te ayudará a satisfacer un poco tu necesidad de «jugar y divertirte». El tema es que aprender a cuidar de ti mismo implica que seas capaz de *reconocer* y *satisfacer* tus necesidades básicas como ser humano. La lista anterior puede darte ideas sobre las áreas de tu vida que necesitan más atención. Utiliza la tabla siguiente para planificar lo que vas a hacer en el próximo mes para satisfacer mejor cinco de tus necesidades (o más).

Cultivar tu relación con tu niño interior

El concepto de *niño interior* —la parte de ti que es como un niño— hace muchas décadas que está vigente. El psicólogo Carl Jung se refirió a él como el «niño divino», mientras que el pensador religioso Emmet Fox lo llamó el «pequeño genio». Pero ¿qué es? Y ¿cómo reconocerlo? Estas son algunas de las características del niño interior:

- ▸ Es esa parte de ti que se siente como una niña o un niño pequeño.
- ▸ Es esa parte de ti que siente y expresa tus necesidades emocionales más profundas de seguridad, confianza, crianza, afecto, contacto físico, etc.
- ▸ Es esa parte de ti que es viva, enérgica, creativa y lúdica (como son los niños en realidad cuando se los deja libres para que jueguen y sean ellos mismos).
- ▸ Por último, es esa parte de ti que todavía acarrea los dolores y traumas emocionales de tu infancia. Los fuertes sentimientos de inseguridad, soledad, miedo, enfado, vergüenza o culpa pertenecen al niño interior —incluso si se ven desencadenados por circunstancias actuales—. En realidad, hay muy pocos sentimientos nuevos. Especialmente cuando son fuertes, la mayor parte de nuestros sentimientos reflejan maneras en que reaccionamos o dejamos de reaccionar hace mucho tiempo, cuando éramos niños.

¿Cómo te sientes en relación con el niño pequeño que hay dentro de ti? Si estás dispuesto a darle un poco de libertad de expresión a tu niño interior, encontrarás más fácil ser más lúdico, amante de la diversión, espontáneo y creativo. Encontrarás natural dar y recibir afecto, ser vulnerable y confiar. Estarás en contacto con tus sentimientos y serás libre para crecer. Por otra parte, en la medida en que retengas y niegues a tu niño interior, es probable que te resulte difícil ser juguetón o divertirte. Es posible que tiendas a ser convencional y conformista y que representes repetidamente tus patrones dolorosos. Puedes sentirte constreñido e inhibido, incapaz de soltar y expandirte. Te resulta difícil ser vulnerable o confiar en los demás, así como dar y recibir afecto. Por último, es probable que no estés en contacto con tus sentimientos, sino que tengas tendencia a regirte demasiado por la lógica o que sientas una necesidad excesiva de mantenerlo todo bajo un estricto control.

La autoestima

Necesidad	Lo que estoy dispuesto a hacer el próximo mes para satisfacer mejor esta necesidad

¿Cómo puedes sacar a la luz a tu niño interior y cultivar una relación sana con él? Según mi experiencia, esto es fruto de un proceso de cuatro pasos:

1. Superar actitudes de crítica, rechazo y negación del niño interior.
2. Sacar a la luz al niño interior.
3. Reevaluar los estados emocionales negativos como necesidades positivas del niño interior.
4. Cuidar del niño interior a diario.

Superar las actitudes de crítica, rechazo y negación del niño interior

Una verdad básica es que tendemos a tratar a nuestro niño interior de la misma forma en que nos trataron nuestros padres cuando éramos niños. Para bien o para mal, interiorizamos las actitudes y comportamientos de nuestros padres. Si se mostraron demasiado críticos con nosotros, es probable que creciéramos excesivamente autocríticos, sobre todo de nuestro lado «infantil» o menos racional, impulsivo. Si se ocuparon poco de nosotros, posiblemente crecimos tendiendo a ignorar o descuidar las necesidades de nuestro propio niño interior. Si estaban demasiado ocupados como para dedicarnos su atención, tal vez ahora, ya adultos, estemos demasiado ocupados como para atender a nuestro niño interior. Si abusaron de nosotros, podemos habernos convertido en adultos autodestructivos, o puede ser que abusemos de otras personas. Si para nuestros padres era tabú que reconociésemos y expresásemos nuestros sentimientos e impulsos, podemos haber crecido negando nuestros propios sentimientos. Y la lista continúa. Para cultivar una relación sanadora y de cuidado de nuestro niño interior –para ser unos buenos padres de nosotros mismos–, necesitamos superar cualquier actitud parental que hayamos interiorizado que nos lleve a criticar, descuidar o negar las necesidades y sentimientos del niño interior (o a cometer abusos al respecto).

Sacar a la luz al niño interior

Mientras aprendes a superar los patrones negativos que interiorizaste de tus padres, puedes comenzar a sacar a la luz a tu niño interior. Es útil empezar a hacerlo incluso *antes* de que trabajes con todas las limitaciones que le has impuesto. Hay unas cuantas buenas maneras de hacer esto: la visualización, escribirle una carta al niño interior, llevar fotografías y realizar actividades en la vida real que permitan al niño interior expresarse. ¡Es posible que te sorprenda descubrir que cuidar de tu propio niño interior requiere mucho menos tiempo e inversión de energía que criar a un niño real!

La visualización

A continuación se presenta una visualización detallada para ayudarte a fomentar una relación más estrecha con tu niño interior. Graba esta visualización en audio, haciendo una breve pausa entre cada frase o algo más larga (entre diez y veinte segundos) cuando las instrucciones indiquen «Pausa». Puedes hacerlo tú mismo, o pedírselo a un amigo cuya voz te guste. Asegúrate de dedicar entre diez y quince minutos a relajarte profundamente antes de comenzar la visualización, puesto que tu capacidad de recordarte y verte como un niño será mucho mayor gracias a la relajación profunda. (Puedes utilizar la relajación muscular progresiva, la meditación o cualquier técnica de relajación profunda que desees; para ello, consulta el capítulo 4.

SANANDO A TU NIÑO INTERIOR

Imagínate sentado en una mecedora. Te pones muy cómodo. Siente cómo te meces fácilmente hacia atrás y adelante. A medida que vas balanceándote, empiezas a fluir... cada vez más. Mientras te meces, fluyes suavemente hacia atrás en el tiempo. Te meces suavemente y fluyes... fluyes lentamente hacia atrás. Año tras año, imaginas que te vas volviendo cada vez más joven. Los años siguen pasando... Ya estás en la década de los noventa... en la década de los ochenta... Fluyes suavemente... Te sientes cada vez más y más joven. Retrocedes mucho en el tiempo, hasta la época en que eras pequeño. Muy pronto podrás imaginar verte como un niño pequeño. Ya estás ahí ahora. Estás viendo al niño pequeño que fuiste hace mucho tiempo. ¿Cómo es? ¿Cómo va vestido? ¿Qué edad tiene? ¿Puedes ver dónde está? ¿En un espacio interior o al aire libre? ¿Puedes distinguir lo que está haciendo? Tal vez puedes ver su cara y, si te fijas bien, la expresión de sus ojos. ¿Puedes decir cómo se siente este niño en este momento? (Pausa). Mientras miras a este niño, ¿puedes recordar algo que le faltase en su vida? ¿Hay algo que le impedía ser plenamente feliz? (Pausa). Si había alguien o algo que impidiese que este niño se sintiera completamente feliz y despreocupado, visualiza a esa persona o situación. (Pausa). Si no hay nadie ahí todavía, visualiza a tu padre o a tu madre o a quien quieras que esté delante de ti en este momento. (Pausa). ¿Qué siente tu niño pequeño hacia papá, mamá o esa otra persona?... ¿Hay algo que a tu niño le gustaría decirle en este momento? Si es así, está bien que se lo diga justo ahora... (Pausa). Si tu niño se siente demasiado asustado o confundido como para decir nada, imagina que tu yo actual, adulto, entra en la escena en este momento y se sitúa junto a tu niño pequeño. (Pausa). Cuando estés listo, imagina que tu yo adulto, que está ahí junto a tu yo infantil, habla en nombre de este a la otra persona. Tu yo adulto puede decir lo que quiera. Dile a tu padre, a tu madre o a quien quiera que esté ahí, lo que tengas que decirle... lo que fuera que nunca fue expresado. (Pausa de treinta segundos o más). Si quieres, puedes completar la frase: «¿Cómo crees que me hace sentir que...?». (Pausa de veinte segundos o más). O: «Me gustaría que tuvieras...». (Pausa de veinte segundos o más). Dile cualquier cosa que querrías que hubiese hecho pero que no hizo. Cuando hables, hazlo alto y claro, para asegurarte de que quien está allí realmente te escucha. (Pausa de veinte segundos o más). ¿Tiene alguna respuesta la persona que está frente a vosotros? Escucha para ver si la tiene. (Pausa de veinte segundos o más). Si es así, puedes responder a lo que dice. Si no es así, puedes acabar de manifestar lo que tengas que decir. (Pausa). Cuando hayas terminado de hablar, puedes pedirle a quien está ahí que se vaya y te deje en paz... o que se vaya un rato hasta que estés listo para hablar de nuevo... o que se quede... Dile a esa persona que vas a aceptarla tal como es y dale un abrazo. (Pausa).

Ahora vuelve a visualizar a tu yo actual, adulto, de pie junto a tu niño pequeño. (Pausa). Si quieres, toma al niño entre tus brazos en este mismo instante y quiérelo. Rodéalo con tus brazos y dile que todo está bien. Dile que sabes cómo se siente. Dile que lo entiendes. Dile que estás aquí, que vas a ayudarle y que lo quieres mucho. (Pausa). Si le pudieras poner un color al amor que sientes, ¿cuál te viene a la mente? (Pausa). Envuelve a tu niño pequeño con una luz de ese color y permítele sentir la tranquilidad de estar en tus brazos. (Pausa). Dile que piensas que es un niño magnífico;... que adoras la forma en que habla, camina, ríe... y en que lo hace todo. Dile que te importa y que es un ser muy valioso... (Pausa de treinta segundos o más).

OPCIONAL: ahora sienta a tu niño en tu regazo y háblale. Es inteligente, y si alguien le explica algo, lo entenderá. Explícale que debido a los problemas que mamá y papá tuvieron en sus propias infancias no pudieron atenderlo y amarlo de la forma en que merecía ser amado. No es que no quisieran amarlo... Fue a causa de sus propias dificultades por lo que no pudieron quererlo como él deseaba. Este niño pequeño solamente necesita que alguien se lo explique... Nunca nadie le contó nada acerca de los problemas que tuvieron sus padres durante sus respectivas infancias. (Pausa). ¿Puede entender tu niño interior que, a causa de sus problemas, mamá y papá no fueron capaces de amarlo o atenderlo de la forma en que realmente merecía? ¿Está preparado para perdonarlos por lo que pasó? (Pausa). Si no está listo en este momento, tal vez lo estará después. Si está listo ahora, visualiza a tus padres de pie delante de vosotros. (Pausa). Ahora diles, de la forma que quieras, que los perdonas. Estás dispuesto a perdonarlos por sus defectos, porque sabes que sus propios problemas evitaron que fueran los mejores padres que podían ser. Perdónalos ahora... (Pausa de treinta segundos o más).

A continuación, date instrucciones para salir del trance. Mueve los brazos y las piernas y después realiza unas cuantas respiraciones profundas. A medida que empiezas a sentirte más alerta, dite unas cuantas veces: «Despierta».

Escribirle una carta al niño interior

Después de haber practicado la visualización anterior o como resultado de ver fotos de ti mismo de niño (como se describe en el siguiente apartado), es posible que quieras escribirle una carta a tu niño interior. Puedes decirle lo que sientes por él, cómo te sientes acerca de lo que le pasó cuando eras niño, la forma en que te gustaría conocerlo mejor y lo que te gustaría aprender de él. Cuando hayas acabado la carta, abre tu mente y observa si puedes adoptar el papel del niño. A continuación escribe la carta que, como niño, dirigirías a tu yo adulto; dile cómo te sientes en relación con él y lo que te gustaría esperar de él. Incluso puedes intentar escribirla con letra infantil, a mano por supuesto, para que te resulte más fácil entrar en contacto con lo que siente el niño. Te sorprenderá comprobar lo bien que funcionan estas cartas a la hora de abrir la comunicación entre tu yo adulto y el de tu niño interior. He aquí un ejemplo de carta de un adulto a su niño interior:

> Querido niño:
> Hace mucho que quiero retroceder en el tiempo para decirte cuánto te quiero y lo mucho que deseo protegerte de todo el dolor y sufrimiento que has estado viviendo. Eres demasiado pequeño y vulnerable para afrontar este dolor solo. Quiero que sepas que me tendrás a tu lado a partir de ahora, y que cada vez que estés asustado puedes recurrir a mí. Estaré ahí para abrazarte, consolarte y protegerte.
> Sé que te resulta muy aterrador ver cómo tu papá pierde los estribos. Hace todo el ruido que puede, y a veces le pega a tu mamá o a tu hermano. A ti no te pega, y en cierta manera esto te hace sentir culpable. Hace que parezca como si estuvieras de su parte y que cada vez que le pega a uno de ellos fuera también culpa tuya.
> Me gustaría que me hablaras más acerca de cómo te sientes, en relación contigo mismo, tu papá, tu mamá y tu hermano. Creo que te han ocurrido un montón de cosas que no puedes recordar, ya fuera porque no tenían sentido para ti en aquel momento o porque era demasiado terrible para ti recordarlas. Es difícil recordar cosas que no tienen ninguna imagen, palabra o incluso concepto unido a ellas; es como tratar de recordar los sueños.
> A medida que recuerdes más, voy a ser capaz de entender más cosas acerca de quién soy, cómo actúo y lo que siento. Sé que es doloroso tratar de recordar, y quiero que sepas lo agradecido que te estoy por intentarlo. Recuerda que a partir de ahora siempre estaremos ahí el uno para el otro.
> Con amor,
>
> (firma con tu nombre)

Llevar fotografías

Lleva una foto de ti mismo de niño en tu cartera o billetera y sácala periódicamente para acordarte de tu niño interior. Reflexiona sobre lo que estaba pasando y cómo te sentías en los tiempos en que se tomó la foto. Después de llevar esa foto contigo durante una semana más o menos, elige otra en la que tengas una edad diferente y repite el proceso.

Realizar actividades en la vida real

Una serie de actividades en la vida real pueden fomentar una mayor toma de conciencia del niño interior y una mayor cercanía con él. Pasar diez minutos al día realizando alguna de las siguientes actividades puede ayudar:

- Abrazar un osito de peluche u otro animal de juguete.
- Ir a un parque infantil y usar los columpios u otras atracciones.
- Jugar con tu hijo como si fuera un compañero en lugar de un adulto.
- Tomar un cucurucho de helado.
- Ir al zoológico.
- Subir a un árbol.
- Participar en cualquier otra actividad que te gustase de niño.

Intenta sentirte como un niño cuando lleves a cabo cualquiera de estas actividades. Los sentimientos que experimentes al hacerlo te dirán mucho acerca de tu actitud hacia tu propio niño interior.

Reevaluar los sentimientos negativos como necesidades positivas del niño interior

Si te encontraras con un niño pequeño que pareciese asustado, confundido o abandonado, es probable que hicieses todo lo que estuviese en tu mano para ayudarle y consolarlo. Sin embargo, ¿cómo te tratas a ti mismo cuando te sientes inseguro, asustado, solo, abandonado o necesitado de alguna otra manera? Con demasiada frecuencia nos limitamos a negar estos sentimientos, o nos autocriticamos o nos rechazamos a nosotros mismos por tenerlos. Una de las transformaciones más profundas que podemos llevar a cabo en el camino hacia una mayor autoestima es la de *pasar a percibir los sentimientos de inseguridad e insuficiencia como peticiones de atención por parte del niño interior en vez de percibirlos como signos de debilidad de los que hay que librarse.* Vas a sanarte más deprisa por medio de reconocer y atender al niño necesitado que hay detrás de tus estados emocionales negativos que por medio de tratar de alejar las necesidades de tu niño interior.

La próxima vez que te sientas asustado, inseguro y vulnerable, o enojado, frustrado y harto, o que sientas que no das la talla, trata de preguntarte: «¿Cuál es la necesidad que hay detrás de este sentimiento? ¿Qué es lo que necesita mi niño interior en este momento?». A continuación, dedica el tiempo que necesites a darle a tu niño interior las atenciones o cuidados que necesite, y te sorprenderá ver lo bien que te sientes.

Aprender a percibir los sentimientos negativos como peticiones de atención por parte del niño interior transformará tu vida y contribuirá en gran medida a que crezca tu autoestima. En esto consiste «convertirse en un buen padre para uno mismo».

Ejemplos de peticiones de ayuda del niño interior disfrazadas

Acabas de llegar a casa después de un duro día de trabajo. Te ves en el espejo del baño y no puedes soportar tu aspecto. Tu maquillaje parece demasiado pesado y se corre. Te miras y te sientes como una vieja mujerzuela. Comienzas a pensar: «¿Qué importa todo?». Podrías elegir hundirte en la depresión, pero en cambio le preguntas a tu niña interior qué es lo que quiere en ese mismo momento. En lugar de arreglarte el maquillaje, decides llenar la bañera con agua caliente y burbujeante. Te sientes un poco tonta al hacerlo, pero pones algunos juguetes de goma y de plástico en la bañera contigo —un patito de goma y un juego de té infantil—. Tenías juguetes similares en la bañera cuando eras niña. Te sumerges en el agua caliente y juegas; llenas tazas de té imaginarias y haces hablar al pato, tal como hacías cuando eras pequeña. Permaneces en la bañera todo el tiempo que te apetece, dejando que los dedos de las manos y los de los pies se arruguen como ciruelas pasas. Cuando te miras de nuevo en el espejo, tienes un aspecto rosado y cálido. Te miras de forma más indulgente —¡después de todo, has tenido un día duro!

Te has pasado dos horas preparando una comida especial para tu hermana, que venía a pasar la tarde contigo. Pero en el último momento te llama y te dice que no va a poder venir porque no se encuentra bien. Sospechas que el verdadero motivo es que la han invitado a salir. De repente sientes una mezcla de tristeza y rabia. Podrías recrearte en estos sentimientos negativos, pero en lugar de hacerlo le preguntas a tu niña interior qué necesita. En vez de enojarte y tirar la comida, decides fingir que eres tu propia invitada de honor y que has preparado esa hermosa cena para ti misma. Te haces una diadema de papel y te sientas a la mesa entre dos velas. Varias veces durante la comida, levantas tu copa y brindas contigo misma. Comes lentamente, disfrutando de cada bocado, advirtiendo la textura, el color y el sabor de lo que te llevas a la boca. Al final de la comida, te das las gracias a ti misma por proporcionarte una compañía tan espléndida.

Cuidar del niño interior a diario

¿Cómo hacer para cuidar y criar al niño interior? Al principio de este capítulo, hablé de reconocer y satisfacer veinticuatro necesidades humanas básicas. Satisfacer esas necesidades sería sin duda un buen comienzo. Si consiguieras satisfacer todas ellas, habrías avanzado mucho hacia el cultivo de una relación sana con tu niño interior. Los ejercicios descritos anteriormente para sacar a la luz al niño interior también fomentarán una relación más estrecha y solidaria con esta parte importante de ti mismo. Más allá de esto, hay cientos de pequeños actos gratificantes que pueden servirte para cultivar una relación más afectuosa contigo mismo y, en última instancia, un sentimiento mucho más elevado de autoestima. Así como ofreces pequeños gestos de atención y cuidado para hacer más profunda tu relación con tu cónyuge, tu hijo o un amigo al que quieres, puedes hacer lo mismo por ti. La lista siguiente sugiere cincuenta y una pequeñas maneras de gratificarse a mí mismo a diario.

Actividades gratificantes

Esta lista ha sido muy útil para muchos de mis pacientes que sufren trastornos de ansiedad o depresión. Al realizar al menos una o dos actividades de la lista todos los días, o cualquier otra que encuentres placentera, adquirirás cada vez más la importante habilidad de ser un buen padre para ti mismo. No tienes nada que perder más que tus sentimientos de inseguridad e insuficiencia, y ganarás en autoestima.

1. Date un baño caliente.
2. Desayuna en la cama.
3. Regálate una sesión de sauna.
4. Que te hagan un masaje.
5. Cómprate una rosa.
6. Date un baño de burbujas.
7. Ve a una tienda de mascotas y juega con los animales.
8. Pasea por un sendero pintoresco en un parque.
9. Visita un zoológico.
10. Que te hagan la manicura o la pedicura.
11. Detente y huele algunas flores.
12. Despiértate temprano y contempla el amanecer.
13. Contempla la puesta del sol.
14. Relájate con un buen libro o con música tranquila.
15. Alquila un DVD de contenido humorístico.
16. Pon tu música favorita y báilala.
17. Acuéstate temprano.
18. Duerme bajo las estrellas.
19. Tómate un día libre: tu «día de la salud mental».
20. Prepara una cena especial solo para ti y come a la luz de las velas.
21. Sal a dar un paseo.
22. Llama a un buen amigo —o a varios.
23. Ve a un buen restaurante contigo mismo.
24. Ve a la playa.
25. Conduce por algún lugar pintoresco.
26. Medita.
27. Cómprate ropa nueva.
28. Zambúllete en una librería o tienda de discos todo el tiempo que quieras.
29. Cómprate un animal de peluche mimoso y juega con él.
30. Escríbete una carta de amor a ti mismo y envíatela por correo.

31. Pídele a una persona especial que te cuide (te haga de comer, te abrace o te lea).
32. Cómprate algo especial que puedas permitirte.
33. Ve a ver una buena película o un buen espectáculo.
34. Ve al parque y da de comer a los patos, mécete en los columpios, etc.
35. Visita un museo u otro lugar interesante.
36. Date más tiempo del que necesitas para hacer lo que estás haciendo (permítete perder el tiempo).
37. Trabaja en tu puzle favorito o haz crucigramas.
38. Relájate en una bañera de hidromasaje o *jacuzzi*.
39. Graba un audio con afirmaciones.
40. Escribe un escenario ideal en relación con un objetivo; después visualízalo.
41. Lee un libro inspirador.
42. Escríbele una carta a un viejo amigo.
43. Hornea o cocina algo especial.
44. Sal a mirar escaparates.
45. Compra o descárgate un CD de meditación.
46. Escucha un CD positivo, de motivación.
47. Escribe en un diario especial acerca de tus logros.
48. Aplícate una loción perfumada por todo el cuerpo.
49. Mastúrbate.
50. Haz ejercicio.
51. Siéntate y agarra tu animal de peluche favorito.

SEGUNDA PARTE: CULTIVAR EL APOYO Y LA INTIMIDAD

Mientras que la autoestima es algo que construimos dentro de nosotros mismos, gran parte de nuestro sentimiento de valía está determinado por nuestras relaciones personales significativas. Los demás no pueden darte el sentimiento de valía y confianza, pero su aceptación, respeto y aprobación pueden reafirmar y fortalecer tu actitud y tus sentimientos positivos hacia ti mismo. El amor por uno mismo se convierte en narcisista si se está aislado de los demás. Vamos a considerar cuatro caminos hacia la autoestima que implican relaciones con los demás:

1. Los amigos íntimos y las personas de apoyo.
2. La intimidad.
3. Los límites.
4. La asertividad.

Los amigos íntimos y las personas de apoyo

Cuando se han hecho encuestas sobre los valores humanos, muchas personas ubican a los amigos íntimos en la parte superior, junto con la carrera, una vida familiar feliz y la salud. Cada uno de nosotros necesitamos contar con un sistema de apoyo de al menos dos o tres amigos íntimos, además de nuestra familia inmediata. Un amigo íntimo es alguien en quien puedes confiar profundamente. Es alguien que te acepta sin problemas tal como eres, con todos tus estados de ánimo, comportamientos y roles. Y es alguien que estará junto a ti sea lo que sea lo que esté sucediendo en tu vida. Un amigo íntimo te da la oportunidad de compartir tus sentimientos y percepciones acerca de tu vida fuera de tu familia inmediata. Te puede ayudar a poner de manifiesto aspectos de tu personalidad que no puedes expresarles a tu cónyuge, tus hijos o tus padres. Por lo menos dos o tres amigos íntimos de este tipo, en quienes se pueda confiar de forma asidua, constituyen una parte esencial de un sistema de apoyo adecuado. Estos amigos pueden ayudarte a mantener la continuidad de tu vida en medio de los momentos de gran transición, como en caso de abandono del hogar, divorcio, la muerte de un familiar, etc.

¿Cuántos amigos íntimos de este tipo tienes? Si no tienes por lo menos dos, ¿qué podrías hacer para cultivar estas amistades?

La intimidad

Mientras que algunos parecen satisfechos yendo por la vida con unos pocos amigos íntimos, la mayoría de nosotros buscamos una relación especial con una persona en particular. Es en las relaciones íntimas donde nos abrimos más profundamente y tenemos la oportunidad de descubrir lo máximo de nosotros mismos. Estas relaciones nos ayudan a superar una cierta soledad que casi todos acabamos por sentir –por más autosuficientes y fuertes que podamos ser– en ausencia de esta intimidad. El sentido de pertenencia que obtenemos gracias a las relaciones íntimas contribuye sustancialmente a nuestros sentimientos de valía. Quiero enfatizar, sin embargo, que el sentimiento de valía no puede derivarse totalmente de otra persona. Una relación íntima saludable no hace más que reforzar la autoaceptación y la confianza en uno mismo.

Se ha escrito mucho sobre el tema de la intimidad y de cuáles son los ingredientes que contribuyen a unas relaciones íntimas duraderas. Algunos de los más importantes se enumeran a continuación (el orden en que se presentan es aleatorio):

1. Unos intereses comunes, especialmente en cuanto al tiempo libre y las actividades de recreo. (Algunas diferencias entre los intereses, sin embargo, pueden añadir un poco de novedad y emoción).
2. Una sensación de romance o «magia» entre los miembros de la pareja. Esta es una cualidad de atracción intangible que va mucho más allá del nivel físico. Por lo general, es muy fuerte y constante entre los primeros tres y seis meses de una relación, pero después

tiende a decaer, por lo que hay que tener la capacidad de renovar, refrescar o redescubrir esta magia a medida que la relación madura.
3. Ambos miembros de la pareja necesitan estar bien armonizados en cuanto a sus necesidades respectivas de estar juntos frente a gozar de independencia. Puede aparecer el conflicto si uno tiene mayor necesidad de libertad y «espacio» que el otro, o si uno precisa una protección y una calidez que el otro no quiere proporcionar. Algunas personas puede ser que tengan un doble rasero —no están dispuestas a permitir que el otro reclame lo que ellas necesitan para sí mismas (como confianza y libertad).
4. Aceptación mutua y apoyo en cuanto al camino de crecimiento personal y de cambio de cada uno. Es bien sabido que cuando solo una persona está creciendo en una relación, o cuando una se siente invalidada en su crecimiento por la otra, la relación a menudo termina.
5. Aceptación mutua de los defectos y debilidades de cada uno. Después de los meses románticos iniciales de la relación, cada miembro debe encontrar aspectos lo suficientemente buenos del otro para tolerar y aceptar sus debilidades y defectos.
6. Expresiones regulares de afecto y contacto físico. Una relación íntima no puede ser saludable si ambas partes no están dispuestas a expresar afecto abiertamente. Las expresiones no sexuales tales como los abrazos y las caricias son tan importantes como una relación sexual sana.
7. Puesta en común de los sentimientos. La auténtica cercanía entre dos personas requiere vulnerabilidad emocional y la voluntad de abrirse y compartir los sentimientos más profundos.
8. Buena comunicación. Libros y cursos enteros están dedicados a este tema. Si bien la buena comunicación contiene muchos aspectos diferentes, los dos criterios más importantes para lograrla son estos:

   ▶ Los dos miembros de la pareja están realmente dispuestos a escucharse entre sí.
   ▶ Ambos son capaces de expresar sus sentimientos y pedir directamente lo que quieren (en vez de quejarse, amenazar, exigir o intentar manipular al otro para satisfacer las propias necesidades).

9. Un fuerte sentimiento de confianza mutua. Ambos miembros de la pareja necesitan sentir que pueden confiar en el otro; a su vez, confían en el otro con sus sentimientos más profundos. El sentimiento de confianza no viene automáticamente; tiene que construirse con el tiempo y mantenerse.
10. Valores comunes y un sentido más amplio de propósito. Una relación íntima tiene la mayor oportunidad de ser duradera cuando las dos personas tienen valores comunes en

áreas importantes de la vida, tales como la amistad, la educación, la religión, las finanzas, el sexo, la salud y la vida familiar. Las relaciones más fuertes aparecen generalmente cohesionadas por un propósito común que trasciende las necesidades personales de cada individuo –por ejemplo, la crianza de los hijos, la gestión de una empresa o el compromiso con un ideal espiritual.

¿Cuántas de las diez características anteriores están presentes en tu relación íntima? ¿Hay algunas en particular en las que te gustaría trabajar?

Los límites

Tan importante como la intimidad es la necesidad de que cada uno de nosotros respetemos unos límites apropiados, tanto en las relaciones íntimas como en las otras.

Los límites sencillamente significan que se sabe dónde termina uno y dónde empieza la otra persona. Uno no define su identidad en términos de la otra persona. Y, sobre todo, no obtiene su sentimiento de autoestima y autoridad interior por medio de intentar cuidarla, rescatarla, cambiarla o controlarla. El término *codependencia* (o expresiones como *mujeres que aman demasiado*) se han utilizado a menudo para definir a aquellos individuos que, debido a que carecen de una sólida base interna de autoestima, intentan validarse a sí mismos por medio de cuidar, rescatar o sencillamente complacer a otra persona. El ejemplo clásico de esto es el de quien trata de organizar su vida en torno a «rescatar» a un cónyuge o familiar cercano del alcohol o cualquier otra forma de adicción. Pero la transgresión de los límites puede tener lugar en cualquier relación en la que uno intente ganar seguridad y autoestima cuidando, controlando, rescatando o cambiando a otra persona. Las propias necesidades y sentimientos se dejan de lado y se descartan en el proceso. Un buen indicio de transgresión de los límites es cuando uno pasa más tiempo hablando de las necesidades o problemas de otra persona que de los propios (o pensando más en ellos que en los propios).

Te recomiendo dos libros excelentes si deseas explorar más a fondo el tema de los límites en tus relaciones. En su *bestseller Las mujeres que aman demasiado*, Robin Norwood aboga por los siguientes pasos para superar la codependencia en una relación íntima:

1. Ir en busca de ayuda (abandonar la idea de que uno puede manejar esto por sí solo).
2. Hacer de la recuperación respecto de la codependencia la prioridad más alta.
3. Encontrar un grupo de apoyo de iguales que entiendan el problema.
4. Cultivar una vida espiritual que permita al individuo dejar de lado su propia voluntad y confiar en un «Poder Superior».
5. Aprender a dejar de gestionar, controlar o «dirigir la vida» de otra u otras personas queridas.

6. Aprender a abandonar el juego del «salvador» y la «víctima» con la otra persona.
7. Afrontar y explorar los propios problemas personales y el propio dolor en profundidad.
8. Cultivarse a sí mismo: tener una vida propia y perseguir los propios intereses.
9. Ser «egoísta», no en el sentido insano del término, sino en el sentido de poner los propios deseos, trabajo, juego, planes, actividades y bienestar primero en vez de ponerlos en último lugar.
10. Compartir lo aprendido con los demás.

Otro libro excelente que define cuidadosamente la codependencia y proporciona una serie de pasos para superar el problema es *Libérate de la codependencia*, de Melody Beattie. Algunas de sus recomendaciones son las siguientes:

1. Practicar el «desapego» (soltar la preocupación obsesiva por otra persona).
2. Soltar la necesidad de controlar a otra persona (respetarla lo suficiente como para saber que puede asumir la responsabilidad de su propia vida).
3. Cuidar de sí mismo, lo que implica acabar con los «asuntos pendientes» del propio pasado y aprender a cuidar y querer al niño vulnerable y necesitado que mora en el propio interior.
4. Mejorar la comunicación (aprender a declarar lo que uno quiere y a decir no).
5. Gestionar el enfado (darse uno permiso para sentir y expresar enfado hacia los seres queridos cuando lo necesita).
6. Descubrir la espiritualidad (encontrar un Poder Superior y conectarse con él).

En caso de codependencia, una opción es unirse a un grupo de apoyo que se centre en temas de codependencia, como Al-Anon o Codependientes Anónimos.

La asertividad

El cultivo de la asertividad es fundamental para la autoestima. Si uno es incapaz de conseguir que los otros entiendan claramente lo que quiere o no quiere, va a terminar sintiéndose frustrado, impotente y carente de poder. Si no haces ninguna otra cosa, la práctica del comportamiento asertivo puede, por sí misma, aumentar tu sentimiento de *autorrespeto*. Respetar tus propias necesidades en relación con otras personas de una manera asertiva también aumenta el respeto que esas personas sienten por ti y hace que abandonen cualquier tendencia a aprovecharse de ti que pudieran tener.

El concepto de asertividad, junto con ejercicios para el desarrollo de un estilo de comunicación asertivo, se presentan en el capítulo 13 de este libro.

TERCERA PARTE: OTROS CAMINOS HACIA LA AUTOESTIMA

Las dos primeras partes de este capítulo se centraron en la atención a las propias necesidades por medio de atender al niño interior y en cultivar el apoyo y la intimidad en las relaciones. En esta parte final, quiero hacer hincapié en otras cuatro vías conducentes a la autoestima que implican distintos niveles de la totalidad del ser de la persona:

1. Nivel del cuerpo: el bienestar físico y la imagen corporal.
2. Nivel de los sentimientos: la autoexpresión emocional.
3. Nivel de la mente: el diálogo interno y las afirmaciones positivas para la autoestima.
4. Nivel de la totalidad del ser: los objetivos personales y el sentimiento de realización.

Aunque estos aspectos se han tratado en otras partes de este libro, se discuten brevemente aquí por su relevancia para la autoestima.

El bienestar físico y la imagen corporal

La salud física y una sensación de bienestar, vitalidad y fortaleza constituyen una de las bases más importantes de la autoestima. A menudo resulta difícil sentirse bien consigo mismo cuando uno está físicamente débil, cansado o enfermo. Las pruebas de las que se dispone actualmente apuntan al papel de los desequilibrios fisiológicos —causados a menudo por el estrés— en la génesis de los ataques de pánico, la agorafobia, la ansiedad generalizada y el trastorno obsesivo-compulsivo. La mejora del bienestar físico tendrá un impacto directo sobre el problema de ansiedad que tenga la persona, y contribuirá también sustancialmente a su autoestima. Los capítulos sobre la relajación, el ejercicio y la nutrición se relacionan directamente con el bienestar físico. Leerlos y poner en práctica las sugerencias y directrices que allí se ofrecen puede hacer mucho por la mejora del bienestar personal. El objetivo del siguiente cuestionario es que obtengas una visión general de cómo llevas esta área.

CUESTIONARIO DEL BIENESTAR PERSONAL

1. ¿Estás haciendo ejercicio durante al menos media hora entre tres y cinco veces por semana?
2. ¿Disfrutas con el ejercicio que haces?
3. ¿Te das la oportunidad de relajarte profundamente cada día por medio de la relajación muscular progresiva, la visualización, la meditación o algún otro método de relajación?
4. ¿Te concedes al menos una hora de tiempo de inactividad o de tiempo libre cada día?
5. ¿Gestionas tu tiempo de tal manera que no vas siempre con prisas?

6. ¿Manejas el estrés o sientes que es este el que te controla?
7. ¿Te concedes tiempo a solas para pensar en tus cosas?
8. ¿Duermes al menos siete horas cada noche?
9. ¿Estás satisfecho con la calidad de tu sueño y el tiempo que le dedicas?
10. ¿Tomas tres comidas sólidas al día, incluido un buen desayuno?
11. ¿Estás reduciendo al mínimo el consumo de alimentos que producen estrés (los que contienen cafeína, azúcar o sal, o los que consisten en comida «basura» procesada)?
12. ¿Tomas suplementos vitamínicos de forma asidua para reforzar tu dieta –tales como tabletas multivitamínicas, vitaminas del complejo B y vitamina C– cuando estás sometido a estrés físico o emocional?
13. ¿Te gusta el entorno donde vives? ¿Es un lugar confortable y relajante?
14. Si eres fumador, ¿afecta esto a tu bienestar físico?
15. ¿Compromete tu bienestar el consumo excesivo de alcohol o de las llamadas drogas recreativas?
16. ¿Te sientes a gusto con tu peso actual? Si no, ¿qué puedes hacer al respecto?
17. ¿Te sientes a gusto y atractivo con la imagen que ofreces gracias a una buena higiene, un aseo correcto y tu forma de vestir?
18. ¿Te gusta tu cuerpo y tu aspecto?

La autoexpresión emocional

Cuando no estamos en contacto con nuestros propios sentimientos, nos resulta difícil saber quiénes somos. Tendemos a sentirnos internamente desapegados de nosotros mismos, y a menudo tenemos miedo. Al identificar y expresar la totalidad de nuestros propios sentimientos podemos conocer mejor nuestras necesidades, deseos y anhelos particulares. Literalmente, nos empezamos a sentir nosotros mismos –completamente nosotros mismos– en lugar de andar envueltos en una nube de pensamientos de preocupación, fantasías y anticipaciones. Aprender a poseer y expresar los propios sentimientos requiere tiempo, valor y la disposición a ser vulnerable en presencia de aquellos en quienes confiamos. Si todavía no lo has hecho, lee el capítulo 12 para obtener sugerencias sobre cómo adquirir mayor conciencia de tus sentimientos y cómo tener una mayor capacidad de expresarlos. Esto es muy importante para el objetivo de la autoestima.

El diálogo interno y las afirmaciones que favorecen la autoestima

Lo que uno se dice a sí mismo y sus creencias sobre sí mismo contribuyen de una manera literal y obvia a su autoestima. Si uno se siente insuficiente e incapaz, es muy probable que esto se deba a que *cree* que es así. De la misma manera, se puede aumentar la autoestima por el solo hecho de trabajar en cambiar el diálogo interno y las creencias básicas acerca de uno mismo.

En los capítulos 8 y 9 se ofrecieron ejercicios para identificar y cambiar el diálogo interno negativo y las creencias erróneas. Ahora, solamente voy a destacar ciertas partes de esos capítulos que son relevantes para la autoestima. En primer lugar, quiero considerar dos tipos de diálogo interno que son muy perjudiciales para la autoestima. En segundo lugar, voy a tratar el tema del uso de las afirmaciones para superar las creencias y los supuestos negativos que tiene uno en relación consigo mismo.

De los cuatro tipos de diálogo interno que se describen en el capítulo 8 –el preocupado, el crítico, la víctima y el perfeccionista–, el crítico y la víctima son los más potencialmente destructivos de la autoestima. De hecho, mi experiencia es que las personas con baja autoestima tienen siempre un crítico fuerte, una fuerte conciencia de víctima o ambos. La función específica del crítico es la de censurarte para que te sientas insuficiente, inferior e incompetente. Y el diálogo interno de la víctima puede añadir sal a la herida por medio de decirte que eres un inútil sin remedio.

Antes de continuar, vuelve al capítulo 8 y repasa el apartado «Tipos de diálogo interno negativo» y el ejercicio «¿Qué te están diciendo tus subpersonalidades?», poniendo especial atención al crítico y la víctima. Completa las hojas de trabajo para contrarrestar el diálogo interno destructivo de cada una de estas subpersonalidades, si aún no lo has hecho. A continuación, utiliza el «Registro diario de los pensamientos disfuncionales» (haz varias fotocopias) para rastrear la aparición de las declaraciones negativas espontáneas del crítico y la víctima a lo largo de un período de dos semanas.

Cuando te descubras implicado en diálogos internos de autocrítica o victimismo, sigue estos tres pasos:

1. *Interrumpe* la cadena de pensamientos negativos con algún método que aleje tu atención de tu mente y te ayude a estar más en contacto con tus sentimientos y tu cuerpo. Cualquiera de estos métodos puede funcionar:

    ▶ La actividad física (por ejemplo, realizar tareas del hogar o ejercicio).
    ▶ Salir a pasear.
    ▶ La respiración abdominal.
    ▶ Cinco minutos de relajación muscular progresiva.
    ▶ Gritar «¡alto!» elevando la voz o en silencio.
    ▶ Chasquear una banda de goma contra tu muñeca.

    El caso es que hagas *algo* que te frene y te permita distanciarte un poco de tus pensamientos negativos. Es difícil contrarrestar el diálogo interno negativo cuando uno se halla tenso y su mente está acelerada.

2. *Cuestiona* tu diálogo interno negativo por medio de hacer preguntas adecuadas, si es necesario. Buenas preguntas para hacer al crítico o a la víctima pueden ser: «¿Qué pruebas

La autoestima

hay de esto?», «¿Es esto *siempre* cierto?» o «¿Estoy mirando las dos caras [o todas las caras] de este tema?». Repasa la lista de preguntas socráticas del capítulo 8 para otros ejemplos de preguntas.
3. *Contrarresta* tu diálogo interno negativo con declaraciones positivas, de autoapoyo. Puedes diseñar tus propias formulaciones positivas específicamente para refutar las declaraciones de tu crítico o tu víctima, una por una. Otra opción es que utilices afirmaciones de la siguiente lista para oponer contraafirmaciones positivas a las del crítico o la víctima:

AFIRMACIONES PARA LA AUTOESTIMA

Cómo soy

- «Soy digno de ser amado y soy capaz».
- «Me acepto plenamente y creo en mí mismo tal como soy».
- «Soy una persona única y especial. No hay nadie como yo en todo el mundo».
- «Acepto todas las partes de mí mismo».
- «Como ser humano, ya soy digno. No tengo que demostrar mi valía».
- «Mis sentimientos y necesidades son importantes».
- «Está bien que piense en lo que necesito».
- «Es bueno que me dedique tiempo para mí».
- «Tengo muchas buenas cualidades».
- «Creo en mis capacidades y valoro los talentos únicos que puedo ofrecer al mundo».
- «Soy una persona muy íntegra y de propósitos sinceros».
- «Confío en mi capacidad de tener éxito en mis metas».
- «Soy alguien valioso e importante, digno del respeto de los demás».
- «Los demás me perciben como una persona buena y agradable».
- «Cuando quienes me rodean llegan a conocerme, les gusto».
- «A los demás les agrada estar conmigo. Les gusta escuchar lo que tengo que decir y saber lo que pienso».
- «Los demás reconocen que tengo mucho que ofrecer».
- «Merezco el apoyo de quienes se preocupan por mí».
- «Merezco el respeto de los demás».
- «Confío en mí, me respeto y soy digno del respeto de las otras personas».
- «Recibo ayuda y colaboración por parte de los demás».
- «Soy optimista en relación con la vida. Espero con interés los nuevos retos y los disfruto».
- «Sé cuáles son mis valores y confío en las decisiones que tomo».
- «Acepto fácilmente los cumplidos y elogios de los demás».
- «Me siento orgulloso de lo que he logrado y miro con ilusión a lo que pretendo lograr».

- «Creo en mi capacidad para el éxito».
- «Me amo tal y como soy».
- «No tengo que ser perfecto para ser amado».
- «Cuanto más me amo, más puedo amar a los demás».

Lo que estoy aprendiendo
- «Estoy aprendiendo a quererme más cada día».
- «Estoy aprendiendo a creer en mi valía y capacidades únicas».
- «Estoy aprendiendo a confiar en mí mismo (y en los demás)».
- «Estoy aprendiendo a reconocer y atender mis necesidades».
- «Estoy aprendiendo que mis sentimientos y necesidades son tan importantes como los de cualquier otra persona».
- «Estoy aprendiendo a pedir a los demás lo que necesito».
- «Estoy aprendiendo que es correcto decir que no a los demás cuando necesito hacerlo».
- «Estoy aprendiendo a vivir la vida día a día».
- «Estoy aprendiendo a ir en pos de mis objetivos a diario».
- «Estoy aprendiendo a cuidar mejor de mí mismo».
- «Estoy aprendiendo cómo conseguir más tiempo para mí cada día».
- «Estoy aprendiendo a soltar el miedo y las dudas».
- «Estoy aprendiendo a soltar la preocupación».
- «Estoy aprendiendo a soltar la culpa (o la vergüenza)».
- «Estoy aprendiendo que los demás me respetan y les gusto».
- «Estoy aprendiendo a sentirme más a gusto con los demás».
- «Estoy aprendiendo a sentir más confianza en cuanto a _____ (nombra la situación)».
- «Estoy aprendiendo que tengo derecho a _____ (especifícalo)».
- «Estoy aprendiendo que no hay nada de malo en cometer errores».
- «Estoy aprendiendo que no tengo que ser perfecto para ser amado».
- «Estoy aprendiendo a aceptarme tal y como soy».

Hay varias formas de trabajar con la lista anterior. El capítulo sobre las creencias erróneas contiene varias sugerencias para trabajar con las afirmaciones. Los dos métodos siguientes han obtenido una especial popularidad entre mis pacientes:

- Selecciona tus afirmaciones favoritas de la lista y escríbelas individualmente en fichas (de 7,5 x 12,5 cm aproximadamente). Ponlas formando una pila y continuación lee el contenido de las distintas fichas lentamente y con sentimiento, una o dos veces al día. Hacer esto alternando la lectura con mirarte en el espejo es una idea excelente. Si lo prefieres, también puedes reformular cada afirmación en segunda persona —«Eres digno de ser amado y eres capaz» (en lugar de: «Soy digno de ser amado y soy capaz»)— al repetir las frases a tu imagen del espejo.

- Otra opción es que grabes las afirmaciones en un audio. Repite dos veces cada afirmación y deja entre cinco y diez segundos entre las distintas frases. Escucha el audio una vez al día, sintiéndote relajado y receptivo. Es más probable que interiorices las afirmaciones si centras toda tu atención en ellas, en estado de relajación. (Puede ser que quieras elaborar tu propia lista de afirmaciones de autoestima a partir de las que sean más significativas para ti de la lista anterior, o que prefieras crear otras completamente diferentes tú mismo).

Los objetivos personales y el sentimiento de realización

Cumplir metas personales siempre ayuda a la autoestima. Si miras hacia atrás, a los momentos de tu vida en que te sentiste más seguro, verás que a menudo siguieron al cumplimiento de metas personales importantes. Aunque los logros externos nunca pueden ser la única base del sentimiento de autoestima, sin duda contribuyen a cómo se siente uno consigo mismo.

En el caso de quienes padecen fobias o ataques de pánico, un logro muy significativo es la capacidad de exponerse a situaciones que habían evitado anteriormente y gestionarlas. Un sentimiento de logro aún más inexpugnable se alcanza cuando, además de afrontar las situaciones fóbicas, uno adquiere la confianza de poder gestionar cualquier reacción de pánico que pueda surgir. El dominio de las fobias y las reacciones de pánico es uno de los temas más importantes de este libro y se aborda en detalle en los capítulos 6 y 7. Quienes se han recuperado totalmente de la agorafobia, las fobias sociales o el trastorno de pánico después de haberse enfrentado conscientemente a lo que más temían saben cuánta confianza en sí mismos y fuerza interior han logrado en el camino. El hecho de afrontar las propias fobias (incluida la fobia al pánico mismo) por medio de un proceso de exposición gradual hará mucho, por sí mismo, para mejorar la propia autoestima.

Más allá del importante objetivo de superar las fobias y el pánico, sin embargo, están todos los otros objetivos que se puedan tener en la vida. El sentimiento de autoestima depende de la sensación de estar progresando hacia el cumplimiento de *todos* los objetivos que tenga la persona. Si uno se siente «atrapado» e incapaz de avanzar hacia algo importante que desee, puede comenzar a dudar de sí mismo y sentirse, en cierta medida, empequeñecido.

Más allá del tema de recuperarte de las fobias y el pánico, puedes hacerte dos preguntas:

1. ¿Qué es lo más importante que quieres de la vida, ahora y en el futuro?
Esto es lo que más valoras a nivel personal.

2. ¿Qué estás haciendo en este momento en aras de lo que más valoras?

Para responder estas preguntas y trabajar en establecer y lograr tus objetivos personales más importantes, lee el apartado «Encontrar el propósito personal y realizarlo» del capítulo 19.

Recordar los logros anteriores

A la hora de identificar lo que más valoras y tus objetivos más importantes, es fundamental que no pierdas de vista lo que ya has conseguido en la vida. Es habitual olvidar los logros pasados en los momentos en que uno se siente insatisfecho consigo mismo. Puedes elevar tu autoestima en unos momentos simplemente pensando en tu vida y atribuyéndote el mérito de los objetivos que ya has logrado.

El siguiente ejercicio está diseñado para ayudarte a hacer esto. Piensa en el conjunto de tu vida al revisar cada área y hacer una lista de tus logros. Ten en cuenta que si bien es gratificante contar con logros externos, «socialmente reconocidos», los más importantes son más internos e intangibles. Aquello que has dado a los demás (por ejemplo, amor, ayuda u orientación) y las lecciones de vida que has obtenido en el camino hacia la madurez y la sabiduría son, en última instancia, tus logros más importantes.

LISTA DE LOGROS PERSONALES

Haz una lista con todos los logros que has obtenido hasta el presente en cada una de las áreas siguientes. Utiliza una hoja de papel aparte si es necesario.

Estudios

Trabajo y carrera

Hogar y familia (por ejemplo, la crianza de un niño o el cuidado de un cuñado o suegro enfermo)

La autoestima

Deporte

Artes y aficiones

Liderazgo

Premios o reconocimientos

Crecimiento personal y autosuperación

Actividades caritativas y solidarias

Intangibles dados a los demás

Importantes lecciones de vida aprendidas

Otros

RESUMEN DE COSAS POR HACER

En este capítulo se han presentado tantas estrategias diferentes para fomentar la autoestima que no sería práctico resumirlas todas aquí. La siguiente hoja de trabajo está destinada a ayudarte a organizar lo que has aprendido en él y a decidir qué estrategias quieres probar en el futuro inmediato para fomentar tu autoestima.

ESTRATEGIAS PARA FOMENTAR LA AUTOESTIMA

Repasa el capítulo y decide cuál de las siguientes estrategias quieres implementar para elevar tu autoestima durante el próximo mes. Te recomiendo que no te quedes con más de tres o cuatro estrategias y que dediques al menos una semana a cada una. En los espacios que se ofrecen a continuación, o en una hoja aparte, escribe qué acciones específicas llevarás a cabo con respecto a cada intervención. Cuando hayas terminado, diseña tu propio programa de autoestima de cuatro semanas; anota con qué estrategia vas a trabajar a lo largo de cada una de dichas semanas.

1. Identifica no más de tres o cuatro necesidades de la lista de necesidades mencionadas anteriormente en este capítulo a las que te gustaría prestar especial atención. A continuación, toma medidas encaminadas a hacer algo para satisfacer dichas necesidades. Específicamente, ¿qué vas a hacer?

2. Trabaja en sacar a la luz a tu niño interior:

    ▸ Graba y escucha la visualización del niño interior.
    ▸ Escríbele una carta a tu niño interior.
    ▸ Lleva una foto de ti mismo cuando eras niño.
    ▸ Lleva a cabo actividades lúdicas que permitan expresarse a tu niño interior. ¿Qué actividades vas a practicar?

3. Considera los estados emocionales negativos que te sobrevengan como peticiones de atención de tu niño interior. Durante al menos una semana, escribe ejemplos de este trabajo.

4. Realiza una o más cosas de la lista de actividades gratificantes. ¿Qué harás cada día de una semana dada?

5. Ocúpate de construir tu sistema de apoyo. Específicamente, ¿cómo vas a hacerlo?

6. Dedícate a cultivar o mejorar una relación íntima (por ejemplo, pasa tiempo de calidad con tu pareja, haz un curso de habilidades comunicativas, asiste a un encuentro matrimonial de fin de semana...). ¿Cómo vas a hacerlo?

7. Trabaja en mejorar tu comprensión y tu capacidad de poner unos límites apropiados (por ejemplo, lee los libros de Robin Norwood y Melody Beattie anteriormente sugeridos, asiste a reuniones de Al-Anon o Codependientes Anónimos o a un taller sobre codependencia). Concretamente, ¿cómo vas a hacerlo?

8. Aprende y practica la capacidad de ser asertivo (véase el capítulo 13). Específicamente, ¿qué acciones vas a acometer?

9. Ocúpate de mejorar tu bienestar personal y tu imagen corporal (por ejemplo, introduce la relajación, el ejercicio y mejoras nutricionales en tu vida –consulta los capítulos 4, 5 y 15). ¿Qué estás dispuesto a hacer en el próximo mes?

10. Trabaja en identificar y expresar tus sentimientos (consulta el capítulo 12). Específicamente, ¿qué vas a hacer?

11. Contrarresta el diálogo interno negativo de las subpersonalidades crítico y víctima (utiliza las hojas de trabajo de estas subpersonalidades del capítulo 8).

12. Trabaja con afirmaciones de autoestima por medio de

    - ❏ escribir una o dos varias veces al día,
    - ❏ leerlas a diario de una lista o
    - ❏ ponerlas en un audio que escuches todos los días.

    ¿Cuál de estas acciones vas a llevar a cabo?

13. Haz una lista de tus logros personales hasta la fecha, sirviéndote de la hoja de trabajo de este capítulo (la «Lista de logros personales»).

PROGRAMA DE CUATRO SEMANAS PARA EL FOMENTO DE LA AUTOESTIMA

¿Cuál de las intervenciones anteriores vas a implementar en las próximas cuatro semanas?

Semana 1:

Semana 2:

Semana 3:

Semana 4:

PARA SABER MÁS

Beattie, Melody. *Libérate de la codependencia*. Editorial Sirio. Málaga, 2009.

Bradshaw, John. *Volver a casa: recuperación y reivindicación del niño interno* (10ª ed.). Los Libros del Comienzo. Madrid, 2006.

Branden, Nathaniel. *La psicología de la autoestima*. Paidós Ibérica. Barcelona, 2001.

Gravitz, Herbert L. y Julie D. Bowden. *Recovery: A Guide for Adult Children of Alcoholics*. Simon & Schuster (Fireside). Nueva York, 1985.

Jeffers, Susan. *Aunque tenga miedo, hágalo igual*. Ediciones Robinbook. Teià (Barcelona), 2014.

Maslow, Abraham H. *Hombre autorrealizado: hacia una psicología del ser*. Editorial Kairós. Barcelona, 1973.

McKay, Matthew y Patrick Fanning. *Self-Esteem*. Tercera edición. New Harbinger Publications. Oakland (California), 2000.

Missildine, Hugh. *Your Inner Child of the Past*. Simon & Schuster. Nueva York, 1963.

Norwood, Robin. *Las mujeres que aman demasiado*. Ediciones B. Barcelona, 2010.

Withfield, Charles L. *Sanar nuestro niño interior: descubrimiento y recuperación de hijos adultos en familias disfuncionales*. Ediciones Obelisco. Barcelona, 1999.

Woititz, Janet. *Hijos adultos de padres alcohólicos*. Ed. Diana, México.

15

La nutrición

Se ha escrito relativamente poco sobre el tema de la nutrición y los trastornos de ansiedad. Sin embargo, si se supone que los ataques de pánico y la ansiedad cuentan con al menos alguna causa biológica, el tema de la nutrición se vuelve importante. Lo que comemos tiene un impacto muy directo y significativo sobre la fisiología y la bioquímica del cuerpo.

En los últimos veinte años, la relación entre la dieta, el estrés y el estado de ánimo ha sido bien documentada. Se sabe que ciertos alimentos y sustancias tienden a generar más estrés y ansiedad, mientras que otros promueven un estado de ánimo más tranquilo y estable. Ciertas sustancias naturales tienen un efecto directamente calmante, y otras son conocidas por presentar un efecto antidepresivo. Tal vez no reconoces aún las conexiones entre lo que sientes y lo que ingieres. Puede ser que no adviertas que la cantidad de café o bebidas de cola que consumes agrava tu nivel de ansiedad. O puede ser que no estés al tanto de ninguna conexión entre el consumo de azúcar y la ansiedad, la depresión o los síntomas del síndrome premenstrual. Este capítulo pretende aclarar algunas de estas conexiones y ayudarte a hacer cambios positivos en la forma en que te sientes.

Vamos a tratar tres temas principales en relación con la nutrición en este capítulo:

1. Alimentos, sustancias y problemas de salud que agravan la ansiedad.
2. Directrices dietéticas para reducir la ansiedad.
3. Suplementos para disminuir la ansiedad.

La información contenida en estos apartados se basa en mi experiencia personal y en mis lecturas en el campo de la nutrición. Pretende ser una información solamente orientativa —no prescriptiva–. Si deseas hacer una valoración y reevaluación en profundidad de tu dieta, consulta con un nutricionista o un médico que tenga conocimientos sobre nutrición.

SUSTANCIAS QUE AGRAVAN LA ANSIEDAD
Estimulantes
La cafeína

De todos los factores dietéticos que pueden agravar la ansiedad y desencadenar ataques de pánico, la cafeína es el más notorio. Varios de mis pacientes han podido constatar que sufrieron su primer ataque de pánico después de ingerir demasiada cafeína. Muchas personas descubren que se sienten más tranquilas y duermen mejor tras haber reducido su consumo de cafeína.

La cafeína tiene un efecto estimulante directo sobre varios sistemas corporales. Aumenta el nivel del neurotransmisor noradrenalina en el cerebro, haciendo que uno se sienta alerta y despierto. También produce la misma respuesta de excitación fisiológica que se activa cuando se está sometido a estrés –una mayor actividad del sistema nervioso simpático y una liberación de adrenalina.

En resumen, el exceso de cafeína puede mantener a la persona en un estado de tensión y excitación crónicas, que la deje más vulnerable a la ansiedad generalizada, así como a los ataques de pánico. Además, contribuye aún más al estrés por medio de provocar una reducción de la vitamina B_1 (tiamina), una de las llamadas vitaminas antiestrés.

La cafeína no está solamente en el café, sino también en muchos tipos de té, bebidas de cola, chocolate, cacao y medicamentos de venta libre. Utiliza la tabla que se ofrece a continuación para determinar cuál es tu consumo total diario de cafeína en miligramos (mg).

Si eres propenso a la ansiedad generalizada o a los ataques de pánico, te aconsejo que reduzcas tu consumo total de cafeína a *menos de 100 mg al día*. Por ejemplo, una taza de café filtrado o una bebida *light* de cola al día sería la máxima cantidad recomendable. Para los amantes del café, esto puede parecer un sacrificio importante, pero puede que se sorprendan al descubrir que se sienten mucho mejor si pueden reducir el consumo a una sola taza por la mañana. El sacrificio bien puede valer la pena si hace que la persona tenga un menor número de ataques de pánico. En el caso de quienes son muy sensibles a la cafeína, eliminarla por completo sería lo aconsejable.

Hay que tener en cuenta que existen enormes diferencias individuales en cuanto a la sensibilidad a esta sustancia. Como ocurre con cualquier droga adictiva, el consumo constante de cafeína conduce a una mayor tolerancia y a padecer, potencialmente, el síndrome de abstinencia. Si uno ha estado bebiendo cinco tazas de café a diario y de pronto pasa a consumir una al día, puede experimentar reacciones de abstinencia, como fatiga, depresión y dolores de cabeza. Es mejor reducir progresivamente el consumo, durante un período de algunos meses –por ejemplo, pasar de cinco a cuatro tazas al día durante un mes, luego a dos o tres al día el próximo mes, y así sucesivamente–. A algunas personas les gusta sustituir el café habitual por el descafeinado, que tiene alrededor de 3 mg de cafeína por taza, mientras que otras se pasan al té de hierbas, como el té verde. En el extremo opuesto de la sensibilidad están quienes se ponen nerviosos con una sola bebida de cola o una taza de té. Algunos de mis pacientes han constatado que incluso pequeñas cantidades de cafeína los predisponen al pánico o a una noche de insomnio. Así pues, es importante que cada uno experimente para averiguar cuál podría ser su consumo óptimo diario de cafeína. En el caso de la mayoría de las personas propensas a la ansiedad o al pánico, este resulta ser de menos de 100 mg diarios, y en algunos casos ningún consumo en absoluto.

TABLA DE LA CAFEÍNA

Café	_____ tazas	@ _____ mg =	_____ mg
Té	_____ tazas	@ _____ mg =	_____ mg
Bebidas de cola	_____ vasos	@ _____ mg =	_____ mg
Medicamentos de venta libre	_____ comprimidos	@ _____ mg =	_____ mg
Otras fuentes (chocolate: 25 mg por barra, cacao: 13 mg por taza)			_____ mg
		Total diario	_____ mg

Contenido en cafeína del café, el té y el cacao (mg por taza)

Café instantáneo	66 mg
Café filtrado	110 mg
Café por goteo	146 mg
Bolsita de té (cinco minutos de reposo)	46 mg
Bolsita de té (un minuto de reposo)	28 mg
Té a granel (cinco minutos de reposo)	40 mg
Cacao	13 mg
Café descafeinado	4 mg

Contenido en cafeína de las bebidas de cola (mg por lata de 33 cl)

Coca-Cola	65 mg
Dr. Pepper	61 mg
Mountain Dew	55 mg
Dr. Pepper light	54 mg
Coca-Cola light	49 mg
Pepsi-Cola	43 mg

Contenido en cafeína de los medicamentos de venta libre (por comprimido)

Anacin	32 mg

Caffedrine	200 mg
Empirin	32 mg
Excedrin	65 mg
No-Doz	100 mg
Pre-mens Forte	100 mg
Vanquish	33 mg
Vivarin	200 mg

La nicotina

La nicotina es un estimulante tan fuerte como la cafeína. Promueve la excitación fisiológica y la vasoconstricción, y hace que el corazón trabaje más. Los fumadores a menudo se oponen a esta idea y afirman que fumarse un cigarrillo tiende a calmar sus nervios. Los estudios han demostrado, sin embargo, que los fumadores tienden a estar más ansiosos que los no fumadores, incluso cuando no presentan diferencias en cuanto al consumo de otros estimulantes, como el café y los medicamentos de venta libre. También tienden a dormir peor que los no fumadores. Los fumadores, después de dejar de fumar, no solo se sienten más sanos y vitales, sino que son menos propensos a los estados de ansiedad y pánico. En resumen: si actualmente fumas, esta es una razón de más para dejarlo.

Los medicamentos estimulantes

Ya he mencionado los medicamentos de venta libre que contienen cafeína. Además de estos, se debe estar al tanto de los medicamentos con receta que contienen anfetaminas, como Benzedrina, Dexedrina y Metedrina, así como Ritalin y Concerta (formas de metilfenidato de acción corta y prolongada), que son también fármacos estimulantes. Al tener efectos fuertes, es arriesgado que los consuman quienes tienen un historial de ataques de pánico o ansiedad.

Lo mismo es especialmente cierto para la cocaína, cuyo consumo no médico sigue estando generalizado. El consumo de cocaína ha sido la causa inicial de ataques de pánico recurrentes en un sinnúmero de personas. Esta es definitivamente una droga que tienen que evitar quienes tengan el menor problema con el pánico.

Sustancias que ocasionan estrés al cuerpo
La sal

El exceso de sal (cloruro de sodio) causa estrés al cuerpo de dos maneras: puede dejar al cuerpo sin potasio, un mineral que es importante para el buen funcionamiento del sistema nervioso, y aumenta la presión arterial, lo cual induce mayor tensión al corazón y las arterias y estimula la arteriosclerosis. Se puede reducir el consumo de sal por medio de evitar la sal de mesa y usar un sustituto natural en su lugar (como el tamari) tanto en la cocina como en la mesa, y por medio de limitar, tanto como sea posible, el consumo de carnes y aperitivos salados y otros alimentos procesados que contienen mucha sal. Como regla general, sería conveniente limitar el consumo de sal a 1 gr o una cucharadita por día. En caso de tener que comprar alimentos procesados, conviene elegir los que están etiquetados como bajos en sodio o sin sal.

Los conservantes

Actualmente se usan cerca de cinco mil aditivos químicos para procesar los alimentos comerciales. Conservantes artificiales habituales son los nitritos, los nitratos, el bisulfito de potasio, el glutamato monosódico (GMS), el butilhidroxitolueno (E-321), el hidroxibutilanisol (E-320), el jarabe de maíz de alta fructosa y los colorantes y potenciadores de sabor artificiales. Nuestros cuerpos no están equipados para procesar estas sustancias artificiales y, en la mayoría de los casos, se sabe muy poco acerca de sus efectos biológicos a largo plazo. Hasta la fecha, algunos que se han probado a fondo han demostrado ser cancerígenos y por lo tanto han sido retirados del mercado. Otros que se emplean actualmente, en especial el glutamato monosódico, los nitritos y los nitratos, producen reacciones alérgicas en muchas personas. Y, lo que es aún peor, se han hallado conexiones entre estos aditivos y la diabetes y las enfermedades neurodegenerativas. Se sabe que las sociedades tradicionales que comen alimentos estrictamente naturales, sin aditivos, tienen una menor incidencia de cáncer y otras enfermedades. Deberíamos tratar de comer alimentos naturales, sin procesar, es decir, aquellos que el cuerpo fue diseñado para gestionar, siempre que sea posible. Además, compra verduras y frutas que no se hayan tratado con pesticidas (de cultivo ecológico) si están disponibles en tu zona.

Hormonas en la carne

Las carnes rojas, el cerdo y los productos de pollo que pueden encontrarse en el mercado proceden de animales que han sido alimentados con hormonas esteroides para promover un engorde y un crecimiento rápidos. Hay pruebas de que este tipo de hormonas estresan a los animales (los bueyes y cerdos a veces mueren de ataques cardíacos en el muelle de carga). Si bien en la actualidad no hay pruebas concluyentes de ello, muchos creen que estas hormonas también pueden tener efectos nocivos para los consumidores humanos de carne y productos cárnicos. Una hormona en particular, el dietilestilbestrol (DES), ha llamado la atención del público, ya que se la ha implicado en el desarrollo del cáncer de mama y los tumores fibrosos.

Intenta reducir el consumo de carne roja, de cerdo y de aves de corral producidas masivamente y reemplázalo por carne de res y de aves de corral de cría ecológica y por peces como el bacalao, el fletán, el salmón, el pagro, el lenguado, la trucha o el rodaballo.

HÁBITOS ALIMENTARIOS ESTRESANTES

El estrés y la ansiedad pueden verse agravados no solo por lo que se come, sino también por la forma de comer. En nuestra sociedad moderna, de ritmo acelerado, muchos no nos concedemos el tiempo suficiente para comer. Cualquiera de los hábitos siguientes puede agravar el grado de estrés diario:

- ▸ Comer demasiado rápidamente o con prisas.
- ▸ No masticar los alimentos por lo menos entre quince y veinte veces por bocado (la comida debe predigerirse parcialmente en la boca para ser correctamente digerida más adelante).
- ▸ Comer demasiado, hasta el punto de sentirse lleno o hinchado.
- ▸ Beber demasiado líquido con las comidas, que puede diluir el ácido estomacal y las enzimas digestivas. Es suficiente con tomar un vaso de líquido durante las comidas.

Todo lo anterior añade tensión al estómago y los intestinos en su intento de digerir y asimilar correctamente los alimentos. Esto contribuye a aumentar el estrés de dos formas:

- ▸ Directamente, a través de la indigestión, la hinchazón y los calambres.
- ▸ Indirectamente, a través de la mala absorción de los nutrientes esenciales.

Si la comida no se digiere correctamente en la boca y en el estómago, gran parte de ella pasará por los intestinos sin haber sido digerida, lo que hará que se pudra y fermente —lo cual provocará hinchazón, calambres y gases—. El resultado es que la persona recibe tan solo una parte limitada de la nutrición potencialmente disponible en los alimentos, lo que la lleva a una forma sutil de desnutrición de la que es muy probable que no sea consciente.

Así pues, además de reconsiderar lo que ingerimos, podemos reducir el estrés y un probable problema de mala absorción dándonos el tiempo necesario para comer, masticando bien los alimentos y no sobrecargando el cuerpo con cantidades excesivas de comida.

AZÚCAR, HIPOGLUCEMIA Y ANSIEDAD

Hoy día, entre las personas nutricionalmente conscientes, la palabra *azúcar* se ha convertido en una especie de palabrota. El hecho es, sin embargo, que el cuerpo y el cerebro necesitan glucosa —un producto natural resultante de la descomposición del azúcar— con el fin de poder operar. La glucosa es el combustible que el cuerpo quema; proporciona la energía que sostiene la vida. Gran parte de esta glucosa se obtiene de los alimentos ricos en carbohidratos, como el pan, los cereales, las patatas, las verduras, las frutas y la pasta. El almidón presente en estos alimentos se descompone *progresivamente* en glucosa.

Los azúcares simples, por el contrario, como el azúcar blanco refinado, el azúcar moreno y la miel, se descomponen *muy rápidamente* en glucosa. Estos azúcares simples pueden causar problemas, ya que tienden a sobrecargar el organismo con demasiado azúcar con demasiada rapidez. Nuestros cuerpos no están equipados para procesar grandes cantidades de azúcar. De hecho, no fue hasta el siglo XX cuando la mayoría de nosotros (aparte de los muy ricos) empezamos a consumir tanto azúcar refinado. Hoy en día, la dieta norteamericana estándar incluye azúcar en la mayoría de las bebidas (café, té, refrescos de cola), azúcar en los cereales, azúcar en los aderezos para ensaladas y azúcar en la carne procesada, además del azúcar presente en los postres y en las galletas o rosquillas típicas de las pausas para el café. De hecho, ¡el estadounidense promedio consume alrededor de cincuenta y cuatro kilos de azúcar al año! El resultado de estar bombardeando continuamente el cuerpo con esta cantidad de azúcar es que tiene lugar un descontrol crónico en el metabolismo del azúcar. En el caso de algunas personas, este descontrol puede conducir a niveles excesivamente altos de azúcar en sangre, o diabetes (cuya incidencia ha aumentado de forma espectacular en este siglo; afecta casi a una de cada cinco personas). En otros casos, el problema es justo el contrario: descensos periódicos del azúcar en sangre *por debajo* de lo normal. Este problema de salud se denomina popularmente *hipoglucemia*.

Los síntomas de la hipoglucemia suelen aparecer cuando el nivel de azúcar en sangre desciende por debajo de los 50 o 60 ml/dl —o cuando se precipita muy rápidamente de un nivel superior a otro inferior—. Normalmente, esto tiene lugar entre dos y tres horas después de tomar una comida. También puede ocurrir *en respuesta al estrés*, ya que el cuerpo quema muy rápidamente azúcar cuando se halla bajo condiciones de estrés. Los síntomas subjetivos más comunes de la hipoglucemia son los siguientes:

- Aturdimiento.
- Ansiedad.
- Temblores.
- Sensaciones de inestabilidad o debilidad.
- Irritabilidad.
- Palpitaciones.

¿Te resultan familiares? ¡Todos ellos son síntomas que pueden acompañar a un ataque de pánico! En el caso de *algunas* personas las reacciones de pánico pueden deberse a la hipoglucemia. Generalmente, estas personas se recuperan del pánico comiendo algo: su nivel de azúcar en sangre aumenta y se sienten mejor. (De hecho, una manera informal, no clínica, de diagnosticar la hipoglucemia es determinar si la persona tiene cualquiera de los síntomas antes mencionados tres o cuatro horas después de una comida y si le desaparecen tan pronto como ingiere algo).

En la mayor parte de las personas con trastorno de pánico o agorafobia, sus reacciones de pánico *no* se correlacionan necesariamente con episodios de bajo nivel de azúcar en sangre. De todos modos, la hipoglucemia puede agravar tanto la ansiedad generalizada como el pánico que tienen su origen en otras causas.

Lo que hace que el azúcar en sangre caiga por debajo de lo normal es una liberación excesiva de insulina por parte del páncreas. La insulina es una hormona cuya función es que el azúcar presente en el torrente sanguíneo sea absorbido por las células (se usa en el tratamiento de la diabetes para reducir los niveles excesivos de azúcar en sangre). En el caso de la hipoglucemia, el páncreas tiende a excederse en la producción de insulina. Esto puede suceder a causa del consumo excesivo de azúcar (la persona experimenta una subida temporal del azúcar, seguida por un descenso repentino media hora más tarde). También puede ocurrir en respuesta al estrés repentino o crónico. El estrés puede ocasionar un descenso rápido del azúcar en sangre. A continuación, la persona experimenta confusión, ansiedad, desorientación y temblores, porque su cerebro no está recibiendo suficiente azúcar y debido a ello se produce una respuesta de estrés secundario. Cuando el azúcar en sangre baja demasiado, las glándulas suprarrenales entran en juego y liberan adrenalina y cortisol, que hacen que la persona se sienta más ansiosa y excitada; esto también tiene el propósito específico de provocar que el hígado libere el azúcar que tiene almacenado con el fin de que el nivel de azúcar en sangre vuelva a la normalidad. Así pues, los síntomas subjetivos de la hipoglucemia se deben tanto a un déficit de azúcar en sangre como a una respuesta de estrés secundaria mediada por las glándulas suprarrenales.

La hipoglucemia se puede diagnosticar formalmente a través de una prueba clínica, la prueba de seis horas de tolerancia a la glucosa. Después de doce horas de ayuno, la persona bebe una solución de azúcar muy concentrada. A continuación se le mide el nivel de azúcar, a intervalos de media hora, a lo largo de seis horas. Es probable que esta prueba arroje un resultado positivo si se tiene un problema de hipoglucemia entre moderado y grave. Desafortunadamente, muchos casos más leves de hipoglucemia pasan desapercibidos con esta prueba. Es muy posible tener síntomas subjetivos de bajo nivel de azúcar en sangre y dar negativo en un test de tolerancia a la glucosa. Cualquiera de los siguientes síntomas subjetivos sugieren que la persona puede padecer hipoglucemia:

- ▶ Sentirse ansioso, mareado, débil o irritable varias horas después de haber tomado una comida (o en medio de la noche). Estos síntomas desaparecen a los pocos minutos de haber comido.
- ▶ Sentirse muy estimulado después de consumir azúcar y pasar a sentirse deprimido, irritable o disperso entre veinte y treinta minutos más tarde.
- ▶ Experimentar ansiedad o inquietud, o incluso palpitaciones y pánico, en las primeras horas de la mañana, entre las cuatro y las siete. (El nivel de azúcar en sangre es más bajo en las primeras horas de la mañana, ya que se ha ayunado durante toda la noche).

¿Cómo lidiar con la hipoglucemia? Afortunadamente, es muy posible superar los problemas de niveles bajos de azúcar por medio de hacer varios cambios significativos en la dieta y tomar ciertos suplementos. Si sospechas que tienes hipoglucemia o si te la han diagnosticado formalmente, puedes seguir las siguientes pautas. Esto puede conducirte a una mayor tranquilidad (menos ansiedad generalizada, menos volatilidad emocional y una menor vulnerabilidad a los ataques de pánico). También puedes observar que eres menos propenso a la depresión y los cambios de humor.

Modificaciones dietéticas para la hipoglucemia
- Erradica en la medida de lo posible todo tipo de azúcar simple de la dieta. Esto incluye los alimentos que obviamente contienen azúcar blanco, como los dulces, los helados, los postres, la Coca-Cola o la Pepsi. También hay formas más sutiles de azúcar, como la miel, el jarabe de maíz, los edulcorantes de maíz, la melaza y la alta fructosa. Asegúrate de leer las etiquetas de todos los alimentos procesados para detectar estas distintas formas de azúcar.
- Sustituye los dulces por la fruta (excepto la fruta seca, que contiene demasiado azúcar concentrado). Evita los zumos de frutas o dilúyelos con agua al 50%. Es especialmente importante renunciar a las bebidas y otros alimentos que contengan fructosa pura. (No hay ningún problema con la fructosa natural presente en las frutas ecológicas).
- Reduce o erradica los almidones simples, tales como la pasta, los cereales refinados, las patatas fritas y el pan blanco. Sustituye todo ello por los carbohidratos complejos, como los de los panes y cereales integrales (como el arroz integral) y las verduras. Consume estos carbohidratos complejos en cantidades moderadas.
- Toma un aperitivo proteínico (frutos secos o un queso ecológico, por ejemplo) justo entre las comidas. Si te despiertas temprano por la mañana (hacia las cuatro o las cinco), también puede ser que un pequeño refrigerio te ayude a volver a dormir un par de horas más. Como alternativa a los tentempiés entre comidas, puedes tomar cuatro o cinco comidas pequeñas al día, con no más de dos o tres horas de diferencia entre ellas. El objetivo de cualquiera de estas alternativas es mantener estable el nivel de azúcar en sangre.

Suplementos
1. Vitaminas del complejo B: de 50 a 100 mg de las once vitaminas B una vez al día con las comidas.
2. Vitamina C: 1.000 mg una o dos veces al día con las comidas.
3. Picolinato de cromo (a menudo llamado *factor de tolerancia a la glucosa*): 200 mcg diarios. Se puede encontrar en las tiendas de dietética.
4. Glutamina: 500 mg una o dos veces al día.
5. Una combinación de aminoácidos glucogénicos (L-glicina, ácido L-glutámico, L-tirosina, L-leucina, L-alanina, L-metionina, L-lisina). Estas combinaciones están disponibles en muchas tiendas de dietética con el nombre de *equilibrador de la hipoglucemia* o *factores*

glucémicos. Toma este producto tal como se especifica en el envase o según el consejo de un nutricionista.

Las vitaminas del complejo B y la vitamina C ayudan a aumentar la resistencia al estrés, lo que puede agravar las oscilaciones en los niveles de azúcar. Las vitaminas del complejo B también ayudan a regular los procesos metabólicos que convierten los carbohidratos en azúcar en el cuerpo.

El cromo mineral y los aminoácidos glucogénicos tienen un efecto directamente estabilizador de los niveles de azúcar. El aminoácido glutamina es muy útil para reducir el ansia de dulce (en el caso de quienes tienen problemas con el alcohol, también les ayuda a reducir el ansia de alcohol).

Si estás interesado en explorar el tema de la hipoglucemia con mayor profundidad, puedes leer el libro *Sugar Blues*, de William Dufty.

ALERGIAS ALIMENTARIAS Y ANSIEDAD

Las reacciones alérgicas tienen lugar cuando el organismo trata de resistir la intrusión de una sustancia extraña. En el caso de algunas personas, ciertos alimentos les afectan al cuerpo como si fuesen sustancias extrañas, lo que no solo les provoca los síntomas alérgicos clásicos, como mucosidad y estornudos, sino también una serie de síntomas psicológicos o psicosomáticos (cualquiera de los siguientes):

- Ansiedad o pánico.
- Depresión o cambios de humor.
- Mareos.
- Irritabilidad.
- Insomnio.
- Dolores de cabeza.
- Confusión y desorientación.
- Fatiga.

Muchos individuos tienen estas reacciones solamente cuando toman una cantidad excesiva de un alimento en particular o una combinación de alimentos dañinos, o cuando tienen demasiado poca resistencia debido a una infección o un resfriado. Otras personas son tan sensibles que les basta con tomar una pequeña cantidad de la comida equivocada para padecer síntomas debilitantes. A menudo, los síntomas psicológicos más sutiles se manifiestan de forma retardada, lo que hace difícil vincularlos con los alimentos perjudiciales.

En nuestra cultura, los dos alimentos que causan reacciones alérgicas más a menudo son la leche o los productos lácteos y el trigo. En el caso de la leche es la caseína y en el del trigo, el gluten, lo que tiende a causar problemas. Otros alimentos que pueden ser fuente de reacciones alérgicas son el alcohol, el chocolate, los cítricos, el maíz, los huevos, el ajo, los cacahuetes, el marisco, la levadura, los productos de soja o los tomates. Uno de los signos más reveladores de la presencia de una alergia alimentaria es la adicción. ¡Uno tiende a desear los mismos alimentos a los que es alérgico, hasta el punto de ser adicto a ellos! El chocolate es el ejemplo más notorio de esto. Haz un alto en el consumo —al menos por un tiempo— de este o de cualquier otro tipo de alimento al que te sientas enganchado (el pan elaborado con trigo, los productos lácteos o lo que sea). Muchas personas pasan años sin reconocer que los alimentos que más anhelan tienen un efecto sutil pero tóxico sobre su estado de ánimo y bienestar.

¿Cómo puedes saber si las alergias alimentarias están agravando tu problema de ansiedad? Al igual que en el caso de la hipoglucemia, un médico nutricionista puede efectuar pruebas clínicas para determinarlo, pero también está la opción de que lleves a cabo pruebas informales por tu cuenta.

Entre las pruebas clínicas formales para determinar las alergias alimentarias, la prueba de radioalergoadsorción RAST-CAP y la inmunoCAP (inmunoensayo de captura) son actualmente las más fiables, al medir la presencia de anticuerpos frente a una amplia gama de alimentos. Los niveles elevados de anticuerpos en relación con determinados alimentos sugiere que se es alérgico a ellos. Si bien estas pruebas pueden ser caras de realizar, ofrecen un perfil detallado de todos los alimentos a los que la persona es alérgica y pueden ser herramientas de diagnóstico muy útiles.

Una manera menos formal y cara de evaluar las alergias alimentarias es que uno efectúe sus propias pruebas de eliminación. Si quieres determinar si eres alérgico al trigo, basta con que elimines todos los productos que contienen trigo de tu dieta durante dos semanas y observes si te sientes mejor. Después, una vez que han transcurrido las dos semanas, ingiere de repente una gran cantidad de trigo y permanece cuidadosamente atento a los síntomas que se manifiesten en las siguientes horas. Después de hacer la prueba con el trigo, puedes hacerla con la leche y los productos lácteos. Es importante experimentar con un solo tipo de alimento potencialmente alergénico a la vez, para no confundir los resultados.

También es una buena idea llevar un *diario de síntomas* que te permita comparar cómo te sientes antes, durante y después de la eliminación de un tipo de alimento en particular. Mucha gente se siente peor inmediatamente después de eliminar un alimento durante unos días, como si su cuerpo estuviera pasando por el síndrome de abstinencia. Este es un signo revelador de alergia alimentaria. En los casos graves, estos síntomas de abstinencia pueden persistir durante varias semanas, y es posible que haya que alargar el período en el que prescindas de ese alimento. En este caso, te sugiero que consultes con un nutricionista para que te ayude a realizar las pruebas de eliminación.

Una forma alternativa de comprobar las alergias alimentarias es tomarse el pulso después de una comida. Si se eleva más de diez latidos por minuto por encima de tu pulso habitual, es probable que hayas ingerido algo a lo que eres alérgico.

La buena noticia es que uno no tiene que abstenerse permanentemente del alimento al que es alérgico. Después de un período de varios meses de prescindir del alimento, es posible comerlo de nuevo de vez en cuando sin que tenga efectos adversos. Por ejemplo, en lugar de tomar pan integral en casi todas las comidas, uno se sentirá mejor si lo toma solamente dos o tres veces por semana.

En el caso de algunas personas, las alergias alimentarias pueden ser sin duda un factor concomitante del exceso de ansiedad y los cambios de humor. Si sospechas que puedes tener alguna alergia de este tipo, experimenta con el método de la eliminación o consulta con un nutricionista titulado.

Nota: aunque en este apartado se ha hecho hincapié en las alergias alimentarias, algunas personas presentan síntomas alérgicos a otras sustancias ambientales, tanto orgánicas como inorgánicas, que pueden precipitar una serie de síntomas psicológicos, *incluidos la ansiedad y el pánico*. Estas sustancias nocivas pueden ser los conservantes de alimentos, el gas natural, los tejidos sintéticos, los productos de limpieza y detergentes, el humo de los hidrocarburos, los vapores de gasolina, los insecticidas, el moho, los periódicos impresos, el queroseno, el aguarrás, el alquitrán o el asfalto, el asbesto, los cosméticos, los champús, los perfumes, las colonias y las lacas para el cabello, por nombrar unos pocos. Si sospechas que puedes experimentar sensibilidad química a alguna de estas sustancias, puedes consultar a un especialista en alergias.

LLEVA UNA DIETA MÁS VEGETARIANA

Se ha observado con frecuencia que los vegetarianos tienden a ser de alguna manera más tranquilos y tolerantes que quienes comen carne. Podría argumentarse que, en primer lugar, las personas menos estresadas y más relajadas se sienten más atraídas por el vegetarianismo. Sin embargo, las impresiones que obtengo de mis pacientes y de mi experiencia personal sugieren lo contrario. Un cambio dietético hacia el vegetarianismo puede, definitivamente, fomentar un carácter más tranquilo, menos propenso a la ansiedad.

Si estás acostumbrado a comer carne, productos lácteos, queso, huevos y productos derivados del huevo, no es necesario –o incluso aconsejable– que elimines *todas* las fuentes de proteína animal de la dieta. El solo hecho de renunciar a la carne roja, por ejemplo, o limitar tu consumo de leche de vaca –y beber leche de arroz o de almendras en su lugar– puede tener un efecto beneficioso notable.

¿Cómo puede el vegetarianismo conducir a tener un carácter más calmado? Al principio de este capítulo mencioné que los residuos de hormonas esteroides presentes en la carne roja pueden ejercer un efecto no muy diferente del de las hormonas esteroides de nuestros cuerpos, que es la activación de las defensas naturales contra el estrés y la contención de la inmunidad. Otra razón, sin embargo, es que la carne, los quesos y otros productos lácteos y los huevos –junto con el azúcar y los productos hechos con harinas refinadas– son, todos ellos, alimentos *generadores de ácido*. Estos alimentos no tienen necesariamente una composición ácida, pero dejan un residuo ácido después de haber sido metabolizados, que hace que el cuerpo se acidifique. Esto puede dar lugar a dos tipos de problemas:

▶ *Cuando el cuerpo es más ácido, el tiempo de tránsito de los alimentos a través del tracto digestivo puede aumentar hasta el punto de que las vitaminas y minerales no se asimilen correctamente.* Esta menor absorción selectiva de vitaminas —especialmente las del complejo B, la vitamina C y los minerales— puede incrementar sutilmente la carga de estrés del organismo y, con el tiempo, conducir a una leve desnutrición. Tomar suplementos no resolverá necesariamente este problema a menos que se sea capaz de digerirlos y absorberlos de forma adecuada.

▶ *Los alimentos generadores de ácido, sobre todo las carnes, pueden dar lugar a productos que ocasionen degradación metabólica, los cuales a su vez congestionan el cuerpo.* Esto es especialmente cierto si ya se está en una situación de estrés y se es incapaz de digerir correctamente los alimentos proteicos. El resultado es que uno acaba por sentirse más lento y cansado y puede tener problemas de exceso de mucosidad o sinusitis. Aunque es cierto que esta congestión no es exactamente lo mismo que la ansiedad, sin duda puede añadir estrés al cuerpo, lo que a su vez agrava la tensión y la ansiedad. Cuanto más libre esté el cuerpo de la congestión debida a los alimentos generadores de ácido, más ligera y lúcida se sentirá probablemente la persona. También hay que tener en cuenta que muchos medicamentos provocan una reacción ácida en el cuerpo y pueden dar lugar a los mismos tipos de problemas que los alimentos generadores de ácido.

Para mantener un adecuado equilibrio ácido-alcalino en el cuerpo, resulta útil reducir el consumo de los alimentos generadores de ácido —es decir, la mayor parte de los de origen animal, el azúcar y los productos elaborados con harinas refinadas— y aumentar la presencia de alimentos generadores de alcalinidad en la dieta. Cabe destacar, entre los alimentos alcalinos, todas las verduras, la mayoría de las frutas, a excepción de las ciruelas y las ciruelas pasas, los cereales integrales, como el arroz integral, el mijo y el trigo sarraceno, y los germinados de soja. Lo ideal es que alrededor de entre el 50 y el 60% de las calorías que consumimos provengan de estos alimentos, aunque en invierno es conveniente consumir un porcentaje ligeramente superior de proteínas animales. Prueba a incluir más alimentos alcalinos en tu dieta y observa si adviertes alguna diferencia en la forma en que te sientes.

AUMENTA EL CONSUMO DE PROTEÍNAS EN RELACIÓN CON LOS CARBOHIDRATOS

Años atrás, muchos nutricionistas abogaban por comer una gran cantidad de hidratos de carbono complejos (cereales integrales, pasta, pan…) —se recomendaba que constituyesen hasta el 70% del total de calorías—. La idea predominante era que consumir demasiada grasa abonaba las enfermedades cardiovasculares y que tomar demasiada proteína conducía a una excesiva acidez y toxicidad en el cuerpo. Se pensaba que la dieta ideal consistía entre un 15 y un 20% de grasas, un 15 y un 20% de proteínas, y que el resto de la dieta debía estar constituida por hidratos de carbono.

Más recientemente, sin embargo, se han acumulado las pruebas en contra de la idea de ingerir altas cantidades de hidratos de carbono, especialmente tomados solos. Los carbohidratos los utiliza el cuerpo para producir glucosa, la forma de azúcar que usa como combustible. Con el fin de transportar la glucosa a las células, el páncreas secreta insulina. Comer altos niveles de hidratos de carbono significa que el cuerpo produce niveles más altos de insulina, y un exceso de insulina tiene un efecto negativo en algunos de los sistemas hormonales y neuroendocrinos más básicos del organismo, especialmente las prostaglandinas y la serotonina.

En resumen, comer grandes cantidades de cereales, panes, pastas o incluso almidones como el arroz blanco, el maíz y las patatas puede elevar los niveles de insulina, hasta el punto de que otros sistemas básicos pierdan su equilibrio. La respuesta no es eliminar los hidratos de carbono complejos, sino reducirlos *en proporción* a las cantidades de proteínas y grasas consumidas, *sin aumentar el número total de calorías presentes en la dieta*. Si hacemos esto, no acabamos teniendo una dieta demasiado alta en grasas o proteínas, sino que seguimos consumiéndolas, con moderación. *Se reduce la cantidad de carbohidratos que se toman en cada comida en relación con la cantidad de grasas y proteínas.* La relación óptima puede ser un 40% de carbohidratos, un 30% de proteínas y un 30% de grasas.

El doctor Barry Sears presenta, en su libro *Enter the Zone*, considerables estudios que avalan las ventajas de reducir la proporción de hidratos de carbono en relación con las proteínas y las grasas. Muchas personas aseguran que se sienten mejor y tienen más energía cuando aumentan la proporción de proteína en sus dietas frente a los hidratos de carbono. Varios pacientes míos han notado que incrementar las proteínas en cada comida en relación con los carbohidratos ha tenido un efecto favorable sobre su ansiedad o su depresión. Esto no es sorprendente, ya que los trastornos de ansiedad y del estado de ánimo a menudo están en relación con la insuficiencia de neurotransmisores, especialmente la serotonina. El cuerpo no tiene ninguna manera de producir neurotransmisores (la serotonina en particular) sin un suministro constante de aminoácidos, que se obtienen de las proteínas. Independientemente de si estás de acuerdo con el enfoque del doctor Sears o de si decides adoptar una dieta con las proporciones 40:30:30, te recomiendo que tomes algo de proteína en cada comida (preferiblemente en forma de pescado salvaje, aves de corral de cría ecológica, huevos, proteínas en polvo, tofu, tempeh, alubias o cereales). Por otra parte, propone obtener no más del 30% de tus calorías de la proteína —sobre todo procedente de la carne roja, el pollo o el pescado—, ya que esto puede tender a acidificar demasiado tu cuerpo.

La nutrición

¿QUÉ HACER CUANDO SE COME FUERA?

Las presiones y limitaciones de la vida moderna exigen que muchos de nosotros tomemos el almuerzo o la cena fuera de casa. Desafortunadamente, la mayor parte de la comida de restaurante, incluso en el mejor de los casos, presenta demasiadas calorías, un exceso de grasas saturadas y más sal de la cuenta, y con frecuencia los alimentos han sido cocinados en aceites pasados o rancios. Mucha comida de restaurante es menos fresca que la que puedes obtener por tu cuenta. En general, comer en restaurantes no es óptimo para el cuidado de la salud.

Si tienes que comer en restaurantes a menudo, sugiero que atiendas las siguientes pautas:

- Evita cualquier concesión a la comida rápida o «comida basura».
- Siempre que sea posible, come en restaurantes que sirvan sus platos a partir de alimentos naturales, preferiblemente orgánicos.
- Si no tienes cerca ninguno que sirva comida natural, acude a restaurantes de pescado y marisco de alta calidad y pide pescado fresco, preferiblemente asado sin mantequilla o aceite. Acompaña el pescado con verduras frescas, patatas o arroz y una ensalada verde. En la ensalada, evita los aderezos elaborados a partir de cremas o productos lácteos.
- Como tercera opción, acude a un restaurante chino o japonés de alta calidad y disfruta de una comida a base de arroz, verduras y pescado fresco o tofu. En los restaurantes chinos, asegúrate de pedirle al camarero que la comida no contenga glutamato monosódico (GMS), un potenciador del sabor al que muchas personas son alérgicas.
- Como regla general, cuando salgas a comer no tomes más de un panecillo y una porción de mantequilla y minimiza el pedido de sopas a base de cremas, como la sopa de almejas. Pide que te sirvan el aderezo de la ensalada aparte y utiliza aceite y vinagre o un aderezo italiano bajo en grasa. Elige platos sencillos, como pollo (preferiblemente de cría ecológica) o pescado blanco, sin salsas o aderezos elaborados. Si es posible, trata de evitar los postres con alto contenido en grasas. No dudes en pedirle al camarero que preparen la comida conforme a tus necesidades. Aprende a disfrutar de los sabores sutiles de los alimentos sencillos. Verás que esto se te hace más fácil y apetecible después de un tiempo, cuando prescindas de los alimentos con alto contenido en grasas y azucarados.

Cuando repases todas las pautas para mejorar tu nutrición, ten en cuenta que no es necesario tratar de seguirlas todas a la vez. Te recomiendo que empieces por reducir tu consumo de cafeína y azúcar, que es lo que tendrá un impacto más directo en la reducción de tu vulnerabilidad al estrés y la ansiedad. Más allá de estas sugerencias, mejora tu dieta a tu propio ritmo. Es más probable que te mantengas fiel a un cambio dietético si has decidido que realmente *quieres* llevarlo a cabo que si te presionas a ti mismo para efectuarlo.

RESUMEN: DIRECTRICES ALIMENTARIAS PARA REDUCIR EL ESTRÉS Y LA ANSIEDAD

Al igual que ocurre con el resto de la información de este capítulo, las siguientes pautas pretenden ser sugerencias y no prescripciones. No pretenden ocupar el lugar de la evaluación detallada de la dieta, las recomendaciones y el plan dietético elaborado por un nutricionista competente o un médico especializado en nutrición. Si bien todas las directrices que se exponen a continuación son importantes, se enumeran en orden en función de la relación directa que tienen con la reducción de la ansiedad:

1. Elimina en la medida de lo posible los estimulantes y las sustancias inductoras del estrés que se describen en el primer apartado de este capítulo —la cafeína, el té convencional, la nicotina, otros estimulantes, la sal (no tomes más de 1 gr o una cucharadita al día) y los conservantes—. (Eliminar la cafeína y la nicotina es lo más importante para reducir la ansiedad). En vez de té negro, prueba a tomar té verde (que tiene una menor cantidad de cafeína) o infusiones de hierbas.
2. Elimina o reduce al mínimo tu consumo de azúcar refinado, azúcar moreno, miel, sacarosa, dextrosa y otros edulcorantes, como el jarabe de maíz, los edulcorantes de maíz y la alta fructosa. Sustituye los postres, bebidas azucaradas y aperitivos dulces por la fruta fresca y las bebidas sin azúcar. Modera el consumo de alcohol, ya que tu cuerpo lo convierte en azúcar. Prescinde también de los edulcorantes artificiales, como el aspartamo (Nutrasweet) y la sacarina. El aspartamo, en particular, puede agravar los ataques de pánico y, con el tiempo, causar daños al sistema nervioso. Prueba la estevia, un edulcorante natural que no tiene efectos adversos reconocidos.
3. Reduce o erradica los alimentos refinados y procesados de tu dieta tanto como sea posible. Sustitúyelos por alimentos frescos y naturales (preferiblemente ecológicos). Incluso muchos alimentos aparentemente «saludables», como la proteína en polvo, están altamente procesados. Sustituye las bebidas gaseosas por los zumos de fruta frescos (no procesados) o, mejor aún, por las frutas mismas.
4. Elimina o reduce al mínimo el consumo de cualquier alimento al que descubras que eres alérgico. Observa especialmente cómo te sientes si retiras el trigo o los productos lácteos de la dieta. Presta atención a cualquier comida que te haga sentirte cansado o te produzca mucosidad.
5. Reduce el consumo de carne roja y de aves de corral que contengan hormonas esteroides y otras sustancias químicas a favor de aves de corral de cría ecológica o pescado salvaje (el mero, el salmón, el pagro, el lenguado, la trucha y el rodaballo se hallan entre los más recomendables). Evita los grandes peces de mar, como el pez espada, el marlín y el atún, que contienen niveles excesivos de mercurio.

6. Aumenta la ingesta de fibra alimentaria por medio de consumir cereales integrales, salvado, verduras crudas y frutas ricas en fibra, como las manzanas (ten en cuenta, sin embargo, que el exceso de fibra puede producir gases e hinchazón e interferir en la capacidad del cuerpo de absorber las proteínas).
7. Bebe el equivalente a al menos seis vasos de 240 ml de agua de manantial embotellada o agua purificada cada día. La osmosis inversa y el carbono activado son buenos métodos de filtraje. Cuando sea posible, evita beber el agua que se vende en botellas de plástico. Si lo haces, bébela toda tras abrir la botella –no dejes agua en una botella de plástico durante días (ni tan siquiera en el frigorífico) para tomarla más adelante.
8. Aumenta el consumo de verduras frescas y crudas. Es una excelente idea tomar una ensalada mixta de verduras todos los días. Incluye un vegetal fresco (no congelado o enlatado) cocido en la dieta cada día.
9. Siempre que puedas, compra productos ecológicos.
10. Procura que el total de la grasa que consumas (la contenida en aceites, frutos secos, aderezos de ensaladas, etc.) constituya el 30% del total de calorías que ingieres. E intenta que las grasas animales y los alimentos que contienen colesterol, como la carne roja y las vísceras, salsas, quesos, mantequillas, huevos, leche natural y marisco, no supongan más del 10% de las calorías que consumes. Evita por completo los productos que contengan ácidos grasos *trans* (presentes en los alimentos muy fritos, las patatas fritas de bolsa, la mayonesa, la margarina y todos los alimentos procesados que contienen aceites parcialmente hidrogenados).
11. Para evitar ganar demasiado peso, consume solo la cantidad de energía (calorías) que gastes. Reduce el consumo de calorías y haz más ejercicio aeróbico si ya tienes sobrepeso.
12. Selecciona los alimentos de entre los cuatro grupos principales de alimentos: las frutas y hortalizas (entre cuatro y cinco raciones al día), los cereales integrales, incluido el arroz integral y el pan integral (entre dos y tres raciones diarias), las proteínas de origen animal, sobre todo las procedentes de aves de corral de cría ecológica, pescado y huevos, o sus equivalentes en leguminosas si eres vegetariano (entre dos y tres raciones diarias), y finalmente los productos lácteos, sobre todo los bajos en grasa o sin grasas (entre una y dos raciones diarias). Si tienes intolerancia a la lactosa o eres sensible a la leche de vaca por algún otro motivo, prueba a sustituirla por leche de arroz o almendras. Tu dieta debe basarse más en las dos primeras categorías y en cantidades moderadas de los alimentos pertenecientes a las dos últimas. En general, es una buena idea llevar una dieta más vegetariana y alejarse del exceso de consumo de alimentos de origen animal. Al mismo tiempo, se debe aumentar la proporción de proteínas en relación con los hidratos de carbono. Las proteínas deben constituir aproximadamente el 30% de lo que

comes; las grasas saludables, entre el 20 y el 30% —o menos si tienes el colesterol por encima de 250–, y los carbohidratos complejos, entre el 40 y el 50%.

Sírvete del «Diario de la alimentación» que se ofrece a continuación para controlar lo que comes durante al menos tres días. ¿De qué manera podrías mejorar tus hábitos alimentarios? ¿Qué estarías dispuesto a cambiar en el próximo mes?

DIARIO DE LA ALIMENTACIÓN

Instrucciones: utiliza la tabla siguiente para evaluar tus hábitos alimentarios durante tres días. Las áreas en las que tu consumo diario medio se aparta más del ideal son aquellas en las que puedes introducir más mejoras en cuanto a lo que comes. Haz fotocopias de esta tabla para poder realizar el seguimiento de tu dieta durante una o dos semanas.

Durante tres días, haz el seguimiento de cuántas raciones tomas de cada una de estas categorías de alimentos. En cada categoría, divide el total de raciones por 3 para obtener tu media diaria en ese período. Compara tu patrón de alimentación con el ideal, que se especifica en la columna de la derecha.

Semana: _____ (fechas)	RACIONES EN EL PRIMER DÍA	RACIONES EN EL SEGUNDO DÍA	RACIONES EN EL TERCER DÍA	MEDIA DE RACIONES POR DÍA	CANTIDAD DE RACIONES IDEAL DIARIA
Cafeína ración = 1 taza de café o té negro, o té convencional					0 o 1
Dulces ración = 1 barrita de chocolate, 1 trozo de tarta, 1 copa de helado					0 o 1
Alcohol ración = 1 cerveza, 1 vaso de vino, 1 cóctel					0 o 1
Frutas y verduras ración = 1 vaso de judías verdes, 1 manzana, media patata					5 a 10

La nutrición

Semana: _____ (fechas)	Raciones en el primer día	Raciones en el segundo día	Raciones en el tercer día	Media de raciones por día	Cantidad de raciones ideal diaria
Pan y cereales integrales ración = 1 rebanada de pan integral, ¾ de vaso de cereales integrales, ¾ de vaso de arroz, avena o quinoa					4 a 6
Leche, queso, yogur ración = 1 taza de leche, 1 rebanada de queso de tamaño mediano, 1 yogur					2 o 3
Carne roja, aves de corral, pescado, huevos, alubias y frutos secos ración = 85 g de carne magra o pescado, dos huevos, 1¼ vaso de alubias cocidas, ¾ de vaso de frutos secos					2 o 3

SUPLEMENTOS PARA LA ANSIEDAD
Vitaminas del complejo B y vitamina C

Es muy sabido que en los períodos de estrés el cuerpo tiende a agotar rápidamente sus reservas de vitaminas del complejo B y de vitamina C. En general, se recomienda tomar vitaminas de alta potencia del complejo B y 2 g de vitamina C todos los días. Estas ingestas permiten gozar de un nivel de energía y resistencia al estrés sustancialmente superior. Las vitaminas B son necesarias para ayudar a mantener el buen funcionamiento del sistema nervioso. Las carencias, especialmente de vitamina B_1, B_2, B_6 y B_{12}, pueden conducir a experimentar ansiedad, irritabilidad, inquietud, fatiga e incluso inestabilidad emocional. Lo mejor es tomar las once vitaminas del grupo B juntas en un suplemento del complejo B, ya que tienden a trabajar juntas, de forma sinérgica. La vitamina C es bien conocida por potenciar el sistema inmunitario y fomentar la curación de las infecciones, enfermedades y lesiones. Menos conocido es el hecho de que ayuda a las glándulas suprarrenales, que es necesario que funcionen bien para poder lidiar con el estrés. La vitamina B_5 (ácido pantoténico) también ayuda a las glándulas suprarrenales, y muchas personas encuentran que les resulta útil para afrontar el exceso de estrés (una dosis alta de B_5 —por ejemplo, 1.000 mg— tiene un efecto calmante para muchos).

Se recomienda el consumo de las siguientes dosis de vitaminas del complejo B y vitamina C de forma asidua:

- Complejo B: de 50 a 100 mg de las once vitaminas B una vez al día (dos veces al día si se experimenta un estrés elevado).
- Vitamina C: 1.000 mg tomados bajo una forma que ocasione una liberación prolongada, dos veces al día (o el doble de esta dosis si se está padeciendo mucho estrés). Es preferible tomarla en combinación con los bioflavonoides rutina y hesperidina.

Cuando el estrés es excepcionalmente elevado, también es una buena idea tomar más vitamina B_5. Hasta 1.000 mg en una forma de liberación prolongada pueden ser necesarios para ayudar a mitigar los efectos de la ansiedad y el estrés pronunciados. Algunos nutricionistas recomiendan tomar también, específicamente, un suplemento de ácido fólico, además del presente en el complejo B.

Ten en cuenta que no es posible ingerir una sobredosis de vitaminas del complejo B, ya que son solubles en agua. La única excepción a esto es la B_6. Es importante no superar los 100 mg diarios si se toma a largo plazo (dosis más altas de esta vitamina se pueden tomar a corto plazo para aliviar los síntomas premenstruales). Las altas dosis diarias de vitamina C son generalmente inofensivas y constituyen una buena protección contra las infecciones y los resfriados. Sin embargo, repetidas dosis diarias de *más de 5.000 mg* se han asociado con molestias estomacales e incluso cálculos renales en algunas personas.

Es importante tomar las vitaminas del complejo B, la vitamina C y otras vitaminas *con las comidas*. Los ácidos estomacales y las enzimas que se producen durante la digestión de los alimentos son necesarios para ayudar a descomponerlas y asimilarlas. No tomes vitaminas con el estómago vacío (con la excepción de los aminoácidos, como veremos en un próximo apartado). Las vitaminas en cápsula son probablemente más fáciles de procesar para el estómago que las pastillas.

Calcio

Es muy sabido que el calcio puede actuar como tranquilizante, puesto que tiene un efecto calmante sobre el sistema nervioso. Este elemento, junto con las sustancias neurotransmisoras, está implicado en el proceso de transmisión de señales nerviosas a través de las sinapsis entre las células nerviosas. La carencia de calcio puede dar como resultado la hiperactividad de las células nerviosas, lo que puede constituir una de las bases fisiológicas subyacentes de la ansiedad. Es importante tomar al menos 1.000 mg de calcio al día, ya sea a través de alimentos ricos en él —como los productos lácteos, los huevos y las verduras de hoja— o por medio de suplementos (los quelatos son preferibles al carbonato de calcio). Si tomas un suplemento de calcio, asegúrate de que sea en combinación con el magnesio, ya que estos dos minerales se equilibran entre sí y trabajan en sinergia. Para algunas personas, el magnesio puede tener un efecto relajante igual al del calcio. Como suplementos, la relación entre el calcio y el magnesio debe ser de 2:1 o de 1:1. También se puede tomar calcio + magnesio líquido –se encuentra en la mayoría de las tiendas de productos dietéticos– como tranquilizante natural.

Nota: puedes pedirle a tu nutricionista o a tu médico que te haga un análisis de cabello si estás preocupado acerca de la posibilidad de tener carencia de calcio u otros minerales. La presencia de ciertas carencias de minerales puede servir para detectar otros problemas. Por ejemplo, demasiado poco cromo sugiere un problema con el metabolismo de los hidratos de carbono y posible hipoglucemia. Demasiado poco cobalto sugiere una posible carencia de vitamina B_{12}. La prueba también puede detectar excesos de metales tóxicos como aluminio, plomo o mercurio en el cuerpo. Particularmente, los altos niveles de mercurio se han asociado con la ansiedad.

Antioxidantes

El cuerpo necesita antioxidantes con el fin de luchar contra los procesos inflamatorios que pueden conducir a distintas enfermedades, especialmente las de tipo cardiovascular. Son buenos alimentos antioxidantes las judías (habichuelas y judías pintas) y los arándanos ecológicos, frambuesas, fresas, manzanas, nueces, pacanas y corazones de alcachofa. Son buenos suplementos antioxidantes la vitamina C (2 g al día), la vitamina E (400 UI por día), el selenio (100 mg diarios), CoQ10 (200 mg diarios), el resveratol (también se encuentra en el vino tinto) y la astaxantina natural (a partir de 4 mg, incrementando la dosis hasta llegar a los 10 mg diarios).

Hierbas relajantes

Las hierbas se han utilizado durante cientos de años para fomentar la calma y la relajación. Por lo general no son tan potentes como los tranquilizantes con receta, tales como Xanax o Klonopin (con la excepción de la kava), pero en cambio tienen pocos efectos secundarios y no son adictivas. Muchas personas se benefician del consumo de hierbas para combatir los estados de ansiedad de leves a moderados. Las siguientes hierbas han sido de gran ayuda para mis pacientes.

Kava: hierba relajante de las islas del Pacífico

La kava es un tranquilizante natural que se ha vuelto muy popular en Estados Unidos desde hace algunos años. Varios pacientes míos han afirmado que es un relajante tan potente como el Xanax. Miembro de la familia de los pimientos, la kava es originaria del Pacífico Sur. Los polinesios la han utilizado durante siglos en rituales ceremoniales y también para relajarse en sociedad. En pequeñas dosis produce una sensación de bienestar, mientras que en grandes dosis puede provocar letargo, somnolencia y reducción de la tensión muscular.

En algunos países europeos, como Alemania, la kava ha sido aprobada para el tratamiento del insomnio y la ansiedad. Se desprende, de los limitados estudios disponibles, que puede reducir el tono de la actividad del sistema límbico, particularmente de la amígdala, un centro cerebral asociado con la ansiedad (véase el capítulo 2). Sus efectos neurofisiológicos no se conocen en detalle en estos momentos.

La principal ventaja de la kava sobre los tranquilizantes como Xanax o Klonopin es que no es adictiva. También es menos probable que afecte a la memoria o agrave la depresión, lo que a veces sí pueden hacer los tranquilizantes. Las investigaciones indican que es un tratamiento efectivo para la ansiedad leve o moderada (no para los ataques de pánico), el insomnio, los dolores de cabeza, la tensión muscular y los espasmos gastrointestinales, y que incluso puede ayudar a aliviar las infecciones del tracto urinario.

Al comprar kava, es preferible obtener un extracto normalizado con un porcentaje especificado de kavalactones, el ingrediente activo. El porcentaje de kavalactones puede ser de entre un 30 y un 70%. Si se multiplica el número total de miligramos de kava presentes en cada cápsula o tableta por el porcentaje de kavalactones, se obtiene la potencia de la dosis. Por ejemplo, una cápsula de 200 mg con un 70% de kavalactones proporcionaría una dosis de 140 mg.

La mayor parte de los suplementos de kava que se venden en las tiendas de productos dietéticos contienen entre 50 y 70 mg de kavalactones por cápsula. Estudios realizados en Europa han arrojado el resultado de que tomar tres o cuatro dosis diarias de esta concentración puede ser tan eficaz como tomar un tranquilizante.

En la actualidad hay pocos datos consistentes sobre los efectos a largo plazo de tomar kava diariamente. En las islas de la Polinesia, donde los residentes consumen altas dosis a diario durante largos períodos de tiempo, se ha visto que puede tener lugar una decoloración de la piel. A veces esto evoluciona hacia una dermatitis, que se mitiga cuando se interrumpe el consumo. Si observas algún efecto adverso, deja de tomar kava de inmediato, y lo retomes sin consultar con un naturópata o médico entendido en el tema. Es preferible no tomar kava *a diario* durante más de seis meses; en cambio, si se toma de forma intermitente, se puede consumir durante un tiempo indefinido.

En general, no es buena idea tomar kava en combinación con tranquilizantes. Si bien no se trata de una combinación peligrosa, sí que puede producir somnolencia e incluso desorientación. Especialmente si estás tomando una dosis moderada o alta de Xanax o Klonopin (más de 1,5 mg al día), abstente de consumir kava.

Tampoco debe optarse por la kava si se tiene la enfermedad de Parkinson, si se está embarazada o si se está dando el pecho. Se debe ingerir con precaución antes de conducir o manejar maquinaria.

Hace algunos años había una preocupación generalizada acerca de la posibilidad de que la kava produjera daños en el hígado. En Europa, algunos fabricantes usaron los tallos y hojas de la kava, que contienen una sustancia tóxica para el hígado, y unas cuantas personas contrajeron una enfermedad hepática a causa de ello. En cambio, las empresas con sede en Estados Unidos utilizaron entonces, y siguen utilizando ahora, solamente la raíz de la planta (como los polinesios han hecho durante siglos), que se considera que es segura. La kava nunca ha sido prohibida en Estados Unidos, a pesar de que está restringida actualmente en el Reino Unido. La FDA (siglas en inglés de la Agencia de Alimentos y Medicamentos estadounidense) advierte que las personas con un historial de problemas hepáticos no deben consumir kava sin consultar antes con su médico.

La valeriana

La valeriana es una hierba tranquilizante y sedante que se consume ampliamente en Europa. En los últimos años, ha ganado popularidad en Estados Unidos. Los estudios clínicos, realizados sobre todo en Europa, han revelado que es tan efectiva como los tranquilizantes a la hora de aliviar la ansiedad y el insomnio leves y moderados, como exponen Jonathan Davidson y Kathryn Connor en *Herbs for the Mind*. Sin embargo, tiene menos efectos secundarios y no es adictiva.

Tampoco es probable que la valeriana afecte tanto a la memoria y la concentración, o cause tanto letargo y somnolencia, como los tranquilizantes sintéticos. Por lo general, no provocará resaca al día siguiente si se utiliza para dormir, aunque algunas personas han informado de que sí las afectó de esta manera. En general, la valeriana puede ser efectiva para los casos de ansiedad leve o moderada, pero menos en los casos más graves.

Derivada de la planta *Valeriana officinalis*, la valeriana tiene numerosos componentes químicos, incluidos un aceite esencial, iridoides y alcaloides. Ninguno de estos constituyentes es responsable de sus propiedades sedantes, por lo que la impresión general es que todos ellos actúan de forma sinérgica. Por este motivo, es poco probable que un solo componente sea aislado y fabricado sintéticamente.

La valeriana goza de buena reputación como estimuladora del sueño. Numerosos estudios han demostrado que puede reducir el tiempo que se tarda en conciliar el sueño, así como mejorar su calidad. Si pruebas a tomar valeriana para dormir y no parece funcionar, no te rindas. Algunos estudios indican que puede ser necesario consumir esta hierba de forma asidua a lo largo de dos o tres semanas para que llegue a proporcionar su máximo beneficio, tanto si se toma para el insomnio como para la ansiedad.

La valeriana se puede obtener en cualquier tienda de productos dietéticos bajo tres formas: en cápsulas, en extracto líquido o como té. Para el tratamiento de la ansiedad o el insomnio, prueba cada una de estas formas para ver cuál te gusta más, siguiendo las instrucciones de la botella o el envase. Las cápsulas son lo más práctico, pero algunas personas apuestan sin dudarlo por la eficacia de las tinturas e infusiones. Es habitual encontrar la valeriana en combinación con otras hierbas relajantes, como la pasiflora, la escutelaria, el lúpulo o la manzanilla. Puede ser que estas combinaciones te resulten más sabrosas o eficaces.

La dosis efectiva para la valeriana oscila entre los 200 y los 400 mg para el alivio de la ansiedad durante el día y entre los 400 y 800 mg para combatir el insomnio nocturno. Para dormir, lo mejor es tomarla alrededor de una hora antes de acostarse. Para la ansiedad diurna leve o moderada, se pueden tomar dos o tres dosis de entre 200 y 400 mg.

Asegúrate de comprar un producto de valeriana lo suficientemente potente. Por lo general, si la etiqueta de la botella indica que el producto ha sido normalizado a por lo menos un 0,5% de ácido valerénico, esto es indicativo de que tiene una potencia razonable. También hay que tener en cuenta la fecha de caducidad, puesto que los productos más antiguos tienden a perder potencia. Si contiene otras hierbas o ingredientes además de la valeriana, debe constar una lista completa de ellos junto con la cantidad de cada dosis recomendada. Evita los productos que no proporcionen una lista completa de los ingredientes.

Como regla general, se debe evitar tomar valeriana a diario durante más de seis meses. El consumo a largo plazo a dosis altas se ha asociado con efectos secundarios como dolor de cabeza, excitabilidad, inquietud, agitación y palpitaciones. Se puede consumir tres o cuatro veces por semana, sin embargo, de forma indefinida. La valeriana no debe tomarse junto con los tranquilizantes benzodiacepínicos, tales como Xanax (alprazolam), Ativan (lorazepam) y Klonopin (clonazepam), o junto con sedantes tales como Restoril (temazepam), Ambien (zolpidem) y Sonata (zaleplon). En cambio, se puede combinar con otras hierbas, como la kava o la hierba de San Juan, y especialmente con el lúpulo o la pasiflora.

La larga experiencia en Europa indica que la valeriana es una hierba especialmente segura. Sin embargo, hay informes ocasionales de reacciones paradójicas de aumento de la ansiedad, la inquietud o las palpitaciones. Posiblemente se trata de reacciones alérgicas; deja de tomar valeriana o cualquier otra hierba si te provoca estos problemas.

La hierba de San Juan

La hierba de San Juan, o hipérico (*Hypericum perforatum*), también cuenta con una larga historia de uso. La recomendó Hipócrates para la ansiedad hace más de dos mil años. En la actualidad, se utiliza ampliamente en Europa y Estados Unidos para tratar síntomas de depresión leve o moderada, así como la ansiedad. En Alemania ha superado incluso al Prozac y representa más del 50% del mercado de los antidepresivos. Este hecho por sí solo da fe de su eficacia.

La hierba de San Juan tiene un efecto directo sobre el alivio de la depresión y parece reducir la ansiedad como efecto secundario. Estudios europeos han revelado que presenta propiedades contra la ansiedad comparables a las de los tranquilizantes, aunque este hallazgo aún no se ha confirmado en Estados Unidos. Hay pruebas de que el hipérico mejora los niveles de los tres neurotransmisores implicados en los trastornos de ansiedad: la serotonina, la noradrenalina y la dopamina. Sobre esta base, podría verse como preferible frente a los antidepresivos ISRS, que elevan solamente los niveles de serotonina. La hierba de San Juan se puede encontrar en las tiendas de productos dietéticos y en muchas farmacias.

Hay que asegurarse de obtener las marcas que están normalizadas para contener un 0,3% de hipericina, el ingrediente activo. La dosis estándar es de tres cápsulas de 300 mg al día.

Al comenzar, se puede probar con dos cápsulas diarias para acostumbrarse a la hierba, y luego aumentar la dosis a tres cápsulas, o 900 mg diarios. Si ves que el hipérico te causa malestar estomacal, toma cada dosis con una comida.

Es importante tener en cuenta que el hipérico tarda entre cuatro y seis semanas en alcanzar la eficacia terapéutica. Si no constatas ningún beneficio en las primeras dos o tres semanas, no te desanimes y no te detengas; necesitas seguir tomándolo durante al menos un mes.

La hierba de San Juan ha gozado de un muy buen historial de seguridad durante los cientos de años en que se ha estado utilizando. En el caso de algunas personas, sin embargo, puede causar fotosensibilidad (una mayor sensibilidad a la luz solar). Si estás tomando hipérico y debes exponerte con frecuencia a la luz solar directa, puedes limitar tu exposición o usar un protector solar con un factor de protección solar (FPS) de 30 o superior. Otros efectos secundarios ocasionalmente mencionados son malestar estomacal, mareos, boca seca o reacciones alérgicas leves. Estos efectos son raros y, en general, es menos probable que tengan lugar con la hierba de San Juan que con los antidepresivos ISRS y especialmente los tricíclicos.

Si ya estás tomando un antidepresivo ISRS o tricíclico y quieres pasarte al hipérico, lo mejor es que superes la dependencia al medicamento antes de empezar a tomar la hierba. En general, no tomes un medicamento ISRS y la hierba de San Juan juntos sin la aprobación de tu médico.

Sí es correcto tomarla junto con hierbas relajantes como la kava o la valeriana. No hay pruebas claras de que no pueda combinarse con tranquilizantes, como Xanax y Klonopin, pero hay algunos médicos que se muestran cautelosos al respecto. Sin embargo, si estás tomando un antidepresivo inhibidor de la monoaminooxidasa, como Nardil o Parnate, *no* tomes hipérico. En general, debido al hecho de que interactúa con distintos fármacos, es recomendable que lo consultes con tu médico antes.

En conclusión, es probable que la hierba de San Juan se revele útil en caso de depresión leve o moderada. También puede aliviar niveles de ansiedad leves y moderados después de entre cuatro y seis semanas de consumo, aunque es probable que no sea eficaz para aliviar los ataques de pánico, el trastorno obsesivo-compulsivo o los síntomas del trastorno de estrés postraumático. A quienes padecen síntomas de ansiedad más graves y no han obtenido suficiente ayuda de la terapia cognitivo-conductual y otras estrategias naturales, les recomiendo que consulten con un psiquiatra cualificado y consideren probar a consumir un medicamento ISRS (véase el capítulo 17).

Para más información sobre la hierba de San Juan, consulta el libro *Hypericum contra depresión*, de Harold Bloomfield (editorial Sirio).

Otras hierbas útiles
La pasiflora

La pasiflora es un buen tranquilizante natural. Muchos la consideran tan eficaz como la valeriana. En dosis altas, a menudo se utiliza para tratar el insomnio, ya que alivia la tensión nerviosa y relaja los músculos. Se encuentra tanto en cápsulas como en extracto líquido en las tiendas de productos dietéticos. También hay productos en que está combinada con la valeriana u otras hierbas relajantes. Debes usarla tal como se indica en la botella o envase.

La centella asiática

La centella asiática (también conocida como *gotu kola*) cuenta con miles de años de popularidad en la India. Tiene un efecto ligeramente relajante y ayuda a revitalizar el sistema nervioso si se encuentra debilitado. También se ha constatado que contribuye a mejorar la circulación y la memoria y que ayuda a la cicatrización después del parto. Se puede encontrar en la mayor parte de las tiendas de productos dietéticos en cápsulas o extractos.

El ginkgo biloba

Derivado del árbol de ginkgo, el ginkgo biloba puede contribuir indirectamente a reducir la ansiedad al mejorar la concentración y la claridad mental. Logra este efecto por medio de aumentar el flujo de sangre, oxígeno y nutrientes al cerebro. Los estudios han revelado que puede mejorar la función mental en las personas de edad avanzada y que también puede resultar útil contra los zumbidos de los oídos. Está disponible en comprimidos de 60 mg, y recomiendo tomar una o dos dosis de estos 60 mg al día. Si estás tomando aspirinas de forma asidua, limita el consumo de ginkgo, ya que la combinación puede inhibir la coagulación de la sangre.

Al tomar cualquiera de las hierbas descritas anteriormente, asegúrate de no superar la dosis recomendada. Para mayor información sobre hierbas, consulta los libros de Harold Bloomfield, Michael Tierra o Earl Mindell enumerados al final de este capítulo o visita a un médico que esté bien versado en su uso (generalmente será un médico holístico o un naturópata).

La SAM-e: antidepresivo natural de acción rápida

A diferencia de las hierbas que acabo de describir, la S-adenosil metionina (abreviada SAM-e) es una sustancia que se produce en el cuerpo de forma natural. Muy popular en Europa durante varias décadas, estuvo disponible por primera vez en Estados Unidos en 1999. Las exhaustivas investigaciones realizadas en Europa han revelado que es tan eficaz en el tratamiento de la depresión como los antidepresivos ISRS. La SAM-e parece funcionar por medio de aumentar la actividad de la serotonina y la dopamina en el cerebro. Si bien las personas sanas fabrican suficiente SAM-e por su cuenta, las investigaciones han revelado que quienes sufren depresión clínica presentan a menudo una carencia de esta sustancia.

Una gran ventaja de la SAM-e es que casi no tiene efectos secundarios. Puesto que el cuerpo la produce de manera natural, las reacciones adversas son raras. Algunas personas ocasionalmente informan de náuseas o mareos al comenzar a tomarla, que tienden a desaparecer al cabo de unos días. La SAM-e también actúa muy rápidamente. A diferencia de los fármacos antidepresivos y la hierba de San Juan, los beneficios generalmente se aprecian a los pocos días de comenzar a tomarla.

Además de mostrarse útil con la depresión, se ha revelado eficaz en el tratamiento de la osteoartritis y la fibromialgia. Al parecer, restaura y conserva saludable la función de las articulaciones por medio de contribuir a la regeneración del cartílago. La SAM-e también tiene potentes propiedades antioxidantes. El cuerpo la utiliza como coadyuvante en la síntesis del glutatión, un antioxidante importante implicado en proteger a las células del daño procedente de los radicales libres. Por último, beneficiosa para el hígado y puede ayudar en la desintoxicación del organismo del alcohol, las drogas y las toxinas ambientales.

En la actualidad, la información disponible sobre el uso de la SAM-e para el tratamiento de la ansiedad es limitada. La mayor parte de la investigación disponible ha evaluado su eficacia como antidepresivo. Por poco que funcione como los ISRS, puede esperarse que tenga efectos antiansiedad y antidepresivos.

La SAM-e está disponible en la mayoría de las tiendas de productos dietéticos y farmacias en comprimidos de 200 mg. La dosis recomendada para la depresión es de 400 a 1.200 mg al día. Debido a que puede causar náuseas y trastornos gastrointestinales en algunas personas, empieza con 200 mg diarios al principio (por esta razón, es preferible utilizar las tabletas con recubrimiento entérico). Después de dos días, aumenta la dosis a 200 mg dos veces al día. Si no experimentas beneficios después de una semana con esta dosis, puedes incrementarla hasta los 800 o 1.200 mg diarios. En caso de tomar SAM-e sobre todo para la artritis o la fibromialgia, 800 mg diarios son probablemente suficientes.

Las personas con trastorno bipolar (maníaco-depresivas) solo deben tomar SAM-e bajo la supervisión de un médico experto, ya que puede agravar los estados maníacos.

Para obtener información detallada sobre la SAM-e, consulta el libro *Stop Depression Now*, del doctor Richard Brown.

Los aminoácidos

En los últimos años, los aminoácidos, es decir, los constituyentes naturales de las proteínas, se han utilizado para el tratamiento de los trastornos de ansiedad y la depresión. Muchas personas los prefieren a los medicamentos, ya que tienen menos efectos secundarios y no son adictivos. Puedes hablar con un médico holístico, un naturópata o un empleado de una tienda de productos dietéticos para ampliar la información que se presenta a continuación.

El triptófano

El aminoácido triptófano es un precursor natural del neurotransmisor serotonina. La serotonina está implicada en la regulación de muchas funciones corporales, incluidos el estado de ánimo, el sueño, el apetito y el umbral del dolor. Produce una sensación de calma y bienestar, y una carencia de este aminoácido se ha relacionado con la ansiedad.

Hay estudios que han revelado que el triptófano es tan eficaz como los antidepresivos y sedantes sintéticos para aliviar el insomnio, la ansiedad generalizada y la depresión.

El triptófano está disponible bajo dos formas: el 5-hidroxitriptófano (5-HTP) y el L-triptófano. El 5-HTP se puede encontrar en la mayor parte de las tiendas de productos dietéticos. La dosis recomendada es de 50 a 100 mg dos o tres veces al día (o en una sola dosis combinada antes de acostarse en caso de que se trate de combatir el insomnio), con o sin alimentos. El L-triptófano se consumió ampliamente en la década de los ochenta, pero en 1989 la FDA lo retiró del mercado: una impureza en el proceso de fabricación en una sola empresa ocasionó una extraña afección en la sangre que dio lugar a una enfermedad grave que afectó a varios miles de personas. A mediados de la década de los noventa, el L-triptófano se introdujo de nuevo en Estados Unidos bajo estrictas normas de fabricación y solo se podía adquirir con receta médica. En los últimos años ha vuelto a estar a disposición del público y se puede obtener en algunas tiendas de productos dietéticos y en Internet. Muchas personas consideran que el L-triptófano es más sedante que el 5-HTP, y por lo tanto lo prefieren para combatir el insomnio. La dosis recomendada es de 1.000 a 2.000 mg al acostarse, que conviene tomar junto con un refrigerio de carbohidratos o un zumo de fruta. Si se toma ya sea el 5-HTP o el L-triptófano, su eficacia se puede mejorar si se combina con la vitamina B_3 (niacinamida, de 100 a 500 mg) y la vitamina B_6 (100 mg). Si estás tomando un ISRS, un tricíclico o un antidepresivo inhibidor de la MAO (monoamino oxidasa), no tomes ninguna de las formas de triptófano, excepto bajo la supervisión de un médico. El fármaco Carbidopa (Lodosyn) incrementa la eficacia del 5-HTP, pero esta combinación solo debe probarse bajo supervisión médica.

La L-teanina

El aminoácido L-teanina se descubrió como un constituyente del té verde en 1949. Posteriormente, se ha venido utilizando en distintos alimentos.

Capaz de cruzar la barrera hematoencefálica, el efecto principal de la L-teanina es aumentar el nivel general del neurotransmisor inhibidor GABA, lo que conduce a una reducción de la ansiedad y el estrés. También se ha visto que promueve la producción de ondas alfa en el cerebro. Se cree que el suplemento de L-teanina, al ser un precursor del GABA, llega al cerebro más fácilmente que el suplemento de GABA, que se describe a continuación. Algunos estudios han encontrado que la teanina puede tener un efecto beneficioso sobre la función inmune.

Un estudio llevado a cabo en 2007 por los Institutos Nacionales de la Salud estadounidenses encontró que la ingesta oral de L-teanina podía ser que tuviese efectos antiestrés por medio de la inhibición de la excitación de las neuronas corticales.

Actualmente, la L-teanina es ampliamente utilizada como un tranquilizante natural suave. Está disponible en cápsulas de 100 mg tanto en las tiendas de productos naturales (como aminoácido) como a través de los distribuidores de vitaminas que operan en Internet. La dosis recomendada para la ansiedad leve y moderada es de una o dos cápsulas de 100 mg. Dosis más altas pueden serles útiles para conciliar el sueño a algunas personas. Se ha informado de pocos efectos secundarios para las dosis de 100 o 200 mg.

El ácido gamma-aminobutírico

Como alternativa al triptófano, puedes probar a tomar ácido gamma-aminobutírico (GABA, por sus siglas en inglés), un aminoácido que se encuentra disponible en la mayoría de tiendas de productos dietéticos. El GABA tiene un efecto ligeramente tranquilizante y muchas personas lo han utilizado como alternativa a los tranquilizantes sintéticos, como Xanax y Ativan. Aunque no es tan potente como los fármacos, presenta la ventaja de tener pocos efectos secundarios y no ser adictivo.

La dosis habitual de GABA recomendada para que tenga efecto calmante es de 200 a 500 mg. Es correcto tomarlo en esta dosis una o dos veces al día (conviene no superar los 1.000 mg en un período de veinticuatro horas).

Es una buena idea tomarlo con un tentempié rico en hidratos de carbono (como una tostada, galletas, cereales o tortas de arroz). Los alimentos ricos en carbohidratos aumentan el efecto calmante o sedante del GABA. Evita ingerirlo junto con proteínas. No tiene nada de perjudicial hacerlo, pero las proteínas (que se componen de muchos aminoácidos diferentes) tenderán a competir con la absorción del GABA.

La tirosina como antidepresivo natural

Dado que la depresión acompaña frecuentemente a la ansiedad, es importante tener en cuenta un aminoácido que se ha utilizado con eficacia para tratar la depresión. La tirosina puede aumentar la cantidad de una sustancia neurotransmisora del cerebro conocida como noradrenalina, cuya carencia se considera que es una causa concomitante de la depresión.

Personas con una depresión entre leve y moderada pueden obtener efectos beneficiosos de la tirosina, la cual puede ayudar a que uno se sienta mejor sin tener que recurrir a los fármacos antidepresivos, que si bien son eficaces, tienen efectos secundarios.

La tirosina está disponible en cápsulas o tabletas de 250 o 500 mg en la mayoría de las tiendas de productos dietéticos. Si estás interesado en experimentar con cualquiera de ellas, ten en cuenta las siguientes directrices:

- No tomes tirosina si estás embarazada, tienes fenilcetonuria (una enfermedad que requiere una dieta libre de fenilalanina) o si estás tomando un medicamento inhibidor de la MAO (como Nardil o Parnate). Si tienes la tensión arterial alta, tómala solo bajo supervisión médica.
- Toma 250 o 500 mg de tirosina una sola vez al día, por la mañana. Es preferible que la evites justo después de una comida muy rica en proteínas, ya que no puede cruzar la barrera hematoencefálica si hay otros aminoácidos compitiendo (como los que se encuentran en las proteínas). Lo mejor es tomarla con el estómago vacío, y comenzar con una dosis de 250 mg antes de probar con 500 mg. Si el consumo de la tirosina te provoca efectos secundarios como dolor de cabeza, náuseas o aumento de la ansiedad, suspéndelo.
- Es posible que experimentes algún efecto beneficioso gracias a la tirosina después de unas pocas semanas si la tomas en la dosis correcta. No tomes más de 500 mg diarios excepto bajo la supervisión de un médico que esté familiarizado con el uso de la terapia de aminoácidos para el tratamiento de la depresión. Si estás gravemente deprimido o tienes pensamientos suicidas, no te bases solo en los aminoácidos para hacer frente a tu problema; consulta con un profesional.

Una visión en profundidad del uso de los aminoácidos en el tratamiento de la depresión se puede encontrar en los libros de Joan Mathews-Larson y Julia Ross que se recomiendan al final de este capítulo.

Los ácidos grasos omega-3

Los ácidos grasos omega-3, especialmente el DHA y el EPA, son importantes para la salud cerebral y neurológica. Sin suficientes niveles de ácidos grasos omega-3, las membranas de las células nerviosas son menos fluidas y pueden hacer que estas células reaccionen lentamente y fallen. Estudios recientes han descubierto que los suplementos de omega-3 son útiles para reducir los síntomas de la depresión. La mejor fuente de ácidos grasos omega-3 es el pescado salvaje (especialmente el salmón y las sardinas). Tomar aceite de pescado en forma líquida (dos cucharadas al día) o cápsulas (dos o tres al día, o una dosis combinada de 1.000 a 2.000 mg diarios) puede contribuir a aliviar la depresión y la inestabilidad del estado de ánimo. Los aceites deben almacenarse en el congelador o en la nevera para protegerlos de oxidaciones perjudiciales. Tomar 400 unidades internacionales (UI) de vitamina E a diario (en forma de tocoferoles mezclados) también puede proporcionar protección contra la oxidación.

Los suplementos hormonales

Hay varias hormonas disponibles para cubrir presuntas carencias. Probablemente has visto muchas de ellas en las farmacias o tiendas de productos dietéticos. Algunas pueden promover la relajación y ayudar a conciliar el sueño. Aquí me referiré a una de las más habituales, la melatonina.

La melatonina

La melatonina es una hormona secretada por la noche por la glándula pineal para indicarle al cerebro que es hora de ir a dormir. Los suplementos de melatonina pueden ayudar a regular los ciclos de sueño. Se toma en dosis que oscilan entre los 0,5 y los 5 mg. Mientras que a algunas personas les resulta útil, otras aseguran que no obtienen ningún beneficio de ella y que las hace sentirse aturdidas por la mañana.

RESUMEN DE COSAS POR HACER

1. Evalúa la cantidad de cafeína presente en tu dieta (sírvete para ello de la «Tabla de la cafeína» que se ofrece en este capítulo) y trata de reducir gradualmente tu consumo a menos de 100 mg diarios. Si eres especialmente sensible a esta sustancia, tal vez querrás prescindir de ella por completo y sustituir el café normal por el descafeinado, el té verde o incluso las infusiones de hierbas sin cafeína.

2. Deja de fumar. Además de reducir significativamente el riesgo de padecer enfermedades cardiovasculares y cáncer, disminuirás tu susceptibilidad a los ataques de pánico y la ansiedad.

3. Reduce el consumo de sustancias que causan estrés a tu cuerpo. Baja el consumo de sal a 1 g al día. Sustituye los alimentos procesados que contienen conservantes por verduras, frutas y cereales integrales (preferiblemente de cultivo ecológico). Si es posible, reemplaza las carnes que generalmente se encuentran en el mercado por pescado y por carne roja y de aves de corral de cría ecológica. Evita las carnes procesadas.

4. Permite que comer sea una actividad relajante para ti. Evita comer con prisas o en exceso. Mastica bien los alimentos y limita el consumo de líquidos durante la comida a un vaso.

5. Observa si experimentas los síntomas subjetivos de la hipoglucemia —como aturdimiento, ansiedad, depresión, debilidad o temblores— tres o cuatro horas después de una comida (o en las primeras horas de la mañana) y si estos síntomas cesan rápidamente al comer. Si quieres, sométete después a una prueba clínica de seis horas de tolerancia a la glucosa. Si sospechas que la hipoglucemia está contribuyendo a tu problema de ansiedad, esfuérzate por eliminar de tu dieta todo tipo de azúcar blanco y moreno, miel, jarabe de maíz de alta fructosa, edulcorantes de maíz y melaza. Evita también el aspartamo (Nutrasweet). Un estudio reciente ha relacionado esta sustancia con el trastorno de pánico en el caso de algunas personas. La mayor parte de las frutas frescas (sin secar) están bien para los hipoglucémicos, aunque los zumos de frutas se deben diluir

con agua. Observa las «Modificaciones dietéticas para la hipoglucemia» recomendadas en este capítulo y considera la posibilidad de tomar los suplementos sugeridos. Puedes consultar con un nutricionista titulado para que te ayude a elaborar un régimen dietético y de suplementos apropiado.

6. Valora tu susceptibilidad a las alergias alimentarias. Toma nota de cualquier tipo de alimento que ansíes (prestando especial atención al trigo y los productos lácteos) y retira ese alimento de tu dieta durante dos semanas. A continuación, reintrodúcelo y observa si experimentas algún síntoma.

7. Avanza hacia el cumplimiento de las «directrices alimentarias para reducir el estrés y la ansiedad» que se describen en este capítulo. Sírvete del «Diario de la alimentación» para controlar tu consumo de cafeína, grasas, dulces y alcohol, y trata de equilibrar las raciones de cada grupo de alimentos a lo largo de varias semanas. *Evita presionarte para cambiar radicalmente toda tu dieta a la vez*, o puedes acabar rebelándote contra la idea de realizar cualquier cambio. Introduce un cambio pequeño cada semana –o incluso cada mes– con el fin de modificar progresivamente tus hábitos alimentarios.

8. Considera la posibilidad de tomar los suplementos recomendados para la ansiedad y el estrés, especialmente las vitaminas del complejo B, la vitamina C, el calcio + magnesio y antioxidantes. Puedes consultar con un nutricionista o con un médico partidario de la idea de usar vitaminas de alta potencia (no todo el mundo lo es) para que te asesore.

9. Puedes probar las hierbas kava o valeriana como tranquilizantes suaves para aliviar la ansiedad. O la SAM-e o la hierba de San Juan como tratamiento para la depresión leve o moderada. Las cápsulas de aceite de pescado (con alto contenido en ácidos grasos omega-3) también pueden ser útiles para la depresión. Todos ellos se pueden encontrar fácilmente en las farmacias y tiendas de productos dietéticos. Evita sobrepasar los niveles recomendados a menos que cuentes con la aprobación de un profesional experto en el tema.

10. Puedes explorar si los aminoácidos pueden serte útiles –en concreto, la L-teanina, el GABA o el L-triptófano para la ansiedad y la tirosina para la depresión–. Consulta los libros de Joan Mathew-Larson y Julia Ross que se indican a continuación para obtener información detallada sobre el uso de los aminoácidos para el tratamiento de la ansiedad y la depresión.

11. Entre los muchos factores que necesita el cerebro para funcionar correctamente, los tres criterios siguientes son particularmente importantes para las personas que tienen ataques de pánico, fobias o ansiedad:

▶ **UN NIVEL ADECUADO DE SEROTONINA.** Los niveles adecuados pueden obtenerse, si es necesario, a través de los medicamentos inhibidores de la recaptación de serotonina, como Prozac,

Zoloft o Paxil (véase el capítulo 17). Alternativas naturales para incrementar la serotonina son la hierba de San Juan, la SAM-e o el aminoácido L-triptófano. También puedes aumentar tus niveles de serotonina por medio de consumir alimentos ricos en triptófano —como pavo, atún, huevos o leche–, hacer mucho ejercicio, exponerte al sol al menos una hora al día y por último, pero no menos importante, contar en tu vida con ese ingrediente mágico conocido como amor y afecto.

- **UN NIVEL ADECUADO Y ESTABLE DE AZÚCAR EN SANGRE.** Repasa los apartados sobre la hipoglucemia y las directrices dietéticas para combatirla. Retira los dulces (excepto la fruta de cultivo ecológico) de tu dieta. Ten siempre un tentempié no azucarado cerca (en el coche, en el trabajo, etc.), como frutos secos y galletas sin sal, y queso, y tómalo tan pronto como empieces a experimentar los síntomas de la hipoglucemia. Asegúrate de tomar suplementos del complejo B y cromo.
- **SUFICIENTE LUZ.** Lee, en el capítulo 16, el apartado dedicado al trastorno afectivo estacional para determinar si la falta de luz constituye un problema para ti. Si es así, lee el libro de Norman Rosenthal que se recomienda a continuación. Mientras tanto, aumenta tu exposición a la luz solar o a la luz brillante durante el otoño y el invierno, si es posible.

PARA SABER MÁS

Balch, Phyllis. *Prescription for Nutritional Healing*. Quinta edición. Avery Trade. Garden City Park (Nueva York), 2010 (un completo libro de referencia).

Bloomfield, Harold. *Healing Anxiety Naturally*. William Morrow Paperbacks. Nueva York, 1999.

____. *Hypericum contra depresión*. Editorial Sirio. Málaga, 2000.

Bourne, Edmund J., Lorna Garano y Arlen Brownstein. *Supere la ansiedad con métodos naturales*. Ed. Oniro. España, 2005.

Brown, Richard. *Stop Depression Now*. Putnam. Nueva York, 2000.

Crook, William. *The Yeast Connection*. Tercera edición. Professional Books. Jackson (Tennessee), 1989.

Davidson, Jonathan R. T. y Kathryn M. Connor. *Herbs for the Mind*. The Guilford Press. Nueva York, 2000.

Dufty, William. *Sugar blues: efectos del azúcar sobre la salud*. Publicaciones GEA. Buenos Aires (Argentina), 2013 (clásico libro sobre la hipoglucemia).

Haas, Elson M. *Staying Healthy with Nutrition*. Edición del siglo veintiuno. Celestial Arts. Berkeley (California), 2006.

Mandell, Marshall. *Dr. Mandell's Five-Day Allergy Relief System*. Pocket Books. Nueva York, 1980.

Mathews-Larson, Joan. *Depression-Free, Naturally*. Ballantine. Nueva York, 2001.

Mindell, Earl. *New Herb Bible*. Fireside. Nueva York, 2002.

____. *Earl Mindell's New Vitamin Bible*. Warner Books. Nueva York, 2004.

Robbins, John. *The Food Revolution.* Conari Press. York Beach (New Hampshire), 2001.

Rosenthal, Norman. *Winter Blues: Everything You Need to Know to Beat Seasonal Affective Disorder.* Guilford Press. Nueva York, 2006.

Ross, Julia. *The Mood Cure.* Penguin Books. Nueva York, 2003.

Sears, Barry. *Enter the Zone.* Regan Books. Nueva York, 1995.

Tierra, Michael. *The Way of Herbs*. Pocket Books. Nueva York, 1998.

Weil, Andrew. *Salud y medicina natural: manual para el bienestar y el cuidado de uno mismo.* Ediciones Urano. Barcelona, 1998. *Natural Health, Natural Medicine.* Edición revisada. Houghton Mifflin. Boston, 2004.

16

Problemas de salud que pueden contribuir a la ansiedad

Es probable que, en lugar de tener una causa identificable, la ansiedad de una persona dada derive de varios factores: el estilo de vida, así como elementos físicos y psicológicos. Este capítulo examina una serie de problemas físicos habituales que pueden agravar la ansiedad o afectar al organismo y hacerlo más vulnerable a los efectos de esta. Entre estos problemas están el agotamiento suprarrenal, los desequilibrios de la tiroides, la candidiasis, la toxicidad del cuerpo, el trastorno afectivo estacional y el insomnio, y también tienen que ver con el síndrome premenstrual y la menopausia. La hipoglucemia y las alergias alimentarias, que se analizan en el capítulo 15, pueden tener efectos similares. Con el fin de abordar adecuadamente el pánico, las fobias, la ansiedad generalizada o la depresión, es importante hacer frente a los problemas mencionados, puesto que cualquiera de ellos puede agravar los problemas de ansiedad. Si bien la lista expuesta no constituye de ninguna manera una exposición exhaustiva de todos los estados físicos que pueden complicar la ansiedad, sí que están algunos de los más comunes. Algunos de estos problemas son obvios, mientras que otros no lo son. Uno sabe si no puede dormir o si padece el síndrome premenstrual, pero puede no ser consciente (ni uno mismo ni su terapeuta) de problemas tales como el agotamiento suprarrenal, la candidiasis, la toxicidad del cuerpo, los desequilibrios de la tiroides o el trastorno afectivo estacional. Cualquier persona que padezca ansiedad debe ser consciente de los síntomas, causas y tratamientos de todos los trastornos que se analizan en este capítulo.

AGOTAMIENTO SUPRARRENAL

El estrés prolongado y constante afecta a las glándulas suprarrenales. En *The Stress of Life*, el experto en el tema Hans Selye describe cómo el estrés prolongado sobre las glándulas suprarrenales conduce a un estado de bajo rendimiento o agotamiento crónico. A su vez, cuando los recursos suprarrenales son insuficientes, esto tiende a afectar a la forma en que la persona gestiona las situaciones estresantes —es más probable que uno reaccione con ansiedad frente al estrés—. El sueño insuficiente, la exposición prolongada al calor o al frío, la exposición a toxinas, a contaminantes o a sustancias a las que se es alérgico, así como consumir cortisona durante un tiempo, también pueden contribuir al agotamiento suprarrenal. Un trauma repentino o enfermedades físicas graves pueden desencadenar o empeorar este problema. Ten en cuenta que muchos de estos factores, particularmente el trauma repentino —por ejemplo, debido a una pérdida o a un cambio vital importante—, también desempeñan un papel en la aparición de los trastornos de ansiedad. Los trastornos de ansiedad y el agotamiento suprarrenal con frecuencia se presentan juntos.

El agotamiento suprarrenal se desarrolla por etapas. Cuando la persona está combatiendo el estrés, las glándulas suprarrenales tienden a trabajar más de lo normal y producen grandes cantidades de adrenalina y noradrenalina, así como de hormonas esteroides como el cortisol. A medida que el estrés se prolonga, las glándulas comienzan a sobrecargarse y entran en un estado temporal de bajo funcionamiento. Si la persona está relativamente sana, las glándulas tratan de recomponerse, y pueden reconstruirse hasta el punto de alcanzar el estado de hipertrofia (se hacen demasiado grandes). Sin embargo, si los altos niveles de estrés continúan, las glándulas acabarán por agotarse de nuevo y luego permanecerán en un estado crónico de bajo rendimiento. Llegados a este punto, pueden oscilar entre producir un exceso de adrenalina, lo que puede causar pánico o cambios de humor, o no producir la suficiente. El resultado final del agotamiento suprarrenal prolongado puede ser el síndrome de fatiga crónica, la fibromialgia, la bronquitis o sinusitis crónicas y los trastornos autoinmunes, que van desde el lupus hasta la artritis reumatoide.

Entre los síntomas del agotamiento suprarrenal están:

- Baja tolerancia al estrés (pequeños detalles que no solían molestar al individuo, ahora lo hacen).
- Letargo y fatiga (a menudo se manifiestan como dificultad para levantarse por la mañana).
- Aturdimiento al ponerse de pie rápidamente (esto se denomina *hipotensión postural*).
- Sensibilidad a la luz (dificultades para adaptarse a la luz brillante al aire libre).
- Problemas de concentración y de memoria.
- Insomnio.
- Hipoglucemia.
- Alergias (a los alimentos, sustancias ambientales, pólenes, mohos, etc.).
- Aumento de los síntomas del síndrome premenstrual.
- Resfriados más frecuentes y problemas respiratorios.

Hipoglucemia y agotamiento suprarrenal. Estos dos problemas a menudo van de la mano. Las glándulas suprarrenales trabajan junto con el páncreas para contribuir a mantener estables los niveles de azúcar en sangre. Cuando las glándulas suprarrenales no rinden lo suficiente, los niveles de azúcar en sangre tienden a mostrarse irregulares. A medida que la fatiga suprarrenal empeora, el sistema inmunitario se ve comprometido, lo que conduce a una mayor propensión a contraer alergias, asma, infecciones respiratorias y resfriados.

Adicciones y agotamiento suprarrenal. La adicción a la cafeína, al tabaco, al alcohol o a las drogas recreativas, así como el ansia fisiológica de azúcar, se asocia con frecuencia con el agotamiento suprarrenal. El uso continuo de cualquiera de estas sustancias tiende a agravar el problema. Si la persona tiene cualquiera de estas adicciones, para ella el riesgo de padecer insuficiencia suprarrenal está por encima de la media.

La vida cotidiana y el agotamiento suprarrenal. Un día a día crónicamente estresante y exigente debido al perfeccionismo y a la presión autoimpuesta para llegar a alcanzar algún objetivo también conduce a menudo al agotamiento suprarrenal.

Cómo recuperarse del agotamiento suprarrenal

Si padeces agotamiento suprarrenal, tienes que abordar el problema en distintos frentes para recuperarte. Ciertos cambios en el estilo de vida, tomar determinados suplementos alimenticios y algunas modificaciones en la dieta pueden serte útiles. Veámoslo con detalle:

- **Simplifica tu vida.** Pregúntate cuáles de tus hábitos, prácticas y obligaciones añaden desorden a tu vida en lugar de enriquecerla.
- **Practica regularmente tu forma preferida de relajación.** Tanto si es la relajación muscular progresiva como la visualización guiada, el yoga o la meditación, trata de comprometerte a practicar todos los días.
- **Tómate descansos cada día.** Recuerda que los momentos de descanso no son un lujo; son necesarios para tener una vida vibrante y satisfactoria (véase el capítulo 4). Interrumpe tu día a día con dos o tres períodos de entre veinte y treinta minutos de relajación.
- **Esfuérzate por dormir ocho horas por la noche.** Dormir lo suficiente tampoco es un lujo. Acuéstate a las diez o las once de la noche si puedes. Siempre que te sea posible dormir hasta tarde por la mañana, permítete hacerlo.
- **Haz ejercicio con regularidad.** Realiza entre veinte y treinta minutos de ejercicio moderado todos los días, preferiblemente al aire libre (véase el capítulo 5).
- **Elimina la cafeína, la nicotina, el alcohol y las drogas recreativas.** Sustituye las bebidas con cafeína por infusiones de hierbas. El té de regaliz es especialmente recomendable si eres hipoglucémico.

- **DURANTE TRES MESES, PRESCINDE DE TODAS LAS FORMAS DE AZÚCAR, EXCEPTO EL XILITOL O LA ESTEVIA.** Esto incluye el azúcar blanco y moreno, la miel, el chocolate, la melaza, el jarabe de maíz con fructosa refinada, el jarabe de arce y la fruta seca. Sustituye todo ello por fruta fresca, tomada con moderación. El xilitol es un azúcar que se elabora a partir de la fibra del abedul; ocasiona solamente un pequeño aumento del azúcar en sangre y ningún incremento de los niveles de insulina. La estevia se obtiene de una planta originaria de América del Sur y es muchas veces más dulce que el azúcar. No tiene calorías y es mucho más segura que los edulcorantes artificiales como el aspartamo y la sacarina. Tanto el xilitol como la estevia pueden adquirirse en la mayor parte de las tiendas de productos dietéticos. Después de tres meses, puedes volver a introducir los azúcares naturales en tu dieta, como la miel, en cantidades muy pequeñas.
- **LLEVA UNA DIETA SANA Y EQUILIBRADA.** En la medida de lo posible, prescinde de los alimentos procesados y también de aquellos a los que eres alérgico. Haz que las verduras y las frutas frescas, así como los cereales integrales, estén más presentes en tu dieta. Come proteína en forma de alubias y granos, huevos, aves de corral de cría ecológica, carne roja de cría ecológica –libre de hormonas y de antibióticos y cuyos animales de procedencia tuviesen libertad de movimiento– o pescado. No consumas hidratos de carbono en exceso. Reduce de tu dieta los almidones simples –pasta, pan, patatas fritas de bolsa, patatas, cereales, galletas, bollos, etc.–. Combina una fuente de grasas, de proteínas y de carbohidratos complejos en cada comida. Evita tomar solamente fruta como primera comida de la mañana y no bebas zumos de frutas procesados (véase el capítulo 15).
- **SI TIENES HIPOGLUCEMIA, SIGUE LA DIETA ADECUADA.** Asegúrate de tomar un tentempié que contenga proteínas e hidratos de carbono dos o tres horas después de cada comida principal (véase el capítulo 15).

Suplementos para el agotamiento suprarrenal

Ciertos suplementos pueden ayudar a aliviar el agotamiento suprarrenal. Habla con tu profesional de la salud acerca de la posibilidad de tomar los suplementos y cantidades que figuran a continuación:

- Vitamina C con bioflavonoides: entre 500 y 1.000 mg tres veces al día con las comidas.
- Picolinato de zinc: 30 mg al día.
- Vitamina B_6: 50 mg dos veces al día.
- Calcio con magnesio (preferiblemente en formas de quelato tales como el citrato o el aspartato): 1.000 mg de calcio y entre 500 y 1.000 mg de magnesio a la hora de acostarse.
- Ácido pantoténico: entre 100 y 500 mg diarios.

Con el asesoramiento de un médico holístico, naturópata u otro profesional de la salud, tal vez puedes probar con un suplemento glandular de la corteza suprarrenal. Empresas recomendables que fabriquen este producto son Swanson, Allergy Research Group y Vital Nutrients. Los suplementos glandulares corticales suprarrenales son preferibles a los suplementos glandulares suprarrenales enteros, que pueden tener un efecto hiperestimulante en algunos individuos.

Algunas personas encuentran que el regaliz, en forma de cápsulas de raíz de regaliz enteras, es útil para el tratamiento del agotamiento suprarrenal. No lo tomes, sin embargo, si tienes la tensión arterial alta o niveles elevados de estrógeno.

DESEQUILIBRIOS DE LA TIROIDES

La glándula tiroides se encuentra por encima del esternón y dirige las reacciones metabólicas del cuerpo. Segrega dos hormonas, la tiroxina y la triyodotironina, que desempeñan un papel en la regulación de la temperatura corporal y la tasa metabólica, entre muchas otras cosas.

La tiroides puede desequilibrarse de dos maneras: o bien puede ralentizar su funcionamiento y no secretar suficientes hormonas –problema conocido como *hipotiroidismo*– o bien puede volverse demasiado activa, lo cual se conoce como *hipertiroidismo* (o *tirotoxicosis*). Según el doctor Ridha Arem, autor de *La solución tiroidea*, aproximadamente entre un 10 y un 20% de la población adulta padece algún tipo de desequilibrio de esta glándula.

La baja función tiroidea se asocia con la depresión, la falta de energía, el aumento de peso, la fatiga y el letargo. La persona puede tender a sentir frío, especialmente en las manos y los pies, y a ganar peso fácilmente. Otros síntomas pueden ser problemas menstruales en las mujeres, retención de líquidos y falta de concentración y memoria. *Una tiroides demasiado activa, por otro lado, está asociada con la ansiedad, la hiperactividad, la inquietud, la dificultad para dormir, la pérdida de peso, el aumento del ritmo cardíaco y una tendencia a la sudoración profusa y las temperaturas corporales elevadas.* El hipertiroidismo es un problema de salud que se confunde a menudo con la ansiedad generalizada. Si no te sientes meramente ansioso sino muy ansioso, has perdido peso recientemente a pesar de tener un buen apetito o de que este haya incluso aumentado o tiendes a sudar mucho, sería una buena idea que te hicieses mirar la función tiroidea.

Si sospechas que puedes tener un problema de tiroides, lo mejor es que consultes con un médico. Este debe hacerte un panel de tiroides completo, preferiblemente uno que mida los cuatro factores siguientes:

- La *hormona estimulante de la tiroides* (TSH, por sus siglas en inglés). Es una hormona segregada por la glándula pituitaria que le dice a la glándula tiroides que produzca más o menos de sus hormonas. Un valor de TSH de tres o superior se considera indicativo de hipotiroidismo. Un valor inferior a uno sugiere un problema de hipertiroidismo.

- La *tiroxina libre* (T4). Es una forma menos activa de la hormona tiroidea; una prohormona reserva de la hormona tiroidea activa T3.
- La *triyodotironina libre* (T3). Es la forma activa de la hormona tiroidea. Bajos niveles de T3 se asocian habitualmente con la depresión y otros síntomas de hipotiroidismo. Muchos médicos pueden sospechar que hay un problema incluso si el nivel de T3 está en el extremo inferior del rango normal.
- La *antitiroglobulina* y la *antitiroperoxidasa*. Son dos factores que miden la cantidad de anticuerpos que se pueden estar produciendo y atacando la glándula tiroides y reduciendo su función. Niveles altos de estos anticuerpos son indicativos de una afección llamada tiroiditis de Hashimoto, que puede conducir tanto a problemas de hipotiroidismo como de hipertiroidismo y necesita ser tratada médicamente.

El tratamiento del desequilibrio de la tiroides

Si el análisis de la tiroides indica una función tiroidea anormal, el médico puede elegir entre varios tratamientos. En caso de hipotiroidismo, por lo general se someterá a la persona a noventa días de medicación para la tiroides, con algún fármaco como Levothroid, Synthroid o Cytomel. La dosis oportuna de estos medicamentos tiene que irse ajustando a lo largo de un período de tiempo. A veces se procede a la sustitución «natural» de la hormona tiroidea por medio del producto Armour Thyroid, pero a día de hoy es una opción menos popular, debido a las dificultades para obtener un producto estándar; distintos lotes contienen proporciones diferentes de T4 y T3.

El inicio del reemplazo de la hormona tiroidea, ya sea en su forma natural o sintética, está generalmente acompañado por un período de un mes o dos en que la dosis se ajusta por arriba o por abajo, hasta determinar cuál necesita la persona exactamente. Si el medicamento genera demasiada inquietud o nerviosismo al individuo, su médico reducirá la dosis al nivel mínimo que necesite para aliviar los síntomas de pereza, depresión y aumento de peso. También se pueden probar dos o tres tipos de hormonas tiroideas. Generalmente, es necesario seguir con esta medicación durante un año; en ese momento, uno puede probar a dejar de tomarla y ver cómo se siente. Alrededor de dos tercios de las personas con hipotiroidismo tienen que seguir tomando la hormona a largo plazo.

Si los resultados de la prueba indican hipertiroidismo, el médico querrá realizar más pruebas para descartar problemas como la enfermedad de Graves (otro tipo de problema autoinmune). Los casos leves de hipertiroidismo pueden resolverse por sí solos con el tiempo. A veces se recetan betabloqueantes como Inderal (propranolol) para reducir los síntomas de ansiedad, taquicardia y sudoración. En casos más graves, el tratamiento puede requerir medicamentos antitiroideos, yodo radiactivo (que destruye la tiroides y por lo tanto detiene la producción excesiva de hormonas) o cirugía para extirpar parte o la totalidad de la tiroides. Si hay que extraer la glándula tiroides, la persona deberá tomar la hormona tiroidea sintética o natural indefinidamente para evitar contraer hipotiroidismo.

CANDIDIASIS

La candidiasis es el resultado del crecimiento excesivo de una levadura en particular, la *Candida albicans*, en el tracto intestinal, en el tracto genitourinario o en ambos. Normalmente, la cándida vive en un equilibrio saludable con las bacterias del intestino, pero ciertas condiciones pueden llevarla a multiplicarse; cuando eso sucede, primero prolifera en todo el tracto intestinal y luego se desplaza más allá de esa zona para invadir tejidos y órganos en todo el cuerpo. La candidiasis es un problema común, especialmente entre las mujeres.

En las primeras etapas, es habitual padecer infecciones localizadas –particularmente, erupciones en la piel e «infecciones por levadura» (vaginitis). Otros síntomas son los siguientes:

- Infecciones fúngicas crónicas como pie de atleta, tiña o tiña inguinal.
- Fatiga o agotamiento.
- Depresión o cambios de humor.
- Problemas gastrointestinales como distensión abdominal, cólicos, diarrea crónica o estreñimiento.
- Ansiedad y tensión crónicas.
- Alergias alimentarias.
- Mala memoria.
- Dolores de cabeza.
- Picazón rectal.
- Sensibilidad extrema a productos químicos, a perfumes o al humo del tabaco.
- Síntomas graves del síndrome premenstrual.
- Dolores musculares o articulares.
- Ansia de dulces, pan o alcohol.

Un rasgo característico de la candidiasis es que los síntomas empeoran después de comer azúcar o beber alcohol. Todas las formas de azúcar (a excepción del xilitol) y de alcohol alimentan la levadura y hacen que se propague. Los síntomas tienden a empeorar en climas o ambientes húmedos, en los que haya moho. Si presentas cinco o más de los síntomas anteriores, puede ser que tengas candidiasis. Si muestras dos o tres de los síntomas, puedes consultar con un profesional de la salud para que descarte la posibilidad de que sufras este problema.

¿Cuál es la causa de la candidiasis?

Entre los factores que elevan el riesgo de contraer candidiasis están haber consumido anteriormente, con frecuencia, antibióticos de amplio espectro –como ampicilina, amoxicilina, Ceclor (cefaclon), Bactrim (sulfametoxazol) o Septra (sulfametoxazol y trimetoprima)–; haber tomado píldoras anticonceptivas durante más de un año; el uso frecuente o prolongado de hormonas esteroides como la cortisona, prednisona u otros corticosteroides; vivir en un ambiente húmedo, con moho; el consumo excesivo de dulces o alcohol, y padecer ciertas enfermedades, como diabetes, cáncer o sida.

El diagnóstico de la candidiasis

Hay tres maneras de diagnosticar la candidiasis. Una es usar un cuestionario de diagnóstico como el desarrollado por William Crook en su libro clásico *The Yeast Connection*. Otra opción es que el médico mida los anticuerpos contra la cándida (IgG, IgM e IgA) con un análisis de sangre. Los niveles elevados de IgG indican que el organismo cándida ha proliferado hasta niveles excesivamente altos en el intestino. Elevados niveles de IgM señalan que se ha aventurado más allá del intestino y ha llegado a ser sistémica. Altos niveles de IgA son indicativos de afectación de las mucosas, como ocurre en las infecciones vaginales por levaduras. La candidiasis también puede diagnosticarse a través del análisis de las heces, que puede mostrar una alta presencia de la levadura. De todos modos, el análisis de las heces puede dar negativo, incluso cuando otros factores indicativos están presentes.

Recuperarse de la candidiasis

Es posible recuperarse de la candidiasis crónica por medio de un programa que la aborde en tres frentes. En primer lugar, durante tres meses, hay que erradicar de la dieta los alimentos de los que se nutre el organismo cándida. Esto incluye todos los tipos de azúcar, excepto el xilitol o la estevia, que no la alimentan. Hay que prescindir pues de la sacarosa, la fructosa, la dextrosa, la maltosa, la galactosa, la fruta seca y los zumos de frutas. El alcohol, la levadura, los alimentos fermentados, el queso, el vinagre y los productos de harina refinada (como el pan) deben asimismo evitarse, ya que también nutren a la cándida. Después de tres meses estos alimentos se pueden reintroducir en la dieta, en pequeñas cantidades (véase el apartado «La dieta contra la cándida»).

En segundo lugar, a menudo es necesario tomar un medicamento antimicótico. Hay de muchos tipos, en función de la candidiasis que se tenga. El médico lo recetará para un período de varios meses. De todos modos, existe controversia entre los profesionales de la salud en cuanto al uso de estos fármacos. Los médicos convencionales se inclinan más por recetarlos a dosis altas, mientras que algunos naturópatas y profesionales de la medicina alternativa recurren a ellos a dosis bajas, o directamente prescinden de ellos.

Una alternativa a los antimicóticos que recetan algunos profesionales de la salud, es el ácido caprílico. Puesto que es absorbido por el intestino, puede tener un mayor efecto sobre la candidiasis sistémica. Además, muchos médicos utilizan extracto de semilla de sello de oro (*Hydrastis canadiensis L.*) y pomelo. Estas plantas contienen *berberina*, que combate la cándida. A algunas personas les gusta añadir también té de *pau d'arco* a su programa de tratamiento, a causa de sus propiedades antibacterianas y fungicidas. Tomar una cápsula multivitamínica y multimineral, vitamina

C, vitamina E y zinc también puede ser útil, al igual que aumentar el consumo de ácidos grasos esenciales. Habla de estas opciones con tu médico, y recuerda que deben utilizarse en conjunción con la dieta de la cándida.

Por último, la cándida tiende a desplazar a las bacterias intestinales saludables, por lo que se necesita restablecer la ecología bacteriana normal del intestino mediante la implantación de bacterias útiles tales como el *Lactobacillus acidophilus* y el *Lactobacillus bifidus*. Por ello, los suplementos probióticos son generalmente parte del tratamiento. Habla con tu médico acerca de ellos. Después de permanecer en este régimen entre uno y tres meses, debe comprobarse si los niveles de cándida han vuelto a la normalidad.

La dieta contra la cándida

Se exponen a continuación una serie de principios dietéticos que ayudan a recuperarse de la candidiasis. Es posible que la persona tenga que modificarlos para que se ajusten a sus necesidades o estilo de vida particular, pero en general constituyen unas buenas normas básicas.

Los alimentos que se deben evitar son:

- La leche y los productos lácteos.
- Los dulces y todas las formas de azúcar, excepto el xilitol o la estevia.
- El alcohol.
- Las frutas y los zumos de frutas (con la posible excepción del pomelo).
- La miel, la melaza y los edulcorantes artificiales.
- El chocolate.
- Los alimentos que contienen levadura, incluidas todas las formas de pan hechas con levadura.
- El queso curado.
- Los cacahuetes y la mantequilla de cacahuete.
- Los frutos secos ahumados o procesados.
- El vinagre.
- Las setas.
- El zumo de zanahoria.
- Los alimentos que contienen almidón, como la pasta o las patatas —incluidas las patatas fritas de bolsa— en grandes cantidades.
- Las sobras (excepto si han sido congeladas).

Y estos son los alimentos que se deberían incluir en la dieta:

- Pollo o pescado.
- Verduras crudas o cocidas.

- Cereales, con moderación (el arroz integral es preferible al trigo).
- Huevos.
- Alubias.
- Aderezos para ensaladas a base de limón o aceite (hay que prescindir del vinagre).
- Frutos secos crudos.
- Panes sin levadura (disponibles en la mayoría de las tiendas de productos dietéticos).
- Quesos sin envejecer (como el Monterey Jack).
- Ajo.
- Preparaciones de aceites volátiles con recubrimiento entérico (por ejemplo, el aceite de orégano).

Algunas personas encuentran que la dieta de la cándida es muy restrictiva y tienen la impresión de que no pueden comer nada. Esto es particularmente así si se está acostumbrado a tomar grandes cantidades de dulces. Después de unas semanas, sin embargo, se dan cuenta de que una dieta libre de azúcar puede ser también agradable, y sus antojos empiezan a disiparse.

Si eres como muchos de los que se recuperan con éxito de la candidiasis, es probable que constates que tienes más energía y vitalidad en general y que padeces menos depresión y problemas gastrointestinales. Estos beneficios también harán que los requisitos dietéticos sean más fáciles de sobrellevar.

TOXICIDAD EN EL CUERPO

El exceso de toxicidad en el cuerpo no puede incrementar directamente la ansiedad, pero añade estrés físico al organismo y por lo tanto hace que el impacto de los síntomas de la ansiedad sea mayor. La toxicidad corporal agrava a menudo las alergias y sensibilidades químicas, lo que a su vez puede empeorar la ansiedad. Entre los factores que pueden hacer que las toxinas se acumulen en el cuerpo están el consumo de productos químicos, aditivos y pesticidas presentes en los alimentos; la exposición a contaminantes ambientales en el aire y el agua; la exposición a sustancias que se utilizan en interiores, tales como productos de limpieza, desodorantes, lacas para el cabello, cosméticos e incluso alfombras (que pueden despedir químicos tóxicos); el consumo de medicamentos o de drogas recreativas, y la acumulación de los propios productos metabólicos de desecho, que se generan en abundancia cuando se está sometido a un gran estrés.

Quienes han llegado a acumular un elevado nivel de toxicidad pueden experimentar con frecuencia uno o más de los síntomas siguientes:

- Fatiga y bajo nivel de energía.
- Dolor en las articulaciones o en los músculos.
- Dolores de cabeza.

- «Niebla cerebral» o confusión mental.
- Irritabilidad y mal humor.
- Insomnio.
- Sensibilidad a los productos químicos del entorno.
- Depresión.
- Lengua con mucho sarro y un mal olor corporal anormal.
- Exceso de mucosidad, tos y sibilancia.
- Alergias.
- Problemas nasales o respiratorios.

Se cree que el hígado y el colon son los órganos más afectados por la acumulación de toxinas. Junto con el cerebro y el corazón, el hígado es probablemente el órgano más importante del cuerpo. Es la «fábrica» metabólica en la que tienen lugar cientos de funciones necesarias para la vida. Algunas de las más importantes son:

- La filtración de la sangre.
- La secreción de la bilis, necesaria para digerir las grasas.
- La extracción y el almacenamiento de vitaminas (como las vitaminas A, D y E) procedentes de los nutrientes presentes en el torrente sanguíneo.
- La síntesis de los ácidos grasos a partir de los aminoácidos y el azúcar.
- La oxidación de la grasa para producir energía.
- El almacenamiento del azúcar en forma de glucógeno, que se puede utilizar cuando el cuerpo agota el azúcar en sangre o glucosa.
- La desintoxicación de los subproductos de la digestión (como el amoníaco, a partir de la digestión de las proteínas).
- La desintoxicación de los productos metabólicos de desecho, así como de todos los productos químicos y sustancias extrañas a los que estamos expuestos.

La exposición a las toxinas, algunos medicamentos, la mala alimentación y comer en exceso pueden provocar la acumulación de depósitos de grasa en el hígado e interferir en su funcionamiento. El consumo asiduo de grandes cantidades de alcohol puede dañar el hígado y, con el tiempo, conducir a la cirrosis. Comer en exceso de forma crónica lo obliga a trabajar más, y esto puede debilitarlo con el tiempo, especialmente si se comen alimentos cargados de conservantes y aditivos. Consumir una gran cantidad de alimentos fritos o procesados que contengan grasas trans también puede ser perjudicial para el hígado.

Desintoxicar el estilo de vida

Algunas de las medidas más importantes que se pueden tomar para reducir el nivel de toxicidad del cuerpo son los siguientes cambios en la dieta diaria y en el estilo de vida:

- **Evita los alimentos que contengan aditivos y conservantes.** Trata de consumir alimentos naturales y frescos siempre que te sea posible. Asegúrate de incluir en la dieta muchas frutas y verduras frescas –preferiblemente cinco raciones al día.
- **Reduce o erradica la cafeína, la nicotina, el azúcar y el alcohol.** Además de otros problemas de salud a los que pueden contribuir estas sustancias, dejan residuos tóxicos en el cuerpo.
- **Reduce al mínimo el consumo de medicamentos.** Toma solamente los necesarios, prescritos por el médico, y evita el consumo de drogas recreativas.
- **Reduce las proteínas animales (especialmente la carne roja) y aumenta las fuentes vegetales de proteína (tofu, tempeh y judías).** Cuando se metabolizan, las proteínas animales pueden producir subproductos tóxicos, en especial si no se digieren correctamente.
- **Bebe agua purificada o filtrada.** Seis vasos de 240 ml al día ayudarán a los riñones en su proceso natural de eliminación. Los riñones tienen un papel determinante a la hora de liberar al cuerpo de varios productos de desecho tóxicos.
- **Incluye mucha fibra en tu dieta.** Asegúrate de que tu dieta contiene alimentos ricos en fibra, como cereales integrales, todo tipo de salvado, la mayoría de las frutas frescas, verduras crudas frescas, frutos secos y semillas y legumbres como alubias, lentejas o guisantes. También puedes tomar un suplemento de fibra que te recomiende tu profesional de la salud.
- **Aléjate de los alimentos generadores de ácido, congestionantes, y dirígete hacia alimentos más generadores de alcalinidad, desintoxicantes.** Esto significa reducir el consumo de carnes rojas, dulces, alimentos fritos y grasos, leche, queso, huevos, harina refinada y alimentos salados, así como de los alimentos a los que sabes que eres alérgico, como pueden ser el trigo o los productos lácteos.
- **Incrementa tu consumo de verduras frescas, frutas, cereales integrales, alubias, frutos secos y semillas, y aumenta la proporción de alimentos crudos en relación con la de alimentos cocinados.** Es conveniente tomar algo de fruta o verduras frescas crudas en cada comida. Ten en cuenta que el grado en que pases de los alimentos formadores de ácido a los generadores de alcalinidad debe estar en función de tu constitución y tus necesidades individuales. Si has tenido unos hábitos alimentarios altamente tóxicos, efectúa el cambio paulatinamente. Puedes permitirte aligerar tu dieta un día a la semana.
- **Haz ejercicio vigoroso de manera asidua.** Esto ayuda a limpiar el cuerpo de toxinas a través del sudor y ayuda a los sistemas digestivo, renal y linfático.

- **Habla con tu médico sobre la posibilidad de tomar suplementos antioxidantes.** Entre ellos están la vitamina C, la vitamina E, el betacaroteno, el selenio, el zinc, el ácido lipoico, la coenzima Q10 y los aminoácidos cisteína y metionina.
- **Investiga varias hierbas que pueden ayudar a desintoxicar tu cuerpo.** Consulta con un médico partidario de los tratamientos naturales o con un nutricionista o herbolario cualificado antes de usar cualquier hierba o suplemento. Algunas de las que se cree que ayudan a la desintoxicación son el cardo mariano, la raíz de diente de león, la bardana, la cayena, el jengibre, el regaliz, la equinácea y el sello de oro. Un suplemento multivitamínico y mineral de alta potencia puede ayudar a combatir la intoxicación por metales pesados y contribuir a la desintoxicación del hígado.
- **Desintoxica el colon.** Considera tomar un laxante natural, que puede contener bentonita, sen o cáscara sagrada. Las cáscaras de semillas de psilio, disponibles en la mayoría de las tiendas de productos dietéticos, también limpian la mucosidad a lo largo del intestino delgado y expulsan las toxinas de ambos intestinos —el delgado y el grueso—. Habla de estas opciones con tu médico u otro profesional de la salud. Recuerda que incluso los laxantes naturales pueden provocar dependencia, así que consúmelos con moderación. Algunas personas afirman haberse beneficiado de la hidroterapia de colon, dirigida por un terapeuta certificado. En esta práctica, el colon se irriga y se limpia con agua utilizando una máquina especial. Los médicos convencionales y los alternativos a menudo presentan opiniones divergentes respecto a la utilidad de la hidroterapia de colon.
- **Desintoxica el hígado.** Toma alimentos que protejan el hígado y mejoren su funcionamiento. Entre ellos están los vegetales de la familia de las *brassicas*, como la col, el brócoli y las coles de Bruselas, y alimentos con alto contenido en azufre, como el ajo, la cebolla, los huevos y las legumbres. Hierbas como la raíz de diente de león, la bardana y el cardo mariano se utilizan a menudo para ayudar a desintoxicar el hígado.

SÍNDROME PREMENSTRUAL

El síndrome premenstrual (SPM) incluye una constelación de síntomas físicos y psicológicos perturbadores que muchas mujeres experimentan en los días o semanas previos a la menstruación. Síntomas físicos habituales son retención de líquidos, dolor de pecho, hinchazón, acné, dolores de cabeza, aumento del apetito y antojo de dulces. Los síntomas psicológicos pueden consistir en depresión, irritabilidad, ansiedad y tensión, cambios de humor, distracciones y olvidos, fatiga e incluso la sensación de «volverse loca». La mitad de las mujeres experimentan, en la fase premenstrual, un aumento de la depresión, la ansiedad o la irritabilidad, además de algunos de los síntomas físicos anteriores. Las reacciones de pánico también pueden ser un síntoma del síndrome premenstrual. La pregunta que hay que hacerse es si los ataques de pánico suelen tener lugar —o si aumentan en frecuencia e intensidad— durante los días previos a la menstruación. Si es así, tratar el SPM puede ayudar a reducir o erradicar los ataques de pánico.

La mayor parte de las teorías médicas relacionan el SPM con un desequilibrio en la cantidad de estrógeno y progesterona en el cuerpo de la mujer, sobre todo durante la segunda mitad del ciclo menstrual. Durante este período de catorce días, las mujeres con SPM tienden a experimentar niveles elevados de estrógeno, mientras que la progesterona se reduce. Los niveles insuficientes de progesterona con respecto a la cantidad de estrógeno tienden a fomentar la retención de líquidos, la reducción de los niveles de serotonina en el cerebro, un descenso de los niveles de endorfinas, una alteración de la actividad de la vitamina B_6 y alteraciones en otros niveles hormonales.

Otras teorías sobre el síndrome premenstrual sugieren que la menstruación permite que el cuerpo se deshaga del exceso de toxinas acumuladas a causa de una dieta inadecuada, así como de la exposición a contaminantes ambientales. Por lo tanto, los síntomas experimentados justo antes de la menstruación reflejan la reacción del cuerpo frente al exceso de toxicidad. Todo esto implica que seguir una dieta saludable y reducir la exposición a sustancias tóxicas debe de ayudar a reducir los síntomas del SPM.

Ambas teorías son probablemente válidas. Los síntomas del SPM definitivamente pueden aliviarse mediante la erradicación de alimentos que tienden a agravarlos. También, en muchos, casos con la ayuda de suplementos vitamínicos, minerales y hierbas, en particular los que elevan el nivel de progesterona del cuerpo. A continuación, expongo varias recomendaciones para el tratamiento del síndrome premenstrual. Antes de emprender cualquiera de ellas, consulta con un médico, un nutricionista o un profesional cualificado de la medicina china que sea experto en el tratamiento de este problema.

Ayudas dietéticas para combatir el SPM

Evita o reduce al mínimo lo siguiente:

- ▶ Los alimentos con alto contenido en azúcar, así como los que presenten grandes cantidades de hidratos de carbono simples (pan, patatas fritas de bolsa o pasta). Es especialmente importante evitar el impulso de darse un atracón de dulces y alimentos ricos en hidratos de carbono, incluido el chocolate, durante la semana anterior al inicio previsto de los síntomas.
- ▶ Los alimentos salados y la sal de mesa. Esto ayudará a reducir la hinchazón y la retención de líquidos.
- ▶ Los alimentos altos en grasas. Reducir las calorías consumidas en forma de grasa ayudará a bajar los niveles de estrógeno.

- Las bebidas con cafeína, como el café, el té y los refrescos de cola. La cafeína está ligada a la sensibilidad mamaria, así como a síntomas psicológicos como la ansiedad, la depresión y la irritabilidad.
- El alcohol.

Toma muchas frutas y verduras frescas, panes y cereales integrales, legumbres, frutos secos, aves de corral criadas en libertad y pescado. Consume con moderación los alimentos a base de soja, como el tofu o la leche de soja.

Vitaminas y suplementos minerales para combatir el SPM

Sigue a continuación una lista de los suplementos de vitaminas y minerales que pueden contribuir a aliviar los síntomas del síndrome premenstrual:

- **VITAMINA B_6.** La dosis recomendada es de 200 mg diarios durante la semana previa a la menstruación, pero se debe evitar tomar esta cantidad de vitamina B_6 durante más de una semana en cada mes.
- **BETACAROTENO (PROVITAMINA A).** Durante todo el mes, toma 25.000 UI diarias.
- **COMPLEJO B DE ALTA POTENCIA EN COMBINACIÓN CON CALCIO Y MAGNESIO (1.000 MG DE CALCIO Y 500 MG DE MAGNESIO).** Los suplementos de calcio y magnesio pueden ayudar a reducir los calambres menstruales.
- **ZINC.** Durante todo el mes, toma de 15 a 20 mg diarios.
- **ÁCIDOS GRASOS ESENCIALES.** Una buena fuente de ácidos grasos esenciales se encuentra en los aceites de pescado, que contienen ácidos grasos omega-3 EPA y DHA. Se pueden tomar de 500 a 2.000 mg diarios del combinado EPA/DHA en forma de cápsulas de aceite de pescado. Una alternativa es el aceite de linaza, que proporciona ácidos grasos omega-3 de base vegetal (sin embargo, en el caso del aceite de linaza la conversión a EPA y DHA no es tan eficiente como en el caso de los aceites de pescado). El aceite de borraja, el de semilla de grosella negra o el de onagra son fuentes de ácido gamma-linolénico (GLA, por sus siglas en inglés), una forma especial del ácido graso omega-6 que es esencial para los seres humanos. Puedes tomar de 300 a 900 mg de cualquiera de estos aceites a diario.

Hierbas para combatir el SPM

Las siguientes hierbas pueden ayudar a reducir los síntomas físicos y psicológicos del SPM:

- **COHOSH NEGRO.** Se trata de una hierba popular que se utiliza tanto para el SPM como para la menopausia. La dosis recomendada es normalmente una pastilla o cápsula de 20 o 40

mg dos veces al día. Puede aliviar síntomas del SPM tales como los dolores de cabeza, los cambios de humor y el insomnio, entre otros.
- **GINSENG HEMBRA** (*Angelica sinensis*). Esta hierba puede aumentar la energía y estabilizar el estado de ánimo durante el síndrome premenstrual. También contribuye a aliviar los dolores menstruales. Se puede tomar en forma de cápsulas (hay que seguir las recomendaciones de dosificación que figuran en la etiqueta), tintura, extracto líquido o infusión.
- **RAÍZ DE REGALIZ**, tomada tres veces al día en forma de raíz en polvo, como infusión o como extracto líquido, ayudará a estabilizar los niveles hormonales y también puede aliviar los calambres.
- El **ROMERO**, la **HIERBA MUNDILLO** y la **KAVA** tienen fama de reducir los calambres.
- El **TÉ DE KOMBUCHA** proporciona energía y estimula el sistema inmunitario. Se ha comprobado que es útil para algunas mujeres.

Ejercicio asiduo

Un programa de ejercicio físico asiduo estimulará tu metabolismo, ayudará a tu estado de ánimo y reducirá tus niveles de estrés. Si no puedes hacer ejercicio vigoroso, camina al menos un kilómetro y medio al día (véase el capítulo 5).

Tratamientos con receta para combatir el SPM

A continuación se muestra una lista de los tratamientos prescritos habitualmente por los médicos para aliviar el síndrome premenstrual:

- **ANTICONCEPTIVOS ORALES.** Ayudan a mantener el equilibrio adecuado entre los estrógenos y la progesterona. Ten en cuenta que la eficacia de los anticonceptivos orales en la prevención del embarazo puede verse reducida por algunos antibióticos y quizá por la hierba de San Juan. Los anticonceptivos orales tienen una serie de efectos secundarios a corto y largo plazo que tal vez desees evitar.
- **DIURÉTICOS.** Reducen la retención de líquidos y la hinchazón de los pechos.
- **PROGESTERONA NATURAL.** Muchas mujeres utilizan eficazmente las cremas de progesterona naturales para aumentar los niveles de esta hormona antes de la menstruación. Estas cremas están disponibles sin receta médica, pero es mejor consultar con un profesional de la salud con experiencia en su uso antes de probar una por cuenta propia. También es importante controlar los niveles de progesterona después de usar la crema durante un mes para asegurarse de que no son elevados y para determinar la dosis apropiada y la frecuencia de uso de la crema. Para más información sobre el síndrome premenstrual y el uso de la progesterona natural para tratarlo, visita www.womenshealth.com.
- **ANTIDEPRESIVOS.** A veces se acude a los fármacos antidepresivos para tratar los cambios de humor asociados con el SPM.

Para más información sobre el síndrome premenstrual, puedes consultar los libros *Taking Back the Month* y *Jump Off the Hormone Swing* en las referencias del final del capítulo.

MENOPAUSIA

La menopausia se define médicamente como el cese de la menstruación durante al menos seis meses. De promedio, comienza cuando la mujer llega a los cincuenta o cincuenta y un años, aunque puede comenzar tan pronto como a los cuarenta y tan tarde como a los cincuenta y cinco. Los síntomas que acompañan más habitualmente a la menopausia son los siguientes:

- Sofocos.
- Dolores de cabeza.
- Cambios de humor.
- Sequedad vaginal.
- Insomnio.
- Infecciones del tracto urinario o de la vejiga.
- Manos y pies fríos.
- Olvidos y falta de concentración.
- Disminución de la libido.
- Ansiedad o depresión.

La principal causa subyacente de la menopausia es la producción reducida de las dos principales hormonas femeninas, el estrógeno y la progesterona. Curiosamente, los síntomas indeseables de la menopausia se dan solamente en los países donde el envejecimiento de la mujer está desvalorizado —sobre todo Estados Unidos y Europa occidental—. En muchas culturas tradicionales, donde no se rinde culto a la juventud y al atractivo sexual y donde las mujeres reciben cada vez un mayor respeto a medida que se hacen mayores, los síntomas de la menopausia son en gran parte inexistentes. Este es un claro ejemplo del efecto de la cultura sobre la sintomatología, puesto que la base fisiológica subyacente de la menopausia es universal. En Estados Unidos, entre el 60 y el 85% de las mujeres menopáusicas experimentan sofocos; entre las indígenas mayas, ninguna los padece.

Ya en los años cincuenta y sesenta, la comunidad médica estadounidense decidió que la menopausia es una «enfermedad» basada en la carencia de estrógeno. En 1965, Robert A. Wilson declaró en su libro *Feminine Forever* que la menopausia convierte a las mujeres en «caricaturas [asexuales] de su antiguo yo —el equivalente a un eunuco». Este punto de vista ha seguido siendo la perspectiva dominante entre los médicos occidentales hasta hoy día. La respuesta de la comunidad médica al problema de la menopausia es la terapia de reemplazo del estrógeno, terapia que se inició en la década de los cincuenta con la administración de estrógeno sintético a las mujeres.

Después de unos veinte años, los médicos finalmente se dieron cuenta de que el reemplazo del estrógeno se asocia con un riesgo hasta trece veces mayor de padecer cáncer de endometrio. Por ello, en los setenta se puso de moda agregar progesterona sintética (progestina) al estrógeno, y el tratamiento pasó a llamarse *terapia de reemplazo hormonal* (TRH). La TRH es un tratamiento eficaz. Reduce los sofocos y otros síntomas de la menopausia y tiene la ventaja adicional de minimizar el riesgo de que las mujeres desarrollen osteoporosis (adelgazamiento de los huesos que sobreviene con la edad). Después de otros veinte años, sin embargo, se hizo evidente que la TRH aumenta de forma significativa el riesgo de padecer cáncer de mama, especialmente entre las mujeres que presentan un mayor riesgo de contraerlo. Peor aún: un estudio posterior (Iniciativa para la Salud de la Mujer 2002) reveló que el riesgo de enfermedad cardíaca y accidente cerebrovascular aumentaba con la terapia de reemplazo hormonal, lo suficiente para que los investigadores detuvieran el estudio y les pidieran a todas las participantes que dejaran de tomar Premarin y Provera (marcas de estrógeno y progesterona sintéticos) inmediatamente. Otros efectos secundarios del estrógeno y la progesterona sintéticos pueden ser náuseas, sensibilidad en los senos, depresión, trastorno del hígado, retención de líquidos y alteraciones de los niveles de azúcar. A causa de todos estos problemas, muchos médicos actualmente no recomiendan la TRH excepto a corto plazo.

Al igual que ocurre con el síndrome premenstrual, los síntomas de la menopausia pueden aliviarse eficazmente a través de una combinación de dieta, ejercicio, suplementos y hierbas. Puedes encontrar útil todo lo siguiente:

Hormonas bioidénticas

Las hormonas bioidénticas son preparados de hormonas que tienen la misma fórmula química que las que elabora el cuerpo. En lugar de sintetizarse a partir de fuentes de origen animal, se sintetizan a partir de sustancias químicas vegetales procedentes de la soja y las batatas. Está extendida la creencia de que, al sintetizarse a partir de las plantas, las hormonas bioidénticas son más naturales que las sintéticas.

Estas hormonas parecen serles útiles a muchas mujeres para distintos síntomas de la menopausia. Sin embargo, el *newsletter* de la Mayo Clinic Health advierte de que no hay pruebas claras de que las hormonas bioidénticas sean más efectivas e incluso seguras que la terapia hormonal tradicional para la menopausia. Así pues, conviene consultar con el ginecólogo antes de consumirlas.

Otros medicamentos que se emplean para ayudar con la menopausia son antidepresivos a bajas dosis, Neurontin y fármacos para reducir el riesgo de osteoporosis.

Hierbas

Muchas mujeres opinan que el cohosh negro es una hierba eficaz para reducir los síntomas de la menopausia. Utilizado por los indios norteamericanos durante siglos, el cohosh negro es eficaz para disminuir los sofocos y otros síntomas de la menopausia, como la depresión, los dolores de cabeza y la sequedad vaginal. En caso de decidir tomarlo, lo recomendable es comprar un producto estandarizado que contenga al menos 1 mg de triterpenos, el ingrediente activo. El ginseng hembra (*Angelica sinensis*) también puede ser muy útil para aliviar los sofocos y otros síntomas de la menopausia. El regaliz y el sauzgatillo son además útiles para estabilizar los niveles de hormonas, aunque no está claro que haya ninguna hierba que pueda elevar los niveles insuficientes de estrógeno y progesterona hasta la normalidad.

Suplementos

Los siguientes suplementos pueden ser útiles para aliviar los síntomas de la menopausia:

- La vitamina D (entre 400 y 800 UI diarias).
- El aceite de linaza.
- El calcio y el magnesio (1.000 mg y 500 mg diarios, respectivamente).
- El trébol rojo.

Dieta

Junto con la dieta saludable recomendada en el capítulo 15, es conveniente comer alimentos que sean ricos en fitoestrógenos, que se unen a los receptores de estrógeno como lo hace el estrógeno en el cuerpo. Estos alimentos son los productos de soja, el aceite de semilla de lino, las manzanas, los cereales integrales, el apio, el perejil y la alfalfa. En general, las verduras y los alimentos de origen vegetal tienden a tener un elevado contenido de fitoestrógenos en relación con los alimentos de origen animal, lo que puede explicar por qué las culturas cuyas dietas se basan predominantemente en las plantas (incluida la soja) suelen presentar una baja incidencia de síntomas menopáusicos.

Ejercicio

El ejercicio físico asiduo, tan útil a la hora de aliviar los síntomas de la ansiedad y la depresión, también lo es para reducir la importancia y frecuencia de los sofocos.

Consulta los libros de Christiane Northrup y John Lee, señalados al final del capítulo, para obtener más información sobre la menopausia.

EL TRASTORNO AFECTIVO ESTACIONAL

Cuando las estaciones cambian de la primavera y el verano al otoño y el invierno, ¿padeces los síntomas siguientes?:

- Energía más baja de lo habitual.
- Despertar sintiéndote cansado, aunque duermas más.

- Cambios de humor, como sentirte más ansioso, irritable, triste o deprimido.
- Disminución de la productividad o la creatividad.
- Sensación de que tienes poco control sobre tu apetito o tu peso.
- Más problemas de memoria y concentración.
- Menos interés en socializar.
- Menos capacidad de afrontar el estrés.
- Menos entusiasmo por el futuro o menos capacidad de disfrutar.

Si te resultan familiares dos o más de estos síntomas, puedes ser una de las muchas personas afectadas por el *trastorno afectivo estacional* (TAE) o por una forma más leve de este trastorno conocida como *subsíndrome TAE*. El trastorno afectivo estacional es una depresión cíclica que tiene lugar durante los meses de invierno, por lo general entre noviembre y marzo. Está causado por una exposición insuficiente a la luz. A medida que los días se hacen más cortos y el ángulo del sol cambia durante el otoño, los síntomas del TAE comienzan a aparecer. Se estima que el 20% de la población adulta estadounidense, o treinta y seis millones de personas, se ven afectadas por el TAE y el subsíndrome TAE. Cuanto más lejos del ecuador se vive, más propenso se es a experimentar este trastorno.

La ansiedad y el TAE

Muchas personas que sufren trastornos de ansiedad experimentan un empeoramiento de su problema durante el final del otoño y el invierno. Los ataques de pánico pueden tener lugar más a menudo y la ansiedad generalizada puede aumentar, junto con la depresión. No es sorprendente que esto sea así, porque los mismos sistemas cerebrales que contribuyen a las bases neurobiológicas de la depresión —el sistema noradrenérgico y el sistema de la serotonina— también están implicados en los trastornos de ansiedad, especialmente el trastorno de pánico, el de ansiedad generalizada y el obsesivo-compulsivo. Cuando los desequilibrios bioquímicos de estos sistemas se producen en un sentido, pueden causar depresión; cuando se producen en el otro sentido, pueden agravar los trastornos de ansiedad. Y en el caso de muchas personas, por desgracia, los problemas de ansiedad y depresión coexisten, y ambos se agravan durante los meses de invierno.

Ya sea que se manifiesten como depresión o como ansiedad, los síntomas del TAE son provocados por la menor disponibilidad de luz. Este trastorno puede verse agravado no solo por la reducción de la luz al aire libre durante los meses de invierno, sino también por pasar demasiado tiempo en ambientes interiores que tienen bajos niveles de luz, ya sea en el hogar o en el trabajo. Hay personas que trabajan en entornos sin ventanas que experimentan los síntomas del TAE incluso en verano. También pueden experimentarlos individuos sensibles en cualquier momento del año después de una sucesión de días nublados.

Antes se pensaba que el TAE se debía a la insuficiente inhibición de la secreción de una hormona llamada *melatonina*. La melatonina es secretada por la glándula pineal, en el cerebro, por la noche después de varias horas de oscuridad. Es uno de los mecanismos por los que el cerebro nos hace saber que es hora de ir a dormir. Con la luz de la mañana, la secreción de melatonina se interrumpe, y sabemos que es hora de despertar. Si bien ha gozado de popularidad durante muchos años, la hipótesis de que el TAE es causado por la insuficiente inhibición de la secreción de melatonina no ha sido confirmada por la investigación sistemática. Los resultados de los estudios han sido variados, y los investigadores han mirado en otras direcciones para encontrar pistas sobre la causa de este trastorno. La teoría que está recibiendo más atención actualmente es que la insuficiencia de luz puede causar una reducción de los niveles de serotonina en el cerebro. Norman Rosenthal, uno de los principales investigadores en este campo, escribe en *Winter Blues* que cuando individuos susceptibles se hallan expuestos a muy poca luz ambiental —como ocurre durante el invierno—, producen muy poca serotonina. Rosenthal y otros creen que estos bajos niveles de serotonina son los responsables de los síntomas del TAE.

Las carencias de esta hormona se asocian frecuentemente con síntomas de depresión, ansiedad o ambos; es por eso por lo que los fármacos que bloquean la recaptación de la serotonina en el cerebro —medicamentos como Prozac (fluoxetina), Zoloft (sertralina) o Paxil (paroxetina)— alivian a menudo la depresión y muchos de los trastornos de ansiedad. Pero ¿por qué debería afectar a la serotonina la menor presencia de luz? ¿Y por qué solamente en ciertos individuos? La respuesta a la primera pregunta todavía se está investigando. En respuesta a la segunda, hay algunas pruebas de que quienes son susceptibles al TAE pueden tener dificultades para recibir o procesar la luz a nivel neurológico.

Durante el invierno, las personas con TAE tienden a tener ansia de dulces e hidratos de carbono, que por lo general aumentan la cantidad de triptófano (un aminoácido esencial derivado naturalmente de los alimentos ricos en proteínas) que llega al cerebro. Una vez en el cerebro, el triptófano se convierte en serotonina —el neurotransmisor que es tan importante para el bienestar psicológico—. Comer dulces e hidratos de carbono otorga al triptófano una ventaja competitiva sobre los otros aminoácidos del cuerpo que quieren entrar en el cerebro. Por lo tanto, si tiendes a sentirte atraído por los dulces y los almidones en invierno, puede tratarse de un intento por parte de tu cuerpo de aumentar tus niveles de serotonina.

Terapia de luz para combatir el TAE

El tratamiento que alivia más eficazmente los síntomas del TAE es la *terapia de luz*. En principio, sería posible reducirlos en invierno por medio de pasar períodos de tiempo prolongados al aire libre todos los días. A menos que seas instructor de esquí u operario quitanieves, sin embargo, esto es muy poco práctico. La terapia de luz implica el uso de uno o más dispositivos específicos en interior para aumentar la exposición de la persona a la luz brillante. A veces los individuos sensibles a la luz experimentan una mejoría solo por incrementar la luz normal de la habitación o instalar bombillas más brillantes. Sin embargo, la mayor parte de quienes padecen el TAE parecen requerir exposición a niveles de luz más altos —una luz por lo menos cuatro veces más brillante que la luz normal de las casas y oficinas.

Las *cajas de luz* se usan habitualmente para aliviar los síntomas del TAE. Una caja de luz es un conjunto de bombillas fluorescentes ubicadas en una caja, con una pantalla de plástico difusora. La mayor parte de estos dispositivos desprenden entre 2.500 y 10.000 luxes de energía lumínica, lo que está considerablemente por encima de la gama habitual de iluminación de interiores (que va aproximadamente de los 200 a los 1.000 luxes). Una sesión típica de terapia de luz consiste en sentarse a unos sesenta o noventa centímetros de una caja de luz durante un período de entre media hora y dos horas por la mañana. No es necesario ni recomendable mirar directamente a la luz; uno puede dedicar ese tiempo a leer, escribir, comer, coser o hacer lo que tenga que hacer. La cantidad diaria de exposición a la luz necesaria para lograr una reducción de los síntomas varía de una persona a otra. Cada cual debe experimentar con la duración de la exposición hasta encontrar cuál se ajusta más a sus propias necesidades.

Otros dispositivos utilizados en la terapia de luz son los *simuladores de amanecer* y las *viseras de luz*. El simulador de amanecer crea un amanecer artificial en el dormitorio por medio de hacer que una luz se encienda muy tenuemente —digamos, a las seis de la mañana— y vaya aumentando progresivamente el brillo —hasta las siete, siguiendo con el ejemplo—. Y la visera de luz es una fuente de luz de poco peso que se puede llevar en la cabeza y que permite gozar de mayor movilidad que la caja de luz.

La terapia de luz es muy eficaz cuando se administra correctamente, como documenta Rosenthal. En los ensayos experimentales, se ha demostrado que resulta de ayuda a entre el 75 y el 80% de las personas que padecen el TAE en el plazo de una semana si se usa regularmente. Antes de emprender la terapia de luz por tu cuenta, consulta con un médico u otro profesional de la salud que tenga conocimientos sobre ella y su aplicación. Aunque los dispositivos de terapia de luz están disponibles sin prescripción médica, puedes ahorrarte tiempo —así como posibles efectos secundarios como dolor de cabeza, fatiga visual, irritabilidad o insomnio— si obtienes ayuda en cuanto al modo de usarlos correctamente.

Hacer frente al TAE

La Organización Nacional para el Trastorno Afectivo Estacional estadounidense da estos consejos:

> ▶ Habla de tus síntomas con tu médico. Puede derivarte a un psiquiatra que tal vez te diagnostique el trastorno afectivo estacional o el subsíndrome TAE y te prescriba tratamientos de luz especiales para ayudarte a aliviar tus síntomas. Ciertos antidepresivos ISRS también pueden ser útiles para tratar a algunas personas que tengan depresión estacional.

- Si tienes un diagnóstico médico de TAE o del subsíndrome TAE y tu médico te receta un tratamiento de luz, no te lo saltes o lo acortes debido a que te sientas mejor; puedes recaer. Trabaja con tu médico para ajustar la cantidad de tiempo, la hora del día, la distancia y la intensidad de la luz, es decir, recibe tu propio tratamiento individualizado.
- Obtén la mayor cantidad de luz posible y evita los ambientes oscuros durante las horas de luz solar en invierno.
- Reduce los síntomas depresivos leves invernales mediante el ejercicio diario, preferiblemente al aire libre, para aprovechar la luz natural.
- Si no puedes hacer ejercicio al aire libre en invierno debido al frío extremo, hazlo en el interior. Si es posible, prueba a sentarte a la luz del sol frente a una ventana orientada al sur durante períodos cortos pero frecuentes de tiempo a lo largo del día.
- Reorganiza los espacios en casa y trabaja cerca de una ventana, o instala luces brillantes en tu zona de trabajo.
- Mantén un horario asiduo de sueño y vigilia. Las personas con TAE afirman estar más atentas y menos cansadas cuando se levantan y se van a dormir a horas preestablecidas que cuando varían sus horarios.
- Sé consciente de las temperaturas exteriores frías y vístete para conservar la energía y el calor. Muchas personas afectadas por los cambios estacionales afirman ser sensibles a las temperaturas extremas.
- Organiza las salidas familiares y los eventos sociales para que tengan lugar durante el día y solamente en las primeras horas de oscuridad en invierno. Evita permanecer despierto hasta tarde, porque esto altera tu horario de sueño y tu reloj biológico.
- Ahorra energía por medio de gestionar el tiempo sabiamente y de evitar o reducir al mínimo el estrés innecesario.
- Prueba lo siguiente: pon luces que se activen por medio de un temporizador en tu dormitorio o utiliza un simulador de amanecer que se active por lo menos media hora antes de levantarte. Algunas personas con TAE afirman que esta tecnología lumínica tiene un efecto antidepresivo y las ayuda a despertarse más fácilmente.
- Cuando sea posible, pospón efectuar grandes cambios en tu vida hasta la primavera o el verano.
- Comparte tus experiencias con el TAE con el fin de obtener información, comprensión, aprobación y apoyo.
- Si puedes, organízate para pasar tus vacaciones de invierno en un lugar de clima cálido y soleado.

Durante los meses de invierno puede ser que te resulte útil aumentar tus niveles de serotonina, ya sea de forma natural o por medio de medicamentos con receta. Si optas por el enfoque natural, prueba a tomar 5-hidroxitriptófano (5-HTP). Puedes comenzar con 50 mg al día y llegar a los 300 mg diarios (véase el capítulo 15 para más información sobre el triptófano). Si sientes que el 5-HTP no te está ayudando, consulta con tu médico acerca de la posibilidad de probar con un medicamento ISRS, como Zoloft, Celexa, Luvox o Paxil (véase el capítulo 17 para más información sobre los ISRS).

FALTA DE SUEÑO (INSOMNIO)

El insomnio afecta a alrededor del 30% de los adultos y es el problema más común que puede agravar los trastornos de ansiedad de todo tipo, que generalmente empeoran después de una mala noche de sueño.

La mayoría necesitamos dormir entre siete y ocho horas cada noche, por lo menos seis de ellas de forma ininterrumpida. Es durante las primeras horas de la noche cuando obtenemos el sueño profundo necesario para reponer nuestros sistemas corporales para el día siguiente, mientras que durante la última parte de la noche experimentamos proporcionalmente más REM (siglas en inglés de «movimiento ocular rápido») o sueño con sueños, que es necesario para que el cerebro integre los «asuntos pendientes» de la jornada anterior y trabaje con ellos. En realidad, el sueño pasa por una serie de etapas: cuatro etapas de sueño cada vez más profundo, seguidas por una etapa de sueño REM. Este ciclo de cinco etapas se repite tres o cuatro veces durante la noche.

A quienes sufren insomnio puede ser que les resulte problemático *dormirse* (tardan más de veinte minutos en hacerlo) o permanecer *dormidos* —en este caso, la persona tal vez se duerme rápidamente pero se despierta horas antes del alba y es incapaz de volver a conciliar el sueño—. Por lo general, la ansiedad aparece más relacionada con el primer tipo de problema, mientras que la depresión se asocia con el hecho de despertarse demasiado temprano. Sin embargo, no es raro que la persona ansiosa o deprimida tenga ambos tipos de problemas.

Diez problemas habituales

¿Por qué no puede uno dormir? El insomnio es complejo y puede tener múltiples causas. En la mayor parte de los casos, de hecho, hay varios factores operando a la vez. He aquí diez de las causas más habituales del insomnio:

1. *Consumo excesivo de cafeína durante el día.* El consumo excesivo de café, té, bebidas de cola y otros alimentos o medicamentos que contengan cafeína se halla muy habitualmente detrás del insomnio. Por supuesto, todos somos diferentes: hay quien puede ser tan altamente sensible a la cafeína que incluso una taza de café por la mañana puede mantenerlo despierto la noche siguiente; y, en el extremo opuesto, hay quienes pueden tomarse un café antes de acostarse. Como regla general, lo mejor es evitar la cafeína después del mediodía si se tienen problemas de sueño, e incluso se puede considerar reducir su consumo por la mañana

(consulta la «Tabla de la cafeína» del capítulo 15 para determinar la cantidad de cafeína que consumes en un día).

2. *Ejercicio insuficiente.* Uno de los mejores remedios para el insomnio es hacer ejercicio aeróbico durante el día. El ejercicio vigoroso ayuda a liberar la tensión muscular y a quemar el exceso de hormonas del estrés (como la adrenalina y la tiroxina; ambas pueden interferir en el sueño). También permite liberar la frustración retenida que puede mantener la mente acelerada por la noche. Si no realizas ejercicio durante el día, puede que te sorprenda descubrir hasta qué punto practicarlo puede ayudarte con tu problema de sueño, así como con la ansiedad (véase el capítulo 5). La única precaución es evitar el ejercicio vigoroso dentro de las tres horas previas a acostarse, ya que puede ser sobreestimulante e interferir en el intento de dormirse.

3. *Exceso de estimulación al final de la tarde.* Cualquier cosa que te estimule en exceso después de las ocho de la tarde puede evitar que te duermas (o que permanezcas dormido) esa noche. Ejemplos de estímulos de este tipo pueden ser un programa de televisión dramático o violento, navegar por Internet, hacer tareas difíciles (incluido leer textos difíciles), mantener una conversación telefónica estimulante o tener una pelea doméstica. Uno también puede mantenerse despierto por haberse expuesto a una luz brillante (como la pantalla del ordenador) poco antes de la hora de dormir. Lo mejor es que bajes el ritmo durante las últimas dos o tres horas del día con programas de televisión relajantes, lecturas suaves o conversaciones tranquilas. Mejor aún, prueba a darte un baño o una ducha caliente antes de acostarte con el fin de relajarte.

4. *Exceso de preocupación sobre el sueño.* El sueño es un proceso automático que requiere soltar. Cuanto más intenta uno dormirse, más tiende el sueño a esquivarle. En general, preocuparse por el sueño impide conciliarlo, ya sea a la hora de acostarse o las cuatro de la madrugada. Decirse uno a sí mismo que deje de preocuparse probablemente no va a resultar muy útil, por lo que la mejor solución es una especie de táctica de distracción. Las distintas técnicas de relajación que se describen en el capítulo 4 pueden ser útiles para este fin. La relajación muscular progresiva resulta efectiva si los músculos están tensos, mientras que meditar en mantras o efectuar una visualización guiada puede ser eficaz para detener una mente ansiosa y acelerada. Hay personas que se duermen solo al escuchar una música suave o el rumor de la televisión, mientras que para otras el truco es ponerse a leer una novela aburrida. Si te descubres preocupándote, experimenta con distintas tácticas de distracción con el fin de alejar la mente de la preocupación.

Un principio famoso con respecto al sueño, que cuenta con una larga tradición, es que si uno permanece despierto en la cama durante largo rato (entre más de treinta minutos y una hora), no se quede ahí. Si es tu caso, levántate y emplea una técnica de relajación, o medita, o emprende una lectura ligera en un sillón o en el sofá hasta que te sientas realmente somnoliento.

Después, regresa a la cama. De esta manera, llegarás a asociar la cama únicamente con el sueño en lugar de asociarla con la vigilia.

5. *Carencia de serotonina o de melatonina.* Con el tiempo, el estrés puede agotar las reservas que tiene el cerebro del neurotransmisor serotonina y la hormona melatonina. Ambos son necesarios para el sueño. La serotonina es imprescindible para activar las partes del cerebro que son responsables de la aparición del sueño, y también para producir la melatonina. La melatonina la elabora la glándula pineal a partir de la serotonina, por lo general al final del día, con la llegada de la oscuridad. Es la sustancia química que utiliza el cerebro para indicarse a sí mismo que es hora de dormir. En resumen: sin melatonina es difícil dormirse, y sin serotonina es difícil crear melatonina.

   Es fácil aumentar la cantidad de serotonina o melatonina por medio de suplementos naturales disponibles en las tiendas de productos dietéticos o en las farmacias. El triptófano, en forma de 5-hidroxitriptófano o L-triptófano, es un aminoácido que, de manera natural, se convierte en serotonina en el cerebro. Prueba, primero, a tomar el 5-hidroxitriptófano (de 50 a 150 mg) antes de acostarte, y si no estás satisfecho con los resultados, pasa al L-triptófano (entre 500 y 1.500 mg), que se puede obtener en algunas tiendas de productos dietéticos y en Internet. El efecto del triptófano se puede incrementar tomándolo junto con un tentempié a base de hidratos de carbono (como un zumo de naranja o galletas) y junto con 100 mg de vitamina B_6 y 100 mg de vitamina B_3. La hormona melatonina está disponible en las tiendas naturistas en tabletas que contienen desde 0,5 hasta 5 mg. Experimenta con la dosis para determinar cuál es la mejor para ti, ya que la dosis óptima cambia mucho en función de la persona. Si una de entre 2 y 5 mg te produce efectos secundarios, redúcela hasta 0,5 o 1 mg. Ten en cuenta que es adecuado tomar tanto el triptófano como la melatonina antes de acostarse para tener un mejor sueño.

   Si ves que los suplementos naturales no son efectivos para ayudarte a conciliar el sueño, puedes consultar con tu médico acerca de los medicamentos que estimulan la presencia de la serotonina. Cualquiera de los medicamentos ISRS (como Celexa o Zoloft, habitualmente utilizados para tratar los trastornos de ansiedad) también pueden ser útiles para combatir el insomnio (consulta el capítulo 17 para una descripción más detallada de los ISRS). En particular, si uno padece una depresión prolongada además de insomnio, puede experimentar efectos positivos con uno de estos fármacos. Ahora bien, si se opta por un medicamento ISRS, generalmente es necesario tomarlo a diario durante un período de entre seis meses y un año (o más). Si lo que buscas es un medicamento que pueda ayudarte a dormir sin que te ocasione los problemas de adicción propios de los sedantes con receta (como Restoril o Ambien), puedes probar con la trazodona (toma de 25 a 100 mg a la hora de acostarte).

6. *Niveles excesivos de hormonas del estrés.* Las glándulas suprarrenales fabrican dos tipos de hormonas del estrés. La adrenalina y la noradrenalina nos brindan una ráfaga repentina de energía,

necesaria para responder a una situación de emergencia con una reacción rápida de lucha o huida. Como se explica en el capítulo 2, estas hormonas están implicadas en los ataques de pánico. El otro tipo de hormonas del estrés son las esteroides, la más importante de las cuales es tal vez el cortisol. Necesitamos el cortisol para que nos ayude a despertarnos y a abordar los diversos desafíos que nos plantea la vida a lo largo del día. El problema es que si se experimenta mucho estrés el cortisol puede permanecer muy alto tanto de día como de noche, con la consecuencia de que uno está demasiado activado durante todo el día como para poder dormirse fácilmente. Si el cortisol está demasiado alto a la hora de acostarse, se puede tener dificultad para conciliar el sueño; si está demasiado alto por la mañana temprano, uno puede despertarse prematuramente.

Con la ayuda del médico, puedes medirte tus niveles de cortisol en varios intervalos durante el día con el fin de evaluar si un nivel elevado de esta hormona está interfiriendo en tu sueño. Si es así, puedes probar con un suplemento regulador del cortisol llamado *serina fosforilada* (no es lo mismo que la fosfatidilserina), que se puede obtener bajo la marca Seriphos. Comenta con tu médico la posibilidad de tomar Seriphos a la hora de la cena durante alrededor de un mes para rebajar progresivamente tus niveles de cortisol. Además de esto, es importante que utilices todas las medidas de reducción del estrés descritas anteriormente en este capítulo en el apartado dedicado al agotamiento suprarrenal.

Una razón habitual por la que se tienen altos niveles de cortisol durante la noche es la hipoglucemia nocturna. Cuando los niveles de glucosa en sangre descienden durante la noche, se liberan hormonas que regulan estos niveles —hormonas como la adrenalina, el glucagón, el cortisol y la hormona del crecimiento—. Si se libera demasiada cantidad de estas hormonas, esto puede hacer que te despiertes. Seguir las recomendaciones sobre la hipoglucemia que figuran en el capítulo 15 puede ayudarte a conciliar el sueño. Si te despiertas en las primeras horas de la mañana con sensación de hambre, o con la sensación de que tu nivel de azúcar en sangre está bajo, prueba a tomar un tentempié a base de proteínas e hidratos de carbono, como pan y mantequilla de nueces o queso y galletas.

7. *Acostarse y levantarse a horas dispares.* Un problema muy habitual de las personas que padecen insomnio es que no se acuestan y se levantan siempre a la misma hora. El cuerpo duerme mejor cuando sigue una rutina —cuando nos vamos a la cama y nos levantamos aproximadamente a la misma hora todos los días—. Si nos acostamos demasiado tarde, es posible que nos cueste dormirnos a la noche siguiente. Es por eso por lo que muchas personas que han permanecido levantadas hasta tarde en las dos noches del fin de semana tienen dificultades para dormir en la noche del domingo al lunes. El caso extremo de interrupción del sueño lo constituye hacer dos turnos seguidos en el trabajo. A menos que sea imperativo, lo mejor es evitar los puestos de trabajo que requieren cambios continuos de turno; a la larga, esa persona perderá mucho tiempo de sueño y pondrá en peligro su salud.

El cuerpo tiene un ciclo de sueño y vigilia, llamado *ciclo circadiano*, por el que pasa cada día —idealmente, unas dieciséis o diecisiete horas fuera de la cama y siete u ocho en ella—. Este ciclo funcionará mucho más suavemente, asegurando un mejor sueño, si nos acostamos y levantamos a la misma hora todos los días.

8. *Un entorno del sueño inadecuado.* Puede haber problemas con el entorno del sueño que lo socaven sutilmente, sin que uno se dé cuenta. Un problema habitual es un colchón demasiado blando o demasiado duro. Por poco que te sea posible, invierte en un colchón de calidad en el que te sientas realmente cómodo. Lo mismo hay que decir de la almohada (necesitas una más cómoda que las que podemos encontrar en un motel estándar). La temperatura del dormitorio es también una variable importante; muchas personas tienen problemas para dormir si la temperatura es de más de 26,5 °C. Si no tienes aire acondicionado, usa un ventilador para enfriar la habitación. La temperatura óptima para dormir es de unos 21 °C. El ruido y la luz también pueden constituir un problema. Si no puedes evitar el ruido, pon un ventilador o una máquina de «ruido blanco» para que ayude a solaparlo. En caso de exceso de luz, a menudo resulta útil instalar cortinas oscuras o proteger los ojos de la luz —por ejemplo, mediante un antifaz para dormir.

9. *Un compañero ruidoso.* Una parte crítica del entorno del sueño lo constituye el compañero de cama, si lo tienes. Los ronquidos fuertes constituyen un factor alterador muy habitual del sueño que afecta a millones de personas, que se limitan a aguantar. Hay muchas soluciones a los ronquidos, como aerosoles y cintas nasales que se pueden obtener en las farmacias. En Internet existen cientos de dispositivos que pueden ayudar con los ronquidos. O se puede acudir a un otorrinolaringólogo especializado en el tratamiento de los ronquidos. En los casos más graves, se han mostrado eficaces la cirugía láser o las técnicas quirúrgicas que utilizan ondas de radio de alta frecuencia. Los ronquidos no son algo con lo que se tenga que vivir. Para obtener más información, consulta los libros *No More Snoring* y *Roncar de la A a la Z* que aparecen citados al final del capítulo.

10. *Pastillas para dormir.* Entre las pastillas para dormir están los tranquilizantes y sedantes benzodiacepínicos, como Xanax, Ativan, Klonopin, Valium, Librium, Restoril y Dalmane, así como los sedantes no benzodiacepínicos, como Ambien, Lunesta y Sonata. Millones de personas toman pastillas para dormir. Pueden ser un salvavidas en ciertas ocasiones, como en los vuelos nocturnos o cuando se pasa por momentos altamente estresantes. El problema viene cuando se utilizan de forma asidua a largo plazo. Todas las pastillas para dormir tienen tres problemas principales. En primer lugar, con el tiempo acaban por perder su efectividad, si se toman todas las noches. En segundo lugar, aunque nos permitan dormirnos, interfieren en la calidad del sueño, al reducir la cantidad de tiempo que pasamos en las fases más profundas del sueño (o al aumentar el tiempo que pasamos en las etapas más superficiales). En tercer lugar, todas son altamente adictivas, a menos que se consuman solo de forma ocasional. Ya se

trate de Xanax, Klonopin o Ambien o Lunesta, quienes toman un sedante sintético durante un período superior a unas pocas semanas es muy probable que se vuelvan adictos a él y que no puedan conciliar el sueño si no lo siguen tomando.

Se han expuesto algunos de los problemas más comunes que pueden interferir en el sueño. Otros, más allá del alcance de este apartado, son trastornos específicos del sueño, como la apnea del sueño y el síndrome de las piernas inquietas, o problemas específicos de salud, como el asma y las alergias, el reflujo ácido o el dolor crónico. Para profundizar más en el tema del sueño, los problemas relacionados con él y las medidas que se pueden adoptar para mejorarlo, consulta los libros *Cómo acabar con el insomnio*, de Peter Hauri y Shirley Linde, o *Dormir bien*, de William Dement.

Pautas generales para dormir bien durante la noche

El sueño constituye una parte tan integral de la salud física y mental como la nutrición adecuada y el ejercicio asiduo. Las siguientes pautas están pensadas para ayudarte a mantener una rutina de sueño saludable.

Cosas que hay que hacer
- Haz ejercicio durante el día. Veinte minutos o más de ejercicio aeróbico al mediodía o por la tarde antes de cenar es lo óptimo. El ejercicio mínimo suficiente es caminar a paso ligero durante cuarenta y cinco minutos o una hora cada día. Muchas personas encuentran útil efectuar un paseo corto (de entre veinte y treinta minutos) antes de acostarse.
- Acuéstate y levántate a la misma hora. Incluso si estás cansado por la mañana, haz un esfuerzo por mantenerte dentro del horario programado, y no te acuestes a una hora distinta de la que has establecido; ya reanudarás aquello que estés haciendo o con lo que estés trabajando al día siguiente. El cuerpo prefiere un ciclo asiduo de sueño y vigilia.
- Baja el ritmo durante la última hora del día, o durante las dos últimas. Evita realizar actividades físicas o mentales vigorosas en este tiempo, así como disgustarte, etc.
- Prueba a ducharte o darte un baño caliente antes de acostarte.
- Lleva a cabo un ritual del sueño (una actividad que realices todas las noches antes de irte a dormir).
- Reduce el ruido. Usa tapones para los oídos o una máquina de solapamiento del ruido, como un ventilador, si es necesario.
- Bloquea el paso al exceso de luz.
- Mantén la temperatura del dormitorio entre los 18 y los 21 °C. Un ambiente demasiado caliente o demasiado frío tiende a interferir en el sueño. Si la habitación está caliente, utiliza ventiladores si no dispones de aire acondicionado. Y la habitación debe estar ventilada en vez de cargada.

- Compra un colchón de calidad. O cambia la firmeza de tu colchón. Invierte en uno nuevo o pon una tabla debajo del actual si se hunde o es demasiado blando. Si es demasiado duro, coloca un relleno de espuma entre la superficie del colchón y la funda.
- Las almohadas no deben ser demasiado altas o estar demasiado rellenas. Las de plumas, que se comprimen, son las mejores.
- Dormid en camas separadas si tu pareja ronca, da patadas, se agita o da muchas vueltas. Habla de esto con él o ella y decidid una distancia aceptable para ambas partes.
- Ten sexo física y emocionalmente satisfactorio. Esto a menudo ayuda a dormir.
- Visita a un psicoterapeuta si es necesario. Los trastornos de ansiedad y depresivos habitualmente producen insomnio. Hablar con un psicoterapeuta competente puede ser útil. Obtener más apoyo emocional y expresarle los propios sentimientos a alguien de confianza a menudo ayuda a dormir.

Cosas que no hay que hacer

- No trates de forzarte a dormir. Si no puedes conciliar el sueño después de veinte o treinta minutos de estar acostado, sal de la cama, lleva a cabo alguna actividad relajante (como ver la televisión, sentarte en un sillón y escuchar un audio de relajación, meditar o tomar una taza de infusión de hierbas) y regresa a la cama solo cuando tengas sueño. Haz esto mismo si lo que te ocurre es que te despiertas en mitad de la noche y te resulta difícil volverte a dormir.
- No tomes una comida pesada antes de acostarte ni tampoco vayas a la cama con hambre. Tomar un pequeño bocado saludable justo antes de acostarte puede ser útil.
- No bebas mucho alcohol antes de acostarte. A algunas personas les va bien tomar un pequeño vaso de vino, pero el consumo de alcohol no debe ir más allá de esto.
- No consumas demasiada cafeína. Intenta limitar su consumo a las mañanas. Si eres sensible a la cafeína, evítala por completo y prueba a tomar café descafeinado o infusiones de hierbas.
- No fumes cigarrillos. La nicotina es un estimulante suave y, además de los riesgos para la salud más publicitados, también puede interferir en el sueño. Si eres una persona fumadora, habla con tu médico acerca de las mejores maneras de poner fin a este hábito.
- No realices actividades que no tengan que ver con el sueño en la cama. A menos que formen parte de tu ritual del sueño, evita realizar actividades tales como trabajar o leer durante mucho rato en la cama. Esto ayudará a fortalecer la asociación entre la cama y el dormir.
- No hagas siestas largas durante el día. Las siestas cortas (de entre quince y veinte minutos) están bien, pero las largas, de una hora o más, pueden interferir en el sueño a la noche siguiente.

Problemas de salud que pueden contribuir a la ansiedad

- ▶ Quítate el miedo al insomnio. Procura *aceptar* esas noches en que no duermes tan bien. Al día siguiente aún podrás manejarte, aunque solo hayas podido dormir un par de horas. Cuanto menos luches contra el insomnio, te resistas a él o lo temas, más tenderá a desaparecer.

En general

- ▶ Con la autorización de tu médico o profesional de la salud, prueba a consumir suplementos naturales que puedan fomentar el sueño. Hierbas como la kava y la valeriana, en dosis altas, pueden inducirlo (consulta el capítulo 15 si quieres obtener información más detallada sobre estas hierbas). No te excedas de las dosis recomendadas y asegúrate de consensuarlas con tu médico antes de tomarlas.
- ▶ A algunas personas les resulta útil tomar entre 0,5 y 3 mg de la hormona melatonina a la hora de acostarse. Experimenta con la dosis para determinar la cantidad que te vaya mejor.
- ▶ El aminoácido triptófano les resulta útil para conciliar el sueño a muchas personas. Puede obtenerse en la mayoría de las tiendas de productos dietéticos, ya sea en forma de 5-hidroxitriptófano (5-HTP) o L-triptófano. Si pruebas con el 5-HTP, toma de 50 a 150 mg al acostarte; si pruebas con el L-triptófano, toma de 500 a 1.500 mg antes de ir a la cama. Los efectos de cualquiera de ambas formas de triptófano se pueden incrementar ingiriéndolo junto con un tentempié a base de hidratos de carbono y 100 mg de las vitaminas B_6 y B_3. El triptófano puede tomarse cada noche si es necesario. Por último, el aminoácido GABA –de 500 a 1.000 mg antes de acostarse– les puede inducir sueño a algunos. Ajusta la dosis, ya que determinadas personas encuentran que las dosis altas les causan agitación.
- ▶ Para relajar la tensión muscular o una mente acelerada, utiliza técnicas de relajación profunda. En concreto, la relajación muscular progresiva o los ejercicios de visualización guiada grabados en audio pueden serte útiles (consulta el capítulo 4). Utiliza un dispositivo que pueda reproducir el audio en un bucle continuo.
- ▶ Si la causa de tu insomnio es algún tipo de dolor, toma un analgésico. En caso de dolor, esto es más apropiado que una pastilla para dormir.
- ▶ Evita las pastillas para dormir como Restoril o Ambien excepto en caso de emergencias ocasionales. Sedantes como estos pueden perturbar el ciclo del sueño y en última instancia agravar el insomnio. Si tienes que tomar un medicamento para dormir, prueba con la trazadona (de 25 a 100 mg).
- ▶ Si dependes de una pastilla para dormir y sientes que está alterando tu sueño, consulta con un médico o psiquiatra competente que tenga experiencia en ayudar a las personas a interrumpir el consumo de estos medicamentos.

RESUMEN DE COSAS POR HACER

1. Si sospechas que estás padeciendo agotamiento suprarrenal, tienes que retirar la cafeína y el azúcar de tu dieta tanto como sea posible y ocuparte de cualquier alergia alimentaria que puedas tener (consulta el capítulo 15). Procura llevar una dieta alta en proteínas y baja en hidratos de carbono y erradica todos los alimentos procesados y la «comida basura». Es importante que simplifiques tu vida tanto como te sea posible con el fin de reducir el estrés; asegúrate también de dormir lo necesario y de realizar el suficiente ejercicio todos los días. Toma los suplementos que se recomiendan en el apartado sobre el agotamiento suprarrenal y habla con tu profesional de la salud acerca de la posibilidad de tomar un suplemento glandular corticosuprarrenal.

2. Si crees que tienes síntomas de hipotiroidismo o hipertiroidismo, habla con tu médico de la posibilidad de hacerte un panel de tiroides completo. Toma los medicamentos que te recomiende y asegúrate de hacer el ejercicio que necesitas.

3. Los síntomas como la fatiga, las infecciones por hongos o levaduras, la hinchazón y los calambres abdominales y encontrarte mal después de consumir azúcar o estar en un entorno húmedo sugieren un problema de candidiasis. Tu médico puede confirmar el diagnóstico por medio de efectuar un análisis de sangre para detectar los anticuerpos de la cándida. Si tienes candidiasis, sigue las recomendaciones dietéticas que figuran en el apartado dedicado a este trastorno. También puede ser que necesites tomar nistatina por un tiempo, así como suplementos anticándida naturales, tales como ácido caprílico, extracto de semilla de pomelo y cápsulas de aceite de orégano.

4. Síntomas como fatiga, dolores de cabeza, «niebla cerebral» o confusión, dolores musculares, sensibilidad química, irritabilidad, erupciones cutáneas y alergias sugieren que tu cuerpo puede padecer un exceso de toxicidad. Sigue todas las recomendaciones dietéticas y en cuanto al estilo de vida que figuran en el apartado «Desintoxicar el estilo de vida». Es especialmente importante que erradiques de la dieta la cafeína, la nicotina, el alcohol, las drogas recreativas, el azúcar refinado y los alimentos basura, o que reduzcas su consumo tanto como sea posible. Con el asesoramiento de tu médico, toma únicamente los medicamentos que realmente necesites. Realizar de forma asidua un ejercicio que te haga sudar también es muy importante. De común acuerdo con tu médico o profesional de la salud, puedes probar a alimentarte durante una semana con alimentos crudos o realizar un semiayuno de cuatro días a base de zumos, tomar suplementos de antioxidantes, tomar hierbas desintoxicantes como el cardo mariano, el diente de león y la bardana, y favorecer la desintoxicación del colon mediante el consumo de productos a base de semillas de psilio o por medio de la hidroterapia de colon.

5. Para aliviar los síntomas del síndrome premenstrual, reduce o elimina los dulces y los carbohidratos refinados de tu dieta tanto como te sea posible. También encontrarás útil disminuir

el consumo de cafeína, alcohol y sal. Aumenta la presencia de verduras, fruta fresca y alimentos a base de soja en tu dieta. Haz también más ejercicio diario. Toma los suplementos recomendados en el apartado dedicado al síndrome premenstrual —el complejo B, la vitamina B$_6$, la vitamina A, el calcio + magnesio, las cápsulas de aceite de pescado y el GLA—. Muchas mujeres obtienen beneficios de consumir ginseng hembra. Pide el consejo de tu médico o profesional de la salud en cuanto al uso de cremas de progesterona natural. Para más información, visita www.womanshealth.com.

6. Si la menopausia te ocasiona trastornos o molestias, plantéale a tu médico u otro profesional de la salud experto en el tema la posibilidad de tomar hormonas bioidénticas en vez del reemplazo por medio de hormonas sintéticas. El cohosh negro es una hierba que puede ser muy útil para la menopausia; se puede tomar solo o en combinación con otras hierbas, como el ginseng hembra y el regaliz. Lleva una dieta con alto contenido en fitoestrógenos y haz ejercicio con regularidad.

7. En caso de que padezcas el trastorno afectivo estacional (TAE), sigue todas las recomendaciones que figuran en este capítulo. Asegúrate de exponerte a la intemperie o a una caja de luz durante al menos una hora diaria en los meses de invierno. Si es necesario, considera la posibilidad de estimular tus niveles de serotonina en invierno (además de seguir las otras recomendaciones). Esto se puede hacer de forma natural, mediante el consumo de triptófano o la hierba de San Juan, o con la ayuda de medicamentos; en este caso, consulta con tu médico acerca de la posibilidad de tomar un medicamento ISRS como Zoloft, Lexapro, Celexa o Luvox (consulta el capítulo 17 si deseas obtener más información sobre los ISRS).

8. Las causas y soluciones para el insomnio son complejas. Repasa cuidadosamente el apartado dedicado al insomnio para determinar las posibles causas de tu problema de sueño. Luego, prueba las distintas sugerencias que figuran en el apartado «Pautas generales para dormir bien durante la noche». Si necesitas más ayuda, consulta el libro de Peter Hauri y Shirley Linde, y el de William Dement, que se citan a continuación o acude a un especialista del sueño.

PARA SABER MÁS

Arem, Ridha. *La solución tiroidea*. Rodale Press. Estados Unidos, 2009.

Bourne, Edmund J., Arlen Brownstein y Lorna Garano. *Supere la ansiedad con métodos naturales*. Ed. Oniro. España, 2005.

Crook, William. *The Yeast Connection*. Tercera edición. Professional Books. Jackson (Tennessee), 1989.

Dement, William C. *Dormir bien*. Editorial Atlántida. Buenos Aires, 2004.

Hahn, Linaya y Allan Warshowsky. *PMS: Solving the Puzzle: Sixteen Causes of PMS and What to Do About It*. Chicago Spectrum Press. Chicago, 1995.

Hauri, Peter, y Shirley Linde. *Cómo acabar con el insomnio.* Medici, 1992. *No More Sleepless Nights.* Edición revisada. John Wiley and Sons. Nueva York, 1996.

Hoffstein, Victor y Shirley Linde. *No More Snoring.* John Wiley and Sons. Nueva York, 1998.

Lee, John R. *What Your Doctor May Not Tell You About Menopause.* Edición revisada. Warner. Nueva York, 2004.

Lipman, Derek S. *Roncar de la A a la Z: los mejores métodos para evitar la peor de las molestias nocturnas.* Amat Editorial, 2002.

Murry, Michael y Joseph Pizzorno. *Encyclopedia of Natural Medicine.* Segunda edición revisada. Prima Publishing. Roseville (California), 1998 (una referencia excelente para la mayor parte de los trastornos de salud expuestos en este capítulo y muchos otros).

Northrup, Christiane. *La sabiduría de la menopausia: cuida de tu salud física y emocional durante este período de cambios.* Ediciones Urano. Barcelona, 2010.

Pintus, Lorraine. *Libérate de los altibajos hormonales: domina los síntomas físicos, mentales y espirituales del SPM y la menopausia.* Editorial Vida (HarperCollins Publishers). 2013.

Rosenthal, Norman. *Winter Blues: Everything You Need to Know to Beat Seasonal Affective Disorder.* Edición revisada. Guilford Press. Nueva York, 2006.

Selye, Hans. *The Stress of Life.* Segunda edición. McGraw Hill. Nueva York, 1978.

Taylor, Diana y Stacey Colino. *Taking Back the Month: A Personalized Solution for Managing PMS and Enhancing Your Health.* Perigee. Nueva York, 2002.

Wilson, James L. *Adrenal Fatigue.* Smart Publications. Petaluma (California), 2001.

Women's Heath Initiative. «Risks and Benefits of Estrogen Plus Progestin in Healthy Postmenopausal Women». *Journal of the American Medical Association,* 288: 321-333, 2002.

17

La medicación para la ansiedad

El consumo de medicamentos es un tema crítico entre quienes luchan con la ansiedad a diario, así como para los profesionales que tratan los trastornos de ansiedad. En el caso de muchas personas, la medicación constituye un punto de inflexión positivo en su camino hacia la recuperación; en cambio, en el caso de otras, los fármacos pueden confundir y complicar el proceso. Esto ocurre cuando uno logra liberarse de la ansiedad a costa de ser adicto a los tranquilizantes a largo plazo. Están también aquellos —los que tienen fobia a los medicamentos y los que se oponen, por filosofía, a ellos— para quienes medicarse no constituye una opción, incluso cuando sería necesario hacerlo. Una cosa está clara: los pros y los contras de depender de la medicación varían de una persona a la otra; son únicos para cada cual.

Como habrás observado, este libro ofrece una serie de estrategias no médicas para ayudar a superar la ansiedad, el pánico y las fobias. Mi opinión personal es que los métodos naturales siempre deben ser explorados a fondo antes de volverse dependiente de los medicamentos. Estos pueden inducir cambios que no son naturales en la fisiología corporal, con efectos secundarios a corto y largo plazo.

Bastantes personas consiguen evitar la medicación —o dejar de tomar la que estaban tomando— por medio de implementar un programa de bienestar integral que incluye lo siguiente:

- Cambios positivos en la nutrición y el consumo de suplementos apropiados.
- Un programa diario de ejercicio vigoroso.
- Una práctica diaria de relajación profunda o meditación.

- Cambios en el diálogo interno y en las creencias básicas que promuevan un enfoque menos intenso de la vida, más relajado.
- Obtener apoyo humano por parte de la familia y los amigos.
- Simplificar la vida y el entorno vital con el fin de reducir el estrés.

Estos enfoques pueden bastar si los síntomas de la ansiedad son relativamente leves. Por «leves» me refiero a que el problema de ansiedad no interfiera significativamente en la capacidad de trabajar del individuo o en sus relaciones personales importantes; además, para que los síntomas sean leves, el problema de ansiedad no debe estar generando una angustia seria y constante.

Si, por el contrario, se tiene un problema más grave con la ansiedad, el uso *adecuado* de los medicamentos puede constituir una parte importante del tratamiento. Esto es especialmente cierto en caso de padecer el trastorno de pánico, agorafobia o el trastorno obsesivo-compulsivo. También es cierto en relación con la fobia social y el trastorno de ansiedad generalizada, cuando estos problemas interfieren en la calidad de vida de forma importante. Aproximadamente entre el 50 y el 60% de mis pacientes toman medicación. Mi impresión es que, en su caso, una *combinación* de métodos naturales y medicamentos ofrece el enfoque más útil, eficaz e incluso compasivo en aras de la recuperación.

A menudo no es necesario tomar fármacos de forma indefinida. Sin embargo, su uso adecuado durante el período de tiempo correcto puede ayudar a dar un giro hacia la mejoría. En este capítulo se ofrece un poco de información sobre los distintos tipos de medicamentos utilizados para tratar los problemas de ansiedad. Además, se dan una serie de pautas para que la persona interesada pueda decidir si la medicación es algo que deba considerar.

¿CUÁNDO SON ÚTILES LOS MEDICAMENTOS?

Según mi experiencia, hay ciertos tipos de personas, en determinados tipos de situaciones, para quienes los medicamentos son apropiados. Lo que sigue es una lista de esta clase de situaciones, junto con los tipos de medicamentos que podría ser correcto usar:

1. La persona sufre ataques de pánico con tanta asiduidad (por ejemplo, uno o más al día) y tan graves que constituyen obstáculos para su capacidad de trabajar y ganarse la vida, para sus relaciones personales primarias o para tener una sensación básica de seguridad y de control de la propia vida. Es especialmente importante tener en cuenta la medicación si se experimentan síntomas *graves* de pánico o ansiedad que no han mejorado durante un período de dos o tres semanas. «Graves» significa que la persona tiene dificultades para manejarse o padece una angustia considerable. Soportar niveles altos de ansiedad durante largos períodos de tiempo puede, por desgracia, predisponer al sistema nervioso a permanecer ansioso durante mucho más tiempo de lo que lo haría si la ansiedad se hubiese visto atenuada por la medicación desde el principio.

La medicación para la ansiedad

Hay dos tipos de medicamentos que son los que se usan con mayor frecuencia para tratar los ataques de pánico. En primer lugar están los antidepresivos. A pesar de que están etiquetados como «antidepresivos», estos fármacos también son potentes a la hora de reducir la ansiedad. Los más utilizados son los *ISRS*, como Paxil (paroxetina), Zoloft (sertralina), Luvox (fluvoxamina), Celexa (citalopram) y Lexapro (escitalopram). Otra clase de medicamentos antidepresivos que se emplean a veces son los *tricíclicos*, como Tofranil (imipramina) o Pamelor (nortriptilina); hoy día, sin embargo, constituyen una segunda opción, después de que se haya probado con los ISRS.

El otro tipo de medicamentos utilizados para tratar el pánico (y otros trastornos de ansiedad) son los *tranquilizantes benzodiacepínicos*. Entre estos, los que se usan normalmente son Xanax (alprazolam), Klonopin (clonazepam) o Ativan (lorazepam). (Las descripciones de los principales tipos de medicamentos utilizados para tratar los trastornos de ansiedad se exponen en el próximo apartado). Por lo general, los tranquilizantes se prescriben para un período de entre seis meses y dos años a una dosis lo suficientemente alta como para reducir significativamente la frecuencia y gravedad del pánico, así como la ansiedad por la posibilidad de sufrir un ataque de pánico.

2. La persona es agorafóbica y le resulta muy difícil llevar a cabo la exposición en la vida real a las situaciones fóbicas (véase el capítulo 7). Es decir, lo ha intentado durante algún tiempo sin medicación y no ha llegado muy lejos. Dosis *bajas* de un tranquilizante benzodiacepínico, como Klonopin (del orden de 0,25 a 0,5 mg diarios), pueden permitirle gestionar las primeras fases de su exposición gradual a sus fobias. Los beneficios de la exposición es probable que se conserven incluso después de que el consumo del medicamento se haya suspendido, si la dosis ha sido lo suficientemente baja. Esto es menos probable que ocurra, sin embargo, si los tranquilizantes se han tomado en dosis más altas (por ejemplo, más de 2 mg diarios). Hay que sentir al menos una ansiedad leve, a la hora de efectuar la exposición, para que la técnica sea efectiva. Después de que la jerarquía de exposición se ha llevado a cabo con tranquilizantes, es importante volver a trabajar con ella sin medicación, para asegurar una recuperación completa y permanente respecto de la fobia.

Los antidepresivos ISRS (véase, más adelante, el apartado dedicado a ellos) también pueden ser muy eficaces a la hora de ayudar a afrontar la exposición. De hecho, muchos psiquiatras consideran que constituyen una parte esencial del tratamiento de la agorafobia.

3. La persona afronta una ansiedad aguda en respuesta a una situación de crisis. Uno puede beneficiarse del consumo de un tranquilizante benzodiacepínico *a corto plazo* para lidiar mejor con un momento especialmente estresante (como acudir a una entrevista para obtener un nuevo trabajo o afrontar una crisis de salud importante, la muerte de un familiar cercano u otras situaciones vitales importantes). Otra opción es recetar un sedante (Restoril o Ambien, por ejemplo) como ayuda para dormir durante estos momentos o períodos de crisis.

4. Si la persona padece depresión crónica o grave junto con el trastorno de pánico, la agorafobia o cualquier otro trastorno de ansiedad, por lo general obtendrá beneficios de tomar un medicamento antidepresivo. Los casos más leves de depresión (es decir, cuando no se pierde el apetito, la capacidad de dormir y el interés por los placeres simples y no se tienen pensamientos suicidas) pueden responder a la hierba de San Juan, al suplemento S-adenosil-metionina (SAM-e) o a los aminoácidos como el triptófano (el triptófano mismo o el popular suplemento 5-HTP), la tirosina o la DL-fenilalanina (consulta el apartado «El consumo de suplementos naturales» al final de este capítulo). Los casos moderados y graves de depresión se tratan mejor con los ISRS, los tricíclicos u otros tipos de fármacos antidepresivos. Estos medicamentos ayudan a aliviar la depresión, el pánico y la ansiedad a la vez.
5. Si se sufre de miedo escénico a la hora de hablar o ejecutar algo en público, sobre todo si la ansiedad implica palpitaciones, puede ser útil tomar dosis a corto plazo de fármacos betabloqueantes, como Inderal (propranolol). Un tranquilizante benzodiacepínico, como Xanax o Klonopin, puede tomarse también ocasionalmente (no regularmente) para gestionar mejor las situaciones exigentes.
6. Los medicamentos antidepresivos ISRS y, a veces, los IRSN pueden ser útiles en los casos difíciles de fobia o ansiedad social (por ejemplo, los casos en que la persona evita un amplio conjunto de situaciones sociales o no puede asistir a las reuniones de trabajo importantes). Además de tomar estos medicamentos, se debería hacer terapia cognitivo-conductual a modo individual o, preferiblemente, grupal (véase, en el capítulo 1, el apartado dedicado a la fobia social).
7. Las personas que tienen el trastorno obsesivo-compulsivo a menudo se benefician del consumo de medicamentos antidepresivos, generalmente en combinación con la terapia cognitiva, la exposición y la prevención de respuesta. Medicamentos como Anafranil (clomipramina), Prozac (fluoxetina), Paxil (paroxetina) o Luvox (fluvoxamina) se utilizan con frecuencia en el tratamiento de este trastorno. Entre el 60 y el 70% de quienes sufren el TOC experimentan una mejoría de su sintomatología mientras están tomando uno de estos medicamentos. Todos ellos parecen ser útiles para el tratamiento del trastorno obsesivo-compulsivo, aparezca o no acompañado de depresión. El Anafranil, de todos modos, puede tener algunos efectos secundarios indeseables.

Para más información sobre los diversos factores que pueden influir en la decisión sobre si recurrir o no a la medicación, consulta el apartado «La opción de tomar medicación: aspectos que se deben considerar».

TIPOS DE MEDICAMENTOS UTILIZADOS PARA TRATAR LOS TRASTORNOS DE ANSIEDAD

Se ofrece a continuación una descripción de las principales clases de medicamentos que se prescriben para los trastornos de ansiedad. Te señalo las ventajas e inconvenientes potenciales de cada tipo de fármaco.

Los antidepresivos ISRS

Entre los medicamentos antidepresivos ISRS (inhibidores selectivos de la recaptación de serotonina) están Prozac (fluoxetina), Zoloft (sertralina), Paxil (paroxetina), Luvox (fluvoxamina), Celexa (citalopram) y Lexapro (escitalopram). En los últimos veinte años, se han convertido en los principales fármacos utilizados por la mayoría de los psiquiatras para tratar los trastornos de ansiedad. Todos los ISRS incrementan los niveles del neurotransmisor serotonina en el cerebro por medio de evitar su reabsorción en las sinapsis (los espacios entre las células nerviosas). Con el aumento de la serotonina, puede reducirse la cantidad de receptores de serotonina de las células nerviosas del cerebro (no se necesitan tantos). La reducción de los receptores de serotonina tiene lugar durante el primer mes o durante los dos primeros meses de tomar un ISRS y se denomina, técnicamente, *regulación descendente*.

La regulación descendente permite que los millones de células nerviosas presentes en el sistema receptor de la serotonina (en particular las que se hallan en las partes del cerebro responsables de la ansiedad) se vuelvan menos sensibles a los cambios que tienen lugar en el entorno neuroquímico del cerebro creado por el estrés. Esto significa cambios de humor menos drásticos y menor vulnerabilidad a la ansiedad.

Los ISRS tienden a ser tan eficaces como los antidepresivos cíclicos que se han utilizado para tratar el pánico (por ejemplo, la imipramina, la desipramina y la nortriptilina). Los ISRS, de aparición más reciente, a veces son incluso más eficaces. También tienen la ventaja de causar menos efectos secundarios (en el caso de la mayor parte de las personas). Se utilizan con mayor frecuencia para tratar el pánico, el pánico con agorafobia o el trastorno obsesivo-compulsivo. También han resultado útiles para la fobia social, sobre todo la fobia social generalizada, en que la persona tiene fobia a la mayor parte de las situaciones y a los encuentros sociales. A veces se usan para tratar el trastorno de estrés postraumático o el trastorno de ansiedad generalizada, especialmente cuando estas dificultades se ven acompañadas por la depresión. Los pacientes responden de maneras muy distintas a los ISRS. Si se prueba con uno y no se experimenta ningún beneficio, hay que disponerse a probar con otro. Para obtener el máximo provecho de un ISRS, puede ser necesario tomarlo durante un período de uno a dos años. Con este tipo de medicamentos, el índice de recaídas parece ser bajo cuando se toman por lo menos durante dieciocho meses; sin embargo, en el momento de escribir este libro no se cuenta todavía con datos fiables sobre el porcentaje exacto de recaídas. Las dosis diarias que habitualmente resultan efectivas en el caso de los ISRS son las siguientes: Prozac, de 20 a 40 mg; Paxil, de 20 a 40 mg; Zoloft, de 50 a 100 mg; Luvox, de 50 a 100 mg; Celexa, de 20 a 40 mg y Lexapro, de 10 a 20 mg. Las dosis efectivas tienden a ser un poco más elevadas para el tratamiento del TOC —de todos modos, algunos de los que padecen este trastorno obtienen buenos resultados con dosis más bajas.

Ventajas

Los ISRS pueden ser de utilidad para cualquiera de los trastornos de ansiedad o depresión. Han sido especialmente útiles a quienes padecen el trastorno de pánico, agorafobia o el trastorno obsesivo-compulsivo. Son tolerados fácilmente y seguros para las personas enfermas o de edad avanzada. No son adictivos. No causan problemas cuando se toman a largo plazo. En la mayor parte de los casos, no provocan aumento de peso.

Inconvenientes

Aunque los ISRS tienen menos efectos secundarios que los antidepresivos cíclicos más antiguos, pueden tenerlos en algunas personas. Estos efectos secundarios pueden ser nerviosismo, agitación, inquietud, mareos, somnolencia, dolores de cabeza, náuseas, malestar gastrointestinal y disfunción sexual, que suelen desaparecer al cabo de dos semanas, por lo que es importante tratar de tolerarlos durante la primera fase del tratamiento. *Todos estos efectos pueden minimizarse por medio de comenzar con una dosis muy baja de medicación e irla aumentando progresivamente, hasta alcanzar niveles terapéuticos.* Por ejemplo, las dosis iniciales podrían ser de 5 mg diarios en el caso de Prozac o Paxil y de 10 mg en el caso de Zoloft o Luvox. Para alcanzar tales dosis, casi siempre es necesario comenzar con la cuarta parte de una pastilla al día, y aumentar gradualmente la dosis hasta llegar a un comprimido diario a lo largo de varias semanas. Hay que estar dispuesto a que este aumento progresivo requiera mucho tiempo. Cada vez que se sube la dosis, la persona puede notar un incremento de los efectos secundarios durante un día o dos.

El único efecto secundario que puede ser problemático a lo largo del tiempo es la reducción de la motivación sexual o bien la disfunción sexual (por ejemplo, pueden desaparecer los orgasmos, o tardarse en llegar a ellos). Esto puede ser molesto para muchas personas y, en algunos casos, las lleva a suspender la medicación. Para un determinado porcentaje de quienes toman un medicamento ISRS, el funcionamiento sexual normal se reanudará después de dos o tres meses de estar tomando la medicación, por lo que es buena idea seguir con el ISRS, aunque al principio se experimente una disminución del apetito sexual. Si el problema no mejora, puede mitigarse de una de cuatro maneras, bajo la supervisión del médico: reduciendo la dosis a la mitad los días en que se decida tener actividad sexual, aumentando el consumo del ISRS con 5 o 10 mg diarios de BuSpar, complementando el ISRS con los medicamentos amantidina o ciproeptadina o tomando el suplemento DHEA, disponible en la mayoría de las tiendas de productos dietéticos (entre 25 y 50 mg diarios). En el caso de muchas personas, una o dos de estas intervenciones las ayudan a recuperar una actividad sexual más normal sin tener que dejar de tomar su ISRS.

Una tercera desventaja es que estos fármacos, si bien son a menudo eficaces, tardan entre cuatro y cinco semanas en producir algún beneficio terapéutico significativo. A veces, no se obtiene el potencial terapéutico completo hasta que se ha tomado durante doce semanas o más. (Hay algunas pruebas de que los mayores beneficios se logran en el transcurso de un año). Si la persona está padeciendo ataques de pánico graves e incapacitantes, su médico puede recomendarle que tome un tranquilizante (muy probablemente un benzodiacepínico de alta potencia, mientras se espera a que el ISRS surta efecto.

En los últimos años, muchas personas han encontrado que les es especialmente difícil interrumpir el consumo del medicamento Paxil. Aproximadamente entre un 5 y un 10% de quienes dejan de tomar Paxil pueden experimentar síntomas graves, como ataques de pánico, cambios de humor, sudoración profusa, despersonalización y sensaciones semejantes a «descargas eléctricas». Antes de decidirse a tomar Paxil, conviene hablar de este problema potencial con el médico.

Un último inconveniente de los ISRS es su precio. Sin seguro, algunos requieren un desembolso de más de 200 dólares al mes, y el tiempo de consumo óptimo de un ISRS es de entre uno y dos años —el riesgo de recaída se acentúa si se toma el medicamento durante un período más corto de tiempo.

Nota: las personas con trastorno bipolar (maníaco-depresivas) solo deben tomar ISRS bajo la supervisión de un médico experto, puesto que pueden agravar los estados maníacos.

Benzodiacepinas de alta potencia

Los tranquilizantes benzodiacepínicos de alta potencia (BZ) Xanax (alprazolam), Ativan (lorazepam) y Klonopin (clonazepam) se recetan habitualmente para tratar los trastornos de ansiedad. Medicamentos benzodiacepínicos más antiguos, como Valium, Librium o Tranxene, se recetan ocasionalmente cuando la persona es sensible a los efectos secundarios de los BZ más nuevos. Las benzodiacepinas se usan a menudo en conjunción con los antidepresivos ISRS (o con los antidepresivos tricíclicos, más antiguos) para tratar casos graves de trastorno de pánico. A menudo es posible dejar de consumir progresivamente el medicamento BZ después de que el antidepresivo haya alcanzado su máximo grado de eficacia contra la ansiedad (es decir, entre cuatro y seis semanas después de empezar a tomarlo).

Los fármacos benzodiacepínicos generalmente deprimen la actividad de todo el sistema nervioso central, y es así como logran reducir la ansiedad de forma directa y eficaz. Lo hacen por medio de unirse con los receptores cerebrales cuya función es la de atenuar o contener la actividad en las partes del cerebro responsables de la ansiedad —la amígdala, el locus cerúleo y el sistema límbico, en general—. En dosis altas, los tranquilizantes BZ actúan como sedantes y pueden promover el sueño. Las dosis bajas tienden a reducir la ansiedad sin que se produzca el efecto sedante. La principal diferencia entre las distintas benzodiacepinas es la «vida media» de cada medicamento, o la cantidad de tiempo que sus metabolitos químicos permanecen en el cuerpo (por ejemplo, Xanax tiene una vida media de ocho horas; Klonopin, de dieciocho a veinticuatro horas, y Valium, de entre cuarenta y ocho a setenta y dos horas).

En estos momentos, el tranquilizante que se utiliza más habitualmente para tratar los trastornos de ansiedad es Xanax (alprazolam). El alprazolam difiere de otros BZ en que tiene un efecto antidepresivo, así como la capacidad de aliviar la ansiedad. También tiende a tener un efecto sedante menor que otros tranquilizantes. Puesto que Xanax tiene una vida media corta, suelen prescribirse dos o tres dosis diarias. Si la persona toma solamente una dosis al día, puede padecer la «ansiedad de rebote» —la tendencia a experimentar mayores niveles de ansiedad a medida que el medicamento deja de surtir efecto—. Los BZ con vidas medias más prolongadas, como Klonopin, tienden a provocar menos «ansiedad de rebote», y es habitual poder pasar con una sola dosis al día. Las investigaciones indican que son necesarias altas dosis de Xanax (entre 2 y 9 mg diarios) para contener totalmente los ataques de pánico. En la práctica clínica, sin embargo, es habitual administrar dosis bajas, del orden de entre 0,25 y 1 mg dos o tres veces al día (las dosis diarias de Xanax tienden a ser más altas que las de Klonopin). Estas dosis pueden reducir significativamente los síntomas de los ataques de pánico produciendo menos efectos secundarios sedantes.

Ventajas

Los efectos de los BZ se dejan sentir muy rápidamente; reducen los síntomas de la ansiedad en un período de entre quince y veinte minutos. A diferencia de los antidepresivos, que deben tomarse con regularidad, los BZ se pueden tomar en función de las necesidades. Es decir, uno puede recurrir a una pequeña dosis de Xanax, Ativan o Klonopin solo cuando se tiene que enfrentar a una situación difícil, como tener que exponerse en público, acudir a una entrevista de trabajo o tomar un vuelo.

Los BZ tienden a tener menos efectos secundarios molestos, para muchos pacientes, que los medicamentos antidepresivos (especialmente los tricíclicos). A veces son los únicos fármacos que pueden proporcionar alivio cuando la persona es incapaz de tomar ninguno de los antidepresivos. Se pueden encontrar genéricos de BZ, lo que reduce su coste.

Inconvenientes

Los BZ, a diferencia de los medicamentos antidepresivos, tienden a ser adictivos. Tomar dosis altas (es decir, más de 1 mg diario en el caso de los de alta potencia) durante más de un mes acentúa las probabilidades de volverse físicamente dependiente de ellos. La dependencia física implica que si se deja de tomar el medicamento de forma abrupta, es probable que se experimenten síntomas graves de ansiedad. Muchas personas que han tomado Xanax (u otros BZ) en dosis altas durante un mes o en dosis bajas durante varios meses han afirmado que les resulta muy difícil dejar la medicación. (Hay algunas pruebas de que abandonar el Klonopin, a causa de su vida media más larga, puede ser un poco más fácil y requerir menos tiempo que abandonar el Xanax). Es peligroso dejar de consumir estos medicamentos de forma brusca; si se hace, pueden tener lugar ataques de pánico, ansiedad intensa, confusión, tensión muscular, irritabilidad, insomnio e incluso convulsiones. Una reducción progresiva de la dosis, a lo largo de muchas semanas o incluso varios meses, es lo que hace posible desengancharse. La facilidad con que puede abandonarse el Xanax varía de una persona a otra, pero por regla general lo mejor es reducir la dosis *muy* paulatinamente, a lo largo de un período de uno a cuatro meses y bajo supervisión médica. Durante este tiempo, la persona puede experimentar una recurrencia de los ataques de pánico u otros síntomas de ansiedad para los que el fármaco fue recetado originalmente.

Si se procede a reducir la dosis de un medicamento BZ con demasiada rapidez, se puede experimentar la *ansiedad de rebote*. Esto significa que se manifiestan unos síntomas de ansiedad *mayores* que los que la persona experimentaba antes de empezar a tomarlo. El rebote puede conducir a la *recaída* —al retorno del trastorno de ansiedad, que puede manifestarse con la misma gravedad que la experimentada antes de tomar el medicamento, o de forma más grave incluso—. Para minimizar el riesgo de rebote, es fundamental reducir la dosis del BZ de forma muy progresiva, preferiblemente a lo largo de varios meses (por ejemplo, si la persona ha estado tomando 1,5 mg de Xanax diarios durante seis meses, puede reducir la dosis en 0,25 mg cada dos o tres semanas).

Otro inconveniente de los BZ es que solo son eficaces mientras se toman. Cuando se deja de tomarlos, hay prácticamente un 100% de posibilidades de que el trastorno de ansiedad acuda de nuevo, a menos que la persona haya aprendido las habilidades de afrontamiento (es decir, la respiración abdominal, la relajación, el ejercicio, la gestión del estrés, el trabajo con el diálogo interno, la asertividad, etc.) y haya efectuado cambios en su estilo de vida que se traduzcan en un alivio de la ansiedad a largo plazo. Solamente tomar un BZ, sin hacer nada más, equivale a contener los síntomas y a no llegar a la causa de la dificultad.

Un problema final de las benzodiacepinas es que tienden a tener un efecto de embotamiento, no solo sobre la ansiedad sino también sobre las emociones en general. Muchas personas afirman que sus respuestas emocionales permanecen silenciadas mientras toman estos medicamentos (por ejemplo, pueden tener problemas para llorar o enojarse, incluso en los momentos en que estas reacciones son apropiadas). En la medida en que la ansiedad tenga relación con sentimientos retenidos y no resueltos, tomar estos medicamentos tenderá solamente a aliviar los síntomas en lugar de resolver la causa del problema. (Algunas personas tienen una reacción paradójica frente a las benzodiacepinas, durante la cual se vuelven *más* emocionales o impulsivas, aunque esto tiende a ocurrir con poca frecuencia). El embotamiento emocional es menos probable que tenga lugar con los fármacos antidepresivos, aunque también puede darse el caso.

A veces es necesario consumir un BZ a largo plazo (durante más de dos años) en los casos de pánico y ansiedad graves que no responden a ningún otro tipo de medicamento. Si bien permite a muchas personas manejarse, el consumo a largo plazo de los BZ presenta varios problemas. Muchas personas que llevan tiempo tomándolos aseguran que se sienten deprimidas o menos vitales y enérgicas de lo que querrían. Es como si el medicamento tendiese a quitarles un cierto grado de energía. A menudo, si son capaces de cambiar a un antidepresivo que las ayude a gestionar la ansiedad, recuperan una sensación de vitalidad y entusiasmo por la vida. Muchos médicos ven los BZ más apropiados para tratar el estrés y la ansiedad agudos pero puntuales que problemas de mayor duración, como la agorafobia, el trastorno de estrés postraumático o el trastorno obsesivo-compulsivo. Siempre que sea posible, los trastornos de ansiedad a largo plazo, crónicos, se tratan más apropiadamente con los antidepresivos ISRS. Hay, sin embargo, algunas personas que parecen necesitar una dosis baja de un BZ a largo plazo con el fin de manejarse. Aceptan la adicción y otros efectos secundarios a cambio de sentirse protegidas de la ansiedad que han sido incapaces de gestionar con el uso de técnicas exclusivamente naturales u otros tipos de medicamentos. Si es mayor de cincuenta años y lleva más de dos años tomando un fármaco BZ, debe hacerse chequeos médicos de forma periódica, que incluyan una evaluación del funcionamiento del hígado.

Los antidepresivos inhibidores de la recaptación de serotonina y noradrenalina (IRSN)

Estos medicamentos actúan bloqueando la recaptación de dos importantes neurotransmisores, la serotonina y la noradrenalina. En la actualidad, los tres IRSN más utilizados son Cymbalta (duloxetina), Effexor (venlafaxina) y Pristiq (desvenlafaxina). La desvenlafaxina es el isómero especular de la venlafaxina, y algunos expertos afirman que tiene menos efectos secundarios que esta, si bien no se ha llevado a cabo ningún estudio sistemático al respecto. Los IRSN son medicamentos potentes y pueden probarse cuando la respuesta a los ISRS es insuficiente. Se usan sobre todo para tratar la depresión y el trastorno de ansiedad generalizada, pero se pueden utilizar también para tratar otros trastornos de ansiedad, como el trastorno de pánico o el TOC.

La principal ventaja de los IRSN sobre los ISRS es que pueden estabilizar tanto el sistema receptor de la noradrenalina como de la serotonina, en lugar de solo este último. Así que para ciertas personas son unos ansiolíticos más potentes que los ISRS. Tienen las mismas desventajas que los ISRS; sus efectos secundarios son mareos, náuseas, debilidad, boca seca, insomnio y disfunción sexual. Al igual que en el caso de los ISRS, la dosis debe irse reduciendo progresivamente a la hora de dejarlos. La interrupción brusca se asocia con síntomas de abstinencia.

Los antidepresivos moduladores y estimuladores de la serotonina

Estos antidepresivos constituyen una clase de medicamentos relativamente nuevos que, además de promover la inhibición de la recaptación de serotonina, como los ISRS, también estimulan la transmisión a uno o más sitios receptores de serotonina.

Viibryd (vilazodonehidroclorido), cuya dosis normal oscila entre los 10 y los 40 mg diarios, facilita el receptor de serotonina 5-HT1A, un mecanismo de acción que comparte con el ansiolítico Buspar (buspirona), así como con el antipsicótico atípico Abilify (aripiprazol). El uso de Viibryd en Estados Unidos fue aprobado a principios de 2011. En septiembre de ese mismo año, la FDA planteó preguntas sobre si este medicamento mostraba alguna ventaja sobre los previa y comúnmente disponibles ISRS. Algunos usuarios han informado de buenos resultados con

Viibryd, tanto respecto a la ansiedad como a la depresión, mientras que otros han comunicado efectos secundarios como náuseas, diarrea, insomnio y aumento de peso, lo que los ha llevado a abandonarlo. Este fármaco se comercializó con el argumento de que presentaba menos efectos secundarios de tipo sexual que otros ISRS, aunque los resultados obtenidos hasta el momento muestran que los pacientes no indican siempre este beneficio.

Brintellix (vortioxetina), cuya dosis normal es de entre 5 y 20 mg diarios, se introdujo en Estados Unidos a finales de 2013. Se describe como un antidepresivo multimodal porque tiene una acción diferencial sobre distintos tipos de receptores de serotonina. Específicamente, presenta una reacción antagónica (inhibitoria) hacia los receptores de serotonina 5-HT3A y 5-HT7, mientras que tiende a facilitar la neurotransmisión a los receptores 5-HT1A y 5-HT1B. También es un inhibidor de la recaptación de serotonina potente, como los ISRS típicos. Los estudios preliminares indican que estos múltiples efectos sobre varios receptores de serotonina distintos pueden conllevar un aumento de la noradrenalina (como en el caso de los IRSN) y la dopamina (como en los estabilizadores del ánimo), así como un incremento de la transmisión de la glutamina. Así que este fármaco parece tener una diversidad de efectos más allá de la inhibición de la recaptación de serotonina. Se está estudiando actualmente para ver si puede tener efectos cognitivos beneficiosos, además de sus efectos antidepresivos, en las personas de edad avanzada.

Los antidepresivos tricíclicos

Son antidepresivos tricíclicos Tofranil (imipramina), Pamelor (nortriptilina), Norpramin (desipramina), Anafranil (clomipramina), Elavil (amitriptilina) y Sinequan (doxepina), entre otros. Estos medicamentos (especialmente la imipramina) se utilizan a veces para tratar los ataques de pánico, tanto si tales ataques tienen lugar por sí mismos como si están presentes junto con la agorafobia. Los antidepresivos tricíclicos parecen reducir la frecuencia y la intensidad de las reacciones de pánico en el caso de muchas personas. También son eficaces a la hora de atenuar la depresión que a menudo acompaña al trastorno de pánico y la agorafobia. A pesar de que se creía que el Tofranil era el antidepresivo más eficaz para el tratamiento del pánico, las pruebas más recientes indican que cualquiera de los medicamentos antidepresivos tricíclicos pueden ser útiles, dependiendo de la persona. El Anafranil tiende a ser especialmente eficaz en el tratamiento del TOC.

Hoy día, los antidepresivos tricíclicos se utilizan menos que los antidepresivos ISRS, ya que tienden a provocar unos efectos secundarios más problemáticos. Por ejemplo, en los estudios llevados a cabo con la imipramina, por lo general alrededor de un tercio de los sujetos abandonaban porque no podían tolerar los efectos secundarios (aproximadamente solo el 10% de los sujetos abandonan en los estudios sobre los ISRS). Por otra parte, los tricíclicos son a veces una opción mejor que los ISRS para ciertas personas, porque la mayoría de ellos (excepto Anafranil) modifican un sistema receptor diferente del cerebro (el sistema noradrenérgico en lugar del sistema de la serotonina). Al igual que ocurre con los ISRS, los tricíclicos se toleran mejor si se empieza con una dosis muy baja (por ejemplo, 5 mg diarios de imipramina) y se va incrementando de forma progresiva hasta alcanzar el nivel de la dosis terapéutica (aproximadamente de 100 a 200 mg diarios).

Ventajas

Los antidepresivos tricíclicos, como los ISRS, no conducen a la dependencia física. Tienen un efecto beneficioso sobre la depresión, así como sobre el pánico y la ansiedad. Bloquean los ataques de pánico, incluso si no se está deprimido. Puesto que se pueden adquirir como genéricos, son baratos.

Inconvenientes

Los antidepresivos tricíclicos (a diferencia de los ISRS) tienden a producir efectos secundarios anticolinérgicos, como sequedad de boca, visión borrosa, mareos o desorientación e hipotensión postural (que causa mareos). También pueden provocar aumento de peso y disfunción sexual. Con la imipramina, en particular, la ansiedad puede *aumentar* durante los primeros días de consumo del fármaco. Con la clomipramina (efectiva para el TOC), los efectos secundarios pueden ser especialmente molestos.

Aunque estos efectos secundarios tienden a remitir después de una o dos semanas, persisten más allá del período de ajuste inicial entre el 25 y el 30% de los casos.

Al igual que los ISRS, los antidepresivos tricíclicos tardan de tres a cuatro semanas en ofrecer beneficios terapéuticos. Si bien son capaces de bloquear los ataques de pánico, estos medicamentos pueden no ser tan eficaces como los ISRS y los tranquilizantes benzodiacepínicos a la hora de mitigar la ansiedad anticipatoria sobre la posibilidad de sufrir un ataque de pánico o tener que hacer frente a una situación fóbica.

Finalmente, entre un 30 y un 50% de las personas recaen (experimentan un retorno de los síntomas de pánico o ansiedad) después de suspender el consumo de los medicamentos antidepresivos tricíclicos. Esta es, sin embargo, una tasa de recaída mucho más baja que la que se produce cuando se interrumpen las benzodiacepinas.

Los antidepresivos inhibidores de la MAO

Si se les ha dado realmente una oportunidad a los ISRS y a los antidepresivos tricíclicos y sigue sin obtenerse ningún beneficio, el médico puede decidir probar con la clase más antigua de fármacos antidepresivos: los inhibidores de la MAO (IMAO). El Nardil (fenelzina) es el IMAO más comúnmente utilizado para tratar el pánico, aunque a veces se opta por Parnate (tranilcipromina). Si bien los IMAO son medicamentos potentes, a menudo son los últimos que se prueban, ya que pueden causar incrementos graves o incluso mortales de la presión arterial cuando se combinan con alimentos que contienen el aminoácido tiramina, como el vino, los quesos curados y ciertas carnes o con determinados medicamentos, incluidos algunos analgésicos sin receta. Quienes toman un IMAO deben contar con una supervisión estricta por parte de su médico.

Ventajas

Los IMAO tienen un efecto potente como bloqueadores del pánico y a veces son eficaces allí donde otros tipos de antidepresivos han fracasado. También hay algunos estudios que indican que son útiles en el tratamiento de la fobia social, especialmente la fobia social generalizada (la tendencia a experimentar fobia en relación con un amplio abanico de situaciones o encuentros interpersonales). Asimismo pueden ser útiles en el caso de depresión grave que no ha respondido a otras clases de antidepresivos.

Inconvenientes

Entre los efectos secundarios están el aumento de peso, la hipotensión (presión arterial baja), la disfunción sexual, el dolor de cabeza, la fatiga e el insomnio. Estos efectos secundarios pueden ser más pronunciados durante la tercera y cuarta semanas de tratamiento; después tienden a disminuir.

Es esencial tener en cuenta ciertas restricciones dietéticas. Al tomar un IMAO, es necesario evitar los alimentos que contienen tiramina. Entre ellos están la mayor parte de los quesos, los yogures caseros, casi todas las bebidas alcohólicas, la carne y el pescado curados, el hígado, los plátanos maduros y ciertos vegetales. También hay que evitar determinados fármacos de venta sin receta, como medicamentos para el resfriado, pastillas para adelgazar y ciertos antihistamínicos. Las anfetaminas de venta con receta, así como los ISRS y los antidepresivos tricíclicos, también deben evitarse.

Otros antidepresivos

Otros medicamentos antidepresivos recetados ocasionalmente para los trastornos de ansiedad son Remeron (mirtazapina), Wellbutrin (bupropion) y Desyrel (trazodona). El Remeron está clasificado como un antidepresivo noradrenérgico y serotoninérgico específico y, como el Effexor, tiene una doble acción, puesto que incrementa tanto los niveles de noradrenalina como los de serotonina en las sinapsis. El Remeron es muy sedante en dosis bajas y puede ser utilizado para promover el sueño. En dosis altas es un antidepresivo eficaz y puede emplearse cuando el Effexor no se tolera bien. Los psiquiatras a veces lo usan en combinación con un ISRS, como Paxil o Celexa, para mejorar los efectos ansiolíticos o antidepresivos del ISRS.

El Wellbutrin a menudo es útil para la depresión, pero puede ser difícil de tolerar para las personas con trastornos de ansiedad, ya que sus efectos secundarios pueden incluir la ansiedad y el insomnio. En el lado positivo, constituye uno de los antidepresivos de nueva generación que no tienen efectos secundarios sobre la sexualidad.

La trazodona (la marca comercial es Desyrel) es un antiguo medicamento antidepresivo que se utiliza desde principios de la década de los ochenta. Aunque no se prescriba a menudo para la ansiedad, puede ser un sedante muy eficaz para muchas personas. Tiene la ventaja de no ser adictivo (a diferencia del Restoril, Ambien o Lunesta) y puede ser más potente, para algunos individuos, que los sedantes naturales como la melatonina y el triptófano. Sus efectos secundarios son similares a los que se señalan para los antidepresivos tricíclicos.

Los betabloqueantes

Aunque hay varios medicamentos bloqueantes betaadrenérgicos diferentes (popularmente llamados *betabloqueantes*), los dos más habitualmente utilizados para los trastornos de ansiedad son Inderal (propranolol) y Tenormin (atenolol). Estos medicamentos pueden ser útiles para los problemas de ansiedad con síntomas corporales acentuados, especialmente palpitaciones (latidos del corazón rápidos o irregulares) y sudoración. Los betabloqueantes son bastante eficaces a la hora de evitar estas manifestaciones periféricas de la ansiedad, pero resultan menos efectivos a la hora de mitigar la experiencia interna de la ansiedad mediada por el sistema nervioso central. Ambos pueden utilizarse en conjunción con un tranquilizante benzodiacepínico, como el Xanax, en el tratamiento del trastorno de pánico cuando las palpitaciones son acentuadas. Cuando se consumen solos, los betabloqueantes se toman a menudo en una sola dosis (por ejemplo, entre 20 y 40 mg de Inderal) para aliviar los síntomas corporales de la ansiedad (taquicardia, rubor o temblores) antes de una situación que exija un desempeño elevado, como hablar en público, acudir a una entrevista de trabajo, hacer exámenes finales u ofrecer un recital de música. Los betabloqueantes también se utilizan a menudo para tratar el prolapso de la válvula mitral, una arritmia cardíaca benigna que a veces acompaña al trastorno de pánico.

Aunque estos medicamentos son relativamente seguros, pueden producir efectos secundarios, tales como una disminución excesiva de la presión arterial (que causa mareos o aturdimiento), fatiga y somnolencia. También pueden causar depresión en algunas personas. A diferencia de los tranquilizantes, no tienden a ser físicamente adictivos. Sin embargo, si se han estado tomando durante un tiempo, es preferible disminuir su dosis gradualmente para evitar elevaciones de rebote de la presión arterial. Los betabloqueantes no se recomiendan para las personas con asma u otras enfermedades respiratorias que ocasionen sibilancia, ni para los diabéticos.

BuSpar

El BuSpar (buspirona) es un fármaco que está a la venta desde hace unos veinte años. Hasta la fecha, se ha mostrado útil para reducir la ansiedad generalizada, pero es menos eficaz a la hora de disminuir la frecuencia o la intensidad de los ataques de pánico. Algunos estudios indican que puede ser útil en el tratamiento de la fobia social o para incrementar los efectos de los medicamentos ISRS que se utilizan para tratar el TOC. Algunos facultativos lo prefieren antes que al Xanax (y otras benzodiacepinas) para el tratamiento de la ansiedad generalizada porque tiene menos tendencia a provocar somnolencia y porque no es adictivo. Existe poco riesgo de desarrollar dependencia física hacia el BuSpar o de que se requiera un período prolongado de tiempo para abandonarlo. Las investigaciones de los últimos años, sin embargo, no han revelado que sea más eficaz que los ISRS para tratar la ansiedad generalizada.

Una dosis inicial normal para el BuSpar es de 5 mg, dos o tres veces al día. Se necesitan de dos a tres semanas antes de que este medicamento alcance todo su efecto antiansiedad. Algunas personas con ansiedad generalizada responden bien a él, mientras que otras informan de efectos secundarios (letargo, náuseas, mareos o ansiedad paradójica).

Otros medicamentos utilizados para tratar la ansiedad

Cuando los antidepresivos y tranquilizantes BZ son ineficaces o no plenamente eficaces para tratar el trastorno de pánico, los psiquiatras pueden probar con otros medicamentos, como Depakote (ácido valproico), Neurontin (gabapentina), Gabitril (tiagabina) o Lyrica (pregabalina). Aunque estos medicamentos se utilizan a menudo para tratar trastornos convulsivos o el trastorno bipolar, también tienen un efecto ansiolítico. Se cree que su acción es la de aumentar los niveles o la actividad del neurotransmisor GABA en el cerebro (la tiagabina es en realidad un inhibidor selectivo de la recaptación de GABA). Algunos pacientes, sobre todo los aquejados del trastorno de ansiedad generalizada, parecen haber obtenido beneficios del consumo de uno u otro de estos medicamentos, ya sea que lo hayan tomado solo o junto con un antidepresivo ISRS. El intervalo de dosis eficaz para el Depakote es de entre 700 y 1.500 mg diarios; del Neurontin, de entre 900 y 1.800 mg diarios; del Gabitril, de entre 4 y 10 mg diarios, y del Lyrica, de entre 150 y 300 mg diarios.

La ventaja de estos medicamentos es que actúan rápidamente, no son adictivos y no están asociados con efectos secundarios de tipo sexual. Están ayudando a muchas personas. En el lado negativo, algunos pacientes afirman que el Neurontin o el Gabitril los hacen sentirse cansados o letárgicos, y en algunos casos les inducen náuseas. El Depakote es en general bien tolerado pero ha sido asociado con problemas hepáticos en el caso de algunos sujetos, por lo que necesita tomarse bajo supervisión médica. Quienes no han respondido bien a los antidepresivos y quieren evitar los problemas de adicción asociados con las benzodiacepinas vale la pena que prueben con estos medicamentos.

LA OPCIÓN DE TOMAR MEDICACIÓN: ASPECTOS QUE SE DEBEN CONSIDERAR

La decisión acerca de si incluir o no los medicamentos en el empeño por recuperarse de la ansiedad implica tomar en consideración muchos elementos distintos. En primer lugar y lo más importante, siempre es una decisión que debe tomarse de común acuerdo con el médico. Este, preferiblemente un psiquiatra, debe ser experto, tener experiencia en el tratamiento de los trastornos de ansiedad y trabajar en colaboración con el paciente (no de forma autoritaria). En segundo lugar, la decisión de este último depende de una serie de factores personales, que son lo grave que sea su problema de ansiedad, su punto de vista individual y sus valores con respecto a la medicación y su paciencia, que puede ponerse a prueba en aquellas situaciones en que hay que experimentar con varios medicamentos antes de que pueda encontrarse el adecuado para esa persona.

Hay que tener cuidado con las respuestas fáciles y las generalizaciones simples a la hora de valorar si emprender o no un tratamiento con fármacos. Los doce escenarios siguientes ilustran la compleja gama de situaciones que pueden llevar a una persona a decidir a favor o en contra de tomar medicación:

1. Un médico ocupado tiene numerosas obligaciones en el trabajo, en el hogar y en su comunidad. Dedica tiempo a meditar, hacer *footing*, expresar sentimientos y trabajar con el diálogo interno, pero aun así experimenta ataques de pánico debilitadores. Ve que un antidepresivo ISRS le ayuda a dormir mejor y a atender su ronda de responsabilidades diarias con menos ansiedad.
2. A una madre que lleva mucho tiempo confinada en el hogar con agorafobia le resulta difícil comenzar la terapia de exposición. Comprueba que tomar un medicamento ISRS la ayuda a empezar. Después de un año de exposición, se siente lo suficientemente segura como para seguir adelante sin medicación.
3. Una secretaria que ha estado tomando medicamentos para un trastorno mixto ansioso-depresivo durante un año descubre que está embarazada. Detiene el tratamiento y aguanta la intensificación de sus síntomas durante nueve meses con el fin de tener un bebé sano.
4. Un hombre que pasa por un divorcio tiene un ataque al corazón, seguido de un trastorno mixto ansioso-depresivo. A pesar de que se ha opuesto a tomar fármacos hasta ese momento, decide recurrir a un medicamento benzodiacepínico para que le ayude a gestionar esta grave crisis.
5. Una mujer que acaba de ser ascendida a un puesto de trabajo más exigente recibe la noticia de que su madre ha muerto. Opta por tomar medicación durante un período de varios meses con el fin de afrontar sus circunstancias vitales estresantes.
6. Un quiropráctico que imparte clases de nutrición y está muy involucrado en las prácticas de salud alternativas sufre un trastorno obsesivo-compulsivo. Decide que tiene que tomar un antidepresivo ISRS con el fin de poder seguir trabajando.
7. Una estudiante que se inscribe en un programa de estudios para formarse como acupuntora alberga el fuerte deseo, a pesar de sus ataques de pánico, de abrazar únicamente

métodos naturales (tales como hierbas, soluciones dietéticas, hacer Tai Chi y meditar) para gestionar su ansiedad. Decide no recurrir a la medicación.

8. Un hombre que ha estado tomando distintos antidepresivos ISRS para el trastorno de pánico durante cinco años quiere valorar cómo le iría sin tomar la medicación. La suspende durante un período de dos meses y le va bien.

9. Una mujer que lleva tiempo consumiendo benzodiacepinas siente que le están ocasionando depresión y decide que preferiría tener algo de ansiedad e intensidad emocional en su vida antes que seguir sintiéndose adormecida o sin energía a causa de un tranquilizante. Así que deja el tratamiento.

10. Un párroco que padece un trastorno de pánico es incapaz de tolerar ningún medicamento antidepresivo. Descubre que es más capaz de manejarse tomando un tranquilizante a dosis bajas todos los días a largo plazo.

11. Una mujer que pertenece a un grupo religioso que propugna que la oración y la vida recta son la respuesta a las dificultades de la vida tiene la fuerte convicción filosófica de que no necesita medicamentos para recuperarse. Elige no tomar medicación para lidiar con sus ataques de pánico.

12. Un alcohólico en recuperación que lleva dos años sobrio comienza a tomar Xanax para afrontar su ansiedad. A los dos meses empieza a aumentar la dosis. Tanto su médico como sus amigos del programa de 12 Pasos le aconsejan que deje de tomar el medicamento. En aras de mantener su compromiso con un estilo de vida libre de sustancias, lo hace.

Tanto si estás pensando en empezar a tomar medicación como si estás pensando en suspender el medicamento que has estado tomando durante un tiempo, los dos factores más importantes que debes considerar para tomar una decisión por ti mismo son tus propios *valores personales* y la *gravedad de tu problema*. Procedo a hablar de ambos.

Los valores personales

¿Cuáles son tus valores personales en relación con los medicamentos? ¿Estás abierto a incluirlos como parte de tu programa de recuperación o estás fuertemente convencido de poder enfrentarte a tu problema solo con métodos naturales? Aunque tus síntomas pueden justificar que acudas a la medicación y aunque tu médico pueda animarte a hacerlo, la decisión final es tuya. Si estás comprometido con el ideal de la curación natural sin la ayuda de medicamentos, es una opción perfectamente legítima. Muchas personas pueden recuperarse de los trastornos de ansiedad exclusivamente con métodos naturales, como los que se describen en este libro, si tienen la suficiente motivación, persistencia y diligencia como para perseverar en su práctica. En el extremo opuesto, hay quienes carecen del interés o la motivación suficientes para dedicar el tiempo y el esfuerzo que requiere la práctica diaria de la relajación, el ejercicio, la exposición y las habilidades cognitivas. Buscan un alivio inmediato de los síntomas a través de la medicación. En muchos casos, esta es también una opción válida. Nadie es quién para juzgar la decisión de otros de buscar alivio a sus trastornos de ansiedad por medio de los medicamentos, los cuales sin duda proporcionan un gran alivio a muchas personas.

A la hora de tomar una decisión sobre si confiar o no en la medicación, es importante tener toda la información necesaria para hacerlo de la forma más fundamentada e inteligente posible. Tal decisión no debe basarse únicamente en un impulso –por ejemplo, el deseo de tomar una alta dosis de medicación para eliminar todos los síntomas de la ansiedad lo antes posible–. Tampoco debe basarse en el miedo o la evitación de la medicación por tenerle fobia. El propósito de este capítulo es proporcionarte la mayor información posible para que puedas tomar la decisión óptima por ti mismo.

La gravedad del problema

Además de los valores personales, lo siguiente que debes considerar a la hora de plantearte si tomar o no medicación es la gravedad de los síntomas. Por regla general, cuanto más grave es el problema más probable es que uno se beneficie de la medicación. La gravedad se puede definir de dos maneras: la capacidad de manejarse y el nivel de angustia. Responde a las siguientes preguntas para valorar la gravedad de tu problema.

En primer lugar, ¿interfiere tu problema de ansiedad de manera significativa en tu capacidad de desempeñarte en la vida cotidiana? ¿Te resulta difícil trabajar o no puedes hacerlo en absoluto? ¿Se ve afectada tu capacidad de ocuparte de tus hijos o de atender tu relación conyugal? ¿Te resulta difícil organizar tus pensamientos para realizar tareas básicas, como cocinar o pagar las facturas pendientes?

En segundo lugar, ¿te ocasiona una angustia considerable tu problema de ansiedad, hasta el punto de que te sientes *muy incómodo* durante dos o más horas diarias? ¿Te resulta difícil sobrellevar el día a día, todos los días? ¿Te despiertas cada mañana sintiendo temor? Si tu respuesta a *cualquiera* de estas preguntas es *sí*, tal vez puedas plantearte tomar medicación.

Otro factor a la hora de plantearse un tratamiento farmacológico es la depresión. Los trastornos de ansiedad se ven acompañados por una depresión significativa en el 50% de los casos, más o menos. Es especialmente habitual que la depresión esté presente junto con el trastorno de ansiedad generalizada y el trastorno obsesivo-compulsivo; en cambio, aparece muy poco asociada con las fobias específicas. También hay un síndrome, el trastorno mixto ansioso-depresivo, que ha recibido atención en los últimos años. Los criterios que permiten diagnosticar depresión son falta de energía, bajo estado de ánimo o apatía continuados, pérdida de apetito, trastornos del sueño, autocrítica frecuente, dificultad para concentrarse y, posiblemente, pensamientos suicidas. Si uno está deprimido, la medicación antidepresiva puede resultarle especialmente útil, ya que tiende a restablecer la motivación y la energía necesarias para practicar las habilidades que se propugnan en este libro, como la respiración abdominal, la relajación, el ejercicio, la reestructuración cognitiva y la exposición gradual. Si el sujeto ha estado teniendo pensamientos suicidas, el médico le recomendará seguramente que tome medicación.

Además de la gravedad de los síntomas, la *cronicidad* –durante cuánto tiempo se lleva padeciendo el problema– es otro factor importante que se ha de tener en cuenta. Si la ansiedad es de origen reciente y constituye la respuesta a unas circunstancias estresantes, puede superarse con técnicas de gestión del estrés y por medio de lidiar con el problema que instigó el estrés. Por otra parte, si hace más de un año que se arrastra el problema de ansiedad –y especialmente si se ha probado la terapia cognitivo-conductual y aún no se han obtenido los beneficios esperados–, puede ser útil probar a tomar medicación. En conclusión: *cuanto más grave o crónico (permanente) sea el problema de ansiedad, más probable es que uno responda favorablemente a la medicación.*

¿DURANTE CUÁNTO TIEMPO HAY QUE TOMAR LA MEDICACIÓN?

Para cualquiera que se esté planteando tomar medicación, o que ya la esté tomando, el tema de la cantidad de tiempo durante el cual tomarla es muy importante. Desafortunadamente, no hay una respuesta sencilla a esta pregunta. La cantidad de tiempo en que es necesaria la medicación depende al menos de tres factores diferentes:

1. Del tipo de medicamento de que se trate (por ejemplo, si se trata de un tranquilizante o de un antidepresivo).
2. Del tipo de trastorno de ansiedad (es decir, si se trata de pánico, fobia social o un trastorno obsesivo-compulsivo).
3. De la motivación y el compromiso de la persona en relación con los métodos naturales (comprometerse con un programa de enfoques no basados en los medicamentos puede ayudar a dejar de depender de la medicación o a reducir la dosis).

El tipo de medicamento

Algunos tipos de medicamentos, como los tranquilizantes o los betabloqueantes, pueden consumirse solamente en función de las necesidades. Es decir, se toman para enfrentarse a una situación que provoca ansiedad aguda, como afrontar una fobia. Los tranquilizantes también se pueden tomar durante un período de unas semanas para que ayuden a la persona a lidiar con una situación particularmente difícil, como la muerte de un ser querido o presentarse a oposiciones. Pueden ser útiles durante un período de uno o dos años si se es incapaz de tomar cualquier tipo de medicamento antidepresivo para la ansiedad. El uso prolongado de tranquilizantes (durante más de dos años), si bien presenta ciertos problemas, puede estar justificado en algunos casos (consulta el apartado anterior sobre los tranquilizantes benzodiacepínicos).

Los antidepresivos se toman generalmente con frecuencia diaria durante un mínimo de seis meses. Según mi experiencia, *son más eficaces para el tratamiento de los trastornos de ansiedad cuando se usan durante un período de entre uno y dos años.* Cuando se quieren abandonar, el riesgo de recaída es menor si se han tomado durante este período de tiempo. En el caso de algunas personas, el consumo a largo plazo (durante más de dos años) de fármacos antidepresivos, en dosis de mantenimiento, ofrece una calidad de vida óptima.

El tipo de trastorno de ansiedad

Si se tiene un caso bastante suave de agorafobia, es posible que baste con tomar la medicación (un tranquilizante o un antidepresivo) en las primeras etapas de la exposición gradual a la situación fóbica. Luego, durante las etapas posteriores, puede dejarse de depender de ella y trabajar con la jerarquía de exposición sin la ayuda de los medicamentos. Esto incrementará la sensación de dominio sobre la fobia. Por otro lado, si se están teniendo ataques de pánico frecuentes o se está prácticamente confinado en casa, puede ser útil tomar la medicación durante más tiempo. En el caso de los antidepresivos ISRS, el plazo de uno a dos años anteriormente mencionado es óptimo. En algunas ocasiones puede ser necesario tomarlos a largo plazo, a dosis bajas.

Si se sufre fobia social, se puede tomar un antidepresivo (un ISRS o un IRSN) o una benzodiacepina, especialmente si se padece fobia social generalizada (ansiedad en una amplia variedad de situaciones sociales). Es probable que uno o dos años de medicación permitan optimizar el tratamiento. El mantenimiento a largo plazo a dosis bajas puede ser necesario a veces, por ejemplo en casos de agorafobia.

Para el trastorno obsesivo-compulsivo, el consumo a largo plazo de un medicamento ISRS a una dosis alta es a menudo la mejor estrategia. Después de dos años, se puede probar a reducir la dosis para ver cuál es la mínima necesaria para corregir el problema neurobiológico asociado con el TOC. Por otro lado, algunas personas que tienen el TOC son capaces de gestionar su problema solamente por medio de estrategias cognitivo-conductuales —a veces desde el principio y otras veces después de un año o dos de tomar medicación— (véase el libro *Brain Lock*, de Jeffrey Schwartz, mencionado al final de este capítulo). El trastorno de ansiedad generalizada solamente requerirá medicación en los casos moderados y graves o en aquellas situaciones en que la persona esté desmotivada o no quiera efectuar las modificaciones en cuanto al comportamiento y el estilo de vida que puedan ayudarla.

Por último, el trastorno de estrés postraumático a menudo responde bien a los fármacos antidepresivos en combinación con la terapia cognitivo-conductual; los casos graves pueden requerir una dosis de mantenimiento a largo plazo.

La motivación y el compromiso en relación con los métodos naturales

En muchos casos, es posible eliminar o al menos reducir la necesidad de medicación a largo plazo por medio de comprometerse con un programa basado en enfoques naturales. *El cerebro tiene la capacidad inherente de recuperarse de los desequilibrios inducidos por el estrés que pueden haber llevado a la persona a necesitar, al principio, medicación.* Aunque el tiempo que necesita el cerebro para recuperarse puede ser en alguna medida superior al que se necesita para soldar un hueso roto o curar una rotura de ligamentos, este órgano tiene la capacidad, mediante las modificaciones cognitivas, conductuales y de estilo de vida pertinentes, de recuperar gran parte o la totalidad de su integridad física con el tiempo. Si la persona alberga la creencia de que puede recuperarse de la ansiedad y acabar por prescindir de la medicación, esta misma creencia hará más probable que lo consiga. La popular idea de que «la mente rige sobre la materia» no carece de fundamento. Cualquiera de los enfoques sugeridos en este libro son útiles para obtener la recuperación por métodos naturales. Cuantos más de estos enfoques se puedan poner en práctica de forma asidua, más rápidamente y con más fuerza podrá lograrse un estado de salud natural, tanto en lo que atañe al cuerpo como a la mente.

INTERRUMPIR LA MEDICACIÓN

Si has decidido que quieres dejar de depender de los fármacos, observa las siguientes pautas:

1. *Asegúrate de haber adquirido un cierto nivel de dominio de las estrategias básicas para superar la ansiedad y el pánico que se presentan en este libro.* En particular, será una buena idea que hayas establecido una práctica diaria de relajación profunda y ejercicio, así como que hayas adquirido habilidad con la respiración abdominal y la neutralización del diálogo interno negativo, con el fin de superar los síntomas de la ansiedad. Si te estás planteando dejar de tomar Xanax o un tranquilizante BZ, estas habilidades te serán muy útiles para lidiar con las posibles reapariciones de la ansiedad durante la fase de abstinencia, así como a largo plazo. Ten la seguridad de que cualquier manifestación de ansiedad elevada durante la retirada de un tranquilizante es temporal y no debe persistir si prosigues con el abandono del medicamento de forma paulatina.
2. *Consulta con tu médico para establecer un programa con el fin de reducir progresivamente la dosis de tu medicación.* Esto es especialmente importante si has estado tomando un tranquilizante BZ (el período de retirada depende de la dosis, pero puede llegar a ser de seis meses o incluso más). También hay que respetar un período de reducción progresiva (normalmente un mes o dos) si se desea dejar de consumir un medicamento antidepresivo como Paxil o un betabloqueante como Inderal. En general, cuanto más prolongado sea el período de tiempo a lo largo del cual se ha estado tomando el fármaco, más largo y paulatino debería ser el período de retirada.
3. *A muchas personas les resulta difícil reducir el consumo de las benzodiacepinas.* El sistema nervioso se adapta a estos medicamentos, y puede requerir bastante tiempo readaptarse a la vida sin ellos. A menudo, los psiquiatras recetan un antidepresivo ISRS, u otros

medicamentos contra la ansiedad no adictivos, como Neurontin, durante y después del proceso de retirada de los BZ con el fin de aliviar los síntomas de abstinencia. Para las personas que no toleran estos medicamentos, a veces altas dosis de los aminoácidos triptófano, teanina, GABA, taurina y glicina —administrados ya sea por vía intravenosa u oral— pueden ser útiles durante el período de reducción de la dosis del BZ, y hasta algún tiempo más allá.

El abandono de las benzodiacepinas puede enfocarse de dos maneras. Una de ellas consiste en reducir la dosis muy lentamente durante un período de varios meses, preferiblemente con la ayuda de un ansiolítico no adictivo, como se acaba de explicar. Otra opción son los programas de rehabilitación respecto de los fármacos, en que el proceso de reducción es más rápido —tiene lugar en un período de dos o tres semanas—. En este caso se hace uso de una benzodiacepina alternativa de semivida larga, como Valium, o bien de un fenobarbital en lugar de la benzodiacepina de alta potencia (como Xanax o Klonopin) que se está retirando. Después de que se haya procedido a la retirada del fármaco secundario, puede tomarse un antidepresivo o algún otro medicamento ansiolítico no adictivo para que ayude a la adaptación, durante varios meses. Para obtener información más detallada sobre la reducción de las benzodiacepinas, consulta el libro de C. Heather Ashton, al final de este capítulo.

4. *Estate preparado para aumentar tu implicación con las estrategias que se describen en este libro durante tu período de reducción gradual.* Son especialmente importantes la respiración abdominal, la relajación, el ejercicio, las estrategias de afrontamiento de la ansiedad y la neutralización del diálogo interno negativo. El proceso de abandono de la medicación es una oportunidad de practicar y mejorar las propias habilidades en el uso de estas estrategias. Ganarás mayor autoconfianza por medio de aprender a utilizar estrategias que tú mismo pongas en juego para dominar la ansiedad y el pánico sin tener que depender de la medicación.

5. *No te desanimes si tienes que depender de la medicación durante futuros períodos de ansiedad o estrés agudos.* Detener el uso asiduo de un medicamento no significa necesariamente que no podrás beneficiarte de su consumo *a corto plazo* en el futuro. Por ejemplo, tomar un tranquilizante o un fármaco para dormir durante dos semanas en unos momentos de estrés agudo debido a una experiencia traumática resulta apropiado, y es improbable que conduzca a la dependencia. Si padeces un trastorno afectivo estacional, puedes obtener beneficios de un antidepresivo durante los meses de invierno. No lo consideres un signo de debilidad o de falta de autocontrol si de vez en cuando necesitas apoyarte en la medicación durante un período limitado de tiempo. Dado el estrés y las presiones de la vida moderna, no pocas personas ocasionalmente acuden a los medicamentos con receta para que las ayuden a seguir adelante.

TRABAJA CON TU MÉDICO

El propósito de este capítulo ha sido proporcionar una visión equilibrada del papel de los medicamentos en el tratamiento de la ansiedad. Existe ciertamente una variedad de situaciones en que sus beneficios superan sus riesgos e inconvenientes asociados. Es importante, sin embargo, que antes de tomar *cualquier* fármaco seas plenamente consciente de todos sus efectos secundarios y limitaciones potenciales. Es responsabilidad de tu médico recabar el historial completo de tus síntomas, informarte de los posibles efectos secundarios y limitaciones de cualquier medicamento en particular y obtener tu *consentimiento, habiéndote informado*, para probar con un medicamento. Y es tu responsabilidad no guardarte la información que te pida a la hora de completar tu historial médico, así como avisarle, tanto si te lo pregunta como si no, de lo siguiente: si presentas reacciones alérgicas a algún medicamento, si estás embarazada, si estás tomando algún otro fármaco —por prescripción o de venta libre— o si estás tomando algún suplemento natural.

Una vez que ha tenido lugar este intercambio de información entre tu médico y tú, ambos vais a estar en condiciones de tomar una *decisión plenamente fundamentada y de mutuo acuerdo* acerca de si prescribirte un determinado medicamento es lo que más te favorece. Si él no está dispuesto a asumir una postura de colaboración en vez de autoritaria, o a tener en cuenta tu consentimiento consciente, busca otro médico que sí tenga estas actitudes. Los medicamentos pueden constituir un punto de inflexión en cuanto a tu recuperación, pero es esencial que se utilicen con el mayor cuidado y responsabilidad.

Nota: Internet ofrece sitios web que distribuyen varios medicamentos contra la ansiedad, especialmente tranquilizantes, sin receta médica. Es mejor no acudir a estos sitios, ya que pueden tomar tu dinero sin enviarte nada, mandarte el medicamento equivocado o enviarte una versión inferior o tóxica del que has pedido. Vale la pena que inviertas el tiempo y el dinero pertinentes en consultar con un médico experimentado cuando necesites tomar medicación y que acudas a farmacias donde te pidan la receta médica.

EN CONCLUSIÓN

El uso *adecuado* de los medicamentos no está en conflicto con los valores holísticos o un estilo de vida natural. Hay un tiempo y un lugar para ellos en el tratamiento de los trastornos de ansiedad, y no emplearlos en esos momentos es equivalente a no cuidar bien de uno mismo. La verdadera pregunta que hay que hacerse, en mi opinión, es la siguiente: ¿qué es lo más compasivo que puedes hacer para ti mismo? En algunos casos, la respuesta puede ser la de liberarse de la medicación, sobre todo si uno ha sido demasiado dependiente de un medicamento o adicto a él durante varios años sin haber evaluado cómo se manejaría sin él. En otros casos, la respuesta puede ser el uso de medicamentos durante un período de varios meses (hasta un año) para lidiar con una temporada difícil o para desencadenar la motivación de trabajar con el método cognitivo-conductual y otros enfoques naturales. En otros casos, optar por los fármacos a largo plazo (especialmente los ISRS), *conjuntamente con todo el espectro de cambios cognitivos, naturales y de forma de vida que se sugieren en este libro*, puede ser la respuesta más compasiva para uno mismo.

Hay pocas respuestas preestablecidas en el tema de la medicación. Lo mejor que puedes hacer es obtener toda la información que te sea posible, trabajar con un médico competente en quien puedas confiar y escuchar tu propia intuición.

EL CONSUMO DE SUPLEMENTOS NATURALES

Dado que este capítulo trata de los medicamentos con receta, no he incluido en él información detallada sobre las sustancias naturales que pueden ser útiles para el tratamiento de los problemas de ansiedad. Se ofrecen descripciones completas de todos los suplementos naturales que se usan para tratar la ansiedad y la depresión en el apartado «Suplementos para la ansiedad» del capítulo 15.

Hay dos clases de sustancias útiles a este respecto. Los *tranquilizantes naturales* entre los que están hierbas como la kava, la valeriana, la pasiflora y la manzanilla, así como aminoácidos como la teanina y el GABA. Los *antidepresivos naturales*, que también pueden tener un efecto reductor de la ansiedad, son la hierba de San Juan, la S-adenosil-metionina (abreviada como SAM-e) y los aminoácidos triptófano y tirosina. Cualquiera de estos suplementos puede encontrarse en una tienda local de productos dietéticos o en la farmacia. Cualquiera de ellos o una combinación de varios, puede ser muy útil como alternativa a los fármacos para el tratamiento de la ansiedad o la depresión. La consideración clave a la hora de decidir si probar con los suplementos naturales es si uno considera que su problema de ansiedad tiene una gravedad leve o moderada. Si la ansiedad es más una molestia —un malestar o una incomodidad— que un problema debilitante o muy angustiante, sugiero que se consideren los suplementos naturales antes de consultar con un psiquiatra acerca de los medicamentos con receta. Si ya estás tomando un antidepresivo ISRS o un tranquilizante BZ, no tomes suplementos naturales sin consultar antes con un médico experto en la combinación de los medicamentos con los suplementos.

RESUMEN DE COSAS POR HACER

1. Repasa este capítulo para obtener una visión general de los distintos tipos de medicamentos utilizados para tratar los trastornos de ansiedad. Familiarízate con los beneficios y limitaciones de aquellos que pueden ser relevantes para tu problema en particular.
2. Si no estás tomando medicación pero te preguntas si esto podría beneficiarte, ponte en contacto con un psiquiatra experto en los trastornos de ansiedad para discutir las opciones.
3. Si estás tomando un medicamento y te gustaría parar, consulta con el médico que te lo recetó para sopesar la conveniencia de hacerlo. Si ambos decidís conjuntamente que estás

listo para suspender el tratamiento, sigue las instrucciones que se ofrecen en el apartado «Interrumpir la medicación». Recuerda que es preferible dejar la medicación solamente después de haber adquirido cierto dominio de las habilidades tratadas entre los capítulos 4 y 15 de este libro. Si quieres prescindir de un medicamento benzodiacepínico que hayas estado tomando durante más de un mes, prepárate para reducir la dosis de forma gradual, posiblemente a lo largo de un período de varios meses. Consulta www.benzo.org.uk y *The Ashton Manual* para obtener más consejos.

4. Si sientes que tu problema de ansiedad es relativamente leve (si es más un inconveniente o molestia que un problema debilitante o altamente preocupante), plantéate probar los suplementos naturales, tal como se describe en el capítulo 15, antes de recurrir a los fármacos. También puedes consultar los libros *Healing Anxiety Naturally*, de Harold Bloomfield, o mi libro *Natural Relief for Anxiety*.

PARA SABER MÁS

Ashton, C. Heather. *Benzodiazepines: How They Work and How to Withdraw*. Benzodiazepine Awareness Network. Boston, 2002 (visita www.benzo.org.uk, de donde te puedes descargar *The Ashton Manual*).

Bloomfield, Harold. *Healing Anxiety Naturally*. HarperPerennial. Nueva York, 1999.

Bourne, Edmund J., Arlen Brownstein y Lorna Garano. *Supere la ansiedad con métodos naturales*. Ed. Oniro. España, 2005.

Norden, Michael. *Beyond Prozac*. Edición revisada y actualizada. HarperPerennial. Nueva York, 1996.

Preston, John, John H. O'Neal y Mary C. Talaga. *Handbook of Clinical Psychopharmacology for Therapists*. Sexta edición. New Harbinger Publications. Oakland (California), 2010.

Schwartz, Jeffrey. *Brain Lock: Free Yourself from Obsessive-Compulsive Behavior*. Regan Books/HarperPerennial. Nueva York, 1997.

18

La meditación

La meditación se ha estado practicando durante más de tres mil años con el fin de entrenar y calmar la mente. Se originó como una práctica espiritual en el hinduismo y el budismo, si bien posteriormente ha estado presente de varias formas en el contexto de muchas otras religiones. La filosofía oriental ha enseñado que *el origen del sufrimiento humano está en nuestros pensamientos automáticos, condicionados* (la denominación *pensamientos automáticos* que se usa en la terapia cognitiva es similar a esta idea). Nada en la vida es intrínsecamente malo; pasa a serlo en el momento en que *pensamos en ello o reaccionamos ante ello como si lo fuera*. A través de la práctica de la meditación, es posible aprender a dar un paso atrás y limitarse a *presenciar* los pensamientos automáticos y los patrones reactivos, sin juzgarlos. La práctica asidua de la meditación puede ayudarnos a ser cada vez más libres de los patrones automáticos de la mente en vez de permanecer atrapados en ellos.

¿Cómo contribuye la meditación a lograr esta libertad? En pocas palabras, se puede decir que es porque permite una ampliación o «expansión» de la *conciencia*. La conciencia puede definirse como un estado puro, *no condicionado*, que uno puede experimentar en lo profundo de sí mismo. Existe «por debajo» o antes de los patrones condicionados de reactividad mental y emocional que hemos aprendido a lo largo de la vida. Esta conciencia no condicionada está siempre disponible para nosotros, pero la mayor parte de las veces aparece nublada por un caudal incesante de cháchara mental y reacciones emocionales que conforman nuestra experiencia ordinaria, de cada momento. La conciencia despejada que subyace a nuestros pensamientos y sentimientos solamente puede empezar a resurgir cuando nos aquietamos mucho; cuando estamos *dispuestos a «solamente ser», a observar nuestra experiencia interior en el momento presente sin juzgarla y sin esforzarnos por hacer nada.*

Cuando experimentamos este estado de conciencia incondicionado, tan solo sentimos una profunda sensación de paz. De este espacio de paz interior pueden surgir otros estados no condicionados, como amor incondicional, sabiduría, comprensiones profundas y alegría. En sí mismo, este estado de paz interior no es algo que necesite desarrollarse. Nacimos con él. Siempre está ahí, muy dentro de nosotros. Podemos descubrirlo si nos limitamos a permanecer quietos y callados el tiempo suficiente para *permitir que pueda* emerger. La práctica de la meditación es la manera más sencilla y directa de hacer esto.

La meditación nos permite expandir la conciencia hasta el punto en que llega a ser más grande —o espaciosa— que nuestros pensamientos de miedo o nuestras reacciones emocionales. Tan pronto como la conciencia es mayor que el miedo, este ya no nos reclama, sino que podemos permanecer fuera de él —en nuestra mente— y limitarnos a *presenciarlo*. Es como si estuviéramos identificados con una parte de nuestro ser interior que es mayor que la parte que está constreñida por los pensamientos de miedo. A medida que continuamos con la práctica de la meditación y ampliamos nuestra conciencia, se hace más fácil observar de forma permanente el flujo de pensamientos y sentimientos que conforman la propia experiencia; tenemos menos tendencia a quedarnos «pegados» a ellos o a perdernos en ellos.

Puede ser que te preocupe el hecho de que incrementar tu capacidad de observar tus pensamientos y sentimientos te divida internamente en lugar de conectarte más contigo mismo. De hecho, sucede lo contrario. Son tus pensamientos reactivos y tus patrones emocionales condicionados los que tienden a alejarte de tu propio centro —a llevarte lejos de tu ser interior profundo y hacia lo que se ha denominado popularmente «viajes de la mente» o «dramas personales»—. Practicar la meditación es cultivar una mayor autointegración y plenitud. A medida que uno profundiza en su conciencia y la expande, empieza a estar más en contacto consigo mismo. Aún tienen lugar pensamientos y sentimientos reactivos, pero ya no poseen la misma fuerza de arrastrar consigo a la persona. Uno es más libre para disfrutar realmente de la vida, porque no se queda tan enganchado a los estados de ansiedad, preocupación, enojo, culpa, vergüenza, pena, etc. —o pasa menos tiempo encadenado a ellos—. Uno es capaz de reconocer su reacción, permitir que tenga lugar y soltarla. La propia consciencia interior se vuelve lo suficientemente espaciosa como para permitirnos observar un pensamiento de preocupación, para después tomar medidas si es razonable actuar o bien optar por dejar que el pensamiento se vaya si no se trata de una idea razonable. Así comenzamos a tener más posibilidades de elección en cuanto a lo que pensamos y experimentamos. No nos sentimos tan dispersos a causa de la interminable cascada de pensamientos y sentimientos reactivos que a menudo nos invade. Si bien estos pensamientos y sentimientos siguen teniendo lugar, la *relación* que tenemos con ellos es diferente. La conciencia interior se vuelve lo suficientemente amplia como para permitirnos presenciarlos y aceptarlos con mayor facilidad en lugar de dejarnos llevar por ellos.

LOS BENEFICIOS DE LA MEDITACIÓN

La meditación se popularizó por primera vez en Estados Unidos a mediados de los años sesenta por medio de la meditación trascendental. En ella, un instructor selecciona un mantra (palabra, frase o sonido) sánscrito, como «*Om Shanti*» o «*So Hum*». A continuación, se le indica a la persona que repita el sonido mentalmente mientras está sentada con la espalda recta en un lugar tranquilo. La persona debe concentrarse totalmente –pero sin forzarse– en el mantra mientras permite que cualquier distracción cruce por su mente.

En la década de los setenta, Herbert Benson estudió la meditación trascendental y publicó los resultados de sus investigaciones en su famoso libro *The Relaxation Response*. Desarrolló su propia versión de la meditación, que implicaba repetir mentalmente la palabra *uno* a cada exhalación. Documentó una serie de efectos fisiológicos de la meditación:

- Descenso de la frecuencia cardíaca.
- Reducción de la presión arterial.
- Disminución del consumo de oxígeno.
- Reducción de la tasa metabólica.
- Reajuste de la concentración de ácido láctico en la sangre (asociada con la reducción de la ansiedad).
- Aumento del flujo sanguíneo de los antebrazos y la temperatura de las manos.
- Incremento de la resistencia eléctrica de la piel (asociada con la relajación profunda).
- Aumento de la actividad de las ondas alfa del cerebro (también asociada con la relajación).

Benson estableció que los beneficios positivos de la meditación no eran exclusivos de la meditación trascendental, y que no era necesario un mantra seleccionado individualmente. Su propio método de respiración basado en contar «uno» obtenía los mismos efectos fisiológicos. Se refirió al estado de profunda relajación fisiológica inducido por la meditación como la «respuesta de relajación».

Desde los tiempos del trabajo de Benson, una considerable cantidad de investigación sobre los beneficios a largo plazo de la meditación ha establecido que *puede alterar los rasgos de personalidad, comportamientos y actitudes*. Si se padece un trastorno de ansiedad, la meditación puede romper los patrones mentales obsesivos y ayudar a reestructurar los pensamientos de forma más productiva. (La meditación asidua tiene un mayor impacto en los patrones mentales repetitivos que la práctica de la relajación muscular progresiva, que está más dirigida a aliviar la tensión muscular).

Se ha constatado en repetidas ocasiones que la meditación reduce la ansiedad y la preocupación crónicas. A menudo, la dosis de tranquilizantes u otros medicamentos se puede reducir gracias a la práctica diaria. Otros de sus beneficios a largo plazo son los siguientes:

- Estado de alerta más aguzado.
- Aumento del nivel de energía y la productividad.
- Menor autocrítica.
- Mayor objetividad (capacidad de ver las situaciones sin juzgarlas).
- Menor dependencia respecto del alcohol, las drogas recreativas y los medicamentos.
- Mayor accesibilidad a las emociones.
- Mayor autoestima y sentido de identidad.

En las décadas de los ochenta y los noventa, Jon Kabat-Zinn, un destacado maestro en el campo de la meditación, llevó a cabo una amplia investigación sobre esta como método de gestión del estrés. Por medio de un enfoque de la meditación que denominó *mindfulness*, elaboró un programa integral de gestión del estrés conocido como «reducción del estrés basada en el *mindfulness*», que se ha enseñado en universidades y clínicas de todo Estados Unidos. El término *mindfulness*, a menudo traducido al español como 'atención plena', se refiere a la actitud básica de todas las formas de meditación: atestiguación silenciosa de la corriente continua de la propia experiencia interna, con total aceptación y sin juicios. Algunas personas prefieren las denominaciones *mindfulness* o *atención plena* porque remiten a un concepto puramente psicológico, que no tiene las connotaciones orientales de la palabra *meditación*. Dos libros populares de Kabat-Zinn, *Full Catastrophe Living* y *Wherever You Go, There You Are*, han tenido mucha influencia a la hora de traer la meditación o la práctica del *mindfulness* a la sociedad.

Más recientemente, la práctica de la meditación se ha mostrado eficaz para prevenir las recaídas en personas que han experimentado tres o más episodios de depresión seria, como señalan Zindel Segal, Mark Williams y John Teasdale en *Terapia cognitiva de la depresión basada en la nueva consciencia plena*. Es una de las pocas intervenciones, aparte de la medicación, que se ha demostrado empíricamente que ayudan a prevenir la recurrencia de la depresión. En la actualidad, muchos médicos y psicoterapeutas acuden a la práctica de la meditación y del *mindfulness* como un complemento para el tratamiento de una amplia variedad de problemas físicos y psicológicos. En resumen, la práctica de la meditación y del *mindfulness* constituye un potente recurso psicológico para calmar la mente. A pesar de que tiene sus orígenes en ciertas tradiciones espirituales, no hay que adoptar ninguna perspectiva espiritual en particular con el fin de practicar la meditación y beneficiarse de ella.

TIPOS DE MEDITACIÓN

Hay dos grandes tipos de meditación: la que se basa en la concentración y la que no lo hace. A veces, esta distinción se expresa como meditación *estructurada* y *no estructurada*. El enfoque basado en la concentración enfatiza concentrar la atención de forma sostenida, durante la meditación, en un objeto en concreto. Cada vez que la mente comienza a vagar durante una sesión de meditación, se lleva la atención de vuelta hacia ese objeto. Por ejemplo, la persona puede concentrarse en una palabra en particular, que repite una y otra vez, como *uno*, *ahora* o *relax*. Otra forma muy popular y ampliamente practicada de meditación basada en la concentración consiste en centrarse en la respiración. Al meditar, uno solo tiene que llevar su atención al ciclo de la respiración, experimentando la inhalación o la exhalación, preferiblemente en el abdomen.

El enfoque no basado en la concentración, o no estructurado, de la meditación no limita la atención a un objeto en particular, sino que el contenido total de la experiencia —todo aquello que surja en la conciencia— se convierte en el objeto de atención. El practicante solamente es testigo de cualesquiera pensamientos, sentimientos, deseos o sensaciones físicas que experimente, sin resistirse a ello o juzgarlo en modo alguno. Pone toda su atención en ello, de tal manera que es consciente del momento presente y de todo lo que contiene su experiencia actual, sin ningún juicio.

El término *mindfulness* (o *atención plena*) se utiliza a veces para referirse al tipo de meditación no basado en la concentración, ya que *mindfulness* significa prestar atención deliberada a lo que sea que surja en el momento presente, sin juzgarlo (Kabat-Zinn, 2005). A los efectos de este capítulo, el *mindfulness* se entiende más como una actitud, postura o acercamiento que puede adoptarse en el contexto de cualquier forma de meditación, ya sea de tipo estructurado o no estructurado. Por ejemplo, uno puede mantener una actitud consciente hacia los pensamientos, sentimientos y sensaciones que surgen en su experiencia mientras se centra en la respiración o en una palabra concreta. El *mindfulness* es una postura de aceptación y no juicio que se puede asumir en cualquier tipo de meditación y, de hecho, en cualquier momento en relación con la experiencia que tiene lugar fuera del ámbito de la meditación. La meditación es un proceso deliberado al que uno dedica un tiempo específico, mientras que el *mindfulness* es una postura, enfoque o actitud que se puede adoptar en la práctica de la meditación o en la totalidad de la experiencia de vigilia.

APRENDER A MEDITAR

Aprender a meditar es un proceso que implica al menos tres etapas distintas:

1. La actitud correcta.
2. La técnica correcta.
3. El cultivo del *mindfulness*.

La *actitud correcta* es una mentalidad o actitud mental que uno lleva a la meditación. Requiere tiempo y compromiso desarrollarla. Afortunadamente, la práctica de la meditación en sí ayuda a aprender la actitud correcta. La *técnica correcta* implica aprender métodos específicos de sentarse y enfocar la conciencia que facilitan la meditación. El *cultivo del mindfulness* es el proceso de hacer un cambio fundamental en la relación de uno con su propia experiencia interior. Consiste en desarrollar un «observador interior» libre de prejuicios dentro de uno mismo que permite a la persona solamente presenciar en lugar de reaccionar ante los avatares de la existencia cotidiana.

La actitud correcta

La actitud con que uno aborda la práctica de la meditación tiene una importancia capital. De hecho, cultivar la actitud correcta *forma parte de la práctica*. El éxito y la capacidad de perseverar en la meditación vendrán en gran parte determinados por la forma de abordarla. Los siguientes ocho aspectos de la actitud correcta se basan en los escritos de Kabat-Zinn, muy recomendables si uno se toma en serio la práctica asidua de la meditación.

Mente de principiante

El hecho de observar la propia experiencia inmediata, continua, sin juicios, prejuicios o proyecciones se denomina a menudo *mente de principiante*. En esencia, se trata de percibir algo con la frescura con que lo haríamos si lo estuviéramos viendo por primera vez. Se trata de ver —y aceptar— las cosas como realmente son en el momento presente, sin el velo de las propias suposiciones o juicios acerca de ellas. Por ejemplo, la próxima vez que estés en presencia de alguien conocido, trata de verlo, en la medida de lo posible, como realmente es, dejando de lado tus sentimientos, pensamientos, proyecciones o juicios respecto a esa persona. ¿Cómo la verías si os estuvieseis encontrando por primera vez?

No esfuerzo

Es probable que casi todo lo que haces durante el día lo hagas con algún objetivo. Esto no se puede aplicar a la meditación. Si bien esta requiere el esfuerzo de practicarla, no tiene otro objetivo que el de «solamente ser». Cuando uno se sienta a meditar, lo mejor que puede hacer es no tener ningún objetivo en mente. No estamos *tratando* de relajarnos, tener la mente en blanco, aliviar el estrés o alcanzar la iluminación. No es necesario evaluar la calidad de la meditación en función de si se logran estos objetivos. La única intención que hay que traer a la meditación es solamente ser —observar la experiencia del «aquí y ahora» tal como es, tal vez usando la repetición de un mantra u observando la respiración para que nos ayude a enfocarnos—. Si estamos tensos, ansiosos o sentimos dolor, no debemos esforzarnos para deshacernos de estas sensaciones; en vez de esto, nos limitamos a observarlas y estar con ellas lo mejor que podamos. Permitimos que sigan siendo tal como son. Al hacerlo, dejamos de resistirnos a ellas o de luchar con ellas.

Aceptación

La aceptación es lo contrario del esfuerzo. Se cultiva a medida que se aprende a estar solamente con lo que se experimenta en el momento. La aceptación no significa que nos tenga que gustar todo lo que surja (como la tensión o el dolor, por ejemplo); únicamente significa que estamos dispuestos a estar con ello sin tratar de alejarlo. Tal vez estás familiarizado con el dicho «aquello a lo que te resistes persiste». Mientras nos resistamos a algo o luchemos contra ello, ya sea en la meditación o en la vida en general, en realidad le daremos energía y lo haremos más grande. La aceptación permite que el malestar o el problema esté sencillamente allí. Si bien puede no desaparecer, es más fácil lidiar con ello, porque dejamos de luchar con ello o evitarlo.

En la práctica de la meditación, la aceptación se desarrolla a medida que aprendemos a abrazar cada momento tal como viene, sin huir de él. Vamos descubriendo que todo lo que está allí en un momento dado cambiará pronto —más rápidamente, de hecho, que si tratamos de resistirnos a ello.

En la vida, la aceptación no significa resignarse a cómo son las cosas y dejar de tratar de cambiar y crecer. Por el contrario, la aceptación puede despejar un espacio en nuestras vidas para que podamos reflexionar con claridad y actuar apropiadamente. Liberamos energía para actuar cuando ya no estamos reaccionando ante la dificultad o luchando con ella. A veces, por supuesto, es necesario pasar por una serie de reacciones emocionales en relación con un problema antes de poder llegar a la aceptación.

No juicio

Un prerrequisito previo importante para la aceptación es el no juicio. Cuando le prestamos atención al continuo de nuestra experiencia a lo largo del día, nos damos cuenta de que con frecuencia juzgamos las cosas —las circunstancias exteriores como nuestros propios estados de ánimo y sentimientos—. Estos juicios se basan en nuestros valores y normas personales acerca de lo que es «bueno» y «malo». Si lo dudas, tómate cinco minutos para darte cuenta de cuántas cosas juzgas durante este intervalo tan corto de tiempo. Para practicar la meditación, es importante aprender no tanto a dejar de juzgar como a tomar un poco de distancia del proceso. Podemos limitarnos a *observar* nuestros juicios internos sin reaccionar a ellos, ¡y mucho menos juzgarlos! En vez de eso, cultivamos la suspensión de todo juicio y observamos todo lo que surge, incluidos nuestros propios pensamientos de juicio. Permitimos que tales pensamientos vayan y vengan, sin dejar de observar la respiración o cualquier otro objeto que hayamos seleccionado como foco para la meditación.

Paciencia

La paciencia es un pariente cercano de la aceptación y el no esfuerzo. Significa permitir que las cosas se desplieguen en su propio tiempo natural. Consiste en dejar que la práctica de la meditación sea lo que es, sin apresurarla.

Se necesita paciencia para sacar tiempo para meditar durante media hora o una hora todos los días. También se requiere paciencia para persistir en la práctica de la meditación durante días o semanas cuando no ocurre nada particularmente interesante. Ser paciente es dejar de ir deprisa. A menudo, esto significa ir contra la corriente de una sociedad acelerada, en que correr de un lugar a otro es la norma.

Gracias a la paciencia que puedes aportar a tu práctica de meditación, asegurará su éxito y permanencia. Sentarte a meditar con regularidad te permitirá desarrollar la paciencia, ya que te ayudará a cultivar todas las características que se describen en este apartado. Las actitudes que nos ayudan a desarrollar la práctica de la meditación son precisamente aquellas en que la misma práctica nos permite profundizar.

Soltar

Nuestras mentes son a menudo como los monos: nos agarramos a un pensamiento o estado emocional en particular –a veces uno que es realmente doloroso– y después no lo soltamos. Cultivar la capacidad de soltar es crucial para la práctica de la meditación, por no hablar de llevar una vida menos ansiosa. Cuando nos aferramos a cualquier experiencia, sea agradable o dolorosa, obstaculizamos nuestra capacidad de estar meramente presentes, en el aquí y ahora, sin juzgar o esforzarnos. Aprender a dejar ir las cosas va junto con aprender a aceptarlas. Soltar es una consecuencia natural de la voluntad de aceptar las cosas tal como son. Si ves que, antes de ponerte a meditar, te resulta difícil soltar cierta preocupación, puedes utilizar la meditación como un medio para ser testigo de los pensamientos y sentimientos que estás creando en torno a esa preocupación –incluido el proceso mismo de «aferrarte»–. *Cuanto más minuciosamente observes los pensamientos y sentimientos específicos que has creado en torno a un problema, con mayor rapidez podrás aumentar tu conciencia respecto a ese problema y soltarlo.* Cuando la preocupación contiene una carga emocional intensa, probablemente es mejor liberar los sentimientos por medio de hablar o escribir acerca de ellos en un diario antes de sentarse a meditar. El cultivo de todas las actitudes que se describen en este apartado será útil para el fin de soltar.

Compromiso y autodisciplina

El fuerte compromiso de trabajar sobre sí mismo, junto con la disciplina de perseverar y seguir adelante con el proceso, es esencial para establecer una práctica de meditación. Aunque la meditación es de naturaleza muy simple, no siempre es fácil practicarla. Aprender a valorar el hecho de «solo estar» y lograr tiempo para ello de forma asidua requiere compromiso en medio de una sociedad que está fuertemente orientada hacia el *hacer*. Pocos de nosotros hemos crecido con valores que apreciaran el no esfuerzo, de tal manera que aprender a detener la actividad dirigida al cumplimiento de objetivos, aunque sea solamente durante treinta minutos diarios, requiere compromiso y disciplina. El compromiso es similar al que se precisa en el entrenamiento deportivo. Un deportista que se está entrenando no practica únicamente cuando tiene ganas, cuando logra tiempo suficiente para hacerlo o cuando están presentes otras personas que le hagan compañía. El entrenamiento le exige practicar todos los días, independientemente de la forma en que se sienta o de si tiene o no alguna sensación inmediata de logro.

Para establecer una práctica de meditación, lo mejor es sentarse a meditar tanto si a uno le apetece como si no –tanto si le resulta cómodo como si no– seis o siete días a la semana, durante al menos dos meses. (Si no puedes sentarte a meditar tan a menudo al principio, conviene que no te castigues; haz lo que puedas). Es probable que resulte más fácil establecer un momento determinado del día para hacer la práctica, como a primera hora de la mañana o antes de la cena. Al cabo de dos meses, si se ha practicado con regularidad, es probable que el proceso se haya convertido en un hábito (que se halle lo suficientemente autorreforzado), lo cual hará más fácil seguir con él. La experiencia de la meditación varía de una sesión a otra: a veces sienta bien, a veces no parece tener nada de especial y otras veces resulta difícil meditar en absoluto.

Aunque la clave es no luchar por nada, un compromiso a largo plazo con la práctica asidua de la meditación va a transformar radicalmente tu vida. Sin cambiar nada de lo que te pueda estar aconteciendo, va a modificar tu relación con todo lo que experimentas, en un nivel profundo.

La técnica correcta: pautas para la práctica de la meditación

Hay una técnica para meditar de manera adecuada. El aspecto probablemente más importante es sentarse de la forma correcta, lo que significa sentarse erguido con la espalda recta, ya sea en el suelo con las piernas cruzadas o en una silla con los pies apoyados en el suelo. Parece ser que tiene lugar una cierta alineación energética dentro del cuerpo a raíz de estar sentado con la espalda recta. Esto no es tan probable que se produzca estando tumbado, aunque echarse está muy bien para otras formas de relajación —y para el ejercicio de exploración del cuerpo que se describe más adelante, en este capítulo—. También es útil relajar los músculos que estén tensos antes de meditar. Una forma de hacer esto es a través de la práctica del yoga. Antiguamente, el propósito principal de las posturas de yoga era relajar y equilibrar energéticamente el cuerpo antes de meditar. Las pautas que siguen están destinadas a ayudar a hacer que tu práctica de meditación sea más fácil y eficaz:

1. *Encuentra un entorno tranquilo.* Haz lo que puedas para reducir los ruidos y distracciones externos. Si esto no es del todo posible, reproduce una grabación que consista en sonidos suaves (instrumentales o de la naturaleza). El sonido de olas del mar también es un buen trasfondo.
2. *Reduce la tensión muscular.* Si te sientes tenso, tómate algún tiempo (no más de diez minutos) para relajar los músculos. Las posturas de yoga, si estás familiarizado con ellas, son una excelente manera de relajarse. La relajación muscular progresiva de la parte superior del cuerpo —la cabeza, el cuello y los hombros— suele ser útil (véase el capítulo 4). Si te sientes con demasiada energía o tu mente está acelerada, hacer algo de ejercicio físico te ayudará a meditar después.
3. *Siéntate correctamente.* Puedes hacerlo de dos maneras:
    - *Estilo oriental:* siéntate con las piernas cruzadas en el suelo mientras las nalgas reposan sobre un cojín o una almohada. Deja que las manos descansen sobre los muslos. Inclínate ligeramente hacia delante, de manera que algo de tu peso se vea soportado por los muslos, así como por las nalgas.

- *Estilo occidental:* siéntate en una silla cómoda, de respaldo recto, con los pies en el suelo y sin cruzar las piernas, y las manos en los muslos (las palmas pueden estar hacia abajo o hacia arriba, como prefieras).

En cualquiera de las dos posturas, mantén la espalda y el cuello *rectos*, sin forzarte para lograrlo. No estés tieso, inflexible. Si necesitas rascarte o moverte, hazlo. En general, no te recuestes o apoyes la cabeza; esto tendería a que te entrase sueño.

4. *Resérvate entre veinte y treinta minutos para meditar* (los principiantes pueden empezar con diez minutos). Puedes poner la alarma del reloj (asegúrate de que esté al alcance de tu mano) o poner un audio de fondo que dure ese tiempo para saber que la meditación ha concluido. Si te sientes más cómodo teniendo un reloj a la vista para controlar la hora, también está bien. Después de haber practicado entre veinte y treinta minutos diarios durante varias semanas, puedes probar a meditar hasta una hora.

5. *Convierte el hecho de meditar todos los días en una práctica asidua.* Incluso si meditas solamente durante cinco minutos, es importante que lo hagas a diario. Lo ideal es meditar siempre a la misma hora. Lo óptimo es hacerlo dos veces al día; lo mínimo, una vez al día.

6. *No medites con el estómago lleno.* Es más fácil meditar si no se hace con el estómago lleno o cuando se está cansado. Si no puedes antes de alguna de las comidas, al menos espera a hacerlo media hora después de comer.

7. *Elige un foco de atención.* Allí donde los meditadores enfocan más habitualmente la atención es el propio ciclo de la respiración o un mantra. Los ejercicios de meditación estructurada que se exponen a continuación utilizan ambas técnicas. Otros focos habituales de meditación son imágenes, música repetitiva, cantos o un objeto sagrado.

8. Durante la meditación, por lo general es útil *cerrar los ojos* con el fin de reducir las distracciones externas. Algunas personas, sin embargo, prefieren mantener los ojos ligeramente abiertos –lo suficiente como para ver los objetos externos indistintamente–. Esto puede reducir la tendencia a distraerse con lo interno –pensamientos, sentimientos y ensoñaciones–. Prueba a mantener los ojos un poco abiertos si tienes problemas con estas formas de distracción.

9. Durante la meditación, encontrarás que te distraen a menudo pensamientos, emociones y sensaciones corporales extraños. Cuando esto ocurra, no te juzgues a ti mismo. Limítate a volver a llevar suavemente tu atención a lo que sea que hayas elegido como foco. Si un pensamiento o emoción desagradable intenta captar tu atención, trata de recordarte a ti mismo: «Esto es solo un pensamiento» o «Esto es solo una emoción». Limítate a estar presente con el pensamiento o la emoción, sin entrar en ello. Finalmente, eso cambiará y pasará. Buenas preguntas que puedes hacerte de vez en cuando son: «¿Puedo ser solamente el espacio para lo que sea que aparezca?» y «¿Puedo limitarme a estar completamente presente con esto?».

10. La distracción, el aburrimiento, la inquietud, la somnolencia y la impaciencia son reacciones habituales durante la meditación. Cuando estos estados aparecen, limítate a advertirlos, permíteles ser como son y después vuelve a estar completamente presente en el momento.
11. Cuando hayas terminado con tu práctica del día, abre los ojos suavemente (si los has tenido cerrados) y estira el cuerpo. Observa cómo te sientes, pero tanto si la sensación es positiva como negativa, no la juzgues. Si te sientes bien después de la práctica, evita tener la expectativa de que tu próxima práctica debe irte igual. Permite que cada sesión sea una experiencia única en sí misma.

En última instancia, la práctica de la meditación no tiene ningún otro objetivo que el de ser, el de estar plenamente consciente en el momento presente. De todos modos, un beneficio importante de la práctica asidua de la meditación es el cultivo del *mindfulness*: la capacidad de dar un paso atrás y observar el flujo continuo de la experiencia interior sin quedar atrapado en ella.

Es poco probable que seamos conscientes de la facilidad con que se distrae la mente hasta que nos sentamos a meditar por primera vez. Al principio, usar técnicas de meditación estructurada aumenta la capacidad de concentración; más tarde se pueden soltar estas formas y centrarse más directamente en la mera observación de la corriente continua de la experiencia.

El cultivo del mindfulness: ejercicios de meditación

El *mindfulness* consiste en prestar atención a lo que venga en el momento presente de la experiencia sin juzgarlo. Consiste en ser testigo de la experiencia inmediata tal como es, sin tratar de cambiarla, reaccionar a ella o interferir en ella. Una buena manera de apreciar el *mindfulness* es darse cuenta de que abarca todas las actitudes que se describen en el apartado sobre la actitud correcta: no esfuerzo, aceptación, no juzgar, mente de principiante, paciencia, soltar, compromiso y autodisciplina. El *mindfulness* no es algo que haya que esforzarse mucho por alcanzar. De hecho, si nos esforzamos en conseguirlo, tenderá a eludirnos. Es por medio de relajarnos, soltar y limitarnos a observar el flujo continuo de la experiencia sin juzgarla como empezamos a experimentar lo que es el *mindfulness* en realidad. Las palabras no pueden enseñar, ni de lejos, el significado del *mindfulness* tan bien como la experiencia directa.

En última instancia, el *mindfulness* puede cambiar de forma profunda la manera en que afrontamos el miedo y el dolor. A medida que la práctica se fortalece, se puede aprender a relajarse y permanecer presente incluso cuando el miedo y el dolor transitan por el momento actual.

Los siguientes ejercicios de meditación han sido inspirados por Jon Kabat-Zinn, Jack Kornfield y otros maestros de meditación. Derivan de las prácticas básicas que han realizado los estudiantes de meditación desde hace muchos siglos. Varios de los ejercicios aquí descritos ponen énfasis en mantener la concentración en el ciclo de la respiración —traemos la atención de nuevo a la respiración cada vez que nos distraemos—. Probablemente, es mejor hacer los ejercicios por orden. Una vez que se tiene algo de experiencia con la meditación, se puede elegir el ejercicio preferido. La «meditación caminando» puede hacerse por sí misma o como pausa dentro de un largo período de meditación sentado.

Ejercicio de meditación básica

1. Siéntate en una postura cómoda pero con la espalda erguida, con los pies apoyados en el suelo. Concéntrate en la respiración mientras respiras lentamente desde el abdomen durante diez minutos. Deja que las sensaciones de la inhalación y la exhalación constituyan el objeto de tu atención.
2. Si la mente se distrae del enfoque en la respiración, permite que lo haga sin juzgarla. Después, suavemente, vuelve a llevar la atención a la respiración. Haz esto tantas veces como sea necesario. Intenta concentrarte en el ciclo de la respiración de manera relajada, sin forzar.
3. Si ves que te distraes con frecuencia, acude al ejercicio de relajación por medio de la respiración que se explica en el capítulo 4 durante cinco minutos diarios, hasta que hayas dominado la técnica. Después, utilízala para reducir el auge de los síntomas del pánico cuando empieces a percibir su aparición.
4. Comienza por practicar este ejercicio durante diez minutos y aumenta la duración de forma progresiva, hasta llegar a los treinta. Puede serte útil programar una alarma o ponerte una música de meditación que dure treinta minutos para saber que el tiempo de práctica ha concluido.

Sentir el cuerpo durante la meditación

1. Para empezar, enfócate en la respiración. Después, expande tu atención para que incluya la conciencia de todo tu cuerpo. Céntrate especialmente en los brazos y las piernas, así como en la respiración. Cuando tu atención divague, vuelve a enfocarla en los brazos y las piernas.
2. Como en el ejercicio anterior, no te juzgues cuando tu mente deambule. Cada vez que te descubras distraído, vuelve suavemente a centrarte en los brazos, las piernas y la respiración. Al principio, puede ser que necesites hacer esto muchas veces. Con la práctica, tu concentración debería mejorar.
3. Empieza practicando este ejercicio durante diez minutos, y aumenta la duración paulatinamente hasta llegar a los treinta.

Ser testigo de tus pensamientos y emociones

1. Cuando te sientas cómodo con los dos ejercicios anteriores, permite que tu conciencia se expanda hasta incluir tus pensamientos y emociones/sentimientos.

2. Limítate a observar tus pensamientos y emociones/sentimientos mientras aparecen y se van, de la misma manera en que verías pasar los coches o las hojas flotando río abajo. Permite que cada nuevo pensamiento o emoción sea un nuevo objeto del que ser testigo.
3. Si te quedas «atrapado» en emociones o reacciones durante este proceso, observa que te has atascado y permite que eso pase.
4. Advierte la impermanencia de tus pensamientos y emociones. Tienden a acudir e irse rápidamente, a menos que prolongues la estancia de alguno por medio de «agarrarte» a ello.
5. Si ciertos pensamientos siguen regresando, permite que lo hagan. Permanece observando cómo lo hacen, hasta que acaben por no presentarse más.
6. Si percibes emociones de inquietud, impaciencia, irritabilidad o «querer acabar de una vez [con esta práctica]», limítate a observar estas emociones sin juzgarlas y permite que pasen.
7. Si aparecen emociones de miedo, ansiedad, enojo, tristeza o depresión, no te sumerjas *en* ellas. Permanece *con* ellas, regresando al enfoque en la respiración, hasta que pasen. Descubrirás que permanecer con tu respiración te ayuda a no implicarte.
8. Cada vez que sientas que te estás quedando atascado en un pensamiento o reacción emocional, regresa a centrarte en tu respiración, brazos y piernas. Si ves que te has distraído especialmente, prueba a contar tus respiraciones hacia atrás a partir de veinte; resta un número con cada exhalación. Repite este proceso hasta que te sientas más centrado.
9. Cuando empieces con la práctica de ser testigo de tus pensamientos y sentimientos, comienza con períodos cortos de práctica y aumenta el tiempo progresivamente hasta llegar a treinta minutos diarios.

Observar todo lo que acude a la conciencia

Permítete observar, sin juzgarlo, todo aquello que pase por tu conciencia: pensamientos, reacciones, sensaciones físicas de incomodidad, impaciencia, inquietud, adormecimiento, comodidad, relajación… Permite que cada aspecto de tu experiencia emerja y pase, sin prestar una especial atención a ninguno de ellos. Siempre que te atasques en un determinado pensamiento o reacción, regresa al objeto de meditación que hayas elegido —un mantra, una vela o tu ciclo de la respiración—. Permanece con tu respiración como tu principal foco de atención. Practica la aceptación y el no juicio hacia lo que ocurra en tu experiencia mientras permaneces sentado. Procura que la duración de la práctica llegue a ser de treinta minutos diarios.

Meditación caminando

1. En la privacidad de tu hogar, dedica cinco minutos a caminar lentamente, con conciencia. Puedes caminar hacia delante y hacia atrás o en círculos.

2. Recuerda, mientras caminas, que no estás intentando llegar a ninguna parte; tan solo estás poniendo toda tu atención en el proceso de caminar en sí mismo.
3. Permanece plenamente presente con cada paso que des. Céntrate en las sensaciones que sientes en los pies, tobillos, pantorrillas, rodillas y muslos a medida que tus piernas se mueven lentamente en cada paso. Ve tan lento como quieras con el fin de permanecer centrado en la práctica.
4. Si tu atención divaga entre pensamientos, reacciones u otras distracciones, permite que lo haga sin juzgarla. Después vuelve a llevar tu atención a las sensaciones que experimentes en las piernas y en los pies mientras caminas lentamente.
5. Empieza practicando esta meditación durante cinco minutos y aumenta la duración progresivamente, hasta llegar a los quince.

La práctica asidua de cualquiera de estos ejercicios te ayudará a establecer las bases para el desarrollo del *mindfulness* como forma de vida. Empezar con una práctica de meditación es sencillo; seguir con ella requiere un compromiso extra, como se explica en el siguiente apartado.

MANTENER UNA PRÁCTICA DE MEDITACIÓN

Ya hablé de la motivación, el compromiso y la autodisciplina necesarios para implicarse en una práctica de meditación en el apartado dedicado a la actitud correcta. Aprender a meditar puede compararse con aprender un deporte como el béisbol, el tenis o el golf. Es necesaria una cantidad significativa de tiempo de entrenamiento antes de llegar a dominar la técnica. En el caso de la meditación, esto implica el compromiso de sentarte también en esos días en que no te apetece o cuando hacerlo sea un inconveniente. Reservarte una hora fija al día para practicar durante un período de entre treinta minutos y una hora hace que esto sea más fácil. Los mejores momentos son generalmente a primera hora de la mañana al despertar o por la noche antes de acostarse, siempre y cuando no se esté demasiado cansado. Otros buenos momentos serían antes del almuerzo o la cena o en un descanso laboral. Al reservarte un tiempo fijo, forjas un espacio para la meditación en tu vida.

Además del propio compromiso personal y la autodisciplina, hay varias acciones que pueden apoyar en gran medida la práctica. Probablemente, lo que más ayuda es encontrar una clase o grupo local que medite regularmente. Por ejemplo, en muchos sitios se ofrecen programas de meditación trascendental. Gozar del apoyo de un grupo con el que meditar regularmente contribuye a mantener la motivación en esos momentos en los que parece difícil seguir con la práctica diaria. En algunas zonas es posible contar con la fortuna de estar cerca de un maestro experto en la teoría y la práctica de la meditación.

También hay excelentes libros y audios que pueden apoyar la práctica. El libro de Jeffrey Brantley *Calmar la ansiedad* explora específicamente cómo la práctica de la meditación puede ser de ayuda a la hora de lidiar con la ansiedad, el miedo y la preocupación.

Preocupaciones habituales que pueden surgir

Al comprometerte a meditar con regularidad, pueden surgirte muchas preguntas y preocupaciones. Las siguientes se basan en una lista compilada en el libro mencionado de Jeffrey Brantley:

- *No tengo tiempo para meditar.* Por lo general, cuando dices que no tienes tiempo para algo, significa que no estás considerando que sea una prioridad lo bastante alta como para concederle tiempo. Es probable que la meditación y la atención plena o *mindfulness*, si los practicas regularmente, vayan transformando poco a poco tu vida y tu capacidad de gestionar la ansiedad. La pregunta que tienes que responder es qué prioridad estás dispuesto a darle a la meditación. ¿Hasta qué punto estás dispuesto a comprometerte a ofrecerle un espacio constante en tu vida?

- *La meditación es demasiado aburrida.* A veces, la meditación puede ser aburrida. Esto es de esperar. La pregunta en este caso es si tienes expectativas poco razonables acerca de lo que debería ser la meditación. Si estás en actitud de *mindfulness*, la solución al aburrimiento es presenciar atentamente tu estado de aburrimiento cuando se presente. Si lo investigas cuidadosamente, podrás aprender algunas cosas sobre él. Por ejemplo, el aburrimiento normalmente contiene un diálogo interno y unos juicios negativos específicos. Por medio de investigar con atención los pensamientos y reacciones relacionados con el estado de aburrimiento para ver qué hay ahí –en lugar de limitarte a reaccionar–, puedes encontrarte menos aburrido.

- *Cuando me siento quieto y medito, experimento aún mayor ansiedad.* ¿Es realmente la meditación lo que te hace estar más ansioso? ¿O es posible que al detenerte y permanecer sentado empieces a ser más consciente de la ansiedad que ya estaba presente? Cuando no estás distraído, es probable que cualquier ansiedad que estuviera tapada por la distracción salga a la luz. Ahora tienes la oportunidad de *trabajar* con tu ansiedad en lugar de *huir* de ella o tratar de evitarla de alguna otra manera. Al aceptar tu ansiedad –y al convertirla en el objeto de tu atención y conciencia– tienes la oportunidad de cambiar la forma en que te relacionas con ella. Tienes la oportunidad de estar con ella hasta que pase. Puedes permitir que tu mente se vuelva lo suficientemente amplia como para contenerla, en lugar de reaccionar. Una de las formas más importantes en que la práctica de la meditación puede ayudarte a lidiar mejor con la ansiedad es por medio de entrenarte en *aceptar* los estados de ansiedad en lugar de tratar de huir de ellos. Cuanto más aprendas a aceptar la ansiedad y a trabajar con ella a medida que surja, menos será un enemigo que estarás tratando de combatir. En última instancia, cuanto menos luches contra la ansiedad, más fácil te será tratar con ella. Así que si experimentas mayor ansiedad durante la meditación, limítate a estar con ella y permite que tenga lugar. Aprenderás toda una nueva forma de hacer frente a la ansiedad y la preocupación al hacer esto.

- *Siento demasiada ansiedad y agitación como para meditar.* ¿Y si la práctica de la atención plena no parece ayudarte a calmarte? ¿Y si sigues sintiéndote muy agitado y distraído después de diez minutos o más de meditación? Si esto es así, tu cuerpo puede estar demasiado cargado como para sentarse y permanecer quieto. Lo mejor que puedes hacer es algo físico. Prueba a practicar algún tipo de ejercicio aeróbico (consulta el capítulo 5) o dedica veinte minutos a hacer una secuencia de posturas de yoga. Después de haber descargado el exceso de energía del cuerpo, trata de sentarte de nuevo a meditar.
- *No tengo la disciplina necesaria para meditar con regularidad.* Si bien el objetivo es meditar los siete días de la semana, es posible que al principio te veas incapaz de hacerlo. No trates de ser perfecto; basta con que hagas lo que puedas. A medida que continúes con la práctica, comenzarás a experimentar algunos de los beneficios de la meditación y tal vez encontrarás la motivación para seguir haciéndola cada día. Es cierto que la práctica de la meditación requiere disciplina, al igual que aprender a tocar el piano o dominar un deporte. Es necesario que establezcas contigo mismo el compromiso de practicar con regularidad si vas a seguir meditando a largo plazo. Sin embargo, no te fustigues si al principio no puedes practicar todos los días. Haz lo que puedas. Lee libros, escucha audios o, lo mejor de todo, encuentra un grupo local que se siente regularmente a meditar. Todo esto te ayudará a mantener la motivación de practicar con regularidad.

MEDITACIÓN Y COMPASIÓN

Un aspecto importante del desarrollo de la capacidad de observar la mente es llevar la *compasión* a la observación. Puede que no sea suficiente aprender solamente a observar los pensamientos y sentimientos reactivos. Si no se cultiva la compasión hacia la reactividad, puede permanecerse en guerra con ella. Llevar compasión y corazón a la autoobservación es comenzar a hacer las paces consigo mismo.

Muchas personas, especialmente si son perfeccionistas, se tratan a sí mismas como si fueran un sargento duro que está disciplinando a un nuevo recluta. ¿Te parece exagerado? Obsérvate y date cuenta de cuánto tiempo dedicas a criticarte a ti mismo, a contenerte o a presionarte y conducirte a hacer lo que realmente no quieres hacer. Cuando no estás presionándote o criticándote, es posible que caigas en una postura más pasiva, de miedo o de sentirte una víctima. Tu mente parte del miedo para asustarte constantemente con pensamientos del tipo «¿y si ocurre esto?», «¿y si ocurre aquello?». Cuando caes en la actitud de víctima, puedes deprimirte diciéndote: «Esto no sirve de nada», «Es inútil», «Esto es una causa perdida». Tan pronto como comienzas a sentirte menos deprimido, tu perfeccionismo puede mantenerte en la cinta de correr incitándote los «debería...», «debo...», «tengo que...». Observa hasta qué punto te criticas, asustas, deprimes o presionas a ti mismo y aprenderás bastante sobre tu mente. Por desgracia, toda la terapia cognitiva del mundo no te va a ayudar si básicamente permaneces en guerra contigo mismo.

El cultivo de la compasión en estado de autoobservación es fundamental para cambiar tu relación contigo mismo. La compasión te permite alejarte del juicio, la crítica e incluso el desprecio y encaminarte hacia la tolerancia, la aceptación y el amor. La compasión depende de la aceptación de sí mismo y del resto del mundo tal como es, una actitud que puede cultivarse por medio de la práctica de la meditación. Vivir con las propias limitaciones y abrazar la propia humanidad es algo que se puede aprender. Para una visión más detallada del papel de la compasión en la meditación, consulta el libro *Camino con corazón*, de Jack Kornfield.

MEDITACIÓN Y MEDICAMENTOS

Pocos libros, si es que hay alguno, abordan la cuestión de cómo los medicamentos afectan a la experiencia de la meditación. Algunos programas formales de capacitación en la meditación, como la meditación trascendental, solicitan que los principiantes prescindan de todos los medicamentos no esenciales antes de aprender a meditar. Mi observación es que distintos medicamentos afectan a las personas de distintas maneras. Pero pueden hacerse dos generalizaciones:

1. Los benzodiacepínicos, como Xanax, Ativan o Klonopin, parecen aumentar la distracción, lo que hace más difícil concentrarse durante la meditación. Se ha descubierto que las benzodiacepinas tienden a incrementar la actividad de las ondas beta en el cerebro (se trata de ondas rápidas, no sincrónicas, asociadas con el pensamiento) y mitigan la capacidad de entrar en los estados cerebrales alfa (las ondas alfa son sincrónicas y se asocian con los estados de relajación, así como con la meditación). Aunque ciertamente no es imposible meditar mientras se está tomando un medicamento benzodiacepínico, puede ser que resulte algo más difícil.
2. Los antidepresivos ISRS, como Prozac, Zoloft, Paxil o Celexa, no parecen impedir la meditación a la mayoría de la gente. Ahora bien, hay algunas personas que afirman que les resulta más difícil meditar si toman un medicamento ISRS. Por el contrario, hay otras que encuentran más fácil meditar después de tomar un ISRS, porque se sienten más tranquilas y menos sujetas a pensamientos y sentimientos intrusivos. En general, parece que estos fármacos no constituyen un obstáculo importante al cultivo de la práctica de la meditación.

Es difícil encontrar información sobre los efectos de los antidepresivos tricíclicos (como la imipramina o la nortriptilina) u otros medicamentos ansiolíticos, como Neurontin, Gabitril o BuSpar, sobre la meditación. Es posible evaluar sus efectos por medio de reducir la dosis durante unos días en que se medite y reanudar después la dosis normal. Consulta con el médico que te ha recetado la medicación antes de hacer esto.

CONCLUSIÓN

El propósito de este capítulo ha sido presentar la práctica de la meditación como una estrategia adicional que se puede utilizar para ayudar a lidiar mejor con la ansiedad, el miedo y la preocupación. Aunque la meditación es una estrategia de afrontamiento de gran alcance, de ninguna manera reemplaza a ninguno de los otros métodos para hacer frente a la ansiedad y el miedo que se exponen en este libro. La respiración abdominal, el ejercicio, el trabajo con el diálogo interno atemorizante, hacer frente a los temores a través de la exposición, mantener una buena nutrición, afrontar los problemas de salud que pueden agravar la ansiedad, trabajar con la asertividad y la autoestima y, por último, apoyarse en la medicación si es necesario, todo ello son herramientas que pueden ser muy útiles para recuperarse de la ansiedad, al igual que lo es la meditación. En última instancia, te toca a ti descubrir por ti mismo qué papel va a jugar la meditación en tu camino de superación de la ansiedad. Puedes descubrir que se trata de una herramienta bastante potente, si consigues tiempo para practicar todos los días y perseveras a largo plazo.

Ten en cuenta que el «éxito» en la meditación consiste en llevarla a cabo. Cuanto más a menudo la practiques, más rápidamente entrenarás tu mente para que sea menos reactiva, más estable y más capaz de observar. Estarás entrenándola para que tenga la capacidad de tomar cada momento como venga, sin valorar cualquiera de ellos por encima de cualquier otro. Trabajar regularmente con la resistencia de la mente forja fuerza interior. La práctica asidua de la meditación fomenta el desarrollo de las mismas actitudes que ayudan a facilitar la práctica al principio: la aceptación, la paciencia, el no juicio, el soltar y la confianza.

RESUMEN DE COSAS POR HACER

1. Para comenzar una práctica de meditación, sigue las instrucciones que se ofrecen en este capítulo en el apartado «La técnica correcta: pautas para la práctica de la meditación», durante la primera o las dos primeras semanas. Puedes empezar con períodos de meditación de diez minutos y aumentar progresivamente la duración hasta los treinta minutos. Comprométete contigo mismo a practicar todos los días. Lo mejor es encontrar un momento del día y un lugar específicos para la práctica, en que estés libre de distracciones. Repasa el apartado «La actitud correcta» para ayudarte a cultivar el enfoque adecuado en relación con tu práctica.

2. Después de una semana o dos –o cuando sientas que estás más familiarizado y cómodo con la meditación–, realiza los ejercicios que se exponen en el apartado «El cultivo del *mindfulness*». Practica uno solo cada vez y haz toda la secuencia para determinar qué ejercicio o ejercicios prefieres realizar. Cuando hayas dedicado un tiempo a practicar cada uno de ellos, empezarás a tener claro cuál es tu estilo preferido.

3. Para contar con apoyo en tu práctica, encuentra una clase o grupo que medite regularmente. Si no tienes ninguno cerca, puedes trabajar con audios de meditación y leer

algunos de los libros sobre meditación que figuran a continuación; quizá sea oportuno que empieces por los de Brantley, Kabat-Zinn, Kornfield y Goldstein.

PARA SABER MÁS
Libros

Brantley, Jeffrey. *Calmar la ansiedad: descubre cómo el* mindfulness *puede liberarte del miedo y de la angustia*. Editorial Oniro. Barcelona, 2010.

Goldstein, Joseph. *Insight Meditation*. Shambhala. Boston, 2003.

_____. *Mindfulness: una guía práctica para el despertar espiritual*. Editorial Sirio. Málaga, 2015.

Harp, David y Nina Feldman. *The Three-Minute Meditator*. Quinta edición. New Harbinger Publications. Oakland (California), 2007.

Kabat-Zinn, Jon. *Full Catastrophe Living.* Delta. Nueva York, 2005.

_____. *Wherever You Go, There You Are.* Edición del décimo aniversario. Hyperion. Nueva York, 2005 (los libros de Kabat-Zinn proporcionan una buena introducción a la meditación y la práctica del *mindfulness*. En español tenemos, entre otros, los dos siguientes, editados por Kairós (Barcelona): *Mindfulness para principiantes* [2013] y *Vivir con plenitud las crisis: cómo utilizar la sabiduría del cuerpo y de la mente para afrontar el estrés, el dolor y la enfermedad* [2004]).

Kornfield, Jack. *Camino con corazón: una guía a través de los peligros y promesas de la vida espiritual.* 5ª edición. La Liebre de Marzo. Barcelona, 2013.

Levine, Stephen. *Un despertar gradual*. Los Libros del Comienzo. Madrid, 1997.

Nhat Hanh, Thich. *El milagro de mindfulness*. Ed. Oniro. Barcelona, 2014.

_____. *La paz está en tu interior: prácticas diarias de* mindfulness. Ed. Oniro. Barcelona, 2012.

Salzberg, Sharon. *El corazón del mundo: la meditación budista y el secreto de la felicidad*. Ed. Oniro. Barcelona, 1999.

Segal, Zindel, Mark Williams y John Teasdale. *Terapia cognitiva de la depresión basada en la nueva consciencia plena. Un nuevo abordaje para la prevención de las recaídas*. Desclée de Brouwer. Bilbao, 2006.

CD y programas de meditación (en inglés)

Hay disponible una buena colección de CD de meditación a través de Sounds True (soundstrue.com). Programas y CD de meditación de Jon Kabat-Zinn pueden encargarse en www.mindfulnesscds.com.

19

El sentido que uno le da a su vida

Los capítulos de este libro han considerado, hasta aquí, los aspectos físicos, emocionales, conductuales y mentales de los trastornos de ansiedad. Se han ofrecido pautas y directrices para hacer frente a estos distintos niveles del problema. En el nivel del cuerpo, se puede ayudar a superar la ansiedad, el pánico y las fobias por medio de la respiración abdominal, la relajación, el ejercicio y, en su caso, los medicamentos. En el nivel emocional, aprender a identificar y expresar los propios sentimientos puede aliviar la tensión que hay detrás de la ansiedad. En el nivel del comportamiento, la exposición puede permitir superar la evitación fóbica. En el nivel de la mente, reemplazar el diálogo interno atemorizante y las creencias erróneas por pensamientos y supuestos realistas puede ayudar a reducir la ansiedad en todas sus formas.

En el caso de muchas personas, la amplia gama de enfoques presentados hasta este momento será suficiente para garantizar su recuperación. Asumir el compromiso de seguir adelante con el programa descrito en este libro, ya sea por cuenta propia o con un terapeuta, ayudará al lector a salir de la ansiedad. Pero hay algunos que pueden necesitar algo más. Todas las técnicas descritas hasta ahora pueden ser de mucha ayuda; sin embargo, a ciertas personas no les bastan. Para dichas personas sigue existiendo un nivel subyacente de ansiedad, una ansiedad que proviene de no haber contestado preguntas básicas sobre el significado y el propósito de la vida.

Psicólogos existenciales como Rollo May han utilizado la denominación «ansiedad existencial» para referirse al tipo de ansiedad que surge de haber sido incapaz de alcanzar el pleno potencial en la vida. Se trata de una vaga sensación de tensión, aburrimiento, tal vez incluso «desesperación silenciosa» que surge de la sensación de verse impedido, por una razón u otra, de ser todo lo que se puede ser. La persona vive con un sentimiento de falta de plenitud; tiene la sensación de que le falta algo vital, aunque es posible que no reconozca conscientemente de qué se trata. Si alguien le preguntara: «¿Hacia dónde se encamina tu vida?» o «¿Cuál crees que es el sentido de tu vida?», tendería a tener problemas para responder. O bien podría pensar en algo que una reflexión más profunda le revelaría que no le parece «suficiente» para dotar a su vida de todo el sentido que quisiera.

En el caso de algunas personas, la falta de propósito o significado en la vida puede propiciar un terreno fértil para el desarrollo de ataques de pánico y fobias. Aunque el pánico puede ser causado por varios factores, a veces refleja la revelación repentina (y la desesperación consiguiente) de que la propia vida no va en una dirección clara. Del mismo modo, el miedo a verse atrapado o confinado, o a «no poder escapar», que subyace a tantas fobias, *puede* reflejar el miedo más profundo a verse atrapado por las circunstancias actuales de la propia vida, ya se trate de una carrera sin salida, una relación o cualquier otra situación en que la persona se sienta confinada y de la que le sería considerablemente arriesgado salir. La evitación fóbica, a su vez, *puede* reflejar una evasión más profunda: no querer asumir los riesgos necesarios en aras de realizar el propio potencial y el propósito de vida. Mi experiencia ha sido, con varios pacientes, que sus trastornos de ansiedad (no parece importar de qué tipo sean) no se resuelven por completo hasta que encuentran algo que les pueda dar un mayor sentido a sus vidas *y* asumen los riesgos necesarios para implicarse en ello. En un caso esto supuso un cambio de profesión, y en otro significó cultivar un talento musical.

El propósito de este capítulo es darte la oportunidad de reflexionar sobre el tema del sentido, el propósito y los objetivos de tu vida, así como de explorar si la espiritualidad podría proporcionarte al menos una dirección en la que encontrar respuestas. El concepto de *espiritualidad* es universal; no atañe a ninguna religión en particular, sino al sentimiento básico de que la vida tiene un propósito mayor, así como de que existe un poder más grande —un «Poder Superior», si lo prefieres— que trasciende el orden humano de las cosas. La espiritualidad no solo puede darle un mayor sentido a la vida sino que también puede ayudar a superar directamente la ansiedad, porque conduce a cualidades como la paz interior, la serenidad, la fe y el amor incondicional.

Si sientes que el sentido de la vida y la espiritualidad son importantes para ti, puedes echarle un vistazo a mi libro *Beyond Anxiety & Phobia: A Step-by-Step Guide to Lifetime Recovery*, que explora estos temas con mucha más profundidad. De hecho, en él se muestra una amplia gama de enfoques que van más allá de lo que presento en *Ansiedad y fobias*.

ENCONTRAR EL PROPÓSITO PERSONAL Y REALIZARLO

Cada uno de nosotros tenemos uno o más propósitos especiales que cumplir que pueden darles a nuestras vidas una sensación de plenitud. Las personas que realizan plenamente su propósito suelen decir, cuando llegan a la vejez, que se sienten satisfechas con su vida, que hicieron todo lo que pudieron para cumplir lo que se propusieron hacer. Ejemplos habituales de propósitos de vida son formar una familia, tener éxito en una profesión satisfactoria, hacer una contribución a la comunidad, desarrollar y expresar un talento artístico, completar un objetivo educativo y usar lo aprendido para servir a los demás, superar una adicción o los problemas de una infancia disfuncional y transmitir las enseñanzas que todo ello nos ha aportado a quienes nos rodean. Los propósitos de la vida parecen tener una función doble: permiten que nos sintamos más completos y realizados y nos ayudan, de alguna manera, a servir a los demás o contribuir a que estén mejor. El hecho de darnos cuenta de qué es aquello que realmente da sentido a nuestras vidas, aquello que constituye nuestro propósito, es probable que nos lleve más allá de las propias necesidades personales y tenga un impacto beneficioso sobre otros —sobre un niño, las personas para las que trabajamos, la comunidad, alguien a quien transmitimos lo que hemos aprendido con la experiencia...—. Al descubrir nuestro verdadero propósito y potencial, vamos más allá de las preocupaciones inmediatas en cuanto a nuestra seguridad y satisfacción personal y nos encaminamos a efectuar una contribución significativa.

Si actualmente te sientes desconectado de tu propósito de vida, ¿cómo puedes hacer para descubrir cuál es? El cuestionario que sigue está diseñado para estimular tu pensamiento de formas que pueden ayudarte a formular tus propias metas. Tus respuestas a las preguntas pueden darte algunas ideas sobre qué es lo más importante que puedes hacer con tu vida. Concédete al menos un día entero para reflexionar sobre estas preguntas y escribir tus respuestas. Incluso puedes reflexionar sobre ellas durante una semana o un mes. Después de que hayas llegado a las respuestas por ti mismo, atiende a los apartados de este capítulo que describen cómo establecer metas, dividir cada una en una secuencia de pasos y, finalmente, emprender la acción, de forma comprometida, en relación con cada objetivo. Después puedes compartir tus respuestas a las preguntas acerca de tus valores personales, objetivos y cronograma con un amigo íntimo o un consejero y obtener aportaciones y comentarios por parte de esa persona. Si realizar tu propósito implica cambiar de profesión, podría serte útil trabajar con un asesor vocacional. Si implica volver a estudiar, habla con un consejero académico del centro de estudios en que estés pensando.

CUESTIONARIO DE LOS PROPÓSITOS DE VIDA

1. El trabajo que tienes actualmente ¿expresa lo que realmente quieres hacer? Si no, ¿cómo puedes empezar a dar pasos hacia descubrir y realizar un trabajo que te satisfaga más personalmente?
2. ¿Estás satisfecho con tu educación? ¿Te gustaría volver a estudiar y mejorar tu educación y formación? Si es así, ¿cómo puedes empezar a avanzar en esa dirección?
3. ¿Tienes talentos creativos? ¿Hay áreas de tu vida donde sientas que puedes ser creativo? Si no, ¿qué actividades creativas podrías desarrollar?

4. ¿Qué tipo de intereses o actividades suscitan tu entusiasmo? De forma natural, ¿qué es lo que disfrutas haciendo solo, con amigos o con la familia, al aire libre o en espacios interiores?
5. ¿Qué te gustaría hacer con tu vida si pudieras hacer lo que realmente quieres? (Supongamos, a los efectos de esta pregunta, que el dinero y las responsabilidades en relación con tu actual empleo y tu familia no constituyen una limitación).
6. ¿Qué te gustaría lograr en la vida? ¿Qué te gustaría haber logrado a los setenta años con el fin de sentir que tu vida ha sido productiva y significativa?
7. ¿Cuáles son tus valores más importantes? ¿Cuáles son los que le dan mayor sentido a tu vida? He aquí algunos ejemplos de valores:

- ❏ Vida familiar feliz.
- ❏ Intimidad.
- ❏ Amistad.
- ❏ Buena salud.
- ❏ Paz interior.
- ❏ Servir a los demás.
- ❏ Éxito material.
- ❏ Logros profesionales.
- ❏ Expresión creativa.
- ❏ Crecimiento personal.
- ❏ Conciencia espiritual.
- ❏ Dedicación a una causa social.

8. ¿Hay algo que valores profundamente y que sientas que no has experimentado o realizado totalmente en tu vida? ¿Qué cambios necesitas efectuar –o qué riesgos necesitas asumir– para realizar más plenamente tus valores más importantes?
9. ¿Tienes algunos talentos o habilidades especiales que no hayas desarrollado o expresado completamente? ¿Qué cambios necesitas efectuar –o qué riesgos necesitas asumir– con el fin de desarrollar y expresar estos talentos y habilidades especiales?
10. A la luz de las preguntas anteriores, tus propósitos de vida más importantes son (enuméralos): _____.

DE LOS VALORES PERSONALES A LOS OBJETIVOS

Identificar cuáles son tus valores personales más importantes es un primer paso fundamental. El siguiente paso consiste en planificar objetivos para tu vida a partir de tus valores. ¿Cómo planeas, específicamente, expresar y realizar lo que más valoras?

Establecer objetivos e ir a por ellos

Date algún tiempo –varios días si es necesario– para aclarar cuáles son tus objetivos más importantes, a partir de los valores y propósitos que has identificado al responder el «Cuestionario de los propósitos de vida». Piensa cuáles son, probablemente, los plazos en que podrás ver cumplidos tus objetivos. Escribe tus objetivos más importantes para cada período de tiempo en la siguiente tabla.

El sentido que uno le da a su vida

MIS OBJETIVOS PERSONALES MÁS IMPORTANTES

Para el próximo mes: _____

Para los próximos seis meses: _____

Para el próximo año: _____

Para los próximos tres años:_____

Asegúrate de que tus metas son realistas. Repasa el apartado «Trabaja en metas realistas» del capítulo 10. Si te preguntas si un objetivo en particular puede ser demasiado ambicioso, contrástalo con la realidad por medio de hablar de él con amigos o un consejero. A la vez, no te subestimes. Muchos objetivos que parecen difíciles al principio pueden lograrse si se dividen en una secuencia de pasos progresivos.

Afrontar los obstáculos

¿Estás realmente trabajando por el cumplimiento de los objetivos que te has puesto en la vida? ¿O estás elaborando excusas y poniendo obstáculos a dicho cumplimiento? La popular frase «asume la responsabilidad de tu propia vida» no significa otra cosa que asumas la plena responsabilidad de trabajar en pos de tus propias metas. Evitar la propia responsabilidad es no hacer nada por lo que quieres y esperar que alguien lo haga por ti. Esto garantizará que tengas sentimientos de impotencia, insuficiencia e incluso imposibilidad. ¿Cuáles son algunos de los obstáculos que puede ser que estés poniendo en el camino de ir a por lo que quieres? El *miedo* es lo que más evita que hagas algo en aras de tus objetivos y lo que más impide superar las fobias. Si ves que no estás avanzando hacia lo que quieres, pregúntate si estás permitiendo que alguno de los miedos siguientes se interponga en tu camino:

- Miedo a perder la seguridad actual (por ejemplo, no puedes hacer lo que quieres y seguir ganándote la vida).
- Miedo al fracaso.
- Miedo al rechazo personal o a la desaprobación de los demás.
- Miedo a tener éxito (en este caso, ¡de qué te tendrías que preocupar!).
- Miedo a que tu objetivo implique mucho trabajo.
- Miedo a que tu objetivo suponga mucho tiempo.
- Miedo a que tu objetivo requiera demasiada energía.
- Miedo a que tu objetivo sea demasiado poco realista.
- Miedo al cambio.

La solución a estos miedos a emprender la acción por los objetivos de tu vida es la misma que en el caso de afrontar una fobia: *afronta el miedo y avanza por medio de pequeños pasos*. No hay manera de evitar cierto riesgo e incomodidad a la hora de lograr un gran objetivo, pero el hecho de descomponerlo en pasos lo suficientemente pequeños (como en el caso de una jerarquía de exposiciones; véase el capítulo 7) te capacitará para ir adelante.

Así como el miedo puede ser un gran obstáculo a la hora de avanzar hacia el cumplimiento de tus metas, la culpa también puede serlo. Considera si alguna de las creencias siguientes está evitando que vayas en pos de lo que quieres:

«No soy lo suficientemente bueno para tener _____».
«No merezco tener _____».
«Nadie en mi familia ha hecho nunca algo así antes».
«Otras personas no lo aprobarán si voy en pos de _____».
«Nadie aceptará esta idea si trato de ponerla en práctica».

Las dos primeras creencias podrían estar en la lista de los miedos, pero también implican culpa. Para superar la sensación de que no mereces lograr tu objetivo, te sugiero que trabajes intensamente con la simple afirmación «merezco _____» o «merezco tener _____». No seas parco en el uso de la repetición con esta afirmación en particular. Trabaja con ella hasta que adquieras la convicción emocional de que es verdadera. Desarrollar la creencia de que mereces lo que realmente quieres contribuirá de manera significativa a tu autoestima.

Concebir un plan de acción

Después de que hayas trabajado con los obstáculos específicos que evitaban que emprendieses la acción para lograr tus objetivos, es el momento de concebir un plan de acción. Divide tu objetivo en una serie de pequeños pasos. Recuerda que este es un plan a largo plazo. Tienes la opción de definir un marco de tiempo para cumplir con cada microetapa. Asegúrate de gratificarte después de la consecución de cada pequeño logro, tal como lo harías con la jerarquía de una fobia. Puedes pedirle a tu familia o a tus amigos que te apoyen en tu emprendimiento.

Sírvete de la hoja de trabajo que sigue a continuación para hacer una lista de los pasos específicos que podrías dar para avanzar hacia el cumplimiento de un objetivo personal importante. Haz fotocopias de la hoja si quieres perseguir más de un objetivo. Tal vez puedas definir los pasos específicos con mayor facilidad por medio de hablar de ellos con un amigo o consejero.

Un plan de acción te proporciona un mapa que seguir en aras de perseguir lo que quieres. Puedes remitirte a él para supervisar tu progreso o si te atascas en cualquier punto del camino. Si tienes problemas con cualquier paso en particular, puede ser que debas investigar una vez más si se están interponiendo miedos o sentimientos de culpa.

El sentido que uno le da a su vida

PLAN DE ACCIÓN: PASOS HACIA TU OBJETIVO

1. Tu objetivo (sé tan específico como puedas):
   _____
   _____

2. ¿Qué pequeño paso puedes dar en este mismo momento para hacer algún progreso hacia la consecución de este objetivo?
   _____
   _____

3. ¿Qué otros pasos tendrás que dar para lograr este objetivo? (Calcula el tiempo requerido para completar cada paso).
   _____
   _____

Ejemplo

Es posible que te sientas cada vez más insatisfecho con tu profesión actual y quieras dedicarte a otra. Sin embargo, no estás muy seguro de lo que quieres hacer, y mucho menos de cómo formarte para ello. El objetivo general de «conseguir otro tipo de profesión» puede parecer un poco abrumador, considerado globalmente. Pero si lo descompones en sus distintas partes, se hace más manejable:

1. Reúnete con un asesor vocacional a quien respetes (o haz un curso para explorar opciones profesionales en un instituto local).
2. Explora distintas opciones por medio de:

   ▸ Trabajar con el asesor o hacer un curso apropiado.
   ▸ Leer sobre distintas vocaciones en libros como *¿De qué color es tu paracaídas?*, de Richard M. Bolles, y el *Manual de perspectivas ocupacionales*.
   ▸ Hablar con personas que trabajan en las profesiones por las que te sientes atraído.

3. Limita las opciones vocacionales a un tipo de trabajo en concreto (obtén toda la ayuda que necesites para hacer esto). Centrarse es extremadamente importante para poder lograr metas.
4. Fórmate en el tipo de trabajo elegido. Para ello:

- Averigua dónde se imparte formación al respecto en tu zona (la biblioteca local es un buen sitio donde llevar a cabo esta indagación).
- Acude a los centros o programas de formación apropiados.
- Solicita una beca o un préstamo si tu formación requiere que te dediques a ella a tiempo completo.

5. Acaba tu formación (si es posible, manteniendo tu actual empleo).
6. Busca un puesto para empleados principiantes, siguiendo estos pasos:

- Obtén los recursos que te indiquen dónde hay empleos disponibles (boletines profesionales o comerciales, revistas, organizaciones de exalumnos, periódicos, Internet y consultas telefónicas directas son, todo ello, buenos recursos).
- Prepara un currículum vítae de aspecto profesional.
- Busca trabajo.
- Acude a entrevistas de trabajo.

7. Empieza tu nueva carrera.

COMPROMETERSE CON LA ACCIÓN

Has identificado tus valores más importantes y has elaborado objetivos específicos, para realizarlos paso a paso, con el fin de darles cumplimiento. El paso final es que te comprometas verdaderamente a llevar a cabo el plan de acción que has concebido para cada objetivo.

Emprender la acción implica trabajo. Tienes que hacer tiempo en tu horario —o en la totalidad de tu vida— para centrarte en ir hacia delante con los pasos relacionados con tus metas que has planeado. También implica valentía, la voluntad de trabajar con cualquier ansiedad que pueda surgir a la hora de afrontar ciertas partes del camino (como acudir a una entrevista de trabajo, hacer unos exámenes finales o emprender pasos progresivos para confrontar una fobia). Un ingrediente fundamental es la perseverancia. Haz todo lo que puedas para avanzar por todos los pasos que te llevarán al cumplimiento de tus metas. Cuando aparezcan obstáculos y contratiempos que interrumpan tu avance, acéptalos como parte del proceso, trabaja con cualquier miedo o frustración temporal que surja y sigue adelante, hasta que hayas logrado tu objetivo. La recompensa última es que sabes que estás actuando a partir de tus verdaderos valores y realizando tu propósito único, aquello que viniste a hacer al mundo.

En suma, encontrar y satisfacer tu propósito de vida, que es único, es un proceso de tres fases: identificar tus valores más importantes, establecer unos objetivos específicos, con una secuencia concreta de pasos progresivos para llegar al cumplimiento de cada uno de ellos y emprender una acción comprometida para lograr cada objetivo.

Puede interesarte saber que existe una disciplina terapéutica llamada *terapia de aceptación y compromiso* (ACT, por sus siglas en inglés) que proporciona estrategias para abordar estos tres pasos. Antes de trabajar con los valores y objetivos, la ACT pone un acento especial en la *aceptación*, que consiste en soltar la lucha o resistencia en relación con cualesquiera limitaciones que existan en ese momento en la vida de la persona. El otro aspecto clave es el *compromiso*, que consiste en establecer el auténtico compromiso de cambiar aquello que uno quiera cambiar en su vida. Los lectores interesados en explorar la ACT, que también incluye la práctica del *mindfulness*, pueden echar un vistazo a algunos libros básicos al respecto, como *ACT Made Simple*, de Russ Harris, y *Terapia de aceptación y compromiso para trastornos de ansiedad*, de John Forsyth y Georg H. Eifer.

Visualización del propósito de vida

Escribe en una hoja de papel el escenario de cómo sería tu vida si estuvieras realizando plenamente tus propósitos de vida. Puedes diseñar una visualización para cada propósito o incorporarlos todos en una sola descripción. Asegúrate de que tu escenario es lo suficientemente detallado como para incluir los lugares donde estás viviendo y trabajando, con quién estás, qué actividades haces durante el día y cómo sería un día típico de tu vida. Una vez que hayas terminado de elaborar una descripción detallada, grábala en audio, preferiblemente con tu propia voz. Puedes grabarla tras unos minutos de instrucciones preliminares para relajarte. El hecho de visualizar el cumplimiento de tus propósitos de vida de forma asidua y constante puede hacer mucho por acelerar el proceso hacia la consecución de tus objetivos.

ESPIRITUALIDAD

Incluyo este apartado sobre la espiritualidad porque muchos de mis pacientes han logrado avances en su recuperación como resultado de desarrollar su vida espiritual. Si este apartado te atrae, puede servirte para motivarte a cultivar tu espiritualidad. Si ya tienes un profundo compromiso espiritual, lo que sigue puede ser que tan solo refuerce lo que ya sabes, más que enseñarte algo nuevo. Por el contrario, si este apartado te produce rechazo o no le encuentras utilidad, no te sientas obligado a leerlo o incorporarlo a tu programa de recuperación. Puedes superar totalmente tu problema con la ansiedad por medio de apoyarte en las estrategias y directrices que se presentan en los capítulos anteriores de este libro.

La espiritualidad implica el reconocimiento y la aceptación de un Poder Superior que está más allá de nuestra propia inteligencia y voluntad, con el que podemos relacionarnos. Este Poder Superior puede proporcionarnos una experiencia de inspiración, alegría, seguridad, paz interior y orientación que va más allá de lo que es posible si no se tiene la convicción de que este poder existe.

Para nuestros propósitos aquí, podemos ver la espiritualidad como distinta de la religión. Diferentes religiones del mundo han propuesto diversas doctrinas y sistemas de creencias acerca de la naturaleza del Poder Superior y la relación de la humanidad con él. La espiritualidad, por otra parte, se refiere a la *experiencia común* que hay detrás de estos distintos puntos de vista —una experiencia que implica una conciencia de algo que trasciende nuestro yo personal y el orden humano de las cosas, así como una relación con ese algo—. A este «algo» se le han dado varios nombres («Dios» es el más popular en la sociedad occidental) y se ha definido de tantas maneras que son demasiado numerosas para contarlas. A los efectos de este capítulo, me voy a referir a ello simplemente como al Poder Superior. Puedes optar por definir lo que esto significa para ti de la manera que sientas más conveniente. Tu propio sentido del Poder Superior puede ser tan abstracto como una «consciencia cósmica» o tan terrenal como la belleza del mar o de las montañas. O puede ser que lo concibas personificado, por ejemplo en Jesucristo o en Krishna. Incluso si te consideras agnóstico o ateo puedes obtener un sentimiento de inspiración de dar un paseo por el bosque o contemplar una hermosa puesta de sol. O bien la sonrisa de un niño pequeño puede inspirarte un sentimiento especial de alegría. Lo que sea que te inspire y te lleve más allá de ti mismo hacia una mayor perspectiva apunta en la dirección de lo que aquí denomino Poder Superior.

El propósito de este apartado es hacer hincapié en que se puede obtener mucha sanación y beneficios del hecho de cultivar la vida espiritual (si esto es algo por lo que te sientes atraído o que sientes apropiado para ti). Entre todos los métodos y directrices que se sugieren en este libro, es probable que un compromiso espiritual personal sea lo que llegue más profundo a la hora de ayudarte a superar el sentimiento básico de miedo o inseguridad que subyace a los diferentes tipos de trastornos de ansiedad. Mientras que otros métodos descritos en los capítulos anteriores trabajan en distintos niveles —el cuerpo, los sentimientos/emociones, la mente o el comportamiento—, la conciencia y el crecimiento espirituales pueden propiciar una transformación de todo tu ser. Pueden ayudarte a desarrollar una confianza y una fe básicas que resulten inquebrantables. Por supuesto, los otros métodos descritos en los capítulos anteriores siguen siendo importantes y necesarios. Por favor, ten en cuenta que las ideas y ejercicios presentados en este capítulo no son un sustituto del trabajo con todas las otras estrategias y habilidades presentadas en estas páginas.

Algunos de mis pacientes se han recuperado de forma importante de su problema de ansiedad como resultado de cultivar la espiritualidad. Desarrollar una relación con el Poder Superior no les curó necesariamente su fobia u obsesión, pero les proporcionó el apoyo moral, el valor, la esperanza y la fe necesarios para seguir adelante con su programa de recuperación. Les aportó el sentimiento de que no están solos en el universo, y de que existe una fuente de orientación y apoyo que está disponible en los momentos de confusión y desánimo.

¿Cuáles son algunos de los beneficios específicos que se pueden obtener del desarrollo de la espiritualidad? Antes de enumerar varios de ellos, es importante entender que nadie persigue el crecimiento espiritual con el fin de «obtener» tales beneficios. El desarrollo espiritual tan solo puede obedecer a que uno siente el profundo impulso interno de emprenderlo. Los beneficios son solamente una consecuencia resultante de la elección de cultivar una relación con el Poder Superior. Si ya has cultivado tu vida espiritual, entenderás los beneficios que se enumeran a continuación.

Seguridad y protección

Es especialmente importante gozar de un sentimiento de seguridad interior si se está lidiando a menudo con la ansiedad, las preocupaciones, los ataques de pánico o las fobias. Mediante el desarrollo de una relación con el Poder Superior, ganamos seguridad a través de la convicción de que no estamos solos en el universo, incluso en esos momentos en los que nos sentimos temporalmente separados de otras personas. Nos sentimos cada vez más seguros al creer que hay una fuente a la que siempre podemos recurrir en los momentos de dificultad. Podemos obtener mucha seguridad a partir de la comprensión de que no hay ningún problema o dificultad, por grande que sea, que no se pueda resolver gracias a la ayuda del Poder Superior.

Paz interior

La paz interior es el resultado de experimentar una sensación profunda y duradera de seguridad. Cuanta más fe y confianza se desarrolla en relación con el Poder Superior, más fácil resulta afrontar los inevitables desafíos de la vida sin miedo o preocupación. No es que rindamos nuestro yo o nuestra voluntad a este poder; sencillamente, aprendemos que podemos «soltar» y volvernos hacia el Poder Superior cuando nos sentimos atascados con un problema y no sabemos cómo proceder. Aprender a soltar cuando las soluciones a los problemas no son inmediatamente evidentes puede hacer mucho por mitigar la preocupación y la ansiedad. La paz interior acude en ausencia de esta ansiedad.

Confianza en sí mismo

A medida que cultivamos una relación con el Poder Superior, nos hacemos conscientes de que no nos hemos creado a nosotros mismos. Se nos recuerda que formamos parte del universo de la creación, como los pájaros, las estrellas y los árboles. Si vivimos en un universo benigno y que nos apoya —y cultivar una relación con el Poder Superior nos ayudará a creer que el universo es así—, en esencia, somos buenos y dignos de amor y respeto por el solo hecho de estar aquí. Sea como sea que nos comportemos —sea lo que sea lo que elijamos—, seguimos siendo intrínsecamente buenos y merecedores. Los juicios que haces de ti mismo, por más negativos que sean, en última instancia no cuentan si eres una creación del universo, como todo lo demás. Como lo expuso alguien con humor: «Dios no hace basura». (Es, por supuesto, un error asumir que este tipo de razonamiento puede usarse para justificar los comportamientos ignorantes o desprovistos de ética. Ahora bien, es importante tener en cuenta la distinción entre la forma en que una persona se comporta y lo que esa persona es en esencia).

La capacidad de dar y recibir amor incondicional

La característica más fundamental del Poder Superior es que nos ofrece la experiencia del amor incondicional. Se trata de un tipo de amor que difiere del amor romántico o incluso de la amistad ordinaria. Implica una atención absoluta al bienestar del otro, sin ningún tipo de condición. Es decir, independientemente de cómo parezca ser el otro o de cómo actúe, tenemos compasión y cuidamos de él sin juzgarlo. A medida que cultivamos una conexión más profunda con el Poder Superior, vamos experimentando un mayor grado de amor incondicional en nuestras vidas. Sentimos que el corazón se nos abre con mayor facilidad a las personas y sus preocupaciones. Nos sentimos más libres de juicios hacia los demás o de establecer comparaciones entre ellos. El amor incondicional se manifiesta tanto en el aumento de la capacidad de dar amor a los demás como en la afluencia de más amor en la propia vida. Empezamos a experimentar menos miedo y más alegría y ayudamos a inspirar en quienes nos rodean la experiencia de que son capaces de sentir amor incondicional. Este tipo de amor también se manifiesta por medio de la experiencia de tener todo lo que necesitamos en la vida para seguir adelante con lo que queremos hacer. Esto es lo que significa el dicho de la Biblia: «Buscad primeramente el reino de Dios y su justicia, y todo lo demás vendrá por añadidura».

Orientación

Cultivar una relación con el Poder Superior nos proporciona una guía para tomar decisiones y resolver problemas. El Poder Superior tiene una sabiduría universal que va más allá de la que podemos adquirir con nuestro propio intelecto. En las religiones tradicionales esto se ha denominado la «omnisciencia de Dios» o la «inteligencia divina». A través de la conexión con el Poder Superior, podemos recurrir a esta mayor sabiduría para que nos ayude a resolver todo tipo de dificultades. Probablemente ya has experimentado este aspecto del Poder Superior en determinados momentos, cuando has sentido una profunda convicción acerca de algo o has tenido un *flash* intuitivo que ha resultado ser del todo exacto. Si aprendes a pedir orientación al Poder Superior, te sorprenderá descubrir que toda petición sincera obtiene respuesta tarde o temprano. Y la calidad de dicha respuesta generalmente va más allá de lo que podrías haber obtenido por medio de tu voluntad o tu intelecto conscientes.

Estas son algunas de las características –de ninguna manera todas– que definen una relación estrecha con el Poder Superior. Todas ellas pueden contribuir de manera significativa al proceso de recuperarse de la ansiedad. Ten en cuenta que se pueden emprender muchos caminos distintos con el fin de llegar a una mayor conciencia del Poder Superior. El camino que elijas, ya sea tradicional o no tradicional, depende de ti. El alcance y la sinceridad de tu compromiso con ese camino determinará el grado de sanación personal que experimentes.

CAMBIOS DE CREENCIAS ASOCIADOS CON LA ESPIRITUALIDAD

El desarrollo espiritual no solo conduce a nuevas experiencias y cambios en la forma de sentir, sino que también puede dar lugar a una transformación en cuanto a las creencias y supuestos básicos acerca de la vida y el mundo. A medida que te desarrollas espiritualmente, muchas de tus creencias sobre el significado de la vida en general, y sobre el sentido de tu vida en particular, pueden cambiar drásticamente. Y a medida que cambian estas creencias básicas también lo hace tu punto de vista sobre tu problema. Entonces, tu lucha personal con la ansiedad empieza a dar un giro.

Estos cambios de creencias pueden llevarte a tener más compasión y tolerancia hacia ti mismo, así como a buscar un significado más profundo en los desafíos a los que te enfrentas, en lugar de verlos como arbitrarios y sin sentido. Puedes sentirte menos como una víctima que tiene un problema en particular con la ansiedad. En lugar de esto, puedes pasar a considerar tu problema como una *oportunidad* para crecer y expandir lo que eres.

Sigue a continuación una lista de diez supuestos que se asocian frecuentemente con la espiritualidad. No los he tomado de una sola fuente, credo o tradición, sino que están basados en mi experiencia personal. Aunque representan mi propio punto de vista, estas ideas han sido puntos de partida útiles para hablar de espiritualidad con varios de mis pacientes. Cuando leas las ideas, toma en consideración aquellas que sientas que tienen que ver contigo o tengan sentido para ti y siéntete libre de descartar las que no lo hacen. Cada uno de nosotros asumimos una filosofía básica acerca de la vida que hemos de formular por nuestra cuenta.

Algunas de estas ideas pueden estimularte preguntas que tal vez quieras discutir con alguien significativo —un amigo de confianza o incluso un ministro religioso, un sacerdote o un rabino—. Todas ellas pueden conducirte a tener una visión más optimista y tolerante de la vida. A medida que adoptes las ideas con las que puedas identificarte, podrás constatar que tu actitud acerca de tu problema, así como ante la vida en general, se va volviendo cada vez un poco más positiva y un poco menos agobiada.

1. LA VIDA ES UNA ESCUELA. EL PRINCIPAL SIGNIFICADO Y PROPÓSITO DE LA VIDA ES QUE SE TRATA DE UN «AULA» DONDE SE APRENDE A CRECER EN CONSCIENCIA. La mayoría de la gente tiende a definir el significado de su vida en términos de esas personas, actividades, autoimágenes u objetos a los que concede el mayor valor. Sea lo que sea lo que más valoras —ya sea la familia, otra persona, el trabajo, un rol o autoimagen en especial, tu salud o tus posesiones materiales—, eso es probablemente lo que define el significado de tu vida. Si has perdido lo que más valorabas, puede parecerte que tu vida ha perdido su sentido. Piensa por un momento en lo que más valoras en tu vida y en lo que te da mayor satisfacción y comodidad. Luego imagina cómo sería tu vida si todo eso se te quitara de repente.

La verdad, por supuesto, es que todo lo que más valoras *pasará* con el tiempo. Nada de lo que aprecias puede durar para siempre. Entonces, si todo lo que más valoras debe dejar de existir algún día, ¿cuál es el sentido último de la vida? Mientras asumas que no existe nada más que tu vida presente —lo que hay en este mismo momento—, no parece haber *ningún* sentido último. Terminas diciendo (junto con Jean-Paul Sartre y otros existencialistas) que el único sentido que tiene la vida es lo que hacemos de ella en el momento presente. Aparte de esto, la vida parece no tener sentido en y por sí misma. Ya que todo, incluida la vida misma, pasa con el tiempo, ¿cómo puede tener un sentido último nada de ello?

La mayor parte de las formas de espiritualidad, tradicionales y modernas, van más allá de esta postura existencial. Casi todas ellas asumen de alguna manera que la vida humana *no* es todo lo que hay. Algo de nosotros persiste más allá de la vida humana, por lo que esta se contempla como una estancia temporal, no como el destino final. La vida se entiende como un campo de preparación o entrenamiento para algo que no puede ser plenamente comprendida o revelada mientras estamos vivos.

Es esta interpretación particular del significado «último» de la vida la que muchas personas han encontrado más válida y útil. Si el sentido último de la vida es que es un aula o escuela para crecer en consciencia –para cultivar la sabiduría y la capacidad de amar–, el hecho de que todo pasa adquiere un significado totalmente nuevo. Las tareas y desafíos que se presentan en la vida, y nuestras respuestas a ellos, no tienen repercusiones eternas. Tampoco es que no tengan ningún sentido en absoluto. Son más como lecciones en una escuela, lecciones en las que nos aplicamos y que tratamos de dominar lo mejor que podemos. Cada lección se repite hasta que se domina. Cuando dominamos las viejas lecciones, se nos presentan otras nuevas. Esta «escuela Tierra» es, pues, un lugar donde aprender y crecer; no es nuestra morada última. Al final llega el momento de abandonar esta clase y seguir adelante.

2. Las adversidades y situaciones difíciles son lecciones diseñadas para nuestro crecimiento. No son actos aleatorios o caprichosos del destino. En el gran esquema de las cosas, todo tiene lugar con un propósito. Si aceptas la idea de que la vida es una clase, la adversidad y las dificultades que aparecen ante ti pueden verse como parte del plan de estudios, como lecciones para crecer. Este es un punto de vista muy diferente del que ve las desgracias de la vida como caprichos azarosos del destino. Esta última perspectiva conduce a un sentimiento de victimización. Podemos llegar a sentirnos impotentes en un mundo caprichoso que parece tratar a las personas de manera totalmente desigual –algunas tienen muy buena suerte, mientras que otras acumulan infortunios.

El punto de vista que aquí se propone es que las dificultades de la vida son lecciones cuya finalidad es promover nuestro crecimiento en sabiduría, compasión, amor y otras cualidades positivas (algunas tradiciones religiosas se refieren a que se nos expone a «pruebas»). Cuanto mayor es la dificultad, mayor es el potencial de aprendizaje y crecimiento. Si aceptas esta idea, la siguiente pregunta que puedes hacerte es: ¿quién establece el plan de estudios o «asigna» las lecciones de vida? Muchos de nosotros nos hacemos esta pregunta de una u otra forma cuando un determinado desafío de la vida nos parece especialmente difícil. Tendemos a protestar e incluso despotricar contra algunas de las desgracias y limitaciones a las que nos estamos enfrentando. Surge la clásica pregunta: «¿Cómo puede un Dios amoroso permitir esto?».

No hay una respuesta fácil a esta pregunta. Ninguno de nosotros puede entender completamente cómo se administran y asignan nuestras lecciones de vida, si bien las distintas tradiciones espirituales tienen sus puntos de vista sobre este asunto (las tradiciones orientales hablan del «karma», mientras que las judeocristianas hablan de las «pruebas» y «tentaciones»). Cada uno de nosotros tiene que luchar con los retos que le trae la vida sin entender completamente por qué tiene que afrontar eso. Lo que sí parece evidente es que el crecimiento no podría tener lugar si las lecciones fuesen *siempre* fáciles. Si el propósito de la vida es que crezcamos en sabiduría, compasión y consciencia, por lo menos algunas de las lecciones tienen que ser difíciles. Esta puede no ser una perspectiva totalmente consoladora, pero al menos les otorga algún sentido a las situaciones difíciles que se presentan en la vida.

Teniendo en cuenta este punto de vista, puedes dejar de preguntarte «¿Por qué me pasó esto a mí?» y, en vez de esto, hacerte estas otras preguntas, más constructivas: «¿Qué quiere enseñarme esto?», «¿Cómo puedo aprender de esto?». Puedes tomar la preocupación o la inquietud que te esté incordiando más en este momento de tu vida y hacerte, en relación con ello, las dos últimas preguntas en lugar de la primera.

3. Nuestras limitaciones y defectos personales son «el grano que tenemos que moler» –aquello con lo que tenemos que trabajar– en aras de nuestro crecimiento interior. A veces se pueden sanar y superar aplicando un esfuerzo modesto; en otros casos, pueden permanecer con nosotros durante mucho tiempo con el fin de empujarnos a evolucionar y desarrollarnos hasta nuestro máximo potencial. No estamos equivocados y no merecemos ser censurados de ninguna manera a causa de nuestras limitaciones. Piensa por un momento en algunas de tus limitaciones; aquellas con las que te resulta más difícil convivir. Si padeces un trastorno de ansiedad, piensa en este problema. Acaso te preguntes por qué alguien debería tener que hacer frente a una situación difícil como el trastorno de pánico, la agorafobia, la fobia social o un trastorno obsesivo-compulsivo aunque solo sea durante unos meses, no digamos ya un tiempo más largo. Esperemos que hayas utilizado los mejores tratamientos –incluida la medicación, si ha sido necesario– y hayas experimentado una recuperación significativa y genuina. En muchos casos, recuperarse por completo de un trastorno de ansiedad es ciertamente posible. Supongamos, sin embargo, que has recibido todos los mejores tratamientos, has trabajado muy duro durante uno o dos años y has experimentado *alguna* mejoría, pero que sigues lidiando hasta cierto punto con tu problema. ¿Es esta una razón para que pienses en ti mismo como un fracaso? ¿Es una razón para que pienses que eres de alguna manera menos hábil o persistente que las personas que superaron rápidamente su problema?

Si has trabajado mucho para superar tu problema pero aún te está perturbando, tal vez tengas que encontrar alguna experiencia importante de crecimiento en el proceso de tener que trabajar con esta dificultad a largo plazo. Todo depende de la lección que estés aprendiendo. Tener un problema difícil que puedas resolver fácilmente en un corto espacio de tiempo, sin duda te ayudará a desarrollar tu confianza en tu propia maestría. Esta es una lección importante en sí misma. Sin embargo, no necesariamente habrás cultivado las cualidades de la compasión o la paciencia. A menudo parece que solo por medio de tener que luchar con nuestras propias debilidades durante un tiempo podemos aprender completamente cómo sentir compasión o tener paciencia con las dificultades de los demás.

Un segundo ejemplo. Supongamos que tu lección es que aprendas a dejar de lado la excesiva necesidad de control —aún más, que aprendas a soltar y permitir que un Poder Superior o Dios tenga un impacto en tu vida—. Una forma (no la única) en que puedes aprender esto es que tengas que lidiar con una situación difícil en que todos tus esfuerzos por controlarla no resulten efectivos. La capacidad de dejar de lado el control se ve a menudo fomentada por las dificultades de la vida que son más desafiantes. Algunos problemas y situaciones son tan difíciles que nos *obligan* a soltar. No tenemos otra alternativa. Luchar contra el problema solo nos origina más angustia y sufrimiento. A menudo es en el momento exacto en que soltamos totalmente la preocupación o dejamos de luchar cuando experimentamos algún tipo de respuesta o alivio por parte del Poder Superior. Soltar y confiar en un Poder Superior no debe verse como sinónimo de renuncia a asumir la responsabilidad de la propia vida. Se trata de hacer todo lo posible por ayudarse uno a sí mismo primero, y luego entregar el problema o la situación a otra fuente de asistencia.

En suma, es un error criticarte a ti mismo por tener cualquier problema intratable, por más incapacitante que sea o por mucho tiempo que lleves con él. Está ahí para fomentar ciertas cualidades de tu ser interior, para que puedas profundizar en ellas. *Cómo respondes al problema y lo que aprendes de él es lo que importa, no el problema en sí.*

4. Nuestras vidas tienen un propósito y una misión creativos. A cada uno le corresponde cultivar y ofrecer algo creativo. La vida no es una secuencia aleatoria de eventos accidentales, sino que sigue un plan. Este plan *se crea* en un nivel que ninguno de nosotros puede comprender plenamente. Parte de este plan consiste en las lecciones para el crecimiento en consciencia que describen las tres ideas anteriores.

Otro aspecto muy importante del plan son los dones creativos, talentos o «regalos» con que venimos a este plano. Cada uno de nosotros tiene por lo menos una forma personal de creatividad que puede darle sentido y propósito a su vida. El desarrollo y la plena expresión de los propios dones y talentos creativos es el «propósito de vida» o la «misión de vida» de que hablaba al principio de este capítulo.

Tu propósito de vida es algo que sientes que *tienes* que hacer para sentirte entero, completo y satisfecho en tu vida. Es exclusivamente tuyo; no se puede duplicar. Solo tú puedes hacerlo. Viene de dentro, y no tiene nada que ver con lo que tus padres, tu pareja o tus amigos pueden querer que hagas. Por lo general, te lleva más allá de ti mismo y tiene un impacto en algo o alguien más.

El propósito o misión puede ser una vocación o afición. Y su ámbito de influencia puede extenderse a todo el mundo o limitarse a una sola persona. Algunos ejemplos de propósitos son estos: formar una familia, dominar un instrumento musical, hacer voluntariado para ayudar a jóvenes o ancianos, escribir poemas, hablar con elocuencia ante grupos o cuidar del propio jardín.

Mientras no cultives y expreses tus dones creativos, tu vida parecerá incompleta. Sentirás más ansiedad porque no estarás dedicando tiempo a hacer lo que realmente quieres hacer —aquello que, de hecho, naciste para hacer—. La primera parte de este capítulo ha tenido la finalidad de ayudarte a ponerte en contacto con tu propósito creativo; si todavía no estás muy seguro de cuál es, puedes hablar de tus respuestas al «Cuestionario de los propósitos de vida» del comienzo de este capítulo con un amigo de confianza o un consejero. También puedes encontrar útil el libro *Finding Your Life Mission,* de Naomi Stephan.

5. Siempre está disponible una Fuente Superior de apoyo y orientación. Esta idea es la base de todo este apartado dedicado a la espiritualidad. Mucho miedo y mucha ansiedad se basan en la percepción de estar separado y solo —o en la anticipación de un rechazo o una pérdida que puede conducir a que uno esté separado y solo—. La verdad es que no estamos solos. Incluso en aquellos momentos en los que podemos encontrar dificultades para recurrir a otros seres humanos para que nos ayuden, queda otra fuente de apoyo a la que siempre se puede acudir. El Poder Superior no es solamente una entidad abstracta que creó y sostiene el universo; es una fuerza, presencia o poder con el que se puede entrar en una relación personal, tan personal como cualquiera que podríamos tener con otro ser humano.

En esta relación personal, podemos experimentar tanto *apoyo* como *orientación*. El apoyo a menudo aparece en forma de una inspiración o un entusiasmo que puede ayudarnos a subir el ánimo y sostenernos en los momentos de poca motivación y desánimo. La orientación puede venir en forma de ideas e intuiciones claras que proporcionan discriminación y dirección acerca de lo que tenemos que hacer. Con frecuencia, este tipo de visión o comprensión inspirada contiene más sabiduría que cualquier cosa que pudiésemos haber averiguado con la mente racional.

Puedes experimentar un dilema en relación con esto. Si piensas que la inspiración y la intuición se originan en tu propia mente subconsciente, ¿cómo puede ser que procedan de un Poder Superior, de algo que está aparentemente separado de ti? Ciertamente, desde la perspectiva de la mente consciente todo parece separado; nos percibimos separados de los demás, del mundo y muy probablemente de un Poder Superior. Hay otro nivel, sin embargo, que la mente consciente no puede comprender, donde todo se une. La filosofía oriental se refiere a ello como «el Uno en que todas las cosas residen». El físico moderno David Bohm habla del «orden implicado» en el que todo está conectado. En la Biblia (Nuevo Testamento) esta idea se expresa por medio de la frase: «El Reino de los Cielos está dentro de ti».

Para recibir el apoyo y la orientación del Poder Superior, tan solo tienes que pedirlo. No es necesario nada más. Si bien esto puede parecer bastante fácil, quizá no lo sea en la práctica, si crees que se supone que debes entenderlo y manejarlo todo enteramente por tu cuenta si sientes que es una muestra de irracionalidad, debilidad o alguna otra forma de falta de dignidad confiar en el apoyo de un poder invisible. Para confiar en el Poder Superior y apoyarse en él, se necesita una cierta voluntad de soltar el control, así como una cierta humildad (a menudo nos aporta humildad llegar a la conclusión de que no podemos gestionar algo totalmente por nuestra cuenta). La capacidad de soltar y confiar es algo que se puede aprender. A menudo, las lecciones de vida más difíciles —las que nos empujan hasta nuestro límite absoluto— tienden a ser las que más tienen que enseñarnos acerca de soltar.

A medida que aprendes cada vez más a permitir que el Poder Superior (o Espíritu) te ayude en la vida, puedes tener cada vez más la confianza de que a veces es apropiado renunciar al control.

6. Ponerse en contacto con el Poder Superior es directamente posible dentro de la propia experiencia personal. Podemos descubrir nuestra relación personal con el Poder Superior dentro de nuestra propia experiencia inmediata. Se trata de una relación tan personal como cualquiera que podamos tener con otro ser humano. Es bidireccional: podemos recibir apoyo, orientación, inspiración, paz mental, fuerza interior, esperanza y muchos otros regalos del Poder Superior; también podemos comunicar nuestras necesidades al Espíritu a través de la oración y expresarle directamente sentimientos de gratitud y reverencia. Esta relación puede crecer y hacerse más profunda en la medida en que elegimos darle tiempo y atención.

El Poder Superior puede manifestarse en tu experiencia personal de muchas maneras. He aquí algunos ejemplos bastante comunes:

- Sentirse apoyado por una presencia amorosa.
- Una certeza interior o un reconocimiento intuitivo: acude a ti una idea profunda y tienes la sensación clara, inequívoca, de que es verdadera.
- Tras un período de estrés o lucha, de pronto te sientes imbuido de calma o paz. Puesto que sucede sin mediar ningún esfuerzo por tu parte, tienes la sensación de que proviene de un lugar que está más allá de tu ego personal.
- Sentimientos de asombro y maravilla al contemplar la belleza de la naturaleza.
- Experiencias de visiones (tener una impresión visual, dentro o fuera de la mente, de un ser o presencia espiritual).
- Sincronías: algo en el mundo exterior coincide casualmente con lo que está pasando por tu mente. Sientes que se trata de algo más que de una coincidencia. Por ejemplo, estás obsesivamente preocupado por algo mientras conduces y un coche se detiene delante de ti con una matrícula personalizada que dice: «¡Olvídalo!».
- Milagros; por ejemplo, curaciones espontáneas que desafían las explicaciones médicas.

¿De qué maneras has experimentado tú la presencia de un Poder Superior? Hay muchas posibilidades además de las que acabo de enumerar.

7. Las preguntas sinceras que se hacen al Poder Superior son contestadas. Esta idea es en realidad una extensión de la anterior de que el Poder Superior constituye una fuente de apoyo y orientación. La razón para dedicar un punto específico a esta nueva idea es la intención de subrayar el hecho de que el apoyo y la orientación procedentes del Poder Superior no solo se nos otorgan, sino que también podemos pedirlos deliberadamente. La famosa frase de Jesús: «Pedid y se os dará» es cierta independientemente de la tradición espiritual u orientación particular que se siga.

Todos los enfoques religiosos que incorporan la oración asumen que las oraciones serán contestadas. Tal vez has tenido la experiencia de que se han entendido tus plegarias. A menudo parece que el grado de seriedad de la petición tiene que ver con la facilidad con que la oración recibe respuesta. Un ejemplo habitual es cuando nos sentimos abrumados por alguna situación y literalmente casi gritamos pidiendo ayuda al Poder Superior. En muchos casos, si no en la mayoría, algo mejora o cambia en relación con la situación, a menudo dentro de un corto período de tiempo.

Actualmente contamos con investigaciones científicas que avalan la eficacia de la oración. Varios estudios empíricos llevados a cabo sobre este tema, en circunstancias comprobables, aparecen recogidos en el libro *Recovering the Soul: A Scientific and Spiritual Search*, de Larry Dossey.

En suma, la idea de que la oración es eficaz cuenta con el apoyo de la experiencia y también es avalada por las investigaciones. Esto no quiere decir que todo aquello por lo que recemos se hará realidad. Según la experiencia de este autor, es necesario tener en cuenta ciertos requisitos: la solicitud o petición tiene que hacerse con verdadero fervor y sinceridad, la «respuesta» a la oración puede ser que no acuda de inmediato —puede tardar días, semanas o meses en manifestarse—, y puede ser que la respuesta no se manifieste de una sola vez: tal vez se revele solo un paso en la dirección de la respuesta; por ejemplo, si uno está rezando para curarse de un dolor crónico, la respuesta puede venir en forma de la fuerte intuición de visitar a un médico o naturópata en particular. Una oración puede ser respondida de muchas maneras, y a veces la respuesta puede no ser la que uno esperaba. No es posible saber de antemano qué respuesta recibirá una oración en particular. Aquí es donde entra en juego la fe. Aquello en lo que se puede confiar es en que habrá una respuesta, y en que esa respuesta será para el mayor bien de la persona que ha hecho la súplica.

8. Aquello que realmente pedimos o intentamos desde lo más profundo de nosotros mismos –desde el corazón– tenderá a venir a nosotros. Una de las cosas más poderosas que pueden promover la curación o un cambio positivo es una intención sincera. El poder de la intención puede desencadenar consecuencias milagrosas. Aquello en lo que creemos y con lo que nos comprometemos con todo el corazón tiende a hacerse realidad. Cuando la intención es para el mayor bien de uno, y cuando no entra en conflicto con el mayor bien de ninguna otra persona, es probable que eso se manifieste.

Una intención profundamente sostenida cambia y centra nuestra consciencia. También parece tener ramificaciones en acontecimientos del mundo independientes de quien tiene la intención. Los acontecimientos del mundo exterior tienden a alinearse con la intención más profundamente arraigada de la persona. Goethe lo resumió de esta manera:

> En cuanto a todos los actos de iniciativa o creación, hay una verdad elemental. Ignorarla mata innumerables ideas y espléndidos planes: en el momento en que uno definitivamente se compromete, la Providencia también se pone en marcha. Ocurren todo tipo de cosas para ayudarle a uno que de otro modo nunca habrían acontecido. Todo un caudal de eventos emanan de la decisión; surgen todo tipo de ayudas e incidentes imprevistos a favor de uno, que nadie podría haber soñado que hubiesen aparecido.

9. EL AMOR ES MÁS FUERTE QUE EL MIEDO. EL AMOR PURO, INCONDICIONAL, EMANA DEL PODER SUPERIOR (DIOS) Y ESTÁ EN EL CENTRO MISMO DE TODOS LOS SERES. TODOS LOS MIEDOS PUEDEN ENTENDERSE COMO DISTINTAS FORMAS DE SEPARACIÓN: SEPARACIÓN RESPECTO DE LOS DEMÁS, DE NOSOTROS MISMOS Y DE DIOS –SEPARACIÓN RESPECTO DEL AMOR QUE UNE TODAS LAS COSAS. El amor es más fuerte que el miedo porque va más profundo. En un nivel consciente, el amor es la experiencia de sentir que el propio corazón sale para unirse con alguien o algo que no es uno mismo. En un nivel más profundo, el amor es el «estado fundamental» o fundamento esencial de todo el universo. Esta perspectiva la comparten las religiones orientales y las occidentales. El amor no es algo que poseamos o no poseamos, sino que *define* literalmente lo que somos en lo más profundo y en esencia. El miedo puede ir hondo pero nunca llegar tan profundo como el amor, porque el miedo solo aparece cuando nos sentimos separados del estado fundamental que nos unifica con todo lo demás.

La popular frase «todos somos uno» expresa la verdad sobre el amor y es, en un nivel que está más allá de lo que nuestra mente consciente puede comprender plenamente, literalmente cierta.

La mayor parte de la ansiedad que experimentamos puede estar relacionada con miedos específicos al abandono, al rechazo y a la humillación, a la pérdida de control, al aislamiento, a las lesiones o a la muerte. El miedo puede adoptar cualquiera de estas formas, en función de nuestros condicionamientos y experiencias pasadas. Sin embargo, ninguno de estos miedos podría haber surgido jamás si no se hubiese experimentado la separación. La existencia del miedo siempre apunta a un grado de separación: separación de la mente consciente respecto del ser más íntimo de uno, separación respecto de los demás o separación respecto de Dios. Si es cierto que, en esencia, todos nosotros estamos unidos como uno solo, cada miedo que sentimos –independientemente de lo mucho que creamos en él– es, de hecho, solo una ilusión. Si pudiéramos percibir las cosas como realmente son, no tendríamos ninguna razón para seguir teniendo miedo.

El amor y el miedo constituyen tal vez la dualidad más profunda de la existencia humana. De todos modos, el amor siempre puede superar al miedo.

El sentido que uno le da a su vida

10. La muerte no es un final, sino una transición. Nuestra naturaleza esencial o alma sobrevive a la muerte física (temer la muerte como «el final» no es más que una ilusión). Esta idea básica la comparten todas las religiones del mundo. Todas asumen que el alma del individuo sigue existiendo después de la muerte física, aunque difieren ligeramente en sus concepciones sobre la naturaleza de la otra vida.

En los últimos veinticinco años han aparecido pruebas de este punto de vista a partir de la investigación generalizada sobre las *experiencias cercanas a la muerte*. Como probablemente ya sabrás, estas experiencias se basan en los informes acerca de lo que experimentaron personas que tuvieron la experiencia entre el momento en que sus constantes vitales indicaron la inminencia o la realidad de la muerte y el momento en que revivieron o fueron reanimadas. Todos estos informes tienen varias cosas en común, como el hecho de que la persona desencarnada pasa por un túnel, se encuentra con un ser de luz que irradia amor y comprensión, es testigo de una revisión de toda su vida escena por escena y en ocasiones se encuentra con familiares que ya han fallecido. Una cantidad más reducida de estos informes describen escenas de otro mundo y lugares asociados a los acontecimientos que se viven. Aunque estos miles de informes que se han recogido en todo el mundo no «demuestran» que la consciencia sobreviva a la muerte, sin duda apuntan con fuerza en esa dirección. Una prueba más de que los supervivientes a las experiencias cercanas a la muerte logran echar una ojeada a la vida que hay más allá, en «el otro lado», la constituye el hecho de que muchos de ellos pierden el miedo a la muerte y pasan a ser más profundamente espirituales. Si aquello por lo que pasaron no fue más que un sueño, ¿por qué tiene sobre ellos un impacto tan profundo y duradero?

¿Tienes miedo a la muerte o subyace dicho miedo a otros que puedas tener en relación con ciertas enfermedades o lesiones? Si es así, te sugiero que leas la literatura sobre las experiencias cercanas a la muerte y llegues a tus propias conclusiones acerca de la vida después de la muerte. El libro clásico en este campo es *Vida después de la vida*, de Raymond Moody, pero hay otros muchos buenos títulos sobre el tema.

EJERCICIO 1: LA ESPIRITUALIDAD Y TU VISIÓN DE TU PROBLEMA

Repasa los diez supuestos anteriores. Decide con cuáles te puedes identificar, cuáles querrías cuestionar o discutir y cuáles, si es el caso, no tienen que ver contigo o no tienen sentido para ti.
Si algunas de estas ideas te resuenan como ciertas, ¿cómo podría, el hecho de creerlas, cambiar tu punto de vista acerca de tu problema de ansiedad? ¿Y cómo podría cambiar tu concepto de la vida en general? Escribe tus respuestas a estas dos preguntas en una hoja de papel.

EJERCICIO 2: CONECTAR CON EL PODER SUPERIOR

El siguiente ejercicio está destinado a ayudarte a ponerte en contacto con el Poder Superior y a obtener ayuda para hacer frente a cualquier asunto que te esté generando preocupación o ansiedad. Realiza este ejercicio solo si lo sientes adecuado para ti (puede ser que cuentes con tus propios métodos de oración y meditación y que los prefieras). Concédete un tiempo para relajarte y centrarte antes de trabajar con las afirmaciones y la visualización.

1. Ponte cómodo en posición sentada (o túmbate si lo prefieres). Dedica por lo menos cinco minutos a practicar cualquier técnica de tu preferencia para relajarte. Puedes hacer la respiración abdominal, practicar la relajación muscular progresiva, visualizar que acudes a tu lugar apacible o meditar (consulta el capítulo 4 para ver las instrucciones acerca de técnicas de relajación específicas).
2. Si aún no eres consciente de ello, evoca la situación, persona o lo que sea que haya desencadenado tu preocupación o ansiedad. Concéntrate en ello durante unos momentos, hasta que lo veas con claridad en tu mente. Si surgen sensaciones de ansiedad, permítete sentirlas.
3. Afirma una y otra vez, con tanta convicción como puedas: «Entrego esto al Poder Superior [o a Dios]». «Dejo este problema en manos del Poder Superior [o Dios]». Limítate a repetir estas declaraciones poco a poco, con calma y con sentimiento todas las veces que desees, hasta que empieces a sentirte mejor. Mientras lo hagas, será oportuno que evoques estas ideas acerca del Poder Superior:

    ▶ Es «omnisciente» (es decir, tiene una sabiduría e inteligencia que van más allá de tu capacidad consciente de percibir las soluciones a los problemas).
    ▶ En su gran sabiduría, tiene una solución a lo que sea que te preocupa.
    ▶ Aunque no puedas ver la solución a tu preocupación en este momento, puedes afirmar tu fe en que no hay ningún problema que no pueda resolverse con la ayuda del Poder Superior.

4. Si se te da bien visualizar, imagina que vas a encontrarte con el Poder Superior. Puedes verte en un jardín o en un hermoso entorno de tu elección, y después imaginar que ves cómo se acerca una figura: el Poder Superior. Esta figura puede ofrecer primero una imagen bastante indefinida y hacerse progresivamente más clara. Puedes notar que respira amor y sabiduría. Puede tratarse de un hombre o una mujer mayor y sabio, un ser de luz, Jesús, el ser supremo en tu religión o cualquier otra presencia que represente adecuadamente, para ti, el Poder Superior.
5. Mientras estás en su presencia —tanto si lo visualizas como si no—, encuentra una manera de pedirle ayuda. Por ejemplo, puedes decirle: «Te pido tu ayuda y orientación

respecto a _____». Repite tu petición hasta que te sientas mejor. Puedes escuchar para ver si el Poder Superior tiene una respuesta inmediata o una idea que ofrecerte en relación con tu petición. También está bien, sin embargo, hacer la petición y pedir ayuda y no obtener una respuesta. El propósito de este proceso es cultivar la confianza y la fe en el Poder Superior (lo que tradicionalmente se ha llamado «fe en Dios»). Lo que resulta clave en esta parte del proceso es una actitud de verdadera humildad. Al pedir ayuda al Poder Superior, renuncias en parte a tener el control consciente de la situación y ejerces la voluntad de confiar.

6. *Opcional*: si lo sientes apropiado, visualiza cómo un rayo de luz blanca va a ese lugar de tu cuerpo en que sientes la ansiedad o la preocupación. A menudo, será la zona del plexo solar (que está en el centro del tronco, justo debajo del centro de la caja torácica) o la boca del estómago. Deja que esa zona se llene de luz, hasta que la ansiedad se disuelva o se desvanezca. Sigue enviando luz blanca a esa parte, hasta que se calme completamente y esté libre de ansiedad.

Dedica tiempo a todo este proceso. Puede que sea conveniente persistir durante media hora o cuarenta y cinco minutos con el fin de sentir una conexión verdadera con el Poder Superior y una confianza muy profunda en que el problema que te preocupa se puede realmente resolver. Si, tras haber completado el proceso, tu preocupación regresa al día siguiente, repite el ejercicio todos los días hasta que domines dicha preocupación.

OPCIONES PARA DESARROLLAR LA VIDA ESPIRITUAL

Puedes profundizar en tu compromiso con la espiritualidad a través de cualquiera de los siguientes medios:

1. Participar de forma asidua en tu iglesia u organización espiritual preferida.
2. Leer de forma asidua la literatura de inspiración que prefieras. Es conveniente hacer esto por lo menos una vez al día, ya sea al despertar, durante la hora del almuerzo o antes de ir a dormir.
3. Practicar la meditación asiduamente (véase el capítulo 18).
4. Practicar de manera asidua la oración o las afirmaciones espirituales (véanse los libros de Louise L. Hay y Shakti Gawain que se citan al final del capítulo para saber cómo trabajar con las afirmaciones espirituales).
5. Participar en un programa de 12 Pasos que sea relevante para tus necesidades. Los programas de 12 Pasos le ofrecen a mucha gente un enfoque bien concebido y eficaz para sanar las adicciones. Aunque comenzaron con Alcohólicos Anónimos hace cincuenta años, actualmente incluyen una amplia gama de programas, como Neuróticos Anónimos, Codependientes Anónimos, Comedores Compulsivos Anónimos, Adictos al Sexo y al Amor Anónimos y Adictos al Trabajo Anónimos.

UNA ADVERTENCIA FINAL

La lectura de los apartados anteriores puede haber hecho parecer que la espiritualidad es una panacea. Puede ser que incluso te hayas quedado con la idea de que cultivar una relación con el Poder Superior es *todo* lo que necesitas para superar tu problema con el pánico, las fobias o la ansiedad. Es muy poco probable que esto sea cierto. Aunque cultives la espiritualidad, igualmente vas a tener que recurrir a todas las estrategias que se presentan en este libro para hacer frente a tu problema de ansiedad. La relajación, el ejercicio, las estrategias para afrontar el pánico, la exposición imaginaria y en la vida real, cambiar el diálogo interno y las creencias erróneas, expresar los sentimientos, adoptar una nutrición adecuada, cultivar la asertividad y trabajar en la autoestima, todo ello será necesario.

Lo que puede hacer por ti el cultivo de la espiritualidad es darte la inspiración y la esperanza necesarias para persistir en seguir adelante con el programa de recuperación. Y también puede proporcionarte un poderoso medio para que des tu próximo paso hacia delante en los momentos en que te sientas atrapado, desanimado o confundido.

RESUMEN DE COSAS POR HACER

1. ¿Eres consciente de tu propósito o propósitos de vida, que son únicos? Sírvete del «Cuestionario de los propósitos de vida» para que te ayude a discernir lo que más te gustaría hacer con tu vida.
2. A partir de tus valores, haz una lista con tus objetivos personales más importantes. A continuación, desarrolla un plan de acción –una secuencia específica de pasos– hacia la consecución de todas las metas que son importantes para ti.
3. Reflexiona sobre las diez ideas que se presentan en el apartado «Cambios de creencias asociadas con la espiritualidad» y haz el ejercicio 1.
4. Practica la meditación «Conectar con el poder superior» (ejercicio 2) cuando te encuentres frente a un asunto personal que hayas sido incapaz de resolver por medio de tus propios esfuerzos conscientes.
5. Entre la lista de opciones para el desarrollo de tu vida espiritual, decide con cuál o cuáles estarías dispuesto a comprometerte durante más tiempo en el próximo mes.

PARA SABER MÁS

Si sigues un camino religioso tradicional, probablemente ya estás familiarizado con cierta cantidad de fuentes escritas de inspiración y orientación. La Biblia tiene una cantidad ingente de comprensiones y sabiduría por ofrecer si perteneces a la fe cristiana o judía. Las religiones tradicionales islámica, budista, hinduista y otras poseen, todas ellas, una literatura rica en sabiduría espiritual. Los libros que se recomiendan a continuación no tienen relación con ninguna religión en particular, sino que, como este capítulo, apelan a una espiritualidad universal.

Bourne, Edmund J. *Beyond Anxiety & Phobia: A New Spectrum of Holistic Approaches to Long-Term Recovery.* New Harbinger Publications. Oakland (California), 2001.

Dass, Ram, y Paul Gorman. *¿Cómo puedo ayudar?* Ediciones Gaia. Madrid, 1998.

Dossey, Larry. *Recovering the Soul: A Scientific and Spiritual Search.* Bantam Books. Nueva York, 1989.

Forsyth, John, y Georg H. Eifer. *Terapia de aceptación y compromiso para trastornos de ansiedad.* Ed. Mensajero. España, 2014.

Gawain, Shakti. *Visualización creativa.* Editorial Sirio. Málaga, 2000.

_____ . *Vivir en la luz.* Editorial Sirio. Málaga, 2000.

Harris, Russ. *ACT Made Simple.* New Harginger Publications. Oakland (California), 2009.

Hay, Louise L. *Usted puede sanar su vida* (31ª ed.). Ediciones Urano. Barcelona, 2009 (incluye muchas herramientas útiles y afirmaciones para cultivar la autoestima).

Jampolsky, Gerald G. *Amar es liberarse del miedo* (3ª ed.). Los libros del Comienzo. Madrid, 2012.

Jampolsky, Gerald G., Patricia Hopkins y William N. Thetford. *Adiós a la culpa: la magia del perdón* (12ª ed.). Los libros del Comienzo. Madrid, 2009.

Moody, Raymond. *Vida después de la vida.* Editorial Edaf. Madrid, 2009.

Rodegast, Pat. *El libro de Emmanuel.* Ediciones Luciérnaga. Barcelona, 2002.

Roman, Sanaya. *Spiritual Growth.* H. J. Kramer Inc. Tiburon (California), 1989.

Stephan, Naomi. *Fulfill Your Soul's Purpose.* Blue Dolphin. Nevada City (California), 1999.

Tolle, Eckhart. *El poder del ahora: una guía para la iluminación espiritual* (6ª ed.). Ediciones Gaia. Madrid, 2007 (un excelente recurso para ir más allá de la mente condicionada y desarrollar la conciencia).

Williamson, Marianne. *Illuminata.* Riverhead Books. Nueva York, 1994. *Luz para el camino: pensamientos, plegarias, rituales.* Ediciones Urano. Barcelona, 1986 (una excelente colección de pensamientos y oraciones para los tiempos modernos).

Zukav, Gary. *El asiento del alma: la expansión de la percepción humana más allá de los cinco sentidos.* Ediciones Obelisco, 2008.

Apéndice 1
Cómo detener la preocupación obsesiva

La preocupación obsesiva es como una *espiral negativa*: cuanto más tiempo se pasa con ella, más arraiga. También puede considerarse una forma de trance: cuanto más se induce por repetición, más se entra en trance y más difícil puede ser «romper el hechizo».

Se necesita un acto de voluntad deliberado para salir de esta espiral. Es necesario hacer un esfuerzo consciente para evitar la actividad mental circular y *salir de la cabeza* por medio de pasar a otra modalidad de experiencia, como la actividad física, la expresión de las emociones, la comunicación interpersonal, la distracción sensorial o un ritual específico (en algunos casos, una obsesión alternativa también lo va a lograr).

El tirón hacia abajo de una espiral obsesiva puede ser muy convincente. Si sigues el camino de menor resistencia, es probable que sigas dando vueltas y vueltas. Si bien elegir salir del pensamiento obsesivo deliberadamente puede ser difícil al principio (sobre todo si tienes mucha ansiedad), con la práctica se te hará más fácil.

A continuación se presentan algunos ejemplos de actividades y experiencias alternativas que pueden ayudarte a salir de la mente y alejarte del pensamiento obsesivo:

1. *Haz ejercicio físico.* Puede tratarse de tu ejercicio favorito al aire libre o bajo techo, o bien puede consistir en bailar o hacer tareas del hogar.
2. *Haz la relajación muscular progresiva, sola o en combinación con la respiración abdominal.* Consulta el capítulo 4 para obtener más detalles. Realízala entre cinco y diez minutos, hasta que te sientas totalmente relajado y más libre de pensamientos obsesivos.

3. *Sírvete de música evocadora para liberar sentimientos retenidos.* Estos sentimientos —por lo general, tristeza o ira— pueden estar subyacentes y conducir a la preocupación o al pensamiento obsesivo.
4. *Habla con alguien.* Conversa acerca de algo que no sea la preocupación misma, a menos que quieras expresar tus sentimientos al respecto, como en el paso 3.
5. *Acude a distracciones visuales.* Puede ser la televisión, películas, videojuegos, tu ordenador, una lectura edificante o incluso un jardín zen.
6. *Acude a distracciones sensoriales y motoras.* Prueba con el arte y la artesanía, reparar algo o hacer jardinería.
7. *Encuentra una obsesión alternativa positiva.* Por ejemplo, resuelve un crucigrama o haz un puzle.
8. *Practica rituales saludables.* Combina la respiración abdominal con una afirmación positiva que tenga un significado personal para ti. Realiza esta práctica entre cinco y diez minutos, o hasta que estés completamente relajado. (Esto es en realidad una inducción al trance positiva para superar el trance negativo impuesto por la preocupación obsesiva).

Ejemplos de afirmaciones:
- «Suéltalo».
- «Son solo pensamientos. Se están desvaneciendo».
- «Estoy completo, relajado y libre de preocupaciones».

Para quienes tienen una inclinación espiritual:
- «Suéltalo y deja que Dios se ocupe».
- «Habito en el Espíritu (en Dios)».
- «Entrego esta negatividad a Dios».

Apéndice 2
AFIRMACIONES CONTRA LA ANSIEDAD

Las afirmaciones y el guion que se ofrecen en este apéndice están destinados a ayudarte a cambiar tu actitud y responder constructivamente a los tipos de diálogo interno negativo que pueden alimentar la ansiedad. Leerlo todo una o dos veces probablemente no ocasionará grandes cambios. Ensayar todo o algo de ello a diario durante unas pocas semanas o meses comenzará a ayudarte a cambiar tu perspectiva básica sobre el miedo en un sentido constructivo. Una forma de hacerlo es leer uno o más apartados lentamente una o dos veces al día, dándote tiempo para reflexionar sobre cada afirmación. Aún mejor, graba uno de los apartados o todos ellos en audio, dejando unos segundos de silencio entre cada afirmación. Luego escucha el audio una vez al día, en estado de relajación, para reforzar una actitud más positiva y confiada en cuanto al dominio de tu ansiedad.

Pensamientos negativos y afirmaciones positivas para combatirlos (usar solamente las afirmaciones si se efectúa una grabación)	
Esto es insoportable.	Puedo aprender a lidiar mejor con esto.
¿Y si esto continúa y no se acaba?	Lidiaré con esto día a día. No tengo que hacer proyecciones hacia el futuro.
Me siento deteriorado, insuficiente en comparación con los demás.	Algunos transitamos por caminos más empinados que otros. Esto no me hace menos valioso como ser humano, incluso si consigo menos logros en el mundo exterior.

¿Por qué tengo que pasar por esto? Otras personas parecen tener mayor libertad para gozar de sus vidas.	La vida es una escuela. Por las razones que sean, al menos por ahora, me toca transitar por un camino pronunciado –mi plan de estudios es más difícil–. Esto no significa que yo esté equivocado. De hecho, la adversidad permite desarrollar las cualidades de la fuerza y la compasión.
Tener este problema parece injusto.	La vida puede parecer injusta desde una perspectiva humana. Si pudiésemos ver el cuadro completo, comprobaríamos que todo está yendo según el plan.
No puedo aprender a lidiar con esto.	Puedo aprender a lidiar mejor con ello –con esto y con cualquier dificultad que traiga la vida.
Me siento muy inferior en comparación con los demás.	Deja que las personas hagan lo que hacen en el mundo exterior. Yo estoy siguiendo un camino de crecimiento y transformación interior, que al menos es igual de valioso. Encontrar paz en mí puede ser un regalo para los demás.
Cada día parece un gran desafío.	Estoy aprendiendo a tomarme las cosas con más calma. Consigo tiempo para cuidar de mí mismo. Consigo tiempo para hacer pequeñas cosas que me satisfacen.
No sé por qué soy así, por qué me ha ocurrido esto.	Las causas son muchas, entre ellas la herencia, el entorno de mi infancia y el estrés acumulado. Comprender las causas satisface al intelecto, pero no es lo que sana.
Siento que me estoy volviendo loco.	Cuando la ansiedad es elevada, siento como si estuviera perdiendo el control. Pero esta sensación no tiene nada que ver con volverse loco. Los trastornos de ansiedad están muy lejos de la categoría de trastornos etiquetados de «locura».
Tengo que luchar contra esto.	Luchar con el problema no me ayudará tanto como conseguir más tiempo para cuidar mejor de mí mismo.
No tendría que haber permitido que me ocurriera esto.	Las causas a largo plazo de esto residen en la herencia y en el entorno de la infancia, así que no provoqué este problema. Ahora puedo asumir la responsabilidad de ponerme mejor.

Afirmaciones contra la ansiedad

- «Estoy aprendiendo a soltar la preocupación».
- «Cada día soy más capaz de dominar la preocupación y la ansiedad».
- «Estoy aprendiendo a no alimentar mis preocupaciones, a elegir la paz sobre el miedo».
- «Estoy aprendiendo a elegir conscientemente lo que pienso, y elijo los pensamientos que me ayudan y benefician».
- «Cuando aparecen los pensamientos de ansiedad, puedo frenar, respirar y soltarlos».
- «Cuando surgen los pensamientos de ansiedad, puedo obtener tiempo para relajarme y liberarlos».
- «La relajación profunda me da la libertad de elegir salirme del miedo».
- «La ansiedad está hecha de pensamientos ilusorios, que puedo soltar».
- «Cuando veo la mayor parte de las situaciones como son en realidad, no tengo nada que temer».
- «Los pensamientos de miedo son generalmente exagerados, y soy cada vez más capaz de desactivarlos a voluntad».
- «Cada vez me resulta más fácil relajarme y hablarme a mí mismo para abandonar el estado de ansiedad».
- «Mantengo mi mente demasiado ocupada pensando en cosas positivas y constructivas como para tener mucho tiempo para preocuparme».
- «Estoy aprendiendo a controlar mi mente y a elegir mis pensamientos».
- «Estoy ganando más confianza en mí mismo; sé que puedo manejar cualquier situación que se presente».
- «El miedo se está disolviendo y está desapareciendo de mi vida. Estoy tranquilo y confiado, y me siento seguro».
- «A medida que me tomo la vida con más calma y ligereza, experimento mayor alivio y mayor paz».
- «A medida que voy siendo cada vez más capaz de relajarme y sentirme seguro, me doy cuenta de que en realidad no tengo nada que temer».

Guion para superar el miedo

Centrarse en un miedo siempre lo empeora. Cuando puedo relajarme lo suficiente, soy capaz de poner la atención en otra cosa. Puedo poner mi mente en ideas amorosas, constructivas, que me ayuden. No puedo hacer que los pensamientos atemorizantes desaparezcan. Luchar con ellos hace que parezcan más grandes. En lugar de ello, puedo redirigir mi mente hacia pensamientos y circunstancias más tranquilizadores. Cada vez que hago esto, estoy eligiendo la paz en lugar del miedo. Cuanto más elijo la paz, más pasa a formar parte de mi vida. Con la práctica, adquiero más destreza a la hora de redirigir mi mente. Aprendo cómo estar menos tiempo centrado en el miedo. Refuerzo mi capacidad de elegir pensamientos saludables y útiles en vez de los atemorizantes. Consigo tiempo para relajarme, para volver a conectar con ese lugar profundo dentro de mí que siempre está en paz.

Cuando consigo el tiempo para hacer esto, puedo optar por alejarme de los pensamientos de miedo. Puedo permitir que mi mente se expanda hasta un lugar más amplio, que es mucho más grande que mis pensamientos atemorizantes. El miedo requiere una pequeña parte de la atención de mi mente. Cuando me relajo o medito, mi mente se vuelve lo suficientemente profunda –y amplia– como para trascender el miedo. Estoy aprendiendo a ver que mis pensamientos atemorizantes sobrestiman demasiado los riesgos o amenazas. El verdadero riesgo al que me enfrento en la mayor parte de las situaciones es en realidad muy pequeño. De hecho, es imposible erradicar totalmente el riesgo de la vida. Estar en un cuerpo físico en el mundo físico implica un cierto riesgo. Solamente en la otra vida hay un estado eternamente libre de riesgos. Estoy aprendiendo a reconocer mi tendencia a exagerar los riesgos –a inflarlos desproporcionadamente–. Todo miedo implica tanto sobrestimar el riesgo de peligro como subestimar la capacidad de hacerle frente. Si dedico tiempo a examinar mis pensamientos atemorizantes, voy a descubrir que en la mayoría de los casos no son realistas. Cuando elijo ver la mayor parte de las situaciones como realmente son, compruebo que no son peligrosas. Si practico reemplazar mis pensamientos de miedo por otros más reales, mis pensamientos atemorizantes disminuirán con el tiempo. Cada vez que siento miedo, reconozco la irrealidad de mis pensamientos atemorizantes y los suelto más fácilmente.

Lo importante es no alimentar el miedo; no pensar en él o darle energía. En lugar de ello, puedo practicar redirigir mi atención a algo –cualquier cosa– que me haga sentir mejor. Me puedo centrar en hablar con un amigo, leer algo edificante, trabajar con las manos, escuchar un audio o cualesquiera actividades que me ayuden a retirar mi mente del miedo. Con la práctica, me vuelvo cada vez más diestro en alejarme de los pensamientos atemorizantes, en no caer en ellos. Empiezo a ser maestro de mi mente en lugar de víctima de ella. Me doy cuenta de que tengo cada vez más posibilidades de elección sobre el miedo; puedo entrar en él o salir de él. Y, a medida que pasa el tiempo, aprendo a salir de él.

Sobre el autor

Edmund J. Bourne, especialista en el tratamiento de la ansiedad, las fobias y otros trastornos relacionados con el estrés, obtuvo su doctorado en Psicología en la Universidad de Chicago y llevó a cabo una investigación posdoctoral en el centro médico Michael Reese de Chicago. Ha sido profesor en varios colegios y universidades, autor de numerosas publicaciones, y ha recibido dos premios nacionales. Fue director del Centro de Tratamiento de la Ansiedad en San José y en Santa Rosa (California). Sus libros de autoayuda han sido útiles a más de un millón de personas y han sido traducidos a numerosas lenguas. Actualmente reside en California. E. J. Bourne ofrece consejo telefónico (en inglés) a pacientes que sufren ataques de pánico, fobias y otros problemas de ansiedad. Para más información, llamar al 1-808-334-1847 o visitarle *online* en www.helpforanxiety.com. Para conocer su trabajo fuera del campo de la ansiedad, visita su otro sitio web, www.globalshiftnow.com.

Índice

Prólogo	9
Introducción	11
1. Los trastornos de ansiedad	15
2. Principales causas de los trastornos de ansiedad	51
3. La recuperación: un enfoque integral	81
4. La relajación	109
5. El ejercicio físico	137
6. Lidiar con los ataques de pánico	153
7. Una ayuda para las fobias: exponerse	189
8. El diálogo interno	221
9. Creencias erróneas	261
10. Tipos de personalidad que perpetúan la ansiedad	281
11. Diez fobias específicas habituales	299
12. Expresar los propios sentimientos	321
13. Ser asertivo	341
14. La autoestima	367
15. La nutrición	401
16. Problemas de salud que pueden contribuir a la ansiedad	435
17. La medicación para la ansiedad	469
18. La meditación	495
19. El sentido que uno le da a su vida	515
Apéndice 1. Cómo detener la preocupación obsesiva	541
Apéndice 2. Afirmaciones contra la ansiedad	543
Sobre el autor	547